国学常识大讲堂

中侨大讲堂

刘凤珍 主编

国学常识大讲堂

徐梦然◎编著

中國華僑出版社

图书在版编目（CIP）数据

国学常识大讲堂 / 徐梦然编著 .— 北京：中国华侨出版社，2016.12
（中侨大讲堂 / 刘凤珍主编）
ISBN 978-7-5113-6538-5

Ⅰ. ①国… Ⅱ. ①徐… Ⅲ. ①国学—通俗读物 Ⅳ. ①Z126-49

中国版本图书馆 CIP 数据核字（2016）第 292770 号

国学常识大讲堂

编　　著 / 徐梦然
丛书主编 / 刘凤珍
总 审 定 / 江　冰
出 版 人 / 方　鸣
责任编辑 / 安　可
封面设计 / 杨　琪
经　　销 / 新华书店
开　　本 /720mm×1010mm　1/16　印张：24　字数：498 千字
印　　刷 / 北京鑫国彩印刷制版有限公司
版　　次 /2017 年 6 月第 1 版　2017 年 6 月第 1 次印刷
书　　号 /ISBN 978-7-5113-6538-5
定　　价 /48.00 元

中国华侨出版社　北京市朝阳区静安里 26 号通成达大厦 3 层　邮编：100028
法律顾问：陈鹰律师事务所
发行部：（010）64443051　　传　真：（010）64439708
网　址：www.oveaschin.com　　E-mail：oveaschin@sina.com

如发现图书质量有问题，可联系调换。

前言

Preface

“国学”一说，最早见于近代思想家章太炎先生的《国故论衡》。顾名思义，“国学”就是中国之学，是中华民族在数千年历史中创造的文化。国学堪称中国人的性命之学，中华文化的学术基础、固本之学，是全面增加文化素养的学问。已故著名国学大师季羡林老先生曾提出来“大国学”的概念，他说：“国学应该是‘大国学’的范围，不是狭义的国学。国内各地域文化和56个民族的文化，都包括在‘国学’的范围之内。”也就是说，广义的“国学”，就是中国之学、中华之学，是中华各民族优秀传统文化学术的总称。国学汇通思想学术、典籍制度、百行百艺、礼仪民俗，蕴含国脉、国魂、国本，是中国人的根基所在、尊严所在。从20世纪90年代起，国学热再次兴起，如今方兴未艾。

我们的国家，历史悠久，文化灿烂。我们的祖先留下了5000多年文化遗产，国学博大精深、包罗万象，可以分为天文、历法、地理、历史、职官、服饰、器物、玉文化、青铜文化、文学、艺术、戏剧、音乐、武术、美食、民俗、礼仪、婚丧、农业、手工业、百草医药等方面。国学以学科分，可分为哲学、史学、宗教学、文学、民俗学、伦理学、考据学、版本学等；以传统图书类别分，可分为经、史、子、集四部；具体而言，国学是以先秦经典及诸子学说为根基，涵盖两汉经学、魏晋玄学、隋唐佛学、宋明理学，以及同时期的汉赋、六朝骈文、唐宋诗词、元曲、明清小说和历代史学等内容。国学从思想体系上可分为儒、释、道三家。

国学的复兴，是时代的呼唤与要求。今天，随着中国综合国力的上升，我们自然要大力弘扬国学，也要让世界了解国学。了解国学也就是了解我们的历史和现在，也就是了解我们中国人。我们知道，成为文化大国才是真正的强国。在经济全球化背景下，作为一个中国人，我们更应该深入全面地了解我们自己的国学，绝对不能够数典忘祖。

千百年来，国学已渗透到社会的方方面面，直接影响着国人的思想、意识、伦理、道德和行为。国学不仅是中国悠久传统文化的明证，也是每一个中国人的立身处世之本，更是我们不可或缺的精神力量。学习国学，了解国学，继承和弘扬中国文化，是每个中国人义不容辞的责任。作为一个现代人，不能不知道传统，作为一个中国人，不能不了解国学。然而，国学典籍汗牛充栋，国学内容庞杂浩繁，即使穷尽毕生之力，也难通万一。

为了帮助读者更方便、更轻松、更快捷地了解和掌握必要的国学知识，开阔文化视野、丰富知识储备、提高人文修养，编者对浩如烟海的国学知识进行了适当的取舍，选取了最具代表性、最实用、读者最感兴趣的内容，辑成本书。全书分为国家政治、思想学术、天人之学、文学、史学、文化艺术、民俗节日、国学掌故、国学大师等 9 个篇章，涵盖了职官制度、伦理道德、文体流派、语言文字、建筑书画等各个方面的内容，为读者轻松掌握国学知识提供了一条捷径。书中既有分门别类的严谨解释，又有引人入胜的传略和逸事，可帮助你一窥堂奥，领略国学的无穷魅力。

本书在广泛收集资料的基础上，力求在“新、奇、趣”上下功夫。“新”就是鲜为人知的，很少被其他书籍提到的知识；“奇”就是不一般，能让人的精神为之一振的事物：“趣”即是兴趣，也是趣味，是人们想看、愿意看的东西。同时，书中还选配了 100 余幅包含多种文化元素的精美图片，与文字相辅相成，使读者身临其境，从而对国学产生浓厚的兴趣，从中体味到中国文化的博大精深。

在走向世界的今天，每一个中国人都应该有良好的国学素养。请翻开本书，走进博大精深的国学长廊，领悟国学的精髓，感受国学的智慧，把握传统文化的脉搏，丰富自身的内涵，成为文化达人。

目录

Contents

第一篇　国家政治

第二篇　思想学术

第三篇　天人之学

第五篇　史　学

第六篇　文化艺术

第七篇　民俗节日

第八篇 国学掌故

第九篇　国学大师

第一篇

国家政治

国家与王朝

“天下”的范围

“天下”是中国古人对于世界的一种笼统说法，不同时期所指的地理范围是有变化的。

“天下”一词最早是出现在先秦古籍中，比如《诗经 · 小雅 · 北山》中有“普天之下，莫非王土；率土之滨，莫非王臣”，《庄子》中还有一篇文章取名为“天下”。这时的天下实际上并不大，具体而言，大概指的便是夏、商、周三代王权所统治的范围。夏、商时主要指黄河中下游地区，周代则包括了长江流域的湖北以及江浙等地。另外，周边未被“王化”的地区，因其没有形成稳定的国家，所以其所居之地一向被视为王权之下的暂时未开垦之地。因此其时君王一旦南面称孤，也就是“王天下”“得天下”了。但先秦的一些哲学家则对“天下”的范围存在不同的理解，比如庄子认为“天下”比人们想象的要大得多，阴阳家代表人物邹衍也认为儒家所说的“天下”实际上只占真正的天下的1/80，但这些观点多被当时的人们视为无稽之谈。

到秦代，随着郡县制的设立，中国的疆土得到极大扩张，“天下”的概念也随之扩大，南边和东边都到了大海边，北边和西边则依旧没有具体边界，只笼统地包含了北方少数民族所居之地和西域。西汉时期，西边的“丝绸之路”开通，中国开始和西亚、欧洲乃至非洲等地的国家有生意往来和文化交往。东汉时，西域都护班超还曾派使者前往当时的罗马帝国（当时中国人称之为“大秦”），只是因故未能到达目的地。2世纪中叶，罗马皇帝马可 · 奥里略 · 安东尼派使者给汉桓帝送来了礼物。因此汉代时人们开始知道真正的“天下”要比自己想象的大得多。但由于古代交通不便，信息闭塞，人们基本接触不到远邦异国的信息，所以直到清代中期，中国人还是习惯性地以包括中国以及周边受中国文化影响较深的处于中国文化圈以内的日本、朝鲜等国在内的区域为“天下”。因此这里的天下已经是一种政治意义上的概念，而非地理意义。比如“天下兴亡，匹夫有责”中的“天下”，指的仅是中国。而这句还是明末清初的顾炎武所说，显然他知道“天下”并没有这么小，而只是将“天下”作为一种政治概念。

“中国”一词的由来

古之“中国”并非今之中国。“中国”这个词最早出现于周朝，当时的华夏民族因为拥有了相对先进的农耕文明，又在周公的领导下建立了一套完善的礼乐制度。他们看周围的民族仍旧在裹着树叶、兽皮，靠打猎为生，于是滋生出一种优越感，开始热衷于将自己与其区分开。正是在这样的心理背景下，人们将华夏民族所居住的区域称为“中国”，意即“中央之国”，其是相对于周边地区而言。

这时的"中国"并非指一个国家,而是一种地理与文化概念,其意与"中州""中夏""中原""中华"差不多。就地理范围而言,"中国"经历了一个由小到大的过程。西周时期,"中国"泛指西周及其附属国所在的黄河中下游地区;到东周时期,随着诸侯国的膨胀,楚国占据的湖北、四川等长江流域地区也被包含在了"中国"之内;秦汉时期,"中国"进一步扩大,基本包含了今天的除西藏、新疆以外的地域。

汉代之后,人们通常将汉族建立的中原王朝称为"中国"。正因为此,少数民族入主中原后,为取得中原地区人的心理认同,往往以"中国"自居。如鲜卑人建立北魏后自称"中国",将南朝叫作"岛夷";而当时的南朝汉人政权虽已偏安一隅,却仍以"中国"自居,称北魏为"魏虏"。又如宋代,辽与北宋、金与南宋彼此都自称"中国",且互不承认对方是"中国"。

"中国"在古典文献中有时还被用作诸如京城、中原地区、天子直接统治地区、国内等意。

匈奴的兴衰

据《史记·匈奴列传》等史料记载,匈奴人乃夏朝遗民,商、周时期被华夏族称为"獯鬻、猃狁",春秋时期称戎狄,战国时始称匈奴。匈奴人以游牧为业,逐水草而居,其男子亦民亦兵,精于马术,骁勇善战。公元前3世纪末,匈奴成为一个统一、强大的民族,经常南下中原抢掠。当时的秦、赵、燕三国苦于与匈奴为邻,纷纷修建长城防御。秦始皇统一中国后,曾派大将蒙恬率军30万出击匈奴。秦末战乱之际,冒顿杀父自立为单于,统一诸部,对中原造成严重威胁。公元前201年,镇守北部边境的韩王信投降匈奴。次年汉高祖刘邦曾率军亲征,结果反被冒顿围困,通过贿赂冒顿的阏氏才得以突围出去。之后汉王朝开始了与匈奴的和亲政策。直到公元前119年,汉武帝派大将卫青、霍去病等人率军多次深入漠北打击匈奴,又派张骞出使西域在政治上瓦解匈奴,最终彻底击垮匈奴。东汉时,匈奴分裂为南北两部,南匈奴南下臣服于汉,北匈奴则被东汉与南匈奴联军击败,部分西迁到东欧,根据部分学者观点,这支匈奴部族与当地土著结合形成匈牙利民族。南北朝之际,没有西迁的北匈奴趁中原大乱,一度入主中原建立政权。之后,匈奴逐渐融于鲜卑、柔然和汉族之中。

身穿胡服、头戴胡帽的匈奴骑士

鲜卑人的历程

据《北史·魏本纪》记载,鲜卑族原是黄帝轩辕氏一支的后裔,黄帝之孙受封北国,境内有大鲜卑山(今大兴安岭),故以"鲜卑"为号。鲜卑族本来居住在辽东一带,在商周时期被华夏族视为东胡的一支，其人以游牧为生，善骑射。战国后，匈奴崛起，鲜卑一度臣服于匈奴。东汉时，北匈奴西迁至东欧，鲜卑族趁机占领了北匈奴的故地，剩下的10万匈奴人也散入鲜卑族中，鲜卑族逐渐强盛，成为继匈奴之后的草原霸主。西晋末年，晋室因“八王之乱”而衰弱，中原大乱，鲜卑慕容、乞伏、秃发、拓跋、宇文等部趁机先后在中国北方地区建立前燕、后燕、西燕、南燕、西秦、南凉、代国、北魏、西魏、北周等政权。其中影响最大的是拓跋部所建立的北魏王朝，统治中国北部达140余年。鲜卑族在中原建立政权后，人民多转向定居农业生产，渐与汉族融合。北魏孝文帝尤其大力推进鲜卑族的汉化，使鲜卑族在语言、服饰、风俗等方面转向汉族，并将都城从平城（今山西大同）迁往洛阳，最终使鲜卑这个“马上民族”基本同化于汉族。公元581年，最后一个鲜卑政权北周灭亡之后，鲜卑族基本上已完全融入汉族，逐渐消失了。

强盛一时的突厥

突厥是南北朝及隋唐之际曾称霸北方的中国少数民族。史书上将突厥称为“匈奴别种”或“平凉杂胡”，现在一般认为它是北朝时铁勒部的一支。5世纪中叶被柔然所征服，被迫迁徙至金山（今阿尔泰山）南麓，成为柔然族奴隶，为其锻铁，因此被称为“锻奴”。因金山形似战盔“兜鍪”，故自号“突厥”（“兜鍪”的古突厥语叫法），以狼为图腾。公元5世纪末，趁柔然在与北魏的战争中失利，突厥人逐渐摆脱柔然人的控制，并形成一个强大的部族，还发展出了自己的文字。公元552年，突厥打败柔然，建立起幅员广阔的突厥汗国，势力迅速扩展至整个蒙古高原。这时在北方对峙的北齐与北周政权均害怕突厥与对手联盟，争相向其纳贡和亲，突厥借机大捞好处。隋朝建立后，突厥在隋朝挤压下开始日薄西山，分裂为东、西两部。隋末，唐高祖李渊为借助外力，曾向东突厥称臣纳贡。李氏建立唐王朝后便与突厥断绝往来。突厥很是不满，经常骚扰唐北方边境。唐太宗李世民登基时，东突厥颉利可汗率兵20万南下，逼至长安城外渭水便桥之北，距长安城仅四十里，长安震动。唐太宗被迫设疑兵之计，亲率臣下及将士隔渭水与颉利对话。颉利见唐军军容威严，又见太宗许以金帛财物、与之结盟，于是退兵。4年后，唐太宗趁东突厥内乱之际，派大将李靖北伐，生俘颉利，东突厥自此一蹶不振，后来又被新崛起的回鹘族彻底灭了。西突厥也一度称霸西域，后被唐所灭。

回鹘汗国

回鹘是生活在我国北方的古代民族。其先祖可追溯到商、周时期的北方游牧民族，一度被中原民族称为“北狄”。后来他们“随世异名，因地殊号”，在史书中一度更名为丁零、铁勒、敕勒、高车、乌纥、袁纥、韦纥等。历史上，匈奴、鲜卑、突厥先后称霸蒙古草原时，回鹘先后臣服于他们。4世纪末，这个古老的民族在贝加尔湖附近首次形成了一个统一的部族。后来经过两百多年的发展，其势力逐渐强大，于天宝四载（公元745年）击败东突厥，建立了回鹘汗国，成为继匈奴、鲜卑、突厥之后的第 4 个草原霸主。唐朝发生“安史之乱”后，回鹘汗国作为名义上的唐朝属国，曾出兵助唐收复长安和洛阳。公元 840 年，回鹘汗国被宿敌灭掉。之后，大部分回鹘人向西迁徙，一支迁到葱岭以西，一支迁到河西走廊，一支迁到新疆吐鲁番。

古老的羌人

羌人是现在的汉族和中国众多少数民族的共同祖先之一。有关羌人的最早记载见于殷商甲骨文中，羌，意指牧羊人。随时间、地域的流变，羌人又被称为“羌戎”“西羌”“姜”“羌”“氐羌”等。羌人起源于青海河湟地区、渭水上游草原一带，据《后汉书·西羌传》记载，羌族出自三苗，是“姜姓之别”。学者据此认为以姜为姓的炎帝部落即是古羌人的一支，因此羌人可以说是华夏族的重要组成部分。除炎帝部落迁居中原之外，剩下的羌人则留在了我国西北、西南的广大地区，分散成“凡百五十种”以牧猎为生的民族，在当时被统称为“西羌”。武王伐纣时，西羌还曾出兵相助。春秋战国之际，在四夷“华夏化”的大背景下，羌人大量融合到秦、晋诸国的汉人之中。南北朝时，羌人在中国北方建立了后秦政权。与此同时（或稍早），一支羌人从青海进入西藏，于隋唐之际结合当地土著居民建立了吐蕃国。吐蕃国先是助唐平“安史之乱”，后又与唐为敌，最后为唐所灭。北宋时期，羌人一支党项羌在今宁夏、甘肃、青海一带建立西夏政权，存世 200 年，最后为元所灭。中国今羌族、彝族、哈尼族、白族、纳西族、傈僳族、景颇族、怒族等均为羌人后裔。另外，缅甸人的 90% 也都为羌人后裔，而印度、泰国、越南、老挝等国也有少量的羌人民族。

吐蕃雄霸高原

吐蕃是青藏高原上第一个统一而强大的政权。南北朝前后，羌人中的发羌、唐牦等分支由青海进入西藏，在当地形成部落联盟。大约 7 世纪初，松赞干布以武力降服羌人苏毗、羊同等部，建立奴隶制的吐蕃王朝，定都逻些（今拉萨市）。唐太宗时，松赞干布派使入唐，要求通婚，唐太宗嫁文成公主于松赞干布。自此，唐朝与吐蕃开始友好往来近百年。中唐之后，吐蕃趁“安史之乱”之机，开始向东、南扩张，先是灭掉青海、甘肃一带的鲜卑族政权吐谷浑，并据有其地。又破河西走廊的党项、白兰等羌人部族，同样占有其地。最后又占领唐朝西域四镇和河陇地区。甚至在唐代宗广德元年（公元 763 年），吐蕃军攻入长安，大掘大摆地抢掠一番后离去。此时的吐蕃达到了辉煌的顶峰，其领土西起葱岭，东至陇山、四川盆地西缘，北起天山山脉、居延海，南至喜马拉雅山南麓。后来唐德宗采纳李泌的建议，联合回鹘、大食、南诏三国夹击吐蕃，吐蕃国疲于四面应对，逐渐衰落下去。唐末，吐蕃因为内乱，陷入四分五裂的局面。自此，存世两百多年的吐蕃政权土崩瓦解。

党项人的西夏

西夏是与宋王朝对峙的北方少数民族政权，由羌族中的一支党项人所建。在宋代起起落落的几个北方少数民族政权之中，西夏可算是最弱的一个，曾先后臣服于辽、金、元。党项人本生活在河陇及关中一带，以游牧为生。南北朝时，党项人逐渐形成党项八部，其中以拓跋氏最为强盛。隋朝时，拓跋氏率部归附隋朝，后又归附唐朝。唐初，西藏的吐蕃王朝崛起，侵袭威逼党项人。散居在今甘肃南部和青海境内的党项部落被迫向东迁徙。唐朝末年，党项族中的一支平夏部落因帮唐室镇压黄巢农民起义，首领拓跋思恭被封为夏国公，并赐姓李。从此党项族据有银（今陕西米脂西北）、夏（今陕西靖边县北）、绥（今陕西绥德）、宥（今陕西靖边县东）、静（今陕西米脂西）五州，后经五代乱世，其成为有实力的割据藩镇。北宋初期，夏国公后人曾臣服于赵匡胤，并帮其攻打北凉政权。宋定国后赵匡胤以唐为鉴，“杯酒释兵权”，力图削弱藩镇兵权。夏国公后人李元昊不满，于1038年宣布脱宋，建国大夏，后人称之为西夏。西夏国土大致包括今宁夏、甘肃、新疆、青海、内蒙古以及陕西的部分地区，其疆域方圆数千里，东尽黄河，西至玉门，南界萧关（今宁夏原州区东南），北控大漠，幅员辽阔。西夏建国后着力发展农业，使农业取代原来的畜牧业成为支柱经济，并且创立了自己的文字——西夏文。在外交上，西夏先是联辽抗宋，后遭辽攻击，向辽称臣。辽被金灭后，西夏又臣服于金。金灭北宋时，西夏经常随其尾迹而入，获得了数千里的北宋土地。蒙古汗国建立后，几次征讨西夏，经过长期的抗争，西夏于1227年被蒙古所灭，末帝李晛虽投降仍遭杀害。

西夏王陵

西夏王陵是西夏历代帝王和达官贵戚的埋葬地。陵园内有九座西夏帝王陵墓，近二百座陪葬墓似众星拱月布列其周围。西夏王陵糅合了汉族传统风格与本族特色，气势宏伟，号称塞外戈壁的“金字塔”。

契丹王朝

所谓的契丹王朝指的便是北宋时期的辽国。契丹本是东胡（春秋时强盛一时的北方少数民族，因居于匈奴以东而得名）的一支，自北魏开始在辽河上游活动，以牧猎为生，逐水草而居，逐渐形成八个部落。唐代时，契丹部落先是臣服于突厥，突厥被唐打败后，又归附于唐王朝。其首领被唐封赐为都督，管理契丹故地，逐渐形成有势力的地方政权。公元907年，唐朝灭亡，有才能的耶律阿保机被选为新可汗，领导契丹人陆续征服突厥、吐谷浑、党项等部，契丹成为新的北方霸主。公元916年，耶律阿保机称帝，宣布建国“契丹”。契丹趁中原大乱，向南扩张。后因契丹占有汉地越来越多，统治的汉民数量猛增，为取得汉人心理认同，改国号为辽。后晋石敬瑭为得契丹出兵助其与后唐作战，对契丹自称儿臣，且割让幽云十六州给契丹，契丹骑兵从此可以长驱直入中原。北宋初建时，辽国领土包括今山西、河北、东北大部和蒙古草原在内，其面积大约是北宋的两倍。北宋一直想收回幽云十六州，好关起北方门户，多次派军队攻辽，甚至宋真宗御驾亲征，结果都以失败告终，最后只得通过每年向契丹赔款供绢来换取和平。后来金国崛起，于1125年灭辽。辽亡后一些辽国贵族又跑到新疆以及中亚地区建立西辽，后也覆灭在了蒙古大军的铁蹄下。此后，契丹民族逐渐融入汉族或其他当地民族之中。

云南大理国

大理国是白族人于五代十国时期在西南地区建立的少数民族政权。公元936年，因唾弃石敬瑭割让幽云十六州的卖国行径，许多地方纷纷造反。公元937年，白族人通海节度使段思平也顺势在云南自立为王，建国大理。后来宋朝基本统一了全国，结束了五代十国的乱世，但因宋王朝是一个羸弱的政权，加上北有辽、金、西夏等众多强邻，一直没有统一大渡河对面的大理国。1253年，大理国被忽必烈灭掉，存世300多年。

段氏在传国期间曾两次失国，一次为权臣杨义贞杀帝篡位，4个月后又被宰相高升泰所杀，段家复位；但后来高升泰又自立为王，并更大理为大中国，2年后其子遵父遗嘱还位于段家人段正淳，史家称之为后理国。另外，大理国虽号称云南大理国，其疆域并不限于云南，而是包括现在的云南、贵州、四川西南部、缅甸北部地区，以及老挝与越南的少数地区，其面积约相当于今云南的3倍。大理农业发展水平略落后于中原，但手工业、畜牧业兴盛，对外贸易发达。大理段氏推崇汉文化，以儒治国，开有科举制度。同时崇尚佛教，并强调儒、释合一，因此其儒人多精通佛理，僧人也可科举应试。

女 真

女真族是世居东北松花江流域的少数民族。据《金史·世纪》记载，女真先祖可以追溯到商、周时期，在历史上一度被称为“肃慎”“挹娄”“勿吉”“黑水”等，辽、金时期始称“女真”“女直”（避辽兴宗耶律宗真讳）。史载女真男子脑后留发，并捆成辫子垂在后面，类似后来的清代男子。唐武则天时期，女真人的一支曾在今长白山、黑龙江一带建立了渤海国，并接受唐王室的册封，与唐多有往来。渤海国存世200多年，于五代时期为契丹所灭。契丹人为分化统治女真人，将之编为熟女真（隶属契丹籍）和生女真（不属契丹籍）。12世纪初，生女真完颜部在首领完颜阿骨打带领下逐步统一女真各部，于1115年建立金国。1125年，金灭辽。次年，灭北宋，统治中国长江以北地区，与南宋对峙。后本在金国统治下的蒙古崛起，1234年，其与南宋通过南北夹击灭金，女真人分散成了众多支离破碎的小部落，另有许多已经汉化的女真人留在了中原，融入汉族。明末努尔哈赤起兵，统一女真各部。于1616年建立后金（后改称清）。其子皇太极继位后，于1635年改女真为满州。1644年，满洲“八旗”入山海关，建立了中国最后一个封建王朝——清朝。清朝于1912年覆灭，已经汉化的满洲人分散于全国各地。

蒙古帝国

蒙古族大约形成于12世纪初，起初为分散的众多游牧部落，且互相征战。13世纪时，蒙古贵族后裔铁木真通过连年征伐统一了蒙古各部，建立蒙古汗国，铁木真也被推举为“成吉思汗”。蒙古汗国先是灭金国、西夏，后又灭云南大理国、南宋，最终统一中国。成吉思汗的孙子忽必烈建立元朝，称元世祖。

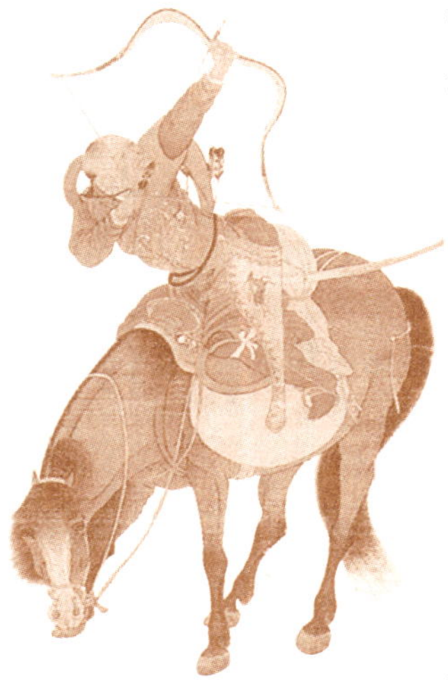

骑射图　蒙古　此图绘箭在弦上蓄势待发的瞬间，表现出蒙古人的矫健，很有“弯弓射大雕”之势。

蒙古在统一中国前后，成吉思汗及其后世子孙曾举行过三次大规模的西征。蒙古人骁勇善战，忍耐力强，加上运用从汉族学来的火药、抛石武器以及机动灵活的战术，在西征的途中所向披靡，建立起了以成吉思汗子孙为王的窝阔台、察合台、钦察、伊利四大汗国，加上南宋、大理、金国领土，最终形成了横跨欧亚大陆的大帝国。其最大疆域的面积高达3300万平方千米（一说4400万平方千米），东到太平洋，北抵贝加尔湖，西达黑海沿岸（鼎盛时达匈牙利），南至南海。

就元朝来说，其基本奠定了中国现在的版图，行省制度也源于元朝。

三代之治

所谓“三代之治”，有时简称“三代”，指中国最早的三个统一政权——夏、商、周。“三代之治”的说法是西汉时期的儒家人士提出的，他们认为夏、商、周是中国治理得最好的三个典范朝代。“三代”之时的帝王的道德人品和治国态度（不包括夏桀、商纣、周幽王三个末帝和其他个别昏庸君王）乃是后世帝王的楷模，尤其夏禹、商汤、周文王被尊为“三王”；另外，“三代”的政治形式也是最有利于国家安定和人民幸福的。因此，历代帝王都标榜要效法三代。而儒家人士都喜欢言则称“三代”，将之当作一种政治理想国来作为当世的参照标准。明末清初思想家黄宗羲在对明朝灭亡的教训进行思考之后，首次提出反对君主专制制度的同时，因为不能找到有效的制衡君权的办法，也将自己的政治理想寄托在了“三代”上。

但事实上，“三代”，尤其夏、商两代，并没有可靠的信史留下，因此所谓“三代”之治很大程度上只是古人的一种想象。目前来看，就“三代”的真正影响而言，应该是开创了中国最早的国家政治文明。其中，夏为中国“家天下”政治模式的开端；商代君王首次称“帝”，君权扩大；周代则是确立了维持统治者内部横向权力分配的宗法制度和竖向传接的嫡长子继承制度，另外周代的礼乐制度也为社会结构的稳定提供了保障。

夏王朝

夏朝是中国第一个以国家的形态出现的朝代。夏朝之前，古人以一种原始的部族联盟的方式维持社会结构的稳定。各部族酋长通过选举产生称作“天子”的军事首领，下一任“天子”在通过酋长会议同意后，由上任“禅让”于他，尧、舜、禹之间的传递正是通过这种禅让制度。但禹死后，他的儿子启首次破坏了这种禅让制度，自立为王。由此，这种父子传递的“家天下”制度取代禅让制，夏朝产生。

夏朝是一个奴隶制政权，“天子”地位的体现形式是其他部族每年向天子送供赋。另外，“天子”的号召力也比从前要提高许多，可以“集中力量办大事”，更有效地抵抗外族，发展经济。因此，夏朝的建立应该说是一种政治上的进步。夏王朝的疆域大约东至东海，西连西河，北及燕山，南逾江淮。在经济上，夏朝冶炼青铜的技术比较成熟，商品交换也初步发展。另外，当时已经创造出了较好的历法，即现在还在用的夏历，因此其农业经济也已经比较稳定。夏朝存世时间约从公元前 2070 年至约公元前 1600 年，总共传了 14 代，延续近 500 年。至最后一位天子“夏桀”，因其昏庸残暴，被本受其统治的商汤部落推翻。《史记·匈奴列传》等史料记载，夏亡后，其部分贵族逃到北方草原，成了后来的匈奴人。

商 朝

夏朝末年，夏桀无道，活动于黄河下游的畜牧部落商在首领商汤的带领下灭夏，建商，定都于亳（今河南商丘境内）。后因商王盘庚迁都于殷（今河南安阳西北），人们称之为“殷商”。

商建国后，自商汤至商纣，历 17 代、31 王，前后将近 600 年。从目前发掘的商代古墓和文献记载来看，商朝是一个相当强盛的国家。《诗·商颂·殷武》中记载：“昔有成汤，自彼氐羌，莫敢不来享，莫敢不来王。”政治上，商朝国家机构已经相当完善，不仅存在各种职官、常备武装，还制定了相应的典章制度、刑法法规等。经济上，代表当时社会生产力发展水平的青铜业，有了大的进展，青铜器生产已经进入繁盛期。另外，商朝在医学、纺织、交通、天文等方面，也都取得不小成就。在风俗上，商人崇拜鬼神，祭祀繁多，喜欢巫卜。有趣的是，商朝的君位传承制度不像夏朝那样由父传子，而是由兄及弟，最后由最年幼的弟弟回传给长兄的长子。这种王位传承方式，导致商朝多次出现君王的弟弟、儿子们争夺王位的情况。正因为争夺皇位的内乱频繁，商朝多次迁都，目前发现的便有 4 个商都遗址。末帝商纣荒淫残暴，失去人心，再加上连年征战，国力衰落，对西北失去控制，商朝最终被西北渭水流域的周族所推翻。

西周王朝

西周指的是周朝的前段，其存在时间是从公元前 1046 年至公元前 771 年。西周区别于东周的外在标志是都城在西边（相对东周的都城洛阳而言）的镐京（今陕西西安市西部）。周武王姬发灭商后建立西周，为有效控制大片土地，先是采取了分封制。将同姓宗亲和功臣分封各地，建立诸侯国。比如封周公于鲁、姜尚于齐、召公于燕等，而这也形成了春秋时期诸侯争霸的基本格局。诸侯国要定期朝见周王，向周王纳贡、服役，并有保卫周王室的义务。武王死后，其子成王继位，由周公（武王的弟弟）摄政。周公外平叛乱，内制礼乐，使周王朝在文化与政治上空前统一。传至昭王、穆王两代，因对南部战争失利，加上周穆王喜欢出巡旅行，导致政治松弛，周王室开始衰微。到周幽王时，因其宠幸美女褒姒，废皇后，其岳父申侯（申国首领）不满，联合西戎杀了他。至此，共经历 11 代、12 王、275 年的西周灭亡。之后平王在洛阳继位，东周开始。但东周王室在诸侯国中已经没有权威。

总体而言，西周的农业、畜牧业、建筑、天文、地理等有了进一步发展，尤其当时的人已经学会了冶铁技术；在文化上，文字在西周时期得到了更广泛的运用；在对后世的影响上，西周的政治与文化的统一最终催生了华夏族，其嫡长子继承制也为后来历代的权力继承提供了模式，保持了历代政治的稳定。

春秋时期

“春秋时代”得名于史书《春秋》，具体指从周平王迁都洛阳的公元前 770 年到“战国七雄”格局形成的公元前 476 年，大致是东周的前半期。春秋时期是中国历史上非常重要的时期，在政治、经济，尤其文化上深远地影响了中国。在政治上，周王室大权旁落，群雄争霸，连年战争，大国不断蚕食小国。同时，由于卿大夫势力强大，各国内部动乱也时有发生，权力更替频繁，弑君现象屡见不鲜。据《春秋》所载，春秋时期的前 242 年间，有 43 名君主被臣下或敌国杀死，52 个诸侯国被灭，有大小战事 480 多起，诸侯的朝聘和盟会则达 450 余次。期间，先后出现齐桓公、晋文公、楚庄王、宋襄公、秦穆公 5 个霸主，史称“春秋五霸”。到春秋末期，经连年吞并，140 多个诸侯只剩下了 20 多家。其中以“战国七雄”为最强，历史进入了“战国时代”。

除战火不息的乱世特征之外，春秋时期还是中国文化的黄金时代。周王室以及诸侯国的衰落导致学术下移，大批文化人流入民间，出现了“百家争鸣”的局面。尤其孔子、老子、墨子等文化巨人的出现，为后世几千年的中国文化奠下了根基。

春秋时期的另一个重要旋律不得不提，这便是中原四周的少数民族“华夏化”的民族大融合进程。秦、楚、吴、越这些本来的“蛮夷”之邦陆续跃入“华夏”的行列，汉族的基础在这一时期基本形成。此外在经济上，春秋时代最重要的两个进步是铁器的广泛使用所带来的工农业的发展和货币的广泛使用所带来的商业繁荣。

战国巨变

一般而言，战国指的是从公元前 475 年至公元前 221 年这段时间，即东周的后半期。因西汉的刘向就这段历史编写了《战国策》一书，因此这一历史阶段称为战国时期。战国时期，形成了齐、楚、燕、韩、赵、魏、秦这 7 个诸侯强国，即“战国七雄”。这 7 国连年争战，弱肉强食。在这期间，因为国与国之间的战略缓冲地带已不复存在，往往是大国之间直接相邻，生死存亡的竞争更加残酷。据统计，从周元王元年（公元前475年）至秦王政二十六年（公元前221年）的255年中，有大小战争230次。并且因各国的实力大大增强，战争的规模也越来越大，动辄便投入十几万、几十万人的军队。除加强对外战争之外，各国纷纷对内招贤纳士，乃至引进国外人才，同时实施变法以富国强兵。其中著名的有魏国的李悝、楚国的吴起、秦国的商鞅等实行的变法。另外，各国在外交上纷纷寻求政治联盟，以共同遏制对手。这其中的两条主线便是秦相张仪的“连横”（分化六国）和六国宰相苏秦的“合纵”（六国联合抗秦）。最终，“合纵”因六国不同心而失败，秦国通过“远交近攻”的策略逐个灭掉六国以及众多小国，成为最后的赢家。秦始皇于公元前221年统一中国，建立了中国第一个中央集权制的王朝——秦朝，中国自此走入了大一统的封建社会。

秦

秦是中国第一个集权制王朝，公元前221年由秦始皇建立，15年后亡于秦二世之手。据《史记·秦本纪》记载，秦乃颛顼后裔，被舜赐嬴姓。周朝时嬴姓后裔秦襄公因护送周平王东迁有功，被封为诸侯。春秋战国时期，经过自秦穆公至秦王政历代君王的努力，加上地理位置的优势，秦国最终从春秋战国的血腥争霸中冲杀出来，建立了大一统的王朝。秦统一六国后，又进一步北击匈奴，南下百越，其疆域在周王朝的基础上进一步扩大，东起辽东，西至玉门关、陇西，北抵长城，南达越南北部及中部一带，面积超过500万平方千米，基本奠定了后世中国的版图。在政治上，秦改周朝的分封制为郡县制，首次确立中央集权制和皇帝的绝对权威，并设置了与之配套的三公九卿制的中央官僚机构。秦所创下的这套中央集权的国家政治制度，成为后世历代王朝政治制度的基本框架；在经济上，秦实行土地私有制，使社会进入地主－农民模式的阶级社会；其统一度量衡、货币、车轨、文字等，则使中国在文化上首次实现真正的大一统；另外，秦所创的法律也一直沿用到唐代才有较大的变动。总体而言，秦代虽短，对中国却是影响巨大。

秦在政治、经济、文化上取得一系列成就的同时，因维持庞大的官僚机构和一支庞大的军队并进行多次大规模战争、修筑万里长城与阿房宫等大型工程等原因，对人民征敛过重，再加上过于严酷的法律，对知识分子的打击，使人民“苦秦久矣”，最终引发大规模农民起义，加上六国贵族的响应，二世而亡。

西 汉

西汉是汉代的前半段，因其都城长安（今西安）相比于东汉都城洛阳位置靠西，故名，也称“前汉”。从时间上讲，西汉是从公元前206年至公元25年。西汉为刘邦所建，其各种制度基本上沿袭了秦制，因此往往被史学家们视作秦换了皇帝姓氏之后的继续。汉在建国之初，鉴于秦亡的教训，对人民采用了比较宽松的休养生息的政策，经济因此得以发展，人民安居乐业，史称“文景之治”。但此时的西汉在军事外交上常受匈奴欺负，可以说是盛而不强。到汉武帝时，在军事上沉重打击了匈奴。但由于对匈奴连年作战，军费支出庞大，人民生活贫苦，又成了强而不盛。到了汉武帝晚年，汉武帝为自己连年征战导致人民生活困苦下罪己诏，并着力发展经济，汉代才开始逐渐强盛。另外，其时开辟的“丝绸之路”，使中国对外贸易繁荣起来，中国也由此极大地开阔了视野，在文化上显示出一种气度。然后汉昭帝、汉宣帝继承遗志，继续维持这种盛世。这段时期的汉朝疆域辽阔，政治稳固，经济繁荣，文化昌盛，史称“武昭宣盛世”。其后直到西汉末，汉代都是当时世界上最强盛的国家之一。据《汉书 · 地理志》记载，汉疆域最大时东抵大海，西至今新疆，南至今云南及越南大部，北至今蒙古国，东北延伸到朝鲜半岛北部。西汉人口最多时达 5959 万。也正因为此，汉人、汉字、汉族等名称才得以一直流传下来。西汉历 211 年，14 帝，最后因皇帝年幼，被外戚王莽篡权，于公元 8 年改国号为“新”。

东 汉

东汉是汉光武帝刘秀建立的一代王朝，时间上是从公元 25 年刘秀立国至公元 220 年曹丕代汉。西汉末年，社会矛盾重重，政局动荡。外戚王莽趁汉平帝年幼，篡权夺位，于公元 8 年建立新朝。王莽建立新朝后，推行“王莽新政”，试图稳定社会，缓和矛盾。但王莽的新政却使原有的政治经济秩序遭到很大冲击，新的合理秩序没能建立，结果国家混乱不堪，引发大规模的农民起义。汉光武帝刘秀本是汉景帝后裔，其先祖贵族地位经逐代降落，至刘秀已是平民。刘秀参加绿林起义后逐渐当上首领，最终推翻王莽新朝，建立政权，定都洛阳，并自称兴复汉室，史称东汉。

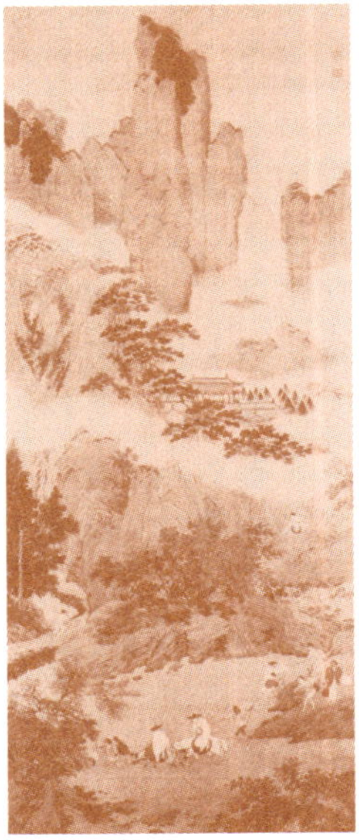
光武帝涉水图 明 仇英

东汉初期，经过光武帝、汉明帝、汉章帝三代皇帝的治理，东汉王朝逐渐恢复往日汉朝的强盛，这一时期被后人称为“光武中兴”。但其后，统治阶层开始安于享乐，国势日衰。尤其自和帝始，宦官、外戚势力膨胀，政治日益腐败。再加上东汉后期皇帝有七八个都是娃娃皇帝，导致外戚专权，小皇帝长大后，借助身边的宦官夺权，又导致宦官得势。新的小皇帝即位后，又开始同样模式的循环。政治的混乱导致民不聊生，公元 184 年，爆发了黄巾起义。农民起义的同时，洛阳的外戚何进与宦官十常侍在火拼中同归于尽，最终西北军阀董卓入京专权，东汉名存实亡。公元 220 年，曹丕废汉献帝，称帝建魏，东汉灭亡。

三国鼎立

三国鼎立是指东汉灭亡前后，魏、蜀、吴三个政权鼎足而立的局面。三国鼎立的时期一般认为始于公元 220 年曹丕废汉献帝而称帝，至公元 280 年西晋灭吴结束。三国乃是在东汉灭亡前后的乱世中，主要通过军事斗争脱颖而出的 3 个赢家。

魏国建国于公元220年，其疆域最大，占有东汉十三州中的九州，包括了秦岭、淮河以北的整个北方地区；其人口也最多，约有440余万；另外，魏国在三国中的文化学术也最繁荣，建安七子及曹氏父子乃是三国时期的主要文学代表人物。因此，后世史学界一般以魏为正统。晚期的魏国政权被司马氏所控，公元265年，司马昭之子司马炎以曹丕代汉献帝的方式代魏为晋，魏灭。蜀国其实是后人的叫法，当初刘备自认汉室后继，本定国名为汉，于公元221年建国。蜀汉乃三国之中最弱的一个，其原本具有益（今四川）、荆（今湖南、湖北）两州，后关羽失掉荆州，只占得益州一地，人口仅有94万。蜀国于公元263年被魏国所灭，其灭亡的直接原因是后主刘禅的无能，间接原因则是诸葛亮、姜维连年伐魏造成国力空虚。吴国乃三国之中最后成立者，公元229年，孙权继曹丕、刘备之后称帝，迁都建业（今江苏南京），建立吴国。其疆域次于魏，大于蜀，据有东南扬（今淮水长江以南及江西、浙江、福建三省）、荆、交（今广东、广西及越南北部）三州，人口230万。吴国于公元280年被西晋以武力所灭，至此，三国悉归于晋。

三国鼎立期间，因为军阀连年混战，全国总人口一度从东汉的5000多万减少至1000多万，可以说是一段相当残酷的历史时期。

西晋和东晋

西晋和东晋合称为晋朝。晋原本是周朝时的诸侯国，在今山西西南部。曹魏政权末期，司马昭掌控实权，因司马氏原籍在古晋国地面，故被封为晋王。公元265年，司马昭之子司马炎代魏立晋，定都洛阳，因洛阳位于后来的东晋都城建康（今南京）的西边，史称西晋。西晋立国后，鉴于东汉末期军阀割据的教训，恢复了古代的分封制，封同姓宗室到各地为王。可是宗室势力又成了新的麻烦，发生了宗室反叛的“八王之乱”。“八王之乱”使西晋元气大伤，军事力量从此一蹶不振。北方和西南的匈奴、鲜卑、羌、氐、羯等少数民族趁机发兵，在中原建立政权，并于公元316年灭西晋。之后中国北方由汉人和少数民族陆续建立起几十个大小不等的政权，进入“五胡十六国”时代。西晋亡后，晋室南渡长江，琅邪王司马睿在建业重建晋朝，因其在洛阳东面，史称东晋。东晋皇帝害怕将领坐大后反叛朝廷，因此抑制将领北伐，偏安于江南103年，传11帝。公元420年，权臣刘裕杀帝篡位，建国宋，史称南朝宋。东晋灭亡。

就整个晋朝而言，朝政由世族把持，入仕唯出身论，政治可谓一团糟，最终给百姓带来了深重的灾祸。但在文化上，这一时期却是一个繁荣时期。由于儒教独尊的地位被打破，哲学、文学、艺术、史学等学科纷纷出现革新，发展成独立的学问。在司马氏的政治高压下，文人们多躲避政治，放浪形骸，谈玄说道，成为中国历史上最有个性的一批文人。另外，在经济上，由于晋王室的南迁，江南获得全面开发，逐渐繁荣兴盛起来，中国的经济中心也逐渐南移。

南北朝

南北朝是中国历史上一段南北政权对峙的时期，始于公元420年东晋权臣刘裕代东晋立南朝宋，结束于公元589年隋灭南朝陈。在南北朝之际，中国基本上分为南北两个政权，虽经常在军事上互有征讨，但谁也灭不了谁，各自更迭，好像是两个国家一样。在疆域上，南朝在前三朝时较大，能够占有长江以北的一些地区，南朝陈最小，只依长江守住东南一隅。其中，南朝总共历经宋、齐、梁、陈四朝。有趣的是，四朝均是前朝的大臣篡权而立，并以自己原来的封号为新的国名。四朝均以建康（今南京）为都城，存世时间也都比较短，其中最长的为刘裕所建的宋，共59年；南齐国祚最短，仅23年；萧梁55年；陈33年。北朝严格的开始时间要晚于南朝，以公元439年北魏太武帝拓跋焘结束“五胡十六国”乱局，统一北方为开端。北魏乃是鲜卑族南下中原所建政权，统治中国近百年后，丞相高欢和关西大都督宇文泰各立一皇族子弟为帝，以洛阳为界，分裂为东魏、西魏两个国家。后东魏为北齐所代，西魏为北周所代，取代者分别是高欢的儿子高洋和宇文泰的儿子宇文觉。公元577年，北周武帝宇文邕灭北齐，再次统一北方。公元581年，外戚杨坚篡夺北周江山，建隋，并在8年后渡江灭陈，中国长达近300年的分裂局面结束，复归统一。

南北朝时期政权更迭频繁，统治者贪婪、残暴的本性暴露出来。长期的战乱和残酷剥削，使得北方经济遭到严重破坏，虽有几次短暂恢复，但总体水平已下降。北方人民为躲避战乱大量南迁，促进了江南经济的开发。这一时期北方少数民族内迁，尤其北魏孝文帝改革，促进了民族融合。文化上，形成了多元化思想，出现了以法治国、务实求治的主张和“无君论”等有价值的观点，也产生了消极、遁世的思想，影响最大的是玄学思想。

隋朝

隋朝由隋文帝杨坚于公元581年建立，公元618年亡于二世炀帝之手，存世仅37年，是大一统王朝中除秦朝之外的第二短命王朝。隋朝虽然短命，却是中国历史上最伟大的王朝之一。自东汉末年至南北朝，中国便一直未曾出现过一个强有力的稳定统一的政权。隋朝建立之后，其强盛在中国乃至世界历史上都空前绝后。隋朝不但疆域辽阔、经济繁荣、文化昌盛、户口锐长，而且甲兵强锐，所向披靡，周围民族莫不臣服，这也为后来唐朝扫除边地少数民族威胁奠定了基础。隋朝对西域的开发是中原王朝首次对新疆地区实施的开拓，京杭大运河的开凿连通了黄河与长江，为后世几百年的经济繁盛奠定了基础。另外，其对长安城与洛阳城的大规模建设为后世留下了两座世界顶级的城市。尤其值得一提的是，隋朝所创立的三省六部制、《开皇律》、州县两级制、科举制等一系列新制度为后世历代所承继。

隋朝总共传位两代，开国之君隋文帝被誉为中国历代最有才智、最仁慈的皇帝；而二世炀帝也并非简单的一个暴君可以概括，他本人也是文武双全，颇有能耐。只是隋朝与之前同样短命的秦朝有些类似，长达几百年的割据局面骤然统一，统治基础并不稳定，表面的强盛之下潜藏着许多前朝遗留的政治势力的暗流在伺机而动。后来与秦朝灭亡原因完全相同，隋王朝一系列军事征伐与大工程建设，致使下层百姓不堪忍受，爆发了农民起义。隐藏的政治力量趁机与农民起义呼应，强盛的隋朝轰然而灭。

唐朝

唐朝是世界公认的中国最强盛的时代之一。唐开国皇帝高祖李渊本是关陇士族，在隋末农民起义中顺势在山西晋阳（今太原）起兵，最终夺了隋朝江山。唐建国后，基本继承了强盛的隋朝遗产（疆域、与周边少数民族的关系、制度等），成为继隋朝之后的又一个强盛王朝，因此有史学家将唐朝看作是隋的继续。唐朝因为承继隋朝的不错的外部环境以及均田制、科举制、三省六部制等良好的制度，加上唐朝前面的几代皇帝都比较能干，尤其在唐太宗、女皇武则天、唐玄宗（前期）三代皇帝的励精图治下，唐王朝达到极盛。经济方面，先是出现唐太宗的“贞观之治”，后在唐玄宗时期又出现“开元盛世”，当时唐朝经济已经远远超过了同一时期的拜占廷帝国和阿拉伯帝国。唐都城长安是当时世界上最大、最繁华的都市。军事方面，唐朝先后攻灭东突厥、西突厥、高昌国、高句丽、百济等政权，以前为突厥所支配的蒙古高原也一度成为唐王朝的势力范围。唐朝疆域最盛时期东至朝鲜半岛，西达中亚咸海，南到越南顺化一带，北包贝加尔湖，总面积达1251万平方千米。唐朝的政治制度也可谓后世典范，其承继了隋朝的宰相制，对皇帝和宰相的职权范围做了进一步的明确划分，使得皇帝和政府的职权更加规范。唐又发展完善隋朝的科举选士制，使得天下有才能之人大量进入唐廷。尤其令后世所仰视的是，因其包容开放的气度，唐朝在文化上也达到了中国历史上的最高峰，唐诗代表了中国诗歌艺术发展的顶峰，并涌现出李白、杜甫等一大批文学巨擘。

至唐玄宗晚年，因其骄奢淫逸，疏于朝政，重用奸人李林甫和杨国忠，朝政日腐；藩镇节度使权力日隆，出现外重内轻的局面，又重用胡人将领，最终导致公元755年爆发了安禄山和史思明发动的“安史之乱”。8年之后，“安史之乱”虽被平叛，唐朝自此衰落。之后的唐廷再也无法有效控制趁乱而起的地方藩镇势力，唐王朝在帝国的余晖里苟延残喘了一个半世纪，最后被割据势力朱温所灭。

五代十国

五代十国是唐朝灭亡之后中国出现的又一个乱世，时间自公元907年唐朝灭亡始，至公元960年北宋立国止。五代十国总体上与前面的南北朝乱世有些相似，也大体上呈现出一种南北对峙的局面。“五代”指的是在中国北方次第更迭的五个短命王朝，分别是：后梁、后唐、后晋、后汉、后周。“十国”指大致与五代同时在南方和山西出现的十个割据政权，分别是：前蜀、后蜀、吴、南唐、吴越、闽、楚、南汉、南平（即荆南）、北汉。其中，五代政权因地处战争频仍的中原地区，都比较短命。最长的后梁也只有17年，其次后唐14年，后晋11年，后汉仅4年，后周9年。相对于“五代”，“十国”的政权除了北汉在今山西附近外，其他的都在南方，受中原战乱影响不大，政局比较稳定，立国时间也都比较长。其中存在最久的吴越国传了5帝，共72年；最短的前蜀也有34年。公元960年，因后周新皇帝年幼，无力掌管天下，大将赵匡胤发动“陈桥兵变”，代周立宋。宋建国后花了将近20年时间逐个灭掉南方的割据政权，再次统一全国，结束了五代十国的分裂局面。

五代十国时期，因为当时北方战乱频仍，经济发展受到严重影响。同时，北方战争使得大量的北方人士南下避祸，带来了先进技术与文化，促进了南方的进一步开发。

宋朝

在中国建立的大一统王朝中，最富的是宋朝，但最弱的也是宋朝。宋朝分为北宋和南宋，其中北宋自公元960年后周大将赵匡胤立国算起，至1127年“靖康之难”止；南宋则承接北宋始于1127年，止于1279年。宋王朝在经济、科技、制度、文化等方面都取得了长足的进步，其物质文明与精神文明所达到的高度是空前的。就财政收入而言，不仅前面的历代，即便其后的元、明两代都远远低于宋代，清代也只是到晚期时才超过了宋代。并且，由于宋代工商业以及海外贸易的快速发展，政府财政收入只有30%依靠农业收入，剩下的70%则来自工商业税收。因此有学者认为宋代已经出现了资本主义萌芽。宋朝经济的繁荣带来了城市的扩大、人民生活的安定和文化的繁荣。到南宋时期，人口过百万以上的城市就有四五个。正因为经济的繁荣与安定，宋代基本没发生大规模的农民起义，而这在历代都是很少见的。但是，在经济、文化繁荣的同时，宋代在对外战争中却是屡战屡败。当年宋太祖赵匡胤立国后，鉴于唐代亡于武人割据的教训，采取了重文轻武的治国方略。赵匡胤“杯酒释兵权”，将能打仗的武将兵权悉数收回，然后交由不懂打仗的文人。以至于宋代多“将不识兵，兵不识将”的状况，军队战斗力可想而知。在北宋北方，西有党项人所建的西夏王朝，东有契丹人所建的辽国，两国均是军事实力强劲的国家。宋朝在军事上的积弱导致辽国经常南下侵宋，宋与之多次交战均以失败告终，最后只好每年向辽供奉绢二十万匹，银十万两，以买和平。后来金国崛起，灭辽之后，又虎视北宋。1127年，金兵攻陷北宋都城开封，掳走钦、徽二宗和其他皇室人员3000多人，史称“靖康之难”，北宋灭亡。漏网的宋朝宗室康王赵构南下后以临安（今杭州）为都城建立南宋。南宋与金国隔江对峙，打仗仍是败多胜少。后来蒙古崛起，南宋与之联合灭了金国，但随后南宋也被蒙古所灭。

元朝

元朝政权是由蒙古贵族建立的一个大一统王朝，这也是中国首次由少数民族建立的大一统王朝。在时间上一般认为其起于1271年元世祖忽必烈建元，止于1368年明朝建立。13世纪初，成吉思汗统一蒙古各部，建立蒙古汗国。之后蒙古汗国在成吉思汗及其后世继承人的带领下横扫欧亚大陆，占有了欧亚大陆近2/3的土地。与此同时，蒙古汗国先是联宋灭金，结束了金国在北方120年的统治，之后又于1279年灭南宋，统一中国。成吉思汗之孙元世祖忽必烈于1271年取《易经》“大哉乾元”之义，建国号大元，次年迁都大都（今北京）。蒙古人除了元帝国外，还另建有以成吉思汗子孙为王的窝阔台、察合台、钦察、伊利四大汗国。这四大汗国在名义上要服从元朝皇帝，但实际上四大汗国各自为政，并在元朝灭亡之前或灭或分裂。就元帝国来说，其中央实际统治疆域超过了汉唐，只有后来的清朝能与之相比。其西北达新疆东部，北至西伯利亚，东抵大海（包括台湾），南到南海诸岛，西南包括西藏、云南、今缅甸东部，领土面积超过1200万平方千米。元朝人口盛时达5830万。元朝强大的军事实力带来了稳定的边疆和安定的生活，生产得以快速发展，加上元朝本身的外向性，商贸也得以极大繁荣。另外，由于元代基本废除了科举制度，士子文人无门路入仕，纷纷走向民间创作文艺，以元曲为代表的文化事业也得以繁荣。总体而言，元朝短暂的97年算得上是强盛而繁荣富足的。元朝统治者将全国人口划分为4个等级。由高到低依次是，蒙古、色目（中亚、西域等地的民族）、汉人（北方的汉族、契丹、女真等）、南人（南宋遗民）。元末政治的腐败导致经济的衰败，人民起而反抗。1368年，朱元璋率军攻破大都，元顺帝北逃，元朝灭亡。北迁的元政权退居漠北，仍沿用大元国号，与明朝对峙，史称“北元”，但已经不成气候，30年后因内讧灭亡。元朝自忽必烈定国号起，历11帝97年。

明王朝

明王朝是汉族建立的最后一个大一统王朝。1368年，与汉高祖刘邦有些类似的又一个平民皇帝朱元璋攻破北京，灭元建明。明原本定都南京，后朱元璋的儿子燕王（即后来的永乐皇帝）通过武力夺了其侄建文帝皇位后，迁都北京。总体而言，明朝也算是一个既强又盛的汉族政权。明朝长期受日本倭寇骚扰沿海，但并非大患。其疆域包括内地两京十三省，另外还囊有东北、新疆东部、西藏、南海诸岛、今缅甸北部、西伯利亚东部等地。尤其值得称道的是明代首次在中国台湾设立行政机构，将台湾正式收入中国版图。经济上，明代工商业得以迅速发展，在冶铁、造船等重工业以及纺织、瓷器、印刷等轻工业方面遥遥领先于世界。以徽商、晋商、闽商、粤商等为名号的商帮亦逐渐形成，并且出现不少年入百万乃至千万（两银子）的巨商大贾；只是明代的政治有些乌烟瘴气，首先是明代皇帝大多没个皇帝的样子，出了几个耽于方术的淫乐皇帝（宪宗、神宗、光宗），又有一心升仙的炼丹皇帝（世宗），甚至出了个不识字的文盲皇帝（熹宗）。另外，明初朱元璋以宰相胡惟庸谋反为由，废弃了中国流行了1600多年的宰相制度。明朝皇帝集君权、相权于一身，因宦官在靖难之役中立功，自明成祖朱棣始宦官权势日盛，后世皇帝又多有荒嬉淫乐的昏君，结果造成明代政权时时出现宦官干政的弊端。但在明代乌烟瘴气的政治氛围下，却有一个可圈可点、为后世津津乐道的亮点，便是明代士大夫阶层的不畏强权，敢于与帝王抗争的独立精神。对于皇帝的不合理政策与行为，以东林党人为代表的明代士大夫争相犯颜直谏，被下狱乃至处死不悔，以至于形成了明代独特的士大夫以谏言被处罚为荣的风气。当年因万历皇帝不按制度立长子为太子，士大夫犯颜直谏遭下狱或免官者前仆后继，前后达几百人。这也是许多后世学者喜欢将明代与远远超过明代的唐代相提并论的原因。

明代总共传位16帝，明崇祯十七年（1644年），李自成的大顺军攻克北京，崇祯帝在北京景山上吊，明亡。

清王朝

清朝是中国最后一个“家天下”封建王朝，由东北的游牧民族女真人所建。他们的主体是当年灭北宋的金的后裔，于明末在军事领袖努尔哈赤的带领下逐渐崛起，1644 年被山海关守将吴三桂引入中原，击败李自成后建立清朝，定都北京。清朝建立后，鉴于元朝的教训，虽然给予了满族人许多特权，但没有实行按民族划分等级的制度。除此之外，清朝统治者还极力汉化，最终取得了汉人的文化认同。这也是清比元长命的重要原因。值得注意的是，清统治者行事异常小心，对皇族子孙要求异常严格。正因为此，清代皇帝基本上算是中国历代皇帝中最勤政的，没有出现怠政荒淫的皇帝。尤其前几任皇帝康熙、雍正、乾隆等都相当贤明而且勤奋，使中国在内出现了一个稳定繁荣的“康乾盛世”，在外则成了一个称雄东亚的帝国。其疆土超过明代，基本达到元代的规模。尤其值得注意的是清代的人口，顺治八年（1651 年）时，中国人口只有 3000 多万。到雍正年间，首次突破一亿大关。而道光年间，则达到了 4 亿了。当清朝政府关起门来陶醉在“康乾盛世”美梦中时，西方则正在发生工业革命和资产阶级民主革命，2000 年来一直跑在世界第一位的中国悄悄地被西方赶上并超越了。1840 年的鸦片战争，使西方人摸清了这个帝国的外强中干的底细，中国逐步沦为西方列强瓜分的对象。1911 年，辛亥革命爆发，1912 年清帝退位，到此，中国自秦始皇以来 2000 多年的封建时代宣告结束。

职官制度

皇 帝

秦始皇像

皇帝是封建王朝的最高统治者。皇，早期是上天、光明之意，“因给予万物生机谓之皇”；帝，则是生物之主，有生育繁衍之源的意思。在上古时期，“皇”与“帝”都是用来称呼最高统治者的称号，如“三皇”“五帝”。商、周时期，最高统治者一般都称为王，比如商纣王、周文王。“皇帝”一词的出现始于秦始皇。秦虽二世而亡，但“皇帝”这一称号流传了下来，为后世历代沿用。据统计，自秦 2000 多年下来，中国正统王朝的皇帝总共有 349 位。

储君皇太子

储君，即是未来的皇帝，除个别为皇帝的弟弟、叔叔或者直接是皇帝的孙子，称作皇太弟、皇太叔、皇太孙等外，一般情况下为皇帝的儿子，称作皇太子，简称太子。在我国汉代，王侯的继承人也曾称“太子”，汉代后，各种同姓或异姓王侯乃至藩属国的继承者都统称为“世子”。储君在帝王制度下是非常重要的角色，一旦立了储君，便避免了皇帝突然去世国家陷入内乱的危险，也避免皇子们为争当储君而钩心斗角的情况。储君确定之后，大臣和皇子们对未来的政治走向心中有数，人心便安定，政治也便安定了。因此，储君往往被称作“国本”。关于储君的立法，自从我国周代确立“嫡长子继承制”以来，后世帝王一般都以此为基本原则，立嫡长子，即皇后所生的长子为太子。一旦皇后无子，则立庶子中的长子。不过，也有一些皇帝以“立贤”为原则。

早期时候，太子权力相当大，是仅次于皇帝的二号人物，加上大臣们对未来的皇帝自然也不敢怠慢，太子往往会对皇帝本人构成威胁。因此古代多次出现皇帝废太子甚至杀太子的事情；而反过来，势力强大的太子强行登基乃至弑君夺位的情况也发生过。前者如汉景帝废栗太子、汉武帝诛杀卫太子等，后者如唐肃宗李亨强行登基、隋炀帝弑父夺位。另外再加上众多皇子都觊觎储君之位、明争暗斗等原因，历史上太子顺利册封，顺利登基的情况并不多见。不过宋代以后，皇权不断加强，太子权力不断变小。清雍正登基后，鉴于康熙立储的失败，干脆不再公开立储，建立了秘密建储制度，即皇帝生前不公开宣布储君人选，而是悄悄定下储君，在皇帝死后才公之于众。雍正用这种方式传位给了乾隆。之后乾隆、嘉庆、道光均以此法传位。到咸丰时，因只有载淳（同治皇帝）一子，无须秘密建储，此法未用。后来同治、光绪均无子嗣，并且这两个皇帝均是慈禧操纵下的傀儡皇帝，根本没有权力立储，也就没有立储，秘密建储制度遂废。

三公九卿

三公九卿乃是秦朝时确立的中央官制，“三公”是古时辅助国君的三个最高官员，“九卿”是中央政府的9个高级官员。周代曾经出现过“三公六卿”，分别以辅佐皇帝的太师、太保、太傅为三公，以冢宰（总管军政）、司马（负责军务）、司寇（分管刑罚）、司空（负责工程）、司徒（负责民政）、宗伯（负责礼仪）为六卿。后来秦始皇统一六国后，听从李斯建议，建立了以皇帝为尊，以三公九卿为中央官制的中央集权制。三公分别是丞相、太尉、御史大夫。其中，丞相主管全国行政；太尉负责总揽全国军政；御史大夫则负责皇帝与群臣的沟通并监督群臣。九卿分别是：奉常（掌管宗庙礼仪，为九卿之首）、郎中令（领导宫廷侍卫）、卫尉（掌管宫门警卫）、太仆（掌管宫廷御马和国家马政）、廷尉（负责司法）、典客（负责外交事务）、宗正（分管皇族事务）、治粟内史（掌管赋税徭役）、少府（负责宫廷财政）。三公九卿的基本构架被汉代沿用，只是具体名称有所变化。丞相被改为“大司徒”，太尉改为“大司马”，御史大夫改为“大司空”；九卿中的奉常变成了“太常”，廷尉变为“大理”，典客成了“大鸿胪”，治粟内史变为“大司农”等，不过其基本职责都变化不大。三公九卿制的建立首次确立了我国中央集权制。另外，可以看出九卿中的大部分官职本来都只是负责皇家家事的奴仆，却纷纷担任起处理国家要务的职责，这也暴露了皇帝制度建立之初皇帝家事、国事不分的粗糙之处。自秦至两晋，各王朝都以三公九卿制为基本的中央官制架构，直到隋朝文帝创立三省六部制，三公九卿制才宣告结束。但事实上，三省六部制仍受到了三公九卿制的影响。

宰 相

宰相是我国古代朝廷中的行政首脑。宰相职位最早出现在春秋战国时期，齐国的管仲、秦国的商鞅等都是当时著名的宰相。后来秦朝统一全国后，实行中央集权的郡县制，以分封制为基础的贵族统治阶层消失，官僚组织成了国家机器运行的载体。作为这个官僚组织的首领，宰相一职得以正式确立。但“宰相”只是对最高行政长官的一种泛称，历史上除了辽国曾有过“宰相”这个官职名称外，其他朝代的宰相职位都采用的是其他称呼。秦汉时期行使宰相权力的官职是丞相、相国、三公（大司马、大司徒、大司空）；隋唐以及后来的宋朝，实行三省六部制，宰相职位由中书省、门下省、尚书省三个部门的长官共同担任，官职名称、权力、人数经常有变动，但不出“三省”。具体名称则有内史令、纳言、尚书令、尚书左仆射、参知政事、同平章事等；元代设左右丞相；明太祖朱元璋废宰相制度，内阁首辅成为事实上的宰相；清代行政实权掌握在军机处，军机大臣分满、汉两班，两班首领成为事实上的宰相。可以看出，从人选上来讲，宰相是国家政权的一个组织部门，并不一定由一个人担任，其人数经常是有变动的；从功用上来讲，皇帝是作为国家政权的象征，集军政大权于一身，宰相是具体主管全国行政的人，对于任何一个政权都是不可缺少的（即使名义上没有宰相的政权也往往有事实上的宰相）。因此宰相的地位相当高，是区别于一般大臣的。宋代之前的宰相是上朝时唯一可以坐在朝堂上的大臣。只是宋太祖赵匡胤不断扩大皇权，削弱相权之后，宰相地位开始下降，上朝时也没椅子坐了。历史上，皇帝和宰相职权的划分一直都是历代政治的大题目，一般而言，皇权和相权划分得合理时，政权都能运转得很好。划分不合理的，要么皇帝好大喜功，大权独揽，将国家推向战事（如汉武帝），或者出现宦官专政（往往出现于皇权很大皇帝却无能的情况下）；要么宰相专权，架空皇帝（如西汉王莽、东汉曹操、明张居正），甚至出现篡权。

十三曹

十三曹是汉丞相直辖下的十三个办事机构，有些类似于丞相的大秘书处。具体为：一、西曹，主管府吏署用。二、东曹，主管包括军吏在内的二千石长吏的迁除。地方上的太守以及中央的卿都是二千石这个级别。三、户曹，主管祭祀、农桑。四、奏曹，管理政府一切奏章，大致相当于唐代的枢密院，明代的通政司。五、词曹，主管词讼，即负责法律民事部分。六、法曹，掌邮驿科程，类似于现在的交通部，科程是指交通灯时限及量限等。七、尉曹，主管卒曹转运，是管运输的，相当于清代的漕运总督。八、贼曹，管缉拿盗贼。九、决曹，主管罪法。这两曹所管属于法律之刑事方面。十、兵曹，管兵役。十一、金曹，管货币、盐、铁。十二、仓曹，管仓谷。十三、黄阁，主管簿录众事。从十三曹的具体负责事项可以看出来，这十三曹要处理全国政治、经济、司法等各个领域的事情，俨然是全国行政的总机关。由此可以看出我国汉代皇权和相权的分工已经相当明确了。

大司马印章　西汉

太尉与大司马

太尉曾是我国古代掌管全国军事的最高武官。秦朝时，丞相、太尉、御史大夫并称“三公”。对应于丞相掌管全国行政，太尉则掌管全国军事，地位与丞相相同。汉代基本上沿用了秦制，太尉一职也继承下来。汉武帝继位后，为加强对军队的控制，不再像过去那样封军功卓著的武将担任太尉，而是任命贵戚担任此职。此后太尉便只是个虚职，并无实权。后来汉武帝干脆废太尉一职，以大司马代之。大司马只是一种用于加封的荣誉称号，更无实权。汉大将军卫青、骠骑将军霍去病均因征匈奴的军功被加封为大司马。到东汉，光武帝又将大司马改为太尉。司徒、司空、太尉成为新的三公，太尉又重新成为全国军事统领，并参与政事，权位极重。东汉末，曹操自任丞相，废三公。此后魏晋南北朝期间，太尉与大司马均或置或废，比较随意。隋朝后，太尉与大司马均成为一种加赠的虚衔，宋代时太尉还一度成为对于高级武官的泛称。元代后，太尉与大司马均不再设置，另外，大司马常被当作兵部尚书的别称。

御史大夫

御史大夫是秦朝设立的官职，与丞相、太尉合称为三公。御史大夫主要有两个职能，一个是作为丞相副手处理政事，因此有副丞相之称；另一个则是作为监察机构御史台之长，负责监督百官，尤其是丞相。因为秦国实权曾一度被丞相吕不韦掌控，秦王嬴政直到22岁除去吕不韦之后才得以掌握实权，非常担心丞相再度架空自己，于是设置御史大夫来牵制丞相。并且秦汉时期，丞相空缺后，一般由御史大夫补缺，这就使丞相更加忌惮御史大夫，从而得到制衡。汉哀帝时，御史大夫更名为大司空，东汉时又改为司空。大司空和司空仍为三公之一，但均已不再是最高的检察长官，最高的检察官由御史中丞担任。魏晋南北朝时，御史大夫官职又偶有恢复。隋唐之后的御史大夫，除宋代为虚衔外，均为最高的检察官，但不再有秦汉三公的权位。明代改御史台为都察院，御史大夫一职遂废。

郡县制和州县制

郡县制是我国古代的一种国家结构形式。西周时期，国家实行分封制，除天子直接统治区域外，其他地方被划分为许多小诸侯国，小诸侯国内则以同样方式再次划分成小的采邑。诸侯国对于天子有一定的义务，但总体上是一个独立王国，天子无权过多干预。卿大夫的采邑对诸侯国也是这种关系。春秋战国时期，以楚、秦为代表的许多国家开始设立郡县制度。秦代统一全国后，在全国范围内实行郡县制，将全国分为36郡，郡下设县。郡守和县令都直接由中央政府任免，其职位不得世袭。这样，便建立起了一种干壮枝弱的中央集权制度，地方不再有力量对抗中央，有利于全国政治稳定和经济发展。汉代沿用并完善了秦朝的郡县制，在开疆拓土过程中不断设立新的郡县。至东汉顺帝，已有105个郡，2000多个县。汉代一县面积大约方百里，一郡则下辖20个县左右。需要指出的是，郡县制并非一定是仅仅有郡、县两级地方政权，而是强调其中央集权的性质。实际上，历代的郡县制往往都并非仅有郡县两级地方政府。比如汉代时便在郡之上设立了州，全国总共分13个州，州长官称刺史，后改为州牧；隋朝地方政府设为州、县两级；唐朝则为道、州、县三级；宋代为路、州、县三级；元代则设立行省制度；明、清基本继承元代行省制度，并稍作改变之后形成了省、府、县三级行政制。这些结构形式虽然并不是严格的郡、县两级制，但考虑其中央集权的性质，仍可说是郡县制。

州县制是郡县制的流变，本质上与郡县制差别不大。魏晋之后，进入南北朝乱世，北方政权更迭频繁，百姓四处流亡。新政权建立或新的人口流入，便要重新划分行政区域，分割原来的郡县。于是，郡不断变小，州不断增多。南朝也模仿北方划郡为州。至隋文帝时，撤郡建州，实行州县制。后面的唐、宋基本沿用。

刺 史

刺史是古代官职。刺，检核问事之意，刺史的本义是负责监督类的官员。秦时，每郡设监察御史，负责监督郡守。汉代时，监察御史往往与郡守勾结起来欺骗朝廷，丞相于是又派出一套人马出刺各地，检查郡守和监察御史。这样重叠监督，显然成本高而效率低。汉武帝时，废除原来的两套监察官员，将全国分为13个州，每州设立一名刺史，正式建立刺史制度。这套新制度的特点是，充任刺史者均为俸禄六百石的低级官员，其检查对象郡守的俸禄却是两千石。因其官职卑微，故顾虑不多，勇于言事；另外，一旦官职低，也就急于立功，会更加恪尽职守。同时，为防止刺史滥用权力干扰地方政治，朝廷对他所调查监督的内容明确列明条目，其外不得多管。这套制度刚实行时是比较好的一套检查制度，但一项制度时间一久，便难免出现弊端。到东汉时，刺史权力逐渐扩大，成为实际的地方长官。汉灵帝时将部分资深刺史改为州牧，使之成为郡守（太守）的上级，这便在郡、县的基础上又多出了州一级。到隋文帝时，鉴于刺史权力基本替代了郡守，干脆废郡，实行州、县两级，如此，刺史即相当于原来的太守。唐代中期，出于屯田与守边的需要，设立新的地方军政长官节度使、观察使逐渐侵蚀刺史之权，或者兼任刺史。尤其“安史之乱”后，节度使更是遍布全国，刺史职任渐轻。宋代郡守名称为知州，刺史成为武臣虚衔，元代以后消失。

侨郡县

西晋“八王之乱”之际，许多北方人为躲避战火，纷纷南迁。之后的“永嘉之祸”又导致晋王室南迁建立东晋政权，北方则陷入“五胡十六国”乱世，于是更大规模的北方人选择南迁。东晋政权为吸引人口，建立许多新的郡县将这些北方侨民按照其北方原籍予以集体落户，并以其中的大族担任刺史、太守、县令，然后给这些郡县一定的赋税徭役方面的优待，这种郡县便称作侨郡县。随着北方侨民的增多，东晋政府陆续建立了琅琊郡、青州、徐州、兖州、幽州、雍州、秦州等侨州。同时，在北朝割据的诸多政权，为争夺流亡人口，也纷纷建立了类似的侨郡县。总体而言，侨郡县乃是当时的乱世政权为争夺人口、笼络大族的一种手段，对于安置流民、稳定社会起到一定的积极作用。但这种仓促建立的侨郡县往往出现一县同时属两郡、一郡同时属两州等情况，给地方行政管理带来相当大的紊乱。隋朝统一全国后，这些侨郡县大多取消了，但一些地名还是保存了下来。

三省六部制

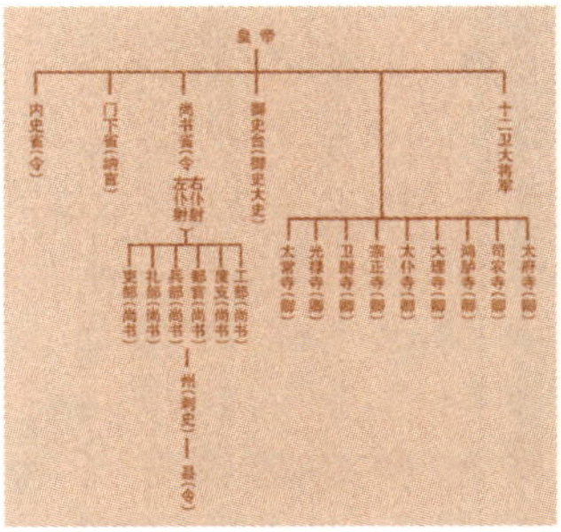

隋三省六部制简表

三省六部制是中国古代继三公九卿制之后的另一套中央政府机构组织形式。三省分别是中书省、门下省、尚书省，六部则是吏部、户部、礼部、兵部、刑部、工部。三省六部制的出现是皇权侵蚀相权的结果。汉武帝时，设尚书台。三国时期，魏文帝曹丕又设另一个秘书机构中书省，以削弱尚书台权力。至晋，皇帝的侍从机构门下省也开始处理政务。至此，由皇帝的小臣组成的“三省”开始成为全国政务中枢。到隋朝，朝廷明令确立三省制度，三省成为正式的政府机构，三省长官共议国政，执宰相之职。至于六部，则是尚书省下设的六个具体部门。汉光武帝时，尚书台已开始分为三公曹、吏部曹、民曹、客曹、二千石曹、中都官曹等六曹尚书分曹办事。后六曹经魏晋南北朝发展演变，至隋唐时期形成吏、户、礼、兵、刑、工六部。后世将三省六部制视作隋朝除科举制度之外的另一个重要制度贡献。三省六部制结束了自汉光武以来的皇帝与政府（以宰相为代表）权限不分的混乱局面，可以说是中国政治史上的绝大进步。三省六部制虽然在唐代以后多有变化，但其基本架构为后世历代中央政府所采用，尤其六部制度直至清末连名称都未曾变动。

三省的职能

三省原本均是皇帝身边的小臣组成的机构，刚开始掌管政务时均一度是全国政务中枢。至隋唐三省六部制正式形成后，三省共同作为中央朝廷的最高行政机关行使相权，具体又有所分工。其中，中书省是各种政策的决策部门，往往由中书省制定各种政令，写成奏章上呈皇帝。得到皇帝认可后，该奏章又转交门下省，门下省负责对政令及皇帝诏令的审查，有“封驳”之权，即反对权。如果门下省不批准，则皇帝诏令和中书省政令均不算数；而如果门下省批准了诏书、政令，这便是合法的诏令了，称之为敕。尚书省则为敕的具体执行者，按照敕的内容分交六部具体部门去办。可以看出，中书、门下两省对政令起决定作用。因此制定政策时，皇帝往往召集中书、门下两省长官共同商议，故唐代此两省的长官中书令和门下侍中才被视为真宰相。唐代中后期，皇帝逐渐任用三省之外的人为“同中书门下平章事”，是为事实上的宰相，三省地位变轻。至唐末期，藩镇割据，三省已无实权。至宋，仍设有三省制度，但尚书、门下两省基本无权，中书省掌管行政大权，与掌管军事的枢密院合称“二府”。元代，门下、尚书两省皆废，原属尚书省的六部划归中书省，中书省与枢密院、御史台分掌政、军、监察三权。明代初设中书省，并将六部划归其下，后朱元璋废中书省，由皇帝直接统领六部。由此，三省不复存在。

尚书仆射

尚书仆射是一度相当于宰相的官职。仆，意为主管，因古代重武，由主射者掌事，故诸官之长称仆射。后来只有尚书仆射沿用下来，其他仆射的名称大都废弃，因此魏晋南北朝之后的仆射，专指尚书仆射。尚书仆射的官职最早在秦朝设立，其时为尚书之首，只是皇帝身边小臣，没有权力。西汉时，置尚书台（后称“省”），尚书令为尚书头领，尚书仆射为其副职。东汉光武帝时，因尚书台权力越来越大，尚书仆射的权力也渐大。汉献帝时，设左、右仆射，此后历代沿置。魏晋南北朝之际，尚书仆射上有尚书事、尚书令两职，但因经常空缺，尚书仆射已相当于宰相或副宰相。例如东晋谢安、北魏李冲、北齐杨愔等都是以尚书仆射一职分掌或专掌朝政。隋朝时，尚书事一职遭废，尚书令则常常空缺，尚书仆射成为宰相。唐代，因唐太宗李世民登基前任尚书令，此后无人敢任此职，尚书左、右仆射成为事实上的尚书省长官，一度与中书省、门下省长官并称宰相。唐高宗后，尚书省职权渐低于中书、门下两省，尚书仆射已不能和门下、中书省长官同称宰相，而需加封“平章事”封号才是宰相。玄宗后，尚书仆射未曾被加封过，从此不再是宰相。宋代时，尚书仆射名称屡有变化，并一度重新成为宰相。宋以后无仆射之官。

侍　中

侍中是古代一度相当于宰相的官职，始设于秦。侍中在秦汉之际原本是皇帝身边小臣，干的事情相当杂，负责皇帝乘车服饰乃至便溺器具等一应事情。因其常在皇帝身边，经常给皇帝出一些主意，逐渐成了皇帝的顾问，地位渐重。之后侍中经常成为皇帝对于臣子的加封，官不在大小，上可至列侯，下可是郎中这样的小官。官员获此加封后，可出入皇宫，经常伴随皇帝左右，也是一种荣耀。东汉时，设侍中寺，晋时改为门下省，唐时一度改名为东台、鸾台、黄门省等，以侍中为其长官。魏晋之时，侍中已经不再负责皇帝的生活杂事，而是专备皇帝顾问。隋唐之际，侍中一度称纳言、左相、黄门监等，与中书省长官中书令、尚书省长官尚书仆射共同被尊为宰相。宋代沿用唐制，元丰改制后，以尚书左仆射兼门下侍郎行侍中之职，另设侍郎为其副职。元朝侍中只是礼官、从官。明代侍中地位有所恢复，但已不复昔日风光，仅为正二品，地位低于尚书。清无侍中一职。

中书令

中书令是古代一度相当于宰相的官职。汉武帝时，始置中书令，由宦官担任，后来逐渐由皇帝信赖的士人担任。其职责是帮助皇帝在宫中处理政务，并负责直接向皇帝递交大臣密奏。因其为皇帝近臣，一度凌驾于丞相之上，司马迁就曾以太史公的身份担任过此职。东汉光武帝时，尚书台成为全国政务中枢，与尚书工作性质有些相似的中书被冷落。魏晋时期，魏文帝曹丕为牵制尚书台，另外成立中书省，以中书令为其长官。之后中书省日益架空尚书台，成为全国最机要机关，中书令则成为事实上的宰相。其时中书令一般由社会名望与才能俱高者担任，谢安就曾以中书令之职执政东晋。南北朝时，门下省又逐渐取代了中书省的政务中心地位，中书令的宰相位被门下省长官侍中取代。到隋唐之际，三省六部制确立，中书令与门下省长官侍中、尚书省长官尚书仆射共同执掌宰相之权。其中，因中书省是政令的决策机构，而门下省则对政令有审核权，故中书令和侍中被唐人尊为真宰相。唐肃宗后，包括宋代在内，中书令逐渐成为大臣的虚衔，无实权。元代中书令又掌相权，明代朱元璋不设宰相，“三省”俱废，中书令自此不复存在。

侍 郎

侍郎在西汉时曾是郎官之一，是皇帝外出时的随从，不是正式官职。东汉尚书权力变大时，侍郎成为尚书下属。当时每曹设 6 名侍郎，六曹共 36 人。魏晋以后尚书曹数增多，一尚书辖数曹，郎官遂成一曹头目。隋朝三省六部制既定，侍郎随尚书一起成为朝廷正式要职，初时官阶不高，却是实权官员。明侍郎升至正三品，清侍郎升至正二品。另外，门下省和中书省也曾设立侍郎官职，一般为一个部门的二把手。

政事堂

政事堂为唐、宋宰相和皇帝议事的地方，乃两朝最高决策中心。唐初，中书、门下、尚书三省长官（中书令、侍中、尚书左右仆射）共执宰相之权，三省长官经常与皇帝一起商议国家大事。刚开始其地点设在门下省，后来又改在中书省。政事堂后分列五房：吏房、枢机房、兵房、户房、刑礼房，随时待命，具体执行政事堂的各种政令。贞观年间，唐太宗为集思广益，同时分化宰相权力，给一些职位不高但能干的官员加封参知政事、同中书门下三品（以后逐渐统一为“同中书门下平章事”之名）等称号，让他们也以宰相身份参加政事堂会议。另因尚书省只是政策的执行机关，没有决策权，尚书省长官的宰相身份一向有些勉强。唐高宗后，尚书仆射同样须加封封号，才能参加会议。玄宗后，尚书仆射再未被加封此封号，从此被排斥在政事堂之外。唐代后期，中书令、侍中也逐渐被排斥在政事堂之外。皇权变大，相权变小。唐玄宗时，将政事堂改名为中书门下，也有称中书政事堂或中书都堂的。后晋时又改名为政事厅。北宋沿唐制，以政事堂为宰相、参知政事议事办公处，设于禁中。政事堂囊括门下省、中书省和尚书省的主要职权，是最高行政机构。宋以后历代不设政事堂，不过明朝的内阁和清朝的军机处的功能略等于政事堂。

御史台

御史台是我国古代监察长官的官署名，同时也指古代的监察机构，其属即为言官。秦代，建立御史制度，设众多监察御史监督政府，并以三公之一的御史大夫为众御史之长。汉代，御史大夫更名为大司空（后改为“司空”），不再负责监察事宜，其副手御史中丞成为御史之长。因御史中丞一直驻扎在宫中兰台办公，因此其官署便被称作御史台。御史台在后来历代均存在，只是名称偶有变化，另有宪台、兰台、肃政台等称呼。御史台下设三院，一曰台院，其属为侍御史，即监督皇帝的御史，御史中丞初时便是专门驻扎在皇宫里监督皇帝的官员；二曰殿院，其属为殿中侍御史，负责监督皇宫内礼仪等事；三曰察院，其属为监察御史，主要是监督中央政府和地方官员。总体而言，御史台设立的主要目的是监督百官，即“为天子耳目”。御史的品阶一般都不高，多由具清望之人担任，往往不怕得罪官员，越得罪人，名声越大。派往地方的监察官员往往都是由御史台派出，但历代都经常发生监察官员到了地方之后取代原来的地方长官成为事实上的地方长官的事情，比如汉代的刺史，唐代的节度使、观察使都属于这种情况。明代时，太祖朱元璋改御史台为都察院，御史台之名遂废。

唐代五监

唐代五监指的是唐代时的 5 个负责工程、教育、军需、后勤等事宜的政府机关，分别是：国子监、少府监、将作监、军器监、都水监。唐代五监是将隋朝长秋监改为军器监之后形成的。其中，国子监是负责全国教育及考试的部门，其长官称作祭酒，为正五品上；少府监负责推动和普及农业、手工业技术，主官为监、少监，分别为从三品、从四品；将作监负责宫室建筑、金玉珠翠器皿的制作、纱罗缎匹的刺绣等事，其长官为监，有 2 名，从三品；军器监负责弓弩盔甲等军需用品的制造，其长官为监，正四品上；都水监负责全国的水运、黄河及其他河流湖泊的治理，其长官为监，正四品。唐代是中国各项制度的一个重要转折点，该五监的形成使政府机构得到很大完善，社会各项公共事务有了更专门的机构来管理，政府职能得到提高。五监的基本结构为后世历代政府所采用。

观察使

观察使是唐代后期出现的地方军政长官，全称为观察处置使。由于汉代设立的专门监督地方官员的刺史逐渐侵蚀了地方长官的权力，到隋朝时朝廷干脆明令刺史替代太守，成为地方长官，这样，朝廷中央便没有了专门的地方巡察员。到唐代前期，中央常常不定期临时派出使者监察州县，玄宗开元年间，宰相张九龄设置十五道采访处置使（简称“采访使”），行使原来汉代刺史的督察权，考评地方官政绩。后来，采访使制度又重蹈刺史制度之覆辙，本是中央派到地方的特派员的采访使又逐渐凌驾于刺史之上，成为实际上的地方一把手。而在不怎么受中央管制的节度使地区，采访使往往为节度使所兼任。肃宗乾元元年（公元758年）采访处置使改名观察处置使。安史之乱后，本为地方长官的刺史基本上已经没有什么权力，各地的节度使与观察使成为地方军政一把手。相比而言，节度使往往地盘较大，经济、军事实力雄厚，不听中央调遣，成为顾盼自雄的藩镇；而观察使则地位相对较低，地盘、势力较小，还能够服从朝廷，因此唐朝廷后期得以苟延残喘的财赋收入多由观察使所上缴。宋代在各州置观察使，但只是虚衔，为武官升迁之前的寄禄官（暂时作为升迁跳板的官职，无实权）。辽、金也曾设置观察使作为政务官，元代废。

文官图　唐

参知政事

参知政事并非一种固定官职，而是唐宋时期的临时职衔，中低级官员可凭此职衔行宰相权。唐贞观年间，唐太宗为削弱相权，强化皇权，在与宰相议事的最高政务会议政事堂上，经常给其他非宰相但比较能干的官员加封诸如参知政事、同平章事、枢密使、枢密副使等职衔后让他们也参加会议，共议国政。太宗之后的唐代皇帝都采用了这个办法，乃至到唐高宗之后，原本是宰相的三省长官都先后被排挤出了政事堂，只剩下这些顶着临时头衔的宰相们执掌唐王朝的最高政治。如此，可以说唐朝在很长的时间里是没有宰相的。就参知政事而言，其又简称为“参政”，行使副宰相之职，唐中叶以后废去。宋代沿用了唐代政事堂制度，开始同样以参知政事为副宰相，开宝六年（公元973年）后，参知政事的职权、礼仪开始和宰相差不多。宰相出缺时，其代行宰相之职。北宋范仲淹、欧阳修、王安石都曾任此职。因为正规的宰相经常空缺，因此参知政事往往是北宋事实上的宰相。南宋时，参知政事和门下、中书侍郎，尚书左、右丞，以及枢密使、副使，知枢密院事，签书枢密院事等，通称执政，与宰相合称“宰执”，相当于常务副宰相。元、明时参知政事只是一个中级官员，清不设此职。

转运使

转运使是中唐以后各王朝设置的主管运输的中央或地方官职。唐代建都长安，因关中地狭，粮食不足，每年要从江淮地区调粮入关。玄宗时期，朝廷官员激增，加之军需民用，粮食需求增大，漕运对于朝廷的重要性随之增加，于是设专使水陆转运使，掌洛阳、长安间粮食运输事务。安史之乱后，朝廷财政全仗江淮地区盐铁之税，又设盐运使。后来盐运、转运二使合二为一，由宰相或重臣兼任。到宋代时，转运使成为一种普遍的官职。宋初为集中财权，置诸路转运使掌一路财赋，称某路诸州水陆转运使。另外皇帝出巡时设有行在转运使，出兵征讨则有随军转运使。宋代转运使往往由朝中位高权重者兼任，是一种显官，除掌握一路或数路财赋外，还兼有考察地方官吏、维持治安、清点刑狱、举贤荐能等职责。如此，转运使职掌扩大，实际上已成为一路之最高行政长官。后来朝廷干脆将路作为州县之上的又一级地方行政单位，全国总分为15路。元、明、清时期，转运使官职不再流行，只剩下一个盐运使，负责运盐，虽品秩不高，却是个肥差。

宣政院

宣政院是元代设立的一个掌管全国佛教事宜和吐蕃地区军政事务的中央机关。宣政院原名总制院，由元世祖忽必烈设立，后借唐朝皇帝曾在宣政殿接见吐蕃使臣的典故，改名为宣政院。因蒙古人信奉藏传佛教，因此此院地位相当高。宣政院刚开始以国师八思巴为其长官，后来该职一般由朝廷大臣担任。宣政院官员为僧、俗并用，其中设院使2人，后来又增至10人，秩均为从一品，另有几个正二品、从二品的官职。宣政院官职任命不走吏部程序，而是自行任命，与中书省、枢密院、御史台并为元朝四个独立的任官系统。诸路、府、州、县置僧录司、僧正司、都纲司，为宣政院下属地方机构，负责管理各地佛寺、僧徒。总体而言，元朝设立宣政院有两个目的，一是掌管全国佛教，二是通过宗教与军政结合的方式控制同样信奉藏传佛教的吐蕃地区。

行省制度

行省是行尚书省（后改为“行中书省”）的简称，本是尚书省派出的一个临时机构，后来演变成为地方最高行政机关。元朝总共分为12个大的行政区，除了大都（今北京）为中书省直辖区外，另有11个行省。元代行省置丞相、平章、左右丞、参知政事，其行政机构名称和官吏品秩与中央同，全省军事、行政、财政权力集中，由蒙古贵族总领。从行省的划分方法来说，元代行省是从军事角度进行的划分。元代统治者害怕地方反叛，于是使各省边界均犬牙交错，无山川险阻可依，北向门户洞开，形成以北制南的军事控制局面；另外，各省重镇的拱卫之城也都被划分到另一省。一旦一省叛乱，其重镇也很容易被攻下。也正因为此，后来的明、清继承了元代行省制度。元代的行省在后来数量增加不少，名称也有所变化，但就其实质而言可以说是一直沿用的。

达鲁花赤

达鲁花赤是元朝的官名。蒙古铁骑当年横扫欧亚，占领了广阔的地域，但并没有足够的人手来统治这些地域，便培养起一个个主要由当地人组成的地方政权。在这个政权的各级军政组织中，表面上以当地人为长官，实际上另设有一名被称为达鲁花赤的蒙古长官钳制之。达鲁花赤虽然与当地行政长官平级，但实际权力在其之上，是军政的最后裁定者。蒙古人当初与南宋对峙期间，由于人手不够，曾有一些汉人也做到了达鲁花赤的职位。至元二年（1265年），元代朝廷正式规定，各路达鲁花赤只能由蒙古人担任，总管由汉人担任。如此，原本已经当上达鲁花赤的汉人也都纷纷被解职。一时没有称职的蒙古人时，则由色目人担任。达鲁花赤这个官职在有元一代普遍存在，在省、府、州、县和录事司等各级官衙，都设置达鲁花赤。另外，在非蒙古族军队的元帅府、万户府、千户所，也都设达鲁花赤以监军务。

内 阁

内阁是明清时期的最高官署。明洪武十三年（1380年），朱元璋为加强皇权，以谋反罪杀宰相胡惟庸，从此废去宰相一职并明令后世子孙不得设宰相。这样，全国政务全都汇集到皇帝这里。朱元璋行伍出身，精力充沛，后来又仿宋制设置了一些殿阁大学士作为自己的顾问，还勉强能够应付。到永乐皇帝，因经常外出征伐，对于政务他便有些顾不过来，于是正式建立内阁，以大学士充任阁员，参与机务。内阁刚开始并无实权，但自仁宗起，明朝的皇帝们都只是成长于深宫的娇贵皇子，不具备一个人掌控全国政务的精力和耐性，内阁权力渐重。到成化、弘治之际，内阁已经相当于宰相府。尤其到万历年间，由于万历幼年登基，政务完全由内阁处理，内阁首辅张居正的权力甚至已经超越了以前的宰相。明朝晚期，宦官权力上升，内阁权力开始下降。崇祯时，内阁权力被虚化，明内阁制度名存实亡。

清代刚开始时沿用明朝内阁制度，以满、汉同比例的方式设置内阁大学士，行使相权。但因清帝基本都比较勤政，内阁差不多只是个执行机构，权力远不如明朝内阁大。到雍正时，设立军机处作为最高决策机关，内阁基本上成了一个类似于秘书处的文书机构。但在清代，内阁一直都是名义上的最高官署。

大学士

大学士是古代官职，最早出现在唐代。唐代曾先后置弘文馆、昭文馆大学士、集贤院大学士。唐代的大学士一般由宰相兼领，只是一种荣誉称号。宋代也曾仿唐制，搞过一些大学士称号，同样只是一种荣誉称号。明代时，朱元璋怕宰相夺权，不设宰相，但自己政务又忙不过来，开始置一些翰林学士到武英殿、华盖殿、文渊阁、东阁中参与政务，称作殿阁大学士或内阁大学士。大学士官阶很低，仅为五品官职，也没什么职权，只是皇帝顾问而已。仁宗以后，大学士往往兼有尚书、侍郎等重职，握有实权，地位尊崇，称为辅臣，内阁首辅成为事实上的宰相。明朝名相张居正就是以内阁首辅的身份行使相权。清代沿用内阁制，置三殿三阁（保和殿、武英殿、文华殿、体仁阁、文渊阁、东阁）大学士，为正一品，设满、汉头目各一人，相当于宰相；又置协办大学士，为从一品，满、汉各一名，相当于副宰相。汉人一般非翰林出身不授此职，我们所熟知的和珅、纪晓岚、刘墉均曾担任内阁大学士或协办大学士之职。雍正时设军机处，取代内阁成为最高政务决策中心，军机大臣成为事实上的宰相，但军机大臣及内外官员之资望特重者仍授大学士，以示尊崇。另外，明清时的大学士也习称中堂。

司礼太监

司礼太监是明朝一度权势很大的宦官机构里的太监。明洪武年间，成立了一个新的太监机构——司礼监，掌管宫廷礼仪。明朝没有宰相，权在内阁。内阁具体掌控政务的方式是由内阁大臣阅读奏章后在上面批注自己的意见，称“票拟”，然后交由皇帝审核并用朱笔做出最后批示，称作“批红”。因明朝中后期皇帝大多疏懒，或不懂政务，“批红”也就只是走走形式，基本上就是以内阁大臣的意见为准。到明宣宗时，为压制内阁势力，废除朱元璋定下的太监读书禁令，在宫内举办内书堂，教授太监识字，然后由这些识字太监帮助皇帝“批红”。此后，“批红”的权力便逐渐落入太监之手。“批红”分两道程序，先由司礼监秉笔太监“批红”，然后司礼监掌印太监审核确认后盖印，才算通过。由此，司礼太监便与内阁形成了一种权力制衡。历史上的刘瑾、冯保、魏忠贤等权倾一时的太监就是司礼太监的头目。

宦官雕像　明

明晚期，宦官权力逐渐渗透到国家政权的各处，在中央掌管提督京营兵权，在各地方则派迁驻守太监，职在地方长官之上。尤其东、西两厂特务组织具有独立的司法、审查权力，并且有自己的监狱，可以随便提审百姓乃至官员。因此宦官组织已经变成一个与外庭相对应的严密的内廷官僚组织，而司礼监便是这个内廷的最高机关。司礼太监俨然相当于朝廷大臣，而其一号人物司礼监掌印太监则对应于作为外庭宰相的内阁首辅，有“内相”之称。总体而言，司礼太监的滥权乃是明朝皇帝出于私心而采用的一种统治权术，也是明朝政治的最大问题。

都察院

都察院是明清两代最高监察机关。明洪武十五年（1382 年），朱元璋改前代所设御史台为都察院，设左、右都御史为最高长官，其职权总的是“纠劾百司，辨明冤枉，提督各道，为天子耳目风纪之司”；都御史下设副都御史、佥都御史，为都察院各级长官；又按照十三道，分设监察御史。监察御史是都察院官员的主体，负责巡按州县，专事官吏的考察、举劾。大体而言，都察院的官僚体系与汉、唐的御史台差不多，御史台的职能也都包含在了都察院之内。但相比于御史台，都察院还另外具有很强的司法功能，其与大理寺、刑部合称为三法司，遇到重大案件均由三法司共同会审。到清代，都察院制度基本沿袭明制。因清代统治者担心地方官员和军队对抗中央，经常派都察院御史以巡抚、提督、总督等临时官衔到地方上监督行政长官和武官。久而久之，巡抚、提督、总督等这些本是特派员性质的都察院官员便成了地方行政长官或军政首脑。

东、西二厂

东厂是明永乐皇帝朱棣建立的由宦官掌控的特务机关。因建文帝既年轻有为，又怀柔天下，尊重士人，深得明朝官员拥护。朱棣发动“靖难之役”夺了侄子建文帝的江山，大批官员殉难，剩下的朝廷官员亦不大支持朱棣的新政权。朱棣因此对大臣也都十分猜忌，于是采取了两个措施，一个是迁都北京，另一个便是在锦衣卫之外另建一个更加方便自己使用的特务机关。因朱棣夺江山的过程中，几个太监曾出了不少力（如郑和、道衍），他觉得太监比较可靠，便建立了一个由宦官掌领的侦缉机构。由于其地址位于东安门北侧（今北京王府井大街北部东厂胡同），因此被命名为东厂。东厂直接向皇帝负责。起初，东厂只负责侦缉、抓人，审讯犯人的权力则在锦衣卫。但到明末宦官专权后，东厂也具有了审问权，并且设有自己的监狱，对百姓乃至官员都可抓捕、审问，成为独立于国家司法体系之外的独立体系。另外，朝廷审理大案，东厂都要派人听审；朝廷各衙门里，也都有东厂人员坐班，监视官员；朝廷各种文件，东厂也都要查看，甚至民间百姓的日常生活都在其侦缉范围内。东厂的人每天在京城各处活动，经常罗织罪名敲诈勒索良民，成为上至朝廷下至民间的一大害。西厂则是明宪宗为强化特务统治所增设的，其人数比东厂更多，权力更大，并且不再局限于京城，而是遍布全国。后因遭反对，存在不久被撤销。东、西二厂与锦衣卫共同构成明代的“厂卫”制度。

锦衣卫

锦衣卫是明朝皇帝的侍卫兼特务机构。其前身为明太祖朱元璋所设的御用拱卫司，洪武二年（1369 年）改为大内亲军都督府，洪武十五年（1382 年）改为锦衣卫。锦衣卫是朱元璋为强化皇帝对政权的控制而建，其作用有二：一个是作为皇帝的侍卫，与前代的禁卫军作用相同；二是作为一种特务组织充当皇帝耳目，监督百官。明代锦衣卫之所以在历史上很有名是因为它的第二个功能。锦衣卫不仅拥有自己的军队系统，而且拥有独立于政府司法体系之外的司法特权，可以绕过政府系统直接对上至大臣、武将，下至普通百姓实施侦缉、抓捕、审问，并拥有自己的监狱。锦衣卫的建立除造成国家司法混乱及朝廷上下恐怖气氛的负面作用外，也起到了一定的正面作用。如，对于预防官员腐败起到很好的作用，以至于明代官员可算是历代最清廉的官员；另外，锦衣卫还承担了部分国防及情报工作。锦衣卫首领称指挥使，一般由武将担任。后来宦官统领的特务组织东厂成立后，锦衣卫地位逐渐低于东厂。晚明宦官专政时，锦衣卫指挥使见东厂厂主甚至要下跪叩头。整个明代，锦衣卫和东厂、西厂这样的特务组织一直存在，乃是一种酷政，不少学者认为明代即亡于“厂卫”制度。

三 司

三司是明代省级地方政府的三个权力部门，分别是布政司（全称“承宣布政使司”）、按察司（全称“提刑按察使司”）、都司（全称“都指挥使司”）。明代初时沿用元制，设行省统辖郡县，洪武九年（1376 年）又改行省为布政司。全国除南北两直隶外，分为 13 个布政司，就地域范围而言其实和原来的行省差不多。明代每一个布政司都设有三司，作为常设政府权力机关。其中，布政司相当于现在的省政府，其长官为布政使，是一省行政长官，负责全省民政；按察司是一省的最高司法与监察机构，主管一省的刑名、诉讼事务。同时也是中央监察机关都察院在地方的分支机构，对地方官员行使监察权。按察司长官称作按察使，别称臬台。都司乃是一省最高军事机构，长官称作都指挥使，掌控全省军事。三司之间，互不统属，各司其政，其长官官职相同，均直接对中央负责。三司之间互相制约与牵制，谁也不能一方独大，有效地防止了地方割据。可以说，三司的设立正是明朝政府中央集权、地方分权的治国方略的体现。到明朝中晚期，文官势力的上升和武官地位的下降打破了三司之间的平衡，明政府又派遣中央官员以巡抚、总督的官职到地方协调地方事务，三司的权力逐渐为巡抚、总督所夺。

军机处

军机处是清代最高权力机构。清代不设宰相，初时沿明制设内阁作为权力中枢。雍正七年（1729 年），因西北用兵，而内阁在太和门外，恐商议时泄露军机，便在隆宗门内设军机房，选内阁中稳重者入内值班，以随时处理紧急军务。雍正十年（1732 年），军机房改称“办理军机处”，后简称“军机处”，并逐渐取代内阁成为清最高决策机构。军机处任职者没有定数，少则三四人，多则六七人，一般由皇帝从满、汉大学士、尚书、侍郎等官员以及亲王中特选，称军机大臣。其属僚称作军机章京，俗称小军机。晚清时，汉族官员中仅有左宗棠、张之洞、袁世凯短时间担任过军机大臣。不过虽然军机处总揽军政大权，却并非是一个正式的国家机关，而只相当于皇帝的一个临时性的秘书处。军机处办公的地方不称衙署，仅称“值房”。军机大臣虽然每日出入宫廷，随从皇帝左右，但既无品级，也无俸禄，其任命只听凭皇帝一人决定。其职责也没有任何制度上的规定，只是随时奉皇帝旨意临时办差。军机处的存在标志着清代的皇帝和政府之间完全失去了平衡，皇权完全凌驾于政府之上。

军机处

南书房

南书房是清康熙时的一个重要权力机关。南书房位于乾清宫西南，本为康熙读书处，俗称南斋，是清代皇帝文学侍从值班的地方，被清代士人视为清要之地，以入之为荣。康熙十六年（1677 年），康熙为与翰林院学士们研讨学问，吟诗作画，在乾清宫西南角特辟房舍以聚，名南书房。“择词臣才品兼优者”入内，称“南书房行走”。入值者主要是陪康熙写诗作文，赏析书画，有时也帮皇帝起草诏书。由于能入南书房者都是皇帝宠信之人，因此它是一个由皇帝严密控制的机构，后来经常出旨行令，地位日重。事实上，南书房权势上升是康熙有意识地加强皇权的一种手段。因当时国家名义上的最高政务机关内阁控制着外庭，对皇帝的意志经常产生掣肘；另外，由满洲贵族组成的议政王大臣会议也具有相当大的权力，皇帝经常不得不对其做出让步。康熙在南书房重新建立一个权力中心，便逐渐将权力收归到了自己这里，有效地加强了皇权的地位，更方便自己大展拳脚。雍正年间，新建立的军机处成为机要中心，南书房地位下降，但因其入值者能经常见到皇帝，还是有一定地位。光绪二十四年（1898 年），南书房被撤销。

理藩院

理藩院是清代管理蒙古族、藏族等少数民族事务的中央机构。清朝统治者一向重视与蒙古族的关系，于崇德元年（1636 年）专设蒙古衙门，崇德三年（1638 年）六月，改称理藩院，属礼部。清军入关后，理藩院成为清政府专设的处理各少数民族事务的专门机构，其官制同六部，设有尚书、侍郎。清统治者通过理藩院加强与各少数民族的联系，拉拢他们。康熙年间，修订《理藩院则例》，用法规固定了对少数民族地区统治的各项措施。理藩院有旗籍、王会、典属、柔远、徕远、理刑六个清吏司，分掌部界、封爵、设官、户口、耕牧、赋税、兵刑、交通、会盟、朝贡、贸易、宗教等项。所属有内馆、外馆、俄罗斯馆及蒙古官学、唐古特学、托忒学等单位。理藩院派有司员、笔帖式官员常驻少数民族地方，处理特定事务。为防止其坐大，定期轮换。另外，理藩院有时还出面接待附属国及其他外国使臣。

理藩院虽然权力不大，但其在清政府的政权机器上是一个相当重要的部件。光绪三十三年（1907 年），理藩院改为理藩部。

总 督

总督是明清时期的地方军政大员。明代实行空前的中央集权，地方长官权力不大，中央经常派尚书、侍郎、都御史等京官至地方安抚军民或主管兵事，事毕复命，称之为巡抚、镇守等。后这些下派官吏统一定名为都御史巡抚兼提督军务（或都御史兼其他事务）这样的名称，负责多方面事务的则称总督，并非正式官职。明朝代宗景泰三年（1452 年）设两广总督，自此，总督成为专门官职。此后，又陆续设立凤阳总督、蓟辽总督、宣化总督、三边总督等，先后有 12 个，所辖地区广狭不等，一般在一省以上。明朝总的治国方略是重文抑武，总督的作用一方面在于以文臣钳制武臣，防止武臣割据；另一方面在于协调各省、各镇之间的关系，统一事权，防止各省、各镇有利互相争抢，无利互相推诿的情况，体现了中央对地方控制权的加强。一般而言，总督由中央政府的显官担任。

清朝刚开始时沿袭明朝的总督制，不过久而久之，总督又成了地方最高长官，俗称封疆大吏。总督辖一省或二三省，先后设有直隶、两江、陕甘、闽浙、湖广（也称两湖总督）、两广、四川、云贵及东三省9个总督。各总督综理军民要政，级别一般为正二品，如加尚书头衔则为从一品。此外，清代还有一些负责专门领域的总督，如专管漕运者称作“漕运总督”、专管河道的称作“河道总督”等。显然，这些专门领域的总督没有封疆总督实际权力大。一般而言，清朝的官员如果被简称为总督的，均指封疆总督。

巡 抚

巡抚是明清时期的省级地方军政大员，以“巡行天下，抚军安民”而名，又称抚台。明代宣德、正统以后，三司之间互不统属的局面使地方行政的运转极为不灵，行政效率低下。于是，中央政府开始设置总督、巡抚这样的临时官员到各地方代表中央统一协调地方行政，同时也对权势日大的地方文官集团形成一种制约。巡抚刚开始为临时职务，后来逐渐长期驻扎地方，一年回中央汇报一次。在职权上，巡抚刚开始仅负责督理税粮、总理河道、抚治流民、整饬边关，后来逐渐偏重军事，并逐渐成为事实上的地方行政长官。

清袭明制设立巡抚，并使之成为制度化的正式官职，具有处理全省民政、司法、监察及指挥军事大权。巡抚均兼右副都御史，官职从二品，加兵部右侍郎衔则为正二品。总体而言，巡抚和总督非常相似，刚开始都只是中央派下来的临时官员，后来侵蚀地方权力，成了地方最高首脑，是一种中央集权策略在制度上的体现。就清代而言，其地方大员中，以总督为最大，一般为两三个省的首脑，其次便是巡抚，是一省首脑，有的总督则兼职下辖省的巡抚。

总理衙门

总理衙门相当于清朝的外交部。鸦片战争前，中国没有多少外交事务，与清政府打交道较多的只有一个俄国，另外的朝鲜等国是清王朝的附属国，并不被视为严格意义上的外国。与这些国家的外交事务一般都由清政府设立的本是处理少数民族事务的理藩院一并处理。鸦片战争后，中国与欧洲国家事务日繁，除理藩院外，清政府又委派两广总督专门负责与欧美国家的交涉，并特加钦差大臣头衔，称“五口通商大臣”。但欧洲各国不满足以“蛮夷”身份与效率低下的理藩院打交道，同时又认为地方大臣负责外交于制不合，要求清政府成立专门的外交机构。咸丰十年（1860年）《北京条约》签订后，在恭亲王奕䜣等人奏请下，清政府于同治元年（1862年）成立总理各国事务衙门，简称总理衙门。总理衙门头目称为首席大臣，由亲王担任。另外，按照一满一汉的原则下设大臣、大臣上行走、大臣学习上行走以及总办章京、帮办章京、章京等官职。其中，有权的是大臣，人数初为3人，后几人到十几人不等，其首席大臣，先是恭亲王奕䜣做了28年，其后庆亲王奕劻又做了12年。总理衙门下属机构有同文馆、海关总税务司署，名义上，南、北洋通商大臣也归其统属。在职责上，总理衙门最初主持外交与通商事务，后来还负责办工厂、修铁路、开矿山、办学校、派留学生等事，权力越来越大，凡外交及与外国有关的财政、军事、教育、矿务、交通等，全归其管辖，成为清政府的重要决策机构之一。总体而言，总理衙门的设立是中国重新直面世界，同时也是半殖民化的标志。光绪二十七年（1901年），清政府施行宪政改革，总理衙门改为外务部，居于六部之首。

南、北洋大臣

南、北洋大臣是晚清政府设置的负责外交事宜的专设大臣。其中，南洋大臣全称为办理江浙闽粤内江各口岸通商事务大臣，其设置要早一些。《南京条约》签订后，因为条约所规定的广州、厦门、上海、宁波、福州五个通商口岸的开放，清政府设立五口通商大臣，专门负责沿海口岸的通商、海防等事务。先是驻在广州，由两广总督兼任，后来移驻上海，由两江总督兼任。南洋大臣大多由湘军人物担任，湘系集团的曾国藩、曾国荃、左宗棠、沈葆桢、刘坤一等专任此职40余年，职责除交涉、通商、海防外，还训练南洋海陆军，兴办工矿交通事业，但局限于两江一带。

第二次鸦片战争后，清政府鉴于天津等北方城市也开始开埠通商，便专设北洋大臣负责北方口岸的通商、海防事务，驻扎天津。后来为增大北洋大臣权限，以直隶总督兼任北洋大臣。1870年，李鸿章调任直隶总督后，在北洋大臣的位子上待了28年。李鸿章到任后，兴办船厂、铁路、学校、纺织企业等，并将北洋水师训练成了当时硬件居于亚洲第一的海军。加上畿辅本为重镇，直隶总督为疆吏领袖，李鸿章又久于其位，后起的北洋的重要性远远超过了南洋。李鸿章之后，王文韶、荣禄、袁世凯也先后任职。总体上，北洋大臣由淮军人物担任。

李鸿章像

南、北洋大臣名义上统辖于总理衙门，其实并不受其管束。尤其到后来，总理衙门只是做一些后勤性质的外交工作，外交谈判方面的事务基本上依赖于南洋、北洋大臣，尤其是北洋大臣。总体而言，南、北洋大臣是晚清历史上重要的角色，为中国外交做出了一定的贡献，但总体上因其并不具备真正的现代外交素质，又缺乏一套完整的外交策略，在对外交涉中存在局限。

察举到科举

世卿世禄制

卿是古代的高级官吏，世卿世禄中的“卿”不仅指卿，还泛指卿、大夫、士等一系列官吏。“禄”是古代官员的俸禄，世卿世禄制即是指西周时期的周王室和各诸侯国的卿大夫等官吏可以父死传子，世袭此职，世代享有该职俸禄。有学者认为世卿世禄制开始于商朝，但并无确切的资料提供证明，可考的世卿世禄制见于西周时期。西周初年，周王室分封宗室和功臣，册封了1000多个诸侯国，而在周天子直接统治的地区和各诸侯国内，则进一步册封卿为治国的官员，卿下面则为大夫，再下是士。这些官员都有一定的封地，他们在对自己的上一级领主负责的同时，在各自封地内则享有世袭统治权。但也有学者对此提出异议，认为西周并没有实行世卿世禄制。比如在《尚书·立政篇》中载有周公对西周选官方针的阐述。在这篇文献中，周公一再强调：选拔官员时，要“俊（进）有德”，择用“吉士”“常人”。可见，这里选拔官员的标准乃是有才德。有学者进一步提出，世卿世禄制的真正实行是在春秋中后期，这时许多诸侯国的卿大夫把持了诸侯国的政权，成为事实上的诸侯王。成“王”之后的卿大夫死后，自然是其儿子继承他的权力，继续掌控诸侯国政权，这才真正实行了这种世卿世禄制。总而言之，世卿世禄制是一种关于早期官员的权力和待遇的有效时限的制度，全面或部分地存在于商、周时期。秦统一六国后，基本被废除。

察举制度

察举制度是流行于汉代的一种人才选拔制度。秦朝建立后，商、周时期的官员世袭制彻底终结，秦还未建立起系统的人才选拔制度便短世而亡。汉代时，建立了察举制。察举，即由诸侯王、公卿、郡守推荐人才给朝廷，作为官员来源。察举对象既可以是平民，也可以是官吏。具体分为两科，一为常科，即定时定人数举荐；二为特科，并不定期，由皇帝根据需要下诏举行。其中，常科是由各地郡守每年向朝廷举荐孝者、廉者各一名，后来统一称为孝廉；特科则具体包括贤良方正、明经、有道、贤良方正、敦厚、明法、阴阳灾异等名目繁多的诸科。另外，秀才刚开始为特科，后来也成为常科，并逐渐形成了州举秀才、郡举孝廉的体制。这些被察举的人才到朝廷后，还要经过考试，通过后才算过关。察举制度基本保证了王朝对行政人才的需求。察举制度在西汉时比较严格，但到东汉后期，政治腐败，权贵豪门请托舞弊，察举制度失去原本的效用。后来鉴于察举制的弊端，三国时期的曹魏政权建立新的人才选拔制度——九品中正制。但整个魏晋南北朝，察举制度虽不再是选拔人才的主渠道，但一直存在，直到隋朝科举制度建立，才宣告终结。

贤良方正

“贤良方正”是汉代选拔人才的一个科目之一。“贤良”意为有才德，“方正”意为正直。贤良方正属于汉代察举制度中不定期举行的特科。《史记·孝文本纪》记载：汉文帝下诏云：“举贤良方正直言极谏者，以匡朕之不逮。”可见，朝廷选拔这类人才的主要目的在于让其对统治者的政治得失提出意见，类似于后来的御史和谏官。选拔上来的贤良方正并不一定授官，只有其中表现比较优秀的，主要是有见识，能够提出一些有见地的意见的，朝廷才会授予官职。汉武帝时，又下诏令官员举荐“贤良”“贤良文学”。各时名称不一，但其性质相同，后来的历代也经常将之作为非常设之制科。唐宋时期便设有“贤良方正科”。清代薛福成在《应诏陈言疏》中言：“诚法圣祖、高宗遗意，特举制科，则非常之士，闻风兴起。其设科之名，或称‘博学鸿词’，或称‘贤良方正’，或称‘直言极谏’，应由部臣临时请旨定夺。”

举孝廉

举孝廉可以说是汉代在继承战国及秦朝的人才选拔制度的基础上，进一步摸索出来的一套人才选拔方式。汉武帝时，鉴于郎官制度的人才选择面过窄和早期察举制的不定时，采用董仲舒的建议设置了举孝廉制度。举孝廉事实上是察举制度的一种，因为汉代推崇儒家的孝道，它规定各地郡守每年要向朝廷推荐孝者、廉者各一人，作为国家人才，后来统称为孝廉。

孝廉举至中央后，并不立即授以实职，而是入郎署为郎官，作为皇帝的侍从。其目的一方面在于考察其能力，另一方面也是使之熟悉行政事务。孝廉在宫里待几年后，一般便能被任命到地方上做官或者留在中央任职。举孝廉后来成为汉代人才选拔的最重要途径，“名公巨卿多出之”，是政府官员的重要来源。西汉的举孝廉比较严格，被举者如被发现不合标准，举者要承担责任，被贬秩、免官。但到东汉后期，由于政治腐败，孝廉名额基本被各郡里的大门第之家所垄断，举孝廉制度名存实亡，时有童谣讽刺：“举秀才，不知书；举孝廉，父别居。”魏晋之际，九品中正制代替了举孝廉，但明清时期的举人仍俗称孝廉。

九品中正制

九品中正制是魏晋南北朝时期的一种官吏选拔制度，最早由三国时期的曹魏政权所创。三国时期，一方面由于乱世之中的士人大多流离失所，主要凭借宗族乡党评价的汉代举孝廉制度在操作手段上已经不太现实；另一方面，曹操为加强政府对人才选拔的控制力，采取了下派专门官员到各处评定选拔人才的方法。后来曹丕为拉拢士族，将这种办法定为制度，即九品中正制。其具体操作方法是由政府在各州郡派驻名为中正的官员，中正依据家世、道德、才能三个角度评议各州郡中人物，具体分为九品，分别是：上上、上中、上下、中上、中中、中下、下上、下中、下下。中正将评议结果汇报中央，中央则根据中正的评议结果来对这些人才分别委以官职。九品中正制初行时非常有效，为曹魏政权有效地遴选了大量的人才，当初曹操帐下之所以人才济济与此制度不无关系，这也是魏国最终得以统一三国重要的制度保障（晋实际上是魏的继续）。但到魏国晚期及晋朝，由于门阀政治的兴起，中正们评议人才逐渐忽略才德，而仅以家世为标准，所选人才基本为世家大族，以至于出现“上品无寒门，下品无庶族”的局面，九品中正制仅是世族统治的工具。到南北朝之际，由于北方政权多为少数民族建立，九品中正制更趋衰微。到隋朝科举制度建立，九品中正制遂废。

科举制

科举考试图

科举制度是中国自隋至清1300多年间实行的一种选官制度。科举制度可以说是中国古人经过不断摸索所创立的制度。中国官员的来源，先是经过商周时期的世袭制，后又经历汉代的举荐制，再到魏晋的九品中正制，均因其弊端而终止。至科举制，才算固定下来，成为中国长时间的一种官员选拔制度。在1000多年的时间里，大体而言，科举制度经历了一个发端、完善到僵化的历程。隋朝是科举制度的初建时期，当时的隋文帝鉴于魏晋南北朝的九品中正制已不再适用，为加强中央集权，将选官权力收到中央手中，首开科举制度。但科举制度尚未建立完善，隋朝便亡；至唐代，科举制度才得到了进一步的完善，根据朝廷需要的不同人才类型被分为众多科目，武则天时还添加了武举；到宋代，科举进一步规范化，正式形成三年一次、分三个等级（乡试、会试、殿试）的考试制度；明代由于朝廷的重视，科举考试到了繁盛期；清代在科举繁盛的同时，由于满、汉不平等以及晚清卖官现象的泛滥，也成了科举制度的衰败乃至灭亡期。就不同时期科举制的优劣而言，大体上，科举制在唐代时比较健康，当时的科举氛围比较宽松，不唯考试论人。考官往往在考前已经大体知晓哪些考生比较有才华而准备录取，也允许考生经别人推荐或自荐在考前向考官“推销”自己。至宋代，试卷实行糊名制，开始产生仅以一考定终身的弊端。至明、清两朝，科举繁盛的表象之下，八股文的考试内容彻底使其僵化，逐渐弊大于利，终至废止。

总体而言，科举制度可以说是一项相当高明的官员选拔制度，不仅为历代政权源源不断地输送了总体上质量说得过去的官员，而且不以出身、门第、财富，而以学问作为官员选拔标准的做法使得中国长期以来形成尊重学问和读书人的风尚。可以说这是中国文化得以长期维系并不断创新的重要原因。另外，儒家思想之所以长期以来得以传承，科举考试可以说是其载体。

常科

唐代科举考试名目繁多，总体分为常科和制科。常科，即是常设的、有固定日期的考试科目。具体包括秀才、明经、进士、俊士、明法、明字、明算等50多种。其中明法（考法律知识）、明算（考数学知识）等绝大多数科目不为人们所重视；秀才一科，则难度极高，很少有人敢报名，逐渐废弃。诸常科中最为人们所重视的是明经、进士两科。其中明经是考察考生对于儒经的记忆和理解情况；进士则主要考诗赋和策论，对考生的文学才能和政治见识有相当高的要求。明经科相对简单，录取率也高，达到十分之一；而进士科则非常难，录取率仅有六十分之一，因此时有“三十老明经，五十少进士”的谚语。但进士科前途远大，仕途光明，唐朝中后期的宰相半数为进士出身，成为当时读书人入仕的首选途径。常科考生的来源有两个，一是生徒，一是乡贡。由京师及州县学馆出身，而送往尚书省受试者叫生徒；不由学馆而先经州县考试，过关后再送尚书省应试者叫乡贡。宋代王安石任宰相时，罢黜明经等科，之后的常科便只剩下进士科。

制 科

唐代科举在常设的常科之外，又有非常设的制科。制科又称大科、特科，是皇帝根据特殊需要临时下诏安排考试，具体科目和结束时间均不固定，其目的在于有针对性地选拔某一类特殊人才。应试人的资格，初无限制，官员和布衣主要觉得自己有自信，均可自荐应考。后限制逐渐增多，需公卿推荐方可应考；布衣还要经过地方官审查。制科考试虽然由皇帝亲自主持，考中者往往也能获得不错的官职，但总体而言，在唐人眼中非是正途，在官场遭到轻视。唐代制科比较盛行，宋代渐趋衰微，整个宋代仅录取 41 人而已。至元、明，制科完全废弃。清代时，制科又开始设立，清初，康熙沿唐制重开博学鸿词科，其后雍正、乾隆又一度开此科；清末因政府财政困难，光绪又开经济特科。

恩 科

恩科，顾名思义，是于常规科举考试之外因皇家开恩而举行的考试。恩科首开于宋代，当时对于屡试不第又有些才能的考生，允许他们在皇帝策试时，报名参加附试。为表示皇恩浩荡，朝廷对这类考生的录取率很高，甚至有时会出现在常规的状元之外另有恩科状元的情况。不过恩科并不经常举行。元代科举制度时断时续，更无恩科。明代沿用宋代恩科制度，不过开科不多。到清代，恩科制度起了不小的变化，针对的对象不再是个别考生，而是全体考生。按常规，科举考试每三年举行一次，清代恩科即是在皇家遇到喜庆之事（皇帝娶妻、册封太子、过大寿等事）时，特别加开一次考试，意思便是皇家开恩，多给读书人一次入仕的机会。比如，1904 年所举行的最后一次科举考试便是因当年慈禧太后过七十大寿所开的恩科。

进士科

进士科是古代科举考试的一个科目。隋炀帝时初设进士科，到唐代时，在多达 50 多种科举考试科目中，进士科最受重视，被读书人视为科举正途。其考试内容，刚开始为五道时务策，另外加一大经（当时将《易官义》《诗经》《书经》《周礼》《礼记》称为“大经”，《论语》《孟子》称为“小经”），即 5 个关于时事政治的论述题，另外则是考察其对于儒家经典的掌握情况。永隆二年（公元681年），为考察考生对学问的实际应用能力，又加两篇诗赋，这对考生的文学才能提出了更高的要求。事实上，诗赋本对个人灵感的依赖性比较大，在考场上强迫考生作诗赋，效果并不理想，往往逼考生造就大量浮薄忸怩之辞。北宋时，王安石改革科举制度，罢其他诸科，唯留进士一科作为科举科目。针对进士考试中的虚浮现象，王安石罢诗赋，仍用经义、策论取士。之后进士科又具体分为两个层级，仅考中乡试者，虽算及第，有做官资格，但称举人，不称进士；殿试考中，才称作进士。其后的元、明、清的常规科举考试，也仅有进士科，其内容仍以经义为主，但明、清时的八股文制度则使其严重僵化。

明经科

明经科是唐宋时期科举考试的一个科目。唐代根据不同类型与层次的人才需求，设置了众多的考试科目，考生可根据自己特长自由选报。因进士科比较难考，录取率低，不太自信的考生一般便报考明经科，明经科题相对简单，先是贴文，主要考察考生的对于儒家经典的记忆和理解能力；接下来也有少量的策论，类似于现在的论述题。明经科录取率颇高，达到1/10左右，考中称为及第，便有了做官机会。宋初仍开有明经科，后王安石担任宰相后，认为明经考试空乏无益，不切实用，废之。

翰林院

翰林院听上去像个学术机构，实际上是个官署，这个官署可以说在其存在的历代都是清贵之所。翰林院初建于唐代，最有学问者方有资格入中，称作翰林官，简称翰林。翰林刚开始只是作为皇帝顾问，后在皇帝身边待多了，权力也逐渐大起来。安史之乱后，翰林学士作为皇帝信得过的近臣，逐渐开始分割宰相之权，乃至后来的宰相经常从翰林学士中挑选。唐后，有时名称小有变动，翰林院这个机构本身为历代所沿设。宋代设学士院，也称翰林学士院。翰林学士充皇帝顾问，宰相多从翰林学士中遴选。明代翰林院虽名义上仅是五品衙门，其权力却发展至顶峰，尤其由翰林学士入值的文渊阁，是明朝的权力枢纽机构，其头目内阁首辅则是事实上的宰相。清代翰林院同样是人人想进的清贵之所，翰林不仅升迁较他官容易，而且由于经常主持科举考试，得以收取天下士子为门生，文脉与人脉交织，其影响延至各个领域。因此，翰林院可以说是古代政府中学问与权势都达到顶点的一个机构，翰林也就是传统社会中层次最高的士人群体，能入院者首先是一种荣耀。鉴于翰林院的特殊地位，因此历代能入院者都是当时饱学之士，年轻后进则至少要进士资格才能入内。明代定制，状元、榜眼、探花可直接入翰林院，其他进士则要经过考察方可入内。

武 科

科举考试一开始并无武举，武则天时，为选拔册封武将，培养为自己的势力，首开武举。其后武举成为科举考试的重要部分，考试的侧重点历代有所变化。唐代武举主要考骑射、步射、举重、马枪等技术，此外对考生外貌也做了要求，要“躯干雄伟、可以为将帅者”。宋代，因宋太祖赵匡胤定下“以文立国”的国策，武举考试除考武力外，还要“副之策略”。武艺考步射骑射两场，合格后再参加文化考试，考一些诸如兵法、布局类的知识等。总体上以武艺为主，以策略为辅。元朝科举制度兴废不常，没有武举制度。到了明代，则更进一步，武举考试以考察谋略的笔试为主，而以武艺为辅了。并且先进行谋略考试，如果不及格，就直接淘汰，武艺再高也不予录用。清朝，尚武的统治者又将个人武艺考试放在了前面，首先考骑射、力气、武艺等，合格者再参加笔试。

历史上武举一共进行过约500次，宋神宗时，设立武状元。总体而言，相比于文科考试，武举一直是受到歧视的。首先，历朝的武举制度时而设置，时而废弃，取士人数远远少于文举。并且武人考中武举后，只授出身，并不马上授官职。因此武举人的地位也低于文举人，以至于一些武举状元还有再考取文举人的念头。

翻译科

翻译科是清代才有的科举考试科目。翻译科的报考者限于满人以及八旗军中的蒙古族人和汉族人（清政府后来以满人八旗为核心又建立了蒙古八旗和汉人八旗）。考试时，能将满文译为汉文，并以满文写文章者，为满洲翻译；能将满文翻译为蒙文者，则为蒙古翻译。顺治时期，翻译科仅录取秀才；雍正时，开始录取翻译举人；乾隆时则辟进士出身。满文翻译可以到六部任职，乃至成为候选翰林，前途无量。蒙古翻译则分配到清代民族事务机构理藩院任职。简而言之，翻译科的设置是清代在科举中优待满人的诸多不公平举措之一。但即使是为满人量身定做的晋身之阶，懒散的满人子弟也不愿参加，以至于其质量不断下降，并常因报考人数不足而取消。

八股文取士

明清时期是中国科举考试的嬗变期。首先，从国家对其重视程度、考试制度的严谨、报考人数以及录取数量来说，明清时期是中国科举考试的繁盛期。但同时，在繁盛的表面之下，其通过八股文取士的考试模式却又使科举考试进入了僵化与没落期。股，即对偶之意。所谓八股文，又称制义、制艺、时文，是一种说理的韵体赋文，有严苛的程式要求。在格式上，要求考生严格遵循所谓破题、承题、起讲、入手、起股、中股、后股、束股这种死板的结构模式，并且要求句与句之间要讲究对偶，整篇文章的字数也有严格限定，不得增减一字。另外，其命题也陈旧不堪，明

《监本四书》
朱熹为四书所作之注是封建社会对四书经义最权威的解释，科举考试都以朱熹的《四书集注》为准。

清500多年间，命题不离“四书”“五经”内陈陈相因的古旧话题，援引事例也必须出自遥远的古代，不涉时事，考生毫无抒发己见的空间。简而言之，八股文是严重形式主义并脱离现实的一种陈腐文体。八股文最早出现于宋代，但其时并没有形成程式。明代时，朱元璋将八股文推向全国，虽然仍考一些诗赋、策问、经义等，但已不重要，八股文才是关键的取士标准。后来清承明制，将八股文更推向死板严苛。

关于八股文的危害，清人徐大椿在讥刺士人的《道情》中说得很透彻：“读书人，最不齐。烂时文，烂如泥。国家本为求生计，谁知道变做了欺人技。三句承题，两句破题，摆尾摇头，便道是圣门高弟。可知道，‘三通’、‘四史’是何等文章，宋皇、汉祖是哪一朝皇帝？案头放高头讲章，店里买新科利器。读得来肩背高低，口角嘘唏。甘蔗渣儿，嚼了又嚼，有何滋味？辜负光阴，白白昏迷一世。就教他骗得高官，也是百姓、朝廷的晦气。”明末清初学者顾炎武则称“八股之害，甚于焚书”。八股文的死板程式使得明、清两代知识分子钻入八股这种无实用价值的文字游戏中，既疏于时事，又疏于学问，甚至疏于经义，思想被严重束缚，缺乏创新意识。

童试与乡试

童试并非正式的科举考试，而是取得参加科举考试资格的考试。其在唐宋时称县试，明清时称郡试。清代的童试3年举行2次。童试总共分3个阶段，分别为县试、府试和院试。其中，县试一般由本县知县主持，考试内容为八股文、诗赋、策论等，考试合格方可参加府试。府试由知府或知州主持，考试内容与县试差不多，合格者参加院试。院试由主管一省教育的学政主持，院试合格，就是秀才了，也叫“生员”，秀才便具有了到政府公立学校学习和参加科举考试的资格。

乡试是正式科举考试的第一关，在各省省城和京城举行，每3年举行一次，遇皇家有喜事则加恩科。考试通常在八月举行，因此又名“秋闱”。由皇帝钦命正副考官主持，凡秀才、贡生（生员中成绩优秀者）、监生（国子监学生）均可参加，考试内容分3场，分别考“四书”“五经”、策问、诗赋，每场考3天。在乡试中，每个考生只是和本省内的考生展开竞争，类似于现在的高考。乡试考中，称为举人，第一名举人称为解元。举人便具有了做官的资格，并且还可以进一步到京城参加会试，考取进士。因此，考中举人，古人读书做官的梦想就算基本实现了。但因举人名额有限，乡试这一关是相当不容易过的，不知有多少读书人将一生耗费在了这场考试上，写出了不朽名著《聊斋志异》的清代小说家蒲松龄就一直未能跨过这道坎儿。

会 试

会试是科举考试中第一场国家级的考试，考生们的对手不再局限于本省之内，而是和全国范围内的才俊们展开角逐。因为会试之后的殿试基本上只是排定名次，不再淘汰，因此会试可以说是一场选拔进士的考试。明、清时期的会试每 3 年在京城举行一次，在乡试次年举行。如遇乡试开恩科，则会试同样随着在次年开恩科。会试只有各省举人和国子监监生才有资格参加，主、副考官均由皇帝钦点。因为由礼部负责主持，又在春天举行，因此又称“礼闱”或“春闱”。会试考 3 场，每场 3 天。考中者称为贡士，第一名称为会元。考中了贡士，基本上就是未来的进士了。明初只按排名录取，仁宗时规定会试按地域分配名额。因南方富庶，文气盛于北方，按照南六北四的比例录取进士。后来比例偶有调整，但按地域分配名额的制度一直沿用至清末。这种制度保障了文化相对落后的边远省份在科考中有一定数量的进士，进入国家政治中心地带，这有利于保持落后地区的发展和对朝廷的向心力。

殿 试

殿试是古代科举考试中的最后一级，由皇帝亲自主持。殿试最早由武则天设置，但并没有形成制度。后来宋太祖赵匡胤鉴于唐末出现科考官员结派的“牛李党争”的教训，在原来两级考试的基础上又加了一级由自己亲自主持的殿试。这样，取士的最终决定权便转移到了皇帝手中，新科进士都变成了“天子门生”。这便有效地防止了官员尤其是宰相利用科举考试认门生，进而结党营私的事情。自此，殿试制度确定下来，为后世历代所沿用。

殿试图

此图描绘学子们正在完成皇宫中皇帝主持的殿试。

殿试是科举考试的最后一级，由皇帝亲自主持和出题，并定出名次。参加殿试的是通过了会试的贡士。殿试只考一题，考的是对策，为期一天。相比于前面的考试，殿试的内容是相对轻松和简单的，并且殿试一般都不再淘汰人，能参加者基本上都已是进士，殿试只是将所有人排出次序。至于排名如何，除才华学识外，给皇帝一个好印象至关重要，因此还看点运气。殿试结果的录取名单称为“甲榜”，又称“金榜”，所谓“金榜题名”即指此。具体分为三甲，一甲只取 3 人，第一名为“状元”，第二名为“榜眼”，第三名为“探花”，剩下的分在二甲三甲。

朝 考

朝考是清代针对新科进士进行的用以作为分配官职的参考的考试。清代时，给新科进士们安排官职时，朝廷并不简单根据他们的殿试成绩，而是要对他们再进行一场考试。这场考试一般在保和殿进行，由皇帝特派大臣监考并阅卷。其内容经常有所变化，无外乎论疏、奏议、诗赋等，与科举考试差不多。乾隆年间，爱作诗的乾隆曾要求新科进士们作一首诗，并且不准多作。朝考成绩分列一、二、三等，一等第一名称为朝元。吏部官员根据新科进士的朝考成绩并结合以前会试、殿试成绩对他委以官职，其中综合最优秀者委以庶吉士（短期职务，升迁潜力很大，有“储相”之称），其余则委以主事、中书、知县等职。

状元及第

状元及第，即中状元，意思是在科举考试中考得进士第一名，是古代读书人的最高荣誉。

科举考试开始于隋朝，其时进士排名不分先后，没有状元一说。到唐朝，科举考试开始正式化，士子先在地方考中贡生（相当于后来的举人）后，才有资格参加在京城举行的考试，进一步考取进士，进士第一名称为“状元”。之所以称为“状元”，据说是因为进京考试的贡生先要到礼部填写包括自己的身世和近况的个人资料，名曰“书状”，或者“投状”。因此后来考得进士第一名的就是这些“投状”中的第一名，故称之为“状元”，或者“状头”。唐代的状元并没有太多的象征意义。到宋代，状元又不再指进士第一名，而是对于殿试三甲中一甲的统称，即进士前三名均可称为状元。明清之际，殿试一、二、三名，分别称为“状元”“榜眼”“探花”。自此，状元成为名副其实的第一名，其地位也日益特殊，自古有“天上麒麟子，人间状元郎”的说法。中状元也有了“独占鳌头”“大魁天下”等听上去霸气十足、睥睨天下的说法，并成为中国读书人“一朝成名天下知”的象征。因此在古代许多文艺作品中，往往都以书生考中了状元作为剧情发展的高潮。另外在民间，传统的吉祥图案中也有大量“状元及第”类的图案，反映了人们对于状元及第这种事情的崇拜。

《女驸马》剧照　马兰饰演冯素贞

黄梅戏《女驸马》说的是民女冯素贞考中状元救丈夫的故事。

历史上比较有名的有唐代的贺知章、王维，宋代的文天祥，明代的杨慎，清代的翁同龢、张謇等，而历史上最后一名状元，是清光绪三十年（1904 年）的刘春霖。

榜眼、探花

“榜眼”是古时人们对科举考试中第二名进士的称呼。

在北宋之前，第一名称状元，第二、三名都称为榜眼。原因是填进士榜时，状元的姓名居上端正中，二、三名分列左右，如其两眼。到北宋末年，只以第二名为榜眼，第三名则称探花。

“探花”一词则比“榜眼”出现得早，在唐代便有，但其时并非进士第三名的意思。唐代中进士者会游园庆祝，并举行“探花宴”。由进士中的年龄最小者作为“探花使”，到各名园采摘鲜花，迎接状元，这本是一种娱乐。至北宋末年，“探花”成为进士第三名的专门称呼。

“状元”“榜眼”“探花”都只是一种俗称，在正式发放的金榜之上，只会称进士一甲第一名，一甲第二名，一甲第三名。

连中三元

“连中三元”是用于形容古代科举考试中的一种情况，指某个考生参加考试过程中，在乡试、会试、殿试三次考试中均考得第一名，接连考得“解元”“会元”“状元”。这种说法大致出现在宋代。

宋代及以后的科举考试中，读书人首先在县、府参加考试，通过考试的称为“生员”，俗称“秀才”。考得“秀才”之后，才算获得了参加正式考试的资格。接下来，首先是参加每三年一次由省府主持举行的“乡试”，又称“秋闱”。此考连考 3 场，每场 3 天。乡试考中，称为“举人”。“举人”便具备了做官的资格，中举者正式跨入士大夫阶层，清代讽刺小说《儒林外史》中的“范进中举”一段说的便是乡试中举的情形。在“乡试”以第一名的成绩考中“举人”，则称为“解元”。

通过乡试的举人，次年三月参加在京师的“会试”和“殿试”。会试由礼部在贡院举行，也称“春闱”，同样是连考 3 场，每场 3 天，由翰林或内阁大学士主考。会试考中者，称为“贡士”，贡士第一名称“会元”。

“贡士”可以参加接下来的四月份的“殿试”，殿试是科举考试的最后一级，由皇帝亲自主持和出题，并定出名次，第一名称为状元。

自古言：“文不称第一，武不称第二。”客观地说，要在文科考试中做到“连中三元”，确实相当难。据史料记载，历代数下来，总共出现过 17 次“连中三元”的情形，另外还有 2 次武科举的“连中三元”。

另外，唐代曾出现有“连中三头”之说，应该是“连中三元”的早期雏形。

进士

进士是中国古代科举考试最高一级的功名。隋唐时期，设有诸多科目，其中进士科最为人们所重视，视为入仕正途。宋代，科举的三级考试制度正式形成，乡试中榜者称举人，会试中榜者称贡士，殿试中榜者则称进士。之后历代，进士功名成为古代读书人科考金字塔的塔顶部分，同时也最难考，得中进士是古代无数读书人的终极梦想。其中，进士又具体分为三甲，一甲 3 人，赐进士及第，分别俗称“状元”“榜眼”“探花”；二、三甲，分赐进士出身、同进士出身。得中进士者一般都前途光明，一甲立刻可授官职，二、三甲则参加翰林院考试，学习三年再授官职。明清时期的官吏主要由举人和进士充任，其中举人基本上充任了县级官吏；而进士则一般都是备作中央官员，即使发放到地方上做小官，也都只是历练一下，将来自有比较好的升迁前景。每次科考进士录取人数，各朝不一，唐代较少，一次仅录取二三十人乃至几人；宋代较多，一般几百人，多时上千（当时举人无做官资格）；明清时期，因举人有了做官资格，进士录取人数下降到100人左右，且为平衡各地发展，往往按地域分配名额。

自隋唐至清，在我国1300多年的科举制度史上，考中进士的总数有10万上下。总体而言，这是一个才能卓著的群体，古代许多大政治家、文学家、学者都是进士出身，如唐代的王勃、王昌龄、王维、岑参、韩愈、刘禹锡、白居易、柳宗元、杜牧等，宋代的范仲淹、欧阳修、司马光、王安石、苏轼兄弟等，明代的张居正、徐光启等。

举人

“举人”一词最早得名于汉代的察举制度，被举荐者称为举人。唐代时，报考进士科的考生均称举人。宋代，举人方才成为乡试考中者的称呼。但宋代的举人只是具有了参加京城会试的机会，并无做官机会。并且，举人的资格仅是一次性的，如果在接下来的会试中没有被录取，则参加下次科举时，还要重新参加乡试，再次取得举人资格方可参加会试。而到了明清时代，举人的含金量才高起来，进退都比较从容。进，可参加京城会试，乃至殿试，向进士出身冲刺，且举人资格终身有效，这次不中，下次科举可直接参加会试；退，举人则已经具备了做官的资格，一旦朝廷有相应官职出缺，举人便可顶上。一般举人所任官职都是知县、候补知县，或者教谕、训导等县级教育长官，也有个别任知府的。因此，明清时期的读书人一旦中举，也便是基本上实现了读书做官的愿望。即便是不再参加会试暂时没官做，也会像《儒林外史》中中举的范进那样自有人前来巴结，送上银子，生活水准步入富贵阶层。总体上，举人构成了明清两代低级官员的主流来源。

秀才

“秀才”一词最早出现于春秋时期，原本并非属于科举功名的范畴，也不特指读书人，而是相当于现在的“俊才”“英才”。汉武帝时期，朝廷推行官员选拔制度改革，“秀才”与“孝廉”一起成为地方官员举荐的两种优秀人才。东汉光武帝时期，为避光武帝刘秀名讳，“秀才”改称为“茂才”，三国曹魏时期，又改回“秀才”。至隋朝科举制度开科取士，最初也称为“取秀才”，这时的“秀才”成了考中功名者的指称。唐初，科举考试中设立秀才科，刚开始时秀才科第最高，因要求非常高，很少有人敢于问津。后来秀才科被废除，“秀才”一度成为读书人的统称。宋代时，凡是参加科举府试的人，无论考中与否，都称为“秀才”。

明清之际，秀才的意思逐渐固定下来。这时的秀才有一定门槛，参加科举考试的读书人，经过院试，取得入学资格的“生员”才可称为秀才。考中秀才之后，可以说是十年寒窗初步获得成果。进，可以去考取举人，一旦考中，便正式进入为官的士大夫阶层；退，则可以开设私塾。秀才虽然没有国家俸禄，但可以获得一定的特权，比如免除赋税、徭役，可以直接找县官提建议等。于是，秀才这个最低功名成了明、清两代出身贫困的读书人科举考试的“歇脚所”。他们往往一边通过教书获得经济来源，一边继续考取功名。但因为竞争激烈，许多人也就一辈子待在这个“歇脚所”了。

门生

“门生”大概由“门人”一词流转而来。春秋时期，一个人直接（当面拜其为师）或间接（以其思想为师）以某人为宗师，便自称其“门人”。比如孔子的三千弟子都自称孔子门人。“门生”一词，很大程度上承接了春秋时期“门人”一词的意思，最早见于西汉宣帝时，到东汉开始大量出现。《后汉书·袁绍传》言袁绍“门生故吏遍天下”，这里的门生有弟子的意思，但又有所不同。当时宗师亲自教授的人为弟子，转相授受的则为门生。也即对其直接的老师可自称其弟子，对老师的老师则自称其门生。同时，门生还有另一个意思。汉代文官选拔制度采用举荐方式，士人通过被当地官员举孝廉、秀才的方式进入仕途，举荐的州郡官吏被称为“举主”，而被举荐的贤士便称为举主的门生。

到魏晋南北朝时期，“门生”一度变质成依附于士族豪强的一类人，有一些臣属、门客，甚至奴仆的意味。唐宋时期，科举考试中考中举人或进士的人，称主考官为“座主”“座师”或“恩门”，并自称为主考官的“门生”，这与汉代类似。这样，这些新举人、进士就和主考官之间建立起了一种特殊的师生关系。新举人、进士常把自己的考中看作是主考官对自己的一种类似于师恩的恩情，并且，通过这种师生关系也可在仕途上得到老师的一些照应；而主考官也乐于有这样的年轻后进来亲近自己，于是科举考试就成了主考官结党营私，培养和拉拢自己势力的一种渠道，这便对皇帝的集权统治构成威胁。唐末便出现了涉及科举官员结派的“牛李党争”。宋太祖赵匡胤鉴于此，就把最终决定考生能否被录取的大权移到了自己手上。他在原来两级考制的基础上又加了个第三级考试：殿试。殿试中皇帝亲自出题考试，并定出名次。这样皇帝就成了最终的主考官，成了所有进士的“恩门”，所有的新进士都成了皇帝的学生，也即“天子门生”。这样，科举考试的取士大权就转移到了皇帝手中，有效地杜绝了官员，特别是宰相通过科举考试结党营私的事情。同时，宋太祖还明文规定，以后举人不得自称考官“门生”。但因已约定俗成，“门生”这种说法还是流传了下来。

荫生

明清时期凭借上代余荫取得监生资格的被称为荫生。按入监缘由的不同，荫生又可具体分为多种名目：明代按其先代的品秩入监者称为官生，不按先代官品而因皇帝特恩入监者称为恩生；清代因皇家有喜事开恩得以入监者称为恩荫，由于先代因公殉职而入监者称为难荫。清代的一些荫生的科举试卷经常单独改卷，称之为官卷。总体而言，荫生与汉代的“任子”制度类似，乃是皇家对于官员子弟的一种仕途直通车政策，这种政策基本上历代都有。

监 生

监生是明清时期人们对于在国家最高学府国子监读书者的称呼。明代的监生分为 4 类，会试不第的举人，可入国子监深造，称为“举监”；以贡士身份入监者称为“贡监”；有功官员子弟被朝廷特批入监者称为“荫监”；捐钱进来的叫作“例监”。清代监生主要有恩监、荫监、优监、例监 4 种，其中不同于明代的“恩监”是因皇家有喜事特开恩招来的，优监则与贡监类似。另外，清代监生中还有一些其他的来源，比如七品以上官员子弟中聪慧好学者、因公殉职官员子弟、圣贤后裔等均可入监读书。监生不同于一般的生员，可以和大家一起参加科举考试，同时，即使科举不第仍然是有官做的，可以说前途是有保障的。因此，古代学子能成为监生，是相当轰动的大事，与中举差不多。乾隆之前的监生都还比较正规，入监门槛的执行和对监生学业的督促都比较严格。但乾隆之后，国子监逐渐沦为卖官机构，监生基本上成了花钱买官者的代名词，这些监生只是在国子监挂名，并不真去读书。因此，监生出身的官员是被人瞧不起的。

贡 生

科举时代，朝廷会在各府、州、县的生员（秀才）中挑选成绩优异者，使之入京城的国子监读书，称为贡生。“贡生”之意，即是向皇帝贡献的人才。贡生制度开始于元代，明清时期逐渐完善，贡生来源也逐渐扩大。明代贡生有 4 种，即“岁贡”（由府、州、县学每年或每 2 年选送 1 ~ 2 名）、“选贡”（由府、州、县学每 3 年或 5 年选拔 1 名）、“恩贡”（因朝廷有喜事而开恩被选入）、“纳贡”（即花钱买来的贡生资格）。清代贡生有 6 种：“岁贡”“恩贡”和明代一样，“优贡”“例贡”分别相当于明代的“选贡”“纳贡”；另外还有“拔贡”和“副贡”，“拔贡”从各省科试的一、二等生员中选拔，“副贡”是从乡试落榜生中的优秀者中选拔，相当于一个举人榜的副榜，故曰“副贡”。清代贡生也称“明经”。贡生相比于一般秀才的好处在于其既可以像普通秀才一样参加科举考试，考取举人、进士，同时即使是科举不中，最后总有官做，但一般不大，为知县、县丞、教谕等官职。比如清代小说家蒲松龄屡试不中，最后凭贡生身份得了个“儒学训导”的官职，其实是个虚衔，负责督导县学的校风。总的来说，贡生制度扩大了由进士、举人进升仕途的范围，是对于科举制度的一种不错的补充。

蟾宫折桂

蟾宫折桂本意是攀折月宫桂花，古人用以比喻科举得中。蟾宫，即是嫦娥所住的广寒宫，据说由蟾蜍幻化而成。另外传说广寒宫中有一棵高五百丈的桂树。《晋书 · 郤诜传》中：“武帝于东堂会送，问诜曰：‘卿自以为如何？’诜对曰：‘臣鉴贤良对策，为天下第一，犹桂林之一枝，昆山之片玉。’”说晋武帝有一天在东堂接见大臣，问大臣郤诜自我感觉如何。郤诜将自己比喻成月宫中的一段桂枝，昆仑山上的一块宝玉。此后，人们便经常用月宫桂枝来形容有才能的人。隋朝之后，科举制度开始。因为每年的乡试一般都在刚好在八月，所以人们便将科举应试得中者称为“月中折桂”或“蟾宫折桂”。《红楼梦》第九回中林黛玉听说贾宝玉要上学了，就挖苦宝玉道：“好！这一去，可定是要蟾宫折桂去了。”关于此成语，古代的不少地方还有相关风俗，科考之年，应试者及亲友都用桂花、米粉蒸作广寒糕相互赠送，取科场高中之意。

科举四宴

科举四宴指的是古代科举考试结束后，朝廷为中榜者进行庆祝的4个例行宴会，其中文、武科举各有2个。

鹿鸣宴。此是为文科举乡试后的新科举人们举行的宴会。此宴起于唐代，后世一直沿用。该宴由地方官吏主持，除邀请新科举子外，考场工作人员也都会被邀请。之所以取名为“鹿鸣宴”，是因据说宴会上要唱《诗经·小雅》中的“鹿鸣”之诗。

琼林宴。此是为文科举殿试后的新科进士们举行的宴会。此宴始于宋代，当初宋太祖赵匡胤首开殿试制度，并规定殿试后为新科进士们设宴庆贺。因为宴会在当时都城开封城西的皇家花园琼林苑里举行，故名。琼林宴后来改名“闻喜宴”，元、明、清时，称作“恩荣宴”。

鹰扬宴。此是为武科考举乡试中榜的武举人举行的宴会。一般在发榜第二天举行，参加者为主考官和新科武举人。鹰扬，意为威武如鹰击长空，与文举子的“鹿鸣”相照应。

会武宴。此是武科举殿试发榜后为新科武进士们举行的庆祝宴，该宴自唐代产生武举之后便有，一般在兵部举行，规模浩大，比鹰扬宴要排场许多。

古代礼制

五 礼

五礼是形成于周代的五大类礼仪，分别是：吉礼、凶礼、军礼、宾礼、嘉礼，其最早记载于《周礼》。五礼并非由周人所创立，其中的诸多礼仪是在夏、商、周1000多年的时间里逐渐形成的，到西周时期，周人对三代的礼制做了总结并将其归纳为此五类。其中，吉礼是五礼之冠，主要是对天神、地祇、人鬼的祭祀典礼；凶礼是哀悯吊唁忧患之礼，用以礼哀死亡、灾祸、寇乱等；军礼是在与军事有关的礼仪，用以战前动员，鼓舞士气；宾礼是对于来访的宾客所实施的礼仪，以示尊重；嘉礼比较琐碎，用于国家或人民日常生活中对于比较高兴的事情的庆祝。五礼在西周形成之后，在春秋战国时期曾一度遭到破坏，即所谓“礼崩乐毁”。孔子所创立的儒家学派对周代礼制进行了继承和发扬，汉代时，儒士叔孙通以五礼为参考所设计的礼仪被汉高祖采纳为宫廷礼仪。自此，五礼成为后世历代帝王乃至民间礼仪的基本骨架，为后世国家政治的稳定和社会运转的有序提供了保障。五礼在后世历代都有所发展，其所涉及的范围不断扩大，内容日渐增多。以宋为例，各类吉礼已达43种，嘉礼27种，宾礼24种，军礼6种，凶礼12种，加起来共有112种。这些礼仪有形或无形地存在于国家政治和人们日常生活的各个方面，并深入人心，每个人都自觉不自觉地以其为行为规范，中国被称为礼仪之邦正源于此。

吉 礼

吉礼是古代五礼之一，并居五礼之冠。吉礼是有关祭祀的典礼。其主要的祭祀对象可大体分为3类，分别是天神、地祇、人鬼。其中，天神包括昊天上帝、日月星辰、司中、司命、雨师等；地祇包括社稷、五帝、五岳、山林川泽等；人神包括宗庙、孔子等。吉礼的举行往往是一种国家政治行为，由统治者主持。在诸多的祭祀活动之中，尤为统治者所重视的是祭祀宗庙、社稷、天地、孔子。宗庙，也叫太庙，是皇帝先祖的祠堂，一般建在王宫前面，明、清两朝的宗庙就建在紫禁城外；社稷，是指土神和谷神。祭祀土神、谷神的地点一般称社稷，在古代，它是国家的象征。古代礼制规定，“左宗庙，右社稷”，社稷坛一般建在王宫前的右侧，与太庙对称；祭祀天地，在古代又称为“封禅”，十分隆重，由帝王亲自前往泰山举行，一般是比较有作为的皇帝才有此举动；祭祀孔子也是历代非常重视的仪式，是国家礼制的一部分。一般由大臣前往主持，有时皇帝亲自前往。

礼 器

礼器是我国古代贵族在举行祭祀、丧葬、庆祝等礼仪活动时所使用的器物，往往象征着使用者的身份、地位和权力。礼器大体上可分为四类，一类是用以盛放食物的食器，包括鼎、簋、鬲、盂、俎等；一类是酒器，包括爵、角、觚、尊、壶、卣、方彝、觥等；还有用以盥洗的水器，有盘、盉等；再有就是用以标明身份尊贵的玉器和束帛（往往合称玉帛）。其中，玉器包括璧、璋、琥、琮、圭、璜等；束帛则是扎成捆的丝织品。因玉帛在古代被广泛用于各种典礼，因此经常被当作礼器的代名词。

司母戊大方鼎（现称后母戊大方鼎） 商

全鼎呈深腹平底长方形，口长110厘米，宽78厘米，壁厚6厘米，连耳高133厘米，重达875千克。大鼎口沿两侧一对立耳，四足柱状，中空，四角及四面中部有扉棱，四面周边分饰兽面、夔龙、云纹等纹样，中央素底无纹，四足上部浮雕兽面纹样。

诸多礼器之中，鼎是最具象征意义的。鼎本来是用来煮饭的器具，由青铜铸成，或圆形三足，或方形四足。做饭时，直接在其下烧火即可，因此相当于现在的锅，同时又附带了灶的功能。后来其被用来在祭祀时装胙肉。古代贵族往往在鼎的外面铸上自己祖先的功绩，然后藏之宗庙。不同身份之人的鼎的数量和装饰不同，天子九鼎，饰以黄金；诸侯七鼎，饰以白金；卿大夫五鼎，饰以铜。禹当年曾用天下诸侯贡献之铜铸造九鼎，象征九州。此后，鼎便成了天下的象征。

凶礼

凶礼是古代针对不好的事情所举行的礼仪，具体包括丧葬礼、荒礼、吊礼、恤礼、禬礼等。其中丧葬礼是为死者举行的表达哀思的礼仪；荒礼是遇到旱涝灾害或瘟疫流行时，统治者所举行的一种表达自己体察灾情，并愿意与人民分担的一种礼仪；吊礼是在别的友邦国家或友好人士遭受自然灾害后，统治者派人前往慰问的礼仪；恤礼是当邻国遭受政治动乱时，统治阶层派人前往表示慰问的礼仪；禬礼是友邦在军事上遭受失败后，统治者派人送去物质援助并给其鼓励的礼仪。总体而言，凶礼都是在别的个人或国家遭受不好的事情后，对其表示同情和慰问的礼仪。后来，凶礼主要是指丧葬、持服（即守孝）、封谥号等与死亡有关的礼仪。

丧礼

丧礼是安葬并悼念死者的礼仪，属于“五礼”之中的凶礼。在古代诸多礼仪之中，丧礼产生得最早。周朝时，丧礼已经形成了一系列繁复而严格的规定，孔子将丧礼说成是孝的一部分，主张对父母“生，事之以礼；死，葬之以礼”。因此古人十分重视丧礼，由专门以此为职业的人主持。其具体过程大体上可分为报丧、入殓、出殡、守丧几个步骤。死者去世后，亲属先要将死者去世的消息告诸亲戚、朋友、同事等，叫作“报丧”。这些被报丧的人则会陆续前来吊唁。然后是对死者举行“殓”的仪式。其中，给死者穿上专门的衣裘称作“小殓”；尸体入棺，称为“大殓”。“殓”之后，棺材放在家中等待下葬，叫作“殡”。“殡”者，意为将暂时未曾离家的死者当作宾客。殡的日期不固定，几天到几十天不等，待选定吉日和墓地便可下葬。下葬事宜称做出殡送葬，亲人、朋友、故旧等往往要一路随棺木到墓地，为死者送行。送葬时，根据与死者关系的亲疏，送葬者的孝服也可分为 5 种，称为“五服”。安葬之后，亲属根据孝服的不同有不同的守孝期。最短的 3 个月，最长的 3 年，乃是死者儿子的守孝期。期间，守孝者在饮食、衣着、起居等方面受到一系列约束。其实，这只是丧礼的大致程序，具体过程中还有很多琐碎的规定，比如对于哭就有诸多规定。

在历史发展的过程中，丧礼产生了不少演变，比如佛、道兴起后，水陆道场一度成为丧礼的一部分，不同地区的丧礼也逐渐形成了一定的地方色彩。总体上，中国的丧礼比较讲排场、爱热闹、好攀比。另外，死者只要寿终正寝，而非夭亡，在古人看来这是值得高兴的事情。因此，相对于婚姻庆典的“红喜事”，丧事又叫作“白喜事”。现代，中国在大部分古代礼仪已经丧失的情况下，丧礼应该是保存最完备的一种礼仪了。

陵寝

陵寝是古代帝王的坟墓。春秋时期，厚葬之风盛行，死者的墓越建越气派。其中，最气派的当然还是帝王之墓，一般称为“陵”。陵，本是山丘的意思，以之来称呼帝王之墓，也可见其规模之庞大。战国时，秦惠王规定：“民不得称陵。”自此，陵成了帝王之墓的专称。因古人相信人死后灵魂还要继续在地下“生活”，故帝王

汉文帝霸陵

墓旁建有寝宫。另外，墓外还建有一系列用于装饰和祭祀的石雕、殿堂等。因为陵寝是一个以其墓穴为中心的庞大建筑群，故称“陵园”。

陵寝真正的大规模化，始于秦始皇。其陵寝高120米，底边周长2167米，37年始建成，极尽豪华之能事，并设计了相应的机关防止盗贼。其后的历代帝王都沿袭了秦始皇的做法，往往不惜巨资，并调遣当时最高明的匠人参与建造。因此帝王的陵寝是古代留下来的极其珍贵的艺术品。一般一个朝代的帝王陵寝都会建在一起，形成一个陵寝群，其地点往往在其都城附近。如西安附近的唐陵、河南巩义市境内的宋陵、北京昌平区境内的明代十三陵、河北遵化市的清东陵和河北易县的清西陵。

服丧

服丧，即古人为死者守丧的礼仪。守丧，指的是在丧事办完之后，亲属通过服饰和生活方面的特别规定来体现对于死者的哀悼和怀念。其大致可分为两个方面，一是通过守丧者所穿的丧服以及穿丧服的时间长短来体现。具体而言，根据亲属关系的远近可分为五种丧服，由近及远分别是：斩衰、齐衰、大功、小功、缌麻。其中，斩衰要穿3年；齐衰则根据具体的关系不同，时间有所差别，1年、5个月、3个月都有；大功则穿9个月；小功穿5个月；缌麻则只穿3个月。其二，对于死者的儿子，还有关于生活方面的一系列规定，称为守制，时间为3年。

五服

五服指5种丧服。古代社会的葬礼中，与死者亲疏程度不同的人要穿不同的丧服，以示区别。具体分为5种，从重到轻依次是：斩衰，此是五服中最重的丧服，其用极粗的麻布缝制而成，极其简陋，许多该缝的地方都敞开着，完全不像上衣，此表示因哀痛而不注意外在形象之意。此服为最亲近者所穿，如子为父、妻为夫等。齐衰，是次于斩衰的丧服，用粗麻布制作，因把边缝齐了，所以叫齐衰。此为次一级的亲属所穿，如已嫁女为父母，孙辈为祖父母等。大功，又次于“齐衰”，用粗熟麻布制作，一般是为堂兄弟、未嫁堂姊妹，已嫁女为伯叔父等所穿。小功，次于大功，用质量较好的麻布制成，为伯叔祖父母、外祖父母、母舅等所穿。缌麻，最轻的一种丧服，用细熟麻布制成，做功比较细致，此为曾祖父母、妻之父母、表兄弟等所穿。总体而言，亲属关系越近，其丧服越粗糙。大体上，古代丧服的服制都以《仪礼 · 丧服》为准则，历代遵行，只是小有变通。另外，不同的丧服所穿的时间长短也不同。

军礼

军礼是有关军事活动的典礼，包括校阅、用兵、畋猎等活动时的礼仪。各个时代的军礼有所不同，如《周礼》中所记载的有“大师之礼”，乃是军队征伐之前举行的礼仪；“大均之礼”，则是天子或诸侯在分土地、征赋税时举行的军事检阅；“大田之礼”，用于天子狩猎时，并顺便检阅军队；“大役之礼”，用于国家建造城邑、宫殿、开河、造堤等大规模土木工程时的队伍检阅；“大封之礼”则是诸侯勘定各自封地地界、树立界碑的一种活动。另外，《通典》中记载了唐代的军礼，具体包括：告太庙、命将、出师、阅师、誓师、献俘等。古代军队出征打仗前宰头牛，甚至有时杀个违反军纪的人，称为祭旗，也是一种军礼。总体而言，军事活动中形成了定制的行为，都可算是一种军礼。军礼大体上是为起到一种宣示力量、鼓舞士气、检阅训练部队等作用。

宾 礼

宾，客也。宾礼即是一种针对客人的礼仪，这个客人可以是个人，也可以是代表一个国家。宾礼在各个时期的种类和形式都有所变化。上古时期的宾礼主要包括朝、聘、会、遇、锡命等一系列的礼仪制度。朝，即是诸侯按固定日期朝见天子时的一系列礼仪；聘，是指诸侯国之间互遣使者访问的礼仪；会，指诸侯对天子不定期的朝见，或是诸侯之间无定制的会面；遇，指诸侯或官吏间偶然的邂逅，通常礼节比较简单；锡命，指的是天子或诸侯对下属封赐爵位、服饰、土地等时的礼仪。《通典》记载了唐代的宾礼，“三曰宾礼，其仪有六：一、番国主来朝；二、戒番国主见；三、番主奉见；四、受番使表及币；五、宴番国主；六、宴番国使”。番，指的是唐周边的少数民族政权以及朝鲜半岛地区的新罗、日本等国。《清史稿·礼志二》则记载了清代的宾礼，“宾礼：藩国通礼，山海诸国朝贡礼，敕封藩服礼，外国公使觐见礼，内外王公相见礼，京官相见礼，直省官相见礼，士庶相见礼”。

朝聘之礼

朝聘之礼原指古代诸侯派使者或亲自定期觐见天子的礼仪，后来也指藩属国使节前来觐见中国皇帝的礼仪，属于“五礼”中的宾礼。具体而言，聘，是指诸侯派使者觐见天子；朝，则是诸侯亲自觐见天子。《礼记·王制》规定，诸侯每年都要派大夫前往王都拜见天子，称作“小聘”；诸侯每三年要派卿前去拜见天子，称作“大聘”；诸侯每五年须亲自前往王都拜见天子，称作“朝”。诸侯及卿大夫朝聘天子时，要携带当年该向天子缴纳的贡赋，还要奉行严格的礼仪，以示对天子的敬重和臣服。其礼仪大致分为六个程序，分别是：“效劳”（天子派人迎接并慰问来宾）、“赐舍”（安排来宾下榻）、“朝觐”（来宾正式拜见天子并献礼）、“请罪”（来宾向天子表示自己做得不好，求天子宽恕，是一种谦虚说法）、“赐礼”（天子赏赐来宾一些礼物）。朝聘之礼本来只有天子才有资格享受，但东周时，周王室衰微，各诸侯国也纷纷采用了朝聘之礼。秦统一中国后，中国在1000多年的时间里称雄于东方，期间各国派使节前来时，中国基本上都以朝聘仪式接待，因此“四夷来朝”的说法一直不绝于书。直到鸦片战争后，在西方人的强烈要求下，清王朝才废弃了朝聘之礼，而以现代外交礼仪与各国打交道。

相见礼

相见礼是古人日常相见时的礼仪，属于“五礼”中的宾礼。春秋之前，因“礼不下庶人”，因此相见礼只是贵族之间通行的礼仪。《礼仪·士相见礼》记载了当时秦国士大夫相见的礼仪，其规定士用野鸡，下大夫用雁，上大夫用羔。这里说的是对于上门拜访时的见面礼的规定。另外，其对贵族之间说话时的眼神也有所规定。如士与大夫面谈时眼睛要先看着其面部，然后看其肩膀，最后再看其面部。春秋之后的历代都对相见礼有相应的明文规定，其适用范围也不再局限于贵族，而是扩展到全社会。就内容而言，其一个重要方面是规定官员之间的见面礼仪，总体上是以官大者为尊，而大的程度不同则须施以不同的礼仪；另一方面，对于庶人之间的礼仪有相应规定，基本原则是以年长者为尊；此外，则是比较具体地规定了诸如主宾、师生等之间的礼仪，也是相当具体，以清朝的《士庶相见礼》对主客之间的礼仪规定为例，其对于主人如何迎接、安排座次、饮茶、送客等都做出了一系列详细规定。

嘉 礼

嘉礼是人们为日常生活中高兴的事情所举行的庆祝礼仪，往往是人们之间联络感情、建立良好人际关系的媒介；另外，皇帝家中有喜事所举行的庆祝礼仪也叫嘉礼。嘉礼因为涉及生活各个方面，内容比较庞杂，其中比较重要的几种是婚礼、冠礼、飨礼、宴礼、射礼等。婚礼，指结婚礼仪。冠礼，古代男子年满20岁时所举行的典礼，对之加冠以示成年。另外，古代女子15岁时亦行笄礼，以示成年，也可算是冠礼的分支。飨礼是古代设酒食款待来客的一种礼仪。宴礼，是古代皇帝家有诸如君主登基、册皇太子、天子纳后妃、太子纳妃等喜事时所举行的宴请大臣的礼仪。射礼，因古代尚武，因此在许多场庆祝活动中都设有射箭项目，作为一种仪式的同时，也是一种娱乐。《清史稿·礼志六三》：“二曰嘉礼。属于天子者，曰朝会、燕飨、册命、经筵诸典。行于庶人者，曰乡饮酒礼。而婚嫁之礼，则上与下同也。”在五礼之中，其他四礼都大多与国家政治生活相关，由皇帝出面主持，嘉礼则是唯一与普通百姓日常生活联系紧密的礼仪。

冠 礼

冠礼是中国古代在男子20岁时对其施行的成年礼，属于嘉礼的一种。古人认为一个男子在20岁时，正式摆脱童稚，进入成年人行列。对其进行冠礼，是提醒他以后便要担负起一个成年人的责任，言谈举止也要遵循社会的种种规范。同时，周围的人也开始把他当作一个成年人来看待，对其表示尊重。先秦的冠礼仪式要烦琐一些，后来有所简化。其大致流程是：在加冠礼之前，通过巫卜的方式选定加冠的日期，并联系好加冠的大宾和协助加冠的“赞冠”。行礼那天，主人（一般是受冠者之父）、大宾及受冠者都穿礼服。授予其冠后，大宾要读一些祝辞，一般是诸如“从今天起，你就告别你的童稚，步入成年了，以后你要担负起责任，保持良好的道德情操，为社会多做贡献，祝你前途无量”之类的。另外，还有一个重要项目便是要给受礼者取字，之后，除父母与老师可以称呼其名外，其他人都要称呼其字。加冠仪式后，这个青年还要到处拜访亲友、当地长官和有名望者，别人也对其表示祝贺和勉励。

追溯起源，成年礼仪式源自原始社会，至先秦时形成这种冠礼的形式，并成为“六礼”（冠、婚、丧、祭、飨、相见）之首。需要指出的是，冠礼有时也会在 20 岁之前举行。因行冠礼后才可以成亲，古代有些贵族子弟成婚较早，因此冠礼也经常提前举行，大体上都是在 15 岁到 20 岁之间。

婚 礼

婚礼是古人关于结婚的礼仪，属于嘉礼的一种。婚姻自古乃人生大事，因此婚礼在古代便是相当重要的礼仪，一点都马虎不得。在周代时，中国便已经形成了一整套完备的婚礼仪式，在《仪礼》中有详细规制。简而言之，可称之为“三书”“六礼”。“三书”，指聘书、礼书和迎亲书。“六礼”，则指从提亲到完婚的六个大体步骤。具体为：一是纳彩。此是男方家长托人向女方家长提出联姻的意愿，也即“说媒”。纳彩不是空口说白话，而是要送礼的。先秦时，以雁为纳彩礼。后世则经常用羊、鹿、阿胶、蒲苇等。二是问名。如果纳采时，女方收下礼物，就表示应允了。问名便是详细问女子的姓名、年龄、生辰及其家族情况。三是纳吉。此是男方家长请人测算男女双方生辰八字是否相合。因古人相信天命，因此这对婚姻的成败也起相当大的作用。四是纳征。就是下聘礼，这就不是一只雁或者一只羊能打发了的，而是要真金真银的，并且历代都不断在增加。五是请期。此为定下迎亲日期，一般是男方象征性地征求下女方意见，其实是自己决定后告诉女方，因此也叫告期。六是亲迎。这是男子娶媳妇的梦最后实现的步骤了。该步骤主要就是迎亲和拜堂，但其具体步骤则相当烦琐。在迎亲前一天，女家要为女儿“开脸”“上头”，这两个步骤主要是使女子在发型上开始区别于未婚少女。拜堂第二天，新娘要拜见公婆等，此时婚礼才算基本结束。而严格算的话，婚后第三天，新妇归宁结束，婚礼才完全结束。

姑苏繁华图（局部） 清 徐扬

图中表现的是一婚礼场面。一对新人在堂上参拜长辈，阶下有鼓吹者作乐。

守制

守制是古人对于死者儿子所单独做出的守丧制度，期限为 3 年。期间，该制度对于守丧者有一系列相当严苛的生活方面的要求。首先，孝子不能有任何享乐，不得饮食酒肉、瓜果菜蔬，只能吃粥；不得与妻妾同房；乃至不得洗澡、换衣服、剃头等。其次，守丧者不得嫁娶，不得有任何庆祝活动，不得在节日拜访亲友。最后，在汉代察举时代，守丧者不得被举荐；科举考试时代，守丧者则不得应考。而在外做官的官员，必须告假回家守制，称为丁忧。最理想的，便是守制期间，孝子在父（母）墓前搭建简陋草庐独居 3 年。可以看出，守制的所有规定全都做到恐怕是不太可能的，这只能是古人对于孝道所设想的一种理想化状态。但是，政府对于守制制度是相当严格的，如有士子在居丧期间前去应考，是要受到法律制裁的；另外，一些官员怕丁忧后官职难以恢复，会瞒报父母丧事，朝廷对这类情况也会严厉惩罚。

总体而言，古人之所以要制定守制制度，乃是受儒家思想的影响。儒家重孝的同时，又推崇礼制，因此将孝道体现到琐碎的礼制之中也是题中应有之义了。而之所以守孝时间为 3 年，《礼记 · 三年问》中解释为：“子生三年，然后免于父母之怀。”意思是婴幼儿出生 3 年后才可以脱离父母怀抱，因此也守丧 3 年作为回报。但守制制度的过分严苛显然已经有些不合乎人情，将孝形式化了，脱离了孝本来的真诚。

丁忧与夺情

古代官员因父、母亡故暂时辞官回乡守制称作丁忧，又叫“丁艰”“守孝”。该制度开始于汉代，古代官员遇到这种事，不管官职多大，都得告假回乡。但一个官员一旦辞官回乡，不但没有俸禄，更关键的是 3 年之后再回到朝廷，官场的变动也已经很大，自己的位子也早就被别人顶了。要想恢复原来的职务，自己还需要重新摸爬滚打一番才行。正因为此，不少官员都不愿意回乡丁忧，以至于瞒报自己父母的丧事。但这种情况一旦被发现，则惩罚十分严重。比如后唐明宗时的孟异因瞒报母亲丧事，最后被赐自尽。

因丁忧的时间长达 3 年，这必然经常会给朝廷的行政工作带来中断，尤其是身居要职者的丁忧。而夺情便是古代政府针对这个问题所制定的制度。古代官员遇到需要丁忧的情况，如果朝廷因为特殊情况，比如政治或军事方面的需要而要求官员不得回乡丁忧，而必须留在朝廷，或者官员已经回乡丁忧但期限未满，朝廷提前强令召回其出仕，这两种情况都叫作夺情。丁忧一旦遇到夺情，则必须屈从。因为在古代，君臣之义是大于父子之情的。一般情况下，只有担任中央朝廷要职的官员才会遇到夺情的情况。另外，也有官员因不愿离职而自谋夺情的。比如明万历年间的内阁首辅张居正，在接到父亲讣告时，正在推行改革，因不愿功亏一篑，他表面上屡次上书请求回乡丁忧，暗地里却通过太后让皇帝诏令他夺情。虽然不少反对派力图赶他回家丁忧而夺其权，但最终还是张居正取得成功。

赋役和其他制度

井田

井田是中国商周时期的一种土地分配方式。有说井田始于夏朝。其具体方式是将每方圆一里内的九百亩土地划分为“井”字状的9块，周围8块作为私田，分予私人耕种；中间一块，其中二十亩作为宅基地，供8家盖房住人，剩下的八十亩作为公田，由8家共同负责耕种，其收成作为赋税上缴国家，算下来，税率约为1/10。法律规定，各家公田忙完，方可忙私田。这里的私田，归属国家所有，私人只有使用权，而无买卖权，其使用权则父死传子。

事实上，井田制是一种土地国有并平均分配的制度，避免了土地兼并，在某种意义上实现了耕者有其田的理想。但这仅仅是针对大大小小的奴隶主阶层而言，当时的奴隶阶层只有无偿劳动的份儿。到春秋晚期，以铁器的使用和牛耕的推广为标志的农业技术得到提高，不再需要这种奴隶在大面积土地上集体劳作的模式，小户劳作开始流行，井田制逐渐瓦解。但井田制作为一种“平均分配”土地的制度，成了后世许多人心目中的理想土地制度。比如战国时的孟子便力主恢复古代井田制。王莽建立新朝后，鉴于土地兼并之风的盛行，也曾试图恢复西周井田制，但以失败告终。尽管如此，后世历代帝王制定土地政策时，井田制的“耕者有其田”的制度内涵都成为他们重要的参考。

户籍

户籍是登记户口的簿册。户口包含两个概念，以家为户，以人为口。中国最早的户籍制度建立于战国时期，当时的秦国曾实行五家为一保、十保相连、一人犯罪、十保连坐的制度。这就是后来的保甲制度的雏形。其他诸侯国也采取了类似的制度。秦统一六国后，在全国范围内推行户籍制度。汉承秦制，将户籍制度进一步完善。汉代每年八月都要进行一次全国人口普查，以作为征税、派役、征兵的依据。唐代，户籍制度得到进一步完善。当时朝廷规定，每3年修订一次户籍，各县户籍一式3份，州、县、中央的尚书省各保存一份。唐代的户籍登记已经相当详细，一家之中的男女人口、年龄、土地、财产情况都一一登记造册。后来历代基本上都沿用唐代的户籍制度。

古代的户籍制度只有一种统计学意义，用以作为政府自上而下收税派役的依据，而没有作为身份证明的意义。另外，古代许多地方官担心人丁增多而催征不上加收的赋粮，因此往往瞒报人口，加上商贾流民不能及时登记等原因，古代的户籍登记总体上是比较粗糙的。

算赋和口赋

简单说，算赋和口赋是古代的两种人头税。其中，算赋是针对15岁以上56岁以下的成年人征收，其开始存在比口赋要早，始于秦商鞅变法，名目是“为治库兵（兵器）车马”，算是一种军赋。汉代时，算赋成为政府财政收入的一个重要来源。当时，每个成年人每年算赋为一百二十钱。政府为抑商和限制蓄奴，规定商人和奴仆缴两倍；另为增加人口，鼓励早嫁，规定15～30岁女子未嫁者缴5倍。

口赋则是对未成年人征收的人头税，始于汉代，与算赋共同构成汉代的人头税。口赋数额为每人每年二十钱。对儿童的起征年龄开始为7岁，汉武帝时因匈奴用兵，将之提前到3岁，汉元帝时又改回7岁。东汉末年军阀混战，政治黑暗，口赋一度自1岁起征。与算赋不同的是，口赋收入不归政府，而算作皇帝收入。

人头税存在于后世历代，直到清雍正年间实行摊丁入亩，将人头税摊入土地税中，其名目才完全消失。

均输

均输是西汉的一项财政制度。西汉时，郡国各地每年要向朝廷上贡本地物产。但因路途遥远，往往运费超过产物价值，并且物产经长时间放置并颠簸后也往往低劣。汉武帝时，大农丞桑弘羊创设均输制度。即在大司农下面设均输官，派驻全国各地，将各地上贡的物产直接在当地或运往邻地高价地区出售；然后按朝廷需要或市场行情酌情购买一些货物运回朝廷，或者将这些商品交由平准官再次出售，变成现金交给朝廷。这种将各地贡物变成现金乃至再用这些现金投资商业的做法与朝廷平抑物价的平准制度相配合，极大地增加了政府的收入。北宋王安石变法时，为增加政府财政收入，也曾采用均输制度。

平准

平准是创始于西汉的一种通过贵时抛售、贱时收买的方式稳定市场价格的经济措施。汉武帝时，由于政府改铸新币引起物价上涨，另外由于均输官从全国各地采购回来的货物需要出卖。大农丞桑弘羊建立了平准制度，在大司农下设平准官，贵时抛售、贱时收买，以平抑物价。同时，平准官也统辖均输官带回长安的货物和被朝廷垄断的铁器等商品的买卖。由此，国库收入迅速增加。

平准制度表面上是为了避免贪婪的商贾囤积居奇，平抑物价，而实际上则只是将商人的巨额利润转移到朝廷手里，乃是一种国家商业垄断。简单说，就是与民争利。平准制度成为后世历代朝廷解决财政困境、增加国库收入的重要手段。比如王莽改制时设立的“司市”、王安石变法时设立的“市易务”都与汉代的平准机构类似。

榷法

榷法是古代的国家专卖制度。在古代，因盐、铁两项为各家各户所必用，利润巨大，不少民间商人借此成为巨商大贾。汉武帝时，因对匈奴用兵，财政吃紧，任命桑弘羊、东郭咸阳、孔仅三人为理财官，代表朝廷与民间商人争夺盐铁业。之后朝廷在全国设立盐官和铁官，对盐铁实行统购统销，就是政府垄断。这种办法为政府增加了巨大的财政收入，可一旦实行垄断，排斥竞争，产品质量便得不到保证。当时的铁器不但“割草不痛”，而且价格昂贵。后来，酒也开始实行专卖。汉昭帝时，曾就盐、铁专卖的利弊专门召开了一次辩论会。当时的民间贤良人士极力反对这种与民争利的行为，而朝廷官员却主张继续实施专卖。会后，官员桓宽还根据会议记录整理出一部《盐铁论》，这是我一部国重要的经济思想史著作。专卖制度带来了巨大的财政收入，因此不仅汉朝不曾取消，其后的历代政府都一直沿用。唐代时，对茶也实行专卖。宋代时，设立专门的榷货务。

常平仓

常平仓是古代政府用于储备粮食以调节粮价和应对荒年的一种粮仓。我国古代一直有“谷贱伤农，谷贵伤民”的说法，因此粮食的价格一直是朝廷关注的重要问题。西汉孝宣帝时，大司农中丞耿寿昌奏请在边郡设置粮仓，在谷贱时买入以利农，谷贵时卖出以利民。后来该制度为全国各郡县所采用，成为政府调节粮价并备荒赈恤的重要手段。但该政策实施既久，弊端便产生，常平仓不仅起不到原有作用，而且经常反过来做，在谷贱时更加压价欺农，谷贵时则抬价伤民。汉元帝时，常平仓取消。其后各代，常平仓设置数量有所不同，但基本上都有设立，由地方长官负责。虽仍利弊兼存，但总是起到了一些利民惠民的作用。明代时，明太祖命州县皆置预备仓，出官钞籴粮贮之以备赈济，荒年借贷于民，秋成偿还。清大致沿明制，这种具有更多赈灾性质的预备仓遂取代了常平仓。

三十税一

三十税一是汉代的田租税率，即征收土地收获总量的1/30。秦代时，统治者对人民实行横征暴敛，其赋税达到了2/3之高。汉初，刘邦收拾起经秦国暴政和秦末战乱的烂摊子之后，为巩固统治，采取了恢复生产、轻徭赋税、与民休息的政策。其将赋税征收额度定为“什五税一”，即1/15。比孟子所提倡的仁政税制“什一税”（1/10）还要优越。到汉文帝时期，经济虽然得到恢复，但人民生活仍不富裕，国库也没存什么钱。汉文帝接受大臣晁错建议，以薄赋敛的方式鼓励人们开荒种田，宣布税收额度只收一半。由此，汉代税收变为三十税一，并成为定制。东汉初，因战争的影响，支出浩繁，田赋改行十一税率，后又在建武六年（公元30年）改回三十税一，直至东汉献帝初，循而未改。三十税一可以说是相当轻的一种赋税，除了高于唐代一度实行的四十税一的赋税之外，低于其他各代。不过，虽然汉代土地税很低，但其各种人头税却远高于土地税。

均田制

均田制是中国北魏至唐代官田分配的一种方式。北魏时，由于之前长时期的乱世造成北方大量的户口迁徙，土地荒芜，国家财政收入受到严重影响。为保证国家赋税来源，北魏孝文帝于太和九年（公元485年）下诏计口分配国有荒芜土地。其中，15岁以上男子可分用于

农耕图 南北朝

种植农作物的露田四十亩，女子二十亩。奴婢同样授田。露田不得买卖，年老或死亡后，须归还官府。另外，男子还授桑田二十亩，用于种树，不需归还，死后下传子孙，但同样不得买卖。种田者则每年须向政府缴纳一定粟谷和帛。这种制度使得社会经济得到恢复，政府财政收入也有了保证。其后的北齐、北周、隋、唐都沿用均田制，只具体实施细则有所变更。但由于当初分田时的国有土地本来就不足，加上后来禁止土地买卖的法令时紧时松，唐中叶以后，大量的土地又逐渐被一些豪强大户兼并。唐德宗建中元年（公元780年），实行两税制，在税制上承认了土地兼并的现实，均田制宣告废止。

租庸调制

租庸调制是唐代实行的一种赋役制度。唐代继承自北魏至隋的均田制，并在此基础上实行了租庸调制。其基本思路是政府按人丁分配土地，确保“耕者有其田”，然后再按人丁收取赋役，确保国家财政收入。此制规定，凡均田人户，不论其家授田多少，均按丁缴纳定额的赋税并服一定的徭役。具体为：每丁每年要向国家缴纳粟二石，称为租；缴纳绢二丈、绵三两或布二丈五尺、麻三斤，称为调；服徭役20天，是为正役，国家若不需要其服役，则换算为一定数额的绢布缴纳，这称为庸，也叫“输庸代役”。可以看出，租庸调制是以“人丁为本”的赋税制度，其课税对象一是田、二是户、三是身，而其基础则是丁。唐陆贽将之总结为：“有田则有租，有家则有调，有身则有庸。”这种制度的优点在于，既给底层民众提供了生活保障，同时又保证了国家财政收入的稳定，唐代借此不仅国库充裕，人民也安居乐业。但唐中叶以后，由于土地兼并的加剧造成了均田制的消亡，盛世之中人们的麻痹又造成了户籍登记的疏懒。均田制和准确的户籍登记这两个租庸调制的基础不复存在，租庸调制遂为两税制所代替。

两税制

两税制是唐代中后期采用的一种赋税制度。唐中叶，尤其是“安史之乱”之后，由于土地兼并和户籍混乱，原来的以“人丁为本”租庸调制赋税制度不再合理。唐德宗年间，宰相杨炎实施了两税制。所谓两税，既指在时间上每年在春、秋各收一次，也指两种税收名称：户税和地税。户税和地税原本只是与租庸调制搭配的两项无足轻重的小税，在新的两税制下，则成了朝廷主要的两个税种。具体办法是，朝廷一改原来的“量入为出”的财政原则，而是实行“量出为入”的原则，先核算好一年要花的钱，然后分摊到各地的户税和地税里去。户税以家庭为单位，不分当地外地，“以见居为簿”，按财产多少征收；地税按占有土地多少征收。两税制按照财产与土地数量征收的方式使国家的财政负担在很大程度上从穷人身上转移到了富人身上，同时也抑制了土地的进一步兼并，大大缓和了社会矛盾。唐朝之所以能在“安史之乱”后苟延残喘了100多年，两税制功不可没。另外，从税制的角度来说，两税制是我国税制的重大变化，此制度是朝廷首次放弃对土地的分配权，而是在承认土地私有的基础上，设置相应税制来征收赋税。其后宋代的“二税”、明代的“一条鞭法”、清代的“摊丁入亩”，都是对唐代两税制的继续和发展。

市舶司

市舶司是我国古代在沿海城市设立的负责外贸事宜的官署，相当于现在的海关。我国汉代时，在开通丝绸之路的同时，也以广州为口岸，进行海上对外贸易。经魏晋南北朝及隋到唐代时，我国的海上对外贸易已相当繁荣。朝廷于是在广州、扬州等口岸设专职官员市舶使，负责检查出入口市舶（商船），并征收商税，同时对于一些珍贵商品则实行政府垄断。宋代，市舶使发展成为一个专门官署市舶司，朝廷在广州、密州（今山东胶县）、秀州（今上海松江区）、杭州等地均设此官署。个体商户须经市舶司颁发许可证方可出海。元朝统治者本身的外向性使海上贸易空前发展，明代商人更是沿着郑和开辟的新航线将生意越做越大，因此元明时期市舶司一直存在。清初一度实行禁海政策，康熙时解禁，在广州、宁波、漳州、云台山（连云港）四处设口通商，并配套设立粤、闽、浙、江四海关，行使原来的市舶司职能。乾隆时仅留广州一口通商。鸦片战争后，设税务司、总税务司管理海关诸事，大权却落入洋人之手。

徭 役

徭役是古代政府强制性向人民派遣的军役、劳役等，与赋税共同构成了中国古代人民的赋役负担。徭役在先秦时已经存在，《诗经》中便有不少以此为题材的诗歌。秦汉之际，形成比较正式的徭役制度。秦时男子满 17 岁，汉时满 23 岁，须在地方和京师各服兵役一年，是为正卒；每个男子一生必须戍边一年，是为戍卒；另外还须再为地方政府服劳役一月，是为更卒。官富人家则可以银抵役。其后历代徭役制度不一。总体上，就形式来说，古代徭役制度沿着一条逐渐货币化的路线演进。唐代中期之后百姓交役钱，国家购买劳力或兵士的形式普遍流行。宋代出现了募役（雇人服役）、助役（津贴应役者）、义役（买田以供役者）等多种形式。到明清之际，因一条鞭法及摊丁入亩政策的实施，百姓基本不再出役，完全由银钱代替。另外，元代曾将大部分徭役专业分拨给一部分人户世代担负，如站户（负担驿站铺马）、猎户、盐户、窑户、矿冶户、运粮船户等。就轻重来说，唐之前徭役比较繁重，唐之后徭役负担相对减轻，尤其明清之际，因徭役货币化，且国家的财政收入重心由人丁转向土地，徭役负担以银钱的方式大部分转移到了富户身上，中下层百姓徭役负担大大减轻。

一条鞭法

“一条鞭法”是明代中后期实行的一种赋税制度，初名“条编”，后因谐音而得此名。明朝中期，由于土地兼并严重，被兼并者缴不起赋税，大量逃亡；同时，作为兼并者的官僚地主阶层则瞒报土地，逃避赋税，加上官僚阶层的免役政策，明朝政府的赋税收入逐年下降，出现严重的财政危机。鉴于此，万历朝的内阁首辅张居正改革税制，施行“一条鞭法”。其内容总体上是将一县的田赋、种类繁多的徭役、杂税合并为一，折成银两，分摊到该县农地上，最后按照拥有农地的亩数来向土地主人收取赋税。这样，国家的财税负担便从中下层百姓转移到了官僚地主阶层，国家的财政收入得以增加，社会矛盾也得到缓和，因此此法被后世认为是挽救了晚明王朝。另外，从税制本身来说，首先，“一条鞭法”大大简化了赋税征收程序，改良了行政效率；其次，限制了官吏巧立名目加征赋役，减轻了农民负担；最后，首次实行赋税折银的办法，客观上促进了商品经济的发展。并且，以银抵役的做法使农民具有了较大的人身自由，从此，他们可以离开土地，为城市手工业的发展提供劳动力。总体而言，一条鞭法上承唐代“两税制”，下接清雍正的“摊丁入亩”，是我国税制的重大进步。不过一条鞭法以银代粮的做法也带来了农户争相种植经济类作物，导致粮食产量不足的弊端，成为农民起义的诱因。

摊丁入亩

摊丁入亩是清雍正时实行的一种税制改革。其具体做法是一改之前丁银（包括“人头税”、徭役等）和地银（即田赋）分别收取赋税的办法，将丁银摊入地银之中一并收取。这样地多者便需要承担较多的赋税，地少者则赋税较轻。其实质是明代张居正实行的一条鞭法的深化（一条鞭法只是将部分丁银摊入地亩）。摊丁入亩实施的背景是清军入关后，贵族官僚阶层大量兼并土地，出现大量无地少地农民。如此，广大贫民地少人多，丁役负担基本上压在他们身上。鉴于这种情况，康熙晚年时，便在广东实施了摊丁入亩试验，到雍正时，则正式向全国推广。此办法一方面，减轻了无地农民的负担；另一方面，田地赋税增重也很大程度上抑制了土地兼并，为清政府保存了一定数目的自耕农，有利于政府财政收入和社会的稳定。值得一提的是，由于摊丁入亩政策取消了“人头税”，广大底层农民生养后代数量快速增长。整个2000多年的封建时代，中国人口数量一直徘徊在2000万～6000万之间，乾隆时开始突破1亿，道光时则达到4亿。

太医署

太医署是古代医疗性质的官署名。太医署的基本职能是为皇家及达官贵族看病，有时还具有医政管理乃至医学教育的功能。其历代名称不一，西汉时正式设立太医一职，西晋时开始设立专门的太医机构，称医署；南朝的刘宋政权改医署为太医署，是全国最高的医政管理及医疗机构。隋唐时期，太医署的医学教学功能不断加强，当时在校师生达300多人，并分为医学、药学两科，医学还进一步分医、针、按摩、体疗、疮肿、少小、耳目口齿等诸多科目。其教师严格分职称，学生定期考试，俨然一个医科大学。北宋初沿唐制，后又在淳化年间改太医署为太医局，功能则变化不大。金、元、明、清时期的太医院相当于原来的太医署。清时太医院中的官吏和医务人员均称为太医，真正顶尖的医生则称为御医，只有十几人。

太医丞印

第二篇

思想学术

古代哲学命题

气

“气”，在中国古代哲学中是一个特别重要而又非常复杂的概念，在各种典籍的不同阐述中有着各不相同的内涵。从根本上来讲，“气”体现的是关于物质存在和运动的哲学范畴，具体说来，中国古代学者从以下几个意义上阐释“气”这一基本概念。首先，气是运行不息而且无形可见的一种极细微的物质，是构成宇宙万物的本原或本体，如《庄子 · 知北游》说：“人之生，气之聚也。聚则为生，散则为死。”另见《列子 · 天瑞》：“夫有形者生于无形，则天地安从生？故曰有太易，有太初，有太始，有太素。太易者，未见气也；太初者，气之始也；太始者，形之始也；太素者，质之始也。气，形质具而未相离，故曰浑沌。”其次，气分为阴阳二气或五行之气，各种气之间的交互运动，推动着宇宙万物的发展与变化，如《老子》说：“万物负阴而抱阳，中气以为和。”周敦颐在《太极图说》里讲：“二气交感，化生万物。万物生生，而变化无穷焉。”气充塞于宇宙万物之间，与万物相互渗透，是万物之间相互感应的中介物质，令万物之间相互联系、相互影响，从而使万物处于和谐有序的运动之中并且相互感应而构成一个有机的整体。气也同样地存在于人体之内，是人体生命的体现，是推动和调控人体生命活动的动力源泉，人的生命状态与气密切相关，气的运动停止标志着人体生命活动的终结，如《管子 · 枢言》所说：“有气则生，无气则死，生者以其气。”人要保持健康的身体，则必须认真保养运行于人体中的气。气还表现着一种崇高的道德状态和人生修养境界，即孟子所言的“至大至刚，以直养而无害，则塞于天地之间”的“浩然之气”。

道

“道”，在中国古代哲学中是一个表达宇宙本源与自然规律的范畴。“道”字的原本意义是指供人行走交通的路径，后来引申为一种抽象的含义，用来表达道理、道义，而作为一个哲学概念来表述，则始于老子。道家的经典著作《老子》，就分为《道经》与《德经》两部分，因而又合称为《道德经》。老子超越了纷纭变幻的凭人类感性所能觉知的经验范围，而将人事运行做了一种形而上的思索和阐发，在其思想体系中，“道”是一个核心性的概念，“道”字在五千余言的《老子》一书中出现七十次之多。概括而言，“道”在老子那里基本有两种含义：一种是作为宇宙本原的“道”，一种是作为自然规律的“道”。到了庄子那里，“道”的意涵又有了新的表述：“夫道有情有信，无为无形，可传而不可受，可得而不可见；自本自根，未有天地，自古以固存；神鬼神帝，生天生地；在太极之先而不为高，在六极之下而不为深，先天地生而不为久，长于上古而不为老。”（《庄子·大宗师》）庄子认为，得“道”者可以达到一种“天地与我并生，万物与我为一”的逍遥境界，即是后来所传称的“得道成仙”。“道”，成为宇宙人生的真谛，代表着人生所能达到的最高修化。而“道”并非道家哲学的专有概念，儒家也有关于“道”的论述，例如西汉董仲舒曾说：“道之大原出于天，天不变，道亦不变。”（《天人三策》）但儒家思想中的“道”基本上指的是更为实在的自然与社会的运行秩序和发展规律，并不如同道家之“道”那样的高深玄妙。唐代韩愈则用“道”来阐发自上古尧舜时期以来直至孔孟历代相延传的中国正宗的文化价值系统。宋代朱熹又将“道”表述为“天理”，指出：“理也者，形而上之道也。”（《答黄道夫书》）朱熹由此把“道”提升至本体论的范畴来阐述，从而使“道”成为儒家学说中的一个核心概念。总体而言，“道”的阐释基本体现于宇宙本体和事物运行规律这两重意义上。

太极

“太极”在中国古代哲学中是用来表述宇宙本原及其无限性的一个概念，“太”有至的意思，“极”则为“极限”之义，“太极”就是至于极限，无有相匹，既包括了至极之理，也包括了至大至小的时空极限。“太极”一词最早见于《易经·系辞传上》：“易有太极，是生两仪，两仪生四象，四象生八卦。”其中的“太极”即为天地未开、阴阳未分之前的混沌状态。“两仪”即为太极的阴、阳二仪，其意指浩瀚宇宙间的一切事物和现象都包含着对立而相依的阴和阳两个方面，而它们之间的这种既互相对立斗争又相互滋生依存的关系，既是事物存在的一般规律，是宇宙中万事万物的纲领和由来，也是一切事物产生与毁灭的根由所在。这其中包含着朴素的哲学辩证法，是中国古代哲学思想的光辉体现。北宋周敦颐在《太极图说》中又提出“无极而太极”的命题，太极也被理解成阐明宇宙从无极而太极，即从无到有，从无形无象的元始以至混沌初蒙，而再至万物化生的自然过程。

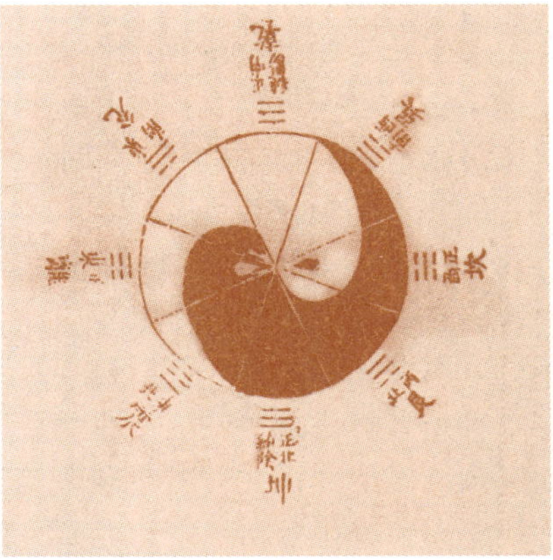

太极图（阴阳鱼）
这种太极图据考始制于东汉炼丹家和气功学家魏伯阳的《周易参同契》。它反映了阴、阳两方面既相互对立，又相互依存，阴中有阳，阳中有阴。这种阴、阳对立互根的思想在中国古代医学中得到了广泛的应用。

阴阳

“阴阳”是人们把握和描述事物的对立统一属性的哲学范畴，阴阳这一观念产生于人们对天象的观察，其最初含义是很朴素的，用来表示阳光的向背，向日为阳，背日为阴，后来则引申为气候的寒暖、方位的上下、状态的动静、性质的刚柔等普遍的两两对立的范畴。中国古代的哲学家们认为自然界中的一切现象都存在着既相互对立而又相互依存的关系，于是就用阴阳这个概念来解释自然界两种相互对立同时又相互消长的物质势力。《易经 · 系辞传上》中“一阴一阳之谓道”，《素问 · 阴阳应象大论》中“阴阳者，天地之道也，万物之纲纪，变化之父母，生杀之本始”，意思是说，阴阳的这种对立统一的运动规律是自然界一切事物运动变化固有的规律，世界本身就是阴、阳二气相互作用互为运动的结果。周敦颐的《太极图说》中有这样的表述：“无极而太极。太极动而生阳，动极而静，静而生阴，静极复动。一动一静，互为其根。分阴分阳，两仪立焉。”“(阴阳)二气交感，化生万物。万物生生，而变化无穷焉。”这是中国古代哲学中对于阴阳概念最为完备的阐述。阴阳学说，是中国古代朴素的唯物论和自发的辩证法思想，这种学说对中国古代哲学思想的发展有着极为深远的影响，并且广泛地体现于医学、音乐、数学、化学、天文学等多个领域的科学和文化知识体系建构之中。

五 行

“五行”，是中国古代哲学中在阴阳之外的又一个重要的基本概念，是用来表述宇宙和社会属性及其变化规律的范畴系统。同阴阳的概念一样，五行最初的含义是指 5 种具体的物质，即水、火、木、金、土这 5 种在人们生活中占有重要位置的基本物质，并且人们认为宇宙间的万物都是由这五种基本物质构成的。这同古希腊恩培多克勒的“四元素说”（水、火、土、气）类似。中国古代哲学中之所以选择用“五”这个数字，是与中华民族对“五”这个数字有一种特殊的情感偏好有关，《易经 · 系辞传下》曰：“天数五，地数五。”中国古人对“五”有一种带有神圣意味的崇拜之情。另外，中国的五行概念有着比古希腊的四元素说远为广阔的内涵，“五”代表着五种基本物质，而“行”则含有运行的意思，五行之间有着相生和相克的关系。具体说来，木生火，火生土，土生金，金生水，水生木；水克火，火克金，金克木，木克土，土克水。战国时期著名的阴阳家邹衍就是用五行相生相克的原理来阐释宇宙自然与人类社会的发展演变。五行的概念起源于何时并没有确凿的依据可以查考，但在《尚书 · 洪范》中已经有明确的阐述：“五行：一曰水，二曰火，三曰木，四曰金，五曰土。”《国语 · 郑语》中也有：“先王以土与金、木、水、火杂，以成百物。”五行在哲学思想中不仅指代五种基本的物质，而且延伸至事物所具有的五种基本的属性，广泛地应用于各种思想学说和知识体系中，五行与阴阳结合而形成的阴阳五行学说，是贯彻中国古代哲学思想的一项基本原理。

八 卦

“八卦”中的“卦”，是一个会意字，从圭，从卜。圭，指土圭，是一种以泥做成的用于测日影的土柱；卜，为测度之意，测度的方式为在四正、四隅八个方位上分别立圭，而后将观测到的日影加以记录和总结，也就形成了八卦的图像。又一说是“卦”字的右边“卜”字，是象形，表示在地上竖立杆子，右边那一点代表太阳的影子；“卦”字左边的“圭”字是尺子，用来测量影子的长度位置，所谓八卦，就是在地之八方对日影进行测量之结果的记录。两种说法对于“卦”字两部分构成的解释不尽相同，但作为“八卦”这一整体概念的表达则基本是一致的，即八卦表示的是对日影从八个方向进行测量的记录。通过这种长期的观察和测量，人们逐渐掌握了春、夏、秋、冬的季节更替规律，从而用于指导农业生产和日常生活。后来八卦演化成为一套有象征意义的符号，其基本单位是爻，爻有阴阳两类，阳爻表示阳光，阴爻表示月光，用“—”代表阳爻，用“- -”代表阴爻。每卦有三爻，代表天、地、人三才。三才的天部，意指天体运行和气象变化，即星象之学，又称天文；地部指观测日影来计算年周期的方法，从而知晓地面事物的运行状况，即地理；人部指把天文、地理和人事相结合，以便按照这些规律来从事生产和生活。用 3 个这样的符号，共组成 8 种形式，叫作八卦。八卦代表 8 种基本物象：乾为天，坤为地，震为雷，巽为风，艮为山，兑为泽，坎为水，离为火，总称为“经卦”。八个经卦两两组合，则构成六十四卦。这样八卦就成为一种哲学上的概念，用来表示宇宙、社会与人生中各种事象的运行状况。关于八卦，最早的资料来自于西周的《易经》，其书记载：“易有太极，是生两仪。两仪生四象，四象生八卦。”据考证，所谓太极即宇宙之原始，两仪指天地，亦可称之为阴阳，四象就是四季天象，长日照的夏季称为太阳，短日照的冬季称为太阴，春为少阳，秋为少阴。据传，八卦的创始者为伏羲，伏羲八卦，也叫先天八卦。后来周文王在伏羲八卦的基础上进行修改，形成了自己的乾坤学说。他认为先有天地，天地相交而生成万物，天即乾，地即坤，八卦其余六卦皆为乾坤之子女：震为长男，坎为中男，艮为少男，巽为长女，离为中女，兑为少女。相应于伏羲八卦，文王八卦又称为后天八卦。及至宋朝，八卦符号通常与太极图搭配出现，代表中国传统信仰的终极真理——“道”。八卦是中国古代哲学思想的重要组成部分，除了在占卜和风水中占据着基本地位之外，还广泛地影响到医学、武术、音乐、算学等多个知识领域，其带有神秘意义的博大而精微的内涵至今仍有待人们进行更深入的认识和研究。

八卦五行图

此为八卦五行相生相克功法图。图中一人端坐于毛皮之上，四周云气缭绕，人形周围有八卦像。

万物类象

“万物类象”，是易学中的一项重要的理论表述。在易学中，八卦是研究象的，天地万物有万般形态，凡此形于外者皆叫作“象”。易学中将世上庞杂纷繁的万物进行分类，分别归类于一个卦，用八卦来拟象万物，即万物类象。一个卦所拟象的物类难以数计，而归类的依据是八卦本身的爻象及其意义，通晓了这一点就可以知道各种物类应当归属于哪一卦。换言之，“健、顺、动、入、陷、附、止、悦”这宇宙万物的8种功能属性即八类动态之象，是据象归类的本纲。如乾卦，其卦象为三阳爻，纯阳之卦，其数一，五行属金，居西北方，色白。《易经》曰：“乾为天、为圆、为君、为父、为玉、为金、为寒、为冰、为大赤、为良马……为木果。”乾卦三阳爻，纯阳刚健，故为天；天体进行圆周运动，故为圆；天生万物，如君王管理万民，如父亲主管家庭，故为君，为父；纯阳爻为刚强坚固之象，所以为玉，为金，为冰；阳盛则色极红，故为火红，即大赤色；马有刚健之性，故为马……树上的果实呈圆形，故为木果。总而言之，凡是具有刚健、圆形、权威、珍贵、富有、寒冷、坚硬等属性的事物都归于乾卦。

形而上与形而下

形而上与形而下，是中国古代哲学中分别用来描述抽象与具象两种范畴的概念，语出《易经·系辞传上》：“形而上者谓之道。形而下者谓之器。”“形”，是指形体、形迹等可见之象，所谓“形而上者”即指没有形体、形迹的抽象存在，也就是“道”；相应的，“形而下者”即指有形体、形迹的存在，也就是“器”。朱熹对此的阐述是：“理也者，形而上之道也，生物之本也。气也者，形而下之器也，生物之具也。”（《答黄道夫书》）朱熹的观点是理在气先，理本气末。而王夫之则认为：“器而后有形，形而后有上。”意思是说，形而上的存在是以形而下的存在为基础的，即“无其器则无其道”，这与朱熹的观点正相对立。

“理”

“理”，是儒家哲学中关于宇宙本原及其运行规律的核心概念。“理”，最初是指物质的纹理和层次，后来引申为事物的规律、事情的道理之义。《庄子·则阳》中言：“万物殊理，道不私也。”这里的“理”指的是事物的特殊规律，而相应的“道”指的是事物的普遍规律。到宋代的时候，理学家将“理”与“道”等同起来，程颐认为，“理”是天下万物的本原。“理则天下只是一个理，故推至四海而准，须是质诸天地，考诸三王不易之理。”（《程氏遗书》卷二上）朱熹进一步阐述道：“宇宙之间，一理而已。天得之而为天，地得之而为地，而凡生于天地之间者，又各得之以为性，其张之为三纲，其纪之为五常，盖皆此理之流行，无所适而不在。若其消息盈虚，循环不已，则初未始有物之前，以至人消物亡之后，终则复始，又未尝有顷刻之或停也。”朱熹这段话的要义是在说明，宇宙万物和人类社会都有一个永恒不变的“理”，朱熹还引用佛教禅宗里“一月普现一切水，一切水同一月摄”的句子（即“月映万川”的典故）来形象地说明“理一分殊”的道理。这种“理”的含义，已类于近代德国哲学家黑格尔所阐说的“绝对理念”。

天理人欲

关于天理人欲的最早论述见于《礼记·乐记》：“夫物之感人无穷，而人之好恶无节，则是物至而人化物也；人化物者也，灭天理而穷人欲者也。”意思是说，人受到外物的诱惑而丧失了清静寡淡的天性，从而恣心纵欲。“于是有悖逆诈伪之心，有淫作乱之事。是故强者胁弱，众者暴寡，知者诈愚，勇者苦怯，疾病不养，老幼孤独不得其所，此大乱之道也。”正是出于此理，先王要制礼作乐，以此来节制人欲，达到社会的和谐。在唐代以前，儒家思想强调的是人伦和修齐治平之法，是倾向于外的；而到宋代之时，因为受到佛教和道教的影响，开始强调人的心性，思想由侧重于外而转为侧重于内，如此，天理人欲这一话题就被重视起来，得到了深入的阐发。最早把“天理”作为一个哲学上的核心概念进行论述的是程颢。程颢认为，“天理”具有永恒性和超越性的意涵，是一种最高的宇宙范畴，对于人来讲，“天理”即作为“性”，也就是仁、义、礼、智、信等与生俱来的善端，而与之相应的人欲则是恶端。朱熹传承了程氏的天理观，指出：“人之一心，天理存则人欲亡，人欲胜则天理灭，未有天理人欲夹杂者。”朱熹将天理和人欲截然对立起来，提出了著名的“存天理，灭人欲”的主张，这一论断遭到后人的极大诟病。实际上，朱熹所言的“人欲”并非指人的欲望之意，而是指超过人的生活之本然需求的奢侈的欲望，强调的是清心寡欲，而不是完全泯灭人的任何欲望。

良知良能

“良知良能”，语出《孟子·尽心上》：“人之所不学而能者，其良能也；所不虑而知者，其良知也。”良能、良知，指的就是人所具有的先天所赋的辨明是非、善恶的能力与智慧。孟子对良知、良能进行具体阐发，即恻隐之心、羞恶之心、恭敬之心、是非之心等。这些人人皆有、与生俱来的良知、良能，孟子又将其称为“良心”。及至宋代，理学家们将孟子的良知、良能阐发为“天理”，于是有了“天理良心”“天地良心”这样的说法，“天理”和“良心”也成为中国人心目中的核心观念。所谓“天良”两个字，承载着压倒一切的思想力量，代表着一种超越世俗伦理的最高信仰。

天 命

“天命”，简单地解释，就是所谓天的意志。朱熹曾这样阐述：“天命，即天道之流行而赋于物者。”意思是说，天命就是施加于世间万物的天道运行的自然规律。中国古代的天命观认为，天的意志是不可违逆的，是人的力量所不能够扭转的，人的所行所为必须遵循天命。《尚书·汤誓》曰：“有夏多罪，天命殛之。”《诗经·商颂·玄鸟》云：“天命玄鸟，降而生商。”这些言说都体现了“受命于天”的思想底色。在夏、商、周三代，天命的观念是极为盛行的，后来董仲舒的“天人感应”理论就是以天命观为基础而创立的。在儒家学派的开创者孔子的学说中，天命亦占有重要的地位，孔子将“知天命”作为人生修养的一项重要因素，曾言：“不知命，无以为君子也。”并且在讲述自我人生发展历程的时候有“五十而知天命”的说法。可以说，在整个中国古代，天命是人们思想中的一个核心概念，甚至到了现代，中国人的头脑观念中仍或隐或显地存有天命思想的遗痕。

云气神兽图　西汉
该图体现了天人合一的思想。

天人合一

“天人合一”，是中国古代哲学中对于天人关系的经典命题。天人关系，是哲人所必然要面对、要思考的一个基本问题，其关键在于对“天”的理解。在原始社会人的智慧尚未开化的阶段，华夏先民将“天”视为有意志的神灵，原始巫术的基本意义就是进行天人之间的沟通，《易经》中所载伏羲发明八卦，其意图就是“以通神明之德，以类万物之情”。“天人合一”的命题建立在天人相通的基础上。发展到东周时代，在人们的社会生活中巫术的作用已经淡化，这时人们的关注重心已经由“天”转向人，“天”的神化色彩也开始消退，开始转向自然和人伦意义的一面。孟子将“天”视为道德的根本，认为人的心性受之于天，尽心知性而可与天地相通达。“仁义忠信，乐善不倦，此天爵也”，孟子在此即用天赐的爵位来表示人的高尚道德。“夫君子所过者化，所存者神，上下与天地同流”，这是君子的道德修养所能达至的崇高境界。在庄子那里，“天”指向自然的意涵，人是自然的一部分，所以天人本来就是一体的，而天与人的分隔是人的文化造成的，所以庄子倡导“绝圣弃智，返璞归真”，从而可达天人相融的本然境界。最早明确表述“天人合一”这一命题的是西汉的董仲舒，他在《春秋繁露》中提出“天人之际，合而为一”的主张。此后，“天人合一”一直都是中国传统哲学思想中的核心。

天人感应

“天人感应”是董仲舒提出的关于天与人交互感应的命题，这其中蕴含着天有意志和天人相通两个前提，就科学的观点看来，这两个前提都是靠不住的，但在古时，人们认为这两个前提是自然成立的，因而也就对“天人感应”之说产生信任。“天人感应”思想源于中国先秦哲学，到西汉时，董仲舒将这一思想发展为一套系统的神秘主义学说，其基本意涵为：人的活动与行为全都处于上天的观测之中，人若为善，天则喜悦，也会示人以祥瑞，即出现凤凰、麒麟、灵芝等吉祥之物；反之，人若为恶，天就会愤怒，从而对人施以恶兆，就会发生地震、冰雹、日食等灾异的事件。汉武帝有感于历史兴替、福祚无永，因问策于天下贤良，以求讨“大道之要，至论之极”，是一种博大渊然的具有终极性的道理和谋略，而不是仅可施于一时一事的权益之计。董仲舒连上策三篇作答，即著名的《天人三策》。在《天人三策》的首篇中，董仲舒集中论述了天人关系，说道：“国家将有失道之败，而天乃先出灾害以谴告之；不知自省，又出怪异以警惧之；尚不知变，而伤败乃至。以此见天心之仁爱人君，而欲止其乱也。”指出天子如有过失，将遭受上天的警示，也就是所谓的“天谴”。“天人感应”是一种悖于客观实际的唯心主义观念，但是在历史上发生过积极的作用。封建王朝，帝王一人独尊，但是在“君权神授”的观念控驭下，皇帝也不可恣意妄为而违背天的意志来行事，这对皇帝的行为产生了一定的约束力。历史上曾有过的皇帝下达“罪己诏”的事件以及免租减赋等益民之举，往往就与“天谴”的发生有关，这在古代史书中会找出很多相关的事例。流传至今，“天人感应”的思想仍然在某种程度上存在于中国人的意识理念中。

天人相分

“天人相分”是荀子提出的对于天人关系的命题，这是与“天人合一”“天人感应”相对立的一种论说。荀子在《天论》中明确提出了“明于天人之分”的天人观念，认为“天有其时”“人有其治”，就是说天的运行与人的活动是各有其轨的两回事，人世的福祸兴衰在于人的自身而与天无关，是谓“天行有常，不为尧存，不为桀亡”“天不为人之恶寒也辍冬，地不为人之恶辽远也辍广”。荀子指出星坠木鸣、日月之蚀等“怪之可也，而畏之非也”，那些灾异不过是自然现象，并不是上天的惩罚，没有什么值得惊恐的，这就否定了天是一种有意志的存在，而体现出唯物主义的色彩。荀子还进一步提出“制天命而用之”的思想，强调人的命运掌握在自己的手中。“强本而节用，则天不能贫；养备而动时，则天不能病；修道而不贰，则天不能祸。故水旱不能使之饥渴，寒暑不能使之疾，妖怪不能使之凶。本荒而用侈，则天不能使之富；养略而动罕，则天不能使之全；倍道而妄行，则天不能使之吉。故水旱未至而饥，寒暑未薄而疾，妖怪未至而凶。受时与治世同，而殃祸与治世异，不可以怨天，其道然也。故明于天人之分，则可谓至人矣。”东汉时期的王充对荀子“天人相分”的思想加以继承，指出“人不能以行感天，天亦不能随行而应人”。这是与“天人感应”针锋相对的论说。唐代时柳宗元则将“天人相分”的思想表述为“天人不相预”的著名论点。“天人相分”较之“天人感应”有着进步的科学色彩，但是在中国古代，始终是“天人感应”的观念居于主导的地位。

自强不息，厚德载物

“君子自强不息”，语出《易经·乾卦》：“天行健，君子以自强不息。”与此相应，在《坤卦》中有：“地势坤，君子以厚德载物。”这是《易经》中最为人所熟知的两句话，清华大学引为校训：“自强不息，厚德载物。”这两句话的意思是说，天的运动刚强劲健，君子处世也应像天一样，积极追求自我的进步，刚毅坚卓，奋发图强，永不停息；大地的气势厚实和顺，君子也应当像大地一样，增厚美德，容载万物。一个人若想有所图为，自强不息作为个人品性是必须具备的；而一个国家若欲强大兴盛，自强不息作为一种民族精神也是不可缺少的。千百年来，自强不息，成为中华民族一辈又一辈的志士仁人持身自省的根本精神，激励着一代又一代的华夏儿女积极进取，奋勇向前，为着自我崇高的理想和民族辉煌的明天而拼搏不息。

饮食男女

“饮食男女”，语出《礼记·礼运》：“饮食男女，人之大欲存焉。”“饮食”是指食欲，“男女”是指情欲，“饮食男女”是人的两种最为基本的欲求，所以说“人之大欲存焉”。这是儒家思想关于人之欲求的基本观念，即从不认为“饮食男女”这些欲求是罪恶的，而认为它是人之常情，表现出对人生正常生理欲求的充分尊重，这与佛教在“饮食男女”方面划定出种种的清规戒律大有不同。宋代朱熹虽讲“存天理，灭人欲”，并非是主张将人欲一概抹杀，而是指要将超出一定范围的不合理的过分所求的人欲去除。

性善论

性善论是孟子提出的命题，到宋代时，经过程颐、张载、朱熹等学者的发扬而成为儒家正统的人性论。孟子在政治上提倡仁政，主张行王道而反霸道，在对待人和人类社会方面持有一种温柔敦厚的作风，这曾被胡适戏称为“妈妈政策”。可以说，孟子的一整套思想体系都是以性善论为基础的，孟子这样论说人性：“所以谓人皆有不忍人之心者，今人乍见孺子将入于井，皆有怵惕恻隐之心，非所以内交于孺子之父母也，非所以要誉于乡党朋友也，非恶其声而然也。由是观之，无恻隐之心，非人也；无羞恶之心，非人也；无辞让之心，非人也；无是非之心，非人也。恻隐之心，仁之端也；羞恶之心，义之端也；辞让之心，礼之端也；是非之心，智之端也。人之有是四端也，犹其有四体也。”由恻隐、羞恶、辞让、是非之心而发的仁、义、礼、智这四端，就是孟子的人性论的依据。在孟子看来，人的这些善端是与生俱来的，人的本心为善，所以言之人性本善。这就是孟子的“性善论”的基本内涵。

性恶论

性恶论，是荀子人性论观点。荀子否定了孟子的性善论，指出：“凡人有所一同。饥而欲食，寒而欲暖，劳而欲息，好利而恶害，是人之所生而有也，是无待而然者也，是禹桀之所同也。”这里所列举的饥食、寒暖、劳息、好恶等人生而有之的品性与孟子所言的恻隐、羞恶、恭敬、是非之心等善端是完全不同的，荀子进一步阐述说：“是无待而然者也，是禹桀之所同也。可以为尧禹，可以为桀跖，可以为工匠，可以为农贾，在执注错习俗之所积耳。”又言：“材性知能，君子小人一也。好荣恶辱，好利恶害，是君子小人之所同也。人之生固小人，无师无法则唯利之见耳。尧禹者，非生而具者也，夫起于变故，成乎修为，待尽而后备者也。”荀子指出，这些人生来就有的能为在于尧、禹等贤圣之人与桀、跖等暴恶之人是一样的，人的本性是唯利是图的小人，成为君子者在于后天的修为。荀子以“性恶”为理论基础，更加强调了礼乐教化的重要性，同时也为法治提供了思想前提，提出了礼法共治的主张，即礼乐不可废，法约不可弛。

性私论

性私论，主要是法家的人性观。《管子·禁藏》曰：“凡人之情，见利莫能勿就，见害莫能勿避。”商鞅认为：“民之性，饥而求食，劳而求逸，苦则索乐，辱则求荣，以民之情也。”韩非子进一步发展了法家的人性思想，提出“趋利避害”是人的本性，这是由人的生理需求所决定的。法家的“性私论”与荀子的“性恶论”是相为呼应的，“性私论”与“性恶论”在思想实质上是相通的，都否定人拥有与生俱来的善端；但相较而言，“性私论”更加强调人的自私的一面，以自私来解释人的恶行，将人性的自私作为恶的来源，而且认为人性难以教化和改变，只可以进行约束和利用，于是主张以刑法和奖惩来治理社会和管理国家。

性无善恶论

性无善恶是告子的人性观点，相关的记述见于《孟子·告子上》。告子曰：“食、色，性也。”在告子看来，生之谓性，人性的基本内容就是食与色这两种本能，这类本能是没有善恶之定性的，正所谓：“性犹湍水也，决诸东方则东流，决诸西方则西流。人性之无分于善不善也，犹水之无分于东西也。”告子认为，善恶是后天环境造成的，人因之可以为善，也可以为恶，并举例说：“文武兴，则民好善；幽厉兴，则民好暴。”告子的这种观点遭到了孟子的强烈反对，孟子言：“水信无分于东西，无分于上下乎？人性之善也，犹水之就下也。人无有不善，水无有不下。今夫水，搏而跃之，可使过颡；激而行之，可使在山。是岂水之性哉？其势则然也。人之可使为不善，其性亦犹是也。”这就是说，水虽然不分东西，却全都是向下流的，人之性善就如同水向下而注一样，是本然具有的品性。在驳斥告子的“性可以为善，可以为不善”的论说时，孟子言道：“乃若其情，则可以为善矣，乃所谓善也。若夫为不善，非才之罪也。恻隐之心，人皆有之；羞恶之心，人皆有之；恭敬之心，人皆有之；是非之心，人皆有之。恻隐之心，仁也；羞恶之心，义也；恭敬之心，礼也；是非之心，智也。仁义礼智，非由外铄我也，我固有之也，弗思耳矣。”意在表明，人从天生的性情来说，都可以使之善良，至于说有些人不善良，那不能归罪于天生的资质。这仁、义、礼、智之心都不是由外在的因素所塑就的，而是人本身所固有的，只不过人平时没有去想它因而没有觉察罢了。墨子也持有与告子相类的人性观：“染于苍则苍，染于黄则黄，所入者变，其色亦变。”告子的性无善恶论将人性看作与动物的本能是一个层面的，这与古人心中“人乃万物之灵”的观念是截然相悖的，是人们很难接受和认同的。但是就客观事实而言，如果将人性界定为与生俱来的本性，应当说告子的这种性无善恶论是更符合实际的，人是由动物进化而来的，在生物学分类上，人也是动物界的一员，就人的生物属性而言，与动物是没有实质差别的，孟子所列举的诸般善端，大体来看，恰恰是人在社会生活中习得的，而不是生来就具有的。

道法自然

“道法自然”，语出《老子》第二十五章：“人法地，地法天，天法道，道法自然。”其中的自然是指事物的本然之义。道法自然是道家哲学中的一个核心观念，其基本含义在于强调自然的崇高地位，而相应地去掉人为的力量，即所谓的“绝圣弃智，返璞归真”，达到一种素朴无为的自然境界。庄子曰：“夫赫胥氏之时，民居不知所为，行不知所之，含哺而熙，鼓腹而游，民能以此矣。”这句话就是对人之去除雕饰、任其真性的自然境界的一种形象的说明。道法自然的重要价值在于告诫人们要遵从自然之理，所行所为不要违背自然之性，要回归自然的人性，而弃除人性的异化。

齐善恶

“齐善恶”，是道家为表达事物性质的相对性而提出的命题。《老子》第二章曰：“天下皆知美之为美，斯恶已；皆知善之为善，斯不善已。”意思是说，丑、恶是相对于美、善而言的，如果没有美、善，也就无所谓丑、恶了。庄子将这种相对主义的论调推向极致，认为世间万物的一切区分都是相对的，这些差别源于人的主观看法，而不存在客观的标准，“自其同者视之，万物皆一也”。人性也是如此，并没有明确的善恶标准，善与恶有着等同性，即所谓的“齐善恶”。

为 我

“为我”是战国时期思想家杨朱的一个命题，语出《孟子·尽心上》：“杨子取为我，拔一毛而利天下，不为也。”“拔一毛而利天下，不为也”后来演化为“一毛不拔”这一成语，成为一种极端自私观念的代指。杨朱没有著作流传下来，其言论见解散见于《孟子》《庄子》《韩非子》《吕氏春秋》等书中，但在当时，杨朱的学说是很盛行的，孟子曾说：“杨朱、墨翟之言盈天下。”杨朱的“为我”是与墨翟的“兼爱”相对的观念，后者强调对社会责任的承担，而前者强调自身的保全。但杨朱的“为我”并不是倡言为牟取私利可以不择手段、无所不为，而是强调创造社会的利益不要以损害个人的利益为代价；不是主张损人利己以满足私欲，而是注重利人当以不损己为前提。应当说，杨朱的这种“为我”的思想，虽不乏局限，但有着积极的一面，可惜的是杨朱的思想流传下来的仅是只言片语，而没有系统的阐述可供后人参考，人们也无法寻知杨朱的思想更为全面的意涵是怎样的。

执两用中

“执两用中”，意思是做事的时候要把握住过与不及这两端，而采取恰到好处的适宜办法，其出处为《礼记·中庸》：“执其两端，用其中于民，其斯以为舜乎？”“执两用中”是由“执中”发展而来的，是“中庸之道”的基本内涵。人们在长期的实践中会发现各种事物都具有一定的规律，只有掌握好分寸，做得恰到好处，不偏不倚，才能够取得最佳的预期效果，这就是“执中”的由来。“执中”后来由一种实践经验升华到理论层面，称为“中道”。尧、舜、禹都把“允执厥中”作为世代相传的治国方法，也就是要求实事求是地坚持“中道”来治理国家。而后“执两用中”的法则经孔子的发扬，成为儒家所提倡的一种为人处世的基本准则。

格物致知

“格物致知”，是儒家哲学中关于认识论的命题，语出《礼记·大学》：“欲诚其意者，先致其知；致知在格物。物格而后知至，知至而后意诚。”但是“格物致知”在《礼记·大学》中并未做具体阐释，而且其他先秦典籍中也未见此语，这使得“格物致知”的含义没有确解，引发了后来的争论。宋代朱熹将“物”解释为“天下之物”，“即凡天下之物，莫不因其已知之理而益穷之，以求至乎其极。至于用力之久，而一旦豁然贯通焉，则众物之表里精粗无不到，而吾心之全体大用无不明矣”。朱熹的观点是通过究察事理从而获得知识。同时代的陆九渊则持与朱熹相反的观点，认为“格物致知”意在言格去物欲而求得天理，反对在心外去穷理求知。明代王守仁也反对朱熹的“即物穷理”，认为：“先儒解格物为格天下之物，天下之物如何可格得？且谓一草一木亦皆有理，今如何去格？纵格得草木来，如何反来诚得自家意？”王守仁因此认为“致知”就是致良知，“格物”就是正物，于是将“格物致知”说成“致知格物”，也就是“致吾心之良知于事事物物”，然而无论是朱熹，还是陆、王，“格物致知”的意义在于个人的道德修养，而不在于对自然物理的认识上，这与清末时期以“格致”来统称物理、化学等自然科学的含义是不相同的。

伦理修养

礼义廉耻

“礼义廉耻”，语出《管子·牧民》：“何谓‘四维’？一曰礼，二曰义，三曰廉，四曰耻。”又言：“国有四维，一维绝则倾，二维绝则危，三维绝则覆，四维绝则灭。”由此可观，礼义廉耻占有着作为国家纲纪的崇高地位。管子解释说：“礼不愈节，义不自进，廉不蔽恶，耻不从枉。故不逾节则上位安，不自进则民无巧诈，不蔽恶则行自全，不从枉则邪事不生。”意思是，礼要求人们的行为不超越一定的界限，义要求人不自矜，廉要求人们不隐瞒自己的过错，耻要求人有羞耻之心，不跟邪恶者同流合污。做到了这四点，就可以避免种种社会问题的产生。欧阳修在《新五代史·冯道传》中对管子的这一论说大加赞赏：“善乎，管生之能言也！礼义，治人之大法；廉耻，立人之大节。盖不廉，则无所不取；不耻，则无所不为。人而如此，则祸乱败亡，亦无所不至，况为大臣而无所不取，无所不为，则天下其有不乱，国家其有不亡者乎！”

五伦

“五伦”，指的是君臣、父子、夫妇、兄弟、朋友这 5 种基本的人际关系，也是儒家思想中人伦关系的基本方面。《孟子·滕文公上》说：“父子有亲，君臣有义，夫妇有别，长幼有序，朋友有信。”这就是孟子对五伦的简要的阐述。《礼记·礼运》中对孟子的五伦说做了进一步的阐释，解为“十义”，即“父慈，子孝，兄良，弟悌，夫义，妇听，长惠，幼顺、君仁，臣忠”。“五伦”是儒家所倡导的人际关系的基本准则，是中国传统社会伦理思想的核心内容。

五典

“五典”，有两种含义，一种含义是指中国上古时期的著名典籍，《尚书·序》：“少昊、颛顼、高辛、唐、虞之书，谓之《五典》，言常道也。”《左传·昭公十二年》记有楚灵王称赞左史倚相的话：“是良史也，子善视之，是能读《三坟》《五典》《八索》《九丘》。”也就是说，左史倚相由于能够解读《三坟》《五典》《八索》《九丘》这些典籍而闻名于朝。另一种含义，即儒家学说中的“五典之教”，也就是“父义、母慈、兄友、弟恭、子孝”这五种人际伦理的教化，说的是做父亲的要仁义，做母亲的要慈爱，做兄长的要友善，做弟幼的要恭敬，做子女的要孝顺。

三纲

“三纲”，即所谓“君为臣纲，父为子纲，夫为妻纲”。“纲”的本义为提网的总绳，其比喻义为事物中占据支配和控制地位的关键成分。“三纲”的提法并非出于儒家，而是始于韩非：“臣事君，子事父，妻事夫，三者顺则天下治，三者逆则天下乱，此天下之常道也。”孔子对君臣关系的看法是：“君使臣以礼，臣事君以忠。”而孟子则认为：“君之视臣如手足，则臣视君如腹心；君之视臣如犬马，则臣视君如国人；君之视臣如土芥，则臣视君如寇仇。”可见，孔子、孟子所言的君臣关系是相互的、双向的对等关系，而韩非所言的君臣关系以及父子关系、夫妻关系则是单向的、一方对另一方具有控驭权的服从关系。韩非将君臣完全对立起来，倡扬权术和法制的重要性，而儒家则强调亲情和仁义是维持社会关系的根本。“三纲”的正式提出者是西汉时期的董仲舒，他在《春秋繁露》中说：“君臣、父子、夫妇之义，皆取自阴阳之道：君为阳，臣为阴；父为阳，子为阴；夫为阳，

“三纲”“五常”

此长卷形象地展示了“三纲”“五常”的内涵。①君为臣纲。②夫为妻纲。③父为子纲。④仁，仁者爱人，取材自谢安劝哥哥谢奕善待老翁的故事。⑤礼，取材自景公尊让的故事。⑥义、礼、信，取材自孔子化行中都的故事。当时，孔子制定制度：尊老爱幼、各行其道、路不拾遗、等价交换、童叟无欺等。这反映了儒家重义、明礼、诚信的伦理观。

妻为阴。”又言：“阴者阳之合，妻者夫之合，子者父之合，臣者君之合。”“合”，是配合的意思，也就是被支配的一方。这也就是后来统驭中国社会思想两千余年的“王道三纲”。“三纲”虽然打着儒家的旗号，但与孔孟之学相去甚远，实则是后来君主专制社会的思想家为迎合政治需要而制定的伦理规范。朱熹曾经说自孟子之后真孔学即失传，这表明后来在中国社会占据思想主导地位的儒家学说相较于儒学创始时期孔孟的思想言论发生了很大变异。

五常

“五常”，指仁、义、礼、智、信这五种精神信念与行为规范，是儒家伦理思想的核心。“五常”的定称，出于董仲舒《天人三策》：“仁、义、礼、智、信五常之道，王者所当修饬也。”之所以将仁、义、礼、智、信称作“五常之道”，是因为“常”表达的是永恒不变之义。后来，“五常”与“三纲”常常并称，成为中国传统社会的最高伦理准则，但是实际上“五常”的观念比“三纲”早很多，在孔子之前就已经是社会上广为认同的德行规范，孔子继承了华夏文化的优秀传统，并将之发扬光大，泽于后世。可以说，“五常”作为一种思想理念，有着比“三纲”更为广泛的适应范围，当今虽不再有“五常”的提法，但是仁、义、礼、智、信这些基本理念仍在相当程度上影响着中国人的思想和行为。

主敬

“主敬”是儒家思想中的一条重要的伦理规范。所谓的“丧主哀”“祭主敬”，也就是强调在从事丧礼和祭礼的时候，要避免徒具形式，而一定要有悲哀和敬重的心理。“敬”的对象原为天地、鬼神、祖宗等，后来扩展到人事，通过一套繁复的礼仪来表达“敬”的心理。孔子对于“敬”的精神高度重视，有过“色难”的著名表述，也就是说，子女在侍奉父母的时候一直保持怡悦的表情这一点是很难做到的，这一点恰恰正是孔子所要强调的。他曾非常感慨地说道：“今之孝者，是谓能养。至于犬马，皆能有养；不敬，何以别乎？”当今所谓的孝，也就是能够养活父母的意思罢了。可是对于犬马来说，它们也都能够得到养活；如果没有敬的态度，孝父母与养犬马又有什么区别呢？孔子的这种表述至今而言都有着极佳的借鉴意义。由于孔子对于“敬”的强调，“主敬”成为儒家思想的一个核心理念，宋代程颐在谈论儒家所崇奉的至为繁多的礼仪时曾说其精神可一言而蔽之：“毋不敬。”一切的礼法都以一个“敬”字为依归。

孝

孝，指的是子女对父母所应当尽到的职责和义务，包括尊敬、顺从、赡养、送终、守制等内容。在动物界中存在着“反哺”的现象，人类的孝从生物意义上来讲也是以这种“反哺”为基础的，但是人作为一种“道德动物”，这种“反哺”就具有了较之动物界的本能现象远为复杂的含义，并且升华为“孝”的概念。应当说，“孝”是全人类所共有的伦理行为，但是在中国有着尤为重要的意义。早在上古时期，孝的理念在中国人的意识中就已经相当强烈。这种理念的产生，或与原始的宗教情感有关，先民们认为祖先的在天之灵可以福佑子孙，因而对祖先产生一种敬畏的心理。另外，在中国古代的宗法制社会中，家国同构，宗统与君统合二为一，孝与忠紧密相连，这也加重了中国人孝的意识。在孝的内容中，“慎终追远”是尤为重要的一条，语出《论语·学而》，“曾子曰：‘慎终追远，民德归厚矣。’”其意为，慎重地办理父母的丧事，虔诚地祭祀远代的祖先，这样就可以令人民的品德归于忠厚。又如，孔子在解释孝的时候说：“生，事之以礼；死，葬之以礼，祭之以礼。”这表明了孝不仅在于父母的生前，而且亦重于父母的身后。由于对父母葬祭格外重视，所以古代有“守制”的规矩，也就是父母亡故之后要在家守丧三年，而不得从事嫁娶、应官、交游等活动。关于此点，孔子说：“子生三年，然后免于父母之怀。夫三年之丧，天下之通丧也。”守丧的礼法尤其展现出中国人在对待孝这一问题上的独特性。

出则悌

“出则悌”，“出”是相对于父母的住处而言，由于子女与父母不在一起住，所以有“入”“出”的说法，“入”，即入父宫，也就是进入父母住的地方，而“出”也就是指离开父母的住处；“悌”，是弟爱兄的意思，也引申为幼者对于长者的敬爱。“出则悌”，语出《论语·学而》：“弟子，入则孝，出则悌，谨而信，泛爱众而亲仁。”这句话的意思是，年纪幼小的人，在父母面前要孝敬，在外时则要敬爱兄长，说话要严谨可信，要广泛地去爱众人而亲近有仁德的人。清代李毓秀所作的启蒙读物《弟子规》中有一篇即谓“出则悌”。与“入则孝”相应，“出则悌”是儒家思想中人伦规范的另一个基本方面。

忠

忠，是中国传统社会中一项基本的道德要求。“忠”原初是指对别人尽心尽力的忠诚态度，而不是专指臣对君的道德规约和行为职责。《论语·述而》载：“子以四教：文、行、忠、信。”忠，就是孔子的四项基本教育内容之一。在先秦时代，并没有后来那样的忠君观念，孔子关于臣对君忠的看法是：“君使臣以礼，臣事君以忠。”也就是说不是单方面地要求臣对君的忠诚，首先提到的是君要以礼待臣。孟子更说：“贼仁者谓之‘贼’，贼义者谓之‘残’。残贼之人谓之‘一夫’。闻诛一夫纣矣，未闻弑君也。”由此可见，在孟子这里，暴虐之君如纣者，实为民贼独夫，杀掉这样的暴君，是无所谓弑君的。这样的话是完全没有死忠、愚忠的色彩的。而要求臣下绝对忠于君主的始作俑者还是法家的韩非。韩非认为，根本不存在所谓的共同的国家公利，君主和臣民之间的利害完全相反，因而绝无道义可言，彼此之间纯粹是相互利用的关系。但是，韩非是以君主本位来处理君臣关系的，他倡言：“故人臣毋称尧舜之贤，毋誉汤武之伐，毋言烈士之高，尽力守法专心于事主者为忠臣。”这可以说是汉代大一统时期董仲舒的“君为臣纲”的理论渊源。自从“忠”被列入“三纲”之后，这一观念为封建统治者绝对化，皇帝作为万民之君，受命于天，受权于神，要求民众对皇帝无条件地履行忠诚，也就是所谓“君让臣死，臣不得不死”。另外，在帝制时代，皇帝往往是作为国家的代表被看待的，臣民效忠于皇帝常常与尽忠于国家是合在一起的，出于对国家的情感和职责，贤臣也要求自己尽到对皇帝的忠诚。

仁者爱人

“仁者爱人”，语出《孟子·离娄下》：“君子所以异于人者，以其存心也。君子以仁存心，以礼存心。仁者爱人，有礼者敬人。爱人者，人恒爱之；敬人者，人恒敬之。”其实在《论语》中就已经有了“仁者爱人”这样的表述，只是没有在字面上将其联结起来。“樊迟问仁。子曰：‘爱人。’”“仁”，是儒家思想的核心理念，《汉书·艺文志》在阐述儒家学派的特点时概括说：“游文于六经之中，留意于仁义之际。”而早在孔子之前，“仁”就已经是华夏民族的一个重要的道德范畴，《尚书·商书·太甲下》中记载：“民罔常怀，怀于有仁。”也就是说，唯有仁德才是民心的常归之所。孔子将“仁”这一为世人所崇尚的理念发扬为一种至高的人生境界。在《论语》一书中，有关“仁”的表述屡屡可见，诸如：“志士仁人，无求生以害仁，有杀身以成仁。”“士不可以不弘毅，任重而道远。仁以为己任，不亦重乎？死而后已，不亦远乎？”“克己复礼为仁。一日克己复礼，天下归仁焉。”“仁者先难而后获，可谓仁矣。”孔子对“仁”进行了多种不同角度的阐释，“仁”可以说是孔子心目中的道德极则。后来孟子继承和发展了孔子的“仁”的学说，积极倡导“仁政”，提出“仁者天下无敌”的观念，将“仁”看作是帝王为政的最高标准。孔孟之后，“仁”的思想更是深深地刻在中国人的头脑中，“仁”成为自我修养与评价他人的一项根本准则。

克己复礼

“克己复礼”，语出《论语·颜渊》，“颜渊问仁。子曰：‘克己复礼为仁。一日克己复礼，天下归仁焉。为人由己，而由人乎哉？’”这段话的意思是，颜渊向孔子请教仁的含义是什么。孔子说：“克制自己，令自己的言行思想符合礼的要求，这就是仁。一旦做到了克己复礼，那么天下的人就都会称许你是仁人。实践仁德，全靠自己，难道还能凭借别人吗？”仁，是孔子道德思想的核心理念，在不同的时候，孔子对于“仁”的内涵有着不同的阐发，而在这次对颜渊的回答中说的是“克己复礼为仁”，回答得干脆而肯定，可见，孔子是将“克己复礼”视作“仁”的基本要求的。之所以说“克己复礼为仁”，是因为孔子强调礼治，在其思想中是有着一套严整的礼法规约的，而履行这种礼法，使自己的言行适宜自己的身份、符合礼法的约定，这对于人际的和谐与社会的稳定是至关重要的。因此，“克己复礼”，是儒家思想中对于自我人生修养的一项基本要求。

义

义，是中国传统的基本价值规范之一。“义”的本义是指合宜的行为表现，而这种合宜的判断标准是社会公认的准则，“义”的繁体字为“義”，在造字上含有群我关系的因素，也就是说令自己的言行符合群体的规范要求者乃称之为“义”。概而言之，“义”体现着一种超乎个人利益之上的道德范畴。孔子曾言：“不义而富且贵，于我如浮云。”并且有“义然后取”“见得思义”“见义勇为”等关于“义”的行为要求，孔子是将“义”作为自身去就取舍的准则来看待的，如有所取，必当符合义的要求而后可；若有所去，亦当首先思考是否符合义的标准。孟子发扬了孔子的义的思想，言称：“生，我所欲也；义亦我所欲也。二者不可得兼，舍生而取义者也。”由此人们常将“舍生取义”与“杀身成仁”相并述，“仁”“义”二字也成为儒家思想的标志，作为中国传统的核心价值理念，传承千年，根深蒂固。

礼

礼，是中国传统价值的一个核心范畴。礼最初是指祭神的宗教仪式，后来发展到人事方面，表示与人的身份地位相应的行为规范和仪式制度。《礼记·中庸》载：“礼仪三百，威仪三千。”可见当时的礼仪是非常繁复的，礼制涉及人们生活的方方面面，无大无小，细至举手投足之间都有相应的礼节来规范。如此繁缛的礼仪显然只有在物质生活余裕的贵族阶级才能施行，所谓“刑不上大夫，礼不下庶人”。根据传统的说法，西周初年，周公旦制定了严密的礼乐体系，奠定了以礼为治的教化传统。孔子对周公之礼极为尊奉，将礼视作修身与治国的基础，曾对其子孔鲤言：“不学礼，无以立。”并且提出著名的“克己复礼为仁”的论说。礼之所以具有如此之重要的地位，是因为礼所反映的不仅仅是行为表面上的一套规矩，更是体现着言行规范的后面所蕴含的严肃的道德伦理基础，其严格的形式性承载着重要的实质性。

智

智，是儒家的核心价值范畴之一。儒家思想中的“智”，指的并不是科学智慧，而是一种道德智慧，也就是辨别善恶、是非的能力，也就是孟子所言之人的与生俱来的“是非之心”。《论语·雍也》记载：“樊迟问知。子曰：‘务民之义，敬鬼神而远之，可谓知矣。’”孔子的解释是，致力于民众应当遵从的义德，尊敬鬼神但是并不亲近它，这就是可以叫作“智”了。又，《论语·宪问》记载，“子曰：‘君子道者三，我无能焉：仁者不忧，知者不惑，勇者不惧。’子贡曰：‘夫子自道也。’”孔子在这里将“知者不惑”作为君子所具有的基本美德之一，其后孟子进一步指出，所谓“智”，就是生而有之的“是非之心”，只要尽心将这种智慧来发扬，就能够做到知性，由知性而知天，知天则意味着达到超凡脱俗的人生之境，这是“智”的最高境界，也是儒家思想中作为一种道德智慧范畴的“智”的概念的本真之义。

信

信，是中国传统的核心价值范畴之一。信，就是诚，是无欺，是使人无疑。“信”不仅被奉为人际相处的起码准则，亦是治理国家的基本理念。孔子曾说：“人而无信，不知其可也。大车无輗，小车无軏，其何以行之哉？”孔子将人没有诚信比作犹如车没有輗、軏（輗、軏：指车辕与横木相连接的关键部位）无法立足于世。孔子在回答子贡关于政事的提问时指出“足食”“足兵”与“民信”这基本的三点，又言其中最为重要的是取信于民这一点，称：“民无信不立。”另外，孔子的弟子子夏也说：“与朋友交，言而有信。”曾子的每日三省其身中的一项重要内容同样是“与朋友交而不信乎”。在法家的治国之术中，尤其重视对人民的守信，商鞅“南门立木”就是重信的一个明证。到了汉代，“信”这一道德准则被奉为五常之一，更是确立了至高无上的地位。

勇

勇，是儒家的重要道德范畴之一，指勇敢、果断的品格，孔子将勇看作是仁者所必备的条件，并且将勇与智和仁相并举，曰：“知者不惑，仁者不忧，勇者不惧。”但是君子的勇是应当以义为前提的，“君子以义为上，君子有勇而无义为乱，小人有勇而无义为盗”。孔子又说“恶勇而无礼者”，可见，勇的品质的发扬是应当以对于礼和义的尊崇为基础的。孟子继孔子之后对勇的内涵做了更为详细的阐发，指出真正的勇是深明大义，能够通过自省而做出进退选择的“理性”之勇，是合于气节、道义，敢于担当的道德之勇，而不是逞强好胜的血气之勇、匹夫之勇。孟子以气养勇，以义配勇，崇尚“舍生取义”，其勇与“心”“志”“气”有着密切的关系，是一种体现情感与行动相统一的道德品质。孟子认为勇的培养需要立其志、养其气，从而最终形成具有“浩然之气”的理想人格。

知 耻

“知耻”是儒家思想中的一个重要的道德范畴，指的是个人通过自己内心的省察而产生羞恶感。孔子曾以“行己有耻”来表述士人之行，也就是说要以羞耻之心来约束自己的行动，自己认为羞耻的事就不会去做。这是知耻的重要意义。知耻则有所不为，若不知耻则无所不为，知耻是君子之行的一条基本的道德约规。孔子言：“知耻近乎勇。”朱熹对此的解释是，“勇”指“勉力而行、自强不息”的精神，是君子必当具备的美德。孟子将“知耻”称作“羞恶之心”，将其作为人皆有之的“良知”。荀子继承和发展了孔孟的知耻观念，并且对荣辱问题进行了详细的阐述，将“知耻”作为人生修养的要则。明末清初的思想家顾炎武提出：“朝廷有教化，则士人有廉耻；士人有廉耻，则天下有风俗。”并且说：“士大夫之无耻，是谓国耻。”可见，知耻与否不仅关乎个人之善恶，亦系于国家之荣辱兴衰。

慎 独

“慎独”，是儒家提倡的一种重要的修身方法。《礼记·中庸》曰：“道也者，不可须臾离也，可离非道也。是故君子戒慎乎其所不睹，恐惧乎其所不闻。莫见乎隐，莫显乎微，故君子慎其独也。”“慎独”的基本含义就是人在不为他人所察知的自己独处的时候尤其要遵守道德，慎重行事。《礼记·大学》中也再三强调，

“君子必慎其独也”，并且将其解释为“诚意”“毋自欺”，也就是说一个人在独处的时候依然能够保持好自己的道德操守，才是真正做到了君子的本色，君子之所为，在发于己心，在从乎自律，而不是依靠外在的约束。

温、良、恭、俭、让

“温、良、恭、俭、让”，是儒者所具有的五种美德，语出《论语·学而》，“子禽问于子贡曰：‘夫子至于是邦也，必闻其政，求之与，抑与之与？’子贡曰：‘夫子温、良、恭、俭、让以得之。夫子之求之也，其诸异乎人之求之与？’”这段话的意思是，子禽问子贡：“孔子到了一个国家一定会了解到那个国家的政事，这是主动问来的呢？还是别人自动告诉的呢？”子贡回答说：“那是孔子依靠温、良、恭、俭、让这些美德所得来的，孔子得到这些听闻的方式与别人获取的方式是不相同的吧。”温、良、恭、俭、让，指的就是温和、善良、恭敬、节俭、谦虚这 5 种品德，这是孔子的学生对他的评价，可见孔子自身是躬行着这些美德的，而这也成为后世效法的榜样。

己所不欲，勿施于人

“己所不欲，勿施于人。”语出《论语·卫灵公》，“子贡问曰：‘有一言而可以终身行之乎？’子曰：‘其恕乎！己所不欲，勿施于人。’”子贡向孔子求教是否有一句话可以终身奉行的呢？孔子回答道，大概就是“恕”吧！并且解释说，自己所不想要的，就不要给予别人。这句话是《论语》中被传诵最广的名言之一，是君子持身处世的一项基本的准则。《论语·里仁》记载，“子曰：‘参乎！吾道一以贯之。’曾子曰：‘唯。’子出，门人问曰：‘何谓也？’曾子曰：‘夫子之道，忠恕而已矣。’”也就是说，以曾子的理解，孔子一以贯之的道，可以用“忠恕”两个字来概括：忠，说的是对他人尽心；恕，说的就是推己及人，也就是先前所言的“己所不欲，勿施于人”。

中　庸

“中庸”，是儒家思想中的一项核心主张，意思是执两用中，不偏不倚，不过亦无不及，调和折中，恰到好处。《论语·雍也》：“中庸之为德也，其至矣乎？”孔子是将中庸作为最高的道德规范来看待的。《礼记·中庸》载：“仲尼曰：‘君子中庸，小人反中庸。君子之中庸也，君子而时中；小人之反中庸也，小人而无忌惮也。’”到了宋代，“中庸”被特别地强调出来，程颐将《礼记》中的《中庸》一篇看作是“孔门传授心法”，阐释说：“不偏之谓中，不易之谓庸；中者，天下之正道，庸者，天下之定理。”（《中庸章句序》）朱熹又作《中庸集注》，把《中庸》和《大学》《论语》《孟子》并称为“四书”。后来，《中庸》成为官定的教科书和科举考试的必读书，对中国古代的教育产生了极大的影响。由于中庸学说的盛行，人们往往将中庸与中国人的性格特点联系起来，以为中国人是很中庸的，实际上，中庸是儒家倡导的一种道德准则与行为规范，却并非是对中国人的事实性格的描述与概括。孔子曰：“（中庸之德）民鲜久矣。”这就是说中庸之道在民众之间已经缺乏很久了。鲁迅曾解释这句话说：“然则圣人为什么大呼‘中庸’呢？曰：这正因为大家并不中庸的缘故。”

杀身成仁

“杀身成仁”是儒家提倡的志士仁人所具有的道德品格，语出《论语·卫灵公》：“志士仁人，无求生以害仁，有杀身以成仁。”当维持仁德与保全生命发生冲突的时候，志士仁人的选择不是为了保全性命而背弃仁德，而是为了成就仁德而不惜牺牲生命。“杀身成仁”，是将仁德放在了比生命更为高贵的位置上，近代匈牙利诗人裴多菲有一首著名的小诗，写的是：“生命诚可贵，爱情价更高。若为自由故，二者皆可抛。”意在言爱情高于生命，而自由又高于爱情，也就更高于生命，为了追求爱情和自由，可以付出自己的生命。这与孔子所言的为仁德而杀身的目的不同，但其精神实质是相通的。贪生怕死、为求得一己的苟活而不顾一切仁义道德的人，自古以来为世人所唾弃，而杀身成仁、视义德高于生命的人则受到人们的称扬和敬仰。

舍生取义

“舍生取义”，是孟子所言的道德抉择，语出《孟子·告子上》：“鱼，我所欲也；熊掌，亦我所欲也。二者不可得兼，舍鱼而取熊掌者也。生，亦我所欲也；义，亦我所欲也。二者不可得兼，舍生而取义者也。”“舍生取义”常常与“杀身成仁”相提并论，“仁”和“义”，都是儒家的核心道德范畴，孟子的“舍生取义”可以看作是孔子的“杀身成仁”的另一种形式的表达，两者的意义内涵是一致的。孟子在上面那段话之后继续说道：“生亦我所欲，所欲有甚于生者，故为不苟得也；死亦我所恶，所恶有甚于死者，故患有所不避也。如使人之所欲莫甚于生，则凡可以得生者何不用也？使人之所恶莫甚于死者，则凡可以避患者何不为也？由是则生而有不用也，由是则可以避患而有不为也，是故所欲有甚于生者，所恶有甚于死者。非独贤者有是心也，人皆有之，贤者能勿丧耳。”这段话的大意是在表明：生存当然是我的欲求，可是我的欲求还有比生存更为重要的，所以不能苟全生命；死是我所厌恶的，但是我所厌恶的还有比死更厉害的，所以在需要的时候是不能避免赴死的。如果人们没有比求生和避死更为崇高的欲求，那么由于贪生惧死就会不择手段，无所不为。当人们的心中有着比恋生恶死更为高贵的情感和欲望时，才会做到有所不用，有所不为。不是只有贤者才有这样的心地，而是人人都如此，但是贤者能够使这种高洁的心地不沦丧。孟子的这一段解说将“舍生取义”的内涵表达得十分明了，概而言之，生命诚然高贵，但是对于人来讲，仁义之所贵更重于生命，君子、贤人是能够做到为了持守仁义而献出生命的。

三从四德

“三从四德”是中国古代社会对妇女的德行所做的规范。

“三从”出自《仪礼·丧服》：“妇人有三从之义，无专用之道，故未嫁从父，既嫁从夫，夫死从子。”“三从”在这里与后来习称的“三从四德”之中的含义并不一样，“三从”原本指的是贵族妇女为亲属服丧的仪制，“从”的意思是在仪制上的依从，而不是权力关系上的服从。

“四德”出自《周礼·天官》：“九嫔掌妇学之法，以教九御，妇德、妇言、妇容、妇功。”据郑玄的注释，“妇德”指贞顺，“妇言”指辞令，“妇容”指修饰，“妇功”指纺织，这是王妃所应当学习的4种“妇道”。东汉才女班昭作《女诫》，将其称为“女人之大德”，并阐释说：“清闲贞静，守节整齐，行己有耻，动静有法，是谓妇德；择辞而说，不道恶语，时然后言，不厌于人，是谓妇言；盥浣尘秽，服饰鲜洁，沐浴以时，身不垢辱，是谓妇容；专心纺绩，不好嬉笑，洁斋酒食，以奉宾客，是谓妇功。”这也就是“四德”所蕴含的具体内容。

“三从四德”开始时是作为贵族妇女的日常仪德而制定的，后来经过儒家的提倡，成为全社会所遵奉的“妇道”。“三从四德”对妇女所做的要求体现出明显的男权色彩，因而在“五四”新文化运动中备受抨击，尤为女性主义者所不容。

节 烈

“节烈”，是中国古代封建社会后期所表彰的女德。“节”，指的是“守节”，也就是说妇女保持贞操，夫死后不改嫁，从一而终，不事二夫；“烈”，指的是“殉节”，也就是说妇女在丈夫死后随之自杀。“节烈”观体现的是妇女基于自身的经济地位而形成的对男性的人身依附关系，丈夫对妻子具有绝对的主导权。“节烈”作为一种妇德来提倡是宋代以后才出现的，而在此之前，对于妇女的改嫁社会上并无异议，这样的事例在历史记载中可以说是屡见不鲜的。宋代程颐曾说过“饿死事极小，失节事极大”这样的话，表示女性的贞洁是比生命还要重要的。其实程颐说这样的话是有着当时具体的历史背景和语言环境的，是有感于当时淫靡的世风而发的，并且程颐说的“失节”之事同时也是针对于男方的，其本意并非后人单独看这两句话时所理解的那样。程颐的这种表达后来为朱熹所提倡，但朱熹所言的“失节”并非仅仅是针对妇女而说的，而且在宋代的时候妇女再嫁的情况也是非常普遍的，社会上将妇女之“节烈”普遍看作一种高尚的德操，是更后来的事情了，但最终却演变为“以理杀人”的封建教条。吴敬梓的《儒林外史》中写一个老秀才王玉辉在闻知女儿为丈夫殉死之后忍着悲痛而大叫：“死得好，只怕我将来不能像她这样一个好题目死哩！”这就是“节烈”观人扭性曲的表现。

儒 家

大 同

“大同”，是儒家所提出的最高范畴的社会理想，《礼记·礼运》中记载孔子对大同世界的描绘：“大道之行也，天下为公。选贤与能，讲信修睦，故人不独亲其亲，不独子其子，使老有所终，壮有所用，幼有所长，矜寡孤独废疾者，皆有所养。男有分，女有归。货，恶其弃于地也，不必藏于己；力，恶其不出于身也，不必为己。是故谋闭而不兴，盗窃乱贼而不作，故外户而不闭，是谓大同。”清末康有为为宣传变法改制而将孔子的大同理想与西方的近代社会制度相比附，并亲著数十万字的《大同书》来表述自己的政治理想。孙中山对大同世界的理想描述也是十分推崇，并将“天下为公”作为自己的政治格言。“大同”是孔子对人类理想社会的构想，表达了自己对“天下为公”的大同世界的向往，只是没有同时指出人类走向大同社会的可由之径。

小康

“小康”，是儒家所描述的一种社会状态，《礼记·礼运》中记载孔子在讲述“大同”之后接着说道：“今大道既隐，天下为家。各亲其亲，各子其子，货力为己。大人世及以为礼，城郭沟池以为固，礼义以为纪，以正君臣，以笃父子，以睦兄弟，以和夫妇，以设制度，以立田里，以贤勇知，以功为己。故谋用是作，而兵由此起，禹汤文武成王周公，由此其选也。此六君子者未有不谨于礼者也，以著其义，以考其信。著有过，刑仁讲让，示民有常。如有不由此者，在势者去，众以为殃，是谓小康。”在孔子看来，禹汤文武成王周公之时的社会可以称作“小康”，“小康”虽不及“大同”，却也是一种比较好的社会风貌。康有为根据《春秋公羊传》的“三世”说，将“小康”比作“升平世”，将“大同”比作“太平世”，社会的发展规律是由“据乱世”走向“升平世”，再进入“太平世”。

礼治

“礼治”，是一种以礼仪制度作为国家的基本政治秩序的执政理念。“礼治”的基本确立是在西周初年，周公旦在确定礼制的过程中起到了重要的作用。周初的“礼治”是以“亲亲”和“尊尊”观念为基础的，“亲亲”，就是按照血缘关系的远近来区分亲疏，再由亲疏来确定贵贱；“尊尊”，就是地位低的人要尊重地位高的人，不得有所僭越。由此，君、臣、父、子各具其名，尊卑、亲疏、高低、贵贱各有其分，依此而行，整个社会便会建立起一套严明的秩序，国家的政治生活也不会出现纷乱，这就是“礼治”的核心意涵。与“礼治”的思想内涵相配合，统治者创立了一套繁复而精微的礼仪制度，令“礼治”的形式与内容相为呼应，以起到良好的实践效果。但是，“礼治”未能使国家的运行长治久安，统治者并不能借此而可高枕无忧，延递至东周时期，“礼治”的规则便为礼崩乐坏的乱世局面所打破。

中和

“中和”，原为中正、平和之义，后来引申为中庸之道的思想内涵，成为一个哲学概念。《礼记·中庸》言：“喜怒哀乐之未发谓之中，发而皆中节谓之和；中也者，天下之大本也，和也者，天下之达道也。致中和，天地位焉，万物育焉。”

这段话的意思是，喜、怒、哀、乐没有发作失控，叫作“中”；各种情绪表现出来而又都恰到好处，叫作“和”。“中”，是天下最大的根本；做到“和”，天下才能归于道。君子如果能将中和做到完美的程度，天地都会赋予他应有的位置，万物都会养育他。可见，“中和”是儒家所提倡的一种最为高尚的修养范畴。

君君，臣臣，父父，子子

“君君，臣臣，父父，子子”，语出《论语·颜渊》：“齐景公问政于孔子。孔子对曰：‘君君，臣臣，父父，子子。’公曰：‘善哉！信如君不君，臣不臣，父不父，子不子，虽有粟，吾得而食诸？’”这段话的意思是，齐景公向孔子询问治理国家的方略，孔子回答的对策是，要令做君主的像个君主的样子，为臣的要像个臣的样子，当父亲的要像个父亲的样子，而做儿子的要像个儿子的样子，也就是说，要各自都按照自己的身份行事，各就其位，名副其实。齐景公对孔子的论述非常地肯定，并且说如果不这样的话，即使国家有很多的粮食，自己都会吃不上的，非这样做不可，否则国家就会大乱的。孔子的这种关于君臣父子的表述被后世演化为“君为臣纲，父为子纲，夫为妻纲”的伦理准则，而其实这与孔子的原意是相去甚远的，孔子强调的是每个人都应当依照礼法来做符合自己身份的事情，而“三纲”强调的是君对臣、父对子、夫对妻的统领，两者的目的都是实现国家与社会的安定有序，但办法却是不同的。

名不正则言不顺

“名不正则言不顺”，语出《论语·子路》：“名不正，则言不顺；言不顺，则事不成；事不成，则礼乐不兴。礼乐不兴，则刑罚不中；刑罚不中，则民无所措手足。”孔子说这段话所要表达的是，做任何事情，都要名义正当，如果名义不正当，讲话就不能通顺，事情就做不成，礼乐制度也就无法兴办，刑罚也就不会得当，如此一来，老百姓也就会不知所措。孔子是极为重视名分的，在这里从名之不正的负面影响的角度来讲述了正名的重要意义。孔子所讲的名正，是实至而名归的“名”，通过正名所要强调的是事理的端正，名之正是行事有方的端始。前面的话从正面来讲就是，名正而可言顺，言顺而可事成，事成而礼乐可兴，礼乐兴则刑罚为中，刑罚为中则民可有所循，如此则天下治。

上行下效

“上行下效”，语出班固《白虎通义·三教》：“教者，效也，上为之，下效之。”意思是上面的人怎么做，下面的人也跟着怎么做，一般指不好的事情，用以告诫地位高的人特别是最高的领导人物要注意自身的言行，以免给社会造成不良的影响。《战国策》中记载了莫敖子华对楚威王说的一段话：“昔者楚灵王好士细腰，故灵王之臣皆以一饭为节，胁息然后带，扶墙然后起。比期年，朝有黧黑之色。”这个典故后来被概括为“楚王好细腰”。《墨子·兼爱》中也记载了这一典故，并且明确指出：“君说之，故臣能之也。”臣下之所以能够那样做，是因为国君喜欢那样的事情。“楚王好细腰”，后来比喻当权者的爱好引导着社会的潮流，东汉马廖在《上长乐宫以劝成德政疏》里也引用了这样的句子：“吴王好剑客，百姓多创瘢；楚王好细腰，宫中多饿死。”这就是“上行下效”的典型案例。

不知生，焉知死

“不知生，焉知死”，语出《论语·先进》，“季路问事鬼神。子曰：‘未能事人，焉能事鬼？’曰：‘敢问死。’曰：‘未知生，焉知死？’”这段话讲的意思是，季路向孔子请教怎样来服事鬼神，孔子说，人还不能服事，又怎么服事鬼神呢？季路又问关于死的话题，孔子说，生的道理还都没有弄清楚，又怎么能够知道死是怎么一回事呢？孔子的回答表明了自己重在人生、重在当世的生命价值观。

民为贵，君为轻

“民为贵，君为轻”，这是孟子提出的思想观念，语出《孟子·尽心下》：“民为贵，社稷次之，君为轻。”孟子接着还说了这样的话：“是故得乎丘民而为天子，得乎天子为诸侯，得乎诸侯为大夫。诸侯危社稷，则变置。牺牲既成，粢盛既洁，祭祀以时，然而旱干水溢，则变置社稷。”意思是，所以得到民众的拥护就能做天子，得到天子的信任就能做诸侯，得到诸侯的信任就能做大夫。诸侯危害了土谷之神，那就改立诸侯。祭祀用的牲畜是肥壮的，谷物是清洁的，又是按时祭祀的，然而还是干旱水涝，那就改立土谷之神。孟子“民贵君轻”的思想内涵是，人民是天下的根本，国家（社稷）是为了给人民谋求福利才建立的，而君主则是为了治理国家才设立的，归根结底，也是为了给人们带来更多的福利才会有君主这个位置的，也就是说，君主以国家为基础，而国家又以人民为基础，所以说，“民为贵，社稷次之，君为轻”。

王道与仁政

“王道”与“仁政”，是儒家所主张的政治理念，“王道”，就是圣王之道，是符合仁义准则的治国之道，而“仁政”，是将仁义作为基本的政治观念治理国家，“仁政”是“王道”在政治措施上的具体实现，而“王道”则是“仁政”的思想内涵。“王道”的概念发端于孔子的仁的思想，孟子进行了明确阐述。孟子说：“仁也者，人也；合而言之，道也。”这句话言简意赅，指出了仁与道的基本关系。孟子在谒见梁惠王的时候，具体地阐述了自己的“王道”理想：“谷与鱼鳖不可胜食，材木不可胜用，是使民养生丧死无憾也。养生丧死无憾，

孔子圣迹图页　清　焦秉贞　绢本

图中湖石峻挺，绿意浓深，孔子正与国君相对而谈。此画当源自孔子周游列国，游说诸王，宣扬儒家“仁政”“以德治国”的典故。

王道之始也。五亩之宅，树之以桑，五十者可以衣帛矣；鸡豚狗彘之畜，无失其时，七十者可以食肉矣；百亩之田，勿夺其时，数口之家可以无饥矣；谨庠序之教，申之以孝悌之义，颁白者不负戴于道路矣。七十者衣帛食肉，黎民不饥不寒，然而不王者，未之有也。”“王道”是孟子极力提倡的以仁义治天下的政治主张，可是在孟子所生活的时代，通行于世的却是与“王道”截然相反的“霸道”。“霸道”，也就是凭借武力、刑法和权势对外征伐和对内管理的政治思想，这是法家积极主张的施政理念。战国中后期，各国政治是沿着“霸道”的方向前进的，《史记·孟子荀卿列传》说：“当世之时，秦用商君，富国强兵；楚、魏用吴起，战胜弱敌；齐宣王用孙子、田忌之徒，而诸侯东面朝齐。天下方务于合纵连横，以攻伐为贤；而孟轲乃述唐虞三代之德，是以所如者不合。”《史记·十二诸侯年表·序》还记载：“孔子明王道，干七十余君，莫能用。”这都表明当时孔孟所主张的“王道”与“仁政”的理想屡屡碰壁，不被当时的统治者采纳。

劳心者治人，劳力者治于人

“劳心者治人，劳力者治于人”，是孟子提出的思想观念，语出《孟子·滕文公上》：“然则治天下独可耕且为与？有大人之事，有小人之事。且一人之身而百工之所为备，如必自为而后用之，是率天下而路也。故曰：或劳心，或劳力。劳心者治人，劳力者治于人；治于人者食人，治人者食于人。天下之通义也。”这一段话是孟子为驳斥陈相所转述的许行的“贤者与民并耕”的观点而说的。意思是，既然是这样的道理，那么治理天下的事就能一边耕种一边来做的吗？有官吏们的事，有小民们的事。再说一个人身上（所需的用品）要靠各种工匠来替他制备，如果一定要自己制作而后使用，就会导致天下的人都疲于奔走。所以说，有些人动用心思，有些人动用体力。动用心思的人治理别人，动用体力的人被别人治理；被人治理的人养活别人，治理人的人靠别人养活。这是天下通行的道理。“劳心者治人，劳力者治于人”，因为其中体现了一种治与被治的等级观念而遭到人们的批评，其实孟子说的这句话，其本身含义是指社会上因为人们所从事的职业和岗位不同而有所分工，这是很自然的事情，强调的是“劳心”与“劳力”的职业之分，并不在强调“治人”与“治于人”的等级之分上。

君子重义，小人重利

“君子重义，小人重利”，这是孔子所讲的君子与小人之间的区别之一，也可说是孔子的义利观，孔子的原话是：“君子喻于义，小人喻于利。”也就是说，君子所明白的是义，而小人懂得的则是利。由此而引发，君子做事，是以义为标准的，如孔子所言：“不义而富且贵，于我如浮云。”君子非义毋得，而唯义是取，为了对义的保持和维护，甚至不惜牺牲自己的生命，也就是孟子所言的“舍生取义”。而小人则不然，小人行事取舍的标准是利，非利不为，唯利是图。一个人一旦达到了唯利是图的地步，便可以为所欲为，无所不为，置仁义道德于不顾，这种理念和行为给社会所造成的危害是可想而知的。长久来看，这对其本人也是没有好处的，《左传·隐公元年》有云：“多行不义必自毙，子姑待之。”自毙，就是不义的可耻下场。

君权神授

“君权神授”，意即君主的权力是神所赋予的，这是对君主的一种神化。统治者宣扬自己的地位是上天所赋予的，从而强调自身统治的合法性，增强人民的认同和服从。《尚书·召诰》说：“有夏服天命。”这是有关君权神授思想的最早记载，也说明，自夏朝开始，君权神授就已经成为一种有关政权的重要理念。商朝的统治者创造了一种“至上神”的观念，宣称“帝”或“上帝”是上天和人间的最高主宰，又是商王朝的宗祖神，因此，人民应当服从商王的统治。周朝统治者则用“天”代替了“帝”或“上帝”的概念，周王称为“天子”。周朝毛公鼎上面的铭文记载：“丕显文武，皇天宏厌厥德，配我有周，膺受天命。”这是对“君权神授”思想的明确宣扬。到汉朝，董仲舒提出“天意”“天志”的概念，并且提出了“天人相与”的命题，认为天是有意志的，是最高的人格神，是自然界和人类社会的最高主宰，天和人之间是相通的，人应当按照天的意志来行动。董仲舒以“天人相与”作为理论基础，系统地发展了君权神授的思想，强调君权的天然合理性和神圣不可侵犯性。君权神授的思想在中国古代有着非常深远的影响，历代帝王以至造反的农民领袖，无不假托天命，自称“奉天承运”，或者说“替天行道”，虚构神迹，利用谶纬迷信，把自己的活动说成是受上天的指使，从而达到神化自己及其活动的目的。陈胜和吴广在谋划起义时，先用丹砂在丝绸上写“陈胜王”，将其放在别人用网捕获的鱼的肚子里面，然后又暗中潜伏到戍卒驻地旁边丛林里的神庙中去，在晚上用竹笼罩着火装作鬼火，像狐狸一样叫喊：“大楚兴，陈胜王！”这就是君权神授的迷信思想深入人心的一个鲜明的例证。

罢黜百家，独尊儒术

“罢黜百家，独尊儒术”，是董仲舒所提出的主张，汉武帝元光元年（公元前134年），召集各地贤良求问治理天下的策略，董仲舒在进策中提出：“《春秋》大一统者，天地之常经，古今之通谊也。”他认为当时执政者的理念无法统一，而百姓也莫知所从的原因是“师异道，人异论，百家殊方，指意不同”，于是他倡导进行文化上的统一，尊崇孔子的学说，而罢黜其他各家的思想观点，也就是独尊儒术。董仲舒的这一建议为汉武帝所采纳，儒学自此取得中国官方正统学术的地位，并且绵续两千余年，对中国古代的意识形态和社会生活都有着极大的影响。“罢黜百家，独尊儒术”为汉武帝政治上的大一统创造了思想基础，这一方面加强了君主专制制度，另一方面对统一的民族国家的形成和巩固也产生了巨大的积极作用。

大一统

“大一统”，也就是尊崇一统的观念。孔子在作《春秋》的时候，开篇说：“隐公元年，春，王正月。”意思是讲，鲁隐公元年的春天，就是周王的正月。《公羊传》解释说：“何言乎‘王正月’？大一统也。”唐代徐彦注疏：“王者受命，制正月以统天下，令万物无不一一皆奉之以为始，故言大一统也。”《汉书·董仲舒传》说：“《春秋》大一统者，天地之常经，古今之通义也。”《汉书·王吉传》也说：“《春秋》所以大一统者，六合同风，九州共贯也。”可见，在春秋时期，大一统已经成为一种被社会所崇尚的观念，孔子说：“天下有道，则礼乐征伐自天子出。”“礼乐征伐自天子出”，就是大一统的表现，这意味着“天下有道”。周王东迁，天下诸侯各立，呈现出分崩离析的局面，但是大一统作为一种深入人心的观念并没有因此而抹去，思想界虽有“百家争鸣”，在政治理念上有“王道”和“霸道”之别，但大一统这一点是各家共同秉持的观念。孟子在回答梁襄王所提出的“天下恶乎定”的问题时回答说：“定于一。”荀子所提出的“四海之内若一家”的理想，还有墨子“尚同”的主张等，这些都是春秋战国时期大一统思想体现。到秦始皇统一六国，实现“书同文，车同轨”，再及至汉武帝“罢黜百家，独尊儒术”，中国最终在文化与政治两大基本领域都确立了大一统的秩序。

白虎观会议

“白虎观会议”是东汉章帝建初四年（公元 79 年）在洛阳白虎观召开的一次讨论儒家经典的学术会议。

汉光武帝刘秀于建武中元元年（公元 56 年），把与今文经学相结合的谶纬之学正式确立为官方的统治思想。但自东汉初年以后，今古文经学之间的分歧日益加深，各派因为师承的不同，对儒家经典的解说也不尽一致，章句多有出入。为了巩固儒家思想的统治地位，统一儒学各派各家之间的分歧，使儒学与谶纬之学进一步结合起来，汉章帝依照议郎杨终的奏议，仿效西汉宣帝时石渠阁会议的办法，召开了历史上著名的白虎观会议。

这次会议由汉章帝亲自主持，因为在当时，只有皇帝才有资格来裁决儒学争论中的是非，会议的参加者有魏应、淳于恭、贾逵、班固、杨终等。在会上，由五官中郎将魏应秉承皇帝的旨意提出问题，侍中淳于恭代表诸儒作答，然后再由汉章帝亲自裁决。这样考详同异，会议持续了几个月才结束。此后，班固将讨论结果纂辑成《白虎通义》，又称《白虎通德论》，再由朝廷将其作为官方钦定的儒学经典刊布于世。

《白虎通义》所明确的第一个问题就是何谓“天子”，解答的结果是：“天子者，爵称也。爵所以称天子者何？王者父天母地，为天之子也。”并且指出，历代的帝王，即使是德行不嘉，也是天子，因为他们是天所任命的。

《白虎通义》在董仲舒儒学思想的基础上，进一步发扬了神学目的论和封建伦理学说，肯定了“三纲六纪”，并将“君为臣纲”列为“三纲”之首，使封建纲常伦理系统化、绝对化，同时还把当时流行的谶纬迷信与儒家经典糅合为一，使儒家思想着上了更加浓厚的神学色彩。作为白虎观会议的成果，《白虎通义》这部书是今文经学的政治学说提要，广泛地解释了封建社会一切政治制度和道德观念，成为当时封建统治阶级的神学和伦理学法典。

清 议

“清议”，是东汉后期官僚、儒生与宦官进行政治斗争的产物，指的是以儒家的伦理道德为依据来臧否人物的一种舆论风尚，而为官者一旦触犯清议，便会丢官免职，被禁锢乡里，不许再入仕。当时的东汉王朝，宦官把持着朝政，这些宦官垄断了仕途，凡有选举、征辟，都要依照他们的心情和脸色来行事，这就严重地侵夺了士人们正常的仕进之途。于是，为数众多的太学生和各郡县的儒生，与官僚士大夫相联合，在朝野形成一个庞大的官僚士大夫反宦官专权的社会政治力量，从事“激扬名声，互相题拂；品核公卿，裁量执政”的活动，这也就是所谓的“清议”。在清议风潮中，形成了太学生以郭泰为首，奉司隶校尉李膺、太尉陈蕃为领袖的公开与宦官集团相对抗的政治力量。清议在当时的社会发挥了激浊扬清的积极作用。

正始之音与清谈

“清谈”，指的是魏晋之际名士之间所崇尚的一种讨论方式，因为兴起于魏正始年间（公元 240 ~ 249 年），所以这种清谈的风气又被称为“正始之音”。清谈，又称为“清言”，之所以叫作“清谈”，是相对于俗事之谈而言的，因为清谈的内容不涉及国事与民生这样的社会实际问题，而是讨论关于本与末、有与无、动与静、一与多、体与用、言与意、自然与名教等诸多的形而上的话题。清谈的进行有一套习惯的程式，一般都有交谈的对手，借以引起争辩。通常情况下，辩论的双方分为主客，人数不限，可两人、三人或者更多。在清谈的过程中，一方表达自己对主题内容的见解，树立自己的论点，另一方则对此进行问难，推翻对方的结论，同时提出自己的观点。在相互论难的过程中，其他人也可以就着讨论主题发表赞成或反对的意见。到讨论结束时，主客双方或者协调一致，握手言和，或者虽各执一词，互不相让，但经过他人的调停，暂时结束谈论，这称为“一番”，以后还可能会有“两番”“三番”等。清谈之风承袭东汉后期的“清议”，又借魏晋之际崇尚老庄的玄学的出现而兴起，作为当时上流社会所普遍喜好的风尚，既有着思想文化方面的原因，也有着社会经济方面的因素。严重脱离社会实际的清谈风气的兴起与魏晋之际士族门阀所拥有的政治与经济特权及其因此而享有的优越的社会地位有着密切的关系，魏晋之后，随着士族政治的衰微和社会环境的转变，清谈的风气也就随之消泯了。

魏晋风度

魏晋风度，指的是魏晋时期的名士们所具有的那种率真任诞、清峻通脱的行为风格。饮酒、服药、清谈和纵情山水是魏晋名士所普遍崇尚的生活方式，一部《世说新语》，可以说是魏晋风度的集中记录。魏晋风度的出现是与汉末延至魏晋之际的政治局面的混乱有着密切关系的，当时的许多名士或为当权者所杀或被杀于乱军之中，士人们没有一个安定有序的生存环境可以依托，因而转向放诞，将精神寄之于老庄，流连山水，肆意酒乡，一方面是为了全身避害，一方面也是为了麻痹自己的思想。这种有不得已而为之的行为方式，因为其展现出人生中艺术的一面，又演变为一种社会所共同偏好的普遍风气。

理气论

理气论，是宋代理学关于理、气关系的基本理论。“理”，意为事物存在和运行的原理；“气”，意为以弥漫形态存在于宇宙之中的物质质料。气作为质料，构成了物的形体。起初，理学家认为人的精神也是一种气，是一种比一般的气更为精细的气，即“精气”。后来张载指出，人的精神和本性，是气自身所固有的，是气之灵。而“二程”则体会出，气中有一个理，这个理就是世界上所有事物的运行秩序的总根源，也是人的本性和精神的根源。张载认为，气不会产生，也不会消亡。“二程”和朱熹则认为气会消亡，而理才是不生不灭的，并且理可以产生出气。朱熹虽然强调理和气不相分离，二者不分先后，但是他认为气可以消亡，并且可以由理重新创生出来，这实际上也就承认了理和气是可以分离的，把理和气看作两种存在物。此后的理学家又修正了朱熹的理气论，认为理只是气之运动的法则，是气的功能，理和气是不能相互分离的。

明心见性

“明心见性”，本是佛教禅宗用语，指屏弃一切世俗杂念，彻悟因杂念而迷失了的本性，陆九渊将禅宗的这一修炼方法移用过来表述自己的心学思想，主张为学应当注重内省的功夫，而不必执意于向外寻求，提倡如禅宗明心见性般直契本心、了然顿悟。明心见性，这个“心”，就是自我的本心，这个本心也就是原初的善心，是没有被后来各种杂念所扰乱和遮盖的纯洁的心地；这个“性”，也就是自我的本性。是与生俱来的为善的情性，是一种圣人之性。人要通过明心见性的过程来发扬和恢复原本善良的心性，从而进入一种崇高的道德境界。

存天理，灭人欲

“存天理，灭人欲”，这一说法的提出习惯上被归于朱熹的名下，而实际上，类似的提法早有渊源，《礼记 · 乐记》中说：“人化物也者，灭天理而穷人欲者也，于是有悖逆诈伪之心，有淫佚作乱之事。”意思是讲，人为外物所诱惑而丧失了天理、纵容人的欲望，于是有了各种邪恶的想法和恶劣的行为。这里已将“天理”和“人欲”相对立，“天理”，也就是孟子所说的人的与生俱来仁、义、礼、智等良知，而“人欲”则是对“天理”的违背，是为所欲为的不善之举。程颐说：“人心私欲，故危殆。道心天理，故精微。灭私欲则天理明矣。”这也是将“人欲”和“天理”相对立的表述，说的也就是“存天理，灭人欲”。朱熹传承了这种思想，说道：“孔子所谓‘克己复礼’，《中庸》所谓‘致中和’，‘尊德性’，‘道问学’，《大学》所谓‘明明德’，《书》曰‘人心惟危，道心惟微，惟精惟一，允执厥中’，圣贤千言万语，只是教人明天理，灭人欲。”朱熹实际上并非“存天理，灭人欲”的首倡者，但是他将此看作是儒家思想的精髓之所在，并且对其进行了详细的阐发，极大地提高了这一观念的影响力。值得注意的是，朱熹并非是一概反对人的任何欲望，他所说的“人欲”是指那些超出了正当要求以及违反了社会规范的欲望，是属于“非分之想”一类的欲求，只是后来人们脱离了具体的语境对字面的含义发生了误解，因而严厉地抨击朱熹对于人欲的否定。事实上，朱熹的这种倡导之于纷杂混乱的社会实际乃及乱世之中人的行为操守也并非是毫无积极意义的，但不可否认的是，朱熹的这种表述对后来的社会思想产生了很为不良的影响，以致出现了“以理杀人”的现象。“存天理，灭人欲”的错谬的根本之处不在于对“人欲”的否定，而在于将“天理”和“人欲”相对立，使“理”和“欲”之间不是相和谐的关系，而是此生彼灭的相冲突的关系。

朱熹像

陈朱之辩

南宋孝宗淳熙十一年（1184 年）开始，陈亮与朱熹之间关于义利、王霸问题以书信往来的方式进行了持续3年之久的思想辩论，在历史上被称为“陈朱之辩”。南宋初年，理学急剧发展，但是理学的空疏之风引起了一些思想家的反感，陈亮意识到理学所影响的已不仅仅是学术风气，而且也造成了政治上的保守气氛，因此对理学极为憎恶，将其视为关系到宋朝恢复大业的一个重要的不利影响，并且将批判的矛头直接指向理学的代表人物朱熹。陈亮与朱熹争论的焦点是义利问题和王霸问题，朱熹看重行为的动机是否符合道德，以此来分析义和利、王和霸，否定陈亮所提出的“义利双行，王霸并用”的主张；而陈亮则重视行为的实际效果，试图将义和利、王和霸统一起来，后来发展为独树一帜的功利主义思想体系。

王守仁格竹

王守仁早年笃信朱熹的学说，曾对朱熹“格物致知，即物穷理”的方法付诸实践，去“格”亭子前面的竹子，也就是对着竹子进行观察，结果苦思竭虑，坚持了7天，竹子之理没有“格”出来，自己反而病倒了。王守仁当时以为这是由于自己没有做圣贤的能力，之后方才明白，“天下之物本无可格者，其格物之功，只在身心上做”，这就是“王守仁格竹”的故事。王守仁在《传习录》下卷中讲述了自己格竹的这件事，意在表明朱熹“格物致知”的理论是错误的，进而阐述了自己“致良知”的心学理论，认为求知明理的方法当是面向自我的内心，发扬自己本心的良知，将之推广到身外的万事万物上面。

知行合一

“知行合一”是王守仁的哲学观念，明武宗正德三年（1508 年），王守仁在贵阳文明书院讲学时首次提出“知行合一”的说法。王守仁所讲的“知行合一”，指的并不是认识与实践相符合的含义，这里的“知”，是一种良知，也就是指人的道德意识和思想理念，而“行”，是指人的道德践履。王守仁指出，“知”与“行”二者之间，互为表里，不可分离，知必然要表现为行，不行不能算真知。而良知，无不行，自觉的行，也就是知。在王守仁看来，知决定着行，道德意识是人之行为的指导思想，按照道德的要求去行动就是达到良知的方法，在道德指导下产生的良知是行为的开始，符合道德要求的行为则是良知的完成。

道　家

老子之道

“道”，是老子思想理论体系的基础，是一个本原性的最高的哲学范畴，既是世界的本体，又是万物运行的根本规律。《老子》第二十五章讲：“有物混成，先天地生。寂兮寥兮，独立而不改，周行而不殆，可以为天地母。吾不知其名，强字之曰道，强为之名曰大。”这段话是说，有一个浑然一体的东西，它先于天地而存在，又独一无二；它永远不依靠外在的力量，周流运行，永不停歇，因此，它可以看作是天地产生的根本。由于不知道它应该叫作什么名字，姑且给它起个名字叫作“道”，勉强再给它起个名字叫作“大”。老子又说，它统率着一切，主导着万事万物的发展，可是它做的这些又看不见，所以称之为“逝”；它运行不息，遐而无所不及，又须臾不离开万物，因此称之为“远”；而它运行不息，伸展遥远又返回本原，因而称之为“反”。

老子骑牛图　明　陈洪绶　绢本

“大”“逝”“远”“反”，是老子对“道”所具有的各种品性的表述。“大”，说的是“道”涵盖一切，至高至上；“逝”，说的是“道”神妙莫测，不可见其形；“远”，说的是“道”运行不息，无时不存，亦无处不在；“反”，说的是“道”所具有的万物归宗的本原性。

道与自然

《老子》第二十五章说：“人法地，地法天，天法道，道法自然。”“道法自然”，这一句指明了道与自然的关系。“道”，在老子的思想体系中是一个根本的范畴，这个“道”，是一切的本体，是人、地、天之所共法，但是道最终遵循什么来运行呢？

老子说，道所遵循的就是自然。由“道法自然”的观念出发，老子主张无为而治，因为自然是世间万物的终极法度，自然统率着万事万物，人是不可违背自然的，那么，就应当顺应自然，而不以人的意志强力为之，也就是“无为而治”。可以说，“道法自然”的观念是老子的理论体系得以建立的一块基石。

道生一，一生二，二生三，三生万物

“道生一，一生二，二生三，三生万物”，语出《老子》第四十一章：“天下万物生于有，有生于无。道生一，一生二，二生三，三生万物。”这段话讲述的是，天下万物来源于有，有则来源于无，这就是“无中生有”的道理。根据这个道理，最早的那个“有”必定是从“无”中而来的，而这个原初的“无”，也就是“道”，所以说“道生一”；而一旦有了第一个“有”，那么这第一个“有”就会产生第二个“有”，这就叫作“一生二”；接着，有了第一个“有”和第二个“有”的出现，第三个“有”也就会产生出来，即“二生三”；以此类推，继之以无穷，则万物化生，也就是“三生万物”。老子这段话讲的是“道”的本源性和万物由来的原理。

无为而治

“无为而治”，是道家的基本思想，首先是由老子提出来的。老子认为天地万物都是由道化生的，而且天地万物的运动变化也都遵循着道的规律，而道所遵循的又是自然的规律，也就是“道法自然”。既然道以自然为本，那么对待事物就应该顺其自然，无为而治，让事物按照自身的必然性自由地发展，使其处于符合道的自然状态，不对它横加干涉，不以有为影响事物的自然进程，只有这样，事物才能正常地存在和健康地发展。老子说：“是以圣人处无为之事，行不言之教。”“上德无为，而无以为；下德有为，而有以为。”“为学日益，为道日损，损之又损，以至于无为。无为而无不为。”这些讲的都是“无为而治”的好处。当然，所谓“无为”，并不是一无所为，不是说什么都不做，而是不妄为，不随意而为，不行违反自然规律之为。

治大国若烹小鲜

“治大国若烹小鲜”，语出《老子》第六十章，意思是治理大国就如同烹制美味的小鱼一样，这是老子所崇尚的治国方法。据说上古时期的贤君汤曾向伊尹询问治国的主张，伊尹用这样的比喻来说明：“做菜既不能太咸，也不能太淡，要调好作料才行；治国就如同烹饪，既不能操之过急，也不能松弛懈怠，只有恰到好处，才能把事情办好。”老子采用了伊尹的这个说法来表达自己的政治方略，强调治理国家要依照规律循序行事，一切有条不紊，长此以往，国家必定和谐而昌盛。

小国寡民

“小国寡民”出自《老子》第八十章：“小国寡民，使民有什佰之器而不用，使民重死而不远徙。虽有舟舆，无所乘之；虽有甲兵，无所陈之，使民复结绳而用之。至治之极，甘其食，美其服，安其居，乐其俗。邻国相望，鸡犬之声相闻，民至老死不相往来。”“小国寡民”是老子对自己的社会理想所做的阐述，这种社会生活状态，颇有桃花源式的意境，也是一种只能形诸书面的空想，无论在既往，还是在未来，都是不可能出现的情形。有人批判老子的这种思想表现的是一种后退的意识，而其实这是老子有感于当时社会纷争扰攘的混乱局面所提出的一种以寡欲思想出发的、人民世代安居乐业的美好愿望，不宜过分地奢求和妄评。

民不畏死

“民不畏死”出自《老子》第七十四章：“民不畏死，奈何以死惧之？若使民常畏死，而为奇者，吾得执而杀之，孰敢？向使民常畏死，常有司杀者杀。夫代司杀者杀，是谓代大匠斫，夫代大匠斫者，希有不伤其手矣。”这段话说的意思是，民众不畏惧死亡，又怎能用死亡来威吓他们呢？如果民众一贯都畏惧死亡，那么对个别的胆敢胡作非为的人我们抓来杀掉，还有谁敢妄动呢？就算民众一贯都畏惧死亡，那也应该由专司诛杀的人去杀。代替专司诛杀的人去杀，就像代替高明的木匠去砍伐一样。而代替高明的木匠去砍伐，很少有人不会伤到手的。老子在此提倡的是一种慎用刑法的施政观念。这段话反复谈论着民众是否畏惧死亡的问题，民众到底畏不畏惧死亡呢？很显然，恋生恶死是人的一种本能（也是一切生物的本能，人也不例外），但是人不畏惧死亡的情况也是存在的。孟子曾言“所恶有甚于死者，故死有所不避也”，人之所以连死亡都不怕了，是因为有比死亡让人所更不能够容忍的。对于民众来讲，统治者的过分的昏庸和残暴就是比死亡都更不能忍受的事情，是谓“苛政猛于虎也”。在这种情况下，再用死亡来威慑民众也就是没有效力的了，刑法即使再过严厉，都不能制伏民众了，陈胜吴广在准备起义时所说的“今亡亦死，举大计亦死，等死，死国可乎”表明的也就是这个道理。老子的论说是在劝诫统治者治理国家应当依靠政治的清明有序，而不可以依靠严刑峻法，使用酷刑要有章可循，谨慎从事，这样才可以令刑罚起到威慑的作用，才有利于国家的长治久安。

祸福相倚

“祸福相倚”，语出《老子》第五十八章：“祸兮福之所倚，福兮祸之所伏。”祸福相倚表达的是祸与福相互依赖，相互转化的辩证观念，《淮南子·人间训》中记载的“塞翁失马，焉知非福”的典故就是对祸福相倚的具体而生动的说明。祸福相倚，告诫的是人们在面对幸福之时，不可盲目乐观，应当要敏感地意识到眼下的好景中可能存在的背反因素；面对灾祸之时，也不要盲目地悲观，应当在不幸之中看到幸运的一面，要在不利之中提取出有利的因素，使事情的发展向着对自己有益的方向转化。居安思危、有备无患等行事的法则，其思想依据也就是祸与福之间的互有依存又相互转变的关系。

老子的“三宝”

《老子》第六十七章说，“我有三宝，持而保之：一曰慈；二曰俭；三曰不敢为天下先。”慈、俭和不敢为天下先，就是老子的“三宝”。老子解释说：“慈，故能勇；俭，故能广；不敢为天下先，故能成器长。今舍其慈，且勇；舍其俭，且广；舍其后，且先，死矣。夫慈，以战则胜，以守则固。天将救之，以慈卫之。”意思是说，保持柔慈，就能够勇武；保持俭约，就能够大方；不与天下人争得利之先，就能成为群体的首领。如果舍弃柔慈而妄逞勇武，舍弃俭约而追求大方，舍弃谦让而争先，那是行不通的。保持柔慈，投入战争就能取得胜利，用于防守就能巩固。天如果要救助谁，就会用柔慈来保护他。老子的“三宝”，讲的是相反相成的道理，唯慈能勇，唯俭能广，不敢为天下先，方能成器长，所谓“三宝”，也就是三种处世之道。

功成身退

“功成身退”，语出《老子》第九章：“持而盈之，不如其已；揣而锐之，不可长保。金玉满堂，莫之能守；富贵而骄，自遗其咎。功成名遂身退，天之道。”“功成身退”说的是大功告成之后，自行隐退，而不再贪恋于名位，这是合于天道的做法。《庄子 · 天运》中有这样的话：“以富为是者，不能让禄；以显为是者，不能让名。亲权者，不能与人柄，操之则栗，舍之则悲，而一无所鉴，以窥其所不休者，是天之戮民也。”一味贪图而不知休止的人是要遭受上天的刑戮的。“飞鸟尽，良弓藏；狡兔死，走狗烹”，说的也就是这个道理。勾践灭吴之后，范蠡与文种的不同结局就是一个具体的事例。

上善若水

“上善若水”，语出《老子》第八章：“上善若水。水善利万物，而不争；居众人之所恶，故几于道。居善地，心善渊，与善仁，言善信，政善治，事善能，动善时。夫唯不争，故无尤。”老子用水的特点来表达至善的人的品性，水具有两大优点，即“善利万物”和“不争”，而这两个方面又是统一的。因其“不争”，才可“善利万物”，而“善利万物”的一种基本的表现就是“不争”。老子指出，正是由于不争，才会没有什么过错，在老子看来，这是一种接近于道的品性。

庄子的齐物论

“齐物论”是庄子的一种哲学思想，也是《庄子》一书中一篇文章的名字。关于“齐物论”的解读，基本上有两种，一种解为“齐物”之论，一种解为“齐”之“物论”。按照前一种理解，“齐物论”讲的是对万物的齐一；而按照后一种理解，“齐物论”讲的就是对于各种看待事物之观点的齐一。其实这两种理解是有着相通的一面的，虽然前一种说法的重点是齐“物”，而后一种说法的重点是齐“论”，但是这种“论”也是“物之论”，可以说是间接地齐“物”。庄子在《齐物论》中提出了“吾丧我”这一著名的表述，“吾丧我”，说的就是自己忘掉了自己，准确地讲，是自己的心神忘却了自己的形体，这是“天地与我并生，而万物与我为一”的物我皆忘的精神状态，也就是一种“齐一”的超然境界。庄子说：“忘年忘义，振于无竟，故寓诸无竟。”意思是忘掉死生，忘掉是非，到达无穷无尽的境界，因此圣人总把自己寄托于无穷无尽的境域之中。这就是对“吾丧我”的一种讲解。庄子还讲述了自己梦蝶的故事，说道：“不知周之梦为胡蝶与，胡蝶之梦为周与？周与胡蝶，则必有分矣。此之谓物化。”物化，也就是物我之间的交合变化，因为这种变化，而万物之间浑然为一，是故“众人役役，圣人愚，参万岁而一成纯，万物尽然，而以是相蕴”。众人总是一心忙于去争辩是非，圣人却好像十分愚昧无所觉察，糅合古往今来多少变异、沉浮，自身却浑然而一不为纷杂错异所困扰，万物全都是这样，而且因为这个缘故相互蕴积于浑朴而又精纯的状态之中。

庖丁解牛与养生

“庖丁解牛”，典出《庄子·养生主》：“庖丁为文惠君解牛，手之所触，肩之所倚，足之所履，膝之所踦，砉然响然，奏刀騞然，莫不中音。合于《桑林》之舞，乃中《经首》之会。” 这段话是讲，有一个名叫丁的厨师替梁惠王宰牛，手所接触的地方，肩所靠着的地方，脚所踩着的地方，膝所顶着的地方，都发出皮骨相离声，进刀时发出的响声，这些声音没有不合乎音律的。它合乎《桑林》舞乐的节拍，又合乎《经首》乐曲的节奏。后来，“庖丁解牛”就作为一个成语用来形容经过反复的实践，掌握了事物的客观规律，做事得心应手、运用自如的情形。梁惠王对庖丁精湛的技艺十分惊叹，庖丁却对梁惠王说：“臣之所好者道也，进乎技矣。”也就是讲，自己所看重的是自然的规律，这已经超过了对宰牛技艺的追求。然后，庖丁向梁惠王讲述了自己多年宰牛的经历感受，由最初的眼里只有一头牛，到后来对牛的肌体结构十分精通，以至于达到了“彼节者有间，而刀刃者无厚，以无厚入有间，恢恢乎其于游刃必有余地矣”的高超境地。梁惠王听后感慨地说自己学习到了养生之道。庖丁讲的是宰牛，梁惠王却体悟到了养生，两者看似不相及，但是在对自然规律的认识和运用这一点上却是相通的，也就是庖丁说的“所好者道也”，“道”这个原理是普适于万事万物的。

庄周梦蝶

“庄周梦蝶”，典出《庄子·齐物论》：“昔者庄周梦为胡蝶，栩栩然胡蝶也，自喻适志与！不知周也。俄然觉，则蘧蘧然周也。不知周之梦为胡蝶与，胡蝶之梦为周与？周与胡蝶，则必有分矣。此之谓物化。”这段话讲述的意思是：过去有一天，庄周梦见自己变成了蝴蝶，一只翩翩飞舞着的蝴蝶，感到自己非常快乐，悠然得意，而不知道自己是庄周。一会儿梦醒了，惊惶不定之间却发现自己是庄周。不知是庄周做梦变成了蝴蝶呢，还是蝴蝶做梦变成了庄周呢？庄周与蝴蝶必定是有区别的，这就是物与我的交合与变化。《齐物论》是庄子阐述齐物思想的名篇，所谓“齐物”者，说的是世界万物包括人的品性，看起来是千差万别的，然而归根结底却又是齐一的，是相对而同一的。“庄周梦蝶”是庄子提出的关于齐物思想的一个重要的哲学观点，这种观点认为人不能够确切地区分真实和虚幻，万物亦真亦幻，相对而互化。在一般人看来，一个人在醒时的所见所感是真实的，梦境是幻觉，是不真实的，庄子却以为不然。醒是一种境界，梦是另一种境界，二者是不相同的；庄周是庄周，蝴蝶是蝴蝶，二者也是不相同的，但是在庄子看来，这些都只是一种现象，是“道”之运动中的一种形态、一个阶段而已，既相为分离而又互为交合的。17世纪法国哲学家笛卡尔在《形而上学的沉思》中阐述了这样的观点：人通过自己的意识感知世界，世界万物都是间接被感知的，因此外部世界有可能是真实的也有可能是虚假的。这就是怀疑论的思想基础和理论前提。“庄周梦蝶”这一典故所寓含的哲学意义与笛卡尔的这段话是有着相通之处。

梦蝶图　刘贯道　元

学术流派和思想家

儒学

儒学，春秋时期孔子所开创的学派，据《汉书·艺文志》记载：“儒家者流，盖出于司徒之官，助人君顺阴阳明教化者也。游文于六经之中，留意于仁义之际，祖述尧、舜，宪章文、武，宗师仲尼，以重其言，于道为最高。”儒学主张积极的入世精神，重视自身修养和人际伦理，强调仁、义、礼、智、信的持身准则，以修身齐家治国平天下为理想追求，自汉武帝“罢黜百家，独尊儒术”开始，虽历经朝代更替，但两千年来始终被奉为中国封建文化的正统思想。儒学之所以能够在诸子百家中脱颖而出，成为中国古代社会的主流文化，并且相继不绝，流韵益深，是因为儒学思想植根于中国社会固有文化，形成了一整套有益于人际和谐与社会安定的精微的思想体系，而且儒学随着时代的变迁而出现新的集大成式的人物对儒家学说进行新的阐发，从而适应变化了的新的社会形势，使得儒学能够跟得上新的时代步伐。儒学的思想体系，不仅代表着中国古代的正统观念，而且也是中华民族的文化精华，对于当今中国社会的发展乃至未来国际社会的构建都具有重要的借鉴价值，近年思想界掀起的“新儒学”热潮，就是儒学对于当代意义的挖掘。

经学

经学，即注经之学，为阐释儒家经典的学问，是我国古代四大学科门类之一。关于经学产生的年代，有两种说法，一说是创始于孔子，因为孔子曾修订古代典籍为“六经”，并以此来传授弟子，开启了以“传经”的方式来“传道”的儒家学风；另一说是经学始于汉武帝时代，标志是朝廷设立五经博士，以精通儒家典籍作为选拔官员的考察标准，从而使得阐释儒家经典成为专门的学问，也成为一种显学。孔子时期的注经仅限于私家传授，而并未在社会上形成一种通行的学问，严格来讲，经学的正式形成当在汉代注经之学成为官学之后。自此而始，从汉代历至清代，虽然形式有异，内容有变，但经学始终是中国官方所定的最高学问，在整个封建社会体制运行中发挥着十分重要的作用。经学形成之后，在汉代因所据典籍文本的不同而有今文经学与古文经学之分；魏晋南北朝时期因为政治地理的分割又形成了“南学”与“北学”之别；隋唐统一之后兴起了较之往前更为进步的义疏之学；至宋明而又发展为理学化的经学；到清朝时期，经学家继承汉代古文经学的传统，将考据、训诂发扬光大，取得了空前的成就，形成了所谓的“乾嘉学派”，也达到了中国古代经学发展的巅峰。经学的发展本源于儒家经典著作，同时又作为君主政治的御用学说，虽然受到种种的拘泥和约束，但是历代的才智之士仍然在经学的论说中提出了很多极具思想性的创见，展现出中国学人光辉的一面。2000 多年里，经学一直延续和发展着中国古代的社会理念和民族思想，一部经学史，同时就是一部中国古代社会的思想史。

百家争鸣

“百家争鸣”，源自东汉班固著《汉书·艺文志》：“凡诸子百八十九家……皆起于王道既微，诸侯力政，时君世主，好恶殊方，是以九家之说蜂出并作，各引一端，崇其所善，以此驰说，取合诸侯。”春秋战国之际，正是中国社会激烈动荡的大变革时期，周朝宗室衰微，无力驾驭诸侯，诸侯之间相互攻伐，天下纷争四起，同时社会上新的阶层出现，造成社会局面空前复杂，代表各阶级、各阶层、各派政治力量的具有不同主张的学者和思想家，都企图按照本集团的利益与要求和本人的思想见解，对人生对社会乃至对宇宙万物做出自成体系的解释和主张，加之当时尚未进入后来的封建大一统时期，统治者并不能够对社会思想进行强力的钳制和约束，人们在思想与言说方面具有极大的自由，遂有众多思想家发扬己意，任意挥洒，纵谈天下，广收门徒，著书立说，互相辩难，争雄逞强之势蔚为大观，即后世所谓的“百家争鸣”。《汉书·艺文志》中将诸子百家著作学说归结为 10 家，即儒、道、阴阳、法、名、墨、纵横、农、杂、小说，然称“其可观者九家而已”，即将小说家排除在外。“百家争鸣”时代所阐发的文化思想，奠定了中国整个封建时代文化的基础，尤为儒道两家流脉广远，对中国古代的文化和社会产生了极为深刻的影响。

今文经学

今文经学，指汉代时因用于传授的儒家经典以当时通行的隶书写成而得名的一种经学派别。今文经中因传授者的不同而形成了不同家派，如传《诗》者有齐、鲁、韩三家，传《易》者有施、孟、梁丘、京氏四家，传《书》者有欧阳和大、小夏侯三家，传《礼》者有大、小戴与庆氏三家，传《公羊春秋》者有严、颜两家。汉武帝时设立五经博士，所取用者均为今文经，今文经也就成为汉代的钦定经学。今文经学尊崇孔子为“素王”（即虽无其位而具其德的圣王），注重阐释儒家经典中的“微言大义”，产生了因为对经典文本的理解不同而人异言殊的现象，发展到后来，即成为“六经注我”，也就是说借助儒家经典来阐发自己的观点和见解。由于今文经学的官方地位，其在政治思想上提出了一些有利于帝国的大一统与皇权制度的观点。此外，今文经学重视传承的流脉，谨守门风，这也是该流派的一个特点。西汉末年，今文经学逐渐与民间迷信相结合，蜕变为东汉时期盛行的谶纬之学，到东汉后期，谶纬之学已趋衰微，代之而起的是古文经学的兴盛。

古文经学

古文经学，指采用以先秦古文写成的儒家经典进行传授的经学派别。古文经是汉武帝末年鲁共王坏孔子故宅时从壁中得出的《尚书》《论语》《孝经》《周礼》等典籍，这些典籍与当时毛亨在民间传授的《诗经》都是用古文写成的，与今文经相比，就所依据的典籍的本身而言，只是书写的字体不同和篇数上的略微差异，但是由于传承方式和学派地位的不同而发展成为与今文经学截然对立的古文经学。较于钦定的今文经学，古文经学并没有进入朝廷，而是流传于民间，这形成了古文经学远离政治的特色，在注释经典上可以不必过多考虑思想上的倾向，而专注于名物训诂的本身，执着于经典文本原初的意义，与今文经学随意性较强的“六经注我”相对，古文经学崇尚的是实事求是的“我注六经”。

谶 纬

“谶纬”，是经学与迷信相结合的产物。“谶”的意思是一种带有神秘性质的预言。“纬”出于“纬书”，“纬书”则是相对于“经书”而提出的名号，“经”与“纬”的本义分别指丝织物上的纵线与横线，因纬书依附于经书，就如丝织物上横线与纵线相配一样，所以得此命名。纬书是假托孔子的释经之书，由于其中也含有谶语，所以后来将“谶”“纬”合称，这就是“谶纬”一词的含义与由来。西汉时董仲舒用阴阳五行学说来推知灾异，预测吉凶，这成为谶纬之学的嚆矢。由于谶纬常常与迎合或劝谏君主有关，到了西汉末年，具有御用色彩的今文经学演变为谶纬之学，谶纬成为政治谜语的代名词，在改朝换代之际往往为图谋帝位者大加利用，王莽篡汉与刘秀复汉均有谶纬在先，东汉末年，分立三国的曹、刘、孙三家也纷纷引用和制造谶语以自命。到了南朝，官府开始禁止谶纬之学。后来隋炀帝在全国范围内搜查谶纬之书，一律焚毁，并且制重罪惩戒私藏者，经此劫数，谶纬遂成绝学。

玄 学

玄学，指魏晋时期出现的一种崇尚老庄之学的思想潮流。“玄”这一概念出于《老子》第二章："玄之又玄，众妙之门。"魏代王弼在《老子指略》中阐释说："玄，谓之深者也"。玄学也就是研究幽深玄远问题的学说。两汉四百年间，经学统领着学术的主流，然而由于其自身日益趋向烦琐和陈旧，演递至魏晋之际，经学已经失去往昔的魅力与光环，学者开始寻觅新的学术气息，加之当时士人出于躲避乱世之害的需要而崇尚清远，玄学遂应运而生。玄学着重研究的是《老子》《庄子》和《易经》这三部典籍，称之为"三玄"。魏晋玄学的主要代表人物有何晏、王弼、阮籍、嵇康、向秀、郭象等。玄学在思想学说方面寄意于神妙玄奥，而在个人行为方面提倡玄远旷达，挥洒超脱，提出了"越名教而任自然"的著名主张。由于玄学主要谈论的是有与无、生与死、言与意、名教与自然等形而上的问题，脱离社会生活的实际，所以后世有"清谈误国"之说。玄学在西晋时期达到鼎盛，及至南渡之后，玄学的风尚也随之转移到南方。东晋时期的玄学开始集中于对宇宙本性与人的本性及二者之间相互关系的探索，开始与佛学合流。后来，由于政治环境的转变和人们对玄学中不合礼法的因素的抵制，儒学重新得到重视，而玄学也与复兴的儒学合而为一。

程朱理学

程颢、程颐像（从左到右）

程朱理学，是由程颢、程颐兄弟创建，而在朱熹手中集大成的宋代理学的主要派系，因为程朱理学后来成为官方所尊奉的正统学术思想，所以在通常意义上所言的宋明理学指的也就是程朱理学。程氏兄弟把"理"（有时亦称作"天理"，二者表达实则为同一内涵）视作哲学的最高范畴，认为"理"不仅是世界的本原，也是社会生活的最高准则。在穷理的方法上，程颢"主静"，强调"正心诚意"；程颐"主敬"，强调"格物致知"。在人性论上，程氏兄弟主张"去人欲，存天理"，并对这一观点进行了深入的阐释，使之成为体系化的学说。程氏兄弟的出现，标志着宋代理学思想体系的正式形成。程颢和程颐的思想，经过杨时、罗从彦和李侗的几代传承，到南宋时为朱熹发扬光大。在本体论上，朱熹认为，太极是宇宙的根本和本体，太极本身包含了"理"与"气"，而"理"又高于"气"，太极之"理"是一切"理"的综合，"理"超越时空，至善至美，是"万善"的最高道德标准。在人性论上，朱熹认为人有"天命之性"和"气质之性"，前者源于太极之"理"，是绝对的善，后者则有清浊之分、善恶之别，人们应该通过"居敬""穷理"来变化气质的构成。在认识论上，朱熹倡导"格物致知"，以此来提升修养的境界，以臻至善的人生。朱熹建立了一个完整、精密而庞然的理学思想体系，这标志着宋代理学发展到了成熟的阶段。南宋之后，程朱理学既是官方的统治思想，也是人们日常言行的是非标准和学习实践的基本准则。应当承认，程朱理学在促进学术、文化和教育的发展与维护社会的稳定等方面，发挥了积极的作用。但是，在科举制度的格局之下，不少人把程朱理学视为猎取功名的敲门砖，他们死抱一字一义的说教，致使理学的发展越来越脱离实际，成为于世无益的空言和束缚人们实践的教条，甚至使其蜕变为“以理杀人”的工具，这是程朱理学对时代与社会所造成的非常严重的负面影响。

陆王心学

陆王心学，是指由南宋陆九渊开创，后来由明代王守仁发展和确立的学术流派，是理学的一个支派。心学发端于理学，与程朱理学一样主要研究的是理气、知性等形而上的哲学问题，而反对汉唐的注经和义疏之学。相对于程朱理学的观点，陆王心学认为“理”只在于人的心中，“心”与“理”相合而为一，“心外无物”，“心外无理”，“宇宙即吾心，吾心即宇宙”。在人身修养的途径上，陆王心学倡导“明心”，变“格物致知”为“致知格物”，不是由“格物”而“致知”，而是由“致知”而“格物”，是先“发明本心”，致其良知，而后将心中的良知赋予外物，使得万事万物均蒙得本心之善的色彩，也就达到了人格修养上的完善状态，并不需要多去读书和穷究义理。陆九渊与朱熹相辩论，曾有过历史上著名的“鹅湖之会”，结果是各执己见，互不认同，后来朱熹的学说被奉为官学，陆九渊的学说则趋于销匿，到明代王守仁的出现才令心学出现了复兴的局面，心学的思想体系也得到丰富和完善。

小 学

“小学”一词，最初见于《大戴礼记 · 保傅篇》：“及太子少长，知妃色，则入于小学，小学者，所学之宫也。”这里的“小学”指的是少年从学的机构，与当今通常所言的“小学”在含义上是基本一致的，同时，“小学”也指在此一阶段所学习的内容。周代的贵族子弟入“小学”要学习“六艺”，即礼、乐、射、御、书、数这6门知识，这是当时作为贵族子弟必须要具备的基本技能。这些知识是与后来入“大学”所学的齐家治国之学相对应的。

“小学”专指语言文字之义，最早见于东汉崔寔的《四民月令》上的记载：“正月：农事未起，命成童以上入太学，学五经，不见冰释，命幼童入小学学篇章。”这样，“小学”的含义就由原初的“六艺”而成为语言文字学的专指，大约相当于“六艺”中的“书”所对应的范畴。由于士人识字的目的是为了读经，所以小学成为经学的附庸，从《汉书 · 艺文志》到《四库全书总目提要》，小学都是附在经学后面的。小学虽然处于这种附庸的位置，但是由于经学的正统地位，而小学又作为经学的基础，所以小学在古代是极受人们重视的。

隋唐以后，小学成为文字学、音韵学与训诂学的统称。有清一代，因为统治者对于思想的严密钳制，众多的一流学人埋首所谓的“故纸堆”，悉心专研，小学达到了极盛的局面。

宋 学

宋学，是以中晚唐时期由韩愈、李翱所引领的援佛道以证儒理，将儒学思想由重外而转向重内的儒学复兴为前导，通过两宋众多的儒学家共同努力而创建的中国封建社会后期最为精致和完备的儒家思想理论体系。宋学根据其不同方面的特征，又称为理学、道学、新儒学。由于宋学以“理”为宇宙的最高本体，将“理”看作是哲学思辨结构的最高范畴，所以被称为理学；由于宋学家自命承继尧舜禹汤文武周孔的道统，并将“明道”作为其学术的终极目的，所以被称为道学；由于宋学融合了佛道思想而有别于此前的儒学，所以被称为新儒学；到清代时，儒学家们重视考据而推尊汉代儒学，对宋代儒学家空疏解经的弊病颇为不满，于是称宋代儒学为“宋学”，以示与“汉学”相区别。宋学开创于周敦颐，周敦颐以六经为本，兼容释老，采取阴阳五行的学说，创造性地阐发了一套完整的的宇宙生成模式，从中推导出“圣人定之以中正仁义而主静”的结论，提出“诚”为最高的道德伦理境界的观点，显示出宋学的伦理哲学趋向。周敦颐的学说为宋学此后的发展确立了基本的方向。宋学开创时期的另一位重要人物是邵雍，邵雍在宇宙本体与生成方面的观点与周敦颐的学说相似，但是更注重于宇宙演变和社会演进的规律。邵雍由此创造了象数之学，构建了一个包括宇宙自然和人类历史的世界图式。继周敦颐和邵雍之后，张载和程颢、程颐兄弟对宋学的发展给予了重大的推进。张载认为天地万物与己同体，打通了“外王”与“内圣”之间相沟通的门径，也为格物致知的宋学认识论作了理论上的准备。程氏兄弟则第一次将“天理”提炼成为脱离物质载体的纯理念，为宋学确立了“理”的本位，构筑起宋学在自然观、认识论和人性论方面的完整而严密的思想体系。朱熹是宋学的集大成的人物，他进一步发扬了二程的“天理”思想，将“理”视为最高范畴，提出了“理一分殊”的万物生成观。朱熹认为要认识世界，回溯“天理”，需要从分析万物着手，识其“气”性，进而得其“理”，也就是所谓的“格物致知”。朱熹将形而上的“理”标举为牢笼宇宙的万物之本，也就意味着人类社会的伦理秩序与宇宙秩序间的完全沟通，这为伦理秩序的存在和永恒不变确立了具有终极意义的哲学依据。以此为基础，朱熹着重强调了“诚意正心修身齐家治国平天下”的人生修养方式，这也是士人们孜孜以求的最高人生境界。朱熹的思想成为其后近千年的中国封建社会后期的官方统治思想，对社会意识形态的影响极为巨大。

汉 学

汉学，指汉代经学，在更广的意义上还包括清代的考据学。汉学注重训诂，与注重义理的宋学常常相对举而言。著名历史学家邓广铭说：“汉代的儒家学者，在其传授经典时，都是着重在章句训诂之学，而且师弟子代代相传，也都注重师法（也叫作家法）；门弟子递禀师承，训诂相传，莫敢同异，篇章字句亦恪守所闻。这样的学风，从汉代一直沿袭到唐代。唐代前期的儒家们所编纂的对诸经书的注疏，依然承袭了南北朝以来正义、义疏的烦琐章句之学，与汉代的儒家们并无多大变化。宋代的学者，则大部趋向于义理的探索，而视名物训诂为破碎琐屑。”这段话基本表明了汉学的特点与其演变过程。清代时期统治者对于士人的思想禁锢尤其严厉，这使得学者们普遍投身于考据研究，而避开思想话题，这种取向也带来了清代儒学家对汉学的推重和对宋学的排斥。清代的考据学在某种意义上是对汉代经学的传承，所以也被包括在汉学的范畴内。

乾嘉考据之学

乾嘉考据之学，指的是清代乾隆、嘉庆年间盛行于世的以考据为本的学术研究，因为这种治学方法追求的是一种朴实无华的考据功夫，故又被称为朴学；又因为这个时期的学者都尊崇以经学为主的汉代学术，所以乾嘉考据之学也被称为汉学。乾嘉考据之学的出现和形成，有着多方面的原因。从社会政治环境方面来讲，清朝统治者入关之初，因为统治秩序尚未稳定，清朝君主对坚持气节的明朝遗民所采取的政策并非一味地强硬，而是软硬兼施，既打压又容让。顺治、康熙两朝的文字狱与其后的雍正、乾隆时期相比要少很多，处罚和株连的程度也比较轻缓。顺康年间，只要没有明显危及清朝的统治，忠于明朝的士大夫可以选择隐居不仕，还可以从事著述和讲学的活动。到了康熙朝后期，清朝的统治已经稳固，社会趋于安定，经济持续发展，清朝也走向了全盛时期统治者也具备了加强对意识形态领域的进行严密控制的条件，于是开始施行文化高压政策，士人们的思想与言论自由不复存在。雍正、乾隆朝的文字狱，其严酷程度达到了中国历史上的巅峰。在这种情况下，清初那种充满忧患意识和爱国激情的志于天下、锐意进取的学风被强行扭转。同时，由明入清的思想家随着时间推移而相继亡故，其后学即使继承了他们治学的某些方法，也因为没有体验过凄惨的亡国之痛而难以承续前人的思想精髓。另外，乾隆年间朝廷所组织的编纂《四库全书》、缮写《永乐大典》等大型文化学术活动，也为学者专注于文字、音韵、训诂之学提供了客观上的便利条件。从思想学术发展历程方面来看，宋代理学统治学术界已达六七百年之久，其高谈性理所造成的空疏学风，自明代中叶以后就不断地遭到进步思想家的批评，而明朝的灭亡更使得宋明理学遭受了极大的撼动，理学的没落已不可挽回。与此相应，清初的思想家崇尚实学，提倡学以致用，其中最为突出的是顾炎武。顾炎武被称为开启一代学风的宗师，其治学的基本方法就是考据，对乾嘉考据之学的形成有着直接的影响。应当指出的是，乾嘉学者所继承的主要是顾炎武的考据学的方法，却没有继承顾炎武以考据为手段而追求“治道”的精神实质。乾嘉考据之学大体上可以分为以惠栋为代表的“吴派”和以戴震为首的“皖派”。相对来说，吴派更为推崇汉代经学，而皖派更侧重于语言文字。乾嘉考据之学取得的学术成就远远超越了先前的历代，在经学、史学、文学、音韵、文字、算学、天文、地理等诸多学科方面都取得了很大的成绩，这笔宝贵的文化财产为后世研究者的读书和治学都提供了相当大的便利，其专一务实、细致严谨的优良学风也值得发扬和继承，但是乾嘉学者只重文字考据而轻忽思想义理，执着于细枝末节的问题而舍弃为学明理之大端的做法则是颇为后人所诟病的。嘉庆之后，学界中人开始对乾嘉考据的拘泥学风进行反省和批判，而清王朝此时已经开始走向衰落，乾嘉考据之学的兴盛局面也去而不复。

道 家

道家是对中国文化和思想影响最为深远的一个学说流派。道家的核心思想是以“道”为本，崇尚自然，主张清静无为。道家的创始人是春秋时期的老子，又称老聃，据《史记·老子韩非列传》记载，老子姓李，名耳，字聃。老子曾在周朝王室担任藏室史，藏室史是管理周朝王室藏书的官职，老子因而有机会博览天下典籍，自己也形成了极为高深的修养。与孔子的积极入世不同，老子是一个隐逸者，不汲汲于天下的扰攘纷争，自甘清净。老子著有《道德经》一书，习称为《老子》，其书原本分为《道经》与《德经》两个部分。老子这样论述“道”：“有物混成，先天地生，寂兮寥兮，独立而不改，周行而不殆，可以为天地母。吾不知其名，强字之曰‘道’，强为之名曰‘大’。”这表达了道家以“道”为宇宙之源和天地之本的思想理念。老子不满于当时社会中贫富分化、盗乱四起的不堪局面，主张“绝圣弃智”“绝仁弃义”“绝巧弃利”，一切以素朴为之，遂得天下之清平，于是有这样的社会理想：“小国寡民，使民有什佰之器而不用，使民重死而不远徙。虽有舟舆，无所乘之；虽有甲兵，无所陈之，使民复结绳而用之。至治之极，甘其食，美其服，安其居，乐其俗。邻国相望，鸡犬之声相闻，民至老死不相往来。”战国时期的庄子是道家的另一位最为重要的代表人物，与老子一样，庄子也是一个隐逸者，不与为仕，一生甘于清贫的生活，怡然自得，不为拘缚。庄子著有《庄子》一书，又称《南华经》（一般认为其中的内篇为庄子本人所写，而外篇是庄子的弟子所写或者庄子与其弟子共同所写，至于杂篇，就较为驳杂，其中的部分篇章与庄子及其学派所持观点大为相异）。庄子丰富和发展了老子所开创的道家思想，主张“天人合一”，摒弃人为，顺从天道，提出了许多具有深远影响的重要命题。庄子对当时混乱的社会局面与丑陋的人世状态看得非常通透，自身极力崇尚和追求着自由，而在人生观中也透露出悲悯的一面。汉武帝之后，虽然朝廷所尊奉的正统思想是儒家学说，但是道家的思想始终占有极为重要的地位，儒道两家互为表里，时而相合，互依共存，共同构建了华夏民族两千余年的核心文化。

黄老学派

黄老学派，是产生于战国中期的齐国稷下学宫的一个道家的学派。“黄”，指的是黄帝；“老”，指的是老子，这一学派因为尊崇黄帝、师法老子而得名为“黄老学派”。黄老学派主张以老子的学说作为治理国家的基本思想，同时崇尚法治，倡导刑名，显示出道、法综合的色彩。战国时期的一些著名的法家人物都曾取学于黄老学派，可以说，黄老学派在当时的政治生活中发挥了积极而重要的作用。西汉初年，有鉴于秦王朝因暴政而迅速倾覆的教训，统治者推行黄老之术，实行与民修养生息的“无为”政治，这对汉朝初年国力的恢复和强盛产生了非常有益的影响，为汉武帝时期大一统的兴盛局面奠定了基础。但是这一时期的黄老思想也因为时局的不同而发生了一定的变化，呈现出兼采儒、墨、名、法诸家的杂糅特色，而这种与时俱进的黄老思想在新的时期也显现出了新的活力。黄老学派尤其在汉朝法律的制定方面发挥了特殊的作用，乃至奠定了整个中国封建时代的法制基础，在中国古代法律思想史上有着重要的地位。

墨家

墨家，是墨子所开创的学术流派，在战国时期与儒家同为显学，韩非曾说："世之显学，儒、墨也。"孟子也曾说："杨朱、墨翟之言盈天下。"可见墨学在当时社会是非常流行的。墨家不仅是一个学说流派，而且是一个有着严密组织和严格纪律的团体，有类于现代社会党派的特征，墨家的成员都称为"墨者"，其最高领袖被称为"巨子"，墨者必须服从巨子的指导，听从指挥，可以"赴汤蹈火，死不旋踵"。墨者多来自社会下层，是有知识的劳动者，吃苦耐劳，严于律己，把维护公理与道义看作是义不容辞的责任，有强烈的社会实践精神，以"兴天下之利，除天下之害"为己任，被评价说："摩顶放踵，利天下，为之。"墨家思想也是以庶民为本位的，这与儒家思想更多的是从士大夫的角度来出发是大不同的，因此，墨家与儒家在很多观点上都是对立的，墨子在当时就以"非儒"著称。墨家的社会思想以"兼爱"为核心，并由"兼爱"出发导引出"非攻"的基本主张。墨家的"兼爱"是一种没有等差的视人如己的普遍的爱，这不同于儒家所言的有亲疏之别推己及人的爱。而"非攻"，则表达的是墨家对与诸侯之间的相互征战的极为反感，认为这种战争是至为不义的。墨家还主张"尚贤"和"尚同"。"尚贤"，简单地说就是任人唯贤；"尚同"，就是选择圣贤之人为天子，再由天人下达一套最为高尚的道德标准来统一天下的思想，从而避免人与人之间的冲突和社会的动乱。墨家还提出了"非乐""节用"和"节葬"等重要主张，也就是说不行礼乐，倡行朴素，崇尚简约，办理丧事也要从简。此外，墨家的代表思想还有"天志""明鬼""非命"等。《墨子》一书是记录墨家思想和学说的最为重要的典籍。《墨子》中的文章文学性弱而逻辑性强，这与墨家的朴素的思想观念有关。墨家发展到后期分化成二支：一支注重认识论、逻辑学以及几何学、光学、静力学等学科的研究，是谓"后期墨家"（亦称"墨家后学"），另一支则转化为秦汉社会的游侠。后期墨家对前期墨家的社会伦理主张多有继承，除肯定感觉经验在认识中的作用外，也承认理性思维在认识中的作用，对前期墨家的经验主义倾向有所克服，其逻辑思想被称为墨辩逻辑，在中国古代逻辑史上占有重要的地位，也是世界古代三大逻辑体系之一（另两个为古希腊的逻辑体系和佛教中的因明学）。战国以后，墨家趋于衰微。到了西汉时，汉武帝推行独尊儒术的政策，政治环境和社会心态都已经发生变化，加之墨家本身所要求的严苛的修炼与简苦的生活令许多人望而却步，这使得墨家在西汉之后基本消失，只是墨家的某些精神遗留在民间而暗自传承着。

法家

法家，诸子百家中最为重要的一家，其思想中心是以法治为基本来治理国家。法家思想早期的代表人物是申不害、商鞅和慎到，这三人也代表了法家的三种不同的倾向，申不害重"术"，也就是政治权术；商鞅重"法"，也就是法律制度；慎到重"势"，也就是权力威势。战国后期，出现了法家的集大成者韩非。韩非将申不害、商鞅和慎到三家的学说综合起来，以"法"为中心而"术""势"并重，

秦始皇焚书坑儒图　清

这件清代的帛画以想象的方式向我们展现了秦始皇当年焚书坑儒的情形。秦朝是法家思想的实践者，以武力称霸天下，以律法严苛天下，"焚书坑儒"是法家思想与先秦儒法的斗争。

形成了一套体系化的政治学说。法家力倡变法革新，法家学说也偏于务实，并且与君主的统驭方法密切相关，因而在战国时期儒法两家的斗争中，法家是胜利者。与儒家的建议屡屡碰壁、不被君主采纳的情形相反，法家的重要人物多为君主所用，这也对一国政治的变化产生了显著的影响。秦孝公任用商鞅进行变法，致使秦国走向强盛的道路，而秦王嬴政取用韩非、李斯之策，终于完成了一统大业。法家治国，以威势强力为本，认为统治者只有依靠强力才能使百姓服从，而君主也只有依靠强力才能够使臣下服从。法家的这种依靠严刑峻法来治理国家的思想是秦代暴政直接理论来源，而这种以暴驭民的策略与秦王朝的迅速灭亡有着直接的关系。法家思想有着致用的一面，在很多方面表现出历史的先进性，也较为切合当时政治的实际，这是较他家优越之处，对于中国的统一进程也确曾发挥了重要的积极影响，但是法家以"性恶论"出发的人与人之间均因于利益而联系而相互利用的思想基点也有着严重的弊端，因而不能够为社会的主流思想所认同。秦代之后，法家未能再成为官方的主导学说，而逐渐与儒家融合归流。

兵家

兵家，是春秋战国时期研究军事理论和从事军事活动的一个学派，《汉书·艺文志》并未将其列为"诸子"之中，而是另有单独的《兵书略》一篇。兵家最早的代表人物为春秋时期的孙武和司马穰苴，战国时期则有孙膑、吴起、尉缭、赵奢、白起等人。春秋战国时代，诸侯之间战事频发，使得军事成为一门显学，一些从事军事活动的智识之士，积极总结军事方面的经验，并且将其提升为作战的规律，创作了一批重要的兵学著作，其中最为著名的首推《孙子兵法》。这是一部至今仍备受关注、为许多人所研究、有着重要应用意义的经典著作，其影响已不仅限于中国，亦不仅限于军事领域。《汉书·艺文志·兵书略》著录汉以前兵家著作有 53 家，790 篇，图 43 卷，分为权谋、形势、阴阳、技巧四家。吕思勉在《先秦学术概论·兵家》中说："阴阳、技巧之书，今已尽亡。权谋、形势之书，亦所存无几。大约兵阴阳家言，当有关天时，亦必涉迷信。兵技巧家言，最切实用。然今古异宜，故不传于后。兵形势之言，亦今古不同。惟其理多相通，故其存在，仍多后人所能解。至兵权谋，则专论用兵之理，凡无今古之异。兵家言之可考见古代学术思想者，断推此家矣。”今存的兵家著作有《黄帝阴符经》《六韬》《三略》《孙子兵法》《司马法》《孙膑兵法》《吴子》《尉缭子》《将苑》《百战奇略》等，这些兵书在阐述军事规律的同时也体现了朴素的辩证法哲学，是中国古代的一批宝贵的思想遗产。

农家

农家，诸子百家之一，是春秋战国乃及西汉时期注重农业生产的一个学派，《汉书·艺文志》曰：“农家者流，盖出于农稷之官。播百谷，劝耕桑，以足衣食，故八政一曰食，二曰货。孔子曰‘所重民食’，此其所长也。及鄙者为之，以为无所事圣王，欲使君臣并耕，悖上下之序。”农家分为两派，一派以胜之为代表，不关心于政治，而专心于农桑树艺；另一派以许行为代表，有着自己的政治理想，主张贤人治国应该和老百姓一道耕种，亲自做饭，这是一种取消社会分工的后退的思想。孟子反对许行的这种观点，提出“劳心者治人，劳力者治于人”的著名论说。农家著作有《神农》《野老》《宰氏》《董安国》《尹都尉》《赵氏》等，但是均已佚失，农家没有一部完整的著作保存下来，他们的思想和活动散见在诸子的其他著述中。

名家

名家，诸子百家之一，是春秋战国时期以名实问题为研究中心、善于进行辩论的一个学派。春秋末期的郑国大夫邓析是名辩之学的创始者，有着极其高超的辩术，据说能够达到“以非为是，以是为非，是非无度，而可与不可日变”的程度。而名家的重大发展还在于战国时期的惠施和公孙龙两人。惠施，宋国人，曾在魏国为相，后来魏国改用张仪，惠施被驱逐到楚国，楚国又把惠施送回宋国，不久之后，因为各国的支持，魏国改用公孙衍为相，张仪遭受罢黜，惠施又回到魏国。惠施的著名观点是“合同异”，所谓“合同异”，就是说万物之间的“同”与“异”都是相对的，皆可“合”其“同”“异”而一体视之。《庄子·天下》记录有惠施著名的“历物十事”，也就是惠施分析事物的十个命题，诸如“天与地卑，山与泽平”“日方中方睨，物方生方死”等。公孙龙，赵国人，生平事迹散见于《吕氏春秋》中，做过赵国平原君的门客，曾与燕昭王和赵惠文王讨论过偃兵的问题，显示了杰出的辩才。公孙龙的著名辩题是“白马非马”和“坚白石二”。“白马非马”论将概念的外延与内涵相混淆，将事物的个别性与普遍性相割裂，纯粹是一种“不理之理”。“坚白石二”，又称为“离坚白”，说的是一块石头，用眼只能感觉其“白”而不觉其“坚”，用手只能感觉其“坚”而不觉其“白”，因此，“坚”和“白”是彼此分离的。“合同异”强调事物的统一性，“离坚白”强调事物的差异性。战国末期，后期墨家对二者的片面性有所纠正，提出了“坚白相盈”的观点。名家代表著作有《邓析子》《尹文子》《惠子》《公孙龙子》等，流传下来的只有《公孙龙子》，现今所有的《邓析子》《尹文子》皆为后人伪作。名家的重要影响不体现于社会思想方面，而体现于逻辑学方面，虽然名家的言论很多时候具有相当片面的诡辩色彩，但是其中也蕴含了丰富的逻辑学知识，对于启迪人们的思维和智慧具有重要意义。

阴阳家

阴阳家，诸子百家之一，是以阴阳五行理论为思想基础的一个学派。阴阳家的代表人物有公孙发、南公、邹衍等，而以邹衍最为著名。阴阳家在自然观上，利用《易经》的阴阳观念，推演出了宇宙演化论；又从《尚书·禹贡》的“九州划分”进而提出“大九州”的学说，认为中国为赤县神州，内有小九州，外则为“大九州”之一；在历史观上，则把《尚书·洪范》的五行观念改造为“五德终始”的学说，认为历代王朝的更替兴衰均由五行所主运；在社会伦理上，赞成儒家仁义学说，同时强调“因阴阳之大顺”。阴阳家的学说虽然普遍地具有敷衍附会的性质，但是其中也包含了天文、历法、气象、地理等方面的一些重要的知识，有着一定的科学价值。汉初的时候社会上还存有阴阳家，武帝罢黜百家后，阴阳家的部分学说融入儒学思想体系，部分内容则为原始道教所吸收，而作为独立学派的阴阳家此后已经不复存在了。关于阴阳家的著作，《汉书·艺文志》载，“阴阳二十一家，三百六十九篇”，但均已亡佚，现今仅存有少量残文。

纵横家

纵横家，诸子百家之一，是战国时期主要从事政治外交活动的一个学派。纵横，指的是合纵与连横，《韩非子·五蠹》曰：“纵者，合众弱以攻一强也；横者，事一强以攻众弱也。”到了战国后期，秦国日益强大，合纵主要指东方六国相联合以共同抵御西方强盛的秦国，而连横则是对合纵的破解，指秦国利用有效的外交手段打破六国的联合，从而将六国各个击破。纵横家的鼻祖是鬼谷子。鬼谷子，姓王名诩，卫国人，因隐居于鬼谷而得号，精通兵法，长于纵横之术，著有《鬼谷子》14 篇，其中后两篇已失传。战国中后期，列国之间的割据纷争进入最后的阶段，国家之间在武力的征伐外，也需要采取对自身有利的外交策略。西方的秦国日益强大，而东方六国实力犹存，但是难以单独与秦国相对抗，需要相互联合，而秦国为了实现一统天下的志向，则需要采取策略来瓦解六国之间的联盟。这两种策略相互颉颃，造成了六国的外交策略变化无常，当时有“朝秦暮楚”的说法，又说，“横则秦帝，纵则楚王”。在这种局势之下，一时之间，纵横家辈出，其中最为杰出也最为著名的是张仪和苏秦。张仪，是连横派的主要代表，为秦国的第一任相国，对秦国后期的强盛和统一进程的加快做出了重要贡献。苏秦是合纵派的主要代表，曾往返奔走于列国之间，广泛游说，挂得六国相印，促成六国之间的联合，声名威赫，但是这种合纵的局面很快为秦国所瓦解，后来苏秦在齐国被人刺杀。纵横家的著作今存有《鬼谷子》《苏子》和《张子》，另外，《战国策》被认为是纵横家的游说之辞的总集，其中记载着大量的纵横家政治和外交活动的事迹。

杂 家

杂家，诸子百家之一，是战国末期及至汉代初期以兼采各家为长的一个学派，杂家的出现代表着百家之间相互吸取、相互融合的演变。杂家的著作以《吕氏春秋》和《淮南子》为代表。《吕氏春秋》为秦相吕不韦召集门客编著，出自多人之手，思想错综，充分显示出汇合的特色。《淮南子》是西汉时期淮南王刘安召集门客编著，虽然兼采众家，但是呈现出以道家为主的倾向。杂家的著作大多佚失，在前两书之外，还有后人辑佚的《尸子》。

小说家

小说家，诸子百家之一，在春秋战国时期指的是记录民间琐事杂谈一类的人物，这些人的官职往往很低微，在思想学术上也没有显赫的影响，《汉书·艺文志》曰："小说家者流，盖出于稗官，街谈巷语、道听途说者之所造也。"小说家在《汉书·艺文志》的10家之中位列最末，并且认为是不客观的。小说家的著作有《伊尹说》27篇、《鬻子说》19篇、《周考》76篇、《青史子》57篇等，均佚而无存。

诸 子

"诸子"，指春秋战国时期众多学术流派的代表人物及其著作，因"子"是一种尊称，当时的众多学者名流一般都以姓氏或姓名被敬称为"某子"，而其流传的著作又多以名号来命名，所以概括得之谓"诸子"，既指其人，亦指其书。《汉书·艺文志》对"诸子"有较为详细的录述，并将其归结为十家，即儒、道、阴阳、法、名、墨、纵横、农、杂、小说这10家，其中在社会思想方面影响最大的是儒、道、法、墨这4家。儒家的创始人是孔子，战国时期儒家最为著名的代表人物是孟子和荀子，儒家学说后来成为中国古代社会的官方主导思想；道家的创始人为老子，老子的思想后来为庄子所继承，后世谈论道家学说，常常老庄并称；阴阳家以阴阳五行理论为思想基础，代表人物有公孙发、南公和邹衍等，其中以邹衍最为著名；法家的产生与君主的统治术密切相关，先期以慎到、申不害、商鞅三人为代表，而韩非则是法家的集大成者；名家以善辩著称，其主要贡献在于逻辑学方面，先驱为春秋末期郑国的大夫邓析，惠施和公孙龙是名家的代表人物；墨家的创始人为墨子，在当时与儒家并列为最受崇尚的显学；纵横家以从事政治外交活动为主，其先祖为鬼谷子，战国中后期列国相互征伐最烈、统一进程步入最后阶段之时，纵横家辈出，其中最为著名的是张仪和苏秦；农家是注重农业生产、着重从事农业研究的学派，许行和胜之是农家的重要代表人物；杂家以众家学说兼收并蓄见长，其代表著作为《吕氏春秋》以及后来西汉时期的《淮南子》；小说家指的是记述民间街巷之谈的一类人物，《汉书·艺文志》中虽然将小说家列为十家之一，但是认为十家之中，其可观者为九家，小说家被认为是不入流的，并不在九流之列。

孔 子

孔子（公元前551～前479年），名丘，字仲尼，春秋时鲁国人，鲁襄公二十二年出生于鲁国昌平乡陬邑（具体地点在今山东曲阜东南的南辛镇鲁源村），鲁哀公十六年卒，时 73 岁，葬于曲阜城北泗水之上，即今日孔林所在地。孔子父亲叔梁纥（叔梁是字，纥为名）是有名的武士，曾任陬邑大夫，妻施氏生九女而无子，丧妻后续娶，生一子，但有残疾，不宜继嗣，遂再娶孔子的母亲颜征在。孔子 3 岁的时候，父亲病逝，孔子和母亲过着贫苦的生活。孔子自幼十分好学，通过勤苦的自学掌握了渊博的学识。孔子早年时做过管理粮库和畜牧的差事，曾一度离开鲁国，后来返鲁，步入仕途，做过中都宰、司空和大司寇，并一度代理宰相的职位，但是因为与君主政见不合而辞掉官职，离开鲁国，率领众弟子开始了长达 14 年的周游生涯，69 岁时返回鲁国，其后主要从事教育和文化典籍的整理工作。孔子的言行思想与生平事迹主要记载于孔子弟子编著的《论语》和西汉司马迁所著的《史记 · 孔子世家》。孔子是儒家学派的开创者，他建立了以“仁”为核心的儒学思想体系，成为两千多年来为中国社会所崇奉的主导文化。孔子首开私家讲学之风，将文化由贵族传播到了民间，弟子有三千之众，杰出者有 72 人，这不仅为儒家思想在后世的流传和发扬奠定了良好的基础，也对我国文化和教育的发展做出了重大的贡献，产生了极为深远的影响。

孟 子

孟子（公元前 372 ～前 289 年），名轲，战国时代鲁国邹（今山东邹县东南）人，幼年丧父，家境清贫，但是母亲很重视对孟子的教育，这从广为流传的“孟母三迁”的故事中可以窥知。孟子曾受业于孔子之孙子思的门人，是继孔子之后出现的又一位儒家学派的大思想家，被尊为“亚圣”，其言行思想记录在孟子与其弟子共著的《孟子》一书中。孟子曾效仿孔子，周游列国，游说诸侯，宣扬“民本”思想，广布“仁政”学说，但是不被诸侯采纳，备遭冷落，晚年退隐著书，卒年 84 岁。孟子继承和发展了孔子的儒家思想，他生活在诸侯兼并战争愈演愈烈的战国时代，对人民饱受战争之苦与剥削之害的凄惨处境感触极深，提出了“民为贵，社稷次之，君为轻”的著名论说，力倡君主实行仁政，与民同乐，由此方可称王于天下。孟子还在人身修养方面提出一系列的重要思想：“人皆可以为尧舜”；“富贵不能淫，贫贱不能移，威武不能屈，此之谓大丈夫”；“生，我所欲也，义，亦我所欲也。二者不可得兼，舍生而取义者也”；“吾善养吾浩然之气”……这些都成为对中国历代仁人志士影响甚深的修身和处世的准则。

荀 子

荀子（约公元前 313 ～前 238 年），名况，战国后期赵国人，时人尊为“荀卿”，西汉时因避汉宣帝刘询名讳，改称“孙卿”（当时“荀”与“孙”字音相通）。

荀子 50 岁时游学于齐国临淄稷下学宫，备受齐王礼遇，但因遭受他人的忌妒并且有人到齐王那里进行诽谤，遂离开齐国，前往楚国。荀子受到楚国令尹春申君的赏识，出任兰陵令。春申君在楚国的内乱中被杀，荀子也被罢官，但是留在兰陵著书，讲学，至其所终。

荀子是先秦时期最后一位儒学大师，但是他的思想较孔子和孟子的思想具有较大的差异，相应于孟子的“性善论”，荀卿针锋相对地提出“性恶论”，在政治上主张礼法兼治，王霸并用，这成为后来法家学说的张本，这从荀子最为知名的两个弟子韩非和李斯均为法家学派的代表人物也可以窥知荀子思想与法家学说的密切关系。实际上，荀子的思想已并非孔孟时期原初的儒家思想，而是具有综合各家的集大成的特点，后来封建王朝统治者所尊崇的儒学实质上更接近荀子的思想，以至于谭嗣同言：“二千年之政，皆秦政也，皆大盗也；二千年之学，皆荀学也，皆乡愿也。唯乡愿工媚大盗，唯大盗利用乡愿。”这虽是攻击荀学的言论，但也反映出荀子学说对于后世的影响之大。

老 子

老子，春秋时陈国人（因春秋末年陈国为楚国所吞并，所以有的书籍记载为楚国人），生平资料极为稀少，生卒年亦不详，一般认为比孔子年长约20年。据《史记·老子韩非列传》，老子，姓李，名耳，字聃。按现代学者高亨的观点，老子本姓老，因古代读音“老”与“李”相近，后来讹传为李姓。老子曾在周朝王室担任藏室史（相当于国家图书馆馆长），有机会博览天下典籍，因而形成了高深的学问。后来老子因见到周室衰微，而辞官归隐，途经函谷关，因为遭遇关令尹喜的挽留和劝说，于是著述五千字，即后世传为道家经典的《道德经》。出关之后，就再没有人知道老子的下落了。老子是道家学派的创始人，在后世亦被奉为道教始祖，并且将其仙化为“太上老君”。孔子曾问礼于老子，后来孔子曾对弟子言：“鸟，吾知其能飞；鱼，吾知其能游；兽，吾知其能走。走者可以为罔，游者可以为纶，飞者可以为矰。至于龙，吾不能知其乘风云而上天。吾今日见老子，其犹龙邪！”从这番言语中可以见知孔子对老子的高度赞誉和老子的那种身为大智者的高渺形象。

庄 子

庄子（约公元前369～前286年），名周，《史记》中言“庄子者，蒙人也”，但蒙这个地方究竟在何处，却无法考知，有人说庄子是楚国人，有人说是宋国人，亦有人说是由楚国而迁徙于宋国。庄子做过漆园吏，对于这一官职，也有不同的说法，一种说法认为漆园是地名，另一种说法认为，漆园是漆树之园的意思，但是不管漆园究指何意，漆园吏一定是一个卑微的职位。后来，庄子过着清贫的隐居生活，据说曾以卖草鞋为生。庄子与孟子为同时期的人，两者均是为后世所备为推崇的先哲，而《孟子》一书中并没有关于庄子的记录，孟子在当时以好辩著称，其自谓为不得已而为之，因为要为孔子的学说争得言论的空间，而庄子的思想与孔子的思想是大异其趣的，孟子却没有与庄子相辩论，由此可以推知，庄子的学说在他所生活的年代并未广泛地流传，这是由庄子的人生态度和生活环境所决定的。但在日后庄子的学说大放异彩，庄子也与道家的创始者老子并称为“老庄”。庄子继承和发扬了老子的道家思想，提倡顺应自然，率性而为，主张绝圣弃智和清静无为，崇尚“天地与我并生，万物与我为一”的逍遥自在、至大无极的精神境界。庄子的论著集为《庄子》一书，又称《南华经》，此书分为内篇、外篇和杂篇三部分，一般的看法是内篇为庄子本人所作，而外篇是庄子的弟子所写或者是庄子与弟子合写的，但体现的也是庄子的思想，杂篇则出自后人之手，其中所蕴含的思想也较为驳杂，部分篇章与庄子本人的思想明显有异。《庄子》一书不仅是一部经典的哲学著作，还是一部重要的文学典籍，其语言汪洋恣肆，想象奇特丰富，情致飞扬旷达，洋溢着超凡脱俗的浪漫主义精神，对后世的文学创作产生了极为深远的影响。

韩非子

韩非子（公元前 280 ~前 233 年），即韩非，战国后期韩国人，为韩国宗室成员，是法家的最为著名的代表人物，其著作主要辑录于《韩非子》一书中。韩非曾与李斯同时拜学于荀子门下，对于韩非的才能，李斯是自叹弗如的。然而韩非所在的韩国，在当时的战国七雄中，国力是最为弱小的。韩非痛感于韩国国君治理国家不务法治，不能够以权术来统驭臣下，不能够举贤任能，而是“养非所用”，“用非所养”，清廉不为奸邪所容，不能够使国家昌盛、军力强大，从而屡屡受辱于他国，于是多次上书劝谏，但他的建议均不被采纳，韩非愤而著书，将自己的政治理想述之于笔下。后来韩非的文章传到秦国，受到秦王嬴政的极大赏识，于是秦王以出兵相威胁，迫使韩国让韩非到秦国效力。韩非来到秦国后虽受重用，却遭到李斯、姚贾的忌妒和陷害，终因自己是韩国宗室而无法受到秦王信任，以致落入狱中，被逼自杀。韩非以法家思想为本，总结了前期法家的经验，吸收了儒、墨、道诸家的观点，形成了以法为中心的法、术、势相结合的政治思想体系，成为法家思想的集大成者。韩非的全部理论植根于荀子“性恶论”的观念，认为人与人之间的关系都是利害关系，人的心理无不“畏诛而利庆赏”，君王的职责就在于利用“刑”与“德”二手，使民众畏威而归利。他把商鞅的“法”、申不害的“术”和慎到的“势”融为一体，认为申、商学说的最大弊端是没有把法与术结合起来，而且“申子未尽于术，商君未尽于法”。韩非详细阐发了术与法的内容以及二者的关系，指出国家若欲强盛，就必要求君主善于使用权术，同时臣下也必须遵守法度。韩非特别强调了“以刑止刑”的思想，倡导“严刑”“重罚”。韩非第一次明确提出了“法不阿贵”的思想，主张“刑过不避大臣，赏善不遗匹夫”。这一点是韩非对中国法制思想的重大贡献，对于清除贵族特权和维护法律尊严产生了积极的影响。韩非认为，只有法和术还不行，还必须有“势”做保证。“势”，也就是权势。他赞赏慎到所说的“尧为匹夫不能治三人，而桀为天子能乱天下”，提出了“抱法处势则治，背法去势则乱”的观点。韩非还继承了商鞅“治世不一道，便国不法古”的思想传统，提出了“不期修古，不法常可”的观点，主张“世异则事异”“事异则备变”，倡导改革图治，变法图强。韩非的法治思想适应了一定历史发展阶段的需要，在中国封建中央集权制度的确立过程中起到了重要的理论指导作用。

墨 子

墨子像

墨子，名翟，生卒年不确，大约生活在公元前470到前380年间，出生于小邾国（又称郳国，位于今山东滕州），是墨家学派的创始人，有《墨子》一书传世。《墨子》一书分两大部分：一部分记述墨子的言行和思想，主要反映了前期墨家的思想；另一部分《经上》《经下》《经说上》《经说下》《大取》《小取》等6篇，一般称作墨辩或墨经，着重阐述墨家的认识论和逻辑思想，还包含了许多自然科学的内容，反映的是后期墨家的思想。《墨子》书中包含的内容十分广博和繁杂，涉及了政治、军事、哲学、伦理、逻辑、科技等诸多的学术领域，但是由于行文质朴无华，文学性较弱，而且部分文章又未免佶屈聱牙，更加之东周之后墨学后继无人，因此《墨子》一书长期为世人所忽视，直到近代，其中蕴含的丰富而宝贵的知识与思想才被重新发现和重视，特别是其中记载的数学、天文学、物理学等自然科学方面的知识，令世人非常震惊。例如，书中记载的光的直线传播、小孔成像、杠杆定理等，均可谓领世界之先，可惜的是这样宝贵的科学资料长久地被埋没于尘埃之下，无人理会。《墨子》一书中为人所熟知的还是关于社会思想的内容。墨子认为世上一切不合理的事，都是起于人与人之间的不相爱，因此主张“兼爱”。墨子讲的“兼爱”是一种普泛的无差等的爱，是“视人之家若视其家”的视人如己的爱，这与儒家所提倡的由己及人、由亲及众的以亲己为中心而向外扩及的有亲疏差别的爱是不同的。墨子将爱人与利人联系在一起，“兼相爱”意味着“交相利”。从这种“兼爱”的思想出发，墨子主张“非攻”，极力反对诸侯国之间的相互攻战，认为这种战争是“至大不义”的。墨子也反对儒家提倡的礼乐，认为那些繁复的仪式是劳民伤财，是不利于生产与生活的，因此提出“节用”“非乐”和“节葬”等倡导。在政治思想方面，墨子主张“尚贤”和“尚同”。“尚贤”，也就是任贤使能，墨子指出：“官无常贵，而民无终贱，有能则举之，无能则下之。”墨子的“尚贤”说突破了宗法等级制度，显示出彻底的平等色彩。“尚同”，讲的是统一人们的思想，墨子认为天下之乱是因为人们的思想不同而产生的，解决的办法是：“选择天下贤良、圣知、辨慧之人，立为天子，使从事乎一同天下之义。”在人身修养上，墨子主张吃苦耐劳，要求做到“量腹而食，度身而衣”，秉持一种严格苛刻的修行态度。相较于其他学说流派而言，墨子的思想主要反映的是社会下层人民的利益和愿望。

董仲舒

董仲舒（公元前179～前104年），广川（位于今河北景县）人，西汉时期最为重要的思想家、经学家和教育家。汉景帝时，董仲舒曾在朝任博士，讲授《公羊春秋》。其先，秦始皇焚书坑儒，儒学传承遭到了严重破坏，到汉朝初年才又有了复兴迹象，但是“文帝好刑名”，“景帝不任儒”，武帝初年，时为太皇太后的武帝祖母窦氏崇尚黄老，排斥儒学，而且她对朝政有着重要的影响力，所以很长时期，儒学处于受压抑的位置，窦太后去世后，儒学才获得了真正走向振兴的条件。元光元年（公元前 134 年），汉武帝下诏征求治国方略，董仲舒进献了著名的《天人三策》（又称《举贤良对策》或《贤良对策》），提出“罢黜百家，独尊儒术”等重要主张，为汉武帝所采纳，从而开创了儒学作为官方主导思想的先河。其后，董仲舒担任江都易王刘非的国相 10 年，元朔四年（公元前 125 年），转任胶西王刘端的国相，4 年后辞职回家，此后居家著书，仍然受到汉武帝的尊重，朝廷每有大议，则令使者及廷尉到他的家里询问意见。董仲舒是一代硕学鸿儒，对儒学的振兴做出了巨大的贡献。他指出，“《春秋》大一统者，天地之常经，古今之通谊也”，然而当今“师异道，人异论，百家殊方，指意不同”，于是当政者无法实现一统的局面，以致法令频繁变更，臣民不知所从，而政治的一统又是以文化的一统为根基的，当其世也，最为适合社会发展需要的思想首推儒学，所以倡导独尊儒术。董仲舒的这一主张为汉武帝所接纳，于是结束了思想界百家争鸣的局面，这对思想与学术的自由发展造成了消极的影响，但是在巩固国家的统一以及后来民族共同心理的形成方面有着极为重要的积极贡献。董仲舒以《公羊春秋》为依据，将周代以来的宗教天道观和阴阳、五行学说结合起来，吸收了法家、道家和阴阳家的思想，对当时社会所面临的一系列哲学、政治、社会、历史等方面的问题，给予了较为系统的回答，提出了“大一统”“罢黜百家，独尊儒术”“天人感应”“性三品”“三纲五常”等一系列对后世的政治思想与社会意识影响极大的学说，由此建立了一个新的儒学思想体系。董仲舒的学说被确立为汉代的统治思想，也奠定了其后中国整个封建时代的官方统治的思想基础。

刘 歆

刘歆（约公元前 46 ~ 23 年），字子骏，沛（今江苏沛县）人，汉代皇族，著名的经学家，也是中国最早的目录学家。刘歆少年时通习今文《诗》《书》，后又研学今文《易》和《谷梁春秋》等，由于通晓经学和善于属文而为汉成帝所召见，待诏宦者署，为黄门郎。汉成帝河平三年（公元前 26 年），刘歆受诏与其父刘向领校中秘书，协助校理图书。刘向死后，刘歆继承父业，负责总校群书，在刘向撰写的《别录》基础上，修订创作了中国历史上第一部图书分类目录《七略》。刘歆在整理图书的过程中接触了大量的古文经学，对其产生了浓厚的兴趣。当时居于官方正统地位的是今文经学，刘歆为此而不平，建议将古文经学列于官学。汉哀帝征询臣下的意见，让刘歆与今文经学家们进行讨论，但是治理今文经学的太常博士们“不肯置对”，态度极为强硬地拒绝设立古文经学的建议。刘歆对此十分愤慨，写了一篇驳斥太常博士的书文，即《移让太常博士书》，这是汉代经学发展史上一篇极为重要的文献。刘歆在该书中披露了孔壁古文《尚书》与《逸礼》发现的事实，介绍了秘府所藏左丘明撰的《春秋》古文本，指责太常博士们“保残守缺，挟恐见破之私意，而无从善服义之公心”。刘歆激烈的措辞引起太常博士们的怨恨，尽管汉哀帝是袒护刘歆的，但刘歆终究因为得罪了当权大臣，又为今文博士们所诽谤，而被迫离开京城到地方为官，数年后以病免官，居家不出。后来汉平帝即位，王莽操纵朝政，重新起用刘歆，刘歆也由此陷入了政治旋涡，他所倡导的古文经学为王莽的篡汉举动所利用。王莽篡汉建立新朝后，刘歆成为国师，但是刘歆此时已受制于王莽的政治罗网，他力图挣脱，谋划诛杀王莽，事败后自杀。刘歆的著作大多亡佚，仅有个别著作因被收于其他书中而得以幸存，如《移让太常博士书》被收存于《汉书·刘歆传》中，《七略》基本录述在《汉书·艺文志》中，《三统历谱》则在《汉书·律历志》中存有梗概，后明人辑有《刘子骏集》。

许 慎

许慎（约公元 58 ～约 147 年），字叔重，汝南召陵（今河南漯河市召陵区）人，是汉代著名的经学家，有“五经无双许叔重”之誉，也是著名的语言学家和文字学家，是中国文字学的开拓者，被称誉为“字圣”。许慎早年曾在汝南郡担任功曹，协助郡守办理全郡公务，任职期间，勤于政事，廉洁奉公，严以律己，宽以待人，展示出高尚的德操，因此又被推举为孝廉。此后许慎被召入京城，分配到太尉府，任职为南阁祭酒，从事文书一类的工作。许慎入京后，师从著名的经学大师贾逵，受读古文经，学业大进，开始精心治学。汉代时对于儒家经典的传承分为今文经学和古文经学，今文经学常常断章取义，曲解文字，任意地引申比附，而古文经学则认为解说经书应该严格根据字的意思，应该重视语言文字之学，树立它在经学上的重要地位。为了驳斥今文经学家们曲解文字、篡改经艺的妄说，提高古文经学的地位，就必须弄懂文字的结构、读音和意义，许慎因此而立志写作一部字书。汉和帝永元十二年（公元 100 年），许慎初步完成了这部字书，就是后来举世闻名的《说文解字》。《说文解字》草成数年后，许慎以太尉南阁祭酒校书东观（朝廷的藏书处）。在校书期间，许慎的知识涉猎更广，而且研究更加精深，当时，《说文解字》已经创作完成，为了令其更加完善，许慎一直都没有定稿，而是不断地将新的发现和收获补充进去。经过反复多次的修改、斟酌、校订，直至汉安帝建光元年（公元 121 年），许慎才最后写成定稿，将《说文解字》献于朝廷。此后，许慎就在家乡及附近村庄授经教书。《说文解字》从开始创作，到完成初稿，再到最后定稿，前后花费了许慎半生的心血。但是许慎的心血没有枉费，《说文解字》所蕴含的无可替代的宝贵价值，可以说将永远地惠泽于世。《说文解字》收字 9353 个，重字 1163 个，共 10506 字，均按 540 个部首排列，开创了部首检字的先河，以六书进行字形分析，比较系统地建立了分析文字的理论，同时保存了大部分先秦字体和汉代的文字训诂，反映了上古汉语词汇的面貌。《说文解字》是我国语文学史上第一部分析字形、辨识声读和解说字义的字典，是我们当今研究古代汉语言文字所必不可少的资料，而且在未来的汉语言文字研究中仍将有着巨大的意义。

马 融

马融（公元 79 ～ 166 年），字季长，右扶风茂陵（今陕西兴平东北）人，东汉著名的经学家、文学家和教育家。汉安帝时，马融任校书郎，诣东观典校秘书，因得罪当权的外戚邓氏，滞于东观，十年不得升官，直到邓太后死后，才召拜郎中。汉桓帝时，马融外任南郡太守，因忤逆大将军梁冀而遭诬陷，免官后，被剃发流徙于朔方，得赦后，复拜议郎，重在东观著述，后以病辞官，居家教授。马融设帐授徒，门人常有千人之多，创造了孔子之后的私人授学的最大规模，后来的著名学者卢植、郑玄都是马融的门徒。马融生性豁达放诞，不太注重儒者的节操，常坐高堂，施绛纱帐，前授生徒，后列女乐，这开启了魏晋时期玄学家敝弃礼教的风气。马融长期在东观校书著述，这为他综合各家之学广泛注解古文经典提供了十分有利的条件。他非常善于吸取前人的学术研究成果，博通今古文经籍，世称“通儒”。马融曾想训解《左氏春秋》，在见到贾逵、郑众的著作时说：“贾君精而不博，郑君博而不精。即精即博，吾何加焉！”他综合了贾、郑二家的优点，撰成《春秋三传异同说》，这是研究《春秋》集大成的一部专著。据考证，马融注《易》，源于费氏《易》，又综合了子夏之说以及孟氏、梁丘氏、京房氏诸家《易》学；注《尚书》，取郑氏父子和贾逵之说；注《诗》，除毛《诗》外，兼采韩《诗》。此外，对于《三礼》《孝经》《论语》《老子》《淮南子》《离骚》《列女传》等经典，马融皆有注。在儒家经学的发展史上，马融做出了综合各家、遍注群经的带有开创性的工作，他的经注成就使得古文经学臻于成熟的境地，预示着汉代经学的发展将步入新的时期。马融一生几乎遍注当时经典，可惜这些注书皆已散佚，在清人编的《玉函山房丛书》《汉学堂丛书》中可以见到辑录。他还有赋、颂、碑、诔、书、记、表、奏、七言、琴歌、对策、遗令等多种体裁的作品，明人辑有《马季长集》。

郑 玄

郑玄（公元 127 ~ 200 年），字康成，北海高密（今属山东）人。郑玄家世渊源显赫，但是他出生的时候家族已经败落，祖父和父亲两代都未曾出仕，在乡间务农，家境也比较贫寒。郑玄天资聪颖，自幼好学，勤奋攻读，16 岁的时候，就已精通儒家经典，而且通晓谶纬方术之学，又能写得一手好文章，在当地声名远播，被大家誉为神童。迫于生计，郑玄 18 岁的时候出任地方小吏乡啬夫，掌管诉讼和税收等事务。对于自己主管的工作，郑玄勤恳认真，抚恤孤苦，甚得乡里的好评，不久便晋级而成为乡佐。在做乡吏的同时，郑玄利用一切可以利用的机会刻苦学习。一次，北海相杜密到高密巡视时见到了郑玄，对他的才学非常赏识，于是调任郑玄到郡里做吏录，以使他有机会进行深造。到了北海郡不久，郑玄又辞去吏职，进入太学。此后约 10 年间，郑玄悉心治学，游学于幽、并、兖、豫各州（相当于今山东、河北、河南一带），遍访名儒，转益多师，使得学问达到了极为渊博的程度。郑玄毫不满足，又不远千里，西入关中，拜马融为师。马融是当时全国最为著名的经学大师，虽然徒从甚众，但是仅有少数高徒能够亲承马融本人的教授，而大多数人则只能够通过这些高徒来间接地受教于马融。郑玄投学门下后，3 年不为马融所知赏，甚至一直没能见到他的面，但是郑玄并未因此而有丝毫懈怠。直到有一次，马融与众高徒在演算一道浑天问题的时候遇到疑难得解于郑玄，马融这才识见到郑玄过人的才华，自此对郑玄十分看重。郑玄在马融门下受学 7 年，因父母年迈而回到家乡。此时郑玄于百家之学已无所不通，成为一代鸿儒，但是家境依然清贫，于是一面种田，一面授徒。像郑玄这样学问好而名声高的经学大师，在当时是会被荐举或征召入朝为官的，但是由于“党锢之祸”的发生，郑玄遭受连累被禁锢 14 年不得任职为官。郑玄于是集中全部精力进行遍注群经的工作。郑玄的经学，以古文为主，兼采今文，绝不拘泥，择善而从，使古文经学和今文经学融为一炉，由此开创了一个新的学派——郑学。郑学受到士人的普遍崇尚，逐渐成为天下所宗的儒学，这创造了经学的统一时代，在中国经学发展史上有着极为重要的意义。黄巾农民大起义爆发后，东汉政府出于平息统治阶级内部的纷争从而得以一致镇压农民起义的需要，才赦免对党人的禁锢。郑玄这才有了为官的机会，但是此时郑玄对于黑暗的东汉官场已甚为反感，羞与邪乱祸世的外戚、宦官为伍，先后十数次辞绝了各种征召，决心不再出仕，而专心于经术，著书立说，授徒讲学。郑玄的弟子遍及天下，投于门下的学生常常超过千人，为一时之盛。郑玄的晚年遭受兵乱，曾避居于徐州。孔融任北海相时邀请郑玄回乡，郑玄在回高密的路上曾遭遇黄巾军，但是他们对郑玄十分敬重，见到郑玄皆行参拜之礼，并且因慕郑玄之名，黄巾军对高密也未加侵扰。不久后，袁谭率兵攻北海，孔融被围，郑玄命唯一的儿子益恩率家兵前去营救，结果益恩反被围杀，年仅 27 岁。官渡之战中，袁绍为壮大声势，争取民心和声望，叫袁谭逼迫郑玄随军。郑玄无奈，只得抱病而行，路上病势加重，病逝于元城（今河北大名境内）。直到病重和临危之时，郑玄还在注释《易经》。

王充

王充（公元 27 ~约 97 年），字仲任，会稽上虞（今属浙江绍兴）人，东汉时期著名的思想家。王充的祖先为魏郡元城（今河北大名）王氏，是西汉望族，王莽改制时期达到鼎盛，而随着王莽新政的失败，王氏家族也走向衰落。王充出生之时，家境已经非常贫微，而且王充约十岁的时候又失去父亲，家境变得更加不堪。王充非常贤孝，颇受乡人称赞，并且非常好学，后来接受推荐得以赶赴京师进入太学学习。王充因为家贫无资购书，因而常到书肆阅览，有过目成诵之资。后来王充回到家里以教书为业，被会稽郡征聘为功曹，因为在工作中与上司不合而辞职。之后，王充闭门著述。后来，王充又出任过州郡的官职，但都是属官，也就是说一直为人下僚，未曾主事。大约在汉章帝元和三年（公元 86 年），王充完成了《论衡》一书的创作。“衡”字的本义是天平，“论衡”就是评定当时言论之价值的天平之意。东汉一朝，具有神秘主义色彩的反科学的谶纬学说盛行，王充创作《论衡》的一个直接的目的就是对谶纬学说进行反驳和批判，以切实而详尽的论说实现“冀悟迷惑之心，使知虚实之分”的意图。王充认为天和地

王充像

都是无意志的自然的物质实体，宇宙万物的运动变化和事物的生成都是由于物质性的“气”自然运动而生成的结果。王充指出，人有生即有死，人之所以能生，是因为他有精气血脉，而“人死血脉竭，竭而精气灭，灭而形体朽，朽而成灰土，何用为鬼”？王充对于人的精神现象给予了唯物的解释，从而否定了鬼的存在，破除了“善恶报应”的迷信。他对此形象地表述，人死犹如火灭，火既灭而何能有光？王充反对“奉天法古”的思想，认为今人和古人相齐，今人与古人气禀相同，没有差异，没有理由颂古非今。与此相反，王充认为汉代比过去的历代都进步，而这是因为汉在“百代”之后。这种见解与“天不变道亦不变”的思想是完全对立的。正因为《论衡》一书反叛于汉代的儒家正统思想，所以当时以及后来的历代封建统治阶级都将其视之为“异书”，甚至对其进行禁锢，然而《论衡》的伟大之处也正在于这种立足于事理真实的强有力的反叛精神，这种反叛不仅需要科学的思想发现，而更需要极大的理论胆识，王充不拘俗论，力言自己的真知灼见，甚至不惜冒着灭门的危险，这是极为难能可贵的。《论衡》一书，辨析了当时的许多学术问题，对社会上的颓坏现象也进行了有力的针砭，思想深刻而惊人，具有振聋发聩的效果，另外，书中还记述了许多自然科学方面的知识，其中不乏大量的先进研究与重要发现，例如，书中讲述到声是由物体振动产生的，而且是需要凭借物质来传播的。总而言之，《论衡》不仅是中国古代的一部重要的哲学文献，而且是东汉时期的一部百科全书式的学术著作，虽然书中部分内容未免于局限和错谬，但是它产生于一个封建迷信盛行并被统治者所尊奉的时代，它敢于向权威挑战、勇于坚持真理的精神和创立的一个比较完整的古代唯物主义体系，在中国哲学发展史上具有划时代的重大意义。王充的思想对此后的无神论者，诸如魏晋时期的杨泉，南朝的何承天、范缜，唐朝的刘禹锡、柳宗元，明清之际的王夫之等重要的思想家和学者，都产生了不同程度的影响。

王 肃

王肃（公元 195 ~ 256 年），字子雍，东海郯（今山东郯城西南）人，著名学者王朗之子，三国时期著名的经学家。王肃自幼聪颖好学，加之父亲的良好教导，少年之时就已经遍读典籍，精熟地掌握了今文经学和古文经学，18 岁时又向当时知名的学者宋忠学习《太玄》。《太玄》是一种儒、道、阴阳诸家杂糅的书，这对此前专治儒学的王肃产生了极大的启发。王肃借鉴《太玄》诸家融合的做法，兼采今古文经学两派的学说，为己所用，开始用道家无为而治的思想来阐释儒家的理论，又结合当时的社会实际，逐步形成了一套具有自己特点的学术理论和政治思想。他对日见衰微的经学，采纳各派合理的部分，先后为《尚书》《诗经》《论语》《三礼》《左传》等经典作注，又整理了其父王朗所作的《易传》。王肃的注经，既有综合性，又有创新性，同时具有系统化的特点，对当时的政治问题有着全面的涉及，而且适应了新的社会形势需要，在学术界产生了很大的影响。不久，司马氏当政，而司马昭又是王肃的女婿，王肃的经学由此借势被列为官学。王肃的经学注重经典的微言大义，这与郑玄注重训诂的倾向正相反。为了进一步表明自己的思想观点，同时也为他的思想寻觅理论上的渊源，王肃借“圣人”孔子及其子孙之口，伪造《孔子家语》《孔丛子》《圣证论》等，其中语言虽多取自古典典籍，但也有着王肃自己的重要改动和新的阐发。王肃多次讲到孔子以老子为师的情况，极力渲染孔子与老子之间密切的学术关系，为自己儒道合流的理论寻找历史依据，进而用道家无为而治的学说来改造儒家的天道观，提出“无为”的治国主张。王肃反对经学中关于天命的说法，认为人类社会中一切丑恶的现象，都是没有实行无为而治的结果，这是人们自身造成的，而不是天道的作为。王肃的学说反映出汉魏之际传统儒学向道家学说靠拢的思想迹象，成为以儒家为宗的两汉经学走向以道家思想为本的魏晋玄学的重要过渡和理论先导。王肃在政治生涯中，曾对朝廷的典制、郊祀、宗庙、丧纪等重要问题，前后写了逾百篇论文阐述自己的看法，恪尽劝谏之职，表现出儒家积极入世的态度。而他自 25 岁出任散骑黄门侍郎后，可谓官运亨通，先升任散骑常侍，又以常侍之职兼任秘书监、崇文观祭酒，成为管理教育的重要官员，后又外任广平太守，再被召回京，拜为议郎，任侍中，能够出入禁中，接着又升任太常，掌管宗庙祭祀，成为国家重要官员的九卿之一。大将军曹爽专权时，王肃因为反对何晏等人而被免职，而不久司马氏得政，王肃东山再起，出任光禄勋，掌管宫廷门户，仍为九卿之一。

何 晏

何晏（公元 190 ~ 249 年），字平叔，南阳宛县人（今河南南阳），汉大将军何进之孙（《魏略》中认为他有可能是何进之弟何苗的孙子），三国时期著名的玄学家。何晏的父亲早逝，曹操将何晏的母亲尹氏纳为妾，何晏被收养，而且为曹操所宠爱，何晏后来亦娶曹操的女儿金乡公主为妻。何晏年少时以才秀知名，喜好老、庄之言，姿仪俊美，肤色白皙，犹如敷粉，人称“傅粉何郎”。何晏以石钟乳、石硫黄、白石英、紫石英、赤石脂为原料制成药丸“五石散”，经常服用，自称“服五石散，非唯治病，亦觉神明开朗”，其实五石散对人的身体伤害很大。《晋书》称何晏“好服妇人之服”，他还曾在服饰上效仿曹丕，曹丕因此而怨恨何晏，称其为“假子”。曹丕一朝何晏未被授予官职，明帝曹叡也嫌厌何晏的浮华，仅仅授给他冗官做。正始年间（公元 240 ~ 249 年），曹爽秉持朝政，何晏依附曹爽，因而累官侍中、吏部尚书，典选举，爵列侯，仗势专权，一时气焰很盛。但是不久后曹爽在与司马氏的斗争中失败，司马懿对曹氏一党大开杀戒，并且逼何晏供出同党，何晏为保命而变节，仍为司马懿所杀。何晏与金乡公主有一个小儿子，方五六岁，躲在何晏的母亲那里，也被搜出准备杀掉。老夫人苦苦地哀求，加之金乡公主是一个本分的妇人，并未参与何晏的政治活动，司马懿这才心生恻隐，放过何晏的幼子。何晏是魏晋玄学的创始者之一，他与王弼、夏侯玄等祖述老庄，竞事清谈，遂开一时风气。何晏认为天地万物皆以无为本，“道”或“无”能够创造一切，“无”是最根本的，“有”靠“无”才能存在，由此建立起“以无为本”的“贵无”而“贱有”的本体论学说。何晏还认为“圣人无情”，即是说圣人无喜怒哀乐，亦无累于物，可完全不受外物影响，而以“无为”为体。

何晏在思想上重“自然”而轻“名教”，这种思想主张与其仗势专权的实际行为多相乖违，故当时的名士傅嘏评价他“言远而情近，好辩而无诚，所谓利口覆邦国之人也”。何晏的主要著作有《论语集解》十卷、《道德论》二卷、集十一卷，集已佚，今存有《论语集解》《无名记》《无为论》《景福殿赋》等。

王弼

王弼（公元 226 ~ 249 年），字辅嗣，山阳高平（今山东邹城、金乡一带）人，三国时期著名的玄学家。王弼出身官宦之家，六世祖、五世祖都曾位列三公，而汉末的“八俊”之一荆州牧刘表是王弼的曾外祖父。当年王弼的祖父王凯与其族弟王粲避乱于荆州，投靠刘表。刘表非常欣赏王粲的才学，想把女儿嫁给他，但是又嫌王粲面貌丑陋，于是将女儿嫁给了有风貌的王凯。王粲的两个儿子因罪被处斩，后嗣断绝，这样，王凯的儿子王业，也就是王弼的父亲，被过继给王粲。王粲少负才名，早时在长安受到大学者蔡邕的礼遇，蔡邕将自己收藏的书籍万卷赠给了王粲，后来这批丰富的藏书被王业继承，这对王弼的成长产生了极为有利的影响。王弼天资聪慧，喜好老子，能言善辩，何晏曾称赞王弼说孔子所讲的后生可畏者就是王弼这样的人。王弼为人高傲，恃才傲物，常常讽人，因而遭致很多人的忌恨。曹爽擅权时，王弼补台郎。正始十年（公元 249 年），曹爽为司马氏所杀，王弼也被免官，同年病殁，年 24 岁。王弼与何晏同为魏晋玄学早期的代表人物，著有《周易注》《周易略例》《老子注》《老子指略》《论语释疑》等，王弼在这些著作中显示出自己独特的创见。王弼将《周易》玄学化，将原来的象数之学发扬为思辨之学，在经学的研究上开启了一代新风。在本体论方面，王弼持以无为本的观点，认为“道”或“无”是产生万物的宗主。从以无为本的哲学观点出发，王弼提出了“以静制动”“以静治国”“无为而治”等政治主张，并且提倡“绝圣智”“弃仁义”，指出：“故绝圣智而后圣功全，弃仁义而后仁德厚。”王弼对《周易》《老子》和《论语》的注解，并不是立足于研究《老子》《周易》和《论语》的微言大义，而是立足创立他自己的认识论和方法论哲学，并以此来研究、分析和解决当时社会的各种政治难题。王弼带着一种自觉的意识来研究和建立民族本体论哲学的世界观、认识论和方法论，这在中国哲学发展史上有着里程碑式的重大意义。

嵇康

嵇康，字叔夜，谯郡县（今属安徽宿州）人，“竹林七贤”之一，著名玄学家，魏晋风流的代表人物，提出“越名教而任自然”的知名主张。据《晋书》记载，嵇康“早孤，有奇才，远迈不群，身长七尺八寸，美词气，有风仪，而土木形骸，不自藻饰，人以为龙章凤姿。天质自然，恬静寡欲，含垢匿瑕，宽简有大量。学不师授，博览无不该通，长好庄、老，与魏宗室婚，拜中散大夫。常修养性服食之事，弹琴咏诗，自足于怀”。关于嵇康的生卒年，《三国志·魏书》和《晋书》中仅记载嵇康于魏元帝景元年间（公元 260 ~ 264 年）被诛，而没有确切的纪年。

嵇康以打铁为乐（亦有说为以打铁为生），而不喜为官，大将军司马昭曾想聘他为自己的掾吏，嵇康则坚守素志，不予接受，并且因此而离家躲避。司隶校尉钟会曾想结交嵇康，也为嵇康所拒绝，钟会由此而与嵇康结下仇隙。同为“竹林七贤”之一的山涛曾荐举嵇康为官，嵇康也为辞绝，写下了著名的《与山巨源绝交书》来表明自己的心志。嵇康原本与吕巽、吕安兄弟为友。吕安的妻子被其兄吕巽奸污，吕安打算休妻并起诉吕巽，但是吕巽请嵇康从中调解，并发誓不会反诬，嵇康接受请求，劝说吕安而将此事平息下来。不料后来吕巽害怕吕安反悔，于是抢先诬告吕安不孝。嵇康义不负心，写信与吕巽绝交，并出面为吕安做证，他自己也因此而被收押。钟会进谮言劝司马昭乘此机会除掉嵇康。嵇康入狱后，立刻激起舆论的不满，许多豪杰纷纷要求与嵇康一同入狱，经有司的劝谕，众人方才遣散，然而最后嵇康和吕安却被判处了死刑。行刑当日，3000 名太学生集体请愿，请求赦免嵇康，要求让嵇康到太学来做老师，但是这些要求自然不会得到同意，嵇康最终被杀，年 40 岁。临刑之时，嵇康神色自若，求琴抚奏一曲《广陵散》，曲终悲然长叹：“《广陵散》于今绝矣！”语毕从容就戮。嵇康极善音律，他创作的《长清》《短清》《长侧》《短侧》，合称“嵇氏四弄”，与东汉蔡邕的“蔡氏五弄”合称“九弄”，隋炀帝曾把“九弄”作为科举取士的条件之一。嵇康另作有《风入松》等名曲，其留下的“广陵绝响”的典故被后世传为佳话，《广陵散》更是成为中国十大古典名曲之一。他的《琴赋》和《声无哀乐论》等音乐理论作品亦是千秋相传的名篇。嵇康亦擅长书法，工于草书，兼善丹青，在诗文方面，嵇康也有着极高的造诣。鲁迅先生对嵇康颇有偏爱，曾花费巨大的心力辑校《嵇康集》，这其中也寄寓着鲁迅自己的心志。

郭 象

郭象（约公元 252 ~ 312 年），字子玄，河南洛阳人，西晋时期玄学家，官至黄门侍郎、太傅主簿。郭象崇尚老庄，喜善清谈，在向秀注的基础上，经过新的阐述和发扬而著成了自己的《庄子注》一书，影响甚大，有人称誉此书一出则“儒墨之迹见鄙，道家之言遂盛焉”。郭象《庄子注》的核心思想是主张万物独化，即“自生”“自尔”和“自化”。“自生”，也就是否认有这么一个先于万事万物存在的本体，反对“有生于无”，认为“无”就是“没有”，是“零”，是不可能生成“有”、生成万物的。世界万物都是独立地自我生成的，并没有决定着其生与灭的他在的主宰。不但“无”不能生“有”，“有”也不能生“有”，万物皆自有，事物之间不存在相生相因的关系。“自尔”，也就是说万物均有其各自的性质，而且都是本来如此的，都是合理的，并且都是无法改变的。“自化”，是说万物不但各有其性，亦各有其变化规律，并且这种变化也不是受外物推动的，而是自身使然的，原因是世上万物都是独立生成的，相互之间不存在任何的因赖联系，既然这样事物的变化也就无法利用外力来推动。万物各有其性，无为而自化，人的个性亦是受之于天，这是魏晋时期对尊重个性之风尚的思想基础。郭象提出的适性即为逍遥的思想，既是对世相的反映，反过来也鼓励了士人们追求超脱的

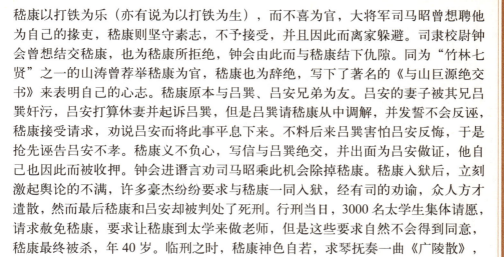

彩绘竹林七贤图　民国　佚名　瓷板画

愿望，对流连山水、恣意酒乡、贵尚清淡、逍遥无为的世风起到了积极的推动作用。

竹林七贤

“竹林七贤”，指生于魏晋之际的嵇康、阮籍、山涛、向秀、刘伶、王戎和阮咸七人，因他们相为结交，常友集于山阳（今河南修武）竹林之中酣歌纵酒，故世称“竹林七贤”。嵇康对司马氏的统治采取不合作的态度，对司马氏所倡导的名教进行讽刺，提出影响巨大的“越名教而任自然”的知名主张，后来受谮于钟会，被诛于司马昭之手。阮籍（公元 210 ～ 263 年）与嵇康有所不同，“口不臧否人物”，在政治上执守谨慎避祸的态度，但是在艺术创作中尽显嬉笑怒骂之能事，对那些自命为君子的礼法之士进行刻薄的嘲讽和鞭挞。阮咸是阮籍的侄子，也是名教的叛逆者，曾在为母亲守丧期间公然与姑姑家的女婢私通，饮酒时也颇为放诞，以大盆盛酒而狂酌。阮咸精通音律，在乐界享有盛名，民族乐器中的“大阮”“小阮”就是阮咸的发明。刘伶也是一位放情肆志、以酒为命的人，常乘鹿车，携一壶酒，使人荷锸而随之，以方便自己死了的时候可以随时埋掉。向秀（约公元 227 ～ 272 年）对庄子哲学有精深的研究，并且为《庄子》一书作注，但是没有流传下来，他的注解思想后来为郭象所吸收和继承。山涛（公元 205 ～ 283 年）在思想上也认为名教与自然互为一体，而在政治上依附司马氏。王戎（公元 234 ～ 305 年）也喜清谈，但是为人庸俗，性情悭吝，热衷名利，献媚取宠，深为世人所讥。“竹林七贤”是魏晋玄学的代表人物，他们将何晏、王弼所开创的玄学潮流推进到一个新的阶段，但是彼此之间的思想差异也显现出玄学思潮中的矛盾与分化。

孔颖达

孔颖达（公元 574 ～ 648 年），字冲远（《旧唐书》《新唐书》传中均记为“仲达”，据证为误），冀州衡水（今属河北）人，生于北周时期，出身世代书香的官宦之家，自幼聪颖，悟性极佳，于隋大业初年考取明经科，曾在洛阳国子监与众学士辩论儒学经典，因为雄辩超人，脱颖而出，入唐后担任国子监司业、祭酒，曾与魏徵、颜师古修订《隋书》，而孔颖达最为突出的贡献是编定《五经正义》。贞观年间，孔颖达奉诏整理五经注文，因年事已高，于是自己统领大纲，具体的编撰工作分给当时其他的一些经学名家，而最后由孔颖达总其成，编订后为 180 卷，定名为《五经正义》。这次整理工作的背景是汉代以来经学家们对诸典籍进行反复的注释，学派众多，章句繁杂，不便于人们的学习和教授，并且唐朝定国后有着统一思想方面的需要。整理的内容主要是《易经》的王弼注、《尚书》的孔安国注、《诗经》的毛亨传和郑玄笺、《礼记》的郑玄注、《左传》的杜预注。孔颖达在编撰中采取“疏不破注”的原则，就是以选定的诸家本子为标准，照原来的注文进行解释，即使他处有更好的注文也不采用，这是一种统一思想的手段。唐高宗永徽四年（公元653年），《五经正义》颁行天下，成为治经研学的官方标准。孔颖达编定的《五经正义》首次统一了经学的内部各派，影响至为深远，有人甚至认为对儒学的影响而言，《五经正义》与汉武帝“罢黜百家，独尊儒术”相比有过之而无不及。

周敦颐

周敦颐（1017～1073年），字茂叔，原名敦实，因避宋英宗旧讳而改名敦颐，湖南道州营道（今湖南道县）人。周敦颐父亲早亡，随母亲投靠于衡州（今衡阳）的舅父家，在衡州度过了整个少年时代，后来徙官多处，晚年时定居庐山莲花峰下，在山麓建筑濂溪书堂，后人因称之为濂溪先生，其思想学术也被称为“濂学”。周敦颐长期担任州县的普通官吏，以人品甚高、胸怀洒落而为人所称尚。周敦颐继承了宋初士人复兴儒学的事业，注重从本体论的高度建构儒家的伦理道德与思想理念，并且融汇了佛、道两教的理论成果，建立了一套精密的理论体系。《太极图说》和《易通》是周敦颐两本最主要的著作。周敦颐认为“无极”是宇宙的本原，“太极”是“无极”的派生，是宇宙统一体的原始实体，“太极”动而生阳，动极而静，静而生阴，静极复动，由于阴阳之间的运动和感应而产生了五行，五行运动而生天下万物。在天下万物的这一产生过程中，人得其秀而为灵，但是人的品性各有不同，而圣人将中正仁义的品德作为人身修养的最高标准。至于达到品德之最高境界的途径，周敦颐则提出“主静”的修养方法，并进一步指出，“主静”的关键在于寡欲。周敦颐生前的学术影响并不很大，及至南宋，经过朱熹等人的推尊，周敦颐作为理学体系的最早奠基人的地位才得到确认，后人将周敦颐与邵雍、张载、程颢和程颐并称为“北宋五子”。

张 载

张载（1020～1077年），字子厚，祖籍大梁（今河南开封），生于陕西长安，后徙居陕西眉县横渠镇，学者因称之为横渠先生。张载天资聪颖，志气豪放，而且喜于兵事，曾联络一批人准备进攻被西夏占领的兆西之地，后接受范仲淹的劝导，精心研习儒学，又遍访佛道典籍。嘉祐初年，张载到京师与程氏兄弟研讨学问，大受触动，产生了复兴儒学的充分信心，从此放弃了对佛道之学的研究，开始了创建新的儒学体系的艰辛努力，发出“为天地立心，为生民立命，为往圣继绝学，为万世开太平”的真心宏愿，经过不断的苦心探索，终于为宋代理学的建立奠定了重要的基础。张载长期在关中地区传学，形成了一个影响颇大的学术流派，后人称之为“关学”。张载提出了“太虚即气”的本体观念，认为气是一种极细微的物质，有聚有散，气聚则为万物，气散则为太虚，而太虚并非虚无，是气的散而不可见的状态，是气的本体。气是太虚与万物的总称，是有、无混一的宇宙本体。张载以此为理论基础而否定了佛道的虚无之学，肯定了客观世界的实在性。在人性论方面，张载将性区分为天地之性和气质之性，认为先天的天地之性至纯至善，而后天的气质之性则有善有恶，人必须通过深刻的内省以去除气禀之恶而存养天地之性，方可以成为至善之人。张载还提出“心统性情”的命题，就是说性与情二者都包括于人心之中，由人心来统摄。张载将人间的伦理规范与天道直接联系起来，将事君、事亲看作是与事天相等同的神圣义务，提出泛爱人与物的“民胞物与”的精神理想。

程颐

程颐（1033～1107年），字正叔，河南伊川人，世称伊川先生，为程颢的胞弟，幼其一岁，因为程颢、程颐兄弟的学术思想大体相同，所以后世常常“二程”并称，但因为程颢早逝，而且并没有留下自己的专著，所以程颐的声名要高于其兄程颢。程颐年轻时曾与程颢一同受学于周敦颐，在太学时，因《颜子所好何学论》一文深为太常博士胡瑗赏识，被聘为学官，27岁时廷试失利，此后绝意于科举，直至50多岁仍为布衣，到哲宗元祐初年才接受举荐，出任汝州团练推官、西京国子监教授职。元祐八年（1093年），程颐被贬为涪州编管。在涪州期间，程颐完成了宋代理学的标志性著作《伊川易传》。晚年的时候，程颐在洛阳授徒讲学，形成了洛学学派。程颐将“天理”视为宇宙的本体，认为“万物皆是一个天理”，“天理”是一种超越物质世界的形而上的存在，同时又是派生天地万物的最终本原，宇宙万物都是绝对天理的体现，先有天理而后有万物。程颐还将人间伦理与天理直接联系起来，指出：“人伦者，天理也。”（《河南程氏外书》卷七）这就将人类的道德理念提升到世界的本体范畴。以这种天理观为基础，程颐吸收了张载的人性论，将张载所说的“天地之性”改称为“天命之性”，此“天命之性”即是“天理”在人性中的体现。程颐说道：“性即理也，所谓理，性是也。”（《河南程氏遗书》卷二二）此外，程颐还对“格物致知”的认识论进行了深入的阐发，指出：“格，犹穷也；物，犹理也。”（《河南程氏粹言》卷一）所谓“格物”，也就是穷理。程颐一生以复兴儒学为使命，经过艰辛的治学努力，为宋代理学体系的建立和发展以及日后的兴盛奠定了坚实的基础。

朱熹

朱熹（1130～1200年），字元晦，一字仲晦，号晦庵，又号晦翁，徽州婺源（今属江西）人，生于南剑州尤溪（今属福建），卒后追谥“文”。朱熹早年受业于理学大师李侗，师承“二程”学说，兼采周敦颐、张载的思想，集宋代理学之大成，建立了一个庞大的哲学思想体系，是中国封建社会后期影响最大的思想家之一。朱熹的主要著作有《四书章句集注》《伊洛渊源录》《八朝名臣言行录》《资治通鉴纲目》《楚辞集注》《诗集传》《韩文考异》等，后人编纂有《朱子语类》

和《朱文公文集》。朱熹的理学思想体系大体由理气论、心性论和格物致知论 3 部分构成。朱熹认为各种事物都具有两个方面，即性和形，而其来源则在于理和气，理是“生物之本”，是超越世间一切事物的绝对本体；气是“生物之具”，是形成万物的质料。理和气浑然一体，从宇宙生成的角度来讲二者不分先后，而从形而上的观点来看，则是理在气先，理是宇宙的最高实体，即“天理”也。朱熹特别强调“天理”的普遍绝对的客观存在的伦理意蕴，阐释说：“天理只是仁、义、礼、智之总名，仁、义、礼、智便是天理之件数。”“天理”是一种最高的道德原理，具有永恒性与绝对性。理气论落实到人生中便表现为心性论。朱熹认为：“性只是理，万物之总名。此理亦只是天地间公共之理，禀得来便为我所有。”人性就是天地之性、本然之性，是纯善的，而情是性的发用，朱熹说：“有这性，便发出这情；因这情，便见得这性。”因为性是善的，所以情也是善的，但实际上情却常常发为邪恶，朱熹认为这是“情迁之于物”的结果，而心则能够管摄性情，心之全体湛然虚明，通过心可以致知穷理。格物致知论是朱熹的认识论的核心内容，其要领是，物格而知至，则知所止，而所止之处，即至善之境界，也就是《大学》中所言的“止于至善”。朱熹在其身后不断地被追封，他的学说最终确立了在思想界的统领地位，一直延续到清末，前后长达六七百年之久。

陆九渊

陆九渊（1139 ~ 1193 年），字子静，号象山翁，世称“象山先生”，抚州金溪（今属江西）人，与理学大师朱熹为同时期的人，但是学术思想与朱熹多有不合，另行开创了理学思想体系中的心学流派。陆九渊亦认为“理”是宇宙的终极本体，同时也是万事万物的存在秩序，也是社会伦理的秩序。理作为自然与社会的法则，具有普遍性和共通性，贯穿于自然与社会的各方各面。实际上陆九渊的这种理论认同是在为现实的伦理规范寻找一种本体依据，他将伦理规范由社会扩展到自然，再反过来用以证明伦理规范的天然合理性。陆九渊的思想与朱熹的学说相区别的实质之处在于，他融“心”于“理”，一方面肯定“理”的外“吾心”存在的特性，一方面又认为“吾心”与“理”通融为一。陆九渊所讲的“心”是一种伦理性的实存，道德行为是这种实存的本质表现，“心”与“理”相合而相为等同，“心”即“理”，就是宇宙万物的终极本体，道德实践的最后依据在于主观内在的心灵，道德修养的任务就是不断地剔除“心”的不纯然即不合“理”之处，最终将“心”塑就为纯然天理的道德灵明。陆九渊先肯定“心”即“理”，“心”与“理”相合，然后又说“心”有不尽合“理”之处，这表现出理论逻辑上的矛盾，实际上陆九渊这种论述的用意在于先肯定“心”的本然的与“理”相通的一面，让人们知道自己具有先天而生的道德之本心，然后告诫人们这种本心会时时为外物所蒙蔽，但是人要获取这种自信，就是通过自我的认真修养可以涤除蔽障，而还自己以灵明的本心，从而达到劝人向善的目的。

王守仁像

王守仁

王守仁（1472 ~ 1529 年），浙江余姚人，字伯安，因曾结庐于贵州龙场驿（今贵州修文境内）阳明洞，遂自号阳明子，世称阳明先生。王守仁 10 岁时随父亲迁居北京，18 岁时考取进士，授兵部主事，35 岁时因反对宦官刘瑾而被贬为贵州龙场驿丞，刘瑾被诛后，迁庐陵县知事，后来擢升为右佥都御史，继任南赣巡抚，由于镇压农民起义和平定“宸濠之乱”而拜为南京兵部尚书，受封“新建伯”，但是功高遭忌，遂辞官回乡讲学，在绍兴、余姚一带创建书院，宣讲学问。嘉靖六年（1527 年），王守仁又被派遣总督两广军事，后因肺病加疾，上疏乞归，病逝于江西南安舟中，谥号“文成”。王守仁生值明朝中叶，当时阶级矛盾十分尖锐，社会动荡不安，王守仁把社会动乱的原因归结于人心的敝坏，为了拯救人心和挽治时局，王守仁创立了一整套心学理论，人称“王学”。王守仁的著作由门人编辑为《王文成公全书》，他的哲学思想主要体现于《传习录》和《大学问》这两本论著中。王守仁继承了宋代陆九渊的心学思想，提出“心外无物”这一知名的命题，认为心是宇宙万物的本原，客观事物的存在与否，完全以心的感知为依归，曾与友人讲说：“你未看此花时，此花与汝心同归于寂；你来看此花时，则此花颜色一时明白起来，便知此花不在你的心外。”与“心外无物”相联系，王守仁又提出“心外无理”的命题，认为事物的“理”不存在于客观事物之中，而存在于人心之中。在认识论方面，王守仁的重要观念是“致良知”和“知行合一”。“良知”就是存在于人心之中的天理，也是一种天赋的道德。所谓“致”，就是说良知会被人欲所蒙蔽，所以必须下一番“致”的功夫来涤除人欲以恢复本然的善心。“致良知”说的也就是人们要努力于道德的修养，以道德理念来克服非道德的思想，从而使自己的人格境界得到提升，趋于完善。王守仁将“格物致知”反过来讲为“致知格物”，也就是先致其良知，而再将心中的良知施于万事万物，使外在的事物与心中的良知相符合。王守仁所说的“知行合一”并非是指要令自己的实践与自己的认知相符合、相统一，而是说知和行都源出于心，这二者是合一的，是不可分离的。王守仁是宋明心学的集大成者，其学说在明代中后期一度影响甚大。

李 贽

李贽（1527 ~ 1602 年），原名载贽，字宏甫，号卓吾，又号温陵居士，福建泉州晋江人，26 岁中举，30 岁开始为官，先后任河南辉县教谕、南京国子监博士、北京国子监博士、北京礼部司务、南京刑部员外郎和郎中，最后出任云南姚安知府，万历九年（1581 年），从云南辞官，寄居湖北黄安朋友家里，后来又移居麻城芝佛院，长期从事著述和讲学。万历三十年（1602 年），李贽以“敢倡乱道，惑世诬民”的罪名在通州被捕，他的著作也被焚毁。李贽在狱中以剃刀自刎，马经纶将其葬于通州北门外马寺庄迎福寺侧（现北京通州区西海子公园内）。李贽的主要著作有《藏书》《续藏书》《焚书》《续焚书》《史纲评要》《初潭集》《老子解》《庄子解》《孔子参同》《墨子批选》《因果录》《净土诀》《枕中十书》《批评忠义水浒传》

《批点西厢真本》《批评红拂记》《批评幽闺记》《批评浣纱记》等。李贽是明代后期最为著名的进步思想家，他认为历史评价的标准应当是多元的，不能只以孔子的是非为是非。在《藏书》中，李贽按照自己的标准评价古人，敢是前人之所未敢是，而非前人之所未敢非，李贽的这种评价态度是惊世骇俗的，明显地表现出其思想中进步的因素，尽管某些时候也未免带有相对主义的色彩。李贽集中地批判了程朱理学的思想，痛斥那些言行不一致的假道学。“童心说”是李贽思想中突出的一点，他说：“童心者，真心也。”童心是一种未曾遭受世俗熏染的天真、淳朴、真诚的精神状态，其核心意涵在于绝假存真。李贽充分强调了物质生活的重要性，并且承认人的自私的天性，认为人的一切活动都是出于私心的驱动。李贽的思想还体现出鲜明的民本色彩，成为明末清初启蒙思想家民本思想的先导。李贽是中国历史上反对封建传统、封建礼教和权威统治，主张个性解放、思想自由和人身平等的具有启蒙色彩的思想先驱。

王夫之

王夫之（1619 ~ 1692 年），明末清初著名思想家，湖南衡阳人，字而农，号姜斋，别号一壶道人，晚年隐居衡阳石船山，世称船山先生。王夫之少年时接受了良好的教育，加之天性聪颖，养成了颇佳的才学，24 岁中举，但是 2 年后明朝覆亡。清顺治五年（1648 年），王夫之在家乡举兵抗清，阻击清兵南下，兵败后到南明永历朝廷任职，因弹劾权臣，险些入狱。后来王夫之到桂林投靠大学士瞿式耜，共谋抗清。不久，桂林陷落，瞿式耜殉难，南明朝廷亦风雨飘摇，不堪一击，王夫之见复明无望，遂决心隐遁，辛苦遭逢，辗转数年后返回衡阳。是时，清廷已下达“剃发令”，一些有气节的士人为躲避迫害，纷纷出家为僧，但是王夫之没有采取这种办法来避害，也没有剃发，而是选择了隐居，伏处深山，著书遣怀，历四十载，完发而终。王夫之的学识极为渊博，对天文、历法、数学、地理等均有深入的研究，尤其精通经学、史学和文学。王夫之总结并发展了中国传统哲学中的科学成分，认为“尽天地之间，无不是气，即无不是理也”。此中的“气”指的是物质实体，而“理”则指的是客观规律，其哲学思想中表现出的高明的唯物论和辩证法色彩，达到了与现代哲学同步的高度。王夫之在哲学上的著作最重要的有《周易外传》《尚书引义》《读四书大全说》《张子正蒙注》《思录内外篇》《黄书》《噩梦》等，而王夫之的历史观与政治思想，最主要的体现于《读通鉴论》和《宋论》这两部书中，此外，王夫之亦工诗文，善词曲，所作的《诗绎》《夕堂永日绪论》等文学论著中含有颇多独到而精彩的见解。王夫之生前其全部著作均未刊印，去世后部分著作经弟子整理付梓，但是并未得到广泛的流传，及至清末，王夫之著作中体现的高洁的民族精神和进步的民权思想被革命志士所发现和重视，遂一时弘扬，王夫之的著作也被集为《船山遗书》，影响日益隆盛。

颜 元

颜元（1635 ~ 1704 年），字易直，又字浑然，号习斋，清代直隶博野县北杨村（今属河北省）人，生于农民家庭，早年曾学习医学，涉猎天文、地理、兵略、史学、武术等广泛而驳杂的知识，后来相继研习陆九渊、王守仁、周敦颐、程氏兄弟、张载、朱熹等人的学术思想，先宗陆王心学，后改奉程朱理学，在 34 岁的时候因为严格遵守朱熹所定的家礼为养祖母守丧而泣血哀毁，几于丧命，他对程朱理学的信仰发生了动摇，此后颜元在一系列著作中对程朱理学进行了猛烈的抨击和彻底的清算，痛加斥责地说："千余年来，率天下入故纸中，耗尽身心气力，作弱人、病人、无用人者，皆晦庵（朱熹）为之也。"颜元指斥以八股取士的科举制度是"学非所用，用非所学"，指出其危害"甚于焚书坑儒"，也因于这种思想意识，颜元从未参加科举考试，连秀才也未做过，而以行医和授徒为生。如此难能可贵的决绝的行径，显示出颜元孑然自奉的孤洁性格。颜元反对空谈心性，而提倡治学当以事物为归，极为干脆地否定了程朱理学和陆王心学，而提倡恢复"周孔正学"，致其实学、实习和实用。颜元 62 岁时，应郝公函之聘，主持肥乡漳南书院。他亲自规划了书院的局制，设立文事、武备、经史、艺能诸斋，制定了"宁粗而实，勿妄而虚"的办学宗旨，这集中地反映了他的思想理念和教育主张。颜元的思想后经弟子李塨的发扬形成"颜李学派"，风行一时，影响颇深。

戴 震

戴震（1723 ~ 1777 年），字慎修，又字东原，徽州休宁（今属安徽黄山市）人，清代著名的思想家和考据学家，音韵学家江永的弟子和著名学者王念孙、段玉裁的老师。戴震自幼聪颖过人，读书好做深入的思考，常有惊人之见，在十岁的时候读到《大学章句》中"右经一章"，即向老师发出质疑：此何以知其为"孔子之言而曾子述之"？又何以知其为"曾子之意而门人记之"？老师回答他说："这是朱文公所说的。"但戴震接着指出周朝离宋朝有 2000 年之遥，为什么朱子能知道这些事呢？问得老师无言以对。这种怀疑精神体现的就是考据学所倚为根本的"无征不信"的理念。戴震博闻强记，对当时主要的知识领域如经学、小学、史学、数学、天文、地理、机械、水利、生物以及古代器物等均有相当深入的研究和独到的创作，是一个"百科全书式"的人物。然而戴震的科举之途很不顺利，过了 40 岁方中举，而后 6 次参加会试皆名落孙山，但是他的学问早已为人所称道，闻名于达官贵人和学者名流，特别是深受纪昀的赏识。乾隆三十八年（1773 年），经纪昀推荐，戴震被辟为《四库全书》的纂修官，负责校订历算、地理类的典籍。其后戴震以四库馆臣的身份再次参加会试，依然落榜，乾隆皇帝破例让戴震参加殿试，赐他"同进士出身"。但两年后，戴震即病逝于京城。戴震晚年所著的《孟子字义疏证》是他一生考据之学的大成之作。在这部书中，戴震从考据训诂的角度，对"理""性""才""道"等哲学范畴的意义进行了追根溯源的梳理和考释，以澄清面目、还其本真。戴震重点批驳了宋代理学家对于先儒学说的种种附会，愤慨地说道："酷吏以法杀人，后儒以理杀人。"又说："人死于法，犹又有怜之者；死于理，其谁怜之！"戴震是有清一代的学术宗师，他的思想高度和学术水平标志着一个时代的巅峰。

第三篇

天人之学

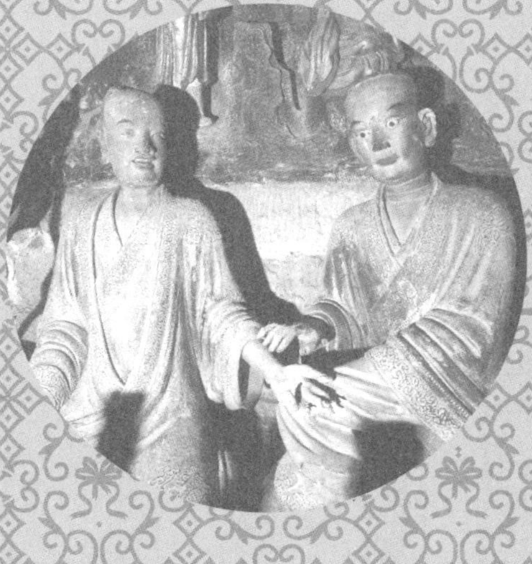

天文历算

观象授时

观象授时，即通过观察天象来确定时间和创制历法。因为节令的测定与农业生产直接相关，所以制定准确的历法是农业社会的一件大事，而考察时序的基本途径就是观测天象，因此古人对其极为重视。《尚书·尧典》在叙述尧治理天下的具体活动时，所记载的首要一项就是派人观测天象，制定历法："乃命羲、和，钦若昊天，历象日月星辰，敬授民时……期三百有六旬有六日，以闰月定四时成岁。"这段话还表明，在尧的时期，观象授时的方法已经成熟，原始的历法在那个时期也已经形成，人们在从事农业生产的时候可以不再依凭直觉，或者随机行事，而是有了可靠的指导，这意味着农业生产已经进入了一个相对发达的阶段。

天文历法与政权

中国是一个历史悠久的农业国家，向来以农立国，而农业生产发展的最初一次跨越就是历法的制定，因为这意味着人们从事农业活动有了可靠的规律性的指导，避免了劳作的盲目性，从而大大提高了生产效率。统治者治理天下的一项根本的任务就是促成自身治下的社会生产的发展，由是，历法也就与政权密切关联，掌握优越的历法可以说是执掌政权的一项基础。《论语·尧曰》记载："尧曰，'咨！尔舜！天之历数在尔躬，允执其中。四海困穷，天禄永终。'舜亦以命禹。"这是尧在准备将治理天下的大任交给舜的时候所做的交代，其中特别强调的一点就是"天之历数"，而舜在禅位给禹的时候也是如此传教，可见历法在当时对于治理天下的极端重要性。"建安七子"之一徐幹所著的《中论·历数篇》亦说："昔者圣王之造历数也，察纪律之行，观运机之动，原星辰之迭中，寤晷景之长短……然后元首齐乎上，中朔正乎下，寒暑顺序，四时不忒。"然后又着重指出："夫历数者，先王以宪杀生之萌，而诏作事之节也，使万国不失其业者也。"《史记·历书》也说："盖黄帝考定星历，'建立五行'，起消息，正闰馀，于是有天地神祇物类之官，是谓五官。各司其序，不相乱也。民是以能有信，神是以能有明德。民神异业，敬而不渎，故神降之嘉生，民以物享，灾祸不生，所求不匮。"黄帝考定星历，制定历法，由此而奠定了天下之清明有序的基础。这些记载和论述无一不表明了天文历法与政权之间的密切关系。

灾异与人事

中国分布着广泛的地震带，又位于东亚季风区，地震和水旱灾害十分频繁，历代关于灾异的记载可谓不绝史篇。中国古代对于灾异所持的一项基本观点就是"天人感应"，或者说是"天人合一"，就是认为灾异的发生与人事密切相关。

古人将祥瑞和灾异都看作是上天旨意的显示，而帝王被称作天子，是秉承天意来治理万民的，所以天象就与帝王的作为有着直接的关系。有祥瑞出现，当然是大吉之象，彪炳着帝王的德政，而发生灾异的时候，则意味着帝王的失德，因而遭到了上天的谴告，这个时候皇帝往往就要躬身自省，并且下罪己诏扬布天下，以示悔过，请求上天的宽恕。天人感应的思想在先秦时期就已萌生，而西汉的董仲舒则将其发展成为一套理论体系。他说："美事召美类，恶事召恶类，类之相应而起也……帝王之将兴也，其美祥亦先见；其将亡也，妖孽亦先见。物故以类相召也。"又说："天地之物，有不常之变者，谓之异。小者谓之灾。灾常先至，而异乃随之。灾者，天之谴也；异者，天之威也。谴之而不知，乃畏之以威。《诗》云：'畏天之威。殆此谓也。'"他还进一步指出："《春秋》之中，视前世已行之事，以观天人相与之际，甚可畏也。国家将有失道之败，而天乃先出灾害以谴告之，不知自省，又出怪异以警惧之，尚不知变，而伤败乃至。"这种人事决定灾异而灾异昭谴人事的观念当然是一种谬见，但是在历史上也确曾发挥过一定的积极影响，对某些统治者的行为起到了一定的约束作用。

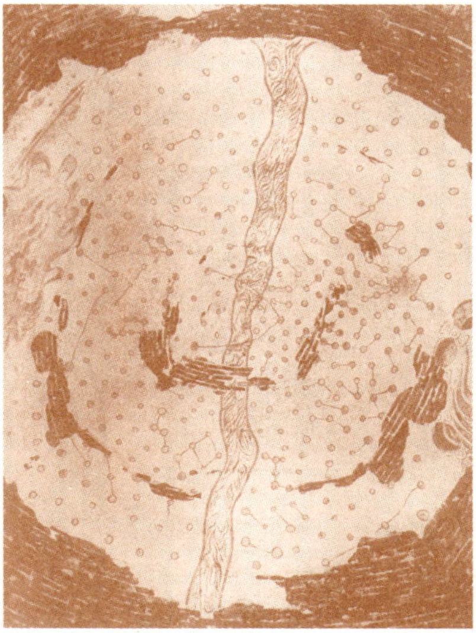

天象图　北魏元叉墓壁画

受天命，改正朔

正，指的是一年之首；朔，指的是一月之首。"正朔"合称，代指历法。"受天命，改正朔"，说的是每当改朝换代的时候要取用新的历法，而这种改变是秉承天意的。《礼记 · 大传》记载："立权度量，考文章，改正朔，易服色，殊徽号，异器械，别衣服，此其所得与民变革者也。"讲的是立朝之初新王所要进行的一系列改革内容，改正朔是其中之一。孔颖达注疏说："改正朔者，正谓年始，朔谓月初，言王者得政，示从我始，改故用新，随寅、丑、子所建也。周子，殷丑，夏寅，是改正也；周夜半，殷鸡鸣，夏平旦，是易朔也。"之所以要进行这些改革，是因为这意味着新王朝的建立是一个新的开始，也就是所谓的"革故鼎新"。夏代是以寅月为正的，也就是当今所讲的正月；而商代是以丑月为正的，即夏历的十二月；周代又以子月为正，就是夏历的十一月；到了秦代，又改为以夏历的十月为正。汉初袭用秦代的正朔，汉武帝元封六年（公元前 105 年），改用太初历，取夏正，此后历代都沿用夏正，仅在武则天称帝时取用周正。

日、气、朔

日、气、朔，是中国古代历法的 3 种基本元素。"日"，就是一个太阳日，为24小时。“气”，指的是二十四节气，也就是从冬至开始，到下一个冬至，是一个回归年，一个回归年划为24份，称为二十四节气。其中，冬至和其后依次相隔一位的节气，如大寒、雨水、春分等叫作“中气”，相应地，小寒、立春、惊蛰等则叫作“节气”（有时为了简洁，也将中气称为“气”，而将节气称为“节”）。“气”又分作两种，按时间等分的叫“平气”，按一年中太阳所走的路程等分的叫“定气”。“气”体现着历法中阳历的成分，而“朔”则体现着历法中阴历的成分。“朔”指的是日、月的黄道经度相同的时刻，也就是阴历每月初一时日、月之间的位置关系所体现出来的月相。月亮绕地球运动的速度是不均匀的，太阳周年视运动的速度也是不均匀的，因此，朔出现的时间也是不相等的，但是凭借长期的观测统计，可以求得一个相对稳定的平均值，这个平均值就称为一个朔望月。根据朔望月推算出来的朔，叫“平朔”；对平朔由日、月不均匀运动所造成的偏差进行修正而得到的真实的朔，称为“定朔”。中国古代历法自有“气”“朔”以来，从春秋、战国时代到唐初，使用的是平气和平朔；从唐初到明末，使用的是平气和定朔；清代以后，使用的就是定气和定朔。

干支计时纪年

干是指天干，支是指地支。天干共10个，所以又称为“十干”，顺序为：甲、乙、丙、丁、戊、己、庚、辛、壬、癸；地支共12个，顺序为：子、丑、寅、卯、辰、巳、午、未、申、酉、戌、亥。其中甲、丙、戊、庚、壬是阳干，乙、丁、己、辛、癸是阴干。子、寅、辰、午、申、戌是阳支，丑、卯、巳、未、酉、亥是阴支。

在夏历中，干支用来编排年号和日期。具体方法为以一个天干和一个地支相配，天干在前，地支在后，天干从甲开始，地支从子开始，阳干对阳支，阴干对阴支（阳干不配阴支，阴干不配阳支），60年一周期，称为“六十甲子”或“花甲子”。天干表示年、月、日、时的次序，地支用来纪月、纪时。地支纪月就是把冬至所在的月称为子月，以下依次排列。地支纪时就是把一日分为12个时段，分别以十二地支表示，称十二时辰。

古人就是以六十甲子循环来纪年、纪月、纪日、纪时。

“天文志”与“五行志”

“天文志”和“五行志”为正史之中志类的两种，开创于《汉书》，为后代史书所继承。

“天文志”是对包括星运、日食、月食等各种天文现象的记录，而在《汉书》之前，《史记》中就已经有了《天官书》，系统地总结了汉代以前的天文知识和天文事件。《汉书》中的“天文志”秉承而来，保存了上古至汉哀帝元寿年间的丰富的天文资料，具有极高的史学和科学价值。此后的史家也保持了这一优秀的传统，使得历代的“天文志”一脉相承，使中国成为世界上古代天文学文献最为丰富的国家。

“五行志”记载的是各种自然灾害和奇异现象，配以五行学说进行论述，具有浓厚的迷信色彩，因而遭致了猛烈的批评，可是这并不能掩盖“五行志”的宝贵价值，虽然其中的论说有相当大的一部分是虚妄的，但是这些论说都是以事实为依托的，也就是说，“五行志”保存了大量的自然科技史的原始材料，其中涉及地震、水灾、旱灾、雹灾、蝗灾、怪雨、日食、彗星、太阳黑子、陨石、奇异的生命现象、冶炼事故等十分广泛的内容，许多为后世所重视的科学现象最初都是记载于“五行志”中的。另一方面，“五行志”还具有重要的思想史价值，从一个特别的角度为人们研究各个时期的社会思想提供了宝贵的文献资料。

“三垣”与“四象”

“三垣”，即紫微垣、太微垣和天市垣，是中国古代划分星空的星宫，每垣都是一个比较大的天区，内含若干小的星宫（或称为星座）。紫微垣是三垣的中垣，包括北天极附近的天区，在北斗东北，居于北天中央，所以又称中宫，或紫微宫，即皇宫的意思；以北极星为中枢，有星 15 颗，东西排列，成屏藩形状，各星多数以官名命名。它的天区大致相当于现今国际通用的小熊、大熊、天龙、猎犬、牧夫、武仙、仙王、仙后、英仙、鹿豹等星座。太微垣是三垣的上垣，位居于紫微垣之下的东北方，在北斗之南，轸宿和翼宿之北，有星 10 颗，以五帝座为中枢，成屏藩形状。太微即政府的意思，星名亦多用官名命名，它的天区包含室女、后发、狮子等星座。天市垣是三垣的下垣，位居紫微垣之下的东南方向，在房宿和心宿东北，有星 22 颗，以帝座为中枢，成屏藩形状，它的天区包括蛇夫、武仙、巨蛇、天鹰等星座。“四象”，即青龙（又称苍龙）、白虎、朱雀、玄武，分别代表东、西、南、北四个方向，用来划分天上的星区。这是古人把二十八宿中每一个方位的七个星宿联系起来加以想象而成的四种动物的形象而得来的。

二十八宿

二十八宿是中国古人认识星辰和观测天象对天上恒星的划分，类似西方的星座，又称为二十八星或二十八舍。“宿”表示日月五星所在的位置。古时候的人们根据它们的出没和中天时间定四时，安排农事活动。

二十八宿分成 4 组，与东、北、西、南四宫和动物命名的四象相配。它们是东宫青龙，包括角、亢、氐、房、心、尾、箕七宿；西宫白虎，包括奎、娄、胃、昴、毕、参七宿；南宫朱雀，包括井、鬼、柳、星、张、翼、轸七宿。北宫玄武，包括斗、牛、女、虚、危、室、壁七宿。与它们关系密切的一些星宫（意为一组星），如坟墓、离宫、附耳、伐、钺、积尸、右辖、左辖、长沙、神宫等，分别附属于房、危、室、毕、参、井、鬼、轸、尾等宿，称辅官或辅座。唐朝时，包括二十八宿和辅官在内的星共有 183 颗。

北斗与二十八宿苍龙星座　画像砖

最早记录二十八宿的是春秋时期的《尚

书·尧典》。现存对二十八宿最完整的记录发现于湖北随县战国古墓（葬于公元前 433 年）的漆箱盖上，它记录了二十八宿的全部名称。

星 野

星野指的是与天上的星象相对应的地面的区域。《史记·天官书》说："天则有列宿，地则有州域。"人们用天上二十八宿的方位来对照地面的区域，某个星宿对着地面的某个区域，叫作某地在某星的分野。王勃在《滕王阁序》中说："豫章故郡，洪都新府。星分翼轸，地接衡庐。""翼"和"轸"分别是南方朱雀七宿中的第六宿和第七宿，"星分翼轸"的意思就是洪州属于翼、轸二宿所对应的地面区域。李白的《蜀道难》中有"扪参历井仰胁息"的句子，其中的"参"和"井"指的是星宿，参宿是秦的分野，井宿是蜀的分野，李白由秦入蜀，所以说"扪参历井"。二十八宿是人们对于天空星区的划分，东西南北四个方向各有七宿，而又将其更为具体地分成九野。即中央钧天：角宿、亢宿、氐宿，东方苍天：房宿、心宿、尾宿，东北变天：箕宿、斗宿、牛宿，北方玄天：女宿、虚宿、危宿、室宿，西北幽天：壁宿、奎宿、娄宿，西方颢天：胃宿、昴宿、毕宿，西南朱天：觜宿、参宿、井宿，南方炎天：鬼宿、柳宿、星宿，东南阳天：张宿、翼宿、轸宿。这九野的方位分别对应于地上的方位，就构成了星野的划分，如前面提到的翼、轸二宿，属于东南阳天，洪州位于中国的东南，正与翼、轸二宿相对应，而参、井二宿则属于西南朱天，与秦、蜀地区相对应。

古代的星图

星图是观测恒星的一种形象记录，是天文学上用来认星和指示位置的一种重要工具。我国古代天文学非常先进，有绘制星图的传统。

世界上最早的星图是唐中宗时期（公元 705 ～ 710 年）绘制的敦煌星图，上面绘有 1350 多颗星。1907 年被斯坦因盗走，现藏于英国伦敦博物馆。

最早的石刻星图是从五代（公元 907 ～ 960 年）吴越王钱元瓘的墓中出土的。石刻星象图刻有二十八宿和拱极星等星宿。1247 年，南宋天文学家根据北宋年间的观测结果，刻制了一副比较齐全的石刻星图，图中共有 1440 颗星，以及银河和二十八宿距星的经线 28 条，现藏于江苏苏州市博物馆。

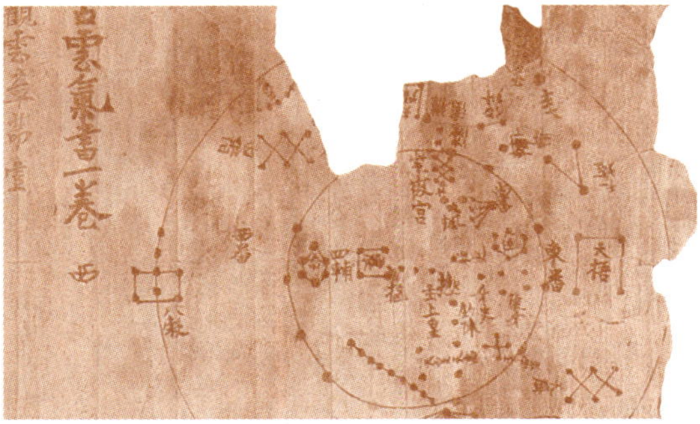
敦煌卷子紫微垣星图

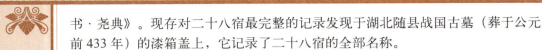

现在发现的最早的彗星图是 1973 年从湖南长沙马王堆三号汉墓中出土的一部帛书。在这部帛书中，绘制了 29 幅不同形状的彗星图。每幅彗星图下面都写有占卜的文字，每条占卜文字的开头都写着彗星的名称。这部帛书距今已有 2200 多年，是世界上最早的彗星图。

彗星、行星的运行记载

彗星，在中国古代称为星孛、蓬星、长星等，据《春秋》记载，鲁文公十四年（公元前613年）“秋七月，有星孛入于北斗”。这是世界上最早的关于彗星的记载，这里的星即哈雷彗星。哈雷彗星的运行周期为76年，从秦王嬴政七年到清宣统二年（公元前240～1910年）的两千多年间，哈雷彗星共回归过29次，每一次中国都进行了记录，并且记录得很详细。例如《汉书·五行志》对出现于汉成帝元延元年（公元前12年）的彗星做了这样的记载：“元延元年七月辛未，有星孛于东井，践五诸侯，出河戍北，行轩辕、太微，后日六度有余，晨出东方。十三日，夕见西方……南游度犯大角、摄提，至天市而按节徐行，炎入市中，旬而后西去；五十六日与苍龙俱伏。”据统计，中国古代对彗星的记载多达五百次以上，是世界上古代彗星记录资料最为完备的国家。

在古代，行星指的就是金星、木星、水星、火星和土星。中国对行星的观测也有着久远的历史，在甲骨文中就有了关于木星的记载，而到了秦汉时期，人们已经观测和推算出五大行星的运行周期。马王堆汉墓出土的帛书《五星占》中详细地记载着从秦王嬴政元年（公元前246年）至汉吕后元年（公元前187年）这60年间木星的位置和从秦王嬴政元年至汉文帝三年（公元前177年）这70年中土星与金星的位置，还记录了五大行星的回合周期。例如，土星“日行八分，卅日而行一度……卅岁一周于天”，意思是说，土星的会合周期为377日，这比当今的测量值378.09日小1.09日；再如，帛书上记载的金星的会合期折算之后为584.4日，这比现在的精确数据只多了0.48日。总之，史籍中关于彗星和行星的记载标志着中国古代天文学卓越的成就。

黄道与黄道吉日

黄道，指的是一年当中太阳在天球（即一个假想的与地球同心的无限大半径的圆球）中的视路径，或者说是太阳在天空中穿行的视觉轨迹的大圆，从另一个角度来说，也就是地球公转轨道面在天球上的投影。平常所说的12星座，指的就是黄道十二宫，即位于黄道带上的十二个星座，人们可以根据太阳处于黄道上的何种位置来判断季节和日期。古时，星象不仅用来推算历法，还用来预测吉凶，人们把日辰的十二地支分别与十二星宿天神相配，称之为某神值日。即子日青龙、丑日明堂、寅日天刑、卯日朱雀、辰日金匮、巳日天德、午日白虎、未日玉堂、申日天牢、酉日玄武、戌日司命、亥日勾陈，其中青龙、明堂、金匮、天德、玉堂、司命这六个星宿是吉神，称其为“六黄道”，其余的则为“六黑道”。当“六黄道”值日之时，诸事皆宜，不避凶忌，也就是所谓的“黄道吉日”。黄道吉日后来又泛指宜于办事的好日子。

二十四节气

古人根据季节更替和气候变化的规律，把一年天分为24个节气。

立春：即春季的开始。雨水：降雨开始。惊蛰：指春雷惊醒了蛰伏在土中冬眠的动物。春分：表示昼夜平分。清明：天气晴朗。谷雨：雨生百谷。立夏：夏季开始。小满：麦类等作物籽粒开始饱满。芒种：麦类等有芒作物成熟。夏至：夏天来临。小暑：气候开始炎热。大暑：一年中最热的时候。立秋：秋季开始。处暑：暑天结束。白露：天气转凉，露凝而白。秋分：昼夜平分。寒露：露水以寒，将要结冰。霜降：天气渐冷，开始有霜。立冬：冬季开始。小雪：中国华北地区将有降雪。大雪：降雪增多。冬至：寒冷将至。小寒：开始进入一年中最寒冷的日子。大寒：一年中最寒冷的时期到来。

为了便于记忆，人们编了二十四节气歌诀：春雨惊春清谷天，夏满芒夏暑相连。秋处露秋寒霜降，冬雪雪冬小大寒。

二十四节气最早出现在商朝，是中国历法的独创，几千年来对中国农业发展起了重要作用。

黄 历

黄历，即黄帝历，相传为黄帝创制，为中国最早的历法。因为黄历的使用范围很广，在上古时期通行时间又很长，所以人们以后也把其他历书习称为“黄历”，并且这一称呼一直沿用下来。黄历的制定以天象观测和农时经验为基础，是一种阴阳合历，将一年分为春、夏、秋、冬四季，以子建月，也就是以阴历十一月为岁首。黄历对于指导人们的农业生产有着重要的作用，也奠定了后世历书的基础，但是在流传过程中也加入了诸如吉凶、宜忌、冲煞、方位、流年、太岁等迷信的内容，尽管在历史上曾被禁止，然而这些内容在当今的历书中依然流行。在历法中还有一个“皇历”的概念，经常与“黄历”相混淆，“皇历”指的是官方颁布的历书。唐文宗大和（又作“太和”）九年（公元 835 年），皇帝下令编制了中国最早雕版印刷的历书《宣明历》，并且规定今后历书必须由皇帝亲自审定，同时由官方印刷。从此，历书就被称为“皇历”。“黄历”与“皇历”的原本含义截然不同，但是由于都用作历书的代称，两者读音又相同，所以后来就被混同起来，当今提起传统历书的时候，有时写作“黄历”，有时又写为“皇历”，但是都脱离了原来的含义，变得不相区分了。

阴历与阳历

按月相周期来排定的历法，叫作太阴历，简称为阴历；以太阳视运动为依据而设置的历法，叫作太阳历，简称为阳历。阴历定月的依据是月球的运动规律：月球运行的轨道，叫作白道；太阳在地球上的周年视运动轨迹，叫作黄道。白道与黄道以五度九分而斜交，月球绕地球一周，出没于黄道两次，用时二十七日七小时四十三分十一秒半，这是月球公转一周所需的时间，天文学上称为“恒星月”。而当月球环绕地球运动的时候，地球的位置因公转也发生变动，因此，月球从朔到望，实际所需的时间是二十九日十二时四十四分二秒八，这一时间称为“朔望月”，也就是阴历的一个月。现在通常所说的阴历指的是夏历，因与农时密切相关，所以又叫农历，但是夏历有闰月的设置，并不是一种纯粹的阴历。阳历是根据太阳直射点的运行周期而制定的，其平均历年为一个回归年，分为平年和闰年两种，闰年比平年多出一天。通常所说的阳历，即格里历，是现代国际通行的历法，因而又称之为公历。阳历的一年实际上并非刚好是 365 日，而是 365.242199174 日，因此每四年设置一次闰年，这样就将年度的平均时间修正为 365.25 日，但仍有一定的误差，因此每一百年再减少一个闰年，而每四百年再加回一个闰年，最后修正为 365.2425 日，这样出现一天时间的误差大约需要 3000 年，可以说是已经相当精确的了。

夏历、周历和秦历

夏历，即夏朝制定和应用的历法，习惯上也称为农历、阴历，但实际上属于一种阴阳合历，因为夏历在朔望月这一方面取用的是阴历的原则，而在设置闰月以使平均历年为一个回归年这一方面则显示出阳历的成分。当今仍在使用的阴历常常被认为是夏历，而实际上取用的只是夏正，也就是一年的开始一天与夏历是一致的，至于每月的设置情况与夏历是有着一定差异的，即使称之为夏历，也并非是 4000 年前夏朝时候历法的原初面貌的，而是经过修正和改订过的夏历。周历和秦历与夏历基本上是一致的，区别在于岁首的不同，周历以夏历的十一月为岁首，而秦历则以夏历的十月为岁首。先秦时期，几种历法并用，所以在古籍中常常会见到因所依历法不同而产生的记月的差异，这是值得注意之处。

漏刻、日晷和圭表

漏刻、日晷和圭表，都是古代用于计量时间的工具。漏刻，“漏”指漏壶，“刻”指刻箭。人们专门制造出一种有小孔的漏壶，把水注入漏壶内，水便从壶孔中流出来，再用一个容器收集漏下来的水，在其中放置一根刻有标记的箭杆，也就是刻箭，相当于现代钟表上显示时刻的钟面。刻箭被一个竹片或木块托着浮在水面上，从容器盖中心的小孔中穿出，随着容器内收集的水逐渐增多，刻箭也逐渐地往上浮，从盖孔处看刻箭上的标记就能知道具体的时刻。后来人们发现漏壶内的水多时，流水较快，水少时则较慢，这显然会影响计量时间的精度，于是在漏壶上再加一只漏壶，水从下面漏壶流出去的同时，上面漏壶的水又同步地补充进来，使下面漏壶内的水均匀地流入箭壶，从而取得比较精确的时刻。

日晷，又称日规，原理是利用太阳投射的影子来测定和划分时刻。日晷通常由铜制的晷针和石制的圆盘状晷面组成。晷针垂直穿过晷面中心，而晷面安放在石台上，南高北低，平行于天赤道面，这样，晷针的上端正好指向北天极，下端正好指向南天极。在晷面的正反两面刻出 12 个大格，每个大格代表一个时辰。当太阳光照在日晷上时，晷针的影子就会投向晷面，太阳由东向西移动，投向晷面的晷针影子也慢慢地由西向东移动，移动着的晷针影子和晷面就分别相当于现代钟表的指针和表面。

圭表，由“圭”和“表”两个部件组成，正南正北方向平放的测定表影长度的刻板，叫作“圭”，直立于平地上测日影的标杆和石柱，叫作“表”。圭表的发明是由人们对事物在太阳光下影子的变化规律的感知而得来的。正午时的表影总是投向正北方向，而且此时的表影最短，对于一年之中各日中午的表影，又以夏至日最短，而冬至日最长，通过这种观察，人们就可以确定节气的日期和一年的长度。

《太初历》

《太初历》创制于西汉，中国第一部完整的历法，也是当时世界上最先进的历法。元封六年（公元前 105 年），经司马迁等人提议，汉武帝下令改定历法，将先前沿用的误差较大的颛顼历改为《太初历》。它由天文学家落下闳、邓平等人制定，这部历法规定，一年为 365.2502 日，一月为 29.53086 日，将原来的以十月为岁首改为以正月为岁首，开始采用有利于农业生产的二十四节气，以没有中气（即雨水、春分、谷雨等二十四节气中偶数位的节气）的月份为闰月，由此调整了太阳周天与阴历纪月不相合的矛盾，并且根据天象实测和多年来史官的记录，推算出 135 个月的日食周期。《太初历》在刚刚行用时，受到一些人的反对，为了验证太初历是否符合实际的天象，朝廷组织了一次为期 3 年的天文观测，同时校验《太初历》和古六历的数据，结果表明，《太初历》更具优越性，于是得以长期沿用，直至汉章帝元和二年（公元 85 年），前后应用了 189 年。

《授时历》

元世祖至元十七年（1280 年），郭守敬（1231 ~ 1281 年）与王恂、杨恭懿、许衡等人于编写完成《授时历》。

《授时历》通过对前代 40 多部天文历法著作的细致研究，推算出一年有 365.2425 天，与地球绕太阳一圈的时间仅差 26 秒，与现在实行的公历所采用的平均年的长度是一样的。书中还废除了前代采用的上元积年以及采用复杂分数表示天文资料的办法，而是精简了计算方法，大大提高了准确度。计算方法上，《授时历》采用 3 次差分的内插法来计算太阳、月亮的不均匀运动；同时，还运用了类似球面三角法的数学方法计算黄道和赤道宿度之间的转化以及太阳视赤纬的转化。

《授时历》是我国古代最优秀也是实际实施时间最长的一部天文历法，从元末颁布实行开始直到清朝中期，共实施了 364 年。

浑天仪

浑天仪是浑仪和浑象二者合一的总称，东汉张衡所创。浑仪是测量天体球面坐标的一种仪器，它模仿肉眼所见的天球形状，把仪器制成多个同心圆环，整体看犹如一个圆球，然后通过可绕中心旋转的窥管观测天体。浑象是古代用来演示天象的仪表，最早为西汉耿寿昌所创制，张衡对其进行了改进，它的构造是一个大圆球，上面刻画或镶嵌星宿、赤道、黄道、恒稳圈、恒显圈等天象标志，类似于现今的天球仪。张衡制造的浑天仪，几乎囊括了当时所有先进的天文学知识，能够把天象变化形象地演示出来，人们可以从浑天仪上面观察到日月星辰运行的现象，代表着中国古代天文学发展的卓越成就。

张 衡

张衡（公元 78 ～ 139 年）字平子，南阳西鄂（今河南南阳市石桥镇）人，东汉科学家、文学家。他早年发奋苦读，17 岁去长安和洛阳一带游历。永元十二年（公元 100 年）出任南阳太守的主簿。永初五年（公元 111 年）任郎中和尚书侍郎，后任太史令。晚年曾任河间相、尚书等职。

张衡是一个全才，他在天文学、地震学、机械制造、数学、文学、绘画等方面都取得了极高的成就。在天文学方面，他主张浑天说，提出天犹如一个鸡蛋，地犹如蛋黄那样居于中心，认为天外有天，宇宙无限。他提出具有朴素辩证法思想的天地起源说，并且正确解释了月食现象，认为中国地区肉眼能看到的星星有 2500 颗，还制成了浑天仪。他在天文学方面代表作是《浑天仪图注》和《灵宪》。

地动仪模型

在地震学方面，他制造了世界上第一台地震仪——地动仪，能准确地侦测到地震。在数学上，他的代表作是《算罔论》，算出了圆周率 $\pi \approx 3.1466$ 和 $\pi \approx 3.1623$ 两个近似值。在思想领域，他坚决反对封建迷信思想。在文学上，他创作了《东京赋》《西京赋》等。他还擅长绘画，被认为是当时六大名画家之一。

祖冲之与圆周率

祖冲之（公元 429 ～ 500 年），字文远，祖籍范阳郡遒县（在今河北涞水县），生于南京，南北朝时著名的数学家、天文学家和机械制造家。

他从小就聪明好学，青年时期就赢得了博学多才的名声。祖冲之的主要成就在数学、天文历法和机械制造三个领域。在数学方面，他取得最大成就是圆周率。求算圆周率的值是数学界中一个非常困难的研究课题，古代许多数学家都为研究这个课题付出了大量心血。祖冲之在吸收了前人研究成果的基础上，经过 1000 多次的计算，将圆周率推算到 3.1415926 和 3.1415927 之间，成为世界上最早把圆周率推算到小数点后七位的数学家。这在当时世界上非常先进，直到一千年以后，西方数学家才打破了祖冲之的纪录。因此，日本数学史家三上义夫建议将 3.1415926 称为“祖率”，以纪念祖冲之的研究成果。

祖冲之关于圆周率的研究成果和其他重大贡献写成《缀术》一书，可惜这部数学专著现在失传了。除了数学以外，祖冲之在天文历法和机械制造取得了很大成就。他曾编制了《大明历》，设计和制造了计时用的漏壶、指南车、水推磨和千里船等。

沈括

沈括（约1033～1097年）字存中，钱塘（今浙江杭州）人，北宋科学家。至和元年（1054年），沈括任海州沭阳县（今属江苏）主簿，颇有政绩。熙宁年间（1068～1077年），王安石变法，沈括积极参与。熙宁五年（1072年），沈括任提举司天监，职掌观测天象，推算历书。王安石变法失败后，沈括被贬，晚年定居润州（今江苏镇江东）梦溪园。

沈括资质聪颖，勤于思考，在物理学、数学、天文学、地学、医学、化学、工程学等方面都做出了重要的成就和贡献。沈括研究并改革了浑仪、浮漏和影表等旧式的天文观测仪器，还制造了测日影的圭表，改进了测影方法。在《浑仪议》《浮漏议》和《景表议》等3篇论文中，沈括介绍了他的研究成果，阐发了自己的天文学见解，这3篇论文在我国天文学史上的具有重要地位。晚年，沈括总结自己一生的经历和科学活动，写出了科学巨著《梦溪笔谈》和《忘怀录》等。

一行测算子午线

一行（约公元673～727年），唐代僧人，俗名张遂，魏州昌乐（今河南南乐）人，一说河北巨鹿人，是著名的天文学家、数学家和佛学家。开元五年（公元717年），唐玄宗召一行入京制定新历法。一行与机械制造师梁令瓒合作，创制出了黄道游仪和水运浑象仪，改进了观测仪器，掌握了大量的天文实测资料。一行由此发现古籍上记载的有些恒星的位置与实际不符，于是重新测定了150多颗恒星的位置，这大大提高了新历法的精度。为了使新历法适用于全国各地，一行还组织领导了规模宏大的天文地理测量，开展了实地测算子午线的工作。所谓“子午线”，指的就是人们假设的一条通过地球南北两极的经线，测定出子午线的长度，就可以测知地球的大小。一行在全国选了13个观测地点，其中最北端的观测点在今天蒙古国的乌兰巴托西南，最南端的观测点则在今天的越南中部。通过艰巨而严谨的实测工作，一行推翻了过去一直沿用的“日影千里差一寸”的错误结论，得出“三百五十一里八十步，而极差一度”的新结果，指出子午线一弧度的距离为129.22千米，而现代用精密仪器测量的结果是111.2千米，虽然两者差异是比较大的，但是作为世界上对子午线长度的第一次实地测量，一行的这一成就在中国以及世界天文学发展史上都有着重大的意义。

一行像

郭守敬

郭守敬（1231～1316年）字若思，顺德邢台（今河北邢台）人，元代天文学家、水利专家。他自幼在祖父郭荣的指导下，刻苦学习天文、数学、水利学等方面的知识。中统三年（1262年），郭守敬受到元世祖忽必烈的召见和赏识。至元十五年（1278 年），郭守敬恩同知太史院事，负责建造天文台。郭守敬参与制定了新历法，负责制仪和观测。经过四年努力，在至元十七年（1280 年）终于编出新历，忽必烈定名为《授时历》。另外，郭守敬设计和监制的新天文仪器有简仪、高表、候极仪、浑天象、玲珑仪、仰仪、立运仪、证理仪、景符、窥几、日月食仪以及星晷定时仪 12 种，大大提高了观测精度，对我国天文研究有很大帮助。

晚年，郭守敬致力于河工水利，兼任都水监。至元二十八年（1291 年），郭守敬领导开辟汇集大都附近水源的白浮堰，主持了大运河最北一段——由通州到大都积水潭的通惠河的修建工程。他根据地形地貌解决了通惠河的水源问题，而且在运河中设闸坝、斗门，解决了河水的水量和水位问题。

神秘文化

中国的巫术

巫术是企图借助超自然的神秘力量对某些人或事物施加影响或给予控制的方术。“降神仪式”和“咒语”构成巫术的主要内容。巫术产生的原因是处于蒙昧阶段的人类对不可把握和不可理解的各种现象产生出困惑，于是期望通过某种仪式与神鬼沟通，从而实现祈福或者降祸的目的。巫术按其施行方式可以分为摹仿巫术和接触巫术。摹仿巫术就是以相似的事物为代用品来求吉或致灾；接触巫术是利用事物的一部分或与该事物相关联的物品来进行求吉嫁祸。按照巫术的目的，又可分为嫁祸的黑巫术和祈福的白巫术。根据具体的应用范畴，巫术又可分为辟邪巫术、生殖巫术、求雨巫术、招魂巫术等。在中国古代，巫术在社会生活中占有重要地位，巫术的影响遍及社会文化的各个方面，诸如绘画、雕塑、文学、音乐、医学、天文等多个领域都深深地烙下了巫术的印痕。

巫 蛊

巫蛊是害人巫术的一种。蛊指的是毒虫，人们把许多有毒的虫子放在一个器皿里，令它们相互吞食，剩下的毒虫就是用于害人的蛊。用蛊害人，产生作用的是虫子体内的毒素，但是古人们并没有认识到这一点，因而将其与巫术联系在一起，称之为巫蛊。放蛊的人通常会将蛊研成粉末状，放入欲毒害者的食物之中，或者用指甲将蛊粉弹在其衣物上，与此

巫舞　岩画

同时，往往还要开坛作法，进行诅咒，以期施害的对象中蛊。巫蛊之术在先秦时期就已产生，自汉代开始，巫蛊被明令禁止，饲养蛊者轻则流放，重则处以极刑。

招 魂

招魂是一种期望招引死者的魂魄归来的巫术。招魂仪式在上古时期乃至更为久远的原始社会中就已形成，《楚辞》中有《招魂》一篇，反映的就是当时楚地招魂的习俗。据《礼记》记载，人刚死的时候，亲属中的一个人要拿着死者的衣服登上屋顶，面向北方，3次高呼死者的名字，然后将死者的衣服卷起来投到屋下，下面有人接着，将衣服敷在死者的身上。之所以这样做，是因为人们认为这件衣服曾被死者穿过，染上了本人的气息，加之对其名字的呼叫，尚未走远的魂魄可能就被吸引回来，死者也就有可能因此而复生。民间还有在屋外悬挂招魂幡的习俗，是希望死者魂魄归来的意思，实际上起到的是对外界报丧的作用。

驱鬼和辟邪

驱鬼和辟邪，是以驱除邪祟为目的的巫术。古代先民们认为人死之后化作鬼魂，鬼魂是人看不见的，但是能够对人施加影响，既能保佑人，也能伤害人。由鬼给人带来的伤害被称为邪，人一旦中了邪就会发生灾病，这个时候就需要举行仪式进行驱鬼辟邪。这种巫术通常的方式为，巫师头戴面具，手执利器，口念咒语，同时伴以夸张的舞蹈动作，又被称为“跳神”。驱鬼和辟邪不仅呈现为一种巫术仪式，而且也深深地潜入人们的观念之中，于是产生了各种各样的辟邪饰物，如桃木、水晶制品等，人们认为将其带着身上或者摆放在家里可以起到驱鬼辟邪的作用。

占梦术

古人认为梦境是人在睡眠时灵魂离开身体进行漫游的情景，而这种灵魂的活动是受到鬼神指使的，所以根据梦象可以体察神意和预知吉凶，因此就产生了占梦术。占梦实际上也是占卜的一种，但是由于占梦有着个人的亲身体验为基础，所以有着更强的神秘性和诱惑力。人们在甲骨文中发现了很多关于占梦的记载，可见当时占梦是相当流行的。占梦的方式并不仅仅是单纯对梦象的解释，通常还与占龟、占易、占星等结合在一起。例如，《周礼·春官·占梦》记载：“以日月星辰占六梦之吉凶。”占梦在上古无事不占的历史时期发挥着重要的意义，对政治事件多有影响，如《尚书·泰誓》记载，武王誓师伐纣时曾鼓舞将士们说他的梦兆和龟卜是一致的，为大家预言战争是一定会胜利的。占梦术常用的方法有直解、反说、连类、类比、象征、谐音、拆字等，主观随意性相当大，但也蕴含着某些心理学和生理学的知识。

祈吉与禳恶

在占梦术中，人们为了取得好的预兆，有时会通过巫术来祈求吉梦而禳除噩梦，从而为现实生活带来福运。从甲骨文献可知，商代时人们在遇到噩梦的时候常常会对作祟的鬼神进行祭祀，以期噩梦不再降临，这就是早期的禳恶之术。到了周代，祈吉禳恶成为一项制度，周王每年冬季都会在庄重肃穆的气氛中举行“聘王梦”大典，占梦官请求神灵来年对周王赐以吉梦，周王则要敬拜接受。祈吉禳恶后来还发展出了特定的符和咒语，并产生了一系列相关的神物，如梦草、梦鸟等，据说人们只要将这种草放在怀中，就可以知道梦的祸福，而吃了梦鸟的肉则可以求得吉梦。

“受命之符”的帝王梦

帝王自命“君权神授”，以占梦来论证其统治的合法性与正当性也成为一种政治手段，这种特殊的梦也就是“受命之符”的帝王梦。《史记·高祖本纪》记载，刘邦之母在大泽之陂休息时梦到与蛟龙的神遇，而后怀孕生下了刘邦。再如《南史·齐本纪》记载，萧道成在少年时曾梦见自己曾骑青龙追逐太阳，后来成为齐朝的开国皇帝。其实，关于此类的记载可谓不绝于史，最早从黄帝开始就有了这种帝王之梦的附会，而梦中景象的代表性事物就是最富有象征意义的龙、日和天。

中华养生术

中华养生术是中国所特有的一套保养生命和实现健康长寿的方法体系。中国最早的一部医学经典《黄帝内经》全面地阐述了养生的原则和方法，将“天人合一”与“阴阳相调”视为养生术的基本原理。此外，《行气玉佩铭》《吕氏春秋》等先秦典籍也都记载了很多养生术方面的知识。秦汉之后，养生术有了更为充分的发展，各种养生著作层出不穷，如《抱朴子》《养性延命录》《养生集要》等，共同构成了丰富而渊深的养生文化。中华养生术强调“养形”与“养神”的结合。“形”，指的是身体方面；“神”，指的是精神方面。在养形方面重视的是动，而在养神方面重视的则是静。动与静的有机结合，构成了中华养生术的精髓。

气 功

气功是中国一种重要的养生方法，基本方面为调身、调心和调息。

调身，即调整身体的姿势和状态。气功基本的姿势有站、坐、卧、行四种，每一种都有独特的规定，以站式为例，要求两脚并立，两手掌心覆于脐部，垂肩含胸，舌抵上颚，凝神入丹田（脐下三寸的地方）。

调心，即通过意念来调整心理状态和生理功能，需要进入一种极为平静的状态，令自己的意念高度集中。

调息，即调理呼吸，常称作“吐纳之术”，要有意识地令身体处于最为放松的状态，慢慢地将气息调和得轻柔、均匀、细缓，然后进行深呼吸，吸气时口齿紧闭，舌抵上颚，同时注意意志的配合，片刻之后，令舌体放松，口齿间微开一条小缝，令气缓缓地呼出。气功最忌讳的是心志的浮躁，强调循序渐进，持之以恒。

彩绘行气入静图陶器　西汉

《葬书》和《宅经》

《葬书》和《宅经》是中国古代关于葬地和宅地选择的两部风水经典。《葬书》托名于晋代郭璞，真实作者与成书年代皆不可考，但至迟出现在唐代中期以前，是现存最早的一部介绍葬地选择的风水著作，其强调的要点为：葬者要依凭地中的生气；葬地要藏风得水，或者说是依山临水；不长草木的山、有断裂的山、石山皆不宜葬；葬地的气势对应着后代的人事。《宅经》为现存的最早的住宅风水著作，根据坐向将住宅分为阴宅和阳宅，建宅时要注意阴阳的配合，阴宅不能坐阴朝阴，阳宅不能坐阳朝阳；认为住宅内部的各个方位与家中各成员的命运相联系，某个方位对应着某个成员，即为该人的“命座”，设计住宅时要根据命座来做出适宜的安排；建宅要讲究顺序和时令；住宅有虚实之属，虚者对人不利，实者对人有利。虚者有五：宅大人少、宅小门大、墙院不完全、井灶安置不当、宅地多房屋少庭院广；实者有五：宅小人多、宅大门小、墙院完全、宅小六畜多、宅水沟东南流。

占星法

占星术，是将天上的星象与人事联系起来进行预知吉凶的一种占卜方法。占星术起源于人类文明的初始阶段，可以说是各种占卜手段之中最早的一种，上古时期曾设有专门负责占星的星官。人们将星宿的布局与地域的分割对应起来，观察天上某个星宿出现了某种变化，便据此而预测与其相对应的人间某地会发生何种事件。占星术属于最为原始的占卜方法，理论体系较为粗疏，并且往往依赖于特殊星象的发生，还有一个重要的局限就是只能占卜近期的事件，这些弊端使得人们开始探索新的占卜方法，逐渐创制了后来的算命术。

排八字

古代采用干支来记录时间，即以 10 个天干（甲、乙、丙、丁、戊、己、庚、辛、壬、癸）和 12 个地支（子、丑、寅、卯、辰、巳、午、未、申、酉、戌、亥）依次两两相搭配组成干支，年、月、日、时都分别对应着一个干支，4 个干支加在一起共 8 个字，称为“八字”。确定这八个字的过程叫作“排八字”。排八字的依据是一套确定的历法，通过查阅历书或者相关的表格就可以知道，而且还可以自己推算出来。关于八字的推算，人们已经总结出了便于记忆的口诀。年的干支计算方法最为人所熟悉，就是由 10 个天干和 12 个地支配成六十甲子，往复循环，知道了某一年的干支，其他年份的干支就都可以通过加减直接推算出来。月的地支是固定的，即正月为寅月，二月为卯月，以此类推，十一月为子月，十二月为丑月，至于天干，则要再行排定。对于日的推算，一般是要记住正月初一的干支，以此为基础来推算一年之中各日的干支。依据这样的方法，八字就可以顺利排定。

大运、小运和流年

在命理学中，“命运”两个字如果分开来解释的话，“命”指的是人的一生总的状况，而“运”则指的是人生中各个阶段的状况。所谓“大运”，说的就是人的一生中哪个阶段有好的运气，而哪个阶段又比较晦气。确定“大运”首先要算出起运的岁数，计算依据是：凡天干逢甲、丙、戊、庚、壬等阳年出生的男性，和天干逢乙、丁、己、辛、癸等阴年出生的女性，从本人生日的那天起顺数，到下一个节为止（二十四节气中的立春、惊蛰、清明、立夏等居于单数位的称为“节气”，简称“节”；居于双数位的雨水、春分、谷雨、小满等称为“中气”，简称“气”），相应地，阴年生的男性和阳年生的女性，则从本人生日那天起逆数到上一个节止，以3天为一岁，剩余的一天抵4个月，一个时辰抵10天，这样算出来的岁数就是这个人的起运年龄。接下来还要算出“大运”的天干地支。“大运”的干支是根据生月的干支来推算的，起运的岁数如果是顺数得来的，则由生月干支的下一个干支依次顺排下去；反之，就从生月干支的上一个干支依次逆推上去。“大运”的每个干、支各管五年吉凶，看天干时可结合地支一起分析，看地支时因为天干所管的五年已经过去，就可以单独分析。在“大运”之外，还有“小运”，又叫作“行年”。“小运”可以作为“大运”的补充，对还没有到达起运年龄的小孩的命运进行推测吉凶。“小运”的推算方法与大运基本相同，只是“小运”是以时辰的干支为出发基点的。当人的年龄进入“大运”之后，依然可以参照“小运”来对命运进行测算，这样可以对“大运”起到一个修正的作用。所谓“流年”，指的就是一个人去算命的那一年。“流年”与“八字”本身无关，但是在算命的时候常常将“流年”与“八字”结合起来进行分析。

星宿神煞

星宿神煞，指天上代表着吉凶祸福的星宿，吉者为神，凶者为煞，命理学中将天上的星宿神煞与人的命运结合起来，发展出了一套神煞理论。看星宿神煞，一般以日柱干支为出发点，再联系年柱、月柱、日柱以及大运、流年等进行比照，在相关的命书中对何种干支相遇即为碰上了什么神煞，都有具体的规定。神煞的种类非常繁多，其中有吉星吉神，例如天德星、天赦星、文昌星等；有凶神恶煞，例如桃花煞、亡神等；还有一类星煞或吉或凶，到底是吉是凶，还需要结合其他方面进行具体的分析，如魁罡、华盖、驿马等就属此类。星宿神煞的规定并不从五行生克着手，因而缺乏义理性，为许多命理学家所反对，而星宿神煞一般只作为一种算命的辅助手段，并不单纯以此推断命理。

分析命理

分析命理的准备工作是排定“四柱”，亦即排“八字”，以及确定大运、小运、流年等，在年、月、日、时四柱八字之中，以日干（即日柱的天干）最为重要，因为日干代表的是个人本身，命理分析就是从日干所含的五行状况出发来进行推算的。日干的状态可以分为旺、强、中、衰、弱，以中为贵，强、旺则宜克宜泄，衰、弱则宜扶宜抑。关于日干状态的判断，首先看日干所生的月份，即比较月支（月柱的地支），例如日干为甲，属木，遇月支为寅，即春季，木生于春，为旺，这叫作“得令”或“得时”，就是“生逢其时”。其次，看四柱的地支，看这些地支在寄生十二宫中处于什么状态。“寄生十二宫”就是指五行在12个月中从生长到死亡的过程，依次为绝、胎、养、长生、沐浴、冠带、临官、帝旺、衰、病、死、墓。如果是长生、沐浴、冠带、临官、帝旺，就是得地得气，就意味着强、旺；如果是衰、病、死、墓、绝、胎、养，就为失地失气，就是不强旺。再次，要看日干五行在四柱干支中所得的生助制泄的情况，例如日干为甲，属木，若得水生木助多，就是旺而得势；若得金制火泄多，则弱而失势。这种判断也就是所谓的“五行盛衰”，五行盛衰之过与不及皆为不佳，而以中和为妙。这是对一个人的命运的基本分析，具体的方面，如富贵贫贱、生死寿夭、性情体貌、婚姻嫁娶、大运流年以及六亲的状况等都可以依照相类的方法而推衍出来，这也就涉及非常繁复的命。

古代的测字术

测字，又称为拆字，大概始于南朝的刘宋。测字时，测字先生让问卜人任举一字，然后他会触机附会，从而判断吉凶祸福。据内行人讲，测字不在于“字”，关键在于如何解字。

相面术

相面术，是指根据人的面貌来判断人的性格、考察人的健康、揭示人的经历和预测人的命运的一种方术。相面术起源很早，在春秋时代已经很为流行了。《左传·文公元年》记载：“元年春，王使内史叔服来会葬。公孙敖闻其能相人也，见其二子焉。叔服曰：‘谷也食子，难也收子。谷也丰下，必有后于鲁国。’”这段话表明，公孙敖请叔服给两个儿子看相，叔服相面的结论是：谷这个儿子会供养他，而难这个儿子会给他送终。叔服还说，谷的子孙必定会在鲁国兴旺起来，依据是谷的下颔很丰满。后来谷的儿子茂果然成为鲁国的贤大夫。另《史记·越王勾践世家》记载：“范蠡遂去，自齐遗大夫种书曰：“飞鸟尽，良弓藏；狡兔死，走狗烹。越王为人长颈鸟喙，可与共患难，不可与共乐。子何不去？”范蠡从越王勾践“长颈鸟喙”的面相判断出其“可与共患难”而“不可与共乐”的小人性格，以此来劝说文种归隐，文种未从，不久果然为勾践所杀。到了战国时代，关于相面的记载就更为多见，并且相面术也开始系统化，有人专门创作了《相人》24卷，为后世层出不穷的相书之滥觞。相面术在中国源远流传几千年，形成了一套相对严整的理论系统和较为丰富的经验体系，对民间风俗、科学文化乃至历史事件都产生了很大的影响。人们将相面作为日常生活中判断祸福以趋吉避凶的重要辅助手段，特别是每逢婚嫁等大事往往都要请相士来相看一番。而相面术与中医的辨症论治也有着密切的关系，“望”和“闻”的诊察手段与相面就有着很大的共通之处。据《隋书》记载，隋高祖杨坚曾经聘请著名的相士来给他的各个儿子相面，相士说：“晋王眉上双骨隆起，贵不可言。”后来晋王即被定为太子，也就是后来的隋炀帝。杨坚的这种选择虽然未必是完全由此确定的，应当说在某种程度上受其影响的。

相士欺人

选自《点石斋画报》。讲一个相面士骗人钱财的故事。相士占卜看人面相、手相、骨相等，从人的面貌、精气神来占卜。

看手相

看手相是通过观察人手的形状、纹理、气色等来推测人的性格、经历、命运等的一种算命方法，与相面并列为看相的两大基本种类。看手相主要看的是手形和手纹两个方面，中国传统的相法是重形而轻纹的。关于手形的相法有着系统的总结，如《古今图书集成》中所收录的《照胆经》一书对手形的相法做了概括。

后来看手相则更侧重于手纹。手纹分为掌纹和指纹，而以掌纹为主。至于指纹，主要是将纹形分为“涡纹”与“流纹”两种。纹形如水流中的旋涡的称为“涡纹”，也叫作“螺纹”；而纹形呈流线形甩开、不封口的叫作“流纹”。指的涡纹与流纹的不同分布状况都有相应的含意。

八卦六爻预测学

八卦，是一套有象征意义的符号，用“—”代表阳，叫作阳爻；用“--”代表阴，叫作阴爻，取3个这样的符号上下组合在一起就成为一种卦象，共有8种，即八卦。八卦再两两相互搭配而成六十四卦，每卦就具有六爻。八卦六爻是中国的一种最为古老和最为常见的占卜方法，其理论依据是《易经》中的爻辞，具体的预测方法则有多种，如纳甲法、梅花易数、观音神课等，其中应用最为普遍的是梅花易数。

奇门遁甲

奇门遁甲是中国术数的一种。“奇”有三奇，即乙、丙、丁；“门”有八门，即休、生、伤、杜、景、死、惊、开；“遁”，即隐藏；“甲”有六甲，即甲子、甲戌、甲申、甲午、甲辰、甲寅。“甲”在十干中最为尊贵，隐遁于“六仪”（即戊、己、庚、辛、壬、癸）之下，原则是甲子同六戊，甲戌同六己，甲申同六庚，甲午同六辛，甲辰同六壬，甲寅同六癸。另外还配合有“九星”：蓬、任、冲、辅、英、芮、柱、心、禽。奇门遁甲的占测分为天、门、地三盘，象征三才。天盘的九宫有九星，中盘的八宫布八门，地盘的八宫代表八个方位，天盘和地盘上的每宫都分配着特定的“奇”和“仪”。这样，预测之时就根据具体时日，以六仪、三奇、八门、九星进行排局，从而推知出人事的各种状况。

紫微斗数和铁板神数

紫微斗数为命理学的一种，传说是北宋陈抟发明的，与四柱算命法同源而异流，理论前提是人出生时的星象决定人一生的命运和生命中的各种事件，因为在星相分析中以紫微星为首而得名。紫微斗数推命的基本方法是以一个人的出生年、月、日、时定出其命宫所在，依此推断出其人生的基本状况，然后依次列出兄弟宫、夫妻宫、子女宫、财帛宫、疾厄宫、迁移宫、交友宫、事业宫、田宅宫、福德宫、父母宫，观察各宫位的星群组合，推知其斗数命理，再通过四化星（化科、化禄、化权、化忌）的牵引，注意各种变化的情形。铁版神数，即“铁卜子版本神数”，传说为北宋邵雍发明，但是未得确证。铁版神数的特点是有一个考时定刻的过程，即将问命者所提供的生辰由时精确至刻（一刻为十五分钟），运用条文推算命运。

袁天罡与李淳风

袁天罡，隋末唐初的著名术士，益州成都人（今属四川），曾在隋朝担任盐官令，唐朝后曾任火山令（又记为火井令），著有《六壬课》《五行相书》《推背图说》（与李淳风合著）《易镜玄要》《袁天罡称骨歌》等多种有关于推命和预测的书籍，以相术精准而闻名。袁天罡最为著名的事迹是为年幼的武则天相面。当年武士彟把他请来给一家人相面，女儿武则天被抱出来的时候穿的是男孩的衣服，袁天罡相后的结论是：可惜是个郎君，若是女儿，将来必为天下之主。多年以后，袁天罡的这一预言得到应验。当然，这很可能是后人的附会。

李淳风（公元 602 ～ 670 年），岐州雍人（今陕西凤翔岐山镇），自幼跟随父亲学习天文历算阴阳之学。贞观年间，李淳风因指出当时行用的《戊寅元历》中的不妥之处而深受唐太宗的赏识，由此被授予将仕郎，进入太史局，执掌天文、地理、制历、修史等方面的事务。李淳风取得了多方面的杰出成就：在天文学方面，他改进了西汉落下闳发明的浑仪，增加了黄道、赤道和白道三环，制成了当时世界上最先进的天文观察仪器——浑天黄道仪，并且指出彗星尾“夕见则东指，晨见则西指”而常背太阳的规律，这一发现为世界之首；在气象学方面，他用自己设计的“三脚鸡风动标”进行对风的观测，将风定为八级，成为世界上第一个给风定级的科学家；在历法方面，他集近 40 年的天文观察数据和推算结果编制成了精密的《麟德历》，为完成中国历法上采用定朔这一改革做出了重要贡献；在数学方面，他受诏主持并亲自参与注解的《周髀算经》《九章算术》等十部算经被颁行为全国教材，这也是世界上最早的数学教材；在史学方面，他受诏参与编写了《晋书》《隋书》和《五代史》（“五代”指梁、陈、周、齐、隋）；此外，他还撰写有《文思博要》《演齐民要术》《六壬阴阳经》《推背图说》（与袁天罡合著）《宅经》《乙巳占》等等涉及领域非常广泛的多种著作，堪称是一代学人中的巨擘。在李淳风的这些著作中，传播最广的当属与袁天罡合著的《推背图说》。这部书被看作是中国最为神奇的预言经典，全书共含有六十幅图像，每幅图像之下均有谶语，预言后世的兴旺治乱，但并不指出确切的情形，而是取用模棱两可、若明若暗的语言来指涉，这为人们的肆意附会提供了便利条件。

《渊海子平》

《渊海子平》是中国流传最广、影响最大的命理学著作，为宋代徐升根据当时著名的命理学家徐子平的批命方法记录而成的。这部书中第一次比较完整和系统地论述了“四柱算命法”，可以说是中国古代命书的一部集大成之作，深为后世研习命理的人士所宗奉。徐子平在命理学上的最大贡献是将唐代李虚中所创立的推算年、月、日干支五行的办法进一步发展为四柱命理，“四柱”就是年、月、日、时四者的干支，共为八字，所以“四柱算命法”也称为“八字算命法”。这八个字各自都蕴含着一定的五行因素，依据阴阳五行生克变化的原理，就可以推演出人的命运。《渊海子平》的内容非常驳杂，基本上可以分为两大方面，一方面是算命的理论基础，另一方面就是对命理的具体应用。《渊海子平》不仅理论上自成一体，而且在应用方面也非常丰赡，同时又带有浓厚的辩证法色彩，这些都是此书广受欢迎的重要原因。

图谶和《推背图说》

谶，本意是预言，就是假托神意对国家或个人的吉凶祸福的预言，多以隐语的形式出现。这就更增加了它的神秘色彩。其特点在于“立言于前，有征于后”。

图谶之说，最早出现于春秋时期。在流传、发展的过程中，存在着谶语和图谶两种主要形式。谶语指的是只有文字而没有图画的预言，而图谶则是二者兼而有之的预言。春秋末年，晋国的赵简子就通过谶语的方式为自己取代晋国的国君张目。秦朝统一天下后，当时的图谶有“亡秦者胡也”的说法。秦始皇将“胡”理解为胡人，于是派将军蒙恬率军30万北击匈奴。西汉末年，王莽篡位，皇族刘秀便利用“刘氏复起，李氏为辅”的谶语起兵反新。南北朝时期，图谶之风更是盛极一时。当时有一本《河洛谶》，言明“历年七十水灭绪，风云俱起龙鳞举”，“肃肃草成，道德尽备”。于是在南朝刘裕建国70年，五行属水的时候，权臣萧道成夺得帝位。

隋唐之际，最有影响力的图谶莫过于《推背图说》，由袁天罡和李淳风共同完成，主要内容是预言唐朝以后中国的国运兴衰、治乱以及重大的历史事件。全书按照六十甲子的顺序生动地讲述唐以后的朝代更替和历史变迁。每一个干支都配有一图、一卦、一颂、一谶。据说，该书的预言大多在后代应验。

《推背图说》

明、清时的图谶著作有许多，较为出名就有《烧饼歌》《透天玄机》《藏头诗》《黄檗禅师诗》《孔明碑》等。《烧饼歌》据说是铁冠道人留给明太祖朱元璋的，后来可能也经过篡改。其最初的版本有对朱元璋驾崩日期和靖难之役的预言：“戊寅润五龙归海，壬午青蛇火里逃。”今本中不见此谶语，由此推断在流传的过程中被篡改。

独特的中医

中医的起源

中医起源于华夏先民长期的劳动实践，到原始社会末期，中医已具雏形，但由于缺乏文字的记载，只留下了一些传说，其中最为著名的就是神农尝百草和伏羲制九针，根据这种说法，神农和伏羲分别是中药学和针灸学的开创者。灸熨、针刺和汤药是中医的三大基本治疗方法，灸熨源自于人们对火的应用，针刺出自于对石器的使用，而汤药则产生于对食物的寻找过程，这些在初始阶段都是不自觉的偶然发现，后来则逐渐发展为一种确定的知识，形成了中医发展的源头。上古时期，人们对自然的认识还处于蒙昧阶段，因此巫术盛行，而疾病的治疗更是与巫术密切地结合在一起，所以当时巫、医为一职，而最初的中医知识也于此时形成，在甲骨文中已经有了对确定病名的记载。进入周代，就出现了专业的医师，并且医学开始分科，也建立了医政制度。到春秋战国及至秦汉时期，随着一批医学大家和医学经典著作的出现，中医就已经进入全面成熟的阶段了。

中医的理论基础

精气学说、阴阳学说和五行学说是中医的理论基础。精气学说认为气是生命的本源，人体机制的正常运行需要精气的调和，故凡为疾病，都是由人体之气的升降出入失调所致。

在阴阳学说中，阴和阳分别代表着两种对立的事物或者事物对立的两面，阴阳之间对立而又统一，相互间存在着交感、制约、消长、转化等彼此依存而又斗争的关系。五行学说则认为世界上一切事物都可按其基本属性分为五类，分别以金、木、水、火、土命名，五者之间存在着相生相克的关系。这三种学说涵盖了中医学中关于人体的组织结构、生理功能、病理变化的基本观点，并且构成了对疾病的诊断和防治的最终的理论依据。例如，在中医学理论中，表证、热证、实证可归属于阳证的范畴；里证、寒证、虚证可归属于阴证的范畴。再如，中医认为，金、木、水、火、土在人体中分别对应着肺、肝、肾、心、脾五脏，五行平衡、五脏调和，人体才能维持健康和气血旺盛。

四诊八纲

“四诊八纲”指的是中医诊断疾病的手段。“四诊”即四种诊察疾病的方法，是搜集临床资料的主要方法。

“四诊”即望、闻、问、切。“望”就是观察病人的精神状态、体质情况、皮肤或其他部分的色泽，以及五官、舌苔等。“闻”一是听病人发出的声音（言语、呼吸、咳嗽等），一是闻病人的气味（呼吸、口腔、分泌物、排泄物等）。“问”就是询问病人发病经过和症状。“切”就是号脉和触诊。脉诊虽然排在最后，但它是中医诊断学中最重要、起决定性作用的一环。“八纲”即表、里、寒、热、虚、实、阴和阳。它是在四诊的结果的基础上概括出来的，用来明确疾病的主要矛盾或矛盾的主要方面。中医认为，人之所以得病是因为六因，即风、寒、暑、湿、燥、火，但这些都是属于外因，是致病的条件，至于是否发病与否，主要取决于内因，即人的身体状况。

辨证施治

辨证施治就是从病人的整体进行考虑进行治疗，而不是头痛医头、脚痛医脚。它既不同于对症治疗，也不同于西医的辨病治疗，它把人体的状况和疾病的发展变化规律联系起来，综合考虑进行治疗，可以说是病因疗法。

辨证的辨包括辨别与分析两方面内容。证就是对一组症状的综合与归类。辨证就是运用四诊所获得的客观资料（即证候），用中医的方法（三因、四诊、六经、八纲、脏腑、气血等）进行辨证分析，得出人生病的原因，同时注意病情的发展趋势。施治就是在辨证的基础上，根据不同症状，采用与之相应的治疗方法和用药。辨证是施治的依据，施治是治疗的目的。辨证的主要方法有：辨病位、辨病因、辨病机。

邪从外来，病由内起

“邪从外来，病由内起”，这是中医的病因学理论。在中医看来，风、寒、暑、湿、燥、火等都是外界的致病因素，人无时无刻不在进行着与外界的物质交换，由此而引发体内的各种运动变化，即所谓的“升降出入”。正常的情况下，这种过程是平衡的，如果相关因素发生了某种反常的变化，例如气温的骤降，就会造成人体升降出入的失衡，从而导致疾病。这就是所谓的“邪从外来”。在这种失衡的情况下，并不是所有的人都会生病，可见疾病的发生还受到另外因素的影响，这就是人体自身的状况，即人体对外界致病因素的抵抗能力，只有当人体内部的防御机制遭到破坏的情况下，疾病才会发生，也就是说，病发与否最终取决于人体内部的状况，即所谓的“病由内起”。

望、闻、问、切

望、闻、问、切，是中医传统的四种基本诊察方法，合称“四诊”，相传最早为扁鹊总结发明。成书于汉代、托名为扁鹊所著的《难经》记载：“望而知之谓之神，闻而知之谓之圣，问而知之谓之工，切脉而知之谓之巧。”又解释说：“望而知之者，望见其五色，以知其病；闻而知之者，闻其五音，以别其病；问而知之者，问其所欲五味，以知其病所起所在也；切脉而知之者，诊其寸口，视其虚实，以知其病，病在何脏腑也。经言，以外知之曰圣，以内知之曰神，此之谓也。”望、闻、问、切的诊察方法在中医学中具有统领性的地位，明代徐春甫在《古今医统大全》中说：“望闻问切四字，诚为医之纲领。”

明切脉罗汉塑像

辨证与辨病

辨证与辨病都是以病人的临床表现为依据来认识疾病的过程，区别在于，辨病是对疾病的辨析，以确定疾病的诊断为目的，从而为治疗提供依据；辨证则是对证候的辨析，以确定证候的原因、性质和病位为目的，据此来确立治疗方法。辨病的重点在于疾病的判断，而辨证的重点在于证候的掌握。辨证论治是传统中医的一个基本特点，主要体现于同病异治和异病同治。同病异治，就是说同一种病，发病的时间、地域不同，或所处的疾病阶段、类型不同，或病人的体质不同，导致反映出的病证不同，因而治疗也就有差异。异病同治，是说几种不同的疾病在其产生过程中，有着大致相同的病机，表现出相类似的病证，就可以采用大致相同的方法和药物来治疗。但是辨证方法只考虑疾病的阶段性和类型性，不考虑疾病的全过程，在对病情的总体认识上是有着偏颇之处的，所以现代中医强调辨证与辨病相结合。

未病先防，有病防变

未病先防和有病防变体现的是中医强调的防重于治的观念。《素问·四气调神大论》中说：“圣人不治已病治未病；不治已乱治未乱……夫病已成而后药之，乱已成而后治之，譬如渴而穿井，斗而铸锥，不亦晚乎。”未病先防是指在人体未发生疾病之前，应当在生活中的各个方面予以注意，养成良好的生活习惯，增强体质，提高免疫力，远离致病因素，杜绝疾病的发生。有病防变是说在疾病既已发生的情况下，当及时治疗，防止出现进一步的病变，也指疾病初愈的时候要注意调养，避免病症的复发。

扶正祛邪

“扶正祛邪”是中医的重要治疗方法。“扶正”，即扶助正气，也就是提升人体对疾病的抵抗力和对环境的适应力；“祛邪”，即祛除邪气，也就是除掉致病的因素。依照中医理论，疾病的发生酝酿于人体中正气与邪气相斗争的过程，正气增长，病情就向好的方面发展，邪气增长，病情就向坏的方面发展，所以治疗就要从扶正和祛邪下手，促使正气战胜邪气，从而消除疾病，令人体变得健康。

中药与方剂

中药，即中医用药，大体可分为植物药、动物药和矿物药 3 类，又可依据加工程度而分为中成药和中药材。中药学是中华民族经过长期的精心探索而总结出来的宝贵成果，经过数千年的发展历程而不断得到丰富和完善。现存的最早的中药学著作为《神农本草经》，书中记载了中药 365 种（植物药 252 种，动物药 67 种，矿物药 46 种），同时对每一味药的产地、性质、采集时间、入药部位和主治病症都进行了详细介绍，并且对各种药物的配合应用以及服药方法和药物的制剂类型也都做了概述。及至明代，李时珍撰写的《本草纲目》载药 1892 种，附方 1 万多个，成为古代中药学的一部集大成之作。方剂是中药学的具体应用，指的是按照中医用药规则经过适宜的选择、酌量而制成的包含药物加工与服用方法在内的药方，简称为“方”。最早记载方剂的医书是汉初的《五十二病方》。东汉张仲景的《伤寒杂病论》将理法、方药融于一体，共载方剂 314 种，被后世誉为“经方”，这表明方剂学此时已发展成熟。

人体的经络网

经络是经脉和络脉的总称，人体运行气血的纵行的干线称为经脉，而遍及全身各个部位的经脉的分支称为络脉，经脉与络脉共同构成了人体的经络网，将人体内外、脏腑和肢节联结成为一个有机的整体。经络系统以阴、阳来命名，分布于肢体内侧面的经脉为阴经，分布于肢体外侧面的经脉为阳经，一阴一阳衍化为三阴三阳，相互之间具有相对应的表里相合关系，即肢体内侧面的前、中、后，分别称为太阴、厥阴、少阴，肢体外侧面的前、中、后分别称为阳明、少阳、太阳。在人体经络网中，十二经脉和十五络脉尤为重要。十二经脉发挥着主体性的作用，其名称分别是：手太阴肺经、手厥阴心包经、手少阴心经、手阳明大肠经、手少阳三焦经、手太阳小肠经、足太阴脾经、足厥阴肝经、足少阴肾经、足阳明胃经、足少阳胆经和足太阳膀胱经。十二经脉和任、督二脉各自别出一络，加上脾之大络，共计十五条，称为十五络脉，分别以十五络所发出的腧穴命名，如手太阴之别络、足太阳之别络、任脉之别络、脾之大络等。十五络脉加强了十二经脉中表里两经的联系，补充了十二经脉循行的不足。经络理论在中医学中占有着基础性的地位，对指导中医的各种诊疗实践有着决定性的作用。

穴 位

穴位，学名为腧穴，通常也称为穴、穴道，在中医学上指人体上可以针灸的部位，多为神经末梢密集或较粗的神经纤维经过的地方。中国古人很早就发现了穴位，成书于西汉之前的《黄帝内经》就指出“气穴所发，各有处名”，并且记载了 160 个穴位名称。魏晋时期的皇甫谧在《针灸甲乙经》中对人体 340 个穴位的名称、位置及其主治功能都一一进行了详切的论述。按照中医学理论，人体穴位是经络之气输注于体表的部位，又是疾病反映于体表的部位，还是针灸、推拿、气功等疗法的施术部位。长期的实践证明，穴位具有“按之快然”“驱病迅速”

的神奇功效，但是穴位的实质究竟如何，人们尽管采用了种种现代的技术和理论去测定与分析，依然没有得出确论。

针灸疗法

针灸是针法和灸法的合称。针法是把毫针按一定穴位刺入患者体内，灸法是把燃烧着的艾绒、艾条等按一定穴位熏灼皮肤。针灸是中医学中重要的治疗方法，而且起源极为久远。远古时期，人们偶然发现身体表面的某个部位碰撞到一些尖硬物体的时候会有意外的疼痛减轻的现象，于是逐渐开始有意识地用一些尖利的石块来刺激身体的某些部位，以期减轻疼痛。这就是针法的由来。最初使用的针是石制的，称为“砭石”，后来则发展为金属针，针的形制也有多个种类。灸法的发现则是人们在用火的过程中发现身体某部位的病痛经过火的烧灼、烘烤会得到缓解，于是取用兽皮或树皮来包裹烧热的石块或沙土对身体进行热熨，用点燃的树枝或干草来烘烤以治疗疾病，后来艾叶则成为灸治的主要材料，因为艾叶具有易于燃烧、气味芳香、资源丰富、易于加工贮藏等优点。针灸疗法的原理是中医特有的人体经络理论，在治疗过程中，经过诊断，确定病变属于哪一经脉、哪一脏腑，然后制定相应的配穴处方，进行针灸，以达到通经脉、调气血的目的，从而使人体阴阳归于相对平衡，脏腑功能也趋于调和，也就获得了防治疾病的效果。

针灸画像石拓片（局部）东汉
画像石于山东微山县出土，为墓室内装饰图案。图左面有一个人面鸟身的神医，手执砭石正为病人做针刺治疗。

中医推拿术

中医推拿，又称“按摩”“按跷”“导引”“案”“摩消”等，是依据中医理论对体表特定部位施以各种手法，有时也配合某些肢体活动以恢复或改善身体机能的方法。推拿按摩属中医学的重要组成部分，也是人类最古老的疗法之一。据《汉书·艺文志》记载，秦汉时期已经有了关于推拿、按摩的专著《黄帝岐伯按摩经》十卷，虽然该书已经失传，但是在同一时期完成的《黄帝内经》一书中记录了许多关于推拿的内容。东汉张仲景在《伤寒杂病论》中最先提出“膏摩”疗法，即将配制好的膏药搽抹在患者体表，然后运用特定手法进行抚摩擦揉。这就将推拿按摩与药剂应用结合在了一起，在提高治疗效果的同时也使推拿方法的应用变得更为广泛。魏晋南北朝时期，推拿疗法进一步发展，葛洪在《肘后备急方》中首次对膏摩的理论和应用进行了系统的总结，而陶弘景则在《养性延命录》中阐发了啄齿、熨眼、按目、牵耳、梳头、摩面、擦身等成套的推拿按摩动作。隋唐时期，宫廷太医署正式设立按摩专科，此时的按摩基础理论、诊断技术和治疗方面都已发展到相当水平。至明代，按摩成为13个医学科目之一，尤为引人注目的是，这一时期形成了独有的小儿推拿体系，产生了《小儿按摩经》《小儿推拿方脉活婴秘旨全书》《小儿推拿秘诀》等专著。“推拿”这一名称也是得于此时。清代虽然未在太医院设按摩或推拿科，但没有影响这一疗法的进一步发展和更为广泛的应用。乾隆年间由太医吴谦负责编修的《医宗金鉴》中对运用推拿手法治疗骨伤疾病做了系统的总结，将摸、接、端、提、按、摩、推、拿列为“伤科八法”，确立了正骨推拿的分科。这标志着古代中医推拿术发展的最后成就。

药膳

药膳就是将某些具有药用价值的食物经过特定的烹调方法制作而成的一类特别的食品。药膳寓医于食，既将药物作为佳肴，又将食物赋以药用，从而在享用美味的同时又获得了医疗的效果。药膳营养价值和药用价值兼备，相比较服用单纯的药剂而具有明显的优点，因此有“药补不如食补”之说。远古时期，人们寻找各种可利用的植物和动物，有些动植物可供人们果腹，有些动植物可供人们治疗疾病，对于大多数动植物来说这两种作用是分开的，人们发现其中有一部分兼具食用和药用两种价值，这就是最初的药膳。“药膳”一词在史籍中最早见于《后汉书·列女传》，其中有“母亲调药膳思情笃密”的句子，早在东汉之前药膳作为一种实际应用就已经长期存在了。到汉代，则形成了非常丰富的药膳知识，《神农本草经》中记载了大枣、人参、枸杞、茯苓、生姜、杏仁、乌梅、鹿茸、蜂蜜、龙眼等多种具有药性的食物，这些食物已经成为配制药膳的原料。东汉名医张仲景在《伤寒杂病论》《金匮要略方论》中更是提出了大量的饮食调养方法配合药剂的治疗。至唐代，“药王”孙思邈在《备急千金要方》中设立了《食治》专篇，这标志着药膳已发展成为一个专门的学科。而后药膳的理论知识得到持续的完善，药膳的应用也从宫廷到民间，遍及千家万户。

中医十大流派

中医历史源远流长，在长期的发展过程中形成了多种流派，其中主要有10个派别。

医经学派：以研究古代医学经典的基础理论为主，古代记载的医经有七家，但是仅有《黄帝内经》流传下来，对《黄帝内经》的研究也就奠定了中医学理论的基础。医经学派的著名人物和代表作品有扁鹊和《难经》、华佗和《中藏经》、皇甫谧和《针灸甲乙经》、全元起和《内经训解》、杨上善和《太素》、王冰和《素问注释》、吴琨和《素问吴注》、张介宾和《类经》等。

经方学派：“经方”即经验方，宋代以后因为张仲景的《伤寒杂病论》被尊为经典著作，所以“经方”就用来专指《伤寒杂病论》中记载的“经典方”。经方学派明清最盛，代表人物有方有执、柯琴、徐大椿、喻嘉言、张锡驹等。

伤寒学派：专门研究张仲景的《伤寒论》和《伤寒杂病论》中有关伤寒论的

一部分，形成于晋代，绵延至清代，著名人物有王叔和、孙思邈、巢元方、王焘、庞安时、常器之、郭雍等。

河间学派：由金代河间人刘完素开创，以阐发火热病机为中心内容，擅长运用寒凉的治疗手法。河间学派在发展的过程中又衍生出攻邪学派和丹溪学派。

攻邪学派：以金代张从正为代表，强调“病由邪生，攻邪已病”的学术思想，在继承了河间学派善用寒凉的特点之外，又发展出了用汗、吐、下来驱邪的方法，这种方法也影响到后来的温病学派。

丹溪学派：以元代朱震亨为代表，因其家乡有一条溪流叫作丹溪，所以人们称之为丹溪先生。朱震亨是河间学派刘完素的第三代弟子，继承河间学派的同时，在医学理论上把外感火热引向内伤火热，主在阐发滋阴降火。朱震亨之后，丹溪学派中最有成就的人物为戴思恭、王履、王纶和徐彦纯。

易水学派：创始人为金代易州人张元素，以研究脏腑病机为中心，在诊断和治疗脏腑病症方面建立了较为系统的理论和方法，也为温补学派的建立奠定了基础。张元素的弟子李杲和王好古继之成为易水学派的中坚人物。

温补学派：形成于明代，薛已是此派的先导，主要人物有孙一奎、赵献可、张介宾、李中梓等。这一学派以研究脾肾及命门水火的生理特性及其病理变化为中心内容，进一步发展了易水学派的脏腑病机学说。

温病学派：由伤寒学派与河间学派所派生，以研究和治疗温热病而著称，又称为“瘟疫学派”。清代中晚期，叶天士、吴鞠通、薛生白、王孟英等温热学派的代表人物创建了卫气营血辨证和三焦辨证的理论，为中医学理论的丰富做出了重要贡献。

汇通学派：明末清初开始出现，持中西医汇合融通的观点，代表者有汪昂、金正希、王学权、朱沛文、唐宗海、张锡纯等，这一学派开启了现代中西医结合的先声。

扁鹊

扁鹊，生卒年不详，约生于春秋晚期和战国早期，齐国勃海郡（今河北任丘）人。又说为齐国卢邑人（今山东长清），姓秦，名越人，“扁鹊”本是黄帝时代的名医，因为秦越人医术高明，所以人们称誉其为“扁鹊”。扁鹊是中国历史上第一位有确切记载的名医，被认为是中医学的鼻祖。扁鹊最大的贡献是创造了望、闻、问、切的诊断方法，还广泛地应用砭刺、针灸、按摩、汤液、热熨等多种方法治疗疾病，奠定了中医临床诊断和治疗方法的基础。《史记 · 扁鹊仓公列传》记载：“扁鹊名闻天下。过邯郸，闻贵妇人，即为带下医；过洛阳，闻周人爱老人，即为耳目痹医；来入咸阳，闻秦人爱小儿，即为小儿医，随俗为变。”扁鹊遍游各地行医，擅长各科，在邯郸为妇科医生，到洛阳为五官科医生，入咸阳则又为儿科医生。但是到秦国后，秦太医令李醯因为自己的医术不如扁鹊，而将扁鹊刺杀。扁鹊著有《内经》和《外经》，都已失佚。

张仲景

张仲景（约公元 150 ~ 219 年），名机，东汉南阳（今河南南阳市）人，著名医学家，史称“医圣”。东汉末年，军阀混战，瘟疫流行，张仲景家族200多人因伤寒病死了100多人。张仲景非常难过，立志“勤求古训，博采众方”，为人民治病。他在前人的医书《素问》《九卷》《八十一难》《阴阳大论》《胎胪药录》的基础上，结合自己的医疗经验，写成了《伤寒杂病论》（伤寒指的是急性传染病，杂病指的是外科、妇科等方面的疾病）。全书除病理论证外，系统地分析了伤寒的原因、症状和处理方法，奠定了理、法、方、药的理论基础。书中还精选了300多种方剂，为中医方剂学提供了发展的依据，后世很多药方都是从它发展变化而来的。这部书还传到了日本、朝鲜、越南、蒙古等国。经后人整理校勘，《伤寒杂病论》被编为《伤寒论》和《金匮要略》。张仲景创造的六经分证、中医诊断病情的八纲（阴阳、表里、虚实、寒热）和辨证施治的原则，为中医治疗学奠定了基础。

华 佗

华佗（公元145～208年），字元化，沛国谯（今安徽亳州）人，东汉著名医学家。《后汉书·华佗传》说他“兼通数经，晓养性之术”“精于方药”，医术高超，被人们称为“神医”。他精通内、外、妇、儿、针灸各科，尤以外科著称，他一生主要在今安徽、江苏、山东、河南一带行医。曹操患头风病，华佗以针刺法治疗，很快治愈。曹操想留他做侍医，遭到华佗的拒绝，因而被曹操杀害。

《三国志》上载有华佗治疗的20多个病例，如传染病、寄生虫病、妇产科病、小儿科病、皮肤病、内科病等。华佗首创了中药全身麻醉剂——麻沸散，并应用于腹部外科手术，这在全世界是第一例，对后世影响极大。后世的中药麻醉都是在麻沸散启发下发展起来的，在世界麻醉学和外科手术史上，也有很大影响。华佗长于养生，模仿动物动作发明了“五禽戏”，进行医疗体育锻炼。他曾把自己医疗经验写成一部医学著作，即《青囊经》，可惜失传。

孙思邈

孙思邈（公元581～682年）京兆华原（今陕西铜川耀州区孙家塬）人，隋唐时期著名医药学家，被后人尊为“药王”。孙思邈自幼体弱多病，家人为给他看病几乎耗尽家财。因此，他从小就立志要从事医学研究。他认真阅读了《黄帝内经》《伤寒杂病论》《神农本草经》等古代医书，钻研民间方药，向经验丰富的医生学习。到二十多岁时，孙思邈已经成为一个有名的医生了。隋文帝、唐太宗、唐高宗都请他出来做官，但都遭到了他的拒绝。

孙思邈长期生活在民间，广泛搜集民间药方，积累了丰富的医疗经验。孙思邈不但精通内科，而且擅长外科、妇产科、儿科、五官科等，还掌握了针灸技术和渊博的药物学知识。他最早描述了下颌骨脱臼的手法复位，一直沿用到现在。在长期的医疗实践中，孙思邈深切感到过去的方药医书浩博庞杂，分类也不科学。因此他一方面阅读医书，一方面广泛搜集民间方药，编成《备急千金要方》和《千金翼方》，这两本是供家庭备用的医药卫生手册。之所以用“千金”命名，是因为孙思邈认为人命比千金还要贵重。

孙真人煎药　版画

金元四大家

“金元四大家”是指刘完素、张从正、李杲和朱震亨 4 位医学家，他们开创了 4 大医学流派，对后世影响很大。

刘完素（约 1110 ～ 1200 年），字守真，号通元处士，河间人。在医学上，他大力提倡运气说，宣扬五运六气盛衰之理。刘完素的学说流派称“河间学凉派”。著有《图解素问要旨》等。

张从正（约 1156 ～ 1228 年），字子和，睢州考城（今河南民权西南）人。他非常推崇刘完素，用药也多寒凉，创制了“张子和汗吐下法”。张从正的学说称“攻下法”。

李杲（约 1180 ～ 1251 年），字明之，号东垣先生。镇州（今河北正定）人。少时好医药，师从名医张元素。李杲用药与张元素相同，主张以脾土为主，认为土为万物之母。他的学说流派称“补土派”。著有《伤寒会要》《脾胃论》等。

朱震亨（1281 ～ 1358 年），字彦修，婺州义乌人。拜刘完素徒弟罗知悌为师，他主张“因病以制方”，反对拘泥于“局方”，主张重在滋阴。他的学说流派称“养阴派”，又名“丹溪学派”。著有《格致余论》《局方发挥》《伤寒辨题》《本草衍义补遗》《外科精要》等。

李时珍

李时珍（约 1518 ～ 1593 年），字东璧，蕲州（今湖北蕲春）人，明代医药学家。出身于世医家庭，受家庭的熏陶，李时珍从小就喜爱医药，立志悬壶济世。经过刻苦学习和实践，在 30 岁时李时珍已经成为当地名医。后楚王聘李时珍到王府掌管良医所事务，3 年后，又推荐他上京任太医院判后经举荐补太医院之阙，一年后辞职回家。在此期间，李时珍阅读了王府和太医院里大量的医书，医学水平大增。

在李时珍之前，中国医学书上记载的药物有 1558 种，这些药物不仅品种繁杂，而且名称混乱。医生们在行医时非常不方便，有时候还会开错药。李时珍决心把这些药物整理出来，重新编定一本药典。他深入民间，向农民、渔民、樵民、药农请教，查阅医书 800 多部，对药物一一鉴别和考证，纠正了古书中的许多错误，还搜集许多新药物，历时 30 多年，写成了《本草纲目》一书。《本草纲目》对药物进行了分类，首先为纲，其次为目，再次是药名、产地、形色、药用等。《本草纲目》对后世医学影响很大，还传至日本、朝鲜、越南等国。

《黄帝八十一难经》

《黄帝八十一难经》简称《难经》，相传是秦越人（扁鹊）所著，成书年代大约在秦汉之际，至少也在东汉之前。这部著作以基础理论为主，又以脉诊、经络、脏腑为重点，全书以设问答疑的形式解释了 81 个难题，其中第一至第二十二难论脉，第二十三至第二十九难论经络，第三十至四十七难论脏腑，第四十八至第六十一难论病证，第六十二至六十八难论穴位，第六十九至第八十一难论针法，其阐述简要，辨析精微，不但推演了《内经》的微言奥旨，发挥至理，剖析疑义，垂范后学，而且有不少独到见地，如首创独取寸口和分寸关尺的三部按脉法，此法一直沿用至今，成为中医一大特色；还系统阐述了奇经八脉的循行线路和功能，弥补了《内经》中经络学说的不足；又提出了与《内经》不同的三焦、命门学说。在临床方面明确提出“伤寒有五”（伤寒、中风、湿温、热病、温病），并对五脏之积泄多有阐发，这些都对中医学的发展产生了深远的影响。宋代大诗人苏轼曾称颂此书：“句句皆理，字字皆法，后世达者，神而明之。”因此，《难经》像《内经》一样被置于至尊和绝无异论的位置，至今仍被奉为中医重要的古籍之一。

《伤寒杂病论》

《伤寒杂病论》是东汉张仲景所撰，它确立了中医学重要的理论支柱之一的辨证论治的思想。后来几经战乱散轶、编次，该书被一分为二，成为《伤寒论》和《金匮要略》二书。

《伤寒论》全书 10 卷，以六经辨证为纲，以方剂辨证为法，是一部论治外感热病的专著。它将外感疾病所表现出的各种规律性病证归纳为太阳、太阴、少阳、少阴、阳明、厥阴六经病症，三阳经病多属实热，三阴经病多属虚寒；每经贯串运用四诊八纲，对伤寒各阶段的辨脉、审证、治则、立方、用药规律以条文形式进行了全面的阐述，论析主次分明、条理清晰，在认识和处理疾病的方式方法上，强调运用多种诊法，综合分析；还制定出了许多简要实用的药方，如对六经病各立主证治法（“太阳伤寒”用麻黄汤，“太阳中风”用桂枝汤，阳明经证用白虎汤，阳明腑证用承气汤，少阳病用小柴胡汤），是第一部理论与实践并重，理、法、方、药有机结合的临床医学用书。

《金匮要略》是奠定中国临床医学基础的重要古籍之一，全书共 25 篇，以内科为主，涉及外科和妇科，对各种杂病的因、证、脉、治均有介绍。该书诊断重视四诊合参，辨证上以脏腑、经络为重点，结合卫气营血、阴阳五行理论，看重预防和早期治疗，论述精要，治法灵活，制方严谨，颇有实用价值，尤其是该书强调了整体观念，也提醒注意治病的轻重缓急；书中述及的急救人工呼吸法，方法合理，注意事项也颇周全。

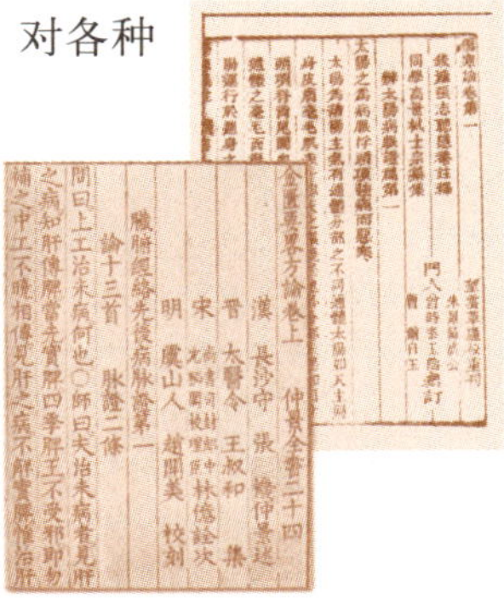
金匱要畧方論卷上　仲景全書二十四
漢　長沙守　張　機仲景述
晉　太醫令　王叔和　集
宋　林億詮次
明　虞山人　趙開美　校刻
臟腑經絡先後病脉證第一
論十三首　脉證二條
問曰上工治未病何也○師曰夫治未病者見肝
之病知肝傳脾當先實脾四季脾王不受邪即勿
補之中工不曉相傳見肝之病不解實脾惟治肝

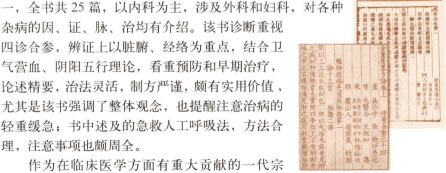

《伤寒论》与《金匮要略》内页

作为在临床医学方面有重大贡献的一代宗师，张仲景提倡“精究方术”，他在《伤寒论》

中实际立方112首，《金匮要略》立方262首，这些方剂具有药味精炼、配伍严密、主治明确、疗效确凿的特点，被后世誉为“众方之祖”或“经方”，其中大部分是后世方剂学发展和变化的重要依据，至今仍被广泛用于临床。

《温病条辨》

《温病条辨》系温病学著作，全书6卷，清代吴瑭（鞠通）受吴又可、叶天士影响，在多年临证实践基础上撰于1798年。与汉代张仲景感于宗族数百人死于伤寒而奋力钻研极其相似，吴鞠通也是因多个家人死于温病而发奋读书，精究医术，终成温病大家，创造了温病学派最高成就的。他认为温病有9种，吴又可所说的瘟疫只是其中最具传染性的一种，另外还有8种温病，可以从季节及疾病表现上加以区分，这是对于温病很完整的一种分类方法。该书建立的温热学说体系，其特点是以三焦来区分温病整个发展过程的三个阶段，以此归纳病机转变，以分辨阴阳、水火的理论为主导思想，采用三焦辨证纲领，倡导养阴保液。在温热病的病机、辨证、论治、方药等方面，均有精辟论述。这种新的归类方法，十分适用于温热病体系的辨证和治疗，并确立了由上而下的正常三焦“顺传”途径，由此决定了治则：“治上焦如羽，非轻不举；治中焦如衡，非降不安；治下焦如沤，非重不沉。”“三焦辨证”是在中医理论和辨证方法上的又一创举。与张仲景的六经辨证、叶天士的卫气营血辨证虽名称不同，但实际应用时相辅相成，互为羽翼。书中还列出了清络、清营、育阴的各种治法，仅上中下三焦就载入治法238个，含方201副，如将银翘散辛凉平剂，将桑菊饮辛凉轻剂，将白虎汤辛凉重剂等，对温病用方卓有贡献。《温病条辨》的另一重大贡献，就是经精心化裁，为后人留下了许多优秀的实用方剂，像银翘散、桑菊饮、藿香正气散、清营汤、清宫汤、犀角地黄汤等，现在临床使用的方剂，十之八九出自该书。

第四篇

文学

古代文体

神话传说

神话传说是在人类探索世界以及人类来源的过程中形成的一种文学形式。它题材广泛、内容丰富、形式多样，是人类关于文学最早的艺术创作。最初，人类将很多没有办法解释的现象归结为神灵掌控。一些笃信神话传说的人便将神话传说演变为一种信仰，并在此基础上，形成了一种特殊的文化形式。神话故事大都采取真实与虚构相结合的手法，以神、鬼、仙、妖、龙、凤等形象为故事主角，结合客观存在的人、事、物，加以丰富绮丽的想象，看似荒诞离奇，却或多或少与客观存在有着千丝万缕的联系。

对中国文明影响较为深远的神话传说有盘古开天、女娲造人等天地神创、人类神造神话传说形式，这类神话传说体现了人类对未知奥秘的探索与自由幻想。在民间，较流行的神话传说有八仙过海、牛郎织女等人修炼成仙的神话形式，这种神话是以社会现实为底本，借助人仙角色的转变，寄予人类渴望摆脱现实枷锁的愿望。神话传说是人类在不自觉的过程中，加工创做出来的，具有很高的美学价值以及历史文化价值，对于后世研究早期的人类社会具有重要的意义。这种文学式样的存在，直接推动了文化创作的产生，其虚构的艺术手法、浪漫主义的创作方法都对后世的文学创作有深远的影响。

诗

诗是我国古代文学的大宗，也是正统。最早的诗歌是与音乐舞蹈一体的，所以《尚书 · 舜典》说“诗言志，歌永言”。《国语》也说“诗所以合意，歌所以咏诗也”。

作为一种有韵律的文体，诗会随着节奏韵律的变化而生成不同的诗体，而诗体通常会与诗句的字数和句式相关，所以，就有了四言诗、五言诗、七言诗以及包含各种句式的杂言诗。先秦时期，我国主要的诗歌形式是以《诗经》为代表的四言诗。两汉时期，五言诗和七言诗发展起来，并成为魏晋以后的主要流行体式。南朝时期，人们发现了四声，诗歌创作开始按照音调来遣词造句，以求读来铿锵悦耳。于是，格式严整的近体诗发展起来，到隋唐时期逐渐成熟，并推动诗歌创作进入黄金时代。

作为独特的文学样式，诗歌其主要特征有四个：一是饱含丰富的想象力和情感，这是诗歌最基本、最显著的特征；二是集中反映社会生活；三是节奏鲜明、语言凝练、音调和谐，这是诗歌形式上最大的特征；四是不以句子为单位，而以行为单位。

楚 辞

楚辞和《诗经》一样构成了中国诗歌的源头，出现于战国时期的楚国，具有浓郁的地域文化色彩，是继《诗经》之后出现的另一种韵文形式，古称南风、南音。

它是在楚国民歌的基础上经过加工、提炼而发展起来的，既是楚文化自身发展的产物，又是楚文化与中原文化融合的产物。由于楚国地处南方，所以楚文化始终保持着强烈的自身特征，充满了奇异瑰丽的浪漫色彩。楚辞多用长短句，章法多变，充满了奇异的想象，常常取材于楚国的神话、传说、鬼神、山水等，充满了浪漫色彩。楚辞是用楚国方言来吟唱的，隋唐以后楚音失传。楚辞的代表诗人是屈原，他的代表作是《离骚》，同时也是我国古代最长的一首抒情诗，所以楚辞又被称为“骚”或“骚体”。除了屈原外，楚辞的代表人物还有宋玉、景差等。楚辞在中国诗史上占有重要的地位，开创了我国诗歌的浪漫主义流派。它打破了《诗经》以后两三个世纪的沉寂。

乐府诗

乐府诗是指汉朝的音乐管理部门——乐府搜集整理的汉朝诗歌。汉武帝时，乐府除了组织文人创作朝廷所用的诗歌外，还广泛搜集各地的民歌。据《汉书 · 艺文志》记载，西汉时乐府采集的民歌共有 138 篇，但流传至今的只有三四十篇，加上东汉民歌和文人的作品，现存汉乐府有 100 多篇。当时没有一部专门的书籍，散见于《汉书》《后汉书》《文选》和南朝《玉台新咏》等书。南朝宋时，郭茂倩编的《乐府诗集》将其全部收录。

《孔雀东南飞》图

《孔雀东南飞》是汉乐府中最杰出的篇章。

汉代的乐府诗，最大的特色是可以配乐演唱。后来，由于乐府音乐失传，乐府诗便演化为一种独立的诗体。魏晋以后的乐府诗，除了题名之外，已经和汉代乐府没有什么关系了。另外，乐府诗的句式杂乱，四言、五言、六言、七言、八言乃至杂言，种类繁多。有时，即便是同一题目，句式也不相同。

《乐府诗集》是根据音乐类别将汉乐府分为四类，其中《郊庙歌辞》是西汉文人为宗庙祭祀作的乐歌；《鼓吹曲辞》《相和歌辞》和《杂曲歌辞》基本上都是西汉民歌。《杂曲歌辞》收录的文人作品中有一些出自东汉。从内容上看，乐府诗包罗万象，有的反映富贵人家奢侈豪华的生活，如《鸡鸣》《相逢行》《长安有狭斜行》等；也有反映底层人民饥寒交迫的悲惨生活，如《东门行》《妇病行》《孤儿行》等；以爱情为题材的乐府诗占很大比重，代表作有《孔雀东南飞》《上邪》《有所思》等。乐府诗受《诗经》和《楚辞》的影响很深，并对后世的诗歌创作有深刻影响，在文学史上占有重要地位。

南北朝民歌

民歌是一种活泼自由的诗体。我国南北朝时期，不论是南方还是北方，民歌都走向繁荣，并对后世的诗歌创作产生深远影响。

南朝的民歌大部分保存在宋郭茂倩所编的《乐府诗集·清商曲辞》里，主要分为吴歌与西曲两类。吴歌共326首，产生的地点以建业（今江苏南京）一带为中心，时间是东晋与刘宋两代。西曲共142首，产生于荆州（今湖北江陵）一带，时代约为宋、齐、梁三代。

南朝民歌绝大部分都是情歌，反映南方青年男女之间坚贞的爱情，倾诉了婚姻不自由、男女不平等所造成的不幸。它的主要特点是：形式短小，大多是五言四句；抒怀深情宛曲，多用双关隐语；语言清新、自然、朴素，词语不雕琢；多采用对歌形式。代表作有《子夜歌》《拔蒲》《西洲曲》等。

北朝民歌主要保存在《乐府诗集·横吹曲辞》和《梁鼓角横吹曲》中，大约有70首。北方民歌原来大部分是北方少数民族的歌曲，后来翻译成汉语，也有一部分是直接用汉语创作的。北方民歌反映了北方社会生活的各个方面，或书写混战给人民带来的沉重灾难，或反映了残酷的阶级剥削和贫富悬殊，或赞美北方民族的尚武精神和壮丽的北国风光，也有一些反映羁旅之思和爱情婚姻的作品。北方民歌五言四句的形式较多，但也有七言四句。语言平实，质朴无华，粗犷率直，直抒胸臆，刚健豪放。代表作有《木兰诗》。

古体诗

古体诗也叫古风，是区别于唐代以后兴起的格律诗的一种古典诗体。古体诗从形式上分，有四言古体、五言古体、六言古体、七言古体、乐府体（也叫杂体）等。四言古体的特点是通篇以四言为主（每句4个字），五言古体通篇以五言为主（每句5个字）、六言古体和七言古体以此类推，乐府体则每一句的字数不限。

与格律诗比起来，古体诗不讲究平仄，对押韵的要求也很宽松。在一首古体诗中，作者可以根据自己的需要随意转韵，因此通常在一首古体诗中可能会有不同的韵脚，很少出现一个韵脚贯穿到底的情况。此外，古体诗不但每一句字数没有限定，就是整篇的句数也不限定。古体诗不像格律诗那样对仗工整、句式新颖，但更讲求立意。

虽然古体诗对押韵没有限制，但还是有一些规律可循：在意思转折处转韵。当叙述的内容有所变化时，往往会转为其他韵部来押韵，这样一来便使得整篇诗的层次更加分明，语气也得到了加强。作者在叙述中要表示令人兴奋的感情时，往往会使用平声韵；当要表达悲怨、愤怒的感情时，往往使用仄声韵。与格律诗（格律诗除了首句入韵以外，奇数句是不能押韵的）比起来，古体诗不但偶数句可以押韵，奇数句也可以押韵。

近体诗

隋唐时期，人们将周、秦、汉、魏形式比较自由，不受格律束缚的诗体称为“古体诗”。近体诗是与古体诗相对，流行于齐梁以后的一种诗体，又称今体诗或格律诗。它根据汉语一字一音，音讲声调的特点和诗歌对音乐美、形式美、精练美的特殊要求而产生，分为绝句（五言四句、七言四句）和律诗（五言八句、七言八句）。其中律诗还包括排律，即十句以上的律诗。它以律诗的格律为基准，讲究平仄、对仗和押韵。其基本要求主要包含有 3 点：除首尾两联外，中间两联一定要对仗，一般绝句不受这个要求束缚；必须讲究平仄，其平仄分布规律可以总结为“句内相间，联内相对，联间相粘”；律诗是平起还是仄起，是平收还是仄收，都要看第一句第二字和该句末一字，其特点通常是一韵到底。近体诗在中国诗歌史上有着重要的地位，是唐代以后最主要的一种诗体。

唐代是近体诗发展的黄金时代，唐代以诗歌成就彪炳千古。其发展可以分为几个阶段：初唐是唐诗繁荣的准备阶段，诗歌的内容从宫廷台阁开始转向关山大漠，诗人也从帝王贵族的文学侍从扩大到一般的文人。初唐的代表诗人是“初唐四杰”——王勃、杨炯、卢照邻和骆宾王。盛唐时期，诗歌出现了全盛局面，出现了以王维、孟浩然为代表的山水田园派诗人，以高适、岑参、王昌龄、王之涣为代表的边塞诗人，其中最著名的是李白。中唐时期，社会矛盾激化，盛唐气象不再，这一时期的代表诗人是杜甫和“大历十大才子”。杜甫的诗表现了战乱给人民带来的苦难，被称为“诗史”。“大历十大才子”的诗歌华美雅丽，偏重技巧，风格柔靡。晚唐时期，人们的生活走向平庸，感情趋于细腻，诗歌创作又出现了一个新高潮。代表人物有李商隐和杜牧。宋朝以后，近体诗继续发展，但成就已经无法与唐朝相比。

词

词是曲子词的简称，也称“长短句”“填词”等，是承袭汉、魏乐府遗风，并受少数民族音乐影响而形成的一种文学体裁，盛行于北宋和南宋。

按字数分，词可以分为 3 类：58 字以下的（包括 58 字）为小令，91 字以上（包括 91 字）的为长调，介于两者之间的为中调。按阕分类，词可以分为单调（一阕），如李清照《如梦令》；双调（二阕）；三叠（三阕），如《兰陵王》；四叠（四阕），如吴文英《莺啼序》。最初的词都是配合音乐来歌唱的，有的按照词来制定曲调，有的依照旧有的曲调来填词，每个曲调都有一个名称叫调牌，调牌一般按照词的内容而定。后来人们依据固有的曲调来填词，这些用来填词的曲调叫作词牌，词的内容和曲调、词牌并没有必然的联系。现存词牌共有 400 多种，有的词牌有好几个不同的称谓，用得较多的词牌名如“西江月”“菩萨蛮”“浣溪沙”“沁园春”“水调歌头”等。

和诗不同，词在句式和声韵上有许多突破和特点。首先在句式上有如下特点：第一，词的句式从一字句到十一字句不等，所以又称“长短句”，使用频率最高的是四、五、六、七字句。第二，词的开头一般都有领字，一字领的有“任、待、乍、莫、怕……”，二字领的有“恰似、谁料、只今、那堪、试问……”，三字领的有“最无端、君莫问、君不见……”。第三，词句中常常有叠字和叠句，叠字如

"错错错，莫莫莫""寻寻觅觅、冷冷清清"等，叠句如"归去，归去""罗衣宽一半，罗衣宽一半"等。第四，词句中常用到虚词，如"耳、矣、也……"。其次，除了只在文中最紧要处（如转折和结尾处等）比较讲究押韵外，一般情况下，词对平仄押韵没有严格的要求。此外，词虽然也有对仗，但没有具体的规定，相连两个句子只要字数相同就可以构成对仗，而且对仗不讲究平仄，也不避同字。

曲

金朝和元朝时期，中国产生一种带有曲调、可以演唱的抒情诗体，叫作曲。其中，在北方地区流行的叫"北曲"，在南方流行的叫"南曲"。曲是南曲和北曲的统称，我们这里所说的曲，主要是指散曲。

散曲包括小令和套数两种基本类型：小令又叫"叶儿"，主要是指独立的一支曲子，字数比较少。除了单支曲子这种形式外，散曲还包括重头小令。重头小令是一种联章体（即组曲），通常由同题同调的数支小令组成，最多可达百支，用来合咏同一个事物或分别吟咏数件联系紧密的事物，以此来加强艺术感染力。例如，张可久的〔中吕·卖花声〕《四时乐兴》，以四支同题同调的小令分别吟咏春、夏、秋、冬，构成一支内容相联的组曲。联章体中的小令虽然都同题同调，首尾句法相同，内容相联，但每首小令可以单独成韵，仍然是完整独立的小令形态。

套数又叫"散套""套曲""大令"，它由同一宫调的若干支曲子相联而成，每个曲子同押一部韵，在结尾处还有尾声。套曲的字数比较多，篇幅较长，适合表达比较复杂的内容，表现手法既可以叙事，也可以抒情，还可以叙事和抒情兼而有之。

散曲虽然是继诗、词之后出现的新诗体，但作为一种独立的体裁，它具有不同于传统诗、词的独特的艺术个性和表现手法，主要表现在三个方面。一、它大量运用衬字，使得句式更加灵活多变，艺术感染力更强。例如，关汉卿的套数《不伏老》中，"我是一粒铜豌豆"一句，因增加了衬字而变成了"我是个蒸不烂煮不熟捶不扁炒不爆响当当的一粒铜豌豆"，这样一来，就将"铜豌豆"泼辣豪放的性格表现得淋漓尽致。二、大量运用口语，使语言俗化。散曲中虽然也不乏典雅的一面，但更倾向于以俗为美。它大量运用俗语、少数民族的语言、戏谑调侃的语言、唠叨琐屑的语言、方言、谜语等，生活气息非常浓厚。三、感情表达更加酣畅淋漓，含义更加坦率直白。

文

诗与文是中国古代文学中的两大基本类别，都是文学之正宗。南北朝时期，《文选》和《文心雕龙》中，把一切文体都视为"文"，这里的"文"是广义的概念。但是后来，人们逐步将诗歌类文体从"文"中独立出来，形成"诗文"并立的分类方法，这里的"文"便是狭义的概念。故而，除去诗、词、曲之外的所有文章形式，都是"文"，其中最有价值的是先秦诸子之文，以及隋唐以后的"古文"。

从最早的《尚书》《周易》等书可知，文可以有韵，也可以无韵；可以讲平仄，也可以不讲平仄。隋唐以后，文学界通常把有韵的叫作“骈文”，无韵的叫作“古文”。古文另一种分类方法是按功能划分，其中最具代表性的是清代文学家姚鼐在《古文辞类纂》中的划分，其中说：“其类十三，曰：论辨类，序跋类，奏议类，书说类，赠序类，诏令类，传状类，碑志类，杂记类，箴铭类，颂赞类，辞赋类，哀祭类。”显然，这种文体划分标准便是古人所说的“为用”，即按文章的功能划分。

赋

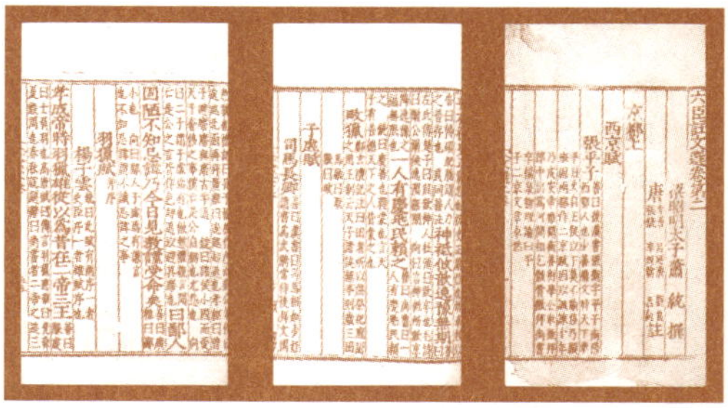
司马相如《子虚赋》

赋是在汉代兴盛的一种兼有韵文和散文的重要文体，有大赋和小赋之分。大赋多写宫廷的盛况和帝王的生活，小赋多数是抒情作品。

赋这种文体出现在战国时期，儒学大师荀子曾作《赋篇》，这意味着“赋”作为独立文体开始出现。此后，屈原、宋玉等人以这样的文体进行文学创作，后人把他们的作品称之为“屈原赋”或“宋玉赋”。

赋的繁荣是在汉朝。汉赋的发展经历了四个时期。一是创始期，这时期枚乘的《七发》既奠定了汉代大赋的基础，也开创了辞赋中的“七”体，基本上形成了汉赋的体制。二是全盛期，重要的代表作家是司马相如，其主要代表作有《子虚赋》《上林赋》，此外，东方朔、枚皋等人的成就也突出，这时期汉赋的基本形式和格调已经确立。三是摹拟期，重要的代表作家有班固，其代表作《京都赋》，此外还有扬雄等，这一时期的体制和风格有所变化，反映社会黑暗、讥讽时事、抒情咏物的短篇小赋开始兴起。四是转变期，小赋盛行，内容已由描写宫殿和游猎盛况转为抒发个人情怀，表现手法以由叙述转为议论说理为主，篇幅上由长篇巨制转为短篇。这一时期最重要的代表作家是张衡，其代表作《二京赋》成为汉代散体大赋的绝响。

汉赋的特点是：内容多写京都的繁华和帝王的游乐，以此来粉饰太平，歌功颂德；文章前有序言，正文韵、散结合，其中散文用于记叙，韵文用于描写，韵脚根据需要经常转换，语言多用四六字句，且极力铺陈，喜欢堆砌生僻字词和形容词，篇幅较长，情节通常由假设的两个人以一问一答的方式来展开。汉赋，尤其是大赋，尽管在内容和艺术有着许多缺点，但仍然在文学史上有着一定的地位。它丰富了文学词汇，在锤炼辞句和描写技巧等方面也都取得了一定的成就，此外，它促进了文学观念的形成。

骈 文

骈文是魏晋以后产生的一种文体，又称“骈体文”“骈俪文”“骈偶文”。

因常用四字、六字句，也称“四六文”或“骈四俪六”。

它是与散文相对而言的，特点是以四六句式为主，讲究对仗，句式两两相对，好像两匹马并驾齐驱，所以被称为骈体。在声韵上，讲究对仗的工整和声律的铿锵；在修辞上，注重形式，喜欢用华丽的辞藻和用典。骈文因为形式，常常束缚内容的表达，但如果运用得好，能增强文章的艺术效果。

南北朝是骈文发展的全盛时期，其中有很多骈文内容深刻。如鲍照的《芜城赋》，通过广陵昔盛今衰的对比，揭露和谴责了统治阶级的骄奢淫逸，抒发了世间万物和人生变化无常的感慨。孔稚的《北山移文》辛辣地讽刺了人在江湖、心在庙堂的假隐士们的表面清高、内心功利的心理。流亡北方的庾信在《哀江南赋》中描写了自己的身世，谴责了梁朝君臣的昏庸无能给人民带来的沉重灾难，表达了对故国的怀念。

唐朝以后，骈文的形式日益完善，出现了通篇四句、六句式的骈文。直至清末，骈文仍很流行。

古 文

古文是与骈文相对而言的一种文体，其奇句单行、不讲对偶声律，是一种散体文。先秦两汉的散文，以散行单句为主，不受格式拘束，质朴自由，有利于反映现实生活、表达思想。而魏晋南北朝以来，骈文盛行，堆砌词藻，言之无物，从而流于浮华。早在北朝时期，苏绰便站出来反对骈文，倡导学习先秦文章，仿《尚书》文体作《大诰》，被当时的人称为“古文”。到中唐时期，这种变革文风的努力经韩愈、柳宗元等人的大力提倡，形成一场声势浩大的古文运动。这场漫长的古文运动，结束了骈文的统治，使古文成为唐朝以后各朝的主流文体。韩愈、柳宗元主张恢复先秦散文内容充实、长短自由、朴质流畅的传统，提倡“文以载道”，反对六朝空洞浮荡的文风。他们既是理论的倡导者，也是实践者，韩柳二人创做出大量清新流畅、形式自由、思想充实的散文，引领时代风潮，吸引了大批追随者。这种名为复古，实际包含革新精神的变革，为宋朝的大文学家欧阳修、苏轼、王安石等人继承和发扬，并最终扭转了古文的发展方向，对后世产生了深远的影响。

八股文

八股文又叫制艺、制义、时艺、时文（相对于古文而言）、八比文等，是明清科举考试所采用的一种专门文体。它要求文章必须有四段对偶排比的文字，共有八股，所以称为八股文。“股”是对偶的意思。

它的特点主要有：一、题目必须用“五经”“四书”中的原文。二、内容必须以程朱学派的注释为准。三、体裁结构有固定的格式，全文分为破题、承题、起讲、入题、起股、中股、后股、束股和大结八部分。另外，八股文的字数也有规定。明初制度：乡试、会试，要求用“五经”义一道，字数 500，“四书”义一道，字数 300。清朝康熙时要求 550 字，乾隆要求 700 字。八股文通常禁用诗赋中夸张华丽的词语，不许引证古史，不许比喻。在明、清两代，八股文成为所有官私学校的必修课。不会写八股文，就无法通过科举考试，也就无法做官。明、清时期许多有识之士对八股文深恶痛绝，所以八股文最终被废弃，也是历史的必然。

明代小品文

小品文是一种寓有抒情意味和讽刺性的短小散文。它起源于秦汉，盛行于晚明。明朝万历年间，以“三袁”为首的“公安派”反对当时文坛上的复古运动，提倡“性灵说”，主张书写身边事，心中情，短小隽奇，活泼自由的散文，这类散文被称为小品文。小品文题材广泛，有的描写风景，有的杂记琐事，“并非全是吟风弄月。其中有不平，有讽刺，有攻击，有破坏”（鲁迅《南腔北调集·小品文的危机》）。小品文的兴盛，不仅是散文发展的结果，也是“公安”“竟陵”等文学流派进行文学革新的产物。它的主要作家有“三袁”、张岱、徐宏祖、王思任、祁彪佳等。

晚明小品文作家中取得成就最高的是张岱。他的作品吸取了“公安”和“竟陵”两派之长，语言清新简洁，形象生动，描写细致，风格自然清丽，题材广泛，内容包括风景名胜、戏曲杂技、世情风俗等，堪称晚明社会生活的画卷。他的散文集有《陶庵梦忆》《琅嬛文集》《西湖梦寻》等。明朝小品文和唐诗、宋词、元曲一样，成为一代文学成就的标志。

小 说

小说是一种文体名称，追溯小说的历史渊源，应该是先秦的“说”。战国时期的“说”，具有一定的故事性，而西汉刘向所辑的《说苑》，可以视为中国最早的小说集。

在汉代，小说作为一种文体得到社会认可，并且也存在“小说家”这一职业。汉代著名学者桓谭说：“若其小说家，合丛残小语，近取譬论，以作短书，治身理家有可观之辞。”班固不仅把“小说家”列为九流十家之一，还认为小说是“盖出于稗官，街谈巷语、道听途说者之所造”，认为小说乃是小知、小道，也就是说，小说的形式短小，内容贴近生活。与现代人的小说观念不同，古代的小说作者和读者，都把小说当成实录，而非虚构的故事。即便是荒诞不经的志怪小说，古人也是把其中内容当真的。

古代的小说，种类驳杂，很难用现在的小说概念来概括。关于小说的归类，古人有把它列为史部的，也有把它列入子部的，但基本上都把它视为“稗官为史之支流”，把它看作历史的附庸。明代胡应麟在《少室山房笔丛》中将小说分为“志怪、传奇、杂录、丛谈、辨订、箴规”6大类。前3类勉强可以称得上小说，后3类则乖离甚远。

总之，古代的小说重在记述故事，这些故事有虚构的，也有真实的；篇幅或长或短，结构不甚讲究；目的在于传奇、感化或警世。

变文

变文是把佛教经文转变为通俗易懂的故事的一种文体，盛行于唐代。变文的特点是韵文和散文相结合，韵文用来吟唱，散文用来说白，说白和吟唱转换时，通常有一个常用的过渡语做提示，如“……处若为陈说”“……时有言语”等。

变文的内容按照题材分，主要有4大类。一是宣传佛教故事的变文，如《八相变》《破魔变文》《降魔变文》等。这类变文是通过一边讲一边唱以故事的形式来宣传佛教的基本教义，它与讲经文不同，不是直接对着经文照本宣科，而是选取佛经故事中最精彩的部分加以渲染发挥，较少受经文的限制。二是讲历史故事的变文，如《伍子胥变文》《李陵变文》《王昭君变文》等。这类变文大多选取一个历史人物，再撷取逸闻趣事和民间传说加以铺陈，多寄托了对故国眷恋和乡土思念之情，所以在内忧外患的晚唐非常盛行。三是讲民间传说的变文，如《刘家太子变文》《舜子至孝变文》等。这类变文虽假托了某位历史人物，但所讲的故事并没有任何历史依据。四是取材于当时社会上的重大事件和人物的变文，如《张淮深变文》《张议潮变文》等。这类变文大多是民间艺人通过说唱的形式，热情讴歌了英雄人物英勇抵御异族侵扰的英雄事迹。

唐传奇

唐传奇指的是唐代流行的文言小说，唐传奇的出现标志着中国文言小说进入成熟阶段。唐传奇的发展经历了3个阶段：

第一阶段是初唐、盛唐时期的发展期。这一时期还处于从六朝志怪小说向传奇转变时期，不仅数量少，而且艺术成就也不高，但已经有了一些新的发展迹象。这一时期的代表作是《梁四公记》和《游仙窟》。

风尘三侠图　清　任颐

《虬髯客传》是唐代传奇中的名篇，也是中国武侠小说的开山之作。此图绘有《虬髯客传》中的3个主要人物：红拂、李靖、虬髯客。

第二阶段是中唐兴盛期。这一时期许多文人都投身于传奇的创作，借用诗歌、散文、辞赋等其他文学题材的艺术表现技巧，极大提高了传奇的地位，扩大了传奇的影响。这一时期曾参与创作传奇的有元稹、白居易、白行简、陈鸿、李绅、韩愈、柳宗元，代表作家有元稹、白行简、蒋防，代表作分别为《李娃传》《莺莺传》《霍小玉传》。现存的中唐时期的传奇有近40种，涉及爱情、历史、政治、神仙、豪侠等方面，历史题材的有《长恨歌传》，还有一些借梦幻、寓言讽刺社会的作品，如《枕中记》《南柯太守传》等。其中以爱情为题材的作品成就最高，代表作有《离魂记》《任氏传》《柳毅传》等，

第三阶段是晚唐衰退期。这一时期传奇虽然衰退，但仍出现了很多优秀的作家和作品，

如袁郊的《甘泽谣》、皇甫枚的《三水小牍》、薛用弱的《集异记》、李复言的《续玄怪录》等。这一时期传奇最主要的特点就是以豪侠为内容的作品大量涌现，代表作有《聂隐娘传》《昆仑奴》《虬髯客传》等。

唐传奇的篇幅一般都不长，短的只有几百字，长的也不超过一万字，大部分保存在宋朝所编的《太平广记》中。

笔记小说

笔记小说是一种带有散文化倾向的小说创作形式，它兼有“笔记”和“小说”特征。它起源很早，在先秦时期就已经出现了一些片段，中间又经过汉、晋、唐、宋，到了明清时期开始繁荣。魏晋时期的笔记小说有干宝的《搜神记》、刘义庆的《世说新语》。唐宋时期的笔记小说有李昉的《太平广记》。明清时期的笔记小说有蒲松龄的《聊斋志异》和纪晓岚的《阅微草堂笔记》。最早提到“笔记小说”之名的是宋朝史绳祖的《学斋占毕》。

从内容上分，笔记小说可以分为志怪小说和逸事小说两大类型。志怪小说有《搜神记》《聊斋志异》《阅微草堂笔记》；逸事小说有《世说新语》等。

笔记小说吸取了民间文学的丰富营养，故事情节、人物都是虚构、夸张、变形的，但却从整体和宏观上高度反映了生活的本质。今保存下来的笔记小说大约有 3000 种，是我国一笔巨大的文化遗产。

话本小说

宋、元话本小说是在说唱文学的基础上发展起来的。宋代都市繁荣，经济发达，市民阶层不断发展壮大，市井文化发达。其中有一种叫“说话”（即说书）的伎艺，深受人们喜爱。说话人讲故事的底本就叫“话本”，下层文人将话本润色加工，刻印出版，就成了话本小说。

话本小说的内容主要有“小说”“讲史”“合生”和“讲经”4 种，在这 4 种中又以“小说”和“讲史”最受欢迎。“小说”就是短篇白话小说，其中爱情故事和公案故事最受欢迎。爱情故事又往往突出女性对爱情的主动追求，如《碾玉观音》《闹樊楼多情周胜仙》。在礼法森严的封建社会，男女之间自由恋爱是一种对礼法的挑战、追求自由的大胆行动，这些故事有反封建的积极意义。宋元时代，政治黑暗，官吏腐败，产生了大量的公案故事，表现了人民对现状的强烈不满、对保护自身生存权利的深切渴望和对清明政治的期盼。其中的代表作有《错斩崔宁》《简帖和尚》《三现身包龙图断冤》等。讲史又称评话，主要讲的是前朝的盛衰灭亡。代表作有《三国志平话》《武王伐纣平话》《五代史平话》等。

宋、元话本小说有一定的体制，大体由入话（头回）、正话、结尾三部分构成。入话常以一首或几首诗词“起兴”，与故事的发生地点或故事的主人公相联系，以吸引听众。正话，是话本的主体，故事情节曲折，人物形象鲜明，细节丰富。正话之后，常常以一首诗或以“话本说彻，权做散场”之类套话作结。

宋、元话本小说的语言是口语化的语言，与文言文形成了显著区别，中间

夹杂着大量的俚语和市井口语，生动明快，深受人们欢迎。

宋、元话本小说对后代的通俗小说、戏剧、曲艺等都产生了很大的影响。《水浒传》《金瓶梅》《西游记》等都是沿着这个方向演进的。

章回小说

章回小说是中国古典小说的重要形式，它是在宋、元话本的基础上发展起来的。从话本到章回小说，这个过程经历了从萌芽到成熟的漫长时期。话本中有一类讲述历代兴亡和战争的故事，由于历史故事通常篇幅很长，说书人不能从头到尾一次讲完，必须连续讲许多次，每讲一次就相当于章回小说中的“一回”。每次讲之前，说书人必须要用一个概括性的题目向听众揭示主要内容，这就是章回小说中“回目”的起源。

元末明初时，出现了一批章回小说，如《三国志通俗演义》《水浒传》等。这些小说比起话本中的讲史故事有了很大的发展，其中的人物和故事的核心虽然还是历史的，但内容更多是由后人虚构的。而且篇幅更长，分成若干卷，每卷又分成若干节，每节前面还有一个目录。明代中叶以后，章回小说的发展已经趋于成熟，出现了《西游记》《金瓶梅》等伟大著作。其故事情节更加复杂，描写更加细腻，内容已经脱离了“讲史”，只是体裁上还保留着“讲史”的痕迹。这时章回小说已经不分节了，而是分成许多回。进入清朝以来，章回小说达于繁盛，题材除了明朝的讲史、神魔、人情三大类以外，又加入了讽刺、武侠、谴责、狭邪等多种题材。此时最著名的章回力作有：《红楼梦》《儒林外史》《三侠五义》《儿女英雄传》《官场现形记》《二十年目睹之怪现状》《老残游记》《镜花缘》等。

比起现代的小说来，章回小说具有独特的形式和特点。1. 它继承了话本的形式：正文前面都有一个“楔子”来引入正文；文中经常使用“话说”“且说”“看官”等字眼；文中经常穿插一些诗词和韵文。2. 分回目。章回小说根据故事情节的发展分割成若干回，每回有一个标题，每回的正文只围绕一个中心内容讲述。3. 制造悬念气氛。每回开头以及故事之间的衔接处，总是使用“话说”“且说”做过渡，每回结尾处，往往以“欲知后事如何，且听后回分解”做结语，以此勾起读者的阅读欲望。

诗话与词话

诗话和词话指的是对诗词的评论，是一种文学理论。我国古代对文学的评论出现得很早。如《西京杂记》中记载的关于司马相如论作赋，扬雄评论司马相如的赋，《世说新语 · 文学》中关于谢安评论《诗经》的市局，《南齐书 · 文学传论》中对王粲、曹植、鲍照等人的诗歌的评论，都可以看作是早期的文学评论和诗话。

唐朝时期的诗人写了大量的论作诗，如杜甫的《戏为六绝句》等，李白、白居易等人的论作诗，以及当时的《诗式》《诗格》，都是诗话的雏形。诗话正式出现是在宋朝，第一部诗话是欧阳修的《六一诗话》。现存的宋人诗话共有130多种。早期诗话的内容多试谈论诗人诗作的一些琐事，很少触及诗歌的创作或理论问题。

直到张戒的《岁寒堂诗话》等，才开始讨论诗歌创作和理论问题，对后世产生了重大影响。明清时期，诗话数量更多，成就更高。

在诗话出现的同时，词话也随之出现，并逐渐发展起来。比较著名的词话有况周颐的《蕙风词话》、陈廷焯的《白雨斋词话》、王国维的《人间词话》等。

评 点

评点是古人研读文章的一种重要方法，也是中国古代文学批评的常用形式。评点时，评论者在阅读文本，把握文本整体与局部关系的基础上，对文章的内容以及写作方法等方面，进行评论分析。作为阅读者的阅读笔录，评点通常具有一定的对话性，这种对话是读者与文本、与作者、与文本的其他读者之间的对话。评点被标注在不同的位置，其称呼也不同。一般，标注在书眉上的评点被称为“眉批”；在内文中下评语的叫“行批”；在文末下评语的叫“总批”。

文学流派

建安风骨

建安是东汉汉献帝的年号。建安时期的文学作品以风骨遒劲、刚健有力、鲜明爽朗著称，被称为“建安风骨”。建安文学的作家有“三曹”（曹操、曹丕、曹植）和“建安七子”（王粲、孔融、陈琳、徐幹、应玚、阮瑀、刘桢）等。“三曹”是当时的文坛领袖，成就最高。

建安诗人经过汉末的大动乱，他们的诗歌的特点是因事而发，具有鲜明的时代特征，悲壮慷慨，或感伤离乱，或悲悯人民，或慨叹人生，或强烈希望建功立业。曹植是曹操的第三子，建安文学的集大成者。他的诗将抒情和叙事有机结合起来，既描写了复杂的事件，又描写了曲折的心理变化，代表作有《白马篇》《赠白马王彪》《洛神赋》等。王粲是“建安七子”中成就最高的诗人，他的《七哀诗》以亲身体验的事实为题材，具体描写了汉末战乱给国家、人民造成的深重苦难。

建安七子

“建安七子”分别是孔融、王粲、阮瑀、陈琳、徐幹、应玚、刘桢。其诗作崇尚风骨，多悲凉慷慨之气，抒发救国安邦、忧国忧民之志。

建安文学是文学史上的一个辉煌的时代，它独特的文学风格成为后世文学所推崇和效法的典范。

玄言诗

玄言诗是一种以玄学为旨趣的诗歌。魏晋之际，因政治黑暗，名士动辄遭戮，文人多脱儒入道，寄情于老庄玄学。流风所及，在诗坛也形成了玄言诗派，其特点便是以诗的形式来演绎老庄的人生哲理。如“竹林七贤”之一的嵇康的“……目送归鸿，手挥五弦。俯仰自得，游心太玄”。这可以说是玄言诗的雏形。典型的玄言诗形成于西晋末年，并盛行于东晋，其代表诗人为孙绰、许询、谢安、王羲之等人。其中孙绰的《秋月》乃是玄言诗中的佳作：“疏林积凉风，虚岫结凝霄。湛露洒庭林，密叶辞荣条。抚叶悲先落，攀松羡后凋。”当年王羲之等人在兰亭举行一次千古盛会，除了留下那篇千古传诵的《兰亭集序》外，还留下了一组典型的玄言诗。如王羲之的次子王凝之诗曰：“庄浪濠津，巢步颖湄。冥心真寄，千载同归。”另外谢安、许询等也当场作有玄言诗作。总体上，除少数玄言诗能够融情景于一炉，别有一番玄趣之外，大部分玄言诗往往“理过其辞，淡乎寡味”（《诗品序》），艺术成就不高。东晋后期，玄言诗便逐渐消失，不过在其后的山水、田园诗中仍留有余韵。

田园诗

以描绘田园风光，反映农村生活，展示隐逸情怀为风格的诗歌流派。中国田园诗派的鼻祖是东晋诗人陶渊明。

陶渊明出身贵族，但到他这一代，已经家道中落。出身高贵的他，再加上当时道家玄学的熏陶，不能容忍官场黑暗与庸俗，辞官归隐。归隐之时，他创作《归去来辞》，后又创作了《归园田居》《移居》《怀古田舍》等一批田园诗。诸如“采菊东篱下，悠然见南山”之类的诗句，充分表现了诗人对功名利禄的鄙视，对黑暗官场的极端憎恶和与之彻底决裂的决心，表达了诗人对淳朴的田园生活的热爱，对劳动人民的友好感情和对理想世界的追求与向往，从而开创田园诗派。

陶渊明的诗，诗风平淡自然，备受后人推崇，影响深远。到了唐朝，陶渊明的诗风为孟浩然、王维等人所继承，并形成田园诗派。比如，孟浩然《过故人庄》中，“绿树村边合，青山郭外斜。开轩面场圃，把酒话桑麻。”质朴无华，浑然天成，清淡优美，清晰地体现了陶诗风格。由于士大夫与农民的天然疏离，反映隐逸志趣的诗作不少，但像陶诗那么亲切的并不多。发展到宋代，范成大成为田园诗的旗帜，把田园诗推向又一个高峰。

山水诗

在《诗经》和《楚辞》中就已经出现了许多描写山水景物的诗句，但那只是作为衬托或比兴的媒介，不是一种独立的题材。中国文学史上第一首山水诗是曹操的《观沧海》。到了魏晋南北朝时期，山水诗开始繁荣起来。

魏晋时期，尤其是南渡之后，社会动荡，政治黑暗，玄学盛行。很多士大夫逃避现实，以山水为乐土，在山水间过着优哉游哉的生活，从中寻找人生的哲理与乐趣。在山水诗产生和发展的过程中，谢灵运对当时和后世影响最大。谢灵运出身南朝士族，才华横溢，但仕途坎坷。为了摆脱烦恼，谢灵运常常四处游览，寄情于山水。他的山水诗一般先写出游，再写见闻，最后谈玄或发感慨，犹如一篇游记。他的诗句工整精练，意境清新自然，其中不少佳句都经过一番苦心琢磨和精心雕琢，每首诗犹如一幅赏心悦目的山水画。谢灵运的山水诗极大地开拓了诗的境界，确立了山水诗的地位，从此山水诗成为中国诗歌的一个重要流派。南北朝时期的谢朓、何逊也是有名的山水诗人，他们与谢灵运一道，把山水诗推向成熟。到了唐朝，山水诗蔚为大观，李白、王维、孟浩然、杜甫等都是山水诗高手，他们以卓越的诗才，为后人留下大量的山水诗佳作。

宫体诗

宫体诗产生于南朝梁、陈之际，影响直到初唐。这种以描写女性美和宫廷生活为主要内容的诗歌，是当时统治阶级荒淫腐朽生活在文学上的反映，情调流于轻艳，诗风比较柔靡。

自古以来，中国不乏描绘女性美的诗歌，但是，到了齐、梁时候，部分作家对男女之情开始进行露骨的描绘，出现了“艳情诗”。梁简文帝萧纲酷爱文学，做太子的时候，在东宫聚集一大批文士诗人，专写男女之情，极力吟咏女人的体态、睡态、肌肤或女人的衣着用具等，还有假托女子的口吻写伤春、杜撰思妇对塞外征人的相思之情。这些诗作刻画精细，韵律流畅，缠绵婉转，形成一个鲜明的诗歌流派。不仅如此，萧纲更是命文士徐陵收集古今艳诗，汇编成《玉台新咏》，引导宫体诗的创作。他本人更是宣称，“立身先须谨慎，文章且须放荡”，公然鼓吹“轻靡绮艳”的诗风，极大促进了宫体诗的发展。宫体诗虽然还有一些咏物诗，但都有宫廷、宫女的影子，无法跳出宫廷范围。

宫体诗的主要诗人有萧纲、萧绎，以及他们的侍从文人徐摛、庾肩吾、徐陵等，另外还有陈后主及其侍从文人。代表作有萧纲的《咏内人昼眠》《美人晨妆》等。

在宫体诗中，五言八句和四句的形式逐渐得到确认，对仗日益工稳，声韵更加和谐，它在艺术形式方面的积累，对于唐诗的发展起到了很大的推动作用。

出塞图

取材于边塞诗句“秦时明月汉时关，万里长征人未还”。

边塞诗

边塞诗指的是唐代以描绘边塞风光、反映戍边将士生活的诗歌。它起源于汉魏六朝，到盛唐全面成熟，形成了边塞诗派。该派代表诗人有高适、岑参、王昌龄、李颀等。比较著名的边塞诗有高适的《燕歌行》、岑参的

《走马川行奉送出师西征》、王昌龄的《出塞》等。唐代的边塞诗可以分为初、盛、中、晚4个时期。由于国力强弱和对外战争中的胜负不同，初、盛唐边塞诗中多抒发昂扬奋发、立功边塞的情怀，中唐前期尚有盛唐余响，中唐后期和晚唐只有对昔日盛况的追慕和对现实凄凉的哀叹。边塞诗不仅描绘了壮阔苍凉、绚丽多彩的边塞风光，而且抒写了投笔从戎的豪情壮志以及征人离妇的思想感情。对战争的态度，有歌颂、有批评，也有诅咒和谴责，思想上往往达到一定高度。边塞诗情辞慷慨、意境雄浑，多采用七言歌行和七言绝句的形式。

边塞诗人主要分为两类：有边塞生活经历和军旅生活体验的诗人和利用间接的材料，翻新一些乐府旧题进行重新创作的诗人。前者的诗作中更贴近边塞生活，艺术特色也更鲜明，成就也较高。

新乐府运动

新乐府运动是出现于中唐时期的新诗潮。西汉设置乐府，掌宫廷和朝会音乐。由乐府采集和创作的诗歌称作“乐府”。起初乐府诗大部分采自民间，具有通俗易懂、反映现实和可以入乐几个特点。不过六朝之际及唐初，乐府诗基本上成了文人“嘲风雪，弄花草”的诗体。鉴于此，杜甫参照乐府诗的格式，写了《兵车行》《哀江头》等针砭现实的名篇，此为新乐府诗的发端。其后，元结、韦应物、戴叔伦等人也有新乐府题作。到唐宪宗时期，张籍、王建、元稹、白居易等人彼此唱和，将新乐府运动推向了高潮。尤其元稹、白居易作为当时的才子，有大量新乐府诗作，影响巨大。白居易还提出了“文章合为时而著，歌诗合为事而作”的一整套理论，并首次使用了“新乐府”一词，故被视为新乐府运动的代表人物。新乐府诗作不再像前人那样借助乐府旧题，而是自创新题，按照乐府诗格式创作反映现实的诗作，所以又称“新题乐府”。如李绅的《悯农》诗：“春种一粒粟，秋收万颗子。四海无闲田，农夫犹饿死”。便是典型的新乐府诗作。新乐府对当时政治及后世诗歌艺术均产生重大影响。

简单地说，新乐府诗使文学担负起了新闻媒介的作用，某种程度上也是对文学本身的损伤，但在当时来说意义是积极的。

西昆体

宋真宗景德二年（1005年），杨亿、刘筠、钱惟演等人奉诏在宫廷藏书的秘阁内编纂《册府元龟》。他们于修书之余，往来唱和，最后杨亿将这些诗编成一集，定名为《西昆酬唱集》。该集子出来后，在当时产生很大影响，学子纷纷效仿，称之为西昆体。

西昆体主要是宗法晚唐李商隐的艺术风格，崇尚精巧繁缛的诗风，追求巧妙的用典、对仗的工整、音节的和婉，以及像李商隐无题诗那样的隐约朦胧感。西昆体的出现，应该说是对宋初几十年乃至晚唐白体诗流于浅近、粗鄙化的一种反动，重新重视起诗的格律、修辞、寓意，增强了诗歌语言的凝练和诗意的深幽，具有一定的艺术价值。不过，因西昆体作家大多社会地位较高，生活优越，多是宫廷宴游之作，内容狭窄，且脱离真情实感，过于着力于模仿，故而遭人非议。欧阳修、梅尧臣等开创新诗风后，西昆体乃告衰歇。总体上，其对宋代诗歌有着深刻的影响，是宋诗形成自身特色的第一步。

江西诗派

江西诗派是基本代表宋诗艺术特征的诗派。北宋后期，“苏门四学士”之一的黄庭坚在诗坛上独树一帜，追随与效法者颇多，逐渐形成了一个以黄庭坚为中心的诗歌流派。宋徽宗时，吕本中撰《江西诗社宗派图》，中列陈师道、潘大临、杨符等25人，认为这些人的诗风与黄庭坚一脉相承。因黄庭坚为江西人，故称之为江西诗派。虽然这些人的诗各有风格，但在创作方法和诗歌见解方面有共同之处。黄庭坚因推崇杜诗韩文“无一字无来处”的创作方法，提倡化用前人词语、典故的“点铁成金”法和师承前人构思和意境的“脱胎换骨”法。他不仅提出理论，并且写有大量优秀作品。这种诗作，对文化功底要求很高，才学便成了写诗的基础。这也是有宋代诗歌的基本特点，比如黄庭坚、欧阳修、王安石、苏轼等诗坛领袖均为大学者。到南宋时期，江西诗派影响更大，杨万里、姜夔、陆游等大诗人都深受其影响。又因此派诗人多学习杜甫，故宋末方回又提出了“一祖三宗”的说法，即尊杜甫为“祖”，黄庭坚、陈师道和陈与义为“宗”。

不过这种将诗歌学问化的做法，导致许多记忆力不佳的诗人往往靠翻书来拼凑典故，而过多的典故也使读者读起来异常费神。因此有不少人对此表示不满，南宋的严羽曾言：“诗有别材，非关书也；诗有别趣，非关理也。”虽如此，这种写者费劲、读者费神的诗歌在古代文人中一直都比较盛行，尤其以博学相矜的清代诗人，更是推崇这种“无一字无来处”的作诗法。

永嘉四灵

“永嘉四灵”指南宋中叶浙江永嘉（今温州）的四个诗人，分别是徐照（字灵晖）、赵师秀（号灵秀）、翁卷（字灵舒）、徐玑（号灵渊）。因字或号中均有一“灵”字，诗风又相近，故名。他们的诗风，主要学习晚唐贾岛、姚合，标榜野逸清瘦。并融入了山水、田园诗的韵致，表现出归隐田园、寄情泉石的淡泊境界。另外，其在语言上则刻意求工，忌用典，尚白描。如翁卷的《乡村四月》：“绿遍山原白满川，子规声里雨如烟。乡村四月闲人少，才了蚕桑又插田。”便是“四灵”诗的典型。“永嘉四灵”因为打破了江西诗派过于倚重学问的藩篱而在南宋诗坛上独树一帜，加上其迎合了南宋中叶大量无由入仕的民间文人的心境，在当时引起广泛共鸣，但其有境界狭小、寄情偏狭之弊。

台阁体

台阁体是明朝永乐至成化间的一个文学流派。其代表人物号称“三杨”，即杨士奇、杨荣、杨溥。三人均为“台阁重臣”，故其诗文（主要为诗歌，也包括散文）被称作“台阁体”。台阁体的出现，被后人认为是诗文创作的一种倒退，其在内容上要么是粉饰太平、歌功颂德献媚皇帝之作，要么是宴乐唱和之作，毫无生气；而在艺术上，其立意平庸，既没有对自我情感的精致剖析，又没有对社会的关怀。不过因其风格雍容典雅，加上“三杨”官位显赫，作品又时时流露出一种富贵气度，故追慕效仿者颇多，竟致形成一个流派。

另外，台阁体的形成也与程朱理学所要求的“雅正平和”地表达情感及明前期（尤其永乐后）平静的政治环境下官员们心态悠然、志得意满的心理有关。台阁体文人多追慕宋人，成就却去宋甚远。台阁体在明前期统治文坛几十年后，在饱受抨击之下退出文坛。

江左三大家

“江左三大家”指的是明末清初的三个著名诗人，分别是钱谦益、吴伟业、龚鼎孳。因三人籍贯都属江左地区，故称。三人均为明朝旧臣。其中，龚鼎孳（1615 ~ 1673 年）成就和影响均不如钱、吴。钱氏崇宋诗，吴氏尊唐诗，两人各立门户，影响深远。

吴伟业像

钱谦益（1582 ~ 1664 年）字受之，号牧斋，晚号蒙叟、东涧老人，常熟（今属江苏）人。其学问渊博，在史学、诗文方面均负盛名，传说名妓柳如是因慕其才而嫁于他。在诗作上，其初学盛唐，后广泛学习唐宋各家，最终融唐、宋诗于一炉。其诗沉郁炫丽，才华雄健。其诗作有《初学集》《有学集》《投笔集》等，因其晚年诗歌多抒发反清复国之愿，乾隆时，其诗文集遭到禁毁。

吴伟业（1609 ~ 1672 年），字骏公，号梅村，江南太仓（今属江苏）人。其诗歌多以哀时伤事为题材，富有时代感。风格上则华丽藻饰，缠绵凄恻。明亡后则更显得婉转苍凉，感人至深。其于明亡后所作的七言歌行深受白居易影响，所作讽刺吴三桂降清的《圆圆曲》，讲述田妃、公主遭遇的《永和宫词》《萧史青门曲》，写艺人的飘零沦落的《楚两生行》《听女道士卞玉京弹琴歌》内容深婉，语言华丽，气势磅礴。

唐诗派

这是对于明清时代推崇唐诗的诗派的称谓。中国古典诗歌至唐代达到极盛，至宋，风格一变，成另一番韵致。南宋末年的严羽在其诗歌品评著作《沧浪诗话》中推崇唐诗，认为唐诗妙处在于“气象”和“情趣”，而宋“以文字为诗，以议论为诗，以才学为诗”，去唐诗甚远。宋元人虽然推崇唐诗，但唐诗真正被奉为典范，则是在明代。明中期，以李梦阳、何景明、王世贞、李攀龙为首的“前后七子”，提出“诗必盛唐”的说法，认为“诗自中唐以后，皆不足观”。“前后七子”皆是当时负有盛名的文人，尤其李、何、王、李四人作为当时的文坛领袖，其影响非比寻常。清代时，又有以王士祯、沈德潜为代表的唐诗派。不过，虽然唐诗派崇拜唐诗，其作品也有不少佳作，但总体上还是与唐诗有一定距离。其主要的贡献在于通过对唐诗进行分析、鉴赏和宣扬，使得唐诗不再局限于文坛，而是家喻户晓、妇孺皆知。

宋诗派

此为清代一个推崇宋诗的诗派。鲁迅曾言：“一切好诗，到唐已经做完。”但宋人却将诗风一转，又开辟出一个崭新的天地。南宋后期尊崇唐诗的严羽在《沧浪诗话》中对比唐诗优越于宋诗之时，曾分析：“本朝人尚理，唐人尚意兴。”他认为宋朝人利用诗歌议论，乃是呈露才学，为诗作的末路。其后便形成了一个以唐诗为尊的唐诗派，清代的唐诗派人物著名代表沈德潜甚至认为“宋诗近腐”。在唐诗派将宋诗的特点作为一种缺点进行评点的同时，有读者，尤其是那些饱学之士却认为宋诗的特点并非缺点，而是一种风格。认为唐诗胜在意趣，而宋诗则自有一种理趣。尤其到清代时，因崇尚博学，延及诗坛，形成了推崇宋诗的宋诗派。直至近代，宋诗派仍然在诗坛占有优势地位，著名的“同光体”诗人便是宋诗派的中坚。另外，钱锺书认为，虽然“诗分唐宋”，但并非严格以朝代为界限，而是指两种风格。如唐人也有做讲究理趣的宋诗，宋人也作讲究情趣的唐诗。

诗界革命

诗界革命是清朝戊戌变法前后资产阶级倡导的诗歌改良运动。早期的倡导者是夏曾佑、谭嗣同、梁启超 3 人。他们力图开辟诗歌语言的新源泉，目的是表现资产阶级新思想。戊戌维新运动失败后，梁启超逃亡国外，把主要精力用在文化宣传和推进文学改良上。1899 年，梁启超正式提出“诗界革命”的口号，倡导“新意境”“新语句”和“以古人风格入之”的新诗写作风格。

在“诗界革命”中，黄遵宪取得的成就最大，被称为“诗界革命”的一面旗帜。黄遵宪（1848 ~ 1905 年），字公度，号人境庐主人，广东嘉应州（今梅县）人。他曾在日本和欧美做过 20 多年的外交官，是戊戌维新运动的积极参加者。在诗歌创作方面，他提出“我手写我口”的创作原则，强调写诗要反映现实生活，能表达自己的真情实感。黄遵宪的诗作题材非常广泛，包括政治、战争、异乡风俗等，用艺术手段生动地展现了中国近代社会的变迁。他的代表作有《冯将军歌》《台湾行》《哀旅顺》等。

“诗界革命”冲击了长期统治诗坛的拟古主义、形式主义倾向，反映了当时的诗人咏唱新时代和新思想的强烈要求。

花间派

五代十国时期，中原成了群雄逐鹿的猎场，而蜀中地区却相对稳定，经济繁荣，

温庭筠像

许多文人纷纷避难于此。前后偏安于西蜀的两个小政权自度无力量统一天下，便干脆沉湎于独立王国的安闲之中，歌舞升平，自得其乐。在这种背景下，以娱乐为主的词便流行起来。后蜀宫廷文人赵崇祚选录唐末五代词人 18 家作品 500 首编成《花间集》，其中除温庭筠、皇甫松、和凝、孙光宪外，其余全部是蜀中文人。这些人的词风大体相近，多写男女艳情、离愁别恨，婉转低回，香艳柔软，类似于六朝时期的“艳诗”。后世将集中所选词人及其他有类似词风的词人称为“花间派”。

花间派的代表作家是温庭筠和韦庄，其中，温词香艳华美，韦词则疏淡明秀，两人也代表了花间派的两种主要风格。总体上，花间派词作的文字富艳精工，艺术成就较高，但在思想上格调不高，尤其是一些笔触描写男女燕私时十分露骨，极不符合孔子的“诗言志”的诗教，被后世骂作是“桑间濮上之音”（黄色歌曲）。正因为此，对于北宋的欧阳修、晏殊等正统文人偶有的一些花间词作，后世读者竟不相信是出于他们之手，而猜测是别人的伪作。

婉约派

婉约派为宋词风格流派之一。婉约一词最早见于《国语·吴语》：“故婉约其词，以从逸王之志。”先秦、魏晋六朝时期，婉约常被人们用来形容文学辞章。词，本是合乐演唱的，最初是为了达到娱宾遣兴的目的，其内容不外乎离别愁绪、闺情离怨等内容。因而，词逐渐形成了香软、柔媚等婉转柔美的风调。而婉约派作为词的一种风格流派，被明确提出来，一般认为始于明朝。清人王士祯在《花草蒙拾》中写道：“张南湖论词派有二：一曰婉约，二曰豪放。”婉约词的主要特点是：内容注重儿女风情，结构深思缜密，韵律婉转和谐，语言清丽圆润。婉约派的代表人物有李煜、柳永、晏殊、欧阳修、秦观、周邦彦、李清照等人，其中，李煜、柳永、晏殊、李清照被并称为婉约派“四大旗帜”，他们的词分别以愁绪、情长、别恨、闺语见长。

豪放派

豪放派与婉约派并称为宋词两大流派。它是与婉约派文风相对的一个文学流派，代表人物有苏轼、辛弃疾。豪放派词题材广泛、视角鲜明、语言旷达、气势雄浑，思想豪放不羁，词文不拘音律格调。豪放派从形成到鼎盛共经历了 3 个阶段：初步形成，以范仲淹的《渔家傲 · 塞下秋来风景异》为开端。它引导了豪放派词风的主体方向；发展成形，是以苏轼词的豪壮为基调，逐渐在词坛形成一股劲风；鼎盛时期，继苏轼之后，辛弃疾等爱国词人将鸿鹄之志以及边塞慨叹融入词中，雄浑激荡的词风统霸文坛。在此之后，豪放派继承者因慨叹国衰、情难却等原因，词中渐渐融合了沉郁、典雅等古朴诗风，逐渐形成了豪放、清秀隽永的温婉手法相结合的刚柔相济的词风，其代表人物主要有刘克庄、黄机、戴复古、刘辰翁等。

常州词派

清代最有影响的词派之一，因其创立者为常州人张惠言，故名。词作为诗的一种变体，发端于唐代，两宋时达到极盛，元、明时期，跌入低谷。直到明末清初，词坛再度热闹，出现了推崇姜夔、张炎清空淳雅的浙西派和推崇辛弃疾、苏轼奔放豪迈的阳羡派。不过因清初文网严密，文人噤若寒蝉，豪放不起来，浙西派称霸词坛。后浙西派逐渐枯寂，沦为专务雕琢章句、恪守声律的“小道”。嘉庆后，文网渐开，继承豪放一脉的常州词派崛起。张惠言作为常州词派的发起者，其首先致力于在理论上给予词以与诗并列的尊崇地位，而非仅仅是“诗余”。其次，他则强调词并非仅仅是文人“言情”的小玩意，而是与诗同样具有“言志”功能的“大道”。为证明此，他还特地编撰了一本《词选》，以证明自己的观点。在《词选》中，张对诸多词作进行挖掘，其微言大义地解读，有些说得通，有些则牵强附会。如他曾将温庭筠的著名“艳词”《菩萨蛮》解释为“感士不遇”之意。后来的王国维曾对此类穿凿附会表示了自己的讥讽。不过在当时，响应者却甚多，并形成常州词派。稍晚的常州词派的另一位代表人物周济进一步发挥张惠言的观点，并提出了“词史”一说，以与“诗史”并尊。常州词派对清词发展影响甚大，近代谭献、王鹏运、朱孝臧、况周颐这四大词家，也是常州词派的后劲。

公安派和竟陵派

公安派和竟陵派是一前一后出现于明末的两个反传统的诗文流派。其中，公安派因其代表人物袁宗道、袁宏道和袁中道三兄弟籍贯为湖北公安而得名。明代自弘治以来，文坛为“前后七子”所把持，他们倡言“文必秦汉，诗必盛唐”“大历以后书勿读”的复古论调。万历时，思想家李贽质疑复古论调，提出“童心”说，震动极大，但其最后被迫害致死。与李贽有过交往的袁氏三兄弟则变“童心”说为“独抒性灵，不拘格套”，推行类似的文学主张。并写下了不少随性而灵巧的诗作，不过许多诗作也流于浅俚。值得称道的是其所作的一系列短小、轻灵、隽永的小品文，开创了我国散文写作的新领域。但在复古主义占上风的清代，公安派作品未受到青睐。直到近代，因周作人、林语堂的提倡，公安派作品才在读书界热起来。

竟陵派的出现稍晚于公安派，因其代表人物钟惺、谭元春为竟陵人而得名。竟陵派同样抨击“前后七子”的复古论调，并继承了公安派的“性灵”说，但同时鉴于公安派诗作俚俗、浮浅的缺陷，而倡导“幽深孤峭”，刻意追求字意深奥，求新求奇，最终形成了艰涩隐晦的风格。竟陵派较有成就的代表人物是刘侗，他的《帝京景物略》成为竟陵体语言风格代表作品之一。

桐城派

桐城派是清代影响最大的古文流派，因其代表人物方苞、刘大櫆、姚鼐均系安徽桐城人而得名。明中期以后，因反对复古论调的公安派、竟陵派的出现，“文以载道”的文学传统遭到极大挑战。清初，先是名满天下的朝廷重臣方苞，对古文写作进行了新的思考，提出将“文”“道”统一的“义法”说，被认为是桐城派的始祖。此后，刘大櫆又提出“神气”“音节”“字句”理论，进一步补充了方苞的“义法”说。乾隆时的姚鼐则提出“义理、考据、词章”合一的完整理论，乃是桐城派的集大成者。方、刘、姚三人被尊为“桐城三祖”。桐城派文章以文学的眼光看，没什么文采，其特点在于词句精练，简明达意，条理清晰，只求“清真雅正”，不求文采飞扬，偏重于文章的实用性。其代表作有方苞的《狱中杂记》，姚鼐的《登泰山记》等。桐城派影响极其深远，在地域上早就超出桐城，遍及全国。身为湖南人的曾国藩便是桐城派领袖，西方小说翻译家林纾也曾是桐城派中坚。时间上则自康熙直延至清末，甚至在新文化运动前夕，北京大学国文系还为桐城派所称霸。直到新文化运动开始，白话文兴起，桐城派才宣告消亡。其作家之多、散布地域之广、绵延时间之久，为文学史所罕见。

讲史小说

讲史小说是中国明清时期的一种小说，发端于宋元时期的平话。平话是宋元时期的说书艺人用来讲故事的底稿，其中讲史类平话乃是宋代四类平话之一。因中国人喜欢听“真实”的历史故事，宋元之际，几乎历代史都被说书艺人编成了平话，如《武王伐纣平话》《五代史平话》等。明代时，一些文人对平话进一步加工整理，形成了历史小说。明清小说每一章结尾处的“欲知后事如何，且听下回分解”以及时不时出现的“说话的”“列位看官”等对话式的语言，便是平话留下的痕迹。中国最早成形的讲史小说乃是根据《〈三国志〉平话》改编而来的《三国演义》。讲史小说具体分作两支，一支为“历史演义”，如《三国演义》《隋唐演义》等；另一支为“英雄传奇”，如《水浒传》《说岳全传》等。总体上，讲史小说乃是一种通俗文学，艺术水准不高，像《三国演义》《水浒传》这样的杰作只是凤毛麟角。不过，这种通俗文学作品对于历史知识的普及却是不可替代的。

六朝志怪和志人小说

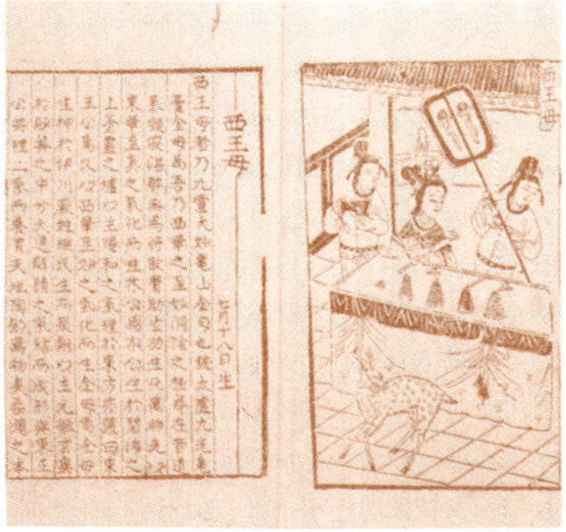
《搜神记》

六朝时期的小说主要分为志怪和志人两大类。志怪写的是神仙方术、妖魔鬼怪等，志人则记录的是一些名人的闲闻逸事。

志怪小说盛行的根本原因是当时各类宗教思想盛行，由此产生了许多神仙方术、佛法灵异的故事，成为志怪小说的素材，甚至有些志怪小说的作者就是佛教信徒。志怪小说主要可以分为三类：1. 地理博物，如《神异经》《博物志》。2. 鬼神怪异，如《列异传》《搜神记》。3. 佛法灵异，如《冥祥记》《冤魂志》。

魏晋南北朝志怪小说的代表作是干宝的《搜神记》、张华的《博物志》、王嘉的《拾遗记》、吴均的《续齐谐记》等，其中名篇有《三王墓》《韩凭妻》《弘氏》《董永》等。

志人小说的兴盛和当时士人之间崇尚清谈和品评人物的风气有很大关系。志人小说也可以分为三类：1. 笑话。代表作有邯郸淳的《笑林》。2. 野史。东晋的道士葛洪委托刘歆所著的《西京杂记》，记述西汉的人物逸事，带有怪异色彩。3. 逸闻逸事。这是志人小说的主要部分，作品最多，有裴启《语林》、郭澄子《郭子》、沈约《俗说》、殷芸《小说》、刘义庆《世说新语》等，其中刘义庆的《世说新语》成就最大，影响最广，是志人小说的代表作。

六朝小说的篇幅都非常短小，叙事也很简单，一般只有故事梗概，没有想象、描写等艺术加工，还不是成熟的小说。但它为后世的小说提供了丰富的写作经验和素材，是中国小说史上不可缺少的一环。

神魔小说

神魔小说是明清之际的一种小说体裁，又称志怪小说。明代中期以后，通俗小说主要分作两类，一类讲述现实世情，一类讲神怪斗争，鲁迅先生在《中国小说史略》中将后者命名为神魔小说。神魔小说同样起源于宋元之际的平话，第一本神魔小说《西游记》便是吴承恩在宋元平话的基础上加工整理而成的。因此书风行一时，获巨大成功，其后作家纷纷效仿，产生了《封神演义》《东游记》《三宝太监西洋记》《镜花缘》等众多神魔小说。这类小说一般是依托历史事件，或依托流行的神怪故事，也有少数是文人纯粹凭想象写出来的，如《镜花缘》。神魔小说大多没有复杂的思想和严肃的主题，主要着力讲述神魔鬼怪之间的斗争，有很强的娱乐性，即使有一些讽喻现实的意图，普通读者也因为被故事所吸引而很难领会。总体上，除《西游记》《镜花缘》等少数经典，大多神魔小说写得比较粗糙，缺乏艺术创造。

世情小说

明清时期的一种小说。世情小说因写世态人情，也称“人情小说”。世情小说的出现，是我国小说史上的重大转变，关于此，也可以借助中国第一本世情小说《金瓶梅》来说明。首先，《金瓶梅》乃是第一本不再依托于以前的民间艺人的集体创作，而是由文人独立构思并创作的一本小说，这标志着小说真正成为一门独立的艺术。其次，《金瓶梅》乃是第一本将目光从帝王将相、才子佳人身上转移到普通人身上来的小说，其开创了中国小说的现实主义传统，使得小说艺术的思想性得到大大提高。《金瓶梅》的这两个特征基本代表了世情小说的特征。《金瓶梅》之后，世情小说得到迅速发展，成为通俗小说的一大主潮。明清两代的世情小说，或主要写情爱婚姻，或主要叙家庭纠纷，或广阔地描绘社会生活，或专注于讥刺儒林、官场、青楼，内容丰富，色彩斑斓。世情小说产生了一大批经典之作，如《三言二拍》《儒林外史》《官场现形记》《红楼梦》等。

才子佳人小说

流行于明末清初的一类小说。因中国自古流行“文人政治”，不同于西方女性眼中理想的男人是尚武的“白马王子”，中国女性理想的男人在很长时间里一直都是尚文的“才子”。直到现代产生“郎才女貌”的说法后，这个“才”才不再局限于文学才能。因此，中国古人拥有浓厚的“才子佳人”情结。元杂剧《西厢记》和《牡丹亭》之所以千古流行，一些批评家认为是因为其“反封建”，而实际上恐怕与人们的“才子佳人”情结有关。明末清初，历史演义和神魔小说流行风刮过之后，才子佳人小说开始登上流行舞台。《双美奇缘》《好逑传》《玉娇梨》《平山冷燕》等大批才子佳人小说相继诞生。这种小说基本上都有一个固定的套路，先是一个落魄才子巧遇一个家境优裕的佳人，这佳人慧眼识珠，与之一见倾心，两人彼此赠诗，并私订终身。其间也总有一个“坏人”从中作梗，几经曲折，最终才子金榜题名，皇帝赐婚，有情人终成眷属。对于这种死板的套路，曹雪芹曾在《红楼梦》中借那块“补天石”之口讽刺其“千人一面，千部一腔”。并且这类小说的语言也往往比较蹩脚。尽管如此，可能因人们天生对美好爱情的向往，对这类书却十分青睐。清代人曾评选过“十才子书”，其中一半都属于才子佳人小说。

公案小说

公案小说的主要内容就是狱讼，它是中国近代小说的一个流派。清末，产生了大量的公案小说，风靡一时，比较著名的有《施公案》《彭公案》等。后来公案小说又与侠义小说合流，形成侠义公案小说。

先秦两汉法律文献中的案例与史书中的清官循吏的传记以及魏晋南北朝志怪小说中的神鬼与狱讼故事，可以看作是公案小说的萌芽。晚唐五代的笔记（传奇）小说中的公案故事，表明公案小说已经成形。宋朝时期，公案作品便大量产生，艺术上也日趋完美，标志着公案小说已经成熟。在众多的公案小说中，最为脍炙人口的，首推《龙图公案》（《包公案》），其次是《施公案》《彭公案》。《龙图公案》主要讲的是清官包拯，辅以众侠士；《施公案》以施仕纶为主，辅以黄天霸；《彭公案》以彭鹏（彭玉麟）为主，辅以黄三泰、欧阳德。

公案小说的主要思想倾向是：赞扬忠臣清官，铲除奸恶，匡扶社稷，宣扬“尽忠”思想，鼓吹“奴才”哲学和变节行为。

谴责小说

谴责小说是中国旧小说的一个流派。晚清时期，经过中日甲午战争失败、戊戌变法失败、八国联军入侵等一系列巨大的变故，内忧外患日益严重，社会更加黑暗，政治更加腐败，一些小说家们对社会现状深为不满，口诛笔伐，写了大量讽刺社会黑暗面和抨击时政的小说。鲁迅在《中国小说史略》中将这类小说的特点概括为“揭发伏藏，显其弊恶，而于时政，严加纠弹，或更扩充，并及风俗”，将它们称之为“谴责小说”。

比较著名的谴责小说有李宝嘉的《官场现形记》、吴趼人的《二十年目睹之怪现状》、刘鹗的《老残游记》和曾朴的《孽海花》。这类小说的题材和内容，涉及社会生活的各个方面，如官场、商界、华工、女界、战争等，其中写官场最为普遍。

为了适应报刊连载的需要，谴责小说缺乏完整的构思和写作时间，因此结构不够严密，没有贯串始终的中心人物，多是许多短篇联缀成的长篇。在表现手法上，作者有时为了迎合读者求一时之快的心理，往往描写得言过其实，缺乏含蓄，它所反映出的只是一种变形的社会形态。

《孽海花》封面

杰出文学家

屈 原

屈原生于公元前约 340 年，是中国文学史上第一位爱国主义诗人，楚辞文体的开创者，也是浪漫主义诗人的杰出代表。刘勰在《文心雕龙·辨骚》中，曾给予屈原“衣被词人，非一代也”的评价，旨在说明屈原在中国文学史上的突出贡献。其流传下来的作品共有 23 篇，其中《九歌》11 篇，《九章》9 篇，《离骚》《天问》《招魂》各一篇。屈原是战国末期著名的政治家、文学家。他一生深思高举，却换来潦倒流放，投汨罗江殉国而死的悲剧命运。在其代表作《离骚》中，屈原将自己为国尽忠、流放潦倒、品质高洁、亡国苦痛等情感融洒在字里行间，不仅创造了“香草美人”的文学传统，还彰显了屈原文学创作中的个性光辉。屈原是个注重现实的诗人，但是他的很多作品又和神话有密切联系，在现实与神话相结合的形式中，通过自由奔放的语言，将现实社会中的种种矛盾凸显出来，从而揭露当时楚国政治上的黑暗面。在政治上，他是爱国爱民、坚持真理的；在精神人格上，他是宁死不屈、品质高尚的；在文学上，他是不拘一格、开拓创新的。就屈原的文学影响来说，他的很多作品都是后世作家汲取养料、提高水平的参考范本。尤其是楚辞文体的创立，直接影响了汉赋的形成，它与《诗经》被称为浪漫主义与现实主义两大优良流派的源头。

贾 谊

贾谊（公元前 200 ~ 前 168 年），西汉初年著名政论家、文学家。洛阳人，世称贾生。贾谊自小博览群书，18 岁即名闻郡里。21 岁时被汉文帝召为博士，乃当时最年轻的博士。汉文帝对其十分赏识，欲拜其为公卿，但因大臣们的忌妒和反对而作罢。后贾谊因遭朝臣诋毁，被贬为长沙王太傅。后被召回长安，任文帝子梁怀王太傅。梁怀王坠马而死后，贾谊深感歉疚，忧伤而死，年仅 33 岁。

贾谊的思想以儒家为主，也杂有法家及黄老成分。早年曾为《左传》作过注释，但失传。另外，其对道家思想也有一定研究，青年时写过《道德论》《道术》等论著。贾谊见诸后世的成就主要在文学方面，散文和辞赋非常有名。众所周知的便是政论文《过秦论》，以高度概括的笔墨铺陈史实，并以夸张的手法进行渲染，文章雄辩滔滔，极富气势，具有战国纵横家的遗风。另外，其政论文《论积贮疏》《陈政事疏》及辞赋《吊屈原赋》《鹏鸟赋》都非常著名。贾谊的作品被刘向辑为《新书》，又名《贾子》。

司马相如

司马相如（约公元前 179 ～前 127 年），西汉大辞赋家。字长卿，蜀郡成都人，本名司马长卿，因崇敬战国蔺相如，改名相如。少好读书、击剑，曾为景帝武骑常侍，因景帝不好辞赋，辞官，游于梁惠王门下。后回蜀，期间与才女卓文君私奔，留下千古美谈。汉武帝后来看到司马相如的《子虚赋》，大为赞赏，召其入宫，司马相如由此成为宫廷辞赋家。

司马相如像

汉代，赋这种文体大盛，涌现出了枚乘、扬雄等一批善于写赋的作家，而司马相如则是最典型的代表。除《子虚赋》外，司马相如还作有《上林赋》《美人赋》《长门赋》等。其中，《子虚赋》《上林赋》内容相连，以子虚和乌有先生争相夸耀本国的故事为基本构架，极尽铺叙、夸张、想象、排比之能事，气势恢宏，典故堆砌，文字华彩，从各个方面体现了散体大赋特点，奠定了散体大赋的体系，在我国文学史上占有重要地位。以《长门赋》为代表的骚体赋对我国宫怨文学有不小的影响。因其文学影响，司马相如被认为是与司马迁齐名的重要作家。鲁迅在《汉文学史纲要》中言："武帝时文人，赋莫若司马相如，文莫若司马迁。"

扬 雄

扬雄（公元前 53 ～ 18 年），汉赋代表作家，与司马相如并称"扬马"。字子云，西汉蜀郡成都人。扬雄少时口吃，不善言谈，默而好深湛之思。其家贫而好学，博览群书，不慕富贵。扬雄早年酷爱辞赋，尤其仰慕同乡作家司马相如，曾模仿其作品著有《甘泉赋》《羽猎赋》等。40 多岁时，扬雄被推荐成为汉成帝的文学侍从，期间写了一系列描写天子祭祀、田猎的赋作。扬雄的辞赋在当时颇负盛名，但其后来却认为这是"童子雕虫篆刻"，"壮夫不为"，并不再写赋，而埋头于撰写时人并不懂的学术著作，以求传之后世。扬雄仿《易经》写《太玄》一书，阐发了自己的哲学思想；仿《论语》写《法言》一书，在书中他主张文学应当宗经、征圣，以儒家著作为典范，这对刘勰的《文心雕龙》颇有影响。扬雄还著有语言学著作《方言》，是研究西汉语言的重要资料。因扬雄的重要影响，《三字经》中将其与老子、庄子、荀子、文子（王通）并列为"五子"。

曹 操

曹操（公元 155 ～ 220 年），三国时期政治家、文学家。字孟德，沛国谯（今安徽亳州）人。曹操出身汉官宦世家，在镇压汉末农民起义黄巾军的过程中崭露头角，并一步步扫灭北方群雄，建立起了魏国立国的基础，曹操死后，其子曹丕称帝，追谥曹操为魏武帝。

曹操不仅是杰出的政治军事家，而且在文学上卓有成绩。其“外定武功，内兴文学”，延揽天下文士，对建安文学的繁荣起了重要作用。曹操与其子曹丕、曹植被称为“三曹”，乃是建安文学的代表人物，史称“建安风骨”。曹操的文学成就主要体现在诗歌方面。相传曹操“登高必赋”，诗作现存 20 多首，都是以乐府歌辞形式写成。其虽用乐府旧体，却不袭用古人辞意，而是自己缘事因性而作，一类是反映汉末动乱和民生疾苦，如《苦寒行》《蒿里行》等。这类诗因摹写现实真切而有“汉末史诗”的美誉。一类是抒发其政治抱负与进取精神的，如《短歌行》《观沧海》等。这类诗慷慨激越，深沉雄浑，也是诗中佳作。另有一类乃是游仙诗，艺术成就不高。除诗歌外，曹操的散文也一改汉儒文章迂阔空泛的习气，真率自然，文笔简约，颇有特色，鲁迅称之为“改造文章的祖师”。

曹 植

曹植（公元 192 ～ 232 年），三国时魏国诗人，文学家。曹植是曹操第三子，因曾被封为陈王，谥号“思”，世称陈思王。曹植自幼聪慧，才思敏捷，为曹操所器重，曾一度考虑废曹丕的太子位而传王位于曹植，但因群臣强调“立长”原则而作罢。也正因为此，曹操死后，曹植为继位的曹丕所恨，差点儿将其杀害，终生被排斥在主流政治之外。

曹植像

曹植的文学成就乃是“建安文学”中最高的，《诗品》称之为“建安之杰”。总体上，曹植的创作可以曹丕称帝为界分作两个阶段。第一个阶段，其作为优游宴乐生活的贵族王子，所写诗作大多是意气风发、文采绚丽的风格，代表作有《白马篇》《箜篌引》等。而第二个阶段，随着曹丕称帝后，其在政治上处处受到排挤与打击，对社会与人生有了新的认识，作品数量增多，且思想更加深刻，艺术上也更给成熟，代表作有《杂诗》6 首、《七哀诗》、《赠白马王彪》等。钟嵘在《诗品》中称赞曹植的诗“骨气奇高，词彩华茂”。曹植的诗歌在文学史上具有深远影响，尤其是作为第一个大力写五言诗的人，对五言诗的发展起到重要作用。

阮 籍

阮籍（公元 210 ～ 263 年），三国魏诗人。字嗣宗，陈留尉氏（今属河南）人，是“建安七子”之一阮瑀的儿子。阮籍生在司马氏与曹氏政治角力的黑暗时代，采取的是疏离政治、放浪形骸的姿态，因与嵇康、刘伶等 7 人整天聚在一起喝酒，世称他们为“竹林七贤”。阮籍思想上崇尚老庄之学，对政治失望的同时转而寻求人生的终极关怀。据说其经常驾车出游，不由路径，直到无路处，则痛哭而返。阮籍在文学上的成就主要体现在诗作《咏怀》82首。这些诗作中最突出的思想便是表现诗人内心的孤独和苦闷，寄托了作者希望超越黑暗的现实走向理想的自由世界的愿望。另一个重要方面便是揭露了政治黑暗、世道衰败的现实以及世俗之人的虚伪。在艺术风格上多用比兴手法，形成了含蓄蕴藉，隐约曲折的风格。钟嵘在《诗品》中称阮诗“厥旨渊放，归趣难求”。除诗歌外，阮籍还长于散文和辞赋，其中以《大人先生传》最为有名。阮籍对于后世文学家影响相当大，陶渊明、李白、陈子昂、曹雪芹等著名作家均受其影响。

陶渊明

陶渊明（约公元365～427年），我国第一个田园诗人。生于东晋浔阳柴桑（今江西九江），名潜，字元亮，渊明是他的号，又号“五柳先生”。陶渊明出身没落名门，其曾祖父陶侃乃是东晋开国元勋，至陶渊明而没落。陶渊明喜欢读书，性嗜酒，却因家贫不能常得。思想上，陶渊明深受道家人生观影响，生性洒脱，以逍遥自在为乐。30岁时，为生活所迫，陶渊明出仕做了几年小官，后因不肯“为五斗米，折腰向乡里小儿”辞官隐去。

在文学成就上，陶渊明被认为是魏晋南北朝最负盛名的作家，而且是屈原之后李白之前对中国文学影响最大的诗人。其所作诗歌现存120首，辞赋3篇，散文8篇，其中以诗歌成就最高。陶渊明的诗歌题材较丰富，其中最能代表其创作成就的，是田园诗。在诗中，陶渊明将田园自然生活描写成一个与现实黑暗世界对立的理想世界，寄寓了作者美好的人生理想。另外，其散文《桃花源记》更鲜明地寄托了作者的这种理想。陶渊明的这种“世外桃源”思想为文人们在政治官场之外，营造出了一个虽不存在却令人神往的精神乌托邦，对后世文人产生了深远影响。

谢灵运

谢灵运（公元385～433年），我国第一个山水诗人。其祖籍陈郡阳夏（今河南太康），乃东晋名将谢玄之孙，18岁袭爵康乐公，世称“谢康公”、“谢康乐”。谢灵运聪颖博学，热衷政治。入宋后，降爵为康乐侯，本欲参与时政机要，但宋文帝对他“唯以文义见接，每侍上宴，谈赏而已”。在朝不得志，一度隐居会稽始宁（今浙江上虞），宋文帝时，出任临川内史，后被诬谋反遭杀。

谢灵运在文学上的成就在于开创了中国山水诗流派。其诗作大部分为山水诗，多作于其任永嘉太守以后。利用细腻的笔调、敏锐的审美直觉及精巧的语言对其所到的永嘉、会稽、彭蠡等地的自然景物和山水名胜进行了描绘，辞章绚丽，意境新奇，给人清新之感。在文学史上，谢灵运第一个将自然景物作为独立客观的审美和描写对象，写了大量的山水诗，故被尊为山水诗的鼻祖。谢灵运的山水诗很大程度上扭转了魏晋以来的玄言诗风，对永明新诗体及后世山水诗的发展均产生了深远影响。

庾信

庾信（公元 513 ~ 581 年），南北朝代表性文学家。字子山，南阳新野（今属河南）人。庾姓乃是中原世家，西晋南迁时，跟随而至江左，与王、谢、桓并称东晋“四大家族”。东晋亡国后，庾姓仍为士族。梁朝时，庾信之父庾肩吾与另一位诗人徐摛同为梁太子萧纲的文学侍从，后庾信与徐摛的儿子徐陵又做了萧纲的东宫学士。徐摛、庾氏父子均擅长写“艳诗”，流行一时，时人称为“徐摛庾体”。庾氏信此时代表作品有《春赋》《对烛赋》等，大抵为缠绵悱恻的“艳诗”，艺术技巧较高。后梁为西魏所灭，北朝朝廷一向思慕南方文学，久负盛名的庾信被强留于西魏，并委以高职，直至封侯。庾信最终终老北方，隋初逝世。庾信自至西魏后，因亡国之哀、羁旅之愁，再加上身仕敌国的道德上的自责，其诗作开始突破早年的狭小格局，多抒发怀念故国的情绪，以及对身世的感伤，风格也转变为苍劲、悲凉，奠定了其文学史上的地位。杜甫曾说：“庾信文章老更成，凌云健笔意纵横。”其晚期代表作有《枯树赋》《伤心赋》《小园赋》等，集南北朝赋体之大成，并开唐宋“四六文”的先河。

陈子昂

陈子昂（约公元 661 ~ 702 年），唐代文学家，初唐诗文革新人物之一。字伯玉，梓州射洪（今属四川）人。陈子昂出身富裕家庭，轻财好施，慷慨任侠。同时博览群书，24 岁时举进士，一度得武则天赏识。官至右拾遗，直言敢谏，后曾两次从军出征边塞，但均不受重用。因在朝廷 10 多年的政治生涯不得志，陈子昂 38 岁辞官回乡，被权臣武三思指使射洪县令予以加害，冤死狱中。

陈子昂在政治上提倡改革，在文学上具有强烈的革新精神。针对六朝乃至唐初以来浮艳而形式主义的诗风，其力主恢复汉魏风骨，认为诗歌应该像建安时代那样，既要有针砭现实的“兴寄”，又要有充实的思想和刚健的“风骨”，以实现形式与内容的完美统一。而他自己的诗作也正体现了这种主张，其代表作《感遇》诗 38 首，《蓟丘览古赠卢居士藏用》7 首和《登幽州台歌》，风格朴质而明朗，格调苍凉激越，标志着初唐诗风的转变。尤其《登幽州台歌》以其辽阔苍茫的时空境界，慨然独立的主体形象，孤高悲凉的情感格调，堪称震惊千古的佳作。

初唐四杰

初唐时期文学家代表是“初唐四杰”：王勃、杨炯、卢照邻和骆宾王。

王勃（公元 650 ~ 676 年），字子安，绛州龙门（今山西河津）人。当时流行以风花雪月为题材的宫体诗，注重形式主义。王勃首先反对诗坛上的这种不正之风，得到了卢照邻等人的支持。王勃现存诗 80 多首，多为五言律诗和绝句，代表作有《送杜少府之任蜀州》，著有《王子安集》。

杨炯（公元 653 ~ 693 年），华阴（今属陕西）人，武后时为盈川令，所以世称杨盈川。他以边塞诗著名，代表作有《从军行》《出塞》《战城南》等，气势轩昂，风格豪迈，感情饱满，意象醒目。今存诗 33 首，其中以五律居多，有《杨盈川集》。

卢照邻（公元634～689年），字升之，自号幽忧子，幽州范阳（今河北涿州）人。他的诗意境清迥，以韵致取胜。代表作《长安古意》词句清丽，委婉顿挫，借古讽今，意味悠长，是初唐长篇歌行的名篇。今存《卢升之集》《幽忧子集》。

骆宾王（公元 619 ～ 684 年），字观光，义乌（今浙江义乌）人。早年有神童之称，他的诗题材较为广泛，擅长七言歌行，笔力雄健，代表作《帝京篇》，当时的人们认为是“绝唱”。徐敬业发兵反对武后时，他曾作檄文《代徐敬业传檄天下文》，义正词严，气势磅礴，连武后都夸他的文采。有《骆宾王集》存世。

王勃像　杨炯像　卢照邻像　骆宾王像

孟浩然

孟浩然（公元 689 ～ 740 年），唐代著名山水田园诗人。湖北襄阳人，故世称孟襄阳。孟浩然是古代归隐得比较彻底的一个文人，40 岁之前一直在家种菜养竹，闭门读书。开元十六年（公元 728 年），到长安应进士，但未能登第。后张九龄任宰相时，孟浩然曾入其幕府，不久即归隐鹿门。不过，虽归隐山林，孟浩然名声却在外，李白、王维、杜甫、王昌龄等人都与其关系甚好。

在文学成就上，孟浩然的主要成就在山水田园诗方面。其中，以山水诗数量最多。内容一则是孟浩然游历南北各地时对于当地山水的描写，一则是隐居期间对于襄阳的自然风光所做的描绘。在艺术特色上，其山水诗着力追求一个“清”字，往往以清淡平和的语言描绘清幽绝俗的意境，语言洒脱，风格平易，韵致高远。而田园诗数量相对少一些，但因特色鲜明而颇受称道，最脍炙人口的便是《过故人庄》。总体上，孟浩然继承了陶渊明、谢灵运的山水田园诗传统，乃是唐代的第一个山水田园诗人，被誉为“盛唐之音”的第一声。孟浩然与略晚的王维乃是唐代山水田园诗人的代表，因其一生经历简单，其诗不如王诗境界广阔，故虽年长却排王后，世称“王孟”。

王 维

王维（公元 701 ～ 761 年），盛唐时期著名诗人。字摩诘，祖籍山西祁县，因崇敬并精通佛学，有“诗佛”的外号。王维少有才名，15 岁至京城应试，即受到王公贵族青睐，21 岁即中进士，官至尚书右丞，故世称“王右丞”。张九龄任宰相时，王维受到器重，后张九龄遭贬，李林甫出任宰相，唐朝进入由盛而衰的转折点，王维在京城南蓝田山麓的别墅里，过起了半官半隐的生活。

在诗歌成就上，在唐朝的诗人排行榜中，除李白、杜甫稳占前两把交椅外，第三名的人选人们往往是在王维与白居易间争论，无有定论。王维在诗歌上的成就是多方面的，无论边塞、山水诗、律诗还是绝句等都有脍炙人口的佳篇，而其成就最高的乃是山水田园诗。陶渊明、谢灵运开创山水田园诗派后，唐代诗人多有继承此派的，而以王维和孟浩然成就最高，并称“王孟”。王维继承和发展了谢灵运的山水诗传统，并对陶渊明田园诗的清新自然也有所借鉴，使山水田园诗的成就达到了一个高峰，在中国诗歌史上占有重要的位置。另外，王维还擅长音律与绘画，享有“诗中有画，画中有诗”的美誉。

李 白

李白（公元 701 ~ 762 年），字太白，号青莲居士，绵州昌隆（今四川江油）人，祖籍陇西成纪（今甘肃天水市秦安县），出生于唐朝安西都护府碎叶城（今吉尔吉斯斯坦托克马克城），5 岁时随父亲迁到四川绵州青莲乡。

李白“一生好入名山游”，20 岁时游遍了巴蜀的名山胜水，25 岁时开始漫游全国，足迹遍及山东、山西、河南、河北、湖南、江苏、浙江、安徽等地，写下了大量的优秀诗篇。公元 742 年，受唐玄宗的赏识被召入宫，供奉翰林。但李白不愿向权贵低头，两年后辞官离京，又开始了长达十多年的漫游生活。“安史之乱”爆发后，李白应邀进入永王李璘幕府。后被流放到夜郎，中途遇赦。公元 762 年，病逝于安徽当涂。

李白是继屈原之后我国古代最杰出的浪漫主义诗人，被誉为“诗仙”，与杜甫并称“李杜”，今存诗 900 多首。李白一生关心国事，不满黑暗现实，希望能建功立业，同时他又受老庄和道教的影响，又有“出世”“求仙”的思想。他的诗歌豪迈瑰丽，既有丰富奇特的想象，又有对当时政治黑暗的抨击，还有对民生疾苦的反映和同情。

李白的诗受屈原和汉魏六朝的乐府民歌影响最深，擅长形式自由的古诗和绝句。他的诗语言浑然天成，不屑雕饰，清新隽永。写景则气势磅礴，想象奇特，抒情则感情奔放，变化多端。代表作有《黄鹤楼送孟浩然之广陵》《望庐山瀑布》《望天门山》《早发白帝城》等。著有《李太白全集》。

王昌龄与岑参

唐代疆域辽阔，经济繁荣，军事强盛，人们尤其是文人的民族自尊心和自豪感空前高涨，世人多具有积极乐观的情调和浪漫的气质，对从军边塞、建功立业充满向往，因此一种讴歌边塞生活的边塞诗派逐渐兴盛起来。王昌龄和岑参便是边塞诗人的杰出代表。

王昌龄（公元 698 ~ 756 年），字少伯，京兆长安（今陕西西安）人。开元十五年（公元727年）中进士，曾任江宁丞，后贬为龙标尉，世称王江宁、王龙标。“安史之乱”后在北返途中为亳州刺史闾丘晓所杀。王昌龄的诗作在内容上以边塞、闺情宫怨和送别3类体裁最多。其边塞诗以他多年的边塞游历为基础，气势雄浑，格调高昂，乃边塞诗中的上品。王昌龄的闺情宫怨诗或格调哀怨，或清新优美，颇受推崇。一度获“诗家天子王江宁”的美誉，尤其对七绝用力最深，被后世称为“七绝圣手”。

岑参（约公元715～770年），南阳（今属河南）人，出身官僚家庭，曾祖父、伯祖父、伯父都官至宰相，至岑参时家道中落。岑参30岁中进士，授兵曹参军，曾两度在边关任职。后由杜甫等推荐任右补阙，最后官至嘉州（今四川乐山市）刺史，世称岑嘉州。以后罢官，客死成都旅舍。6年的边塞生涯为他的边塞诗打下牢固的现实基础，其边塞诗气势雄伟，想象丰富，色彩瑰丽，热情奔放，乃是边塞诗中的上乘之作。岑参与另一位著名边塞诗人高适并称“高岑”。

杜甫

杜甫（公元712～770年），字子美，襄阳（今属湖北）人，生于河南巩县（今巩义市）。因在长安城南少陵居住过，曾任检校工部员外郎，后世称之为杜少陵、杜工部。

杜甫出生于官宦世家，祖父是诗人杜审言。他从小受过良好的教育，深受儒家思想的影响，渴望报效国家，建功立业。公元731～745年，杜甫开始在全国漫游，北到燕赵，南到吴越，期间曾与李白相遇，两人结为好友。杜甫曾两次考科举，但均不第，困居长安10年。后经过多次奔走，才得到右卫率府参军的小官。“安史之乱”后，杜甫只身投奔唐肃宗，被任命为左拾遗、工部员外郎，后被贬为华州司功参军。不久他弃官而去，全家定居成都。晚年漂泊在四川、湖南、湖北一带。公元770年，病死于一条破船上。

杜甫的诗现存1400多首，他的诗被称为“诗史”，很多重大的历史事件在他的诗中都有反映。另外他的诗还可弥补史书记载的不足。由于杜甫多年的游历和长期生活在社会底层，再加上仕途坎坷，所以他对社会的黑暗、政治的腐朽、人民的困苦生活有着深刻的了解，对人民深切同情，大胆地揭露了当时尖锐的社会矛盾。杜甫的诗歌沉郁顿挫、忧思悲慨，语言精练，形象生动，抒情诗多寄情于景，情景交融。杜甫的代表作有《兵车行》《丽人行》《前出塞》《后出塞》《自京赴奉先县咏怀五百字》与“三吏”“三别”等。他的《忆昔》一诗，常被史学家用来说明开元盛世的社会风貌。有《杜工部集》。

韩愈

韩愈（公元768～824年），中唐著名文学家。字退之，邓州南阳（今河南孟州市）人，因祖籍在昌黎（今属河北），世称“韩昌黎”。其年少时孤贫而发愤，25岁中进士，29岁正式登上仕途。早年仕途比较坎坷，屡遭贬黜，晚年历任吏部侍郎等高职，政治上较有作为。韩愈在文学上的成就主要是在散文方面，苏轼称其“文起八代之衰”。

韩愈与自己的政敌柳宗元一起倡导“古文”，形成了声势浩大的古文运动。最后“古文”逐渐替代了“今文”（骈文），并流传千年之久。在提出理论的同时，韩愈本人用古文写了大量的哲学、政治、文学论文和一些杂文。在语言上，韩愈“惟陈言之务去”，善于活用前人成语，创造了一种适时通用的文学语言。在风格上，其文雄健豪放，波澜壮阔，读来令人酣畅淋漓。

韩愈的散文对后世产生了深远影响，后人将其列为“唐宋八大家”之首，又将他与杜甫并提，有“杜诗韩文”之称。除散文外，韩愈作为诗人也被认为是中唐诗人中的翘楚，他还开创了“说理诗派”的诗风，对宋代诗歌风格的转变起到了先导作用。

白居易

白居易（公元 772 ~ 846 年），字乐天，号香山居士、醉吟先生，生于郑州新郑，出身官宦家庭。29 岁中进士及第，与元稹同时考中，又在诗坛上齐名，并称“元白”。公元 810 年，任京兆府户曹参军，负责草拟诏书，后遭排挤，被贬为江州司马。公元 822 年后，先后任杭州刺史、苏州刺史。在职期间，为官清廉，关心人民疾苦，深得民心。58 岁时定居洛阳，常与刘禹锡唱和，时称“刘白”。葬于龙门香山琵琶峰。

白居易是中唐最杰出的现实主义诗人之一，现存近 3000 首诗歌，主要可以分成讽喻、闲适、感伤和杂律四大类，其中讽喻诗成就最高，主要有《新乐府》50 首，《秦中吟》10 首。这些诗叙事完整，情节生动，人物传神，广泛反映了中唐时期社会生活的各个方面，着重描写了社会的黑暗、政治的腐败和人民的苦难，言辞激烈，毫无顾忌。如《卖炭翁》中揭露了宦官对人民巧取豪夺的罪恶行径——“宫市”；《买花》揭示了当时巨大的贫富差距。

白居易的感伤诗以《长恨歌》和《琵琶行》最具代表性。《长恨歌》写的是唐玄宗和杨贵妃的婚姻爱情故事，诗中既有对唐玄宗重色误国的讽刺，又有对他和杨贵妃之间的爱情的感伤和同情。《琵琶行》则借琵琶女的不幸身世来抒发自己怀才不遇和“同是天涯沦落人”的遭际之感。这两首诗叙事曲折，写情入微，声韵流畅，流传很广。

另外，白居易和元稹、张籍、李绅等人一起，掀起了“新乐府运动”，在中国文学史上影响很大。有《白乐天集》。

刘禹锡

刘禹锡（公元 772 ~ 842 年），中唐著名诗人。字梦得，洛阳人，出身书香门第，自称是中山靖王之后。其少有才学，21 岁即擢进士第，官至监察御史。刘禹锡在政治上提倡革新，曾是王叔文派政治革新活动的中心人物之一。后来永贞革新失败，被贬，之后政治上一直不怎么得志，以诗作自娱。现存 800 余首，其中以咏史怀古的作品成就最高。其咏史怀古诗往往语言平易简洁，意象精当新颖，并恰切自然地注入诗人阅尽沧桑变化之后的沉思与感慨，具有一种深远的历史与人生沧桑感，耐人回味。另外，《西塞山怀古》《乌衣巷》《蜀先主庙》等都是千古名篇。刘禹锡的诗既不同于元、白的平易浅俗，也异于韩、孟的深刻奇崛，而是在两大诗派之外别开新局。其诗格意奇高，风情俊爽，骨力刚劲，往往溢出一股豪迈之气，故作者有“诗豪”之誉。

柳宗元

柳宗元（公元 773 ~ 819 年），中唐著名文学家。字子厚，祖籍河东解县（今山西永济），故称柳河东。其出身官宦家庭，少有才名，20 岁中进士，入仕后积极参与王叔文集团进行政治革新。后革新派被宦官和藩镇势力所挫败，柳宗元被贬南方边远地区，最后死于柳州（今属广西）刺史任上。柳宗元在文学上是个多面手，在诗歌、辞赋、散文、游记、寓言、小说、杂文以及文学理论诸方面，都做出了突出的贡献。尤其在散文方面成就最高，其与韩愈共同发起“古文运动”，并身体力行用古文写作。《封建论》等政论文，论说性强，笔锋犀利，讽刺辛辣；《永州八记》等山水游记独具一格，是我国古代山水游记名作；另外，《黔之驴》《永某氏之鼠》等寓言小说，立意奇特，现已成成语。柳宗元凭其散文成就与韩愈并称“韩柳”。而在诗作上，柳宗元也以简淡深远的风格受到推崇，苏轼称其诗“外枯而中膏，似淡而实美”。柳宗元在诗文上与刘禹锡并称“刘柳”，与王维、孟浩然、韦应物并称“王孟韦柳”。

郊寒岛瘦

郊寒岛瘦指中唐两位著名诗人孟郊和贾岛。二人同以苦吟著称，平生遭际大体相当，诗风也相似，先是苏轼评其二人为“郊寒岛瘦”，后人遂沿用此说。另外，“郊寒岛瘦”也指二人诗作中所体现出来的狭隘的格局，穷愁的情绪和苦吟的精神。

孟郊（公元 751 ~ 814 年），字东野，湖州武康（今浙江德清）人。其屡试不第，直到 46 岁方才得中进士，50 岁始做官。虽一生穷困潦倒，但生性孤傲，不同流合污，张籍私谥其为贞曜先生。孟郊的诗作不管在内容上还是在艺术态度上，均以“苦吟”著称。他的作品多为“瘦坐形欲折，腹饥心将崩”（《秋怀》）“借车载家具，家具少于车”（《借车》）等表现生活穷困和不幸遭遇以及自己从中所获得的体验的类型。而在艺术上，刻意追求奇险超俗的字句，乃至强令自己不出门以求好的字句，故有“诗囚”之称。

贾岛（公元 779 ~ 843 年），字浪（阆）仙，幽州范阳（今北京附近）人。早年因科举落第而出家，法名无本，后在韩愈的劝说下，还俗并考中进士。其在政治上没有什么作为，在诗歌上颇有成就。贾岛与孟郊一样是个喜欢“苦吟”的诗人，喜欢刻意锤炼字句，曾自言“两句三年得，一吟双泪流”。故多有佳句，如“秋风生渭水，落叶满长安”“长江人钓月，狂野火烧风”等。其诗作与韩愈、孟郊注重故地不同，而是致力于创作近体，多以五律抒写清苦生活和荒凉冷僻的景物，并以瘦硬苦涩的风格取胜。其诗在晚唐形成流派，影响颇大。

大历十才子

“大历十才子”指的是唐代宗大历年间的10位著名诗人，不过具体人选不止一个版本。据唐人姚合的《极玄集》载，“十才子”为李益、卢纶、吉中孚、韩翃、钱起、司空曙、苗发、崔峒、耿湋、夏侯审。北宋《新唐书》也持此说，并称这十人“皆能诗齐名，号大历十才子”。不过南宋宋有功的《唐诗纪事》、严羽的《沧浪诗话》所载稍有不同，一般以早期版本为信。

大历初年，“安史之乱”初平，国力大大削弱，藩镇割据局面形成，唐王朝已经失去凝聚力，不复盛唐气象。在这种社会与政治局面下，文人们已经失去了盛唐时期的那种慷慨豪迈和浪漫情怀，大多将目光从广阔的社会投向了自我生活的小圈子。颠沛流离在外的诗人多以羁旅、离别、相逢等个人愁苦经历为体裁，聚居洛阳、长安的诗人则是一种麻木不仁的态度，多写一些陪从游宴、酬唱赠答、粉饰太平的诗作。“大历十才子”便是这些诗人中被推崇的十位。其诗作多宗王维，都擅长五言近体，善写自然景物及乡情旅思等，语词优美，音律协和，艺术上有一定成就，但题材风格比较单调。

李 贺

李贺（公元790～816年），中唐著名诗人。字长吉，福昌（今河南宜阳）人，世称李长吉。李贺为唐宗室郑王李亮后裔，虽家道中落，但志向远大，勤奋苦读，得到韩愈赏识。其进士第时，遭小人毁谤，说他父名晋肃，当避父讳，不得举进士，结果竟导致其一生无缘仕途。入仕不成，将精力用于写诗，外出背一破囊，得句即写投囊中，暮归足成诗篇。27岁因病早逝。

李贺像

李贺在艺术创造上对屈原的奇诡变幻、鲍照的险峻夸饰及李白的想落天外均有所借鉴吸收，同时又着力于锤炼字句，苦心孤诣，最终在唐朝诗坛别开生面，自成一家。

李贺的诗最大的特点便是想象丰富奇特、语言瑰丽奇峭，善于以出人意表的构思、奇异瑰丽的意境、新颖华美的语言创造出别具一格的诗歌形式，人称“长吉体”。如“女娲炼石补天处，石破天惊逗秋雨”（《李凭箜篌引》）“黑云压城城欲摧，甲光向日金鳞开”（《雁门太守行》）等。另外，李贺经常借助荒坟野草、牛鬼蛇神等奇异的形象，表达怨恨悲愁情绪和荒诞虚幻的意境。如“嗷嗷鬼母哭秋郊”“秋坟鬼唱鲍家诗”等，故有“诗鬼”之称。

杜 牧

杜牧（公元803～约852年），晚唐杰出诗人。字牧之，号樊川居士，京兆万年（今陕西西安）人。因晚年居长安南樊川别墅，故后世称“杜樊川”。杜牧出身名门，其祖父杜佑乃唐三朝宰相兼大学问家。借助深厚家学，杜牧23岁时便以《阿房宫赋》才名在外，26岁考中进士，历任多地刺史，最后官至中书舍人（掌诏书起草，参与机密）。因身处唐朝内忧外患不断的时期，杜牧渴望济世安国，重视军事，写有不少军事论文，还曾注释《孙子兵法》，终因诸帝才庸，宦官专政等原因，抱负未酬。

在文学上，杜牧诗、赋、古文都堪称名家，尤其作为诗人乃是晚唐诗人中之翘楚，与李商隐并称与李白、杜甫相应的“小李杜”。其诗作在风格上给人以高华俊爽之感，语言上则以文辞清丽、情韵跌宕见长，尤以奇绝著称。如著名咏史诗《过华清宫绝句》：“长安回望绣成堆，山顶千门次第开。一骑红尘妃子笑，无人知是荔枝来。”以典型事例加以形象化描绘，深切历史要害。其《赤壁》《乌江亭》等则以精到独特的见解评论史事，达到文学与历史的高度统一。后人对杜牧多有模仿，但均未能达到其高度。另外其纪行咏物、写景抒情之作也以意象生动、寄寓悠远广受赞誉。

李商隐

李商隐（约公元812～858年），晚唐杰出诗人。字义山，号玉溪生、樊南生，原籍怀州河内（今河南沁阳），自祖父起迁居郑州荥阳。李商隐远祖乃是唐开国功臣，并被赐姓李，至李商隐已经没落。李商隐18岁时已具才名，被郑州节度使令狐楚所赏识，召为幕僚。26岁时中进士，因令狐楚已病逝，又为在今甘肃任节度使的王茂元所看重，召为幕僚兼女婿。无奈令狐楚与王茂元乃是唐末“牛李党争”中的政敌，宣宗时，令狐楚子令狐绹任宰相，李商隐遭其排挤，辗转于各藩镇充当幕僚，潦倒终生。

在文学上，李商隐被视为晚唐最杰出的诗人之一。晚唐时，诗歌在前辈的光芒照耀下有大不如前的趋势，而李商隐却又将唐诗推向了又一次高峰，与杜牧齐名，两人并称“小李杜”。李商隐的诗歌对杜甫七律的沉郁顿挫、齐梁诗的华丽浓艳及李贺诗的鬼异幻想均有所借鉴，并融会贯通，形成了深情、缠绵、绮丽、精巧的风格。在其留下的近600首诗作中，最有特色也最受后人推崇的是凄迷朦胧难以理解却又充满美感的无题诗。如著名的《锦瑟》：“锦瑟无端五十弦，一弦一柱思华年。庄生晓梦迷蝴蝶，望帝春心托杜鹃。沧海月明珠有泪，蓝田日暖玉生烟。此情可待成追忆，只是当时已惘然。”后人或猜以爱情，或猜以友情，或认为别有寄托，千百年众说纷纭。而这巨大的想象空间也正是其魅力所在，充满古典主义之美。另外其诗还有多用典故的特点，有人赞赏的同时，也有人认为未免失之晦涩，如鲁迅曾言：“玉溪生清词丽句，何敢比肩，而用典太多，则为我所不满。”

李煜

李煜（公元937～978年），字重光，号钟隐，徐州人，南唐后主。北宋建隆二年（公元961年）在金陵（今南京）即位，在位15年，在政治上无所作为。北宋开宝八年（公元975年），宋兵攻克攻金陵，李煜成为亡国之君，被押到汴京，过了3年屈辱的囚徒生活。北宋太平兴国三年（公元978年），宋太宗恼恨他写“故国不堪回首月明中”之句，将他毒死，葬在洛阳邙山。

李煜虽然政治无能，但却多才多艺，工书法，善绘画，精音律，今存词30多首，是晚唐五代词人中成就最高的词人之一。李煜词的主要艺术风格是多用口语和白描，不加修饰和辞藻，感情纯真而缺少节制，艺术感染力很强。他的词可以分为前后两种风格。前期的词描写了自己沉醉于纸醉金迷的宫廷享乐生活和男女之间的情爱之中，题材狭窄，主要是南朝宫体诗和花间词的继续，但已显示出了他的非凡才华。这一时期的代表作有《玉楼春》《喜迁莺》《一斛珠》《长相思》《清平乐》等。后期的词写于亡国之后，地位的巨大落差，给他带来了无穷的屈辱和痛苦，使李煜的思想产生了巨大的震撼。他的词开始写亡国之痛和对故国的深切怀念，以及对昔日帝王生活的眷恋，感情至深，充满了伤感和绝望，凄凉悲惨，意境深远，格调低沉。这一时期的代表作有《虞美人》《浪淘沙》《乌夜啼》。他的词主要收集在《南唐二主词》中。

唐宋八大家

“唐宋八大家”指的是唐代和北宋的八位著名散文作家：唐代的韩愈、柳宗元，北宋的欧阳修、苏洵、苏轼、苏辙、王安石和曾巩。“唐宋八大家”的文章不但震撼了当时的文坛，而且成为后世散文的楷模。明代古文家茅坤将他们8个人的作品合编为《唐宋八大家文钞》。由于这8位作家文学观点接近，而且都在散文创作上取得了很高的成就，因而“唐宋八大家”一提出，就被人们普遍接受，成为文学史上的专有名词。

南北朝以后，对仗公正，辞藻华丽，但内容空洞的骈文开始流行。有许多有识之士呼吁改革文风，但成效不大。到了唐朝中期，韩愈、柳宗元等人发起了声势浩大的“古文运动”。所谓“古文”，是针对骈文说的，指的是先秦两汉的散文。韩愈和柳宗元提出了一整套的古文写作理论，并创作了很多优秀的文章，如韩愈的《师说》《进学解》《杂说》等，柳宗元的《捕蛇者说》《小石谭记》等。韩柳二人的古文运动直接影响了他们的朋友和学生，得到了他们的响应和追随，散文创作被推到了一个新的高度，沉重打击了骈文。

“唐宋八大家”像

但到了北宋初期，骈文又开始泛滥。欧阳修继承韩愈、柳宗元古文运动的精神，联合同辈的苏洵，学生苏辙、苏轼、王安石、曾巩，再次大力倡导古文运动。他们也创作了一大批优秀的散文，如欧阳修的《五代史伶官传序》《醉翁亭记》，王安石的《答司马谏议书》《读孟尝君传》《游褒禅山记》，苏洵的《六国论》，苏轼的《石钟山记》《赤壁赋》，曾巩的《墨池记》等。“唐宋八大家”发起的古文运动，是中国古代散文发展史上的一座重要的里程碑。

柳 永

柳永（约公元 987 ～约 1053 年），北宋婉约派代表词作家。字耆卿，原名三变，崇安（今属福建）人。其出身仕宦世家，幼时聪慧，擅长音律歌词。青年时到京城参加科举，却迷恋于烟花之地，因未被录取，愤而作《鹤冲天》，称“忍把浮名，换了浅斟低唱”，认为自己为青楼写词，也不失为“白衣卿相”。本来只是一时气话，谁知被宋仁宗得知，第二年科举时文章本已过关，宋仁宗却将他黜落，并批示：“且去浅斟低唱，何要浮名？”柳永听说，愤而自称“奉旨填词柳三变”，辗转于各地青楼，靠给妓女写词过活。51 岁上，柳永得中进士，做了 2 年官，又干起老行当，死后妓女凑钱将其安葬，并每年上坟，成为千古佳话。

柳永凭其词作在文学史上占有一席之地。今存词 200 多首，其对于都市繁华、男女艳情、羁旅之怀等体裁均有涉及。风格上，柳词清新婉约，细腻独到，与李清照、晏殊、李煜共同被称为婉约派“四大旗帜”。代表作有《雨霖铃》。柳永作为我国第一位专力于写词的作家，对于词的发展起到了重要作用。其改制、创作了许多新词调，并极大地扩大了词的题材范围，突破了晚唐至宋初以来词的狭隘，为苏轼词的“无意不可入，无事不可言”奠定了基础。另外，柳永对于词的表现手法也多有贡献，并且开创了宋词中的俚俗派。

晏殊、晏几道

北宋初年，抚州临川（今属江西）人，晏殊（公元 991 ～ 1055 年）、晏几道（1030 ～ 1106 年）父子二人，其词作相映生辉，闻名于当世，后世词话家称之为“二晏”，或“大小晏”。二人词作，均承南唐传统，但在“赡丽”之中有沉着的内容，并不流于轻薄、浮浅。

晏殊字同叔，是北宋前期婉约派词人之一。自幼以神童闻名，14 岁时就因才华横溢而被朝廷赐为进士，仕途顺畅，官至宰相，故其词作多表达出一种悠闲雍容的气度，于平静之中给人留下余韵。如《浣溪沙》：“一曲新词酒一杯，去年天气旧亭台。夕阳西下几时回？无可奈何花落去，似曾相识燕归来。小园香径独徘徊。”

晏几道，字叔原，号小山。其父亲去世后，家道中落，故他的词一改父亲的雍容闲适，而是形成哀婉缠绵的风格，多怀往事，抒写哀愁，笔调饱含感伤，伤情深沉真挚，词风接近李煜。如《菩萨蛮》：“相逢欲话相思苦，浅情肯信相思否，还恐漫相思，浅情人不知。忆曾携手处，月满窗前路，长到月来时，不眠犹待伊。”甚至有人认为其成就超过其父，现存其词集《小山词》。

欧阳修

欧阳修（1007 ～ 1072 年），北宋中期文坛领袖。字永叔，自号醉翁，晚年号六一居士，吉安永丰（今属江西）人。欧阳修幼年丧父，由寡母亲自课读。家贫，但读书刻苦，23 岁即中进士，30 岁已以文章名闻天下。早年欧阳修因支持范仲淹的“庆历新政”被两次贬到地方上做官，47 岁方奉诏回京，官至宰相。神宗时，王安石任宰相，推行变法，欧阳修与其政见不合，辞官还乡。

欧阳修在经学、史学、诗文等方面均有突出成就。曾参与《新唐书》的撰写工作，并独自撰写《新五代史》。其诗歌对李白、杜甫均有借鉴，成就斐然，并写有我国第一本正规的诗话《六一诗话》。欧阳修最大的成就在于散文方面。宋初文坛沿五代余风，崇尚片偶雕琢之文。欧阳修力主古文，并通过嘉祐二年（1057年）主持科举的机会，录取以古文写作的苏轼、苏辙、曾巩等人，一举扭转北宋文风，成为领导文坛新潮流的盟主。其一生写散文 500 余篇，政论、史论、记事、抒情文等各题兼备，大都内容充实，气势旺盛，深入浅出，精练流畅。后人论文，多以韩、柳、欧、苏为典范，其中的“欧”，就是欧阳修。“论大道似韩愈，论事似陆贽，记事似司马迁，诗赋似李白”，这是苏轼对欧阳修的评价。

王安石

王安石（1021 ~ 1086 年），北宋文学家。字介甫，号半山，封荆国公，世称王荆公。王安石生于江西临川一个地方官家庭，自幼聪慧，据说对书籍过目不忘。22 岁中进士，在江南各地任地方官。神宗继位后，面对宋王朝积贫积弱的烂摊子，任用王安石为宰相，进行变法。王安石主要在增加政府财政与整顿军事方面进行了变革，但因变法宣传力度不够，推行不彻底，利弊兼有，在当时乃至后世一直褒贬不一。神宗去世后，王安石隐居江宁，司马光为相，尽废新法，王安石在复杂的心情中逝世。

在文学上，王安石在诗文方面均有卓越成就。其文学创作多和政治活动密切联系起来，所作文多为书、表、记、序等体式的论说文，以阐述政治见解与主张。其文结构严谨，条理清晰，说理透彻，语言朴素精练，具有较强的概括性。这对于巩固由欧阳修等人发起的北宋诗文革新运动的成果起了积极的作用。王安石也因此被列为“唐宋八大家”之一。另外，在诗歌创作上，王安石诗作情感充沛，想象丰富，用字工稳，对当代和后世都有影响，被称作“王荆公体”。

苏 轼

苏轼（1037 ~ 1101 年），字子瞻，一字和仲，号东坡居士，北宋眉州眉山（今属四川）人，文学家苏洵之子。

苏轼受父亲的影响，自幼勤奋好学，21 岁中进士，曾担任主簿、通判等地方官。在政治上，他属于旧党，反对王安石变法，结果遭到贬斥。旧党上台后，他被召回京任职，但他又反对旧党全盘否定变法内容，自请外调，先后担任过杭州等地的地方官。在担任地方官期间，苏轼勤政爱民，为人民做了不少好事。1101 年，苏轼病死在常州，追谥文忠。

在苏轼以前，词的题材非常狭窄，主要是描写男女情爱和离愁别绪之类。苏轼对词进行了全面改革，扩大了词的表现功能，开拓了词的意境，将传统上表现女性化的柔情之词、爱情之词表现为男性化的豪情之词、性情之词。他的词里，既有“故垒西边，人道是、三国周郎赤壁”的古战场的描写，又有“雄姿英发”“羽扇纶巾”等对古代英雄的描写，还有“会挽雕弓如满月，西北望，射天狼”的壮志豪情，有“笔头千字，胸中万卷，致君尧舜”的书生意气，也有“不知天上宫阙，今昔是何年”的神思异想。苏轼开创了词的豪放一派，他的词意境深远，豪迈奔放，与辛弃疾并称“苏辛”，对后世影响很大。

苏轼的散文与欧阳修并称“欧苏”，他的诗与黄庭坚并称“苏黄”。他还开创了湖州画派，并且是北宋四大书法家之一。苏轼是中国文化史上罕见的全才，有《东坡七集》《东坡乐府》等。

周邦彦

周邦彦（1056 ～ 1121 年），北宋婉约派词作集大成作家。字美成，号清真居士，钱塘（今浙江杭州）人。少年时期个性比较疏散，但喜欢读书，读太学时因写文称赞新法而被神宗提拔为太学正，徽宗时担任宫廷音乐机构主管官员等官职。周邦彦被认为是“负一代词名”的词人，在宋代影响甚大。其词承继并融合柳永、秦观等人特点，在艺术上善于铺叙，形成曲折回环、开阖动荡、抑扬顿挫之势。加之妙于剪裁，精巧工丽的语言特色，形成了浑厚、典雅、缜密的艺术风格，被认为是婉约词派的集大成者。因其词音律严整，格调精工，多创新调，又被认为是格律派的创始人，开南宋姜夔、吴文英格律词派先河，影响极大。不过其词题材多为男女恋情、咏物怀古、羁旅行役，内容比较窄，境界不高。王国维在《人间词话》言：“美成深远之致，不及欧、秦，唯言情体物，穷极工巧，故不失为第一流之作者，但恨创调之才多，创意之才少耳。”

李清照

李清照（1084 ～约 1155 年），自号易安居士，齐州章丘（今山东章丘）人，出身官僚学者家庭。18 岁时，与情投意合的赵明诚结婚。婚后夫妇二人经常诗词酬唱，收集金石古玩，生活美满幸福。金兵南侵后，李清照南渡，经历了国破、家亡、夫死等一系列悲惨遭遇，孤独一人在南方过着颠沛流离的生活。

李清照多才多艺，尤其擅长写词。她的词以南渡为界限，可以分为两个阶段。在前期，闺房绣户和对丈夫的思念是李清照生活的全部，美满的婚姻是李清照的人生理想。她这一时期的词主要描写的是少女少妇的悠闲生活和对丈夫的爱，还有一些对自然风光的描写。这一时期的代表作有《如梦令 · 昨夜雨疏风骤》《凤凰台上忆吹箫》《一剪梅》《醉花阴》。语言活泼清新，格调明快，情思悠长，情感真切，言辞浅显但意味悠长。后期的词比前期更加愁思深重，多是一些哀叹身世、孤苦无依之作，同时也流露出对中原的思念之情。语言低沉忧伤，词境灰冷凝重。这一时期的代表作有《武陵春》《声声慢》等。

除了词，李清照还写了一些感时的咏史诗，如《浯溪中兴颂诗和张文潜》，借古讽今，主张吸取唐朝“安史之乱”的教训。《夏日绝句》中的“至今思项羽，不肯过江东”，表达了李清照对南宋君臣苟安东南，不思收复中原表示强烈的愤慨。

陆 游

陆游祠

陆游（1125 ~ 1210 年），南宋诗人。字务观，号放翁，越州山阴（今浙江绍兴）人。陆游自幼好学，青年时代曾向曾几学诗，他的诗受屈原、陶渊明、李白、杜甫等人的影响很大。29 岁时，赴南宋都城临安（今杭州）考试，名列第一。但因为他“喜论恢复”，结果被除名。直到秦桧死后，才被起用。先后任夔州、蜀州、嘉州、荣州通判、知州等小官。因上书谏劝朝廷减轻赋税而被罢免，此后长期居住在农村。1210 年病逝。

他的诗现存约 9000 多首，内容非常丰富，几乎涵盖了当时社会生活的各个方面，其中写得最多的是爱国和日常生活。他的诗歌创作可以分为 3 个时期：1. 中年入蜀以前。这一时期存诗最少，约 200 首。2. 入蜀以后到罢官东归，将近 20 年。这一时期存诗 2400 多首，是他诗歌创作的成熟期，奠定了他在中国文学史上的地位。3. 东归以后到去世，时间为 20 年，存诗 6500 多首。在陆游诗歌创作的 3 个时期中，爱国主义精神贯穿始终，第二时期尤为强烈，他的爱国诗或抒发收复失地的壮志豪情，或深切同情沦于异族统治的中原父老，或表示对南宋朝廷投降主义政策的强烈不满和壮志难酬的悲哀。直到临死前，他还留下了一首《示儿》诗，表达自己因山河破碎，国土沦陷而死不瞑目，感人至深。陆游的代表作有《关山月》《书愤》《金错刀》《农家叹》《黄州》《长歌行》等。陆游的词纤丽、雄快，代表作有《诉衷情·当年万里觅封侯》《卜算子·驿外断桥边》等。

辛弃疾

辛弃疾（1140 ~ 1207 年），字幼安，号稼轩，历城（今山东济南）人。1161 年，金海陵王完颜亮发动侵宋战争，金统治区的人民纷纷起义，辛弃疾加入耿京起义军。次年，耿京被害，辛弃疾俘获凶手后，率大军归宋，任江阴军签判。辛弃疾在担任地方官期间，重视农业生产，积极训练军队，表现了非凡的政治才能和军事才能。他屡次上书要求南宋政府北伐抗金，结果遭到了南宋统治阶级投降派的排斥和忌恨，辛弃疾为此被罢职闲居 20 年之久。晚年时曾被短暂起用，但不久又遭贬斥，最后含恨而终。

辛弃疾是南宋伟大的爱国词人，他把满腔爱国激情和南渡以来的无限义愤，全部融入词中。他继承和发展了苏轼豪放词风，他的词慷慨激昂，纵横驰骋，既善于用典，也善于白描，提高了词的表现力，开拓了词的意境，成为南宋最杰出词人之一。人称他的词“色笑如花，肝肠如火”。辛词多方面反映了当时尖锐的民族矛盾和南宋统治阶级的内部矛盾，描写了错综复杂、动荡不安的社会现实，表现了非凡的英雄气概和积极主张抗金，收复失地，统一全国的爱国热忱。除此以外，辛弃疾还写了很多描写农村田园生活和隐逸情趣的词，如《西江月·夜行黄沙道中》《浣溪沙 · 常山道中即事》等，语言平常清新。他的代表作有《永遇乐 · 京口北固亭怀古》《水龙吟 · 登建康赏心亭》《破阵子 · 为陈同甫赋壮词以寄至》《菩萨蛮 · 书江西造口壁》等。今存词 600 多首，有《稼轩长短句》。

姜 夔

姜夔（1155 ~ 1221 年），南宋婉约派词作家。字尧章，号白石道人，又号石帚，饶州鄱阳（今江西鄱阳）人。出身书宦门第，自小谙熟诗词音乐，但其父早亡，后陷入孤贫。成年后屡试不第，终生未仕，漂泊于江湖之间，以诗词、音乐及书法与人交往，借此谋取生计。

姜夔的词作今存词 80 多首，多为记游、咏物、抒写个人身世或表现离别相思之作，也有少量感慨时事之作。其词感情饱满，语言工妙，格律严密，风格清幽冷峻，有以瘦硬清刚之笔调矫婉约词柔媚无力之意，代表作《扬州慢》《疏影》等。姜夔的词另一个重要特点是注重音乐性，这一点上承周邦彦，下开吴文英、张炎一派，是格律派的代表作家，对后世影响较大。晚年受辛弃疾影响，词风有所转变，写有《永遇乐》《汉宫春》等豪放风格的词作。

元好问

元好问（1190 ~ 1257 年），金末元初的北方文坛盟主。字裕之，号遗山，世称遗山先生，山西秀容（今山西忻州）人。出身于一个世代书香的官宦人家，据说祖先原为北魏皇室鲜卑族拓跋氏。自小聪慧，有神童之称，青年时得中进士，历任金朝内乡令、南阳令、行尚书省左司员外郎等官职，后金为元所灭，不仕。

元好问是宋金对峙时期北方文学的主要代表、文坛盟主，又是金元之际承前启后的重要作家。元好问在诗、词、文等诸方面均有突出成就，今存其诗 1000 多首，词 300 余首。其诗奇崛而绝雕琢，巧缛而不绮丽，主要成就在于丧乱诗的思想价值和山水诗的审美价值；其词以苏、辛为典范，兼有豪放、婉约诸种风格，被称为金代词坛第一人；其文则继承唐宋大家传统，清新雄健，长短随意，众体悉备；其还著有笔记小说集《续夷坚志》，艺术上也颇为可观。另外，元好问还是一位高明的文艺理论家，著有《论诗三首》《论诗三十首》等诗论。

元曲四大家

“元曲四大家”包括关汉卿、马致远、郑光祖和白朴。

关汉卿，生卒年不详。号已斋叟，大都（今北京）人，或说祁州（在今河北）、解州（在今山西）人。关汉卿一生编写了 67 部杂剧，现存 18 部，代表作有《窦娥冤》《救风尘》《望江亭》《拜月亭》《鲁斋郎》《单刀会》《调风月》等。关汉卿的杂剧充满着浓郁的时代气息，具有强烈的现实性和昂扬的战斗精神，反映的生活面十分广阔，被后人列为“元曲四大家”之首。

马致远（约 1250 ~约 1324 年），号东篱，一说字千里，大都（今北京）人。曾任江浙行省官吏，后归隐山林。一生著有杂剧 15 部，今仅存《破幽梦孤雁汉宫秋》《江州司马青衫泪》《西华山陈抟高卧》《吕洞宾三醉岳阳楼》《马丹阳三度任风子》《半夜雷轰荐福碑》和《邯郸道省悟黄粱梦》（合著）7 部。代表作《汉宫秋》。

郑光祖，生卒年不详，字德辉，平阳襄陵（今山西临汾附近）人。曾任杭州路吏。他的杂剧著作很多，但流传至今的只有 8 部，代表作为《倩女离魂》。他的剧作词曲优美，贴切自然，备受后世剧作家的推崇。

白朴（1226 ~ 1306 年以后），字太素，号兰谷，隩州（今山西河曲）人。一生作杂剧 16 部，今仅存《唐明皇秋夜梧桐雨》《裴少俊墙头马上》和《董月英花月东墙记》3 部，代表作为《梧桐雨》。

前、后七子

明朝中叶的诗文流派。"前七子"指李梦阳、何景明、王九思、徐祯卿、康海、边贡、王廷相 7 人，其中以李、何为首，活跃于弘治、正德间。该说法最早见于《明史·李梦阳传》，为区别后来出现的"后七子"，故名。7 人皆为进士，多负气节，不满明中叶腐败的政治和庸弱的士气，强烈反对当时流行的台阁体诗文和"缓冗沓，千篇一律"的八股习气。其文学主张是"文必秦汉、诗必盛唐"，旨在通过复古拯救萎靡不振的诗风。"前七子"在文坛崛起后，其复古主张迅速流行，成为文学思想的主流。"后七子"指李攀龙、王世贞、谢榛、宗臣、梁有誉、徐中行、吴国伦，其中以李、王为首，活跃于嘉靖、隆庆间。"后七子"继承了"前七子"的复古主张，并且更加绝对，"谓文自西京、诗自天宝而下，俱无足观"，"无一语作汉以后，亦无一字不出汉以前"。"后七子"称霸文坛的时间更长，影响也更大，将复古运动推向了高潮。总体而言，"前后七子"称霸了自弘治以后的明朝文坛，甚至影响直抵清代。其作品对改变明朝过于萎靡的文风起到了重要作用，但创造性显得不足，不过也有少数好作品，如李梦阳的《秋望》、宗臣的《报刘一丈书》等。

徐 渭

徐渭（1521 ~ 1593 年），明代文坛的怪杰。初字文清，后改字文长，号天池山人等。徐渭出生于浙江绍兴一个没落官僚世家，少有才名，但科举却屡试不第。37 岁时，应浙江总督胡宗宪之邀，入为幕僚，在抗倭战斗中曾奇计破倭寇。后权相严嵩倒台，胡宗宪因与其结交而下狱，徐渭的政治生涯结束。徐渭生性狂放不羁，又深受王阳明的心学影响，故心高气傲，不拘礼法，常有惊世骇俗之举。曾因精神失常杀死妻子，下狱 7 年。晚年拒绝结交上门的权贵，借酒浇愁，酒醉后又多次自残。

在艺术上，徐渭才气横溢，在诗文、戏剧、书画方面均卓然成家。与其同时代的公安派领袖袁宏道称其诗文"一扫近代芜秽之习"，"无往而不奇"，并尊之为明代第一。徐渭的戏剧则受到汤显祖的赞誉，称其为"词坛飞将"，杂剧《四声猿》《歌代啸》等都是上乘之作。另外，徐渭的书法、绘画也受到当时及后人的推崇。对于自己的各种才能，徐渭曾自言："吾书第一，诗次之，文次之，画又次之。"

汤显祖

汤显祖（1550 ~ 1616 年），明末戏曲家。字义仍，号海若、清远道人，江西

临川人。其出身书香门第，少有才名，14 岁中秀才，21 岁中举，却因拒绝权相张居正的延揽而屡次举进士不第。直到张居正死后，他才得中进士，其时已 34 岁。汤显祖在政治上一直不得志，历任南京教育和祭祀的主管官员。明朝以北京为京师，以南京为留都，虽然两京机构设置相同，但南京官员实际上没什么权力。后汤显祖因上书弹劾先后执政的张居正和申时行而被贬，成了从九品的小官，后又当了几年知县。48 岁时，对政治倦怠的汤显祖辞官回家进行创作。

汤显祖在明代文坛名声并不显赫，《明史 · 文苑传》中并没有他的名字。其主要才气都用在了传奇（南曲）的创作上，传世之作有《牡丹亭》《邯郸记》《紫钗记》《南柯记》。因 4 部戏剧都与“梦”有关，故世称“临川四梦”。其中，以《牡丹亭》最负盛名，据说其一问世，“家传户诵，几令《西厢》减价”。汤显祖在中国和世界文学史上都有着重要的地位。

南洪北孔

南洪指的是洪昇，北孔指的是孔尚任。洪昇（1645 ~ 1704 年），中国清代戏曲作家、诗人。字思，号稗畦、稗村，又号南屏樵者。浙江杭州人，生于官宦家庭。从小聪明好学，18 岁时开始创作《沉香亭》，后改名《舞霓裳》，23 岁时又将《舞霓裳》改为《长生殿》。27 岁时《长生殿》问世，上演后引起轰动。后因违禁演出《长生殿》，被捕下狱，后被逐出京都。从此洪昇过着郁郁寡欢的生活，终因酒后溺水而死。洪昇一生创作了《长生殿》《回文锦》等 9 部传奇和杂剧《四婵娟》。诗集有《啸月楼集》《稗畦集》《稗畦续集》。词集有《思词》和《啸月词》。

孔尚任（1648 ~ 1718 年），清代著名戏曲家。字聘之，又字季重，号东塘，别号岸堂，自署云亭山人。兖州曲阜（今山东曲阜）人，孔子六十四代孙。青年时在石门山隐居读书。康熙二十三年（1684 年），康熙经过曲阜，孔尚任被荐去讲《论语》，受到康熙的赏识，被任命国子监博士。他曾先后到过扬州等地治河。在此期间，他凭吊南明的历史遗迹，结识明朝遗民。回到北京后，孔尚任用了十年时间写成了反映南明亡国的戏剧《桃花扇》，上演后大受欢迎。但由于戏剧的内容触犯了清廷的忌讳，结果被罢官回乡。孔尚任除了代表作《桃花扇》之外，还有《石门山集》《湖海集》《岸堂集》《出山异数记》等。

李渔与《闲情偶寄》

清代杰出的戏曲理论家李渔的贡献，就在于他以自己多年写剧和率家庭戏班从事实际演出的经验为基础，参照前人的成果，建立了一套完整的戏曲理论体系——《闲情偶寄》，其深度和广度都达到了中国古典戏曲理论的高峰，为戏曲理论批评史乃至中国文学批评史树立了一块里程碑。

《闲情偶寄》在康熙十年（1671 年）刊刻，全书包括词曲、演习、声容、居室、器玩、饮馔、种植、颐养 8 部，但涉及戏曲理论的只有《词曲部》《演习部》《声容部》，故后人裁篇别出，辑为《李笠翁曲话》。这些内容全面广泛地论述了戏曲创作中的结构、语言、题材等问题，并且论述极为精辟。比如，他提出的

“结构第一”命题，就含有命意、构思和布局几方面的论述。他把结构放在首位，依次为“词采第二”，“音律第三”，“宾白第四”，“科诨第五”，“格局第六”。李渔还针对当时戏曲舞台上的弊病，提出“立主脑”“减头绪”“密针线”等一整套理论。“立主脑”，也就是现在说的主题。他说：“古人作文一篇，定有一篇之主脑。主脑非他，即作者立言之本意也。”从而他又提出一部戏要有一主脑人物，一主脑事件，以中心线索为戏剧矛盾的基础。

李渔的戏曲理论的可贵之处在于他结合舞台实际经验要求，而且着眼比较全面，从而系统地总结了填词和演习等主要方面的理论。李渔是元、明以来戏曲理论的集大成者，为中国戏曲理论批评的发展做出了巨大的贡献。

蒲松龄

蒲松龄（1640 ~ 1715 年），清代小说家。字留仙，又字剑臣，号柳泉居士，世称聊斋先生。出身于山东淄博一个中小地主兼商人家庭，19 岁应童子试，接连考取县、府、道三个第一，名震一时。但之后再也未能“晋级”，直到 71 岁才获荣誉性的岁贡生头衔。一生除做过几年幕僚外，大部分时间设帐教书。

蒲松龄的不朽名声主要来自于其短篇小说《聊斋志异》。据说蒲松龄曾设茶烟于道旁，“见行者过，必强与语，搜奇说异”。他在《聊斋志异》自序中言：“才非干宝，雅好搜神；情类黄州，喜人谈鬼。闻则命笔，遂以成篇。”中国本来有记录怪异的传统，如晋人干宝的《搜神记》，宋代又有《太平广记》等。但多只记录故事的梗概，蒲松龄则首次以写传奇的方式记录志怪，极尽渲染之能事，将那些鬼怪狐仙的故事讲得细微曲折，引人入胜，故《聊斋志异》被当作一本千古“奇书”。被称为“作家们的作家”的阿根廷作家博尔赫斯就对《聊斋志异》赞赏不已。蒲松龄可能不会想到，其生前一生不得志，死后却获得如此显赫名声。

吴敬梓

吴敬梓（1701 ~ 1754 年），字敏轩，号粒民，因曾移居南京秦淮河畔，故又自称“秦淮寓客”，安徽全椒人。出身官僚家庭，曾祖父曾是顺治年间探花，至其父吴霖起，家道开始衰落。吴霖起为人正直，不慕名利，吴敬梓深受其影响，并在少年时期跟随其宦游大江南北，对社会有所了解。吴霖起死后，族人为争夺财产而发生了激烈的争夺。经历此变故，吴敬梓看清了世人的真面目，对虚伪的人际关系深感厌恶。因其生性豪爽，“遇贫即施”，不到 10 年，产业荡尽。族人骂他为败类，他更体会到世态炎凉。此前，他曾参加过几次科举，一直未能中举，至此，他更进一步厌倦功名，鄙弃世俗。33 岁时，举家迁往南京，以卖文为生。因其有一定才名，加之之前曾经富贵，在与社会各色人物的广泛接触过程中，其对于世间尤其是儒林的虚伪有了清晰的认识，费 20 年心血著成《儒林外史》。该小说对儒林和科举制度进行了尖锐的讽刺，并旁及封建人伦关系、官僚制度，奠定了我国古典讽刺小说的基础。另外，吴敬梓还创作了大量的诗歌、散文和史学研究著作，有《文木山房诗文集》12 卷，今存 4 卷。

曹雪芹

曹雪芹（1715～1763年），清代小说家。名霑，字梦阮，号雪芹、芹圃、芹溪。祖籍辽宁，先祖乃是汉族，后被编入满族正白旗。其高祖曹振彦因“从龙入关”，立下军功，成为内务府官员，曹家发达起来。后曹雪芹的曾祖母又当了康熙的奶妈，祖父曹寅则做了康熙的伴读。康熙登基后，曹雪芹的曾祖父曹玺被任命为江宁织造，父死传子。江宁织造虽官职不高，实际上却是皇帝派驻江南的特使，康熙6次南巡，4次住在曹府，其恩宠可见一斑。《红楼梦》中的所说的“江南的甄家”4次接驾便映射此事。后来康熙一死，新继位的雍正皇帝便以“亏空甚多”等理由将曹雪芹的父亲曹頫革职，并抄没家产，曹家搬回北京。曹雪芹的后半生居住在北京西郊，过着“举家食粥”的艰难日子。正是在这种前半生的富贵与后半生的凄凉的巨大反差之中，曹雪芹看破人间炎凉，产生了创作冲动。其“披阅十载，增删五次”，创做出优秀的古典小说《红楼梦》（一般认为后40回为清人高鹗续写）。

曹雪芹像

《红楼梦》一问世便受到广泛关注，并且后来还非常罕见地发展出了一门专门研究《红楼梦》的“红学”。但在古代，小说是不入流的，故《红楼梦》虽然有名，但曹雪芹在生前和死后相当长时间内都是寂寞的，《清史稿·文苑传》中并没有他的名字。故此，曹雪芹的身世相当程度上是一个谜。据说曹雪芹生性豪放不羁，崇拜阮籍，故取字梦阮（籍）。曹雪芹还是一位诗人，其诗立意新奇，风格近于唐代诗人李贺。另因自胡适以来，“红学界”已经达成共识，《红楼梦》乃是曹雪芹的“自序传”，故读《红楼梦》，或许才是了解曹雪芹的最佳途径。

刘鹗

刘鹗，晚清文学家、金石专家，原名孟鹏，字云博，后更名为鹗，字铁云，笔名洪都百炼生，江苏丹徒人。自幼聪颖，对数学、医学等都有研究。在金石方面，他搜罗龟甲，著有《铁云藏龟》一书，是研究甲骨文的重要文献。就目前所见的资料来看，《老残游记》是他唯一的一部小说创作。这部作品在中国的小说史上占有重要的地位，为清末“四大谴责小说”之一。此外，《〈老残游记〉初编自序》《〈老残游记〉二编自序》以及《老残游记》初编卷一至卷十七的评语，是重要的小说理论资料。就作品来看，《老残游记》以江湖医生老残的游历为线索，反映了晚清的某些社会现实。“棋局已残，吾人将老，欲不哭泣也得乎？”《老残游记》的世界可以说是中国近代社会的缩影。

第五篇

史学

史书的体裁

正 史

正史，就是被官方认定为正宗和正统的史书，最早将正史作为史籍类名的是《隋书·经籍志》。正史有确定的范畴，宋代时有十七史，就是《史记》《汉书》《后汉书》《三国志》《晋书》《宋书》《南齐书》《梁书》《陈书》《魏书》《北齐书》《周书》《隋书》《南史》《北史》《新唐书》《新五代史》；到明代，增加了《宋史》《辽史》《金史》和《元史》，成为二十一史；清代又增加《旧唐书》《旧五代史》和《明史》，遂成二十四史，二十四史是正史最为通行的说法；民国时，增列《新元史》，而有的地方则是将《清史稿》列入，于是又有二十五史之称，如果将这两部书都加进去，就是二十六史。在唐代以前，正史一般为私人撰写，如《史记》为司马迁所著，《汉书》为班固所著，《后汉书》为范晔所著，《三国志》为陈寿所著。自唐代以后，正史就开始由官方组织编写，如《晋书》，由房玄龄、褚遂良、许敬宗监修，编者共有 21 人；再如《隋书》，先由魏徵监修，后由长孙无忌接续，编写者则有孔颖达、许敬宗、于志宁、颜师古等一大批知名的学者；唐代以后的正史中，私修的仅有欧阳修的《新五代史》等很少数的几部。官修的正史往往由当朝宰相担任主编，因为其中涉及的一些敏感的政治问题宰相依凭自己的身份可以进行裁夺。虽然正史中难免存有部分曲笔和隐讳,但是它的权威性仍是其他史书所无法比拟的。正史的撰写所依据的资料是最原始的，也是最全面的，而且正史的编撰者一般是当时第一流的学者和史学家，所以在历史研究中，正史占有基本性的地位。

杂 史

杂史的提法，最早见于《隋书·经籍志》。杂史之杂，体现于两个方面，在形式上，杂史的体例不像正史和别史那么严谨，往往不同于正史和别史常用的纪传、编年、典志等体例；在内容上，杂史不限于以一朝一代或者某一历史阶段的政治大事为主，而是涉及得非常广泛，包括学术史、科技史、方域史、地理志等多种具有专属领域的史著。杂史或者因为在体例上和内容上都较为随便，有着更大的灵活性，从而记录了许多不见于正史和别史的珍贵资料，或者因为有着专攻的对象，而比正史和别史中相关方面的内容记载、讲述得更加细致，由此体现出自身独特的价值。《国语》《战国策》《竹书纪年》《逸周书》《越绝书》《吴越春秋》《列女传》《大唐西域记》《明儒学案》《大清一统志》等都是非常著名的杂史。

别 史

别史，指的是官定的正史之外有体例、有系统、有组织的史书。“别史”之称最早由南宋的陈振孙在《直斋书录解题》中提出，别史与正史区分的标志就是是否经过官方的命定，例如，在清朝乾隆皇帝钦定二十四史之前，《旧唐书》和《旧五代史》只能算别史，而经过乾隆的谕旨，这2部书则跻身于正史之列。至于别史与杂史的区别，张之洞在《书目答问》中说：“关系一朝大政者入别史，私家记录中多碎事者入杂史。”正史的体裁均为纪传体，而别史的题材则较为多样，如《续汉书》为纪传体，《资治通鉴》为编年体，《通典》为典志体，《宋史纪事本末》为纪事本末体，《明实录》为实录体，《唐会要》为会要体等。

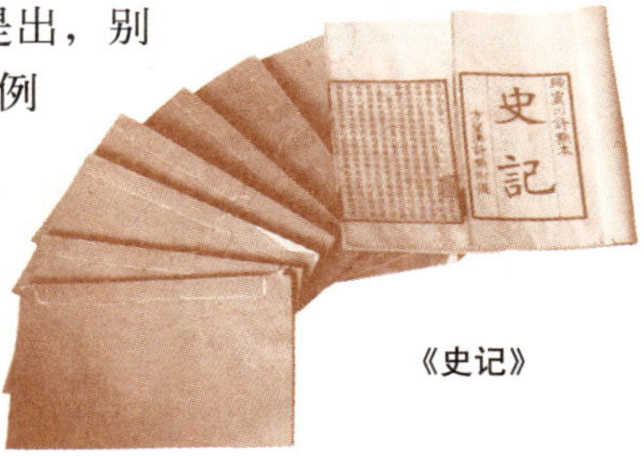

《史记》

野 史

野史是一种习惯的称谓，并非史籍中正式的分类，一般指私家所撰的涉及史实记录的笔记、史传、杂录等。野史的内容，大多为作者耳闻目睹或者道听途说的逸闻趣事，往往不见于正统的史籍，虽然野史的记载充斥着相当多的讹误和谬传，但是这并不能掩盖其所反映出的历史真实的一面，其中蕴藏着的大量正规史书中难以见到的方方面面的社会生活的细节，可以为后人了解历史提供另一种角度的观照，因而自有其不凡的价值。鲁迅先生就非常看重野史，甚至认为若要正确地了解中国历史的真相，是非得读一读历代的野史不可的。

纪传体

纪传体，是以人物传记为中心来反映历史情境的史书体裁，首创于司马迁的《史记》。司马迁将先秦时期的史书所具的各种体裁融于一书，分作“本纪”“表”“书”“世家”“列传”5个部分，其中“本纪”、“世家”和“列传”构成书的主体，“本纪”以历代帝王为中心，是全书的总纲，“世家”记载的是诸侯和一部分虽然不是诸侯但在历史上有着特殊地位和特殊影响的人物（如孔子、陈胜），“列传”又分为专传和类传，记载历代名人、三教九流的事迹，并且涉及民族关系和中外关系方面的内容。班固作《汉书》，沿用了《史记》的体例，而又有所改造，将“本纪”改称为“纪”，取消“世家”，将“列传”改称为“传”，将“书”改称为“志”，于是形成了“纪”“传”“表”“志”为历代正史所遵循的史书体例。

编年体

编年体，是一种以时间为线索的史书体裁。相传为孔子编写的《春秋》就是鲁国的一部编年史。编年体可谓起源很早，而且历代延续，是许多重要的别史所采用的体例，如最为著名的《资治通鉴》。编年体具有时间连续的优点，给人一种清晰的历史时序感，但是也容易造成对一些具有前后相续性质的历史事件的分割，并且因此对相关事件的原委也难以叙述得较为完整，而这方面正是纪传体的长处所在，所以历代正史采用的不是编年体，而是纪传体。当然，纪传体也有缺点，可以说编年体与纪传体在优缺方面恰为互补。

纪事本末体

纪事本末体，是一种以历史事件为纲的史书体例，首创于南宋袁枢的《通鉴纪事本末》。《通鉴纪事本末》，就是将《资治通鉴》中分年记载的一个体系的事迹集中在一起，自成一个单元，以显事情的本末。这样一来，就消除了《资治通鉴》原书中记事不连贯的缺点，而体现出鲜明的条理性，这也就是纪事本末体的优长之处。袁枢撰写《通鉴纪事本末》，在内容上并没有进行增改和修订，可是他所创造的这种新的史书体裁问世之后却备受欢迎，此后，纪事本末体的史书蔚为大观，基本上各代的历史都有与其相对应的纪事本末体的史书出现。

典志体

典志体，是以典章制度为中心的史书体裁。司马迁创作的《史记》中有“八书”，其中就有典章制度方面的记录；班固著的《汉书》中有“十志”，记载的内容与《史记》中的八书基本上是相对应的。东汉以后，出现了典章制度的专史，如应劭的《汉官仪》、丘仲孚的《皇典》、何胤的《政礼》等。唐代前期出现了很多典志方面的书籍，如李林甫的《唐六典》、王颜威的《唐典》、刘秩的《政典》等。但这些都是关于某一朝代的典章制度的记述，从单独的某部书中并不能窥知历代典章制度的发展和演变的情况。中唐时期杜佑在刘秩《政典》的基础上进行扩展，编成了一部上起黄帝、下至唐代宗的典章制度的通史——《通典》，这是典志体正式创立的标志。南宋郑樵又编纂了一部纪传体的《通史》，后改名为《通志》。尽管《通志》并非典章制度的专史，但是其中作者用力最多也是最受人看重的精华部分是反映历代典章制度的“二十略”，因而史学家们将其与《通典》和《文献通考》这两部专史合称为“三通”。《文献通考》是元代马端临所撰写的又一部通史式的典章制度的专史，其创新之处在于采取了“文”（历史资料）、“献”（史家评论）、“注”（编者注解）三结合的方法。清朝乾隆年间组织学者续编“三通”，纂成“续三通”，而后又有《清通典》《清通志》和《清文献通考》这“清三通”，共成为“九通”，再加上民国时刘锦藻编写的《清朝续文献通考》，就是学界习惯称谓的“十通”。

会要体

会要体是典志史书的一种题材，“会要”就是汇聚朝廷典章制度之要的意思。会要体创始于唐德宗年间苏冕编纂的《会要》，《会要》记载了唐高宗到唐代宗这一段历史时期的典章制度。唐宣宗时，崔铉等人又奉诏编写《续会要》，续增了唐德宗到唐宣宗时期的相关内容。北宋初年，王溥在这两部会要的基础上，编成《唐会要》，后来又编写了《五代会要》，使得会要体史书趋于完善。宋代以后，官方都要组织学者编纂当朝的会要，如《宋会要》（原本已佚，清代学者徐松从《永乐大典》中辑录出《宋会要辑稿》）《元经世大典》《明会典》《清会典》等。另外，一些学者又私自编写了此前历代的会要，如南宋徐天麟的《西汉会要》和《东汉会要》、明代董说的《七国考》、清代姚彦渠的《春秋会要》、孙楷的《秦会要》等。会要体史书，基本上是以15个左右的门类再具分为300余个子目，记载政治、经济、军事、外交、法律、教育、礼乐、文化等各方面的制度及其沿革情况，兼有工具书和资料汇编的功能。

学案体

学案体，是一种记述学术源流的史书体裁，是继编年体、纪传体、纪事本末体、典志体等主要史书体裁之后出现的又一新的史书体例，始创于明末清初，黄宗羲撰写的《明儒学案》即为学案体的代表作品。学案体例大致为：每学案前先设一表，详细地列举该学派的师友弟子，标明学派的渊源及其传授系统，每一案主均立小传，叙述其生平概况及学术宗旨；对案主的学术论著，均一一注明出处，并且材料的采选非常广泛；案主小传后，另有附录，记载其趣闻逸事；还附有时人及后学的相关评论，备录其短长得失，以供后来的学者自行做出判断。学案体史书是学术思想史的专著，为学者研究学术思想的沿革提供了详实可靠的文献资料。

《明儒学案》

起居注

起居注，是由史官撰写的关于皇帝的日常言行与生活的记录。《汉书·艺文志》记载：“古之王者，世有史官，君举必书，所以慎言行，昭法式也。左史记言，右史记事，事为《春秋》，言为《尚书》。”这段话可以看作是对起居注的说明。完善的起居注始于汉武帝时期，到北魏时，正式设立专官，称“起居注令史”，专门负责撰写皇帝的起居注，后代沿袭了这一制度。起居注并不是严格意义上的史著，但却是最原始的历史资料。皇帝驾崩之后，就由史官根据起居注来撰写实录，实录写成，起居注就被焚毁，也即是说起居注是不予保存和流传的，在当时，起居注是绝密的，甚至连皇帝也见不到，这是为了保证起居注的真实性。可是宋代以后，皇帝本人开始过目起居注，相应地，史官的笔讳也就多了起来，从而影响到起居注的本真价值。

实 录

实录，是历朝皇帝的编年大事记。史官在皇帝死后，会根据起居注、时政记等资料，按时间顺序编写这位皇帝的“实录”。实录出现于南北朝时期，《隋书·经籍志》著录有《梁武帝实录》《梁元帝实录》等，现存最早的一部完整的实录是唐代韩愈编纂的《顺宗实录》。唐代开始，为前君纂写实录成为定制，但是明代以前的历代皇帝的实录大多都已佚失。因为实录只有抄本存于宫中，并不刊刻，也不公布，现在流传下来的较为完整的只有《明实录》和《清实录》。但是由于皇帝的顾忌较多，故所谓的实录也有诸多的不实之处，例如，永乐时期就曾多次修改《明太祖实录》，以为朱棣的篡位进行讳饰。当然，尽管如此，实录中所记载的历史资料仍是相当宝贵的，而且一些正史中的很多内容就是依照实录写成的。

方 志

方志，又称地方志，是记载地方情况的史书，因为内容专对地方，所以记叙详备，是深入了解地方历史的重要资料。先秦时期的《尚书·禹贡》和《山海经》就具有方志的特点。汉代以后，方志开始大量出现，既有官修，也有私修的。方志依记载范围的不同，可以分为记述全国各地的总志、省志、府志、州志、县志等，另外也有专门记载一处山川，或名胜，或寺庙等更为专一的方志。

类 书

类书是分类编排各种资料以供检索的工具书，类似于后来的“百科全书”。魏文帝曹丕使诸儒撰集的《皇览》被认作是类书之祖，但是此书早已佚失。南北朝时期，编纂类书开始风行，出现了《古今注》《集林》《四部要略》《类苑》《北堂书钞》等一批类书，这些类书大多也都没有流传下来。唐代开始，官方组织编写类书成为一种惯例，如唐代有《艺文类聚》《初学记》，宋代有《太平御览》《太平广记》《册府元龟》，明代有《永乐大典》，清代有《古今图书集成》。这些官修的类书大多编纂于一个朝代立国之初并逐渐走向兴盛的时期。《永乐大典》是历史上规模最大的一部类书，可惜的是在清末八国联军入侵的时候被洗劫焚毁，仅余下少量残卷，另有部分残卷散佚于多个国家。现存的最大的一部类书是清代康熙年间编成的《古今图书集成》。类书与丛书不同，并不是对书籍的全部内容的辑录，而是分门别类地选取其中相关的部分内容辑入，但是有的资料在类书中体现得较为完整，使得从中提取已经佚失的书籍成为一种可能。乾隆年间编纂《四库全书》时就从《永乐大典》中辑录了多部佚书，后《永乐大典》被毁劫，这次辑录工作算是意义重大。

丛 书

丛书，就是各种书籍的汇集和丛编。编刻丛书始于南宋后期，现在已知最早的丛书是宋宁宗嘉泰元年（1201 年）俞鼎孙及其兄俞经编辑的《儒学警悟》，收有宋代的著作六种，但是此丛书在当时并没有刻本，宋度宗咸淳九年（1273 年）左圭辑刊的《百川学海》是中国最早刻印的丛书。明代的时候，“丛书”的名称正式出现，而编刻丛书的高峰是清代，乾隆年间官修的《四库全书》是一部规模最大的丛书，同一时期私家汇刻的丛书也非常之多。丛书的编辑，一方面给学者的学习和研究提供了方便，一方面也使许多古籍得以保存和流传，不至佚失。1959 年，上海图书馆编写的《中国丛书综录》，成为读者使用丛书的得力助手。

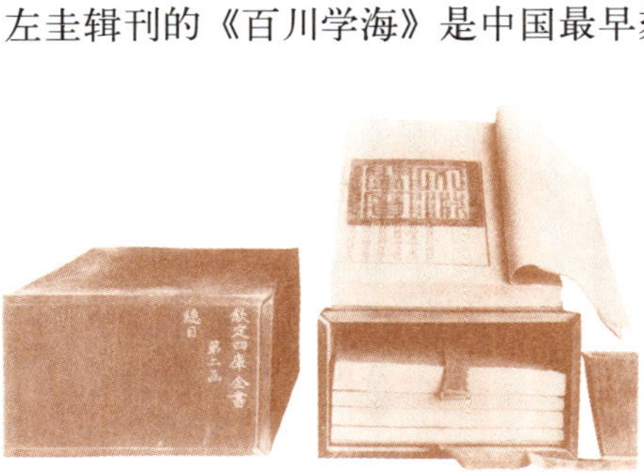
四库全书楠木匣　清

著名史学家

董狐

董狐，春秋时晋国史官，是秉笔直书的典范。《左传·宣公二年》记载，晋灵公无道，赵盾屡次劝谏，不但没有结果，反而给自己招来杀身之害，于是被迫出逃。他的族弟赵穿带兵杀掉了灵公，这时赵盾尚未走出国境，听到消息后返回。任太史的董狐这样记载此事：“赵盾弑其君。”赵盾认为不应当这样记。可是董狐坚持这种史录，因为赵盾身为正卿，在还没有越出国境之前，原有的君臣关系就依然存在，而赵盾却不起兵讨伐弑君的人，就是没有尽到忠君的职责，那就应当承担这弑君的责任。后来，这种不阿权贵、敢于直录的史家精神被称为“董狐直笔”。

司马迁

司马迁（约公元前145～前87年后），字子长，夏阳（今陕西韩城南）人，家学渊源深厚，曾师从著名学者孔安国和董仲舒，青年时期曾游历四方，这些都为他日后修史的工作打下了良好的基础。据司马迁自述，其祖先早在西周时期就世任史官，到汉武帝时，司马谈出任太史令，又恢复了先祖的职业。太史令是掌管文史星历等皇家档案的官职，有机会接触到大量的珍贵文献资料。司马谈有志编撰一部古今通史，但是这一愿望未曾实现，于是在临终的时候教谕儿子司马迁若可继任太史令，当牢记此事于心中。不久后，司马迁继承了太史令的职位，开始着手编写这部史书。

司马迁像

天汉二年（公元前99年），汉武帝派李广利率军3万攻打匈奴，结果惨败而归，几乎全军覆没，李广利仓促逃回。李陵当时任骑都尉，率兵5000与匈奴单于亲自带领的3万人作战，李陵指挥这5000步兵杀掉了匈奴的五六千骑兵，单于增调更多的人马过来，但仍未能制伏李陵，于是准备撤军。这时汉营有一个士兵叛变，将汉军的内部情况告知匈奴，并且说李陵没有援军，于是单于继续围困，李陵终因寡不敌众，被擒而投降。消息传到朝廷，汉武帝震怒，众多大臣也落井下石，谴责李陵。司马迁虽然与李陵没有深交，但是因据李陵素有“国士之风”、常奋不顾身以殉国家之急的表现而推断李陵的投降实是出于无奈，将来必定伺机报答汉朝，并且说李陵在战场上的出色表现是十分难能可贵的。汉武帝以为司马迁的这番辩护是有意贬低其宠妃的哥哥李广利，因而勃然大怒，将司马迁投入狱中。不久有传闻说李陵率匈奴军队攻打汉朝，汉武帝信以为真，将李陵的全家处死，司马迁也因此被施以腐刑。不仅如此，在狱中司马迁还遭受了百般折磨，“交手足，受木索，暴肌肤，受榜棰，幽于圜墙之中，当此之时，见狱吏则头抢地，视徒隶则心惕息”（《报任安书》）。肉体的摧残和精神的羞辱，使得司马迁痛不欲生，但是想到父亲的遗志还没有完成，自己此前做的那些著史的准备工作还没有结果，遂忍辱负重，坚强地活了下来。

太始元年（公元前96年），汉武帝改元大赦天下，司马迁因而得以出狱，此后，发愤著书，直到征和二年（公元前91年）全书完成，共得130篇，52万余言，这就是后来享有盛誉、彪炳千秋的《史记》。

刘向

刘向（公元前77～前6年），原名更生，字子政，中年后改名向，沛县（今属江苏）人。刘向是汉代皇族，但不是嫡系，12岁时入宫为辇郎，20岁时任谏大夫，后累官至给事中。汉元帝时，宦官专权，外戚乱政，刘向数次上书弹劾，遭致两度入狱，并被贬为庶人。汉成帝即位后，刘向被重新起用，任光禄大夫，是皇帝的近臣。这时，太后王家已经权倾朝野，而赵皇后、卫婕妤两家也争宠弄权，汉王朝潜伏着严重的危机。刘向多次进言，汉成帝虽然懂得其中道理，但是自己已经奈何不得业已控制了朝政的外戚王家。刘向死后13年，刘姓汉室终于为王家所取代。刘向是西汉时期重要的经学家、文学家和目录学家，编写了中国最早的目录学著作《别录》，并且编纂有《列女传》《说苑》《新序》等多种文史著作，为整理古代典籍做出了非常大的贡献。

班固

班固（公元32～92年），字孟坚，右扶风安陵（今陕西咸阳）人，出身于官宦世家，家境丰裕，并且有着良好的文化氛围，父亲班彪是著名的史学家，曾致力于续写《史记》，班固在父亲的影响下自幼就喜欢文史，博览群书，精晓百家之言，在13岁的时候被王充叹誉为奇才。然而班彪并未实现自己的志愿，去世时仅留下半部《史记后传》，这没有完成的任务也就交给了班固。班固在家中专心著述的时候被人告发“私修国史”，不仅人被逮捕，书稿也被抄没。其弟班超闻讯后急忙赶到洛阳上书辩白，汉明帝召见了班超，亲自审读了班固撰写的史稿，大为赞赏，并且任命班固为兰台史令，参与编撰国史《东观汉纪》，这为班固创作《汉书》提供了非常好的条件。除长于撰史之外，班固的辞赋也写得相当出色，其《两都赋》是东汉成就最高的大赋作品之一。汉章帝建初四年（公元79年）召开的著名研讨经学的白虎观会议也由班固将结果纂录为《白虎通义》。汉和帝永元元年（公元89年），班固随大将军窦宪出征匈奴，参与谋划，并于途中创作了著名的表述军功的《封燕然山铭》。永元四年（公元92年），窦宪在政治斗争中失败自杀，而班固与窦宪交情深厚，于是与班固有宿怨的洛阳令借机编造罪名，将其逮捕入狱，不久，班固死于狱中。和帝知晓后，严厉斥责了逮捕班固的洛阳令，并令负主要责任的官吏抵罪。班固此时还没有完成《汉书》的全部，于是和帝诏请班固之妹班昭来续写尚未完成的“八表”和《天文志》。班固的《汉书》取得了十分杰出的成就。

刘知几

刘知几（公元661～721年），字子玄，彭城（今江苏徐州）人，生于官僚世家，幼时受到正统的文史教育，20岁中进士，长期担任史官，参与编修国史和撰写实录，曾因为主张信笔直录、善恶必书，与把持史馆的武三思等人发生冲突而退出史馆。刘知几将自己对史学的深入体会撰写成中国的第一部史学理论著作《史通》。在《史通》一书中，刘知几详细讨论了史籍的编纂体例与方法，精到地论述了史官沿革、史籍流传以及古史中的一些具体问题，道出史家必须具备才、学、识三长的重要观点，创立了“六家二体”“五志三科”等史学基本理论，提出了许多精辟而大胆的见解，对史学家的著史具有重要的指导意义，因此时人徐坚称赞《史通》：“为史氏者宜置此坐右也。”

杜 佑

杜佑（公元735～812年），字君卿，京兆万年（今陕西西安附近）人，生于世宦之家，长期为官，及至宰相，政绩颇丰。杜佑历经玄宗到宪宗的六朝，所处的时代正是唐王朝由盛转衰的时期，他亲眼目睹了“安史之乱”后唐朝国势的衰颓，密切关心着唐朝的命运，对朝政的弊端怀有清醒的认识。杜佑以“富国安人之术为己任”，针对时弊，提出节省开支、裁减冗员等一系列积极的政治主张，同时在政治实践上也很有作为，得到朝野上下的普遍敬重。出于“征诸人事，将施有政”的目的和理想，杜佑博览古今典籍和历代名贤论议，考溯各种典章制度的源流，以36年的功力撰成200卷的史学巨著《通典》。《通典》是中国第一部典章制度专史，不仅开创了后世编著典章制度史的先河，而且也是同类史书中成就最高的一部。

司马光

司马光（1019～1086年），字君实，陕州夏县（今山西运城）人，生于官宦家庭，幼时聪慧而嗜学，喜好《左氏春秋》，而破瓮救友的事迹更是广为流传，家喻户晓。司马光20岁中进士，在朝廷以敢于直谏而闻名，秉持保守稳健的政治态度，反对王安石的新法，在变法之初，曾恳切地指出新法的种种弊端，而这些不妥之处在新法实际执行的过程中也大多表现出来，验证了司马光政治上的远见。宋哲宗即位后，司马光被任为宰相，迅速废除了全部新法，受到朝野普遍的拥护。年轻的时候司马光就有编撰一部通史的想法，治平三年（1066年）撰成从战国到秦代的《通志》8卷上进宋英宗，英宗诏令将此书续修，

司马光像

并为司马光提供费用，同时增补人员。后来宋神宗以其书“有鉴于往事，以资于治道”，于是钦赐书名为《资治通鉴》，并亲为写序。至神宗元丰七年（1084年），《资治通鉴》得以完成，前后历时19年。司马光在《进资治通鉴表》中说，“日力不足，继之以夜”，“精力尽于此书”，可见费心之多和用力之甚。《资治通鉴》全书294卷，共300多万字，记载了上起周威烈王二十三年（公元前403年），下迄后周显德六年（公元959年），前后1300余年，跨越了16个朝代的史实，是中国的第一部编年体通史，在史学上占有极为重要的地位。司马光不仅以其杰出的史学成就为人称道，更以其磊落正直堪称典范的人格为民众所敬仰和爱戴，在他去世的时候，汴京曾发起罢市来对他进行缅怀和吊唁。

马端临

马端临（1254～1323年），字贵与，一字贵舆，号竹洲，饶州乐平（今属江西）人。其父马廷鸾曾为南宋右丞相，并出任南宋国史院编修官与实录院检讨官，在父亲的影响下，马端临自幼博览群籍，才学卓异。宋朝灭亡后，马端临隐居不仕，对元朝进行消极的抵抗，后来迫于政治压力，出任慈湖书院和柯山书院院长，晚年时担任台州儒学教授。马端临出于考察历代统治者盛衰兴亡的原因以为当政者提供经验和鉴戒的目的，在唐代杜佑《通典》的基础上，广泛搜集史料，详细而深入地考订了历代的典章制度，撰成了又一部典章制度的专著《文献通考》。《文献通考》共348卷，上起三代，下至南宋宁宗嘉定年间，分为田赋、户口、征榷、选举、职官、乐、兵、刑、学校、钱币等24个门类，按时代先后排列比较，同时在各条后面加注前人和当时学者名家的相关议论，最后再用按语的形式来阐述自己的见解。马端临的按语，贯通古今，折中恰当，力求从史实出发，做出审慎的结论，许多见解为前人所未有，颇具可赏之处。《文献通考》与《资治通鉴》相辅相成，交相辉映，一同代表着宋元之际史学领域的高度成就。

顾炎武

顾炎武（1613～1682年），苏州府昆山县（今属江苏）人，原名绛，字忠清，清兵破南京后改名炎武，字宁人，号亭林，后世尊称为亭林先生。顾炎武生当江山易代之际，明亡后，曾两次参加武装抗清斗争，力图恢复明朝。复明无望后，顾炎武即致心于学术，矢志不与清廷合作，曾以死相拒。顾炎武将“博学于文”和“行己有耻”视作为人的准则，反对空疏玄虚的宋明理学，并痛斥当时“饱食终日，无所用心”和“群居终日，言不及义”的恶劣士风，积极倡导“书足以匡时，言足以救世”的实学，提出“保天下者，匹夫之贱，与有责焉耳矣”的著名号召，也就是后来人们常说的“天下兴亡，匹夫有责”。顾炎武勤奋治学，将日常心得随手记录，长时积累而著成《日知录》一书。《日知录》考辨精深，会通古今，涉及经义、史学、吏治、财赋、舆地、艺文等多个领域，不仅见解独到，而且言必有据，开创了清朝考据之学的先河，更是引领了一代学风。然而，与后世学者不同的是，顾炎武绝非一味浸淫于故纸堆中的学者，不仅读万卷书，而且行万里路，广泛进行实地考察，将书中所得与社会实际进行比勘和验证，体现出强烈的经世致用的精神。顾炎武还是非常知名的语言学家，著有《音学五书》，不仅有着理论上的杰出建树，而且有着大量的实证分析，他也因此被看作是汉语古音学研究的重要奠基者。

赵 翼

赵翼（1727～1814年），字云崧，一字耘崧，号瓯北，阳湖（今江苏常州）人。35岁中进士，历任广西镇安知府、广东广州知府、贵州贵西兵备道，46岁时以母病为由辞官归乡，过起悠游闲适的生活，同时潜心读书，曾主讲扬州安定书院。赵翼将自己长期读书所做的笔记汇集成书，就是著名的《廿二史记》。《廿二史记》是赵翼对历代史书精心研读的成果，称之为“廿二史”，是因为赵翼将“新旧唐书”和“新旧五代史”分别合称为一史的缘故。这部书以笔记的形式，对二十四史的编撰人员、编著年代、史料来源、编纂体例以及各史的得失之处等做了全方面而又详致入微的介绍和评论，可以看作是一部二十四史的阅读指南。赵翼在书中还将某些史实进行归纳分析，总结出某些有趣的历史现象，如言“北齐百官无妾”“宋皇后所生太子皆不吉”“元初用兵多有天助”等，这些独特的发现不仅令人亲切地感受到读史的趣味，同时也可以让人从这些历史表面情景中窥度出史实。赵翼不仅是一个杰出的史学家，还是一个著名的诗人，诗歌语言浅近流畅，尤以五言古诗最为出色，与袁枚和蒋士铨并称“乾隆三大家”。

钱大昕

钱大昕（1728～1804年），江苏嘉定（今属上海）人，字晓徵，一字及之，号辛楣，又号竹汀居士，晚年自称潜研老人。27岁中进士，累任山东、湖南、浙江、河南等省乡试的主考官，后为詹事府少詹事、提督广东学政，48岁时居丧回乡，此后引疾不仕，转而潜心治学，教授生徒。钱大昕对当时几乎所有的学术领域，诸如经学、史学、文学、天文、地理、历算、音韵、训诂、金石等皆有所学，而且颇为精晓，博闻强识，冠绝一时。《廿二史考异》是钱大昕集平生读史之所学，积数十年考证之功所成的一部史学名著，在清代与赵翼的《廿二史记》和王鸣盛的《十七史商榷》并称，但是比另两部书更为精细、严谨，出色地体现了乾嘉学派深湛绝伦的考据成就。钱大昕还著有《十驾斋养新录》《三统术衍》《四史朔闰考》等为人称道的学术著作，并且曾参与撰修《续文献通考》《大清一统志》等大型史书，在学术领域可谓功勋卓著。

章学诚

章学诚（1738～1801年），字实斋，号少岩，会稽（今浙江绍兴）人。25岁时第二次应乡试未举后就学于当时的最高学府北京国子监，28岁时再次落榜，而后拜投翰林院编修朱筠为师，章学诚由此得以接触众多的学界名流，开阔了学术视野。41岁时章学诚始中进士，但是仕途坎坷，为了维持家口而辗转奔波，任教于各地书院，也曾投入幕府。章学诚不仅遭受着生活上的微贫，而且他的学术成就也不为当时的学界所知晓，他的一些重要著作都是在过世之后才刊刻的。直到清末和民国年间，章学诚的杰出成就才被人发现，他的《文史通义》被称誉是一部“为千古史学辟其榛芜”的杰作，也被认为是继唐代刘知几之后最为重要的史学理论著作之一。章学诚在书中开篇即提出“六经皆史”的著名命题，主张“史学所以经世”“作史贵知其意”，提出“辨章学术，考镜源流”的目录学思想，建立了较为系统的历史学和目录学理论，并且指出“家有谱，州县有志，国有史”，出色地撰写方志的理论和实践，将方志学提升为一门正宗的学术。

崔 述

崔述（1740 ~ 1816 年），字武承，号东壁，直隶大名府魏县（今属河北）人。23 岁中举，曾被任命为福建罗源县知县，为政勤谨，品行清廉，涤除敝俗，变革乡风，颇受人民爱戴。崔述是一位杰出的史学家，“考据详明如汉儒，而未尝墨守旧说而不求其心之安；辨析精微如宋儒，而未尝空谈虚理而不核乎事之实”，生平著述 30 余种，以《考信录》一书最为知名。这部书包括《考古提要》《上古考信录》《唐虞考信录》《夏考信录》《商考信录》《丰镐考信录》《洙泗考信录》《孟子事实录》等内容，其中《洙泗考信录》是专门考证孔子生平事迹真伪的，是研究孔子的一种极为重要的参考资料。《考信录》集中体现了崔述的辨伪成就，表现出鲜明的疑古精神和实证精神，开启了近代史学的新途径，受到蔡元培、胡适、顾颉刚等著名学者的大力推崇，在日本也曾产生很大影响。

语言文字

仓颉造字

仓颉，号史皇氏，是黄帝时的史官，《说文解字 · 叙》记载：“黄帝之史仓颉，见鸟兽蹄之迹，知分理之可相别异也，初造书契，百工以乂，万品以察。”这段记录表述的就是仓颉造字的事迹。《吕氏春秋 · 审分览 · 君守》称：“奚仲作车，苍颉作书，后稷作稼，皋陶作刑，昆吾作陶，夏鲧作城，此六人者，所作当矣。”所谓的“苍（仓）颉作书”，并不是说仓颉一个人完全地将文字发明创造出来，而是说仓颉将民间既有的图画文字进行广泛搜集，并加以认真整理，从而创制出一套成体系的规范的象形文字。《荀子 · 解蔽》记载：“好书者众矣，而仓颉独传者壹也。”这是在说，当时从事文字整理工作的也并非仅有仓颉一人，因为仓颉的成果最佳，所以只有这一套文字独自传承了下来。

甲骨文

甲骨文由时任北京国子监祭酒的金石学家王懿荣发现于 1899 年，因为字是刻在龟甲兽骨上的，所以名之曰“甲骨文”。甲骨文是现今已知的中国古代最早的体系基本完备的文字，主要应用于殷商时期。当时人们非常迷信，统治者在每有事宜的时候都要进行占卜，占卜所用的材料主要是乌龟的腹甲、背甲和牛的肩胛骨，通常先在甲骨的背面挖出或钻出一些小坑，然后对其进行加热以使甲骨表面产生裂痕，从而根据这些裂痕的样态来测知吉凶祸福。甲骨文大多就是对这种占卜所做的记录，另外也有少数内容是记载其他事情的。甲骨文被发现后，在殷墟（河南安阳小屯村）经过大规模的挖掘，加之其他各地的零星采集，至今已出土刻有文字的甲骨十几万片，载有 5000 多字，其中已经识别的有 2500 多字。这些文字中除象形字之外，还有指事字、会意字，形声字也占到约 27% 的比例，可见甲骨文已是发展相当成熟的文字。甲骨文献是研究中国上古时期特别是商代的社会历史和语言文字极其珍贵的第一手资料，由此也形成了专门的“甲骨学”，罗振玉、王国维、董作宾、郭沫若等知名学者都是甲骨学研究的大家。

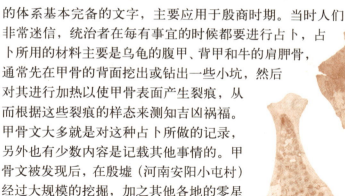

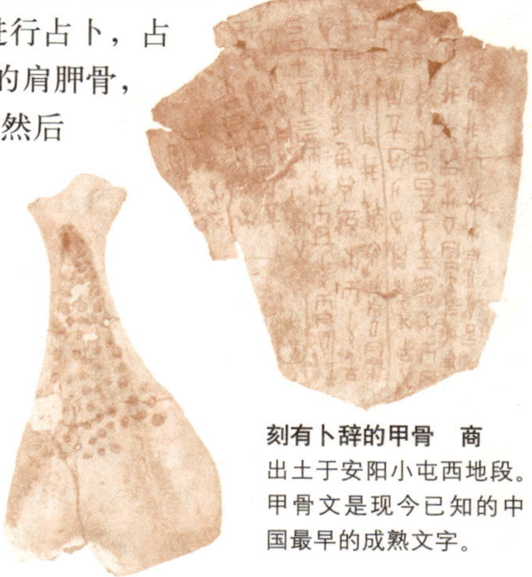

刻有卜辞的甲骨　商
出土于安阳小屯西地段。甲骨文是现今已知的中国最早的成熟文字。

大　篆

大篆，是古代汉字字体的一种，因其著录于字书《史籀》，故也称籀文，《汉书 · 艺文志》记载：“《史籀》十五篇，周室王太史籀作大篆。”《说文解字》中所收的 225 个籀文，就是许慎依据所见到的《史籀》9 篇而集入的，这是当今研究大篆的主要资料。大篆是继承金文发展而来的，形成于西周后期，其特点为线条均匀柔和、简练生动，并且字形结构趋于规范，奠定了汉字方块构型的基础。“篆”字的含义，据《说文解字》，篆是“引笔而箸之于竹帛”的意思，大篆是相对于后来的小篆而言的，指通行于春秋战国时期的秦国文字，在广义上还包括其他各国的文字。唐代初年在天兴县陈仓（今陕西宝鸡）南之畤原出土的径约三尺的石鼓上所刻的“石鼓文”被认为是大篆的真迹。

殷周金文

金文，是指铸刻在殷周青铜器上的铭文，因为青铜器以钟、鼎为代表，所以金文也叫作钟鼎文。金文在商代早期就已经出现，但是繁盛时期是在周代，而绵延的下限为战国末期。金文是稍后于甲骨文出现的另一种古老的文字，相比而言，甲骨文笔道细，直笔多，转折处多为方形，而金文笔道粗，弯笔多，团块多，这与甲骨文和金文不同的书写和制作方法有关。至今发现的金文字数，据当代金文专家容庚的《金文编》记载，共计 3722 个，其中已经识别的字有 2420 个。金文所体现的大多是统治者颂扬祖先及彪炳王侯功绩的内容，同时也记录了许多重大历史事件，记事面涉及非常广泛，因而是研究西周和春秋、战国历史的极为宝贵的文献资料。

小篆

泰山刻石　秦

秦始皇统一天下后，开始着手统一文字的工作，由丞相李斯负责，在秦国原来使用的大篆的基础上，通融其他各国的字体，对字体进行简化，并且取消异体字，创制出了统一的文字书写形式，即小篆，又称为秦篆。小篆的出现，标志着中国古代文字的第一次统一，在汉字发展史上具有关键性的地位。小篆字体的特点是点画均为线条，粗细一致，圆起圆收，端庄严谨，有实有虚，疏密得当，从容平和，劲健有力。虽然西汉末年之后，小篆逐渐被隶书所取代，但由于其字体优美，故颇为书法家所青睐，2000余年来，始终是一种重要的书法字体。古代印章几乎一律采用小篆，因此又称为篆刻。

隶书、行书与楷书

在李斯创制小篆的同时，程邈整理出了另一种书写字体，就是隶书。《说文解字》记载："秦烧经书，涤荡旧典，大发吏卒，兴役戍，官狱职务繁，初为隶书，以趋约易。"也就是说管理监狱事务的官吏因为事务繁忙而采用较为简易的隶书来办公。隶书的"隶"，具有附属的含义，也曾被叫作"佐书"，在早期是作为小篆的辅助字体而使用的。隶书在篆书的基础上发展而来，主要是将篆书圆转的笔画改为方折，这样书写速度明显变快了，特别对当时以木简为书写材料的情况更是如此。与篆书相比，隶书的象形特点大大地减弱了，但在早期，隶书与篆书的分界还不是很严格，及至西汉中期，隶书基本摆脱了篆书的影响而发展成为一种独立的字体，西汉后期开始，隶书逐渐地取代了小篆而成为主要的字体。

行书是由隶书转变而来的，于西汉后期开始形成，但是几百年里并不流行，直到东晋王羲之的出现，才将行书提升为书法上影响最大的一宗。行书将隶书中的横画进行缩短，使隶书的扁方变为正方，同时加强了上下笔画的连贯性，有些笔画采取连续书写的方式，这进一步提高了书写的速度。后来楷书取代了隶书作为正体字的位置，行书就成为介于楷书和草书之间的一种字体，是为了避免草书的难于辨认和楷书的书写速度慢而采取的折中的书写方法，常常将写得比较飘逸而近于草书的称作行草，将写得比较端正而近于楷书的称作行楷。

楷书，又称正楷、正书或真书，也是从隶书发展而来的，大约出现于汉末，但在很长一个时期都还存有隶书的成分。唐代是楷书最为兴盛的时期，初唐的虞世南、欧阳询、褚遂良，中唐的颜真卿，晚唐的柳公权，都是标举于世可谓书界典范的楷书大家。楷书的特点是字形方正，结构严谨，笔画平正规整，点画分明。楷书在汉字诸体中成熟最晚，但是此后应用最广，至今通行的汉字印刷体就是楷书及其变体，日常书写体也是将楷书看作参照标准的。行书和楷书在魏晋之际兴起后，隶书的主体地位被取代，但是在书法艺术中仍作为一种基本的字体而存在。

文言

文言是古代正宗的书面语言。“文言”一词，出自《易传》中的篇名，孔颖达解释：“文谓文饰，以乾坤德大，故特文饰以为文言。”“文饰”即是有文采的意思。在先秦时期，书面语言和口头语言的差别不是很大，主要的区别是书面语言比口头语言更为精练简洁，辞藻也更为优美和典雅，不仅表现力更为丰富，而且蕴含着一种审美的因素。后来，经秦汉及至唐宋，书面语言和口头语言越来越分化，并最终形成两套语言系统。一个人需要接受良好的文化教育才能够对文言运用自如，文言也成为人们身份和教养的标志，不会文言者被归为“引车卖浆者之流”，而文言自身所具有的典丽精致、雅秀俊逸的特别美感，也的确是作为口头语言的白话所无法比拟的。文言是中国古代官方文献和正统文学所使用的语言，源远流长，虽然在近代的新文化运动之后，白话取代了文言的正统地位，但是文言也绝非自此被弃置而不顾，一些重要的文史学术著作依然采用文言来写作，例如鲁迅的《中国小说史略》、陈寅恪的《柳如是别传》、钱锺书的《谈艺录》等。出于继承优秀而丰富的古代文化传统的需要，能够阅读文言依然是当代中国人所应当具备的文化素质。

白话文

白话文又称“语体文”，是古代书面语言的一种，白话文之“白”，是与文言文之“文”相对应而言的，意为不加修饰，是对日常口头语言的照直记录。当然，语言从口头到书面总是有所变化的，只是白话文与口头语言基本上是一致的，不会差异到可能发生理解困难的那种程度。白话文并非是近代才出现的，而是自古有之，只是在古代，作为正宗书面语言的是文言文，白话文是不登大雅之堂的。历代的白话文基本是在通俗文学作品中使用，如汉魏乐府民歌、唐代变文、宋元话本、明清小说等。明清时期，虽然白话长篇小说取得了辉煌的成就，成为这一历史阶段代表性的文学体裁，但是占据正统地位的仍然是以文言文创作的诗文，白话文真正占据主流地位，是在新文化运动以后。

古代文字学

古代文字学，就是以古代汉字的形、音、义及其历史演变为研究对象的学问，在古代也称为“小学”（小学在广义上还包括音韵学和训诂学）；在狭义的范围上，古代文字学仅仅指对古代汉字字形的研究，又称“字学”。汉字是世界上最古老的一种文字，现在发现的最早的陶文，距今已有6000年的历史，而3000多年前殷商时期的甲骨文已经是一种发展成熟的文字，后来的汉字即是以甲骨文和稍后的金文为基础而发展演变的。汉字早初的创造方法是象形和指事，后来又出现形声和会意。最初的时候，“文”指的是独体的汉字，而在“文”的基础上，通过形声和会意的方法来产生合体的“字”。汉字的基本结构，在西周时期已经定型，但是在各个诸侯国之间同一个字有着多种不同的写法，直到秦始皇统一天下之后，宣布“书同文”，文字的书写才得到统一，小篆成为当时通行的标准字体。到了汉代，隶书则取代小篆成为通行的字体，被称为“今文”，而相应的，小篆及其之前的各种字体被称为“古文”。后来在隶书的基础上，又产生了草书、行书、楷书等字体，但都是具体书写方式的变化，而在文字的形体结构方面则基本上是稳定地延续下来的。文字学在中国起源甚早，东汉的许慎被认为是古代文字学的开拓者，而他编撰的《说文解字》则被看作是古代文字学的奠基之作。

六 书

“六书”一词最早见于《周礼·地官》：“保氏掌谏王恶，而养国子以道，乃教之六艺……五曰六书，六曰九数。”但是这里没有写出“六书”详细的名称，也没有对“六书”的解释。对六书最早的解释出现在西汉刘歆所著的《七略》中，《汉书·艺文志》转载如下：“古者八岁入小学，故周官保氏掌养国子，教之六书，谓象形、象事、象意、象声、转注、假借，造字之本也。”东汉许慎在《说文解字·叙》中对“六书”进行了正式的定义：“周礼八岁入小学，保氏教国子先以六书：一曰指事，指事者视而可识，察而见意，上、下是也；二曰象形，象形者画成其物，随体诘诎，日、月是也；三曰形声，形声者以事为名，取譬相成，江、河是也；四曰会意，会意者比类合谊，以见指㧑，武、信是也；五曰转注，转注者建类一首，同意相受，考、老是也；六曰假借，假借者本无其字，依声托事，令、长是也。”后世对“六书”的解释，皆以许慎之说为本。所谓“六书”，指的就是指事、象形、形声、会意、转注和假借这 6 种造字方法，严格来说，其中仅前 4 种为造字方法，因为转注和假借涉及到的是文字的使用，并不创造新字。具体说来，指事和象形属于独体造字法，象形是一种最原始的造字方法，即用图画来表示事物，在文字的演进过程中，图画性逐渐减弱，而符号性则逐渐加强；象形造字有着很大的局限，因为一些较为抽象的意义难以用图画表示出来，这就有指事的方法来进行补充，与象形字相比，指事字的抽象意义更强，有着更为显著的符号性特点。形声和会意则是合体造字法，形声字由形旁（又称“义符”）和声旁（又称“音符”）组成，形旁表示字的含义或类属，声旁则表示字的发音；会意字由两个或更多的独体字构成，几个字形共同表达这个字的含义，有些会意字同时也兼有形声字的特点，两者不是截然分开的。转注和假借是文字运用的方法，假借指的是同音替代的现象，也就是说有一些语言没有文字与其对应，这时就找发音相同的字来进行书写；对于转注，不同的学者有不同的看法，可以归结为形转、义转和音转这三种解释，但不论实际含义是那种，转注产生的是多字同义的现象，相应的，假借产生的是一字多义的现象。

训诂学

训诂学，有广义和狭义之分，狭义的训诂学指的是语义学，为小学的一个分支，广义的训诂学则还包括音韵学和文字学，但是通常所讲的训诂学都是针对狭义而言的。“训诂”，有时也称作“训故”“故训”“古训”、“解故”“解诂”等，被认为是训诂学开山之作的《尔雅》中有“释诂”和“释训”两篇，北宋邢昺将“诂”解释为“使人知也”，将“训”解释为“道物之貌以告人也”，相当于用当今的语言解释古代的语言叫“诂”，而用通俗的语言解释词的含义叫“训”，后来“训诂”连用，成为一个词语，用以指称对古书字义的解释。训诂的方法有形训、声训、义训、互训、反训、递训等，形训指用字形说明字的意义和来源，如“小土为尘”；声训指用同音或近音的字来解释字义，如“仁，人也”；义训是不依借字形或字音而直接对字义进行解释，如“征，召也”；互训是指用同义的字词来互相解释，如“老，考也”和“考，老也”；反训是用反义的字词来进行解释，如“乱，治也”；递训是用几个字词进行连续的解释，如“庸也者，用也；用也者，通也；通也者，得也”。

音韵学

音韵学，是研究各个时期的汉语语音及其变化规律的学科，为语言学的一个分支，通常分为古音学、今音学和等韵学 3 个部分，古音学研究的是两汉之前的语音，也就是上古语音；今音学研究的是魏晋之后直到隋唐时期的语音，也就是中古语音；等韵学研究的是汉语的发音方法和发音原理。秦汉之前，用于教授和学习的识字课本以及字典是不标注读音的，而汉字是表意文字，本身并不表音，那时字音的教授是通过口口相传的方式来进行的，东汉许慎著《说文解字》，用读若法来标注字音，给人们的学习带来了方便。汉语读音作为一门专学，是在东汉末年以后翻译梵文佛经的过程中反观汉语字音而逐渐形成的。反切法的出现是音韵学发展进程中很为关键的一步，由此，汉字音节被分为声和韵，后来人们对声韵进行归纳，创造了拼音字母，音韵学的体系才基本形成。由于古今语音变迁很大，上古语音在中古之后已不为人所知，清代时期，经过一批学者的不懈努力，凭借对有限的文献资料的详致分析，拟构出上古的语音系统，这是一项非常了不起的成就。

双声与叠韵

双声，指两个字声母相同的现象，如珍珠、鸳鸯、蒹葭等；叠韵，也作“迭韵”，指两个字韵母相同的现象，如崆峒、滴沥、窈窕、昆仑等。在南北朝时期人们已经在诗文创作中对双声和叠韵进行自觉地运用，以追求语言上一种特别的美感。刘勰在《文心雕龙·声律》中说：“双声隔字而每舛，叠韵杂句而必睽。”讲的就是双声和叠韵的运用规律。清代李汝珍在《李氏音鉴》中对双声和叠韵做了明确的定义：“双声者，两字同归一母，叠韵者，两字同归一韵也。”“母”，就是声母；“韵”，就是韵母。双声和叠韵的现象在古代汉语特别是古典韵文中大量存在，只是因为语音的转变，用现代字音读起来很多已经不是双声或者叠韵了。

四声

“四声”，指的是汉语的四种声调，声调是由语音的高低、升降、长短等因素的不同构成而表现出来的声音差异，这是语言本身所存在的客观现象。直到南朝齐、梁时期，人们才对汉语的声调进行自觉的研究，并将其归结为“四声”，即平、上、去、入。关于“四声”的发音特点，《康熙字典》载有一首名为《分四声法》的歌诀：“平声平道莫低昂，上声高呼猛烈强，去声分明哀远道，入声短促急收藏。”这种表述当然不尽科学，但是基本上道出了“四声”的特点。“四声”发现之后，被应用到诗歌和骈文的创作当中，上、去、入总称为仄声，与平声相对，调用语言的时候，有意识地采取平仄相拗的方法，以追求一种抑扬顿挫、优美悦耳的语音效果。平、上、去、入反映的是中古汉语的四种声调，及至近古时期，语音又发生了很大的变化，在应用最广的北方话中，入声开始消失，并且平声分化为阴平和阳平，即逐渐形成了现代的汉语“四声”：阴平、阳平、上声和去声，至于原来的入声字，则分派到其他三声之中，还有一部分原来的上声字转变为去声了。这“四声”是基于现代汉语普通话而言的，而之于各地方言，则情况差异很大，有着各自不同的声调区分。

字母

字母，含有一切文字之母的意思，古代是指汉语声母的代表字，唐末僧人守温参考梵文字母而选出 30 个汉字来代表声类，后来有人将其增加为 36 个，称为三十六字母。三十六字母反映的是中古后期也就是唐宋时期的声母系统，与上古音和现代语音都有所差别，据学者考证，上古汉语实际应用的是 26 个声母，而现代汉语拼音中的声母则为 21 个。

直音法

直音法是古代汉语的一种注音方法，即用同音字来标注某字的读音，如“大，音太”。直音法的优点是简便，但缺点也很明显，就是有些字是没有同音字，或者同音字是很生僻的字，这也不方便运用直音法，于是出现了“读若”的方法。“读若”，也称为“读如”“读为”“读曰”等，实际也是一种直音法，只是所选择的用于注音的字不一定是同音的字，还可能是读音相近的字，这扩大了直音法的应用范围，但又有失之于确切的弊端，为了克服这种弊端，又出现了直音加音调的注音方法，如“退”注“推去声”。在反切法发明之前，直音法是汉字注音的基本方法。

反切法

反切法是汉字注音方法的一种，即采用两个字，前一个字取其声母，后一个字取其韵母和声调，从而拼出字的读音，例如，“冬，都宗切”，就是用都字的声母、宗字的韵母和声调为冬字注音。“反切”含有反复切摩以成音之义，用作反切的两个字，前一个字叫反切上字，简称切上字或上字；后一个字叫反切下字，简称切下字或下字；被注音字叫被反切字，简称被切字。反切法是在东汉末年翻译梵文佛经的过程中发明的，梵文是一种拼音文字，译者在将梵文读音和汉语读音进行对比时发现汉字读音可以分作声和韵两部分然后拼读出来，这也就是反切法的源出。三国时期魏国的孙炎作《尔雅音义》，已正式采用反切法来注音。反切法的产生，弥补了直音法的不足，是汉字注音方法的一个巨大进步，标志着人们开始对汉语音韵有了较为科学的认识。但是，反切法的缺点也是很明显的，主要体现在这样几个方面：反切法用于注音的上下字都含有多余的成分，造成拼读的不便；用于反切的上下字很不确定，容易造成识读上的混乱，也不便于读者进行掌握；有些窄韵，同韵同声调的字很少，不得不借用其他相近之韵的字做反切下字，因此造成了切音的不够准确。后来人们对反切法进行改良，使其变得更加简便和精确，其中最重要的一点是对用于反切的字进行确定化，并且反切下字尽量选用不带声母的字，这使得反切法有类于后来的汉语拼音方法。反切法的应用一直延续到民国初年，流行了大约 1700 年。

韵 部

韵部指的是汉语韵母的分部。反切注音的方法发明之后，人们可以将汉字的音节分为“声”和“韵”两部分，出于创作诗赋的需要而对字韵进行归类，也就形成了“韵部”。根据《隋书 · 经籍志》的记载，三国时期魏国李登的《声类》是最早的韵书，但是已经失传。南北朝时期音韵研究很为流行，出现了很多韵书，但是也都没有流传下来。隋朝陆法言所著的影响极大的《切韵》现今也仅留下了残卷。北宋官修的以《切韵》为基础增广而成的《广韵》将汉语音韵分为 206 个韵部，后来韵母简化，南宋刘渊编制的“平水韵”将通用的韵部进行合并，成为 107 韵，清代康熙年间成书的《佩文韵府》则分为 106 韵。由于古今语音变化很大，很多字当今所属的韵部与古时所属的韵部是不同的，所以人们在以当前的语音读古代诗歌的时候常常会发现不押韵的现象。

等韵学

等韵学，以汉字的发音原理和发音方法为研究对象，是音韵学的一个分支领域，始源于唐代守温汉语字母的创建，在后代得到不断完善，逐渐发展成为一门精密的学问。称为“等韵”，是因为这种理论体系是以韵母发音的洪细等级为基础而建立起来的。所谓洪细，指的是发音时口腔共鸣空隙的大小，依照主元音的洪细而将韵母分为洪大、次大、细和尤细 4 等。然而因为语音的发展变化，这种区分在明清时期的语音中已经几乎不能辨别，于是清代时又提出了“四呼”的划分，也就是以发音时唇的形状为标准，将韵母的发音分为开口呼、齐齿呼、合口呼和撮口呼 4 种。对于声母，则根据发音部位和发音方法的不同，分为唇音、舌音、齿音、牙音、喉音，这就是通常所说的“五音”，有时再加上半舌音和半齿音两类，即成“七音”。

古 韵

古韵指的是以《诗经》为主的中国先秦两汉韵文的韵，是古音学的研究对象。

因为语音的演变，上古时期的韵文有很多以后代的语音去读就已经不押韵了，而当时又没有音韵学书籍，所以后代只能根据流传下来的古代韵文来推知早期的音韵，依借的材料主要是《诗经》里的韵字和《说文解字》的谐声偏旁，兼及先秦两汉的其他韵文，以及重文、异文、通假、读若、音训等。古韵分部是古韵研究的关键，也是古音学的主要成就所在，其基本方法是首先考察《诗经》中的韵字，进行韵部的归纳，然后根据谐声关系，扩大韵部范围，如此推衍而得到完整的古韵系统，再将汉字分别归入各韵部。古韵面貌的探求工作始于宋代吴所著的《韵补》。明代陈第著《毛诗古音考》等书，通过对古音的精微考订，彻底廓清了唐代以来“叶韵”说的谬误，提出了古今音异的观点，这是古音学的发展中至关重要的一步，可以说是由此而创设了古韵研究的前提条件。清代顾炎武著《音学五书》，摆脱了传统韵书的束缚，根据古韵的实际，将其划分为10个韵部，以后的古音学家所进行的更加精密的研究都是以此为基础的。而后江永著《古韵标准》，分古韵为13部，段玉裁著《六书音韵表》，分古韵为6类17部，至此则古韵分部基本确定下来。后来戴震著《声韵考》与《声类表》，分古韵为9类25部，每一类都有阴声、阳声、入声三分，开阴阳入相配的先河。孔广森著《诗声类》，在段玉裁17部的基础上把冬部独立而成18部，又提出“阴阳对转”的理论。王念孙和江有诰都分古韵为21部。章炳麟先分23部，后来又主张冬侵合为一部，即成为22部。黄侃将古韵分为28部，王力又主张脂微分部。至此，古韵分部的工作臻于完善。

《说文解字》

《说文解字》是我国汉语史上最早且最具权威的汉字字典。作者许慎，字叔重，我国古代著名经学家、文字学家。该书编撰的目的是为了解决东汉时期今文经学家与古文经学家之间的“文字释义之争”。书中根据古文对汉字的结构形体进行分析，揭示出汉字形、音、义三者的正确关系，从而批判和否定了当时今文经学家以隶书形体解字、望文生义的做法。全书体例完整，编排有序，以小篆为主体，以偏旁为部首，根据不同的偏旁，分540部。其中，以“一”部为开始，以“玄”部为结束，对每个字的解说都采取先义、后形、再声的固定格式，书中收录篆文达9350余字，既收录了先秦时期的字，又包括了汉时期新创的字。《说文解字》对研究汉字的发展历程、汉语文字工具书的编写以及我国古代对汉字学理论的研究与发展的情况都有着极其重要的作用。《说文解字》所使用的部首编排方法至今仍然使用，它在我国文化史上占据着重要的地位。

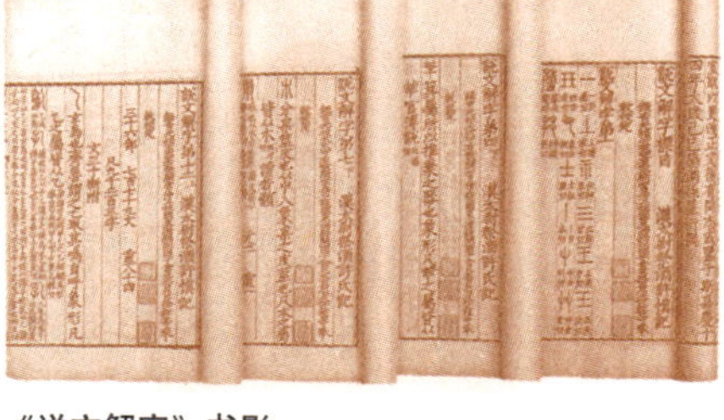
《说文解字》书影

第六篇

文化艺术

乐　舞

古琴

琴又称瑶琴、玉琴、绿绮，现代一般称为古琴、七弦琴。琴历来被认为是高雅的艺术，古人常以“琴、棋、书、画”并称，把它看作是君子必备的文化修养，因此我国文人多擅弹琴，如孔子、嵇康、欧阳修等。

琴在我国至少已有 3000 多年的历史，现在考古发现的最早实物，是湖北随州出土的战国初期的 10 弦古琴和湖南长沙马王堆出土的 7 弦汉琴。琴的全身为扁长共鸣箱，面板多用梧桐木制作。琴头有承弦的岳山，琴尾有承弦的龙龈和护琴的焦尾，整个显得宽头窄尾。在面板的外侧有 13 个圆点状的徽，它是音位和泛音的标志，一般由贝壳制成。琴上有 7 弦，古代用丝弦制成。琴的声音清脆悦耳，表现力强。传说伯牙志在山水的时候琴声能“峨峨兮若泰山，洋洋兮若江河”，遇雨心悲的时候还能“为霖雨之操，更造崩山之音”，琴的表现力可见一斑。琴有独奏、琴箫合奏、琴歌、雅乐合奏 4 种传统的演奏形式。著名的琴曲有《流水》《酒狂》《广陵散》等。

编钟

编钟又叫歌钟，是中国古代一种重要的打击乐器，是钟的一种，由若干个大小不一的钟按照音阶有序地排列悬挂在木架上而构成的，每个钟的音高各不相同。编钟的历史能够上溯到 3500 年前的商代，但当时编钟较为简单，多见的是三枚一套。后来整套编钟的数量开始不断增加，形成较大的规模。

古代的编钟是帝王和贵族专用的乐器，是等级与地位的象征，多用于宫廷演奏。每逢重大事件如征战、朝见或祭祀等活动时进行演奏。在 1978 年从湖北随州市西郊曾侯乙墓出土了一套曾侯乙编钟。这套编钟的音域可以达到 5 个八度，音阶结构基本上与现代的 C 大调七声音阶接近。它规模宏大，制作精美，整套共 65 件，其中有 19 件钮钟，45 件甬钟以及一件钟，总重达 2500 多千克。全套钟保存完好，可随意拆卸。钟上有大量关于音乐知识的篆体铭文，这些铭文是研究先秦音乐史的珍贵文字资料。经专家演奏测试，曾侯乙编钟的音响已构成倍低、低、中、高 4 个色彩区，能演奏任何音阶的乐曲，同时能够胜任采用和声、复调以及转调手法的乐曲，称得上是音乐奇迹。编钟是中国古代音乐艺术和青铜铸造工艺的完美结合，令世人无法不为中

编钟　战国

国古代音乐辉煌的成就而惊叹。

磬

磬是一种我国古代的石制打击乐器，通常悬挂在架子上，演奏时用木锤敲击，可发出悦耳动听的鸣响。磬的历史非常悠久，出现年代可追溯到母系氏族社会，也叫作“石”“鸣球”等。当时的人们常常会在猎取劳动成果后，敲击石头，以其清脆悦耳的声音来烘托气氛。这就是磬最初的原型。磬出现以后，被广泛用于历代统治者的各种宫廷场合的音乐中。

磬拥有非常古朴的造型和精美的外观，制作精美。按照它的使用场所和演奏方式，可分为特磬和编磬两种。特磬专门用于皇帝祭祀时演奏，编磬由若干个磬编成一组而成，挂在木架上进行演奏，主要在宫廷音乐中使用。寺庙中也使用磬。在出土曾侯乙编钟的曾侯乙墓中，出土了有古代楚文化特点的编磬 32 枚。这套完整的编磬是用石灰石、青石和玉石制成的，悬挂在青铜磬架上，共分两层，具有清脆响亮的音色。相关部门曾经制做出曾侯乙编磬的复制品，严格按照原件的规格和形制进行制作，验证了编磬动听的音色。磬是中国音乐史上独特的一种乐器，古老而优美。

箜 篌

箜篌历史悠久，是中国古老的弹拨乐器，又称“坎侯”。早在春秋战国时期，就已经出现了箜篌的雏形。盛唐时期，箜篌的演奏技艺随着经济文化的飞速发展达到了相当高的水平。古代的箜篌既是宫廷乐队使用的乐器，也是深受民间喜爱的乐器，一度广为流传。箜篌还曾经传入日本、朝鲜等邻国，并受到人们的喜爱。在日本奈良东大寺的寺院中，至今还保存着 2 架我国唐代的箜篌残品。中国古代流传的箜篌主要分为卧式箜篌和立式竖箜篌 2 种，后来又出现了雁柱箜篌。竖箜篌的形状像半截弓背，在向上弯曲的曲木上设曲形共鸣槽，整体结构中还有脚柱和肋木支撑着 20 多条弦。演奏时演奏者将箜篌竖抱于怀，从两面用双手的拇指和食指同时弹奏，这个弹奏姿势，唐人称之为“擘箜篌”。新型的雁柱箜篌是仿照古代立式竖箜篌的基本造型，在其基础上改进研制而成。其外形近似于西洋竖琴，不同的是它有两排琴弦，每排有 36 根弦，每根弦都是由人字形的弦柱支撑，看上去，这种箜篌的形态比较像天空中飞翔的雁阵队形，所以得名为“雁柱箜篌”。箜篌拥有宽广的音域和柔美的音色，表现力丰富，既能演奏旋律，也能很好地演奏和弦。

古 筝

古筝是中国一种具有优美音色和丰富表现力的民族拨弦乐器。它有着悠久的历史，早在战国时期，古筝就在秦国流行，所以它又被称为“秦筝”。古筝的流传甚广，从岭南至内蒙古，几乎遍及整个中国。最初的古筝是从战国时期一种竹制的五弦乐器演变而来，秦汉时期，五弦发展为 12 弦，隋唐时期为 13 弦，元明时期为 14 弦，清代时期为 16 弦。后经改良，由 17、19 弦不等而发展到 21 ～ 25 弦，筝弦也由原来的丝弦改为钢丝弦等。这样，古筝的音域和表现力得到很大提高，深受人们欢迎。它既可用作独奏、重奏、合奏，也可用作戏曲、曲艺和舞蹈等的伴奏。古筝的音色清越、高洁、典雅，委婉动听，具有一种幽远的独特神韵。轻拂宛如行云流水，重扫势若山崩海啸。它既能细致微妙地刻画人们的内心感情，也能描绘激动人心的壮观场面；无论是如泣如诉，还是慷慨激昂，或是激越高歌与浅声吟唱它都可以表现得淋漓尽致。左手的揉、按、点等手法尤能体现古筝的音韵特色。

古筝在长期的流传过程中，与当地戏曲、说唱和民间音乐相融汇，形成了各种具有浓郁地方风格的流派。传统的筝乐被分成南北两派，其中以陕西、山东、河南和客家筝曲最为著名。《渔舟唱晚》和《汉宫秋月》是古筝中的名曲。

琵 琶

琵琶是我国历史悠久的一种常用弹拨乐器。秦朝时，在民间流传着一种圆形的、带有长柄的乐器。弹奏这种乐器主要有两种方法：向前弹叫“批”，向后挑起叫“把”，当时人们就把它叫作“批把”，后来改称为琵琶。当时的琵琶形状为直颈，圆形音箱，音位和弦数不固定。南北朝时，从西域地区传入一种曲项琵琶，其形状为曲颈，梨形音箱，有四柱四弦。人们就把它和我国的琵琶结合起来，制成了一种新式曲径琵琶。到了唐代，琵琶从制作到演奏上都得到了很大的发展。琵琶构造方面的改变是把原来的 4 个音位增至 16 个，同时把琵琶颈部加宽，下部共鸣箱变窄。在演奏方法上改横抱演奏为竖抱演奏，改拨子演奏为手指直接演奏。此后，琵琶的制作和演奏技法不断得到改进，最后形成如今的四相十三品和六相二十四品两种琵琶。

琵琶音域广阔、演奏技巧丰富繁多，具有丰富的音乐表现力。适合琵琶演奏的曲风有多种，基本上有文曲、武曲、大曲 3 种。文曲以抒情为主，曲调柔美，代表曲目如《春江花月夜》《汉宫秋月》等。武曲则风格豪放，《十面埋伏》《霸王卸甲》等都是其代表作。大曲的曲调以活跃、欢畅为主。

笛 子

笛是中国最古老的乐器之一，早在 8000 年前的远古时期，我国就已经出现了用鸟禽肢骨制成的竖吹骨笛。横笛大概在汉朝时出现，相传是在汉武帝时张骞从西域传入，当时叫作“横吹”，是鼓吹乐的重要乐器，以竹制成。秦汉后，笛子成为竖吹的箫和横吹的笛的共同名称，这种状况一直延续到唐代。宋元时期，笛成为词曲和曲艺伴奏的重要乐器。

笛子的声音具有悠扬、婉转的特点，容易给人以一种缠绵思乡的感觉。唐代诗人李白曾经写过这样的诗句：“谁家玉笛暗飞声，散入春风满洛城。此夜曲中闻折柳，何人不起故园情。”李益也有诗云：“回乐峰前沙似雪，受降城外月如霜。不知何处吹芦管（芦笛），一夜征人尽望乡。”充分显示了笛声动人的艺术魅力。

笛的品种有很多，其中使用最为普遍的是曲笛和梆笛。曲笛又叫苏笛，以伴奏昆曲和盛产于苏州而得名。曲笛管身粗长，音色柔和，善于表现江南的柔婉情致。梆笛以伴奏梆子类戏曲得名，管身细短，音色明亮，善于表现北方的刚健气质。

箫

“黄河远上白云间，一片孤城万仞山。羌笛何须怨杨柳，春风不度玉门关。”这是著名诗人王之涣的《出塞》，也是唐代七绝的压卷之作。诗中幽怨的羌笛，就是现在人们所说的箫。箫原称“洞箫”，是我国古老的吹奏乐器之一。箫和笛一样，都是源于远古时期的骨哨。因此很长一段时间人们把箫称作笛，直到唐代，两者才开始分离，横吹为笛，竖吹为箫。箫的音量较小、音色轻柔，比笛声更有一股缠绵不尽的幽怨之意，因此箫比较适于独奏和重奏。著名的独奏曲目有《鹧鸪飞》《妆台秋思》《柳摇金》等，另有琴箫合奏曲《梅花三弄》《平沙落雁》等。

二 胡

二胡是唐代由西域传过来的弦乐器，来自北方的奚部落，因此又称“胡琴”。后来，胡琴发展出了二胡、中胡、京胡、坠胡、板胡等十几个品种，二胡就是其中比较重要的一种。二胡基本上都是木质的，整体由琴杆、琴筒、琴轴等基本部件构成。二胡的琴筒有圆形、六角形等多种形状，琴筒的一端蒙有蛇皮或蟒皮，另一端则设置雕花的音窗。在乐队中，二胡作用很大，它既能独奏，也适合合奏。既能演奏风格细腻深沉、柔美抒情的乐曲，也能够演奏风格欢快活泼的乐曲，有非常丰富的表现力和艺术感染力。无锡民间艺人阿炳创作的《二泉映月》，是我国著名的二胡曲，这首乐曲饱含着作者悲伤的命运和内心的疾苦和希望，具有强烈的艺术感染力。

六代乐舞

宫廷雅乐在周朝的代表作品当数“六代之乐”：《云门》《咸池》《大韶》《大夏》《大濩》《大武》。由于它们都是歌舞乐三位一体，又称为“六舞”。

第一代乐舞：《云门》，歌颂黄帝的丰功伟绩，以黄帝所在氏族的图腾为云彩而得名。第二代乐舞：《咸池》，亦称《大咸》，表现了祭奠祖先和祈求祖先保佑的内容。之所以叫《咸池》，是因为在神话传说中，咸池是日落之地，也是祖先亡灵栖息的地方。第三代乐舞：《大韶》，简称《韶》，因以排箫为主要伴奏乐器，又名《箫韶》，传说是舜时代的宗教性乐舞，该乐舞有九次变化，歌也有九段，在后世又被称为《九歌》。它是远古时期最为著名的乐舞，孔子在齐国

大武图

大型宫廷队舞，表现周武王讨伐商纣的功德。

听《韶》乐之后“三月不知肉味”，并赞叹道，“《韶》尽美矣，又尽善也”，尽善尽美的成语由此得来。

第四代乐舞：夏时的《大夏》，主要歌颂大禹治水的功绩。这个乐舞也有九段，用伴奏，又称作“夏九成。”第五代乐舞：《大濩》是赞颂商代君王成汤伐桀的功绩。“濩”在殷虚甲骨文卜辞中本是指用音乐舞蹈形式祭祀祖先的巫术活动，后来将这类巫术活动中表演的音乐舞蹈专称为“乐”。《大濩》表演时场面壮观、气势宏大，集商朝乐舞之大成。第六代乐舞：周朝的《大武》，歌颂周武王讨伐商纣的胜利。《大武》是这一时期宫廷歌舞的最高典范，在表演时，舞分六场，乐也分六章。这些歌曲的唱词，被收集在《诗经》的《周颂》中。

六代之乐是当时宫廷最具权威性的祭祀礼乐，也是“乐教”的经典教材。周朝的“大司乐”，就是专门设立的音乐教育机构的总长官。下面有高、中、下三级乐官和乐工，等级分明，职责明确，构成了一个系统地管理和排演礼乐、教习礼乐的机构。

雅 乐

“雅乐”就是“优雅的音乐”的意思，是中国古代的宫廷音乐，用于祭祀天地、祭祀祖先、朝贺、宴享等各种仪式典礼中。西周建立后，周公制礼作乐，其中一部分就是雅乐。周朝把礼、乐、刑、政并列，政权、法律、礼仪和雅乐构成了西周奴隶主贵族统治的支柱。《周礼》所记载的周朝的各种贵族礼仪中与雅乐有关的有：郊社（祭天地神明的祭典）、尝禘（贵族祭其祖先的祭典）、食飨（政治上外交上的宴会等，包括大飨、燕礼、大射、养老等）、乡射（乡里中官僚和奴隶主们比射的集会）、王师大献（战争胜利时举行的凯旋庆典）、行军田役（用于军事演习性质的狩猎）。它的主要目的是使参加典礼的贵族受到教育和感化。雅乐的歌词大都载于《诗经》中的“大雅”“小雅”和“颂”中。雅乐的主要乐器是编钟和编磬，其他乐器还有特钟、特磬、柷、敔、古琴、搏拊、埙等。随着周朝的衰落和社会的发展，民间的俗乐逐渐取代了雅乐。

诗 乐

诗乐就是《诗经》所用的音乐。《诗经》不仅奠定了中国古代文学现实主义的基础，而且在当时都是歌曲，是中国古代最珍贵的艺术遗产之一。

《诗经》中“风”（国风）是“民俗歌谣之诗”；“大雅”是“会朝之乐，受厘陈戒之辞”；“小雅”是“燕飨之乐”；“颂”是“宗庙之乐歌”。风有十五国风，是各地的民歌，文学成就最高。雅分大雅、小雅，多为贵族祭祀、朝会、燕飨之诗歌，小雅中也有部分民歌。颂是宗庙祭祀时用的诗歌。《诗经》中的歌曲，在周朝非常流行。这些歌曲有歌唱的、合奏的，也有单项乐器演奏的。有些用乐器所奏曲目（“笙诗”）没有歌词，所以在《诗经》中只有篇名，称为“佚诗”。《诗经》中的歌曲是周朝贵族教育的主要科目，称诗、书、礼、乐“四术”。它在当时的社会生活中，占有很重要的地位。可惜的是由于时代久远，《诗经》的乐曲没有传留下来。后来，《诗经》被儒家奉为经典，成为“六经”之一。

楚声

楚声又称“楚调”或“南音”，指的是春秋战国秦汉时期楚地的音乐，也泛指长江中游、汉水流域至徐、淮间的音乐。南音一词始见于《左传》及《吕氏春秋》。现存的记载楚声歌词的有《接舆歌》《沧浪歌》《子文歌》《楚人歌》等。

楚声的音乐形式，是楚词中的“少歌”、“倡”等歌曲结构用语，即插入歌曲中间部分的小段或单句。战国和两汉时期是楚声的极盛时期。当时楚国的流行歌曲有《下里巴人》《阳阿》《薤露》等。以屈原的《九歌》为代表的楚辞作品都是模仿楚国民间乐舞歌唱的形式而作的。汉高祖刘邦和他手下的许多大臣都是楚国人，非常喜欢楚声，在全国范围内大力提倡。刘邦的《大风歌》就是楚声。当时楚声不仅在汉朝宫廷，在民间也十分流行。六朝时，楚声还保存在琴曲中。唐朝以后，楚声失传。

燕乐

燕乐起初只是一种宴请宾客时专用的宫廷音乐，在周朝不受重视，一直到隋唐时期，它的地位才逐渐变得显要，并且最终取代雅乐，成为盛行一时的宫廷音乐。

燕乐主要是供人欣赏的，强调娱乐性和艺术性，因此隋唐燕乐大力吸收民间音乐，融合少数民族以及外来俗乐，形成了一种多元的宫廷新音乐。在隋朝初年，燕乐按音乐来源和乐队编制分为七种，即“七部乐”，到隋炀帝的时候又增加为九部。唐太宗时改为十部乐，包括燕乐（杂用中外音乐）、清商伎（传统音乐）、西凉伎、天竺伎、高丽伎、龟兹伎、安国伎、疏勒伎、康国伎、高昌伎。到唐玄宗时，又根据表演形式将十部乐改为坐部伎、立部伎两大类。坐部伎在室内坐奏，人数较少，音响清雅细腻，注重个人技巧；立部伎在室外立奏，人数较多，场面宏大、气氛热烈，有时还加入百戏等。在当时的宫廷音乐中，坐部伎地位最高，立部伎次之，雅乐地位最低。著名诗人白居易曾在《立部伎》中说：“笙歌一声众侧耳，鼓笛万曲无人听。立部贱，坐部贵，坐部退为立部伎，击鼓吹笙和杂戏。立部又退何所任，始就乐悬操雅音。”可见在中唐时期，燕乐已经完全取代了雅乐的地位，成为宫廷音乐中绝对的主角。

唐代燕乐最突出的艺术成就是歌舞大曲。它是一种综合器乐、歌唱和舞蹈的多段结构的大型乐舞，由“散序”“中序”和“破”三部分组成。其中散序由器乐演奏，无拍无歌，节奏自由；中序入拍歌唱，多为抒情慢板，由器乐伴奏；破是乐舞的高潮，以舞蹈为主，节奏逐步加快，最后在热烈的气氛中结束。著名的大曲有《绿腰》《凉州》《玉树后庭花》《霓裳羽衣曲》《破阵乐》《水调》等。

尽善尽美

尽善尽美是孔子的音乐观。孔子的思想核心是“仁”，提倡“仁”的音乐。孔子认为，尽善尽美的音乐就是“仁”的音乐。这个标准来自于孔子对《韶》

乐的评价："《韶》尽美矣，又尽善也；谓《武》尽美矣，未尽善也。"孔安国注言道："《韶》，舜乐名也，谓以圣德受禅，故尽善也。《武》，武王乐也，以征伐取天下，故曰未尽善也。"意思是舜因为具有美德而受禅即位，故歌颂他的《韶》乐尽美也尽善。周武王则是征伐商纣，以武力夺天下，故歌颂他武功的《武》尽美却未尽善。可见孔子评价音乐的标准有两个，一个是音乐表现内容的"善"，一个是音乐艺术形式的"美"。而"善"在两者之间又居于主要地位，这充分体现了儒家的音乐为政治服务的思想。此外，从孔子的这句话我们还可以看出儒家重视音乐内容与形式的统一，也就是要和谐。

孔子闻韶图

乐与政通

我国古代的音乐理论丰富多彩，如孔子的"尽善尽美"，师旷的"乐与政通"，以及墨子的"非乐"等。但这些音乐理论十分零碎，没有形成各自成熟的体系。直到西汉《礼记·乐记》的出现，我国才开始有了比较系统的音乐理论和比较完善的音乐论著。

《乐记》开首就说："凡音之起，由人心生也。人心之动，物使之然也。"指出音乐的形成是"物动心感"，认为音乐是主观受到客观影响的结果，并突出了音乐是表现人们内心感情的，具有唯物论因素。《乐记》还指出音乐表达的是人们的真情实感，"夫乐者乐也，人情之所不免也""乐也者，情之不可变者也"、"唯乐不可以为伪"，强调音乐是真情的流露。在《乐本篇》中对"物动心感"的这一观点又做了进一步论述："乐者，音之所由生也，其本在人心之感于物也。是故其哀心感者，其声噍以杀；其乐心感者，其声啴以缓；其喜心感者，其声发以散；其怒心感者，其声粗以厉"，指出喜怒哀乐几种心情在音乐上具有不同的表现。正因为音乐这种情感化的特征，音乐可以反映民风民情。"是故治世之音安以乐，其政和；乱世之音怨以怒，其政乖；亡国之音哀以思，其民困。声音之道，与政通矣。"这就是贯穿全文的重要思想："乐与政通。"

《乐记》作为儒家音乐思想的总结，继承和发扬了孔子等人的观点，认为音乐"可以善民心，其感人深，其移风易俗易"，具有教化人民的作用，因此《乐记》竭力提倡雅颂之声（雅乐），而反对郑卫之音（俗乐）。这种突出音乐教化作用的音乐观对后世影响很大。

声无哀乐

《礼记·乐记》之后，我国出现了一部独树一帜的音乐论著，它的观点与正统的儒家音乐思想背道而驰，反映了道家对音乐的影响。这就是著名的《声无哀乐论》，作者是三国魏晋时著名文学家、音乐家嵇康。

嵇康是魏晋名士，政治上他不与当权者合作，常常抨击时政；思想上他受老庄影响，提出了著名的“越名教而任自然”，反对儒家礼教的虚伪，崇尚自然之道，思想十分叛逆。这篇《声无哀乐论》就是他的叛逆思想在音乐理论上的表现。文章约7000字，作者假设一位论敌“秦客”（儒家）和“东野主人”（作者）就“声无哀乐”的命题进行八次辩难，有针对性地批驳儒家传统乐论，进而阐述自己的音乐思想。

文章开首秦客就提出正统的儒家音乐观点，认为音乐和社会风气有着密切的联系，音乐能表现人的哀乐。但嵇康却说：“心之与声，明为二物。”即音乐是外界的客观事物，哀乐是人内心的主观感情，两者没有因果关系。嵇康认为音乐的本体是“和”，是“大小、单复、高埤、善恶（美丑）”的总和，并且“声音自当以善恶为主，则无关于哀乐；哀乐自当以情感而后发，则无系于声音”。意思是音乐只有美与不美，与人的哀乐无关；人的哀乐是有所感而后表露，与声音无关。

但是嵇康也没有否认音乐对人的情感起着诱导的作用。他认为人的哀乐是由于受到客观世界的影响才产生的，而音乐可以使之表现出来，使人感觉兴奋或安静，精神集中或分散。嵇康还指出人心所存在的感情不同，对音乐的理解也会相异，被音乐激发的情绪也不同。基于上述观点，嵇康认为音乐并不能起到移风易俗的作用，驳斥了儒家将音乐与政治等同，无视音乐艺术性的观点，在当时确实具有振聋发聩的作用，并由此开启了中国音乐除儒家音乐观念之外的另一股潮流。

二十四况

《溪山琴况》是《乐记》《声无哀乐论》之后的我国又一部重要音乐美学论著。一般认为，《乐记》是儒家音乐思想的代表，重音乐的社会作用；《声无哀乐论》是老庄道家思想的代表，注重音乐的审美特征；而作于明末清初的《溪山琴况》，则吸收和融合了儒、道、释三家思想，是古代音乐美学的集大成之作。

《溪山琴况》是一部全面系统的琴学论著，作者是著名琴家徐上瀛。徐上瀛名珙，别号青山，是著名的古琴流派虞山派的传人。他不仅琴艺精湛，而且善于总结前人琴学理论。他在《溪山琴况》中提出了琴乐审美的二十四况，即“和、静、清、远、古、澹、恬、逸、雅、丽、亮、采、洁、润、圆、坚、宏、细、溜、健、轻、重、迟、速”。这24个字，不仅是对古琴审美特征的概括，而且几乎适用于所有的中国音乐。这二十四况大致可分为两类，前九况主要表示一种风格，后十五况则是对琴音音质音色的特定要求。

二十四况中，“和”最重要，《琴况》开首就说琴：“其所首重者，和也。”“和”就是中和，讲节制，有分寸。这之后的“静”“清”“澹”等诸况都与之联系，体现了儒、道、释三家思想在音乐上的融合。

五声和七音

东汉学者郑玄在《史记·乐书·集解》中指出:“宫、商、角、徵、羽,杂比曰音,单出曰声。”“宫、商、角、徵、羽”,这几个字相当于今天简谱中的“1、2、3、5、6”。中国传统采用的音阶,就是用这五个字表示的五声音阶,以及以此为基础的七声音阶。这五个音叫作正音,七声音阶中,除了这五个音外,再加上两个偏音。传统的七声音阶有三种,最常见的叫作正声音阶,也叫作“雅乐音阶”或“古音阶”,是由五个正音和“变徵”“变宫”两声组成。“变徵”相当于简谱中的“4”,“变宫”相当于简谱中的“7”。“变”在中国传统音乐理论中的意思是“低”。“变徵”“变宫”就是比“徵”“宫”低半个音的音。另外两种如下:一种是五个正音和“清角”“变宫”的“下徵音阶”,也叫“清乐音阶”或“新音阶”;还有一种叫作“清商音阶”或“燕乐音阶”,由五个正音加“清角”与“清羽”构成。“清”在中国传统音乐理论中表示“高”,“清角”比“角”高半个音,“清羽”比“羽”高半个音。

“宫、商、角、徵、羽”来源于何时,现在还没有定论,但在春秋时各种典籍已记载了,所以可以推断它们的出现不迟于春秋,甚至可推到西周或者商代。

三分损益法

三分损益法,是中国古代制定音律时所用的生律法,最早见于《管子》:“凡将起五音,凡首,先主一而三之,四开以合九九,以是生黄钟小素之首以成宫;三分而益之以一,为百有八,为徵;不无有三分而去其乘,适足以生商;有三分而复于其所,以是生羽;有三分去其乘,适足以是成角。”这段话的意思是:凡是要起奏五音声调,先确立一弦而对其进行三等分,经过四次三等分的推演以合九九八十一之数(即三的四次方),由此产生黄钟小素的音调,这个作为基准音的声调就是宫声;三除八十一而将其一份加在八十一上,得一百零八,就是徵声;不再用三除而令一百零八减去其三分之一,得数七十二,由此而成为商声;再用三除七十二,并加在它的原数上,得到九十六,就是羽声;对九十六进行三分再减去其三分之一,得数六十四,就产生角声。简单地说,三分损益法就是根据某一标准音的管长或弦长,依照三分之一的长度比例进行加减,从而推算出其余一系列音律的管长或弦长。三分损益包含“三分损一”和“三分益一”两层含义。三分损一是指将原有长度做三等分而减去一份,而三分益一则是指将原有长度做三等分而增添一份。两种方法交替、连续运用,各音律就相应而生。

十二平均律

十二平均律,也叫作“十二等程律”,是一种目前世界上通用的音乐律制,它把一组音分成12个半音音程,相邻两律之间的振动数之比完全相等。它是我国明代著名音乐理论家和数学家朱载堉创造出来的,他在乐理著作《律学新说》中,首次对十二平均律的理论进行了详细阐述,并在他的数学著作《嘉量算经》中,对十二平均律的数学演算进行了详细记述，这是他留给我们的珍贵文化遗产。

十二平均律用发音体的长度计算音高，假定黄钟的正律是 1 尺，通过计算得知低八度的音高弦长为 2 尺，然后对 2 开 12 次方，能够得到频率公比数，这个公比自乘 12 次后，就能够得到十二律中各律的音高，黄钟正好是各律的还原起点。通过这种方法，人们首次解决了十二律自由旋宫转调的难题，可谓是对世界音乐理论的重大贡献。

十二平均律还包括对乐音标准音高的阐述和相关法则和规律，借由这个原理，才能更为方便顺利地制造键盘乐器。钢琴键盘上的 88 个黑白键，就利用了这个原理。该理论的出现早于西方音乐家大约 1 个世纪。

工尺谱

工尺谱是中国古代的一种记谱形式，以“工、尺”等字来对不同的音高符号命名是我国古代特有的记谱方法，是在管乐器的指法记号基础上演变而成的，大约诞生于隋唐。随着时代与音乐的变化和发展，也随着地区和乐种的不同，其记谱符号以及记写方式也不尽相同。明代中期以后，昆腔的流行带动了记谱法的推广和统一，工尺谱就在此过程中逐渐成为应用最广的一种谱式。

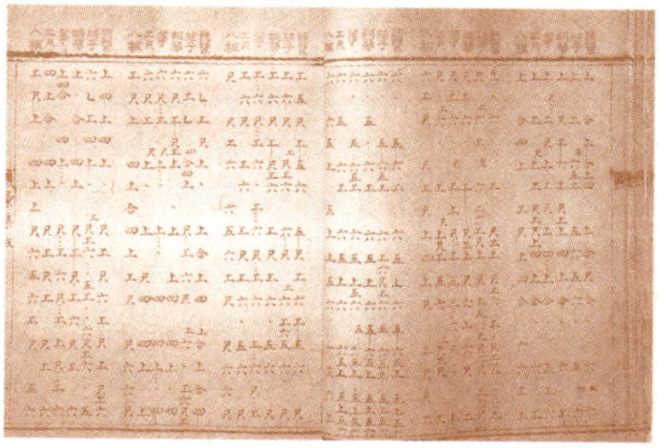

工尺曲谱

工尺谱的音高分别以上、尺、工、凡、六、五、乙代表现在音阶的 1、2、3、4、5、6、7。其节奏符号，古代将其称为“板眼”。一般而言，板代表的是强拍，眼代表的是弱拍，板和眼基本上可以分为散板、流水板、一板一眼、一板三眼等多种形式。

清代乾嘉年间，出现了用工尺谱记写的管弦乐合奏总谱，这就是《弦索备考》。这部谱集共收入 13 首乐曲，又叫作“弦索十三套”。每首曲子都能用萧、笛、提琴等乐器进行演奏，它们各部工尺谱的音高、调号、节奏符号基本相同于常用工尺谱。这部乐谱的出现对全面记录民间音乐有很重要的意义，它是古代音乐人的心血结晶，更是中华民族音乐宝库中的珍贵财富。

李延年

李延年（？～前 90 年）是汉朝著名的宫廷乐师。年轻时曾因触犯刑律而被处以腐刑，在宫中当管狗的太监，但后来却由于“性知音，善歌舞”，而受武帝的器重。李延年歌声动人，曾经在汉武帝面前赞美他的妹妹：“北方有佳人，绝世而独立，一顾倾人城，再顾倾人国，宁不知倾城与倾国，佳人难再得。”结果他的妹妹因此而受宠，被封为夫人，李延年也被封为掌管乐府的协律都尉，成为当时炙手可热的人物。不幸李夫人早逝，李家逐渐失宠，李延年也由于家人连累被杀。

李延年具有多方面的才能，除唱歌外，他还善于编曲创作，史称他“每为新声变曲，闻者莫不感动”。他曾经为司马相如等著名文人所写的 19 首郊祀歌词作曲，用于宫廷祭祀乐舞。他还对外来音乐进行加工创作，将张骞从西域带回的《摩柯兜勒》一曲改编为“新声二十八解”，用作仪仗队的军乐，为我国音乐的发展做出了卓越贡献。

赵飞燕歌舞图

史传赵飞燕体态轻盈、舞步曼妙，能作掌上之舞。

赵飞燕

赵飞燕（？～前 1 年），原名宜主，本为长安宫人，家庭贫困，出生后父母将其遗弃，三天后见她还没有死去，才将其抚养起来。长大一些后，她被送到阳阿公主家做歌舞伎，逐渐显示出惊人的才艺，又因身轻如燕，而得号“飞燕”。一次，汉成帝造访阳阿公主，见到赵飞燕，十分欣赏，遂纳入宫中，先封为婕妤，再立为皇后，极其宠幸。赵飞燕姿容秀丽，身材轻盈，舞技出众，是中国古代最为知名的舞蹈家之一。传说她表演的一种舞蹈，手如拈花颤动，身形似风轻移，曼妙之极，堪称绝世而独立。对此，李白在赞美杨贵妃的《清平调》中曾写道：“借问汉宫谁得似，可怜飞燕倚新妆。”绥和二年（公元前 7 年），汉成帝暴卒。太子刘欣即位，是为汉哀帝，赵飞燕被尊为皇太后。虽然赵飞燕曾经为祸后宫的恶劣行径备受群臣指斥，但是哀帝念及赵飞燕有恩于己，遂没有追究。六年后，哀帝驾崩，平帝即位。是时外戚王莽专权，下诏废其为庶人，赵飞燕随即自尽。

万宝常

隋唐时期由于音乐的全面繁荣，著名的音乐家多不胜数。其中著名的宫廷乐工万宝常（？～ 595 年），是当时不能不提的重要音乐家。万宝常原是南朝人，后应父亲触犯北齐法规，不满 10 岁的万宝常被“配为乐户”，一辈子只能当个地位低下的乐工。后来他师从音乐家祖珽，成为一个“妙达钟律，遍工八音”的音乐大家。万宝常曾撰写过《乐谱》64 卷，并提出了有名的八十四调理论，即一个音律有 7 个音阶，每个音阶上建立一个调，所以成为 7 个调。那么“十二律”即可得“八十四个音阶调式”。这一理论在隋朝并不受重视，直到唐朝，才被音乐界关注研究。万宝常的学说，为我国的音乐理论做出了突出贡献。此外，万宝常还使用水尺定音律，以代替传统的“管口校律”来调整乐器声音。

可惜万宝常生于乱世，一生经历四朝，并由于才能出众受到忌恨，终生未得重用。晚年他贫病交加，临死前将自己的著作付之一炬，这真是我国音乐界的一大损失。

李龟年

唐朝宫廷人才济济，李龟年是唐玄宗最为赏识的乐人之一。他和他的兄弟李彭年、李鹤年都以音乐闻名，其中又以李龟年最为有才。他能歌善舞，精通多种乐器，还善于作曲。王公贵族经常请他到府上表演，动辄以千金相赠。结果李氏兄弟在洛阳建造的宅第，规模甚至超过了公侯府第。“安史之乱”后，李龟年流落到江南，境遇十分凄惨。一次诗人杜甫偶然听到他的歌声，感叹不已，于是写下了著名的《江南逢李龟年》：“岐王宅里寻常见，崔九堂前几度闻。正值江南好风景，落花时节又逢君。”

唐玄宗

唐玄宗（公元 685 ～ 762 年）是一位具有卓越政治才干的君主，著名的“开元盛世”就是由他开创的。更难得的是，他还多才多艺。《新唐书 · 礼乐志》中说他通晓音律，酷爱法曲，在坐部伎中挑选 300 人，组成了一个新的音乐机构——梨园。如果有人在演奏时发生错误，他必能察觉，并亲自纠正。唐玄宗精通多种乐器，尤擅羯鼓，曾被大臣誉为“头如青山峰，手如白雨点”。此外，唐玄宗还能创作乐曲，如《紫云回》《龙池乐》《凌波仙》《得宝子》等。他根据印度《婆罗门曲》改编的歌舞大曲《霓裳羽衣曲》，被誉为中国歌舞音乐一颗璀璨的明珠。作为一位帝王音乐家，唐玄宗对唐代音乐的影响不可估量。正是由于他的积极倡导，唐代音乐才得以与各民族音乐文化进行融合。应该说唐代音乐的繁荣，唐玄宗功不可没。

杨贵妃

杨贵妃（公元 719 ～ 756 年），名玉环，出家时道号为“太真”，祖籍弘农华阴（今属陕西），后迁居蒲州永乐（今山西永济）。父杨玄琰任蜀州司户，故出生于成都。开元二十二年（公元 734 年），杨玉环成为唐玄宗之子李瑁的王妃，即寿王妃。5 年之后，玄宗初次见到杨玉环，深为她的美艳所迷，于是以为窦太后荐福的名义令杨玉环出家为道，5 年之后守戒期满，诏令还俗，接入宫中，而后玄宗又将杨玉环册封为贵妃。

杨贵妃不仅具有倾国之姿，尚有绝人之艺，是唐代十分出色的宫廷音乐家和歌舞家，艺术才华在后宫之中实属罕见。《旧唐书 · 杨贵妃传》记载：“太真姿质丰艳，善歌舞，通音律，智算过人，每倩盼承迎，动如上意。”

作为才华卓著的舞蹈家，她最擅长表演《霓裳羽衣舞》。据说，唐玄宗创作《霓裳羽衣曲》后，杨贵妃略略一看，便依韵而舞，舞姿蹁跹，宛如天女散花，表现了一种缥缈神奇的意境，令玄宗兴奋不已。在对《霓裳羽衣曲》的配舞中，杨玉环既吸收了传统舞蹈的表现手法，又融合了西域舞艺的回旋动作，使整个舞蹈绰约多姿，飘忽轻柔，与乐曲达到了完美契合，成为唐代乐舞中的精品。杨贵妃起舞，唐玄宗曾亲自为其伴奏，观毕赞叹说，“方知回雪流风，可以回天转地”，可见杨玉环的舞艺之精湛。

杨玉环还精通胡旋舞，身段飘摇，翻跃如风，令人眼花缭乱。白居易的诗中说“中有太真外禄山，二人最道能胡旋”。安禄山是当时的胡旋舞高手，虽然身材肥胖，可是跳起胡旋舞，却可以飞快地旋转，令人目不暇接。后来安禄山发动叛乱，杨玉环命丧马嵬坡。

《乐律全书》

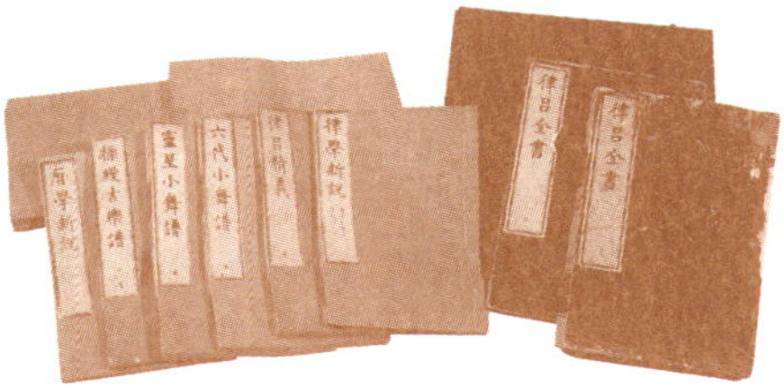

《乐律全书》 明 朱载堉

朱载堉的律学及音乐学著作 20 余种，其中《乐律全书》包括《律学新说》《乐学新说》《算学新说》《律吕精义》等。

明朝著名的音乐家朱载堉是明代开国皇帝朱元璋的八世孙，明宗室郑恭王朱厚烷的儿子。他早年学习天文、算术，后来在历学和数学方面取得了很大的成就。同时，朱载堉还具有非凡的音乐才华。嘉靖年间，朱载堉由于家庭遭遇变故，被迫离开王府，在一间土屋里独居了 19 年，一心钻研音乐、数学和历学，并写成了集乐律、乐谱、乐经、舞谱、数学和历学为一身的综合性巨著《乐律全书》。

《乐律全书》中的《律吕精义》内外两篇，详细地阐述了他所创造的新法密率。新法密率也叫“十二平均律”， 是一种将音乐中的八度音程均分为 12 个半音的中国古代律制。它在理论上解决了历代在旋宫问题上存在的矛盾，是音乐史上最早用等比级数音律系统阐明十二平均律的科学巨著。直到 100 多年后，德国音乐家威尔克迈斯特才提出相同的理论。

朱载堉在音乐上的另一成就是发明了校正律管（即用于定律的标准器）管口的方法——“异径管律”，它对解决管乐器的“管口校正”具有重要的意义。此外，朱载堉还改编了不少戏曲史料和民间曲调，在乐器的制作上也取得了一定的成就。

《高山流水》

《高山流水》大概是我国起源最早、影响最大的一首琴曲，取材于“伯牙鼓琴遇知音”的故事。文献如《列子 · 汤问》《吕氏春秋 · 本味》中对此事都有记载，且经常为世人引用。故事说的是春秋战国时期的俞伯牙善于弹琴，而钟子期善听。伯牙弹琴志在高山，子期就说：“妙啊，就像雄伟的泰山一样！”伯牙志在流水，钟子期就说：“妙啊，就像烟波浩渺的江河一样！”每次伯牙弹奏，子期必能洞悉其心意，因此被伯牙视为知音。后钟子期不幸去世，俞伯牙非常悲痛，于是破琴绝弦，不再弹琴。

这个故事对后世的知音观念影响很大，更重要的是，它直接孕育了《高山流水》这首不朽的千古绝唱。不过现存的《高山流水》已经一分为二，变为《高山》和《流水》。在明清以后多种琴谱中，以清代唐彝铭所编《天闻阁琴谱》中所收川派琴家张孔山改编的《流水》最有名。他增加了以“滚、拂、绰、注”手法做流水声的第六段，成为最流行的谱本，后琴家多据此演奏。除琴曲外，《高山流水》还有筝曲。它同样取材于“伯牙鼓琴遇知音”的故事，只是风格与琴曲迥然不同。

《梅花三弄》

《梅花三弄》，又名《梅花引》《玉妃引》，我国著名的古琴曲。明代朱权的《神奇秘谱》中记载，《梅花三弄》最早是东晋桓伊所奏的笛曲《梅花落》："桓伊出笛吹三弄梅花之调，高妙绝伦，后人入于琴。"在唐诗中也有对笛曲《梅花落》的描述，后改为琴曲。《梅花三弄》表现的主题因时代而有所不同。南朝至唐的笛曲《梅花落》大都表现离愁别绪，明清时的琴曲《梅花三弄》表现的是梅花傲雪凌霜、坚贞不屈的节操与品质。"梅为花之最清，琴为声之最清，以最清之声写最清之物，宜其有凌霜音韵也。""三弄之意，则取泛音三段，同弦异徵云尔。"后一句的意思是《梅花三弄》的结构采用循环再现的手法，重复整段主题三次，每次重复都采用泛音奏法，故称为"三弄"。

《阳关三叠》

《阳关三叠》是唐代著名的歌曲，又称《阳关曲》《渭城曲》。歌词根据唐代著名诗人王维诗《送元二使安西》谱写而来："渭城朝雨浥轻尘，客舍青青柳色新；劝君更尽一杯酒，西出阳关无故人。"因为歌词要反复咏唱三遍，所以又称作《阳关三叠》。

《阳关三叠》传至后代，有多种曲谱和唱法，现存最早的谱本是明代初年龚稽古所编《浙音释字琴谱》（1491 年）。另有其他琴歌谱共 30 多种，它们在曲式结构上有些差别，曲调则大同小异，都是简单纯朴，带着一丝挥之不去的淡淡离愁，并用反复的咏叹深化对友人的依依惜别之情，因此成为历来送别友人的经典曲目，而"阳关"也因此曲成为送友酬唱的代名词。流传至今的《阳关三叠》琴歌，出自清末张鹤所编《琴学入门》，全曲 3 大段，即 3 次叠唱。每次叠唱除原诗外，加入若干词句。《阳关三叠》除作为歌曲演唱外，亦经常为器乐演奏，其中以琴曲、筝曲、二胡曲较有影响。

《秦王破阵乐》

《秦王破阵乐》，属武舞类，由唐初乐歌《破阵乐》发展而来，为唐朝宫廷乐舞，是最著名的歌舞大曲之一，最初用于宴享，后来用于祭祀。据《旧唐书·音乐志》记载，唐高祖武德三年（公元 620 年），秦王李世民击破叛将刘武周，解除了唐朝的危局，河东（今山西永济）士庶歌舞于道，军人利用军中旧曲填唱新词，欢庆胜利，遂有"秦王破阵"之曲流传于世。李世民即位后，诏魏征等增撰歌词 7 首，令吕才协律度曲，订为《秦王破阵乐》。贞观七年（公元 633 年），李世民又亲制《破阵舞图》，对舞蹈进行加工：左

敦煌莫高窟 217 窟北壁"未生怨"壁画中有一习武的画面，共 10 人，一方 5 人执矛，一方 5 人执盾，做搏斗姿式，似为《破阵乐》或与此相类似的舞蹈。

圆、右方、先偏、后伍、鱼丽、鹅贯、箕张、翼舒，交错屈伸，首尾回互，往来刺击，以象战阵之形，舞凡三变，每变为四阵，计十二阵，与歌节相应，共用乐工120（又说为128）人，戎装演习，擂鼓呐喊，声震百里，气壮山河，而后又调用马军两千人入场，景象极为壮观。后来，唐高宗时的《神功破阵乐》和唐玄宗时的《小破阵乐》，都是在《秦王破阵乐》的基础上改编而成的。《秦王破阵乐》不仅在国内流行了300年之久，而且还传播到了印度和日本。这支乐谱后来在国内失传，但却在日本保存下了琵琶谱、五弦琵琶谱、筝谱、筚篥谱、笛谱等多种谱本。

《霓裳羽衣曲》

《霓裳羽衣曲》是唐代最负盛名的歌舞大曲之一，对于它的创作来历，众说纷纭。比较可信的是《霓裳羽衣曲》是由唐玄宗吸收西凉都督杨敬述所献的印度《婆罗门曲》创作而成。但是在歌舞的结构方面则遵循中原传统的相和大曲、清商大曲的三段式，分为散序、中序、破三个部分。因此《霓裳羽衣曲》是中外音乐相交融的结晶。

此曲的音乐以古老的《长安鼓乐》为素材，舞蹈则以敦煌壁画飞天的舞姿为借鉴，采用唐大曲结构形式精心排演而成。《霓裳羽衣曲》是女子舞蹈，表演者穿着孔雀毛的翠衣和淡彩色或者月白色的纱裙，肩着霞帔，头戴着“步摇冠”，身上佩戴许多珠翠，宛如美丽典雅的仙子。在表演舞蹈之前，先是一段“散序”，乐队的金、石、丝、弦等乐器次序发音，以独奏、轮奏等方式，演一段悠扬动听的旋律。在接着的“中序”的慢拍子中，装饰华美的舞者才开始上场。中序的节奏疏换，舞姿主要是轻盈的旋转、流畅的行进和突然的回身，尤其是柔软清婉的“小垂手”舞姿，行动轻灵又迅急，衣裙像浮云般飘起，宛若仙子踏云而来。到“曲破”之后，节奏就加快了，急剧的舞蹈动作使身上环佩璎珞叮当碰撞，这时，还有整齐的合唱，富有表情的说白，极富感染力。最后是“尾声”，节拍又慢下来，最后在一个拖长的音阶中终结。《霓裳羽衣》的演出方式并不完全固定，杨玉环表演过独舞形式的，也有双人舞形式的，后来也有用百名宫女组成的大型舞队表演成群舞。

《汉宫秋月》

《汉宫秋月》是中国十大古曲之一，原为清代崇明派的琵琶曲，后来被改编为多种版本，现在流传的演奏形式在琵琶曲之外还有二胡曲、筝曲、江南丝竹等。乐曲得名于元代马致远的杂剧《汉宫秋》，《汉宫秋》讲述的是王昭君出塞和亲的事迹，《后汉书·南匈奴传》记载：“昭君入宫数岁，不得见御，积悲怨，乃请掖庭令求行。”这支乐曲表达的就是古代宫女所怀有的那种深居宫中寂寞清冷而又无可奈何的哀怨悲愁的情绪，曲调细腻、幽雅、隽永、悲咽，一咏三叹，情景兼备，具有很深的艺术感染力。

《渔樵问答》

《渔樵问答》是一首古琴曲，为中国十大古曲之一，曲谱最早见于明代萧鸾撰写的《杏庄太音续谱》，其中记有这样的评语："古今兴废有若反掌，青山绿水则固无恙。千载得失是非，尽付渔樵一话而已。"这支琴曲表达的是隐逸之士对不为凡尘俗事所羁绊的渔樵生活的向往。清代陈世骥在《琴学初津》中说："《渔樵问答》曲意深长，神情洒脱，而山之巍巍，水之洋洋，斧伐之丁丁，橹歌之矣乃，隐隐现于指下。迨至问答之段，令人有山林之想。"乐曲正是采用渔者和樵者问答的方式，以上升的曲调表示问句，下降的曲调表示答句，通过飘逸而优美的旋律，精确而形象地渲染出渔夫樵夫在青山绿水间怡然自乐的情趣和悠然自得的神态。

《胡笳十八拍》

《胡笳十八拍》原是一首琴歌，相传为汉魏时期著名的女诗人蔡文姬所作，是由18首歌曲组合的声乐套曲，由琴伴唱。"拍"在突厥语中即为"首"。"笳"则是中国古代北方民族的一种吹奏乐器，有点像笛子。起"胡笳"之名，想必是由于琴音融入了胡笳哀声地缘故。

今存曲谱有2种：一是明代《琴适》中与歌词配合的琴歌；二是清初《澄鉴堂琴谱》及其后各谱所载的独奏曲。后者影响尤大，全曲共18段，运用宫、徵、羽3种调式，音乐的对比与发展层次分明，前十来拍主要倾述作者对故乡的思念；后几拍则抒发作者惜别稚子的隐痛与悲怨。全曲始终萦绕着一种缠绵悱恻、凄婉哀怨的思念之情，让人听了不禁肝肠寸断。李颀的《听董大弹胡笳》诗中云："蔡女昔造胡笳声，一弹一十有八拍，胡人落泪沾边草，汉使断肠对客归。"形象地说明了此曲非同一般的艺术感染力。

《春江花月夜》

《春江花月夜》又名《夕阳箫鼓》《浔阳琵琶》《浔阳夜月》。它主要描绘的是月夜春江的迷人景色，赞颂了江南水乡的优美风姿。

它原是一首著名的琵琶传统大套文曲，明清时广为流传。乐谱最早见于鞠士林（1820年前）的手抄本，1895年李芳园在编辑《南北派十三套大曲琵琶新谱》时收入此曲，曲名《浔阳琵琶》。后人将此曲改为丝竹合奏，并根据《琵琶记》中的"春江花朝秋月夜"改名为《春江花月夜》。改编后的乐曲用二胡、琵琶、古筝、洞箫、钟、鼓等乐器演奏。全曲中没有一件乐器是从头演奏到底，但又一气呵成，毫无断线之感。全曲分为10段，按照中国古典标题音乐的传统，每段都有一个小标题。它们是江楼钟鼓、月上东山、风回曲水、花影层叠、水深云际、渔歌唱晚、回澜拍岸、桡鸣远濑、欸乃归舟和尾声。《春江花月夜》旋律古朴、

春江花月夜图　现当代　任率英

典雅，节奏平稳、舒展，意境深远，具有很强的艺术感染力。

《广陵散》

《广陵散》又名《广陵止息》，东汉末至三国时已流行。“散”有散乐之意，是指有别于宫廷雅乐的民间音乐。对于它的内容取材，一直有两种说法。一是战国时聂政刺韩相的史实，见于《战国策》和《史记·刺客列传》，说的是韩国大臣严仲子与宰相侠累有仇。严仲子认为聂政是个勇士，遂请其刺杀韩相侠累。于是聂政只身前往韩国，刺杀了韩相侠累，然后自毁容貌，屠肠身亡，体现了一种“士为知己者死”的高尚情操。另外一种说法就是《广陵散》是《聂政刺韩王曲》的异名。东汉蔡邕的《琴操》中是这样说的：聂政的父亲奉命为韩王铸剑，因为误了期限，结果被韩王所杀。聂政为父报仇行刺失败，但他知道韩王好乐后，遂自毁容貌潜入深山，苦心学艺 10 余年。在学成之后，他进宫为韩王弹琴，然后趁机从琴腹内抽出匕首，刺死韩王，然后自杀。

这两种说法虽然略有不同，但都说明了《广陵散》讲的是一个有关刺客的悲壮故事，因此全曲始终贯注着一股慷慨不平的激烈之气。现存的曲谱主要有三种：明朱权《神奇秘谱》本；明汪芝《西麓堂琴统》甲、乙两种谱本。其中以《神奇秘谱》本最为完整。全曲共分 45 段，每段都有与之相应的小标题，如取韩、发怒、冲冠、投剑等。全曲反复表现沉郁悲愤和慷慨激昂两种情感，具有震撼人心的力量。在追求中和之美的古典音乐作品中，富有战斗精神的《广陵散》显得独树一帜。

《平沙落雁》

著名古琴曲，又名《雁落平沙》，作者不详。这首琴曲最早的记载是明代《古音正宗》（1634 年），后有多种琴谱流传。对于本曲的曲意，各种琴谱的解题不尽相同。《古音正宗》中说此曲：“盖取其秋高气爽，风静沙平，云程万里，天际飞鸣。借鸿鹄之远志，写逸士之心胸也……通体节奏凡三起三落。初弹似鸿雁来宾，极云霄之缥缈，序雁行以和鸣，倏隐倏显，若往若来。其欲落也，回环顾盼，空际盘旋；其将落也，息声斜掠，绕洲三匝；其既落也，此呼彼应，三五成群，飞鸣宿食，得所适情：子母随而雌雄让，亦能品焉。”全曲委婉流畅，隽永清新，至今深受人们喜爱。

《十面埋伏》

《十面埋伏》是中国古代琵琶曲，作者不详。这是一首历史题材的大型琵琶曲，描写了公元前 202 年楚汉两军在垓下最后决战的情景。汉军用十面埋伏的阵法击败楚军，最终迫使项羽霸王别姬、乌江自刎，汉军大获全胜。

关于《十面埋伏》产生的时间，至今没有定论。唐代白居易曾写过《琵琶行》，诗中有：“银瓶乍破水浆迸，铁骑突出刀枪鸣。曲终收拨当心划，四弦一声如裂帛。”的诗句，可以看出当时白居易曾听到过表现激烈战斗场面的琵琶曲。明末清初人王猷定所著《四照堂集·汤琵琶传》中曾记载了当时著名音乐家汤琵琶演奏《楚汉》

的情景，与《十面埋伏》在情节及主题上是一致的。可见早在16世纪以前，此曲已在民间流传。但是，它的曲谱最早见于1818年华秋苹所编《琵琶谱》，分13段：开门放炮、吹打、点将、排阵、埋伏、小战、呐喊、大战、败阵、乌江、争功、凯歌、回营。这首著名的琵琶古曲，描绘了战前的准备、激烈的战斗场面，以及悲壮惨烈的结局。整首乐曲具有壮丽辉煌的风格，气势雄伟，曲风激昂，使人心潮澎湃。

戏　曲

戏曲

戏曲是中国传统戏剧的名称，包含了文学、音乐、舞蹈、美术、武术、杂技等各种因素。戏曲一词最早出现在元人陶宗仪的《南村辍耕录》中，当时指的是宋元杂剧。近代学者王国维扩大了戏曲的范围，使之成为包括宋元南戏、元明清杂剧、明清传奇以及京剧和所有地方戏在内的传统戏剧的统称。它们虽然名目各异，但有共同特色，即说唱结合，既有戏，又有曲，以曲为主。

早在原始社会歌舞已有萌芽，经过漫长的发展，不断地丰富革新，逐渐形成了完整的戏曲艺术体系。戏曲的渊源来自民间歌舞、说唱和滑稽戏3种不同艺术形式。发展成熟的中国戏曲，形成自己的特点，那就是集歌、舞、唱于一体，有较为固定的结构形式，角色逐渐脸谱化，情节相对简单化。这种高度艺术化的音乐歌舞形式能给欣赏者带来巨大的审美享受，但同时也制造了传播与接受的机遇。

戏曲的发展经历了先是下层民间艺人、书会才人的创作，再经文人作家的加工和由剧作家独立创作。历史上著名的戏剧家有关汉卿、王实甫、徐渭、汤显祖、李玉、李渔、洪昇、孔尚任等。这些作家，创做出许多优秀剧目，久演不衰，成为中国文化中的宝贵财富。

诸宫调

诸宫调是中国宋元时期盛行的一种大型说唱艺术。它的特点是有说有唱，以唱为主。歌唱部分是用多种宫调的多种不同曲调组成，所以称为“诸宫调”，又称“诸般宫调”。由于其曲调丰富，能说唱长篇故事，表现复杂的故事情节，所以广受人们喜爱，流传时间很长。

据北宋王灼的《碧鸡漫志》记载，诸宫调是北宋神宗（1068～1085年）年间孔三传首创。他把唐、宋词调，唐、宋大曲，宋代唱赚的缠令和当时北方流行的地方俗曲，按声律高低归入不同的宫调，来进行说唱。北宋末年是诸宫调的鼎盛时期。南宋建立后，诸宫调也随之传到了南方，逐渐演变成了南诸宫调，伴奏乐器主要是笛子；而传入金国燕京等地的诸宫调则演变成了北诸宫调，伴奏乐器主要是琵琶和筝。诸宫调由杂剧艺人来演唱，诸宫调与戏剧关系密切，但不是戏剧，只是一种类似大鼓书的说唱艺术。

宋末元初，到处都是四处流动的诸宫调戏班。但到了元朝末年，诸宫调逐渐衰落。明清时期，诸宫调演变为弹唱词。保存到现在的诸宫调作品有：《双渐苏卿诸宫调》《西厢记诸宫调》《刘知远诸宫调》等。

南戏

南戏大约诞生于北宋末年，是我国历史上最早出现的戏剧，也叫作“南曲戏文”，在当时的杂剧、唱赚、宋词等基础上发展而成的，曾经在南方民间广为流传。

早期南戏的戏剧结构比较简单，没有“折”“出”之分，一个完整的剧本就是从头一直演到最后。舞台上最初也没有幕布，时间和空间的转换，完全靠唱、念、舞以及表演者的情态和观众的想象等来体现。南戏的创作者大多是爱好艺术创作的民间艺人；作品语言非常通俗，具有浓厚的民间色彩。我国现存的南戏早期剧本《张协状元》已完全具备戏剧的基本特征。该剧对剧中主人公的不幸遭遇进行交错对比描写，将生、旦与净、丑互相穿插，围绕故事和谐而综合地运用了独唱、宾白、科介等多种表现手段，清楚地体现了早期南戏戏剧结构、音乐形式和演出情况，是戏曲史上难得的资料。元末明初时期的南戏创作达到了高峰，当时出现了一系列的经典剧目，比如“五大南戏”《荆钗记》《白兔记》《拜月亭记》《杀狗记》《琵琶记》。

洪洞明应王殿元杂剧壁画（摹本）
画高 411 厘米，宽 311 厘米。画上横额为“大行散乐忠都秀在此作场”，并注明是泰定元年（1324 年）。画面是演出的舞台，靠后有大幅台幔，上有绘画两幅。左面是一壮士执剑，做砍杀状；右面是青龙张牙舞爪，做抗拒状。其用途是隔开前后排。台上十人，前后各五人，其中五人为化装的剧中人物，其余三人是鼓、笛、拍板的伴奏者。可见当时时兴演奏者同台的风气。

杂剧

唱、云、科是元杂剧表演艺术的核心，唱即演唱，主要由一个角色从头唱到尾；云又叫宾白，有诗对宾白、教语宾白和类似顺口溜的宾白等几种形式；科大体上来说包括身段、武术、歌舞等。在表演形式上，元杂剧继承了宋、金杂剧的特色，由上、下门出入，确立了中国戏曲独有的上下场的连场形式；在角色分行上，元杂剧扩充了宋金杂剧的基础，形成了旦、末、净、外、杂等各行；在面部化妆和表演服饰上，元杂剧在宋金杂剧的基础上也有所发展。

元杂剧的形成是中国戏曲发展到成熟阶段的重要标志，它的代表剧目有：关汉卿的《窦娥冤》《救风尘》，王实甫的《西厢记》，马致远的《汉宫秋》，白朴的《梧桐雨》等。

传奇

传奇是明清时期的一种戏曲形式，

是在南戏的基础上发展起来的。南宋末年，南戏在南方民间已广为流行。元灭南宋后，北方大批杂剧作家南下，杂剧以其优势占据南方舞台，粗疏的南戏衰落。经过从元朝末年的发展，到明朝嘉靖年间，南戏复兴，但是，此时的南戏在音乐、结构和表演上已与以往的南戏大有不同，于是人们便把这种戏剧形式叫作“传奇”。从明中期到清乾隆年间，是传奇的兴盛时期。当时传奇与元杂剧相比，不论是表现形式还是音乐都更为丰富，也更为成熟。明、清传奇的主要剧种包括昆腔、弋阳腔、高腔等。

传奇在形式上承继了南戏的体制，剧本分为上、下两部分，情节较为复杂，注重全剧结构的紧凑和幽默的穿插。传奇的音乐采取的是曲牌联套的形式，一出传奇具体有多少曲牌基本上取决于剧情的需要，凡是登场的角色都有唱词。昆山腔和弋阳腔是明清传奇中流传最广、影响最深远的唱腔。它们的不同风格，引导了中国戏曲后来的两种不同走向。昆山腔委婉细腻而又流利悠远的“水磨调”，极其讲究板正腔纯，乐队伴奏是弦索、箫管、鼓板 3 种乐器结合的形式，乐队一般具有完整的规模。弋阳腔主要在民间流行，它仅以锣鼓为节奏，采取一唱众和的形式，以及徒歌、帮腔的形式增强演出效果，通俗性、民间性等是弋阳腔所具有的突出特点。

明、清两代传奇作家辈出，有记载的就有 700 多人，作品更是丰厚，将近 2000 种，流传至今有 600 种，著名的有《牡丹亭》《玉簪记》《十五贯》《桃花扇》《长生殿》等。

昆曲

昆曲是我国传统文化艺术中的珍品，是我国传统戏曲中最古老的剧种之一，已经有六七百年历史。它起源于元朝末年的昆山地区，又叫作“昆剧”，是由元代末年的顾坚创立的，最初叫昆山腔。

明朝嘉靖年间，戏曲音乐家魏良辅对昆山腔进行改进，立足南曲，吸取北曲长处，促成了集南北曲优点于一体的“水磨调”的形成，这就是昆曲。后来，昆曲不断传播，成为传奇剧本的标准唱腔，并最终发展成为全国性剧种。到清朝乾隆年间，昆曲达到鼎盛。原本以苏州的吴语语音演唱的昆曲因广泛传播，难免带上流传地的特色，故而流派众多。

昆曲音乐的结构属于联曲体结构，也可以称之为“曲牌体”。昆曲常用的曲牌有上千种，包括唐、宋时期的词调、词牌、民歌等在内，可谓是采众家之长。昆曲的创作是以南曲为基础的，同时也使用北曲的套数，常常使用“犯调”“借宫”“集曲”等方法。昆曲主要以笛子为伴奏乐器，以笙箫、唢呐、琵琶等作为辅助。昆曲字正、腔清、板纯，唱腔极富韵律感，抒情性强，表演优美细腻，歌舞结合巧妙。

在长期的演出实践中，昆曲积累了大量优秀演唱剧目。其中脍炙人口的有王世贞所写的《鸣凤记》汤显祖所写的《牡丹亭》《紫钗记》等。

京剧

京剧是发源于19世纪中期的北京的一种综合性的戏曲表演艺术，是在继承昆曲、京调、弋阳腔等剧种的语言、音乐、舞蹈等艺术元素的基础上，又吸收各地民间艺术逐渐发展起来的。所以说，京剧是戏曲艺术的集大成者。

在唱腔方面，京剧的曲调极其丰富，除西皮、二簧以外，还有昆曲、吹腔、四平调、高拨子、南梆子、民间小调、小曲等，以西皮、二簧为主。一般来说，西皮善于表现活泼、欢乐，而二簧则以表现悲哀咏叹为主。两种唱腔都有很多板式，构成优美的唱腔。

在表演方面，京剧更具戏剧化，形成了不同于其他艺术门类的表演艺术风格。京剧表演艺术中程式化的东西，塑造人物形象上的行当分类，诸如生、旦、净、末、丑各类型人物的唱、念、做、打以及喜、怒、哀、乐各种不同的表演模式，都是继承发展传统的戏剧艺术表现手法的基础上产生的。

京剧乐队由弦乐、管乐、弹拨乐和打击乐组成。京剧的乐器非常丰富，大约有二十几种之多，如单皮鼓（小鼓）、板（檀板、拍板）、堂鼓（同鼓）、大堂鼓（南堂鼓）、大锣、小锣、钹、汤锣、京胡、二胡、小三弦、月琴、笛、笙、唢呐等。

京剧产生之后，曾经在清廷内得到空前发展。清末民初，京剧艺术达到鼎盛，产生了一批不朽的艺术家和杰出作品，名扬海内外，被誉为中国的国粹艺术。

四大徽班进京

徽班进京是京剧发展的标志性事件。清朝乾隆五十五年（1790年），为了庆祝乾隆80岁的寿辰，当时在扬州的三庆班在高朗亭的带领下赴北京演出，开启徽班进京的历程。嘉庆年间，扬州的四喜、和春、春台三个徽班陆续进京，与早先进京的三庆班被合称为“四大徽班”。四大徽班进京后，不断吸收各地地方剧种从剧目到表演方法等各种优点，对自己的戏曲艺术进行充实和改进，艺术表现力因而不断增强。徽班中的三庆班的声腔和剧目极为丰富，但主要唱“二簧”声腔，其戏曲水平和吸引力远远超过在当时盛行一时的秦腔，致使很多原本服务于秦腔的演员转入徽班，秦腔和徽班从此有了融合。其他三大徽班进京的结果是击垮了多年来盛行的昆剧，昆剧演员也因为失业而逐渐转入徽班。清代道光年间，湖北戏曲班子也有很多较为优秀的成员进京，他们将汉调和西皮调带到京城，就此形成了与徽班的二簧相融合的“皮簧戏”。“皮簧戏”具有“京音”特色，北京味浓郁，后来这种形式的戏曲传到上海，被上海人叫作“京戏”或“京剧”。这就是京剧的正式得名。

同光十三绝

“同光十三绝”指的是清同治、光绪年间，京剧舞台上享有盛名的13位演员。画师沈蓉圃绘制他们的剧装画像，这幅画传世以后，他们被称为“同光十三绝”。这13位京剧演员分别是程长庚（老生，饰《群英会》之鲁肃），张胜奎（老生，饰《一捧雪》之莫成），卢胜奎（老生，饰《战北原》之诸葛亮），杨月楼（武生，

《同光十三绝》画像（摹本） 清代沈蓉圃绘
沈蓉圃为光绪年间北京画师，绘清同治、光绪年间北京昆曲、京剧著名演员13人剧装写真图。全画长达丈余，绘13位演员。面目须眉，各具神情，色泽妍雅，栩栩如生。自左向右：郝兰田（饰《行路训子》康氏），张胜奎（饰《一捧雪》莫成），梅巧玲（饰《雁门关》萧太后），刘赶三（饰《探亲家》乡下妈妈），余紫云（饰《彩楼配》王宝钏公主），程长庚（饰《群英会》鲁肃），徐小香（饰《群英》周瑜），时小福（饰《桑园》罗敷），杨鸣玉（饰《思志诚》闵天亮），卢胜奎（饰《战北原》诸葛亮），朱莲芬（饰《琴挑》陈妙常），谭鑫培（饰《恶虎村》黄天霸），杨月楼（饰《四郎探母》杨延辉）。它记录了同光时期京剧舞台演出的一些实况，为研究京剧史的珍贵资料。

饰《四郎探母》之杨延辉），谭鑫培（老生，饰《恶虎村》之黄天霸），徐小香（小生，饰《群英会》之周瑜），梅巧玲（花旦，饰《雁门关》之萧太后，梅兰芳的祖父），时小福（青衣，饰《桑园》之罗敷），余紫云（青衣花旦，饰《彩楼配》之王宝钏），朱莲芬（昆旦，饰《琴挑》之陈妙常），郝兰田（老旦，饰《行路训子》之康氏），刘赶三（丑角，饰《探亲家》之乡下妈妈），杨鸣玉（丑角，饰《思志诚》之闵天亮）。

“同光十三绝”所饰演的角色包括老生、武老生、武生、小生、青衣、花旦、老旦、丑角，他们以自己杰出的艺术成就，对京剧艺术的进步做出卓越贡献。

生、旦、净、末、丑

生旦净末丑是京剧里的5个主要行当，又称角色。生行，简称“生”。生行分为须生（老生）、红生、小生、武生等。须生（老生）：扮演中年以上的剧中人，因口戴胡子故名。红生：扮演勾红脸的须生。小生：扮演翎子生（带雉翎的大将、王侯等），纱帽生（官生）、扇子生（书生）、穷生（穷酸文人）等。武生：指戏中的武打角色。

旦行简称“旦”，分青衣、花旦、老旦、武旦、刀马旦等。旦角全为女性。青衣：扮演贤妻良母型角色。花旦：扮演皇后、公主、贵夫人等角色。武旦、刀马旦：扮演武功见长的女性。老旦：扮演中老年妇女。

净行，简称“净”，亦叫花脸。净行又分为以唱为主的铜锤花脸与黑头花脸、以工架为主的架子花脸（如大将、和尚、绿林好汉等）及武花脸与摔打花脸等。

末行，简称“末”，多为中年以上的男性，专司引戏职能，如打头出场者，反其义而称为“末”。

丑行简称“丑”，主要饰演丑角，又分文丑、武丑。文丑又分为方巾丑（文人、儒生）；武丑，专演跌、打、翻、扑等武技角色。

唱、念、做、打

京剧表演艺术是一种高度程式化、戏剧化的综合的歌舞表演形式，唱、念、做、打是其中最为基本的四种艺术手段。唱、念、做、打是京剧演员，以及所有戏曲演员所必备的四种基本功。

唱包括咬字、归韵、喷口、润腔等各种发音技巧以及吐字发声的规律，演员学习唱功必须学会喊嗓、吊嗓，以扩大音域和音量，提高演唱技巧，以及根据人物特点用唱来表现人物的精神和内心。

念白基本上有韵白和散白两类之分，是一种经过艺术提炼的语言，节奏感和音乐性很强。念白常常用来作为唱的辅助手段，以表达戏剧中人物的性格和内心，是京剧艺术很重要的表演手段。

做功是一种经过规范的、舞蹈化的包括手、眼、身、步在内的形体动作，演员必须灵活运用以突出剧中人物的性格等各方面的特点，从而更好地塑造艺术形象。

打是将传统的武术经过艺术加工变为舞蹈化的动作，是生活中格斗动作经艺术化提炼的结果。基本分为把子功和毯子功两种。这对演员的武术功底要求很高，常常出现高难度动作，有利于深刻展示人物内心，以及提高舞台魅力。

脸 谱

脸谱是中国戏曲艺术的重要组成部分，也是最重要的特征之一，它又称“花脸”，主要用于净、丑角色所扮演的各种人物，生、旦角色很少采用。

戏曲脸谱分为净角脸谱和丑角脸谱两类，从历史上来看，丑角脸谱出现得较早，而净角脸谱是在戏曲成熟以后，由民间艺人逐步创做出来的。最早的净角脸谱出现于元代，当时元杂剧中出现了一些性格豪放、粗犷、严正的正面角色，但是当时没有适合于表现他们性格和精神的化妆形式，于是戏曲艺术家们就根据剧本的描写，创做出了净角脸谱的雏形。后来，随着戏曲的不断发展，戏剧角色的不断增多，为更好地突出角色的性格特点，戏曲脸谱也随之精致、多样起来。戏曲脸谱有各种谱式名目，谱式是对构图相近的一类脸谱的概括性称谓，早先的戏曲脸谱的形式比较单一，整个面部基本都涂一种颜色，只是在眉眼的位置上做重点化妆，直到清朝初期才开始出现多种样式的谱式。以京剧为例，基本谱式有以下几种：

整脸：脸上只涂一种颜色，或红或黑或白。红脸用白笔或者黑笔画眉，用黑笔画眼及表情纹；黑脸则用白笔画眉；白脸用黑笔画眼、鼻及表情纹。红脸和黑脸主要用于正面角色，如包拯、关公、赵匡胤等，白脸则用于那些外表光鲜、内心险恶的奸臣角色，如严嵩、潘洪等。

三块瓦脸：也称“三块窝脸”，脸即用黑笔把眉、眼、鼻“三窝”高度夸张地勾画出来，给人一种浓眉大眼、竖眉立目的感觉，包括老三块窝脸和花三块窝脸。

十字门脸：脑门涂白，两腮涂粉红，有灰色小圆眉子，特点是自脑门到鼻子尖画有黑色立柱纹，同两个黑眼窝合起来像一个“十”字。主要用于老年正面角色，如高旺、姚期等。

花十字脸：是在保持十字门脸基本形式的前提下，在细部进行细致的刻画，主要用于牛皋、项羽、张飞等粗鲁豪放的角色。

六分脸：即脑门涂白，眼窝以下涂一种颜色，黑色、红色或者紫色，上下比例为四比六。主要用于老年正面角色，黑色六分脸也可以用于壮年角色。

元宝脸：即眉眼以下部分画脸，脑门不涂或者涂淡红色，主要用于社会下层的人物。

碎花脸，与整脸恰恰相反，是所有谱式中色彩、构图最复杂的一种，主要用于凶猛、怪异的角色。

歪脸：特点是颜色、构图不对称，用于表现相貌反常、丑陋的角色。

梨园行

唐朝是音乐最为繁荣的时代，与此相称的是音乐机构的高度成熟。当时最著名的音乐机构当数梨园。

熟悉戏曲的人都知道，梨园其实就是戏曲界的别称，著名诗人白居易在《长恨歌》中就曾写过这样的诗句："椒房青娥红颜老，梨园子弟白发新。"可见这个名称从唐朝起就已经存在了，那时它是一种宫廷设立的音乐机构，意义远没有现在宽泛。不过由于梨园的巨大影响力，它的意义逐渐扩大，人们把从事歌舞表演的行业叫作"梨园行"，从事歌舞、戏曲、曲艺表演的演员叫"梨园弟子"。

说起梨园，不能不提起唐玄宗。《新唐书·礼乐志》载："玄宗既知音律，又酷爱法曲，选坐部伎子弟三百，教于梨园。声有误者，帝必觉而正之，号皇帝梨园弟子。"从这可知，梨园是唐玄宗为了培养优秀的宫廷乐工演奏法曲所设，因设于宫廷禁苑果木园圃"梨园"而得名。梨园的主要职责是教习法曲和训练乐器演奏人员，由于皇帝经常亲自参与教习，这些乐人也被称为"皇帝梨园弟子"。除宫中梨园，在长安和洛阳的太常寺内还分别设有"太常梨园别教院"和"梨园新院"，前者主要演奏新创作的歌舞大曲，后者演奏民间音乐。

秦 腔

秦腔发源于古代陕西、甘肃等地的民间小曲，成长壮大于历史文化名城西安，历经各朝各代的艺术家反复锤炼、创造，而逐渐形成。古时陕西、甘肃一带属秦国，所以称之为"秦腔"。因为早期秦腔演出时，常用枣木梆子敲击伴奏，故又名"梆子腔"。秦腔成形后，流传全国各地，因其一整套成熟、完整的表演体系，对各地的剧种产生了不同程度的影响，并直接影响了梆子腔剧种的发展，成为梆子腔剧种的始祖。

秦腔《三滴血》场景雕塑

《三滴血》为秦腔"易俗社"作家范紫东所写，叙述了五台县令晋信书，不查实情，以滴血之法判嗣，拆散父子，造成冤案的故事，嘲讽了迷信教条和封建道学的虚伪。

秦腔的表演技艺朴实、粗犷、豪放，富有夸张性，生活气息浓厚，技巧丰富。其身段和特技有：蹚马、吐火、喷火、担子功、翎子功、水袖功、扇子功、鞭扫灯花、顶灯、咬牙、耍火棍、跌扑、髯口、跷工、獠牙、帽翅功等。秦腔的唱腔分为欢音和苦音两类，欢音善于表现轻快活泼、喜悦的感情，而苦音则长于表现悲愤、凄凉的感情，丰富多彩的唱腔能够很好地表现各种感情。秦腔的主要伴奏乐器为板胡。秦腔的角色分类有“十三门二十八类”之说，即角色分为四生、六净、二旦、一丑等13门，而这13门又可细分为28类。各门各类都有其特色，都有著名的演员、著名的戏剧段落。

秦腔的传统剧目数以万计，其中以取材于“三国”“杨家将”“说岳”等英雄传奇或者悲剧故事的剧目居多，剧目无论在数量还是题材的广度都居全国300余种戏剧之首。其中经常演出的曲目有《春秋笔》《八义图》《紫霞宫》《玉虎坠》《和氏璧》《麟骨床》等。

川 剧

川剧是起源于四川，长期流行于四川、云南、贵州等几个西南省份，是人们喜闻乐见的一种地方戏剧。

明末清初，陆续有大批各地移民进入四川，以及各省在四川的会馆纷纷建立，全国各地的南腔北调也相继被移植到四川各地，这些剧种在长期的发展过程中，相互融合、相互借鉴，又结合当地的风俗、方言以及各种民间戏曲，逐步形成了一种具有四川特色的剧种，就是川剧。

川剧的声腔主要由昆曲、高腔、胡琴、弹戏以及灯腔等5种声腔组成，其中除灯腔发源于四川本地以外，其他4种腔调都来自外地。这5种声腔再加上为这5种声腔伴奏的各种乐器，形成了形式多样、曲牌丰富而又风格迥异的川剧音乐形式。

高腔，是川剧中最重要的一种腔调。川剧高腔拥有众多的曲牌数量，剧目广、题材多、适应性强，兼有南曲和北曲中高亢激越、婉转抒情的特点。川剧中的昆曲来源于江苏的昆曲，川剧艺术家利用昆曲长于歌舞的特点，往往将昆曲中的单个曲牌融入其他唱腔中演出，形成独具特色的川剧昆腔，简称“川昆”。胡琴是西皮和二簧的统称，因为二者的主要伴奏乐器都为“小胡琴”，所以这样统称。川剧胡琴来源于湖北汉调和安徽徽调，吸收了陕西汉中二簧和四川扬琴唱腔中的优秀部分发展而成，其中川剧西皮腔善于表现激昂、高亢或者欢快的感情，而川剧二簧则长于表现沉郁、悲凉的感情。川剧的弹戏来源于陕西的秦腔，属于梆子系统，故俗称“川梆子”。川剧弹戏以盖板胡琴为主要伴奏乐器，用梆子敲击节奏。曲调有善于表现喜感情的“甜平”和善于表现悲感情的“苦平”两种。灯腔，来源于四川本地，是川剧唱腔中最具本地特色的一种。灯腔是由四川传统的灯会歌舞演化过来的，乐曲短小、节奏明快、轻松活泼，所演的多数是民间小戏，唱的也都是民间小曲，具有浓厚的生活气息。另外，川剧中还有许多具有浪漫主义色彩的表演特技，如吐火、藏刀、顶油灯等，其中影响最大、最具特色和最常见的是变脸，演员往往能在极短的时间内变换出十多张面孔，表现角色情绪和心理的突然变化，极具观赏性。

豫剧

豫剧，原名“河南梆子”“河南高调”等，流行于河南、陕西、甘肃、山西等地，是我国最重要的地方剧种之一。豫剧发源于陕西的梆子腔，即所谓的秦腔。清朝初期，秦腔传入河南，入乡随俗，开始用河南口音演唱，吸收了河南本地的民间小调等民间艺术形式的精华，并受到了昆曲、弋阳腔、皮黄腔等外省剧种的影响，在乾隆年间正式形成具有河南特色的剧种。乾隆嘉庆年间，豫剧迅速发展壮大，成为河南省重要的剧种。

豫剧的音乐分为四大流派，分别是：以开封为中心的“祥福调”，以商丘为中心的“豫东调”，流传于洛阳的唱法“豫西调”，流传于河南东南部沙河流域的唱法“沙河调”等。其中影响最大的是豫东调和豫西调。豫剧的各种流派虽然有诸多不同，但是共性大于个性，作为统一的一个剧种，豫剧具有以下特点：首先，豫剧注重唱功，演出中常有大段的唱词，相对来说动作少一些；其次，豫剧具有较大的自由性，唱词、说白、动作等都没有固定的模式，演员可以根据自己的理解，做一些创造；再次，豫剧与民间艺术结合紧密，常常把杂技、武术等技艺的动作融合到舞台表演中来，显得粗犷火暴；最后，豫剧的唱词通俗易懂，好学好唱。

豫剧的角色行当分为“四生四旦四花脸”，即老生、红生（大、小红脸）、小生等四生；老旦、小旦、正旦、帅旦等四旦；黑脸、大花脸、二花脸、三花脸等四花脸。豫剧的伴奏乐器分文武戏，文戏用三弦、板胡、月琴伴奏，武戏用板鼓、堂鼓、大锣、小锣、手镲、梆子、手板等伴奏。

豫剧的传统剧目有600多个，其中经典曲目有《对花枪》《三上轿》《提寇》《铡美案》《十二寡妇征西》《花木兰从军》等。

粤剧

粤剧是中国南方的重要剧种，流行于广东、广西以及港澳台地区。东南亚、北美、大洋洲等有广东籍华人聚集的地区，也常有粤剧演出。

明末清初，江浙地区的昆曲班子，江西的弋阳腔班子陆续到广东地区演出，引起了广东人民的关注，受到他们的影响，广东本地人创建了自己的戏剧班子，称为“本地班”。本地班的唱腔吸收昆曲及弋阳腔的部分优点，融合本地歌舞戏曲的特点，念白全用本地方言，形成了独具一格的广腔。清朝嘉庆、道光年间，随着弋阳腔、昆腔的衰落和梆子戏的传入，本地班开始以梆子为主要唱腔，后来安徽徽班的影响日益扩大，本地班又吸取了徽班的部分特点，发展成为以“梆簧”（即梆子、二簧）为基本唱腔，同时又保留了昆腔、弋阳腔部分曲目的“粤剧”。清朝咸丰年间，本地班响应太平天国起义，组织武装与清兵搏斗，被清朝残酷镇压，使粤剧遭封杀长达15年之久。粤剧中的精品剧目有《平贵别窑》《赵子龙崔归》《凤仪亭》《罗成写书》《西河会》《山乡风云》等。

古典十大悲剧

中国古典十大悲剧是：《窦娥冤》（杂剧，元朝关汉卿）《汉宫秋》（杂剧，元朝马致远）《赵氏孤儿》（杂剧，元朝纪君祥）《琵琶记》（南戏，明朝高则诚）《精忠旗》（传奇，明朝冯梦龙）《娇红记》（杂剧，明朝孟称舜）《清忠谱》（传奇，清朝李玉）《长生殿》（传奇，清朝洪昇）《桃花扇》（传奇，清朝孔尚任）和《雷峰塔》（传奇，清朝方成培）。

千百年来，这些悲剧一直在舞台上上演，经久不衰，深受广大人民喜爱。鲜明的人物形象、感天动地的故事情节，打动了一代又一代人。在文化普及率很低的时代，人们从这些故事中得到了教育和熏陶，深化了对现实生活的认识，鼓舞自己的生活热情，提高了道德情操。中国古典十大悲剧是中国戏剧的代表，是中国文化艺术珍品。

听琴　王叔晖绘《西厢记》剧情

《西厢记》因为其曲文的无比优美和抒情性被视为是一部诗剧，其"愿天下有情人都成了眷属"更寄托了人们的美好愿望。

古典十大喜剧

中国古典十大喜剧是：《救风尘》（杂剧，元朝关汉卿）《西厢记》（杂剧，元朝王实甫）《看钱奴》（杂剧，元朝郑廷玉）《墙头马上》（杂剧，元朝白朴）《李逵负荆》（杂剧，元朝康进元）《幽闺记》（传奇，元朝施君美）《中山狼》（杂剧，明朝康海）《绿牡丹》（传奇，明朝吴炳）《玉簪记》（传奇，明朝高廉）和《风筝误》（传奇，清朝李渔）。

这些喜剧深受人们喜爱，它们那深邃的思想、纷繁复杂的主题和扑朔迷离的情节倾倒了无数观众。剧中人物敢爱敢恨，幽默机智，同腐朽势力斗智斗勇的故事，使人们认清了封建统治者的虚伪本质，鼓舞了人们同封建统治者斗争的勇气和信心。十大喜剧因其优美的文辞和精湛的音乐，具有极高的艺术价值，成为中国文学艺术库藏中的璀璨瑰宝，彪炳百代。

绘画与雕塑

中国画

中国画这个概念，广义上指运用中国的传统绘画工具（笔、墨、纸、砚、颜料等）所绘的画，简称"国画"。中国画按题材又可分为人物画、山水画、花鸟画、动物画等；按使用材料和表现方法，主要分为工笔、写意和兼工带写三种；按照画幅大小、形状及折叠方式，可以分为横向的长卷、横批，纵向展开的条幅、中堂，仅有一尺左右见方的册页、斗方，画在折扇、团扇等扇子上的扇面。

中国画在创作上重在传达出物象的神态情韵和画家的主观感受，造型上讲求“妙在似与不似之间”和“不似之似”，对那些能体现出神情特征的部分往往会采取夸张甚至变形的手法加以刻画，而不是追求实际的“相像”。在构图上，中国画讲求经营，重视虚与实、疏与密的配合与平衡，力求打破时空的限制，构造出一种画家心目中的景象。中国画善用水墨，创造出极为丰富的笔法和墨法，同时墨还可以与色相互结合，形成墨色互补的多样性。以这些独特的笔墨技巧，如点、线、面作为状物传情的表现手段，描绘对象的形貌、骨法、质地、光暗及情态神韵，传情达意，具有独立的审美价值。中国画，特别是中国文人画，讲求诗、书、画、印的有机结合。画面上题写的诗文跋语，既是画面的有机组成部分，同时还能表达画家对社会、人生及艺术的思考和认识，在深化主题的同时，提升画作的文化品位。

中国画在观察认识、形象塑造和表现手法上，与西方绘画相比，有着迥异风格和独特的艺术趣味。中国画对客观事物的观察、体认、再现，以及借物传情的艺术构想，渗透着画家的社会意识，使绘画具有相应的认识作用、教育作用和高度的审美价值，体现出中国人独特的思维方式、哲学观念和审美情趣。

人物画

人物画是以人物活动为主要描写对象的绘画，它是中国画的三大画种之一。早在周代，就已经出现了以劝善戒恶为目的的历史人物壁画。

按题材分类，人物画可分为历史人物画、宗教人物画和现实人物画 3 种。按艺术手法可分为有工笔重彩、写意、白描、泼墨等多种。按画面人物的多少，一般分为群像画和肖像画。群像画以突出人物活动为主，肖像画以描绘人物形象的酷肖为主。各种人物画所表现的侧重点虽有所不同，但都要求形神兼备，人物形象要符合人物的形体、比例、场景透视原理等，更重要的是传达人物的性格、气质和神态。人物画通常要求人物显得逼真传神，气韵生动，常常把人物安排在一定的场景中。描绘重点是人物的面部，同时处理好人物之间、人物与环境之间的关系，以求画面整体的统一。战国楚墓出土的《人物龙凤图》与《人物驭龙图》帛画，是表现战国时期神话人物的经典作品，也是目前最早的独幅人物画作品。我们公认的著名古代人物画有东晋顾恺之的《洛神赋图》《女史箴图》，唐代韩滉的《文苑图》，五代南唐顾闳中的《韩熙载夜宴图》，北宋李公麟的《维摩诘像》等。

山水画

山水画是中国三大画种之一。它所表达的是古人对自然的崇拜和热爱，表达了天人合一的境界和追求，一定程度上反映作者对自然的思考以及对人生社会的认识，在用写实或艺术的手法表现自然之美的同时，也间接反映当时的社会生活状态。在技法上，山水画有水墨山水、青绿山水、金碧山水、浅绛山水、淡彩山水、没骨山水等形式。在题材和内容上，名山大川、田野村居、城市园林、寺观舟桥、历史名胜等皆可入画。

晋代，山水画从人物画中分离出来，成为独立的画种；隋唐的李思训、王维等人完善了山水画的画理、画法、章法，中国山水画的传统就此形成。五代以及北宋时期，山水画大兴，荆浩、关仝、李成、董源、巨然、范宽、米芾等人以水墨山水闻名，王希孟、赵伯驹等人以青绿山水闻名，山水画在这时发展到高峰。山水画的技法基本上有“勾”“皴”“染”“点”四个步骤，首先用墨线勾出山石的大致轮廓，再用各种皴法画出山石明暗向背，然后用淡墨渲染，加强山石的立体感，最后用浓墨或鲜明的颜色，点出石上青苔或远山的树木。

现存最早的山水画名作是隋代展子虔所作的卷轴画《游春图》，此画绢本设色，现为北京故宫博物院藏品。

花鸟画

花鸟画是中国绘画的三大画种之一，它的描绘对象包括花卉、竹石、虫鸟、游鱼等。早在原始时代的陶器上，就出现了简单的鸟鱼图案，这算是我国最早的花鸟画。东晋、南朝宋时，花鸟画成为独立的画种，唐代趋于成熟。经过长期发展，花鸟画总体上形成了写实为基础，寄托情感和寓意为归依的传统。画家通常以花鸟来表现人的精神和气节韵致，以及对现实的种种寄托，具有强烈的抒情性。同时也间接表现社会生活，反映时代精神。按艺术手法，花鸟画可分为工笔和写意等多种；按照用墨用色的不同，可分为水墨花鸟画、泼墨花鸟画、设色花鸟画、白描花鸟画及没骨花鸟画等。

芙蓉锦鸡图　北宋　赵佶　绢本

在构图上，花鸟画突出主体，善于剪裁，常常通过枝叶来对画作进行整体的布局安排和调整，讲究虚实相对，相互呼应。此外，配合对画作内容进行解说或烘托的诗文，也是花鸟画的一大特点。五代到宋朝，中国花鸟画达于繁盛。南宋及元代相继出现了水墨写意“四君子画”（梅、兰、菊、竹），与此同时兴起了以线描为主要手段的白描花卉。明朝后期，徐渭以草书入画，开创了强烈抒写个性的先河。到清初朱耷，这种表达个性的花鸟画达到高峰水平。数千年的积淀，使得花鸟画成为世界美术史上独特而优雅的存在。

文人画

文人画是我国传统绘画的风格流派之一，画中带有浓烈的文人情趣，流露着浓烈的文人思想。早在魏晋南北朝时期，文人画的某些创作思想和艺术实践就出现了，但“文人画”作为一个正式的名称，是由明末画家董其昌提出来的。

书卷气或称“诗卷气”是文人画评画的一个标准，也就是说，文人画讲究在画作中体现出诗意。文人画的作品大都以山水、古木、竹石、花鸟等作为题材，以水墨或淡设色写意为表现手法。在墨和色彩的选择和使用上，文人画比较重视水墨的表现力，讲究墨分五色，善于通过墨浓淡干湿的不同变化，描绘不同的物象，抒发不同的情感，寄寓作者的情怀。文人画独特的创作思想和绘画风格是中国画的宝贵经验和传统，以特有的“雅”而独树一帜。

文人画的代表人物有唐代王维，元朝倪云林，明代董其昌，清代八大山人、吴昌硕等。文人画讲究诗情画意，“画中有诗，诗中有画”是文人画一致的追求，画中往往还有题诗，诗画合璧，体现出浓郁的画家雅趣与文人才情，具有极高的审美价值。

成教化，助人伦

“成教化，助人伦”是中国绘画的重要理论。该语出自唐代张彦远的《历代名画记》：“夫画者，成教化，助人伦，穷神变，测幽微，与六籍同功，四时并运，发于天然，非由述作。”这段话讲的是，作画这件事，目的在于人伦教化，要能够推究幽微玄奥的事理，从而与匡时救世的经典具有相同的功效，而且与天然的变化规律相一致，不可以凭空捏造或者根据讲述来进行作画。“成教化，助人伦”强调的是绘画的社会文化功能，特别是道德教育意义，否定了将绘画仅仅看作是怡情悦性之事的观点，对绘画题材领域的扩展和价值功能的开发都发挥了重要的促进作用。

以形写神，迁想妙得

“以形写神”和“迁想妙得”，是东晋顾恺之提出的绘画论点。“迁想妙得”是主张绘画要重视对人物的观察和体验，从而得以极佳地表现出人物的精神状态和性格特征；“以形写神”是说绘画要通过形象思维来把握对象的内在本质，在形似的基础上进而表现人物的情态神思。这两点强调的都是绘画中对“神”的重视和对“形”“神”关系的深刻理解，奠定了后来的“神韵说”“意境说”等画论的发展基础。

谢赫“六法论”

六法论最早出现在南朝齐谢赫的《古画品录》中，它囊括了表现对象的内在精神、画家对客体的情感和评价、刻画对象的外形、结构和色彩以及临摹作品等各个方面，是品评中国古代美术作品的重要标准。

这“六法”是：气韵生动、骨法用笔、应物象形、随类赋彩、经营位置、传移模写（或作“传模移写”）。“气韵生动”是要求人物画要能够表现出对象的精神状态与性格特征。魏晋以来，人们在鉴赏人物画时，判断一幅画作水准的高低，就是依据这条标准。“骨法用笔”是说笔墨运用要收到传神、自然流畅、美观的效果，例如，要表现出动感、节奏感和装饰性等。而“应物象形、随类赋彩、经营位置”三法，则是讲绘画艺术的造型的基本要求，也就是说，作画必须讲究形象、色彩、构图。“传移模写”则说学习绘画的方法，指出临摹是任何一个画家必须精通的技能。“六法”是从古代绘画实践经验和诸多画家的理论中总结出来的，是较为科学的绘画理论。

谢赫的“六法论”是对魏晋六朝绘画实践和理论的总结，在一定程度上反映了中国绘画艺术的内在规律。自南朝至今，“六法论”始终为人们所用，是我国古代美术理论中最稳定、最有概括力的原则之一。

意在笔先

“意在笔先”，语出王羲之《题卫夫人笔阵图后》：“夫欲书者，先干研墨，凝神静思，预想字形大小，偃仰平直振动，令筋脉相连，意在笔前，然后作字。”意在笔先是绘画和书法及其他文艺创作中的一条重要的观念，强调的是在创作之前心中要先有立意和构思，这一般被认为是创作的常规。因为只有事先心中有了较为明确的规划和布局，在创作的过程中才有章可循，不致中途出现混乱，从而造成整个创作因此而失败。作画时“意在笔先”，这与建筑在动工之前要有蓝图的道理是一样的。

荆浩“六要”

五代时期的画家荆浩在《笔法记》中提出“画有六要”，即“气”“韵”“思”“景”“笔”“墨”，并阐释说：“气者，心随笔运，取象不惑；韵者，隐迹立形，备仪（一作遗）不俗；思者，删拨大要，凝想形物；景者，制度时因，搜妙创真；笔者，虽依法则，运转变通，不质不形，如飞如动；墨者，高低晕淡，品物浅深，文采自然，似非因笔。”“六要”之中，荆浩的贡献主要体现于“笔”“墨”二者。对于“笔”，荆浩提出：“凡笔有四势：谓筋、肉、骨、气。笔绝而断谓之筋，起伏成实谓之肉，生死刚正谓之骨，迹画不败谓之气。”至于对“墨”的强调，更为荆浩所独发。在荆浩看来，吴道子的画作“有笔无墨”，所谓“无墨”，也就是说没有墨色的变化。自荆浩开始，墨色的运用才在中国画中占据重要地位，从而使得水墨画繁荣起来。

气韵说

绘画中关于“气韵”的提法，最早可见于南朝画家谢赫在《古画品录》中所说的绘画“六法”：“一曰气韵生动，二曰骨法用笔，三曰应物象形，四曰随类赋彩，五曰经营位置，六曰传移模写。”“气”，体现的是生命力，而“韵”表现的是事物的情态，“气韵”所阐发的是绘画的精神因素，强调画作要体现出独特的风貌，彰显出勃发的生命力，从而可以让人体悟到一种强烈的感发力量。清朝唐岱在《绘事发微》中说：“画山水贵于气韵。气韵者，非云烟雾霭也，是天地间之真气也。凡物，无气不生……然有气则有韵，无气则板呆矣。”这表明，气韵是绘画的灵魂所在，因而“气韵”的概念在中国画中具有极为崇高的地位。

意境说

“意境说”先出现于文学批评领域，后来绘画中也引入了“意境”的概念。清代画家笪重光在《画筌》一书中正式使用“意境”一词来阐述绘画理论问题，而在此前，意境的理念早就蕴含于绘画的创作之中，最早可以追溯到魏晋时期“澄怀味象”“得意忘象”等观念的提出，到宋元时期经过苏轼诗画一体的艺术主张和倪瓒的“逸气说”、钱选的“士气说”的陶铸，“意境说”走向成熟的发展阶段。“意境说”突破了绘画单纯再现客观事物的观念，而赋予了绘画表现主观精神的功能，使得绘画出现了以情构境、托物言志的新的创作取向，令画家通过对境象的把握与经营而实现“情与景汇，意与象通”的艺术效果，对中国传统绘画特别是山水画产生了极为深远的影响。

外师造化，中得心源

“外师造化，中得心源”，是唐代画家张璪所提出的艺术创作理论。“造化”，即大自然，“心源”，即作者内心的感悟。“外师造化，中得心源”也就是说艺术创作来源于对大自然的师法，但是自然的美并不能够自动地成为艺术的美，对于这一转化过程，艺术家内心的情思与构设是不可缺少的。艺术作品是客观现实与主观思想得到有机统一之后而产生的，是艺术家的内心感悟作用于外界的艺术资源而得出的结果。这不仅对于绘画，对于其他艺术创作也是适用的。

此图所绘群山环抱，丛林掩映，楼阁台榭，端庄典雅。庄园外，流云绿水，舟楫往来，一派悠闲脱俗的田园境界。相传宋代秦少游在病中观赏了朋友送给他的《辋川图》摹本，觉得自己身临其境，不久便痊愈了。此说或许夸张，但王维的山水画能给人以精神上的陶冶和身心上的审美愉悦，却是无人怀疑的。

诗中有画，画中有诗

苏轼为王维的画作《蓝关烟雨图》题词：“味摩诘之诗，诗中有画；观摩诘之画，画中有诗。”“诗中有画，画中有诗”指的就是画有诗情而诗有画意，诗画交融，一种艺术而兼有两种神韵。王维不仅是一名出色的诗人，也是一位杰出的画家，而且他的诗与画不是相互分离的，而是两者有机地融合在一起，不仅画中富有浓郁的诗意，诗中亦给人一种清新的画面感，如“落花寂寂啼山鸟，杨柳青青渡水人”“行到水穷处，坐看云起时”等诗句皆为此类。“诗中有画，画中有诗”意味着一种更为高远的艺术境界。

古意说

“古意说”是宋末元初画家赵孟頫所提出的绘画主张，其目的是扭转北宋以来画界古风渐颓的趋势，而呼唤自然素朴的格调。对此，赵孟頫曾明确指出：“作画贵有古意，若无古意，虽工无益。今人但知用笔纤细，傅色浓艳，便自为能手，殊不知古意既亏，百病横生，岂可观也！吾所作画，似乎简率，然识者知其近古，故以为佳。此可为知者道，不为不知者说也。”又说：“宋人画人物不及唐人远甚，予刻意学唐人，殆欲去宋人笔墨。”赵孟頫所要抵制的“宋人笔墨”指的就是那种工艳琐细的风气，而他所倡导的就是自觉以“意”来追求绘画的那种简淡疏放的更高境界。

逸气说

“逸气说”是元代画家倪瓒所提出的理论，其要点是讲绘画是聊以自娱的，要表达出胸中逸气，不必追求形似，而当求得象外之美。倪瓒的画作被称作“逸品”，他将儒者的“中和”、道家的“法天贵真”和禅宗的“玄寂”结合起来，创造出一种迥异于前的天真幽淡、疏秀空灵的风格，给元代画界带来一股格外的清新之气，并且对后世画家产生了极大的影响。

书画同源

书画同源，即绘画和书法两者渊源同出，彼此借鉴，密切相关。唐代张彦远在《历代名画记·叙画之源流》中说：“是时也，书画同体而未分，象制肇始而犹略。无以传其意，故有书；无以见其形，故有画。”这说的就是远古时期文字与图画是同体的，因为起源相同，书法与绘画在表现形式方面，尤其是在笔墨运用上具有许多共同的规律，在精神气度上更是彼此相通，而书法与绘画所用的工具亦同为笔、墨、纸、砚，两者从本质上来讲都属于平面造型艺术。艺术家往往兼擅书画，而中国画的本身就结合着书法艺术，在一幅画面上，绘画与书法相得益彰。

南、北宗论

南北宗论是中国书画史上一种理论学说。由明代画家、书法家董其昌在《画禅室随笔》一书中提出。这种理论主要针对山水画家，对后世影响很大。

董其昌以唐代的佛教禅宗分为南、北二宗的理论，类比说明唐代至明代期间的绘画发展，按绘画创作方法和画家身份，把唐代到明的山水画也分为南、北二宗。他将以水墨渲淡画法为主的文人画家比作南宗，认为南宗始于王维，继承者为张璪、荆浩、关仝、董源、巨然、郭忠恕、米家父子，以及后来的“元四家”；将以青绿勾填画法的职业画家视作北宗，北宗始于唐朝李思训父子，继承者为宋之赵傒、赵伯驹、赵伯骕、马远、夏圭等辈。他自诩南宗正派，提倡南宗而贬低北宗。“南北宗论”对山水画的分类，为人们提供了剖析绘画的哲学观念。总结了唐宋以来文人山水画的多种创作方法和审美标准，对唐代以后山水画风格演变和笔墨技法进行分析，还对画家们的作品进行评价，有着精辟独到的见解。总体而言，这一理论对中国画的发展产生了积极的影响。但是同时，其“崇南贬北”的观点明显带有宗派门户偏见，助长了绘画上的宗派之争，对明末清初的绘画也产生了较大的负面影响。

墨 法

中国画的墨法，主要是运用墨色变化的技巧。中国画素有“五墨六彩”的说法，五墨是指墨的浓度，即焦、浓、重、淡、清。六彩是指墨的变化，即黑白、干湿、浓淡。用墨是中国画的基本技法，处理好笔与墨、墨与色的关系，是技法中的关键问题。还可以通过笔中墨与水的比例、含墨水的多少、蘸墨方法以及行笔速度等，变换出各种不同的笔墨效果。中国画用墨，主要在于运用墨色变化的技巧，以墨代色，让不同的墨色在纸面上体现出来，更巧妙的是让一支笔中产生各种墨色的变化。

梁楷的画被时人评为“描写飘逸”，“逸”指的是自由奔放、意趣超尘、潇洒自然、不拘法度的风格，这种风格对以后中国绘画产生了重大影响，此图正是梁楷“逸”格的集中体现。

中国画用墨的技巧随着时代的不断发展和历代画家的总结而日趋成熟，逐渐产生了泼墨法、积墨法和破墨法等多种表现手法。积墨法是先画一遍或浓或淡的墨，干了之后，再画一层，让墨色积叠起来，画面苍润浑厚，如龚贤的《山水图》。泼墨法是用笔蘸满墨色，大片涂抹，像泼出去一样，不重复，画面淋漓湿润，多用于作大写意画时使用。破墨法又分为浓破淡、以淡破浓、干破湿、湿破干四种。具体操作是先画出墨色，在墨未干的时候，再在上面施加墨、色，可使墨色呈现出湿润、丰富、浓厚而变化莫测的效果。画家作画的时候，往往将三种方法融合在一起。此外，还有焦墨法、宿墨法、用矾法等。

笔 法

笔墨是中国画的最大特色，从广义上讲，笔墨指利用笔墨达到的效果，诸如色彩、章法、意境、品位等都要通过笔墨来实现；从狭义上讲，笔墨专指用笔用墨的技巧。这里我们先说说笔法。

中国画用笔分为中锋、侧锋、逆锋、拖笔等。中锋也叫正锋，方法是将笔管垂直，用笔时笔尖在墨线中间，中锋的线没有明显粗细变化，显得连贯一致；侧锋是指行笔时笔尖不垂直于纸，笔尖在墨线一边，侧锋笔墨容易产生飞白效果，线条有切削感；顺锋是指笔按照由左向右、由上向下的走势运行；逆峰是将笔向笔锋方向逆行，适于画树干山石时使用，线条显得苍老滞涩；拖笔是指执笔时稍稍放松，引着笔管拖行，线条显得轻柔飘逸。笔锋的运用还有：“提按”“转折”“滑涩”“虚实”“顿”“戳”“揉”等方法。中国画的笔法主要体现在对线的运用上。“以线造型”是中国画的基本原则。经常利用毛笔线条的粗细、长短、浓淡、刚柔、疏密等变化，来表现物体的形态和画面的节奏韵律。关于运笔方法，黄宾虹曾提出“五笔”之说，“五笔”即“平、圆、留、重、变”。要求用笔画线时注意粗、细、曲、直、刚、柔、轻、重的变化和对比，从而做到画人物“传神写照”；画山水刚柔相济，有质有韵。中国画的笔法必须服从客观形象造型的要求，笔法不同，画作的风格就不同；对象不同，使用的笔法也应该不同。同时，笔法必须接受画家思想感情的指挥，画家个性感情的不同，自然会运用不同的笔法，产生不同的艺术效果。

水墨写意

写意俗称“粗笔”，是与“工笔”相对的一种绘画技法，可分为“大写意”和“小写意”两种。通过简练概括、放纵恣肆的笔墨，着重表现描绘对象的意态神韵。它出现于工笔人物画成熟之后，是由宋代的梁楷创造的。明代中期，水墨写意画迅速发展，泼墨大写意画非常流行，出现了很多名家，如人称“青藤白阳”的徐渭和陈淳，就是当时成就突出的两位画家。

徐渭是明代著名的书画家，是当时最有成就的写意画大师。他的写意花鸟，用笔豪放，笔墨淋漓，注重内心情绪的抒发，如《墨葡萄图》等。他独创的水墨写意画的新风，对后世产生了极大的影响。陈淳擅长泼墨大写意的花鸟画，他的作品不讲究描画对象外表的形象，而是追求画面的生动，在淡墨运用方面有一种特殊效果，如《红梨诗画图》等，其人物画寥寥数笔，令人回味，山水画水墨淋漓。

工 笔

工笔，又称“细笔”，与写意相对，为细致写实的中国画技法，特点是注重线条美，造型严谨，一丝不苟。工笔的技法又可分为描、分、染、罩。描，即白描，就是先分别用浓墨、淡墨描出底稿；分，即用墨色上色，用清水分蕴开来，以表现出画面的层次；染和分的程序一样，但用的不是墨色，而是用彩色来分蕴画面；罩，指的是整体上色。

中国的工笔画起于战国，到两宋走向成熟。工笔画是中国画中追求“形似”的画种，关注“细节”，注重写实，图人状物“尽其精微”，力求“取神得形，以线立形，以形达意”，获取神态与形体的完美统一。历代工笔画名家有唐代的周昉、张萱，五代和宋朝的黄筌、赵佶，明代的仇英等人。著名作品有《簪花仕女图》《虢国夫人游春图》等。

白 描

白描，指中国画中单用墨色线条勾描形象而不施彩色的画法。白描可分为单勾和复勾两种。单勾即用线一次勾成，或用一色墨，或根据不同对象用浓淡两种墨；复勾则仅以淡墨勾成，再根据情况进行复勾，其线条并非是依原路刻板地复迭，要求流畅自然，以达到加强画面质感和浓淡变化的效果，使得物象更具神采。由于物象的形、神、光、色等都要通过线条来表现，所以白描画法有着较高的难度，但是其具有朴素简洁、概括明确的特点，因而常用于人物画和花鸟画，顾恺之、李公麟等都是中国古代著名的白描大师。

十八描

“十八描”，指中国画中衣服褶纹的18种描法，分别为：1. 高古游丝描：为工笔画法，线条细而均匀，多为圆转曲线，顿笔为小圆头状。2. 琴弦描：比高古游丝描略粗，用颤笔中锋，线中有停停顿顿的变化，多为直线，有写意味道。3. 铁线描：比琴弦描粗些，用笔中锋，转折处方硬似铁丝弄弯的形态，顿笔也是圆头。4. 混描：基本上是一种写意画法，先用浓墨皴衣纹，墨未干时，间以浓墨，讲求“浓破淡”的墨法变化。5. 曹衣出水描：来自西域画家曹仲达，其画佛像衣纹下垂、繁密，贴身如出水状，故称“曹衣出水”，受印度犍陀罗艺术的影响，用笔细而下垂，成圆弧状，讲求线条之间的疏密变化。6. 钉头鼠尾描：行笔方折多，转笔时线条加粗，收笔尖而细。7. 橛头钉描：是一种写意笔法，用秃笔，侧锋入笔，线条粗而有力，顿头大而方。8. 马蝗描：顿头大，行笔曲折柔软，但很有力。9. 折芦描：多为直线，用笔粗，而转折多为直角，折笔时顿头方而大。10. 橄榄描：顿头大如同橄榄，行笔稍细，粗细变化大。11. 枣核描：顿头如同枣核状，线条行笔中亦有枣核状的用笔变化。12. 柳叶描：用笔两头细，中间粗。13. 竹叶描：与柳叶描类似，有时不相区分。14. 战笔水纹描：如山水画水纹之画法，表现薄而褶多的衣纹。15. 减笔描：大写意笔法，极为简练，用笔粗而一气呵成，一笔中有墨色变化。16. 枯柴描：水墨画笔法，用笔粗，水分少，类似皴法，笔势往往逆锋横卧。17. 蚯蚓描：用篆书笔法，线条圆转有力，粗细均匀，曲折多而柔软。18. 行云流水描：表现软而弯转的衣纹。

用 色

中国画历来十分讲究色彩的运用。早在南朝齐谢赫的《古画品录》中，就把“随类赋彩”作为“六法”之一。这种以区分物象种类并赋予不同色彩的理论，即是中国画用色的基础。此外，用色还十分重视环境对物象的影响，随着环境的不断改变，物象的色彩也相应发生变化。南朝萧绎是中国画论中提出色调冷暖、色与光关系的先驱者之一。他在《山水松石格》中说“炎绯寒碧、暖日凉星……高墨犹绿、下墨犹赭”，意思是说绯红色看来让人感到炎热，碧绿则使人感到寒意。高处的墨色犹如翠绿的颜色，下面的墨色则与赭石色的土地颜色近似。他用简单的句子概括了冷暖色调使人产生的感觉不同和景物高下、远近对色彩的影响。

中国画用色有勾线重彩填色、水墨淡彩、淡彩与重彩结合3种方法，设色的具体方法包括干染、湿染、平染、分染、罩染、碰染、衬染、用水、用胶、用矾等。

色学原理中，红、黄、蓝为三原色。中国画调色也是在原色与原色之间互相调配，可调成间色，间色与间色相调配成为复色。曙红、藤黄、花青是中国画色彩中的基本三原色。由于中国画讲究用墨，而赭石能在墨与色之间起到调节作用，所以赭石是应用最多的颜料之一。此外，其色彩丰富性还体现在基色的配比不同所产生的相应变化上。如用三分花青与七分藤黄，就可调配成嫩绿，当改变配比时，还可以产生草绿、新绿、老绿等多种绿色。加入墨色后，又能产生不同色调的墨绿等。总体而言，中国画的色彩要求是体现出大气、典雅、稳重的特色，表现干净而和谐的美。

构图与透视

中国画的构图，又称章法，即合理安排景物所在位置，画面形象不能任意罗列、填塞，必须按照事物的客观规律加以安排。同时需要注意景物的大小、深浅、虚实等多种对立统一的关系，不能过分拘泥于章法，按照客观事物的自然形态，结合主观意识自由创作。

中国画的作画要领，通常是作画之前，首先要确定好表现的内容和作品的主题，考虑主宾远近的取势，然后根据画面需要，进一步考虑留白、气势、色彩、题词、用印等细节安排。同时还要注意自身所处的位置和视点移动，将所得视觉形象巧妙地取舍、综合，使之形成一种意境，达到突出主题、表达情感的最佳效果。书法中有计白当黑的说法，中国画很注意对空白的利用和表现。每一处空白，都是精心布置，看似无意，其实有意。在中国画上，我们常常能见到不同的留白，这些空白有的是严守真实的画面空间和布白，有的是打破真实，依据画家的构图需要而平列的空间和布白，这样做的结果就是能够让描画对象按照艺术的需要拉长或缩短形象，或者变换位置，从而呈现出最佳视觉效果。

在透视方面，中国画焦点透视法和散点透视法都有，但最常用和常见的还是散点透视法，多视点的散点透视法在中国画中最为主流，又称“移步换影”。如《清明上河图》的长卷，既有俯视的图景，又不乏仰视和平视的图景，它把街市、人物、桥梁、船只等都合理地安排和表现在一个画面上。中国画透视的方法还有一种是“以大观小”，也就是把辽阔的景物缩到极小的空间内，让人能够一目了然地看到景物或人物群体的全貌，同时尽量缩小作画对象透视上的大小差别，使物象超越空间的约束。

题款与印章

自元代以后，多数中国画都形成了画面、题款、印章并举的形式，成为中国画的传统形式。题款，也称落款、款识、题画、题字，等等。凡在书画上标上姓名、年月、诗文等都称为题款。它对构图起着稳定平衡作用，能弥补绘画构图的不足，是整幅作品的重要组成部分，同时还能增添诗情画意，补充画者想要表达的内容。

具体而言，在画面上题写诗文，叫“题”，题画文字，有题画赞、题画记、题画跋、题画诗（词）等。在画上标志年月、签署名号、盖章等，叫作“款”。款文也可以记写籍贯、年龄等，若为他人作画，往往要写上受赠者的称谓。题款对款文的文采和书法的水平都有很高要求，字体不限，但是必须和画的内容、风格和意境相配合。

此图绘济南名胜鹊山、华不注山秋景。一望无际的平原和洲渚中，两山突兀而立，鹊山圆方，华不注山峭立，分外醒目。画面、题款、印章并举。

中国画的印章有姓氏章、姓名章、名章、字号章、年代章、收藏章、闲章之分，印章的书体有大篆、小篆、隶书、草书、行书之分，印章的字体与形式也必须和画相偕。所有形式的章，其位置和内容都有相应的要求，不能随便，但唯独闲章的位置可以较为灵活，内容也可以活泼，警句、诗词、成语、短句等都可以，但正所谓“闲章不闲”，它并非可有可无。在一些古画名画上，我们常能见到繁多的收藏章，有的甚至在空白处盖满了收藏章，元代钱选的《浮玉山居图》流传到清末时，画上已经有300余方印章，作为鉴别真伪的证据，它们起了巨大的作用。

“虎头三绝”顾恺之

顾恺之（约公元345 ~ 406年），东晋著名画家，字长康，小字虎头，晋陵无锡（今江苏无锡）人。顾恺之多才多艺，工诗赋、书法，尤擅绘画，尝有“才绝、画绝、痴绝”之称。他的画多是人物肖像及神仙、佛像、禽兽、山水等。顾恺之人物画的特色是“传神”，也就是能画出人物的精神，使画中的人物看起来栩栩如生。

顾恺之的代表作有《洛神赋图》《女史箴图》等，皆为后代摹本。《洛神赋图》取材于曹植的名篇《洛神赋》。画卷从曹子建和他的随从在洛水看到洛神起，到洛神离去为止，全卷交织着欢乐、哀怨、怅惘的感情。图中，曹子建依依难舍，怅然沉思，而宓妃回眸顾盼，含情脉脉，可以说达到了“悟通神化”的地步。《女史箴图》线条非常纤细，若“春蚕吐丝”。

顾恺之的画对后世影响深远，其笔法如春蚕吐丝，线条似行云流水，轻盈流畅，遒劲爽利，称为“铁线描”。顾恺之与南朝陆探微、梁代张僧繇，并称“六朝三杰”。世人曾这样评价3人的作品：“像人之美，张得其肉，陆得其骨，顾得其神，神妙无方，以顾为最。”顾恺之还著有《论画》《魏晋胜流画赞》等绘画理论作品，提出并阐发了“以形写神”“迁想妙得”的理论观点，对中国画的发展产生重大影响。由于他在绘画方面的卓越成就，国画界尊崇他为画祖。

展子虔和《游春图》

展子虔（约公元550 ~ 604年），隋朝著名画家，渤海（今属山东）人，人物、车马、楼阁、山水等，都是他的长项，但最擅长的还是人像。据说他画

的人物描法细致，生动逼真；画马则站立者有走动之势，伏卧者呈起跃之状；画山水，则有方寸中尽显天地的气概。《游春图》解决了以往山水画“人比山大，水不容泛”的问题，准确地把握住了山、水、人物、舟车的比例关系，大大促进了山水画的发展。

在中国美术史上，展子虔影响最大的是他的山水画。他尤其善于表现自然山水的深远空间感，能充分表现出山水的美和气势。在我国目前存世的山水卷轴画中，展子虔的《游春图》是人们迄今发现的年代最早、保存最完整的一幅。展子虔的《游春图》，描绘的是贵族们游春时的情景。图中展现了水天相接的情形，上有青山叠翠，湖水融融，也有士人策马山径或驻足湖边，还有美丽的仕女泛舟水上，令人感到熏风和煦，水面上微波粼粼，岸上桃杏绽开，绿草如茵，美不胜收。整个画面显得场景阔大、视野辽远，这就是画史中所说的“咫尺千里”。展子虔在山水画上所达到的成就及绘画方法在当时无人能及，开创了青绿山水派，被唐代李思训、李昭道所仿效学习。展子虔被后世誉为“唐画之祖”。

阎立本兄弟

提到唐代书画，不能不提阎立本兄弟。唐代的评论家张彦远曾说：“阎则六法该备，万象不失。”他所说的阎实际上是指阎立本、阎立德兄弟，在这弟兄二人中，阎立本得到的评价更高。

阎立本（约公元 601 ～ 673 年）是唐朝著名的画家和书法大家，无论书，还是画，均得美名。他的画的特点是极其形似，取材甚广，宗教人物、山水、动物无不涉足，他最为擅长的是人物画。著名代表作有《步辇图》《历代帝王图》等，其中《历代帝王图》是中国古典绘画中最重要的作品之一。这幅画描绘了自汉到隋的 13 位帝王形象，画中用精细的笔法表现出了各位帝王各自的性格特征，其中寓含着作者或褒或贬的强烈的感情色彩。阎立本所画的宫女，形象多曲眉丰颊，线条优美而且神采如生。阎立本的画作描法富于变化，有粗有细，有松有紧，极富表现力。

阎立德（约公元 596 ～ 656 年）不仅是画家，还是当时优秀的建筑师。他曾受命营造唐高祖陵，负责监督建造翠微、玉华两宫，此外还参与营建昭陵，也曾主持修筑唐长安城外郭和城楼等。阎立德在工艺美术和绘画方面都造诣颇深，曾担任御用服装设计师，主持设计帝后所用服饰。他的绘画才能方面，以人物、树石、禽兽见长。

画圣吴道子

吴道子（约公元 685 ～ 758 年），原名吴道玄，画史尊称吴生，阳翟（今河南禹县）人。幼年家境贫寒，起初为民间画工，年轻时就已经小有名气了。后来漫游洛阳，开始从事壁画创作，名声更显。当时人将张旭草书、裴旻舞剑、吴道子作画称为“三绝”。开元年间被唐玄宗召入宫中，以后一直为宫廷服务。

吴道子擅长画佛道、神鬼、人物、山水、鸟兽、草木、楼阁等，尤其是佛道、

《天王送子图》 唐 吴道子

人物。吴道子的一生，主要从事宗教壁画的创作。他曾于长安、洛阳两地寺观中绘制了300多幅壁画，而且没有雷同，其中以《地狱变相》最为著名。他的山水画也很著名。唐玄宗曾派他去画四川的山水，他没有打一张草稿，回来一气呵成。他的画具有独特风格，所画人物衣褶飘飞，潇洒秀逸，被人们称为“吴带当风”。《天王送子图》是吴道子的代表作。这幅画描写的是佛祖降生以后，他的父亲净饭王和母亲摩耶夫人抱着他去大自在天神庙朝拜，诸神向他行礼的故事。现存的是宋人李公麟的临摹本。

唐代仕女画

仕女画是人物画的一种，指古典绘画中表现妇女生活题材的作品。现在泛指用古典仕女画手法描绘妇女形象的绘画形式。仕女画最早始于战国。仕女画的特点，大都以工笔重彩为主要表现形式，并富于浓烈的装饰性。唐朝仕女画的内容主要是表现贵族妇女的游乐生活场景以及宫廷女性的美丽容颜，在艺术手法上，唐朝仕女画比前朝有了很大进步，不仅色彩搭配和谐，用笔也更趋精细，而且画中人物形象更加生动，并能表现出人物的不同气质。唐朝仕女画对我国人物画的发展、完善起了很大的推动作用。

张萱是唐朝初期杰出的仕女画画家，他的作品多以贵族女性游乐生活为题材。他画仕女喜欢以朱色晕染女性耳根，线条精细劲健，色彩富丽匀净。他作品中的女性形象代表着唐代仕女画的典型风貌，是周昉仕女画的先导。张萱仕女画的代表作是《虢国夫人游春图》，全画分4部分，构思立意别出心裁，表现的是贵族妇女养尊处优的闲游生活。此图线条古拙、流润，尤其引人注目的是色彩的运用，大胆使用朱红、粉白，很好地烘托出了仕女的美丽容颜。

周昉是继张萱后以描绘贵族妇女形象著称的画家。他的仕女画有“画仕女，为古今之绝冠”的美誉。他开始多摹拟张萱的创作手法，后来走上了自我创作的道路，形成了自己的风格特色。他的仕女画色彩柔丽，线条秀美均细，人物体态多追求丰腴之姿，这也正和唐朝以胖为美的社会潮流相符。由于周昉身处唐朝由盛而衰的转折时代，因而其笔下的女性形象仿佛沉湎在一种百无聊赖的心态之中，怅然若失，动作迟缓。他的代表作是《簪花仕女图》，该作品以精细的笔法刻画了几个贵族妇女的生活情节，她们虽然步履从容，但在眉宇之间却流露出淡淡的、莫名的哀思。

唐朝的青绿山水

中国的山水画，有青绿、浅绛、水墨等基本表现形式。所谓青绿山水，是指在绘画材料上以细致的线条勾勒出树木、山石等物的结构，然后用颜料加以渲染，最后再以石绿、石青敷添，形成一种富丽堂皇的艺术效果。

唐朝的青绿山水是由李思训、李昭道父子在隋朝青绿山水画的基础上开创的。唐朝青绿山水主要有3个特点：1. 青绿勾填技法的大量运用。山石树林有勾有皴，整个画面图案多填以青绿色为主的厚重色彩。2. 构图上，摆脱了魏晋时期作为人物画背景的“人大于山”的处理方式，而以山水为主，人物只做点景出现，从而收到了“远近山水，咫尺千里”的画面效果。3. 笔法精细，画面较为华丽工整。

李思训作画多用大青绿着色，并用螺青苦绿皴染，所画山水，有用夹笔，以石绿添缀。在设色方面，金碧辉煌是他独到的手法。其代表作是《江帆楼阁图》。李思训的儿子李昭道在继承其父画技的基础上，将青绿山水的画法又推进了一步。其代表作是《明皇幸蜀图》，此画为青绿设色，细笔勾染，山间树木苍郁，一队骑旅自右侧山间穿出，向远处的栈道行进，前方有一骑者身着红衣正待过桥，可能为唐明皇，他的嫔妃则身着胡装，头戴帷帽。画中山势突兀，白云萦绕，山石有勾勒无皴法，设色全为青绿。这幅画是反映唐代山水画面貌的重要传世作品。

唐初的青绿山水是初唐时期最有影响的山水画派，在我国绘画史上被多数人认为是北派山水的一种。

荆关北派山水

荆关是五代至北宋时期北方两位著名山水画家荆浩和关仝的简称。五代时期，中原地区虽然战乱不断，但这并没有使绘画创作陷入停顿。山水画在此间发生了很大变化，从选材到技法，都有了一个飞跃，山水被作为环境艺术加以描绘。荆浩和关仝开创了北方山水画派，这在中国山水画发展史上具有里程碑的意义。此派善于描写雄伟壮美的全景式山水，作品气势雄伟，风格峻拔。作为中国山水画重要技法之一的“皴法”，在“荆关”时期也得到了很大发展。水墨和水墨着色的山水画自此已发展成熟。

荆浩，生卒年不详，字浩然，河南沁水（今济源）人。唐末隐居太行山洪谷，自号洪谷子。他通晓经史，能诗善文，对中国山水画的发展贡献非常大。他将“水晕墨章”的画法进一步发展，使之趋向成熟。他在前朝山水画的基础上，通过“远取其势，近取其质”的表现手法，创造出了气势磅礴的山水画，这为全景式北方山水画的形成奠定了基础。荆浩的代表作是《匡庐图》，这幅作品是我国北宋以前具有山水全景模式的典型作品。

关仝，生卒年不详，长安（今陕西西安）人。工画山水，曾拜荆浩为师，后自成一家，他的作品，被称为“关家山水”。他与荆浩同为北方山水画派创始者，并称为荆关。关仝的山水作品笔画简单，气势雄伟，富有生活气息，布境兼“高远”与“平远”两法。关仝作品画出了山川的雄奇，表现出大石耸立，屹然万仞的峭拔气势。他画树，往往是树木有枝无干，用笔简劲老辣，极富于墨韵。《关山行旅图》是他的代表作。

荆关开创的北方山水画派对山水画的发展产生了重大影响。自他们后，我国山水画有了南北之分。

江南画派

江南画派，指的是以中国五代南唐画家董源和他的学生巨然和尚为代表的南方山水流派。董源，字叔达，江南钟陵（今江西进贤西北）人，曾任南唐后苑副使，后苑在宫廷的北面，因此称董北苑。他的山水水墨取法王维，着色则学李思训，善用明暗透视画法，画江南风景。他的《潇湘图》展现的是远山茂林，江水行船，沙滩平坡，是有代表性的江南风光。而他的《龙宿骄民图》，描绘的是草木茂盛的丘陵，给人以空气湿润，山水空蒙之感。他的《落照图》，用笔很少，近视看不真切，远看却山川、村落俱佳，显出一派逼真的夕照景象，这种明暗透视化的方法比西洋要早了将近千年。董源创“披麻皴”画法，对后世画家产生了巨大的影响。

《潇湘图》　五代　董源

这是一幅典型的江南山水画，山峦连绵起伏，草木葱茏，洲渚交横，江水宽阔平静。

巨然和尚是董源的学生，江宁（今南京）人，开元寺僧，擅长山水，师法董源的水墨风格，但又有所发展，擅画江南山水的“淡墨轻岚”之景。他的名作《烟岚晓景》壁画，为当时民众所称赏，《秋山问道图》更是为世人所推崇。巨然以杰出绘画成就，得以与董源并称“董巨”。董源和巨然，是南方山水画派的始祖。

黄家富贵

“黄家”指的是五代后蜀画家黄筌及其两个儿子，他们都曾是宫廷画师，擅画珍禽异兽，以富贵华丽的绘画风格著称。

黄筌，四川成都人，擅画花鸟，自成一派。黄筌最擅所谓的“钩填法”，也就是用勾勒法作画，以细淡的墨线勾画出轮廓，然后填色。画面显得富丽工巧。黄筌的画作多富有富贵吉祥的寓意，题材多来自宫廷中的异卉珍禽，动物往往表现得羽毛丰满，形象生动。其长子黄居宝也以画闻名，由于他们的风格特别迎合宫廷喜好，因此形成一种特别的风格，人称“黄家富贵”。黄筌作品多，但传世甚少。他的《写生珍禽图》虽只是提供描摹的样稿，却也法度严谨，尽显技巧。

黄居(公元933～?)，字伯鸾，是黄筌的次子。曾为宋朝画院的“待诏”，他的画法巩固和发扬了黄体的画风。总的来说，黄家画法是先用极细的墨线勾出轮廓，然后填彩，最大的特点就是墨线不露在画面上。这种“勾勒填彩，旨趣浓艳”的画风，成为宋代初期画院的标准，因此可以说，黄筌父子对宋代院体画产生了权威性的影响。“黄氏体制”在宫廷的统领地位一直持续到熙宁时代才逐渐被新的画风所改变。黄居的传世作品《山鹧棘雀图》，富贵华丽，现珍藏于中国台湾。

徐熙野逸

徐熙，钟陵（今江西南昌）人，五代南唐画家。他出身名门，爱好闲散游荡，自称“江南布衣”。善画花鸟，尤其是山野平常花鸟，竹子、蔬果、水鸟、野鱼等，皆是他作画的对象。他特别喜欢观察，每遇到景物，必定停留细看，因此其作品极富活泼生动的意味。他的作品具有平淡而文雅、朴素而洁净的野趣，再加上他的画主要以墨色为主，杂彩为辅，因此被人称为“野逸”。

徐熙的画法和唐代以来流行的晕淡赋色大不相同，他创造了一种崭新的落墨表现方法，也就是先用墨描写花卉的枝叶蕊萼，再为其着色。无论是从题材上说，还是从画法技巧上说，他的画都表现出他作为江南处士的审美趣味和超凡的异样情怀，风格独特，因而有“徐熙野逸”之说。一般说来，他所引导的是民间流行的野逸画风。徐熙与黄筌被后人并号“黄徐”，同时成为历代花鸟画的宗师，并分别引领了五代、两宋花鸟画的两大流派，他们的作品总体上代表了五代花鸟画的新水平，在中国画史上具有重要的历史地位。徐熙的作品已佚，而今人们能见到的《玉堂富贵图》《雪竹图》《雏鸽药苗图》都是仿作，我们只能从中领略他的绘画风格和画法。他淡雅俊逸，具有清新之气的画风在北宋后期影响较大，在很大程度上对画院花鸟画风的改革起到积极的推动作用。

米氏云山

米派是我国古代山水画流派之一。由宋代著名书法家米芾所创，他的儿子米友仁加以发展，形成在当时影响很大的特色画派。米芾父子在绘画界被称为“大米”“小米”，或合称“二米”。他们在中国书画史上占有非常重要的地位。

米芾打破了传统的山水画用笔多以线条为主的常规，以卧笔、横点、成块面，被叫作“落茄法”。这种画法的特点是用水墨点染的方法，描绘烟云掩映的山川景色，米芾称其为“墨戏”，体现一种烟雨云雾、迷茫奇幻的景趣，显得亦真亦幻，美妙独特，世人将这种风格称为“米氏云山”。米友仁的山水画传承了父亲的画法，更可喜的是青出于蓝而胜于蓝。他的作品云烟缭绕，林泉点缀，看似草草，实含法度。米派的大写意风格，对后世影响很大，南宋的牧溪，元代的高克恭、方林义等人都是米派弟子。如今珍藏在故宫博物院的米友仁的《潇湘奇观图》，为纸本，墨笔，纵19.7厘米，横285.7厘米。所描绘的是瑰丽的潇湘景色，山峦连绵，烟云渺茫；画中一改青绿山水画的“线勾填彩”画法，而是点画水墨，纵横落点，虚实结合，尽情渲染；连山头的点子皴，也改为“淡墨细点”。米氏云山是中国绘画史上独特而亮丽的存在，是父子画家的代表和典范。

书画皇帝

书画皇帝指的是宋徽宗赵佶。宋徽宗（1082 ~ 1135年），宋神宗之子。他是北宋最昏庸无道的皇帝，在位期间重用“六贼”，最终导致大规模农民起义和金兵入侵。他被金兵俘虏，后死于五国城（今黑龙江依兰）。

宋徽宗虽然治国无能，但多才多艺，爱好书画。他擅长画山水、人物、花鸟等，不蹈前人之辙，自具风韵。尤其是花鸟描绘工细入微，富丽典雅，造型生动，形神兼备。他还精于书法，创造了瘦金书体，笔画劲挺秀丽，笔势劲逸，风格独特，非常富有艺术魅力。传世画作有《芙蓉锦鸡图》《池塘晚秋》等，书法有墨迹《夏日帖》等。除了自己创作外，他还非常重视画院，大力扩充画院，提高画家的待遇和地位。宋徽宗时代的画院在组织形式上是最完备的，为历代画院的典范。他还下令将宫中收藏的历代书画进行评比，编成《宣和睿览集》，并编纂《宣和书谱》和《宣和画谱》，对后世颇有影响。

张择端和《清明上河图》

《清明上河图》是北宋画家张择端的传世名作。张择端，字正道，东武（今山东诸城）人，生卒年月不详，北宋末年画家。他自幼好学，宋徽宗时供职翰林图画院，专事绘画。

《清明上河图》是进献给宋徽宗的贡品，长525厘米，宽25.5厘米，其中共有人物1643个，牲畜208头，房舍122座，轿子8顶，舟船25只，树木124棵。它主要描绘了北宋都城汴京（今开封）的繁华景象。全图分为3个段落：首段描绘的是汴京郊野的风光，中段描绘的是繁忙的汴河码头，后段描绘的是汴京城市区繁华的街道。画中汴河两岸店铺林立，市民熙来攘往，运载东南粮米财货的漕船通过汴河桥洞，一队远道而来的骆驼商队穿过城门。市区城楼高耸，街巷纵横，店铺鳞次栉比，行人摩肩接踵。茶坊、酒肆、脚店、肉铺、寺观、公廨等人头攒动，热闹非凡。《清明上河图》是一幅描绘北宋汴京社会经济生活风俗的不朽画卷。另外需要特别指出的是，“清明”并非指清明节，而是太平盛世的意思。画作描绘的是秋天。现收藏于北京故宫博物院。

马一角、夏半边

马一角是马远（1190 ~ 1279年）的外号，字遥父，号钦山。原籍河中（今山西永济）人。他擅长山水，取法李唐但有个人风格，下笔遒劲却不失严谨，设色清润，山石枝叶楼阁都有特色，画阁楼时常常使用界尺，而加衬染，《踏歌图》《水图》等是其代表作。

夏半边是夏圭的外号，字禹玉，钱塘（今浙江杭州）人。是宁宗朝的画院待诏，长于山水人物，山水尤其出色，取法李唐，善用个性十足的“拖泥带水皴”，画作显得简劲苍老而墨气明润，他画台阁时不用界尺，而是随手为之。他的《西湖柳艇图》《长江万里图》《江城图》《风雨图》等画作，均显出他精练概括的本领。

马远、夏圭并称“马夏”。他们两人的山水画各有自己的独特风格，却又不乏共性，那就是他们的画面上往往留下很大的空白，但这些空白绝对不是画面的缺失，而是为了表达一些意境，以及为构图需要而留的。他们的构图方法，被称为“边角之景”，“马一角”和“夏半边”就是由此得名的。他们的画作在表现内容上，追求高度的完整与单纯，在表现手法上，又追求绝对的简洁，这种艺术表现手法为后世不断效仿。

赵孟頫

赵孟頫（1254 ~ 1322 年）字子昂，号松雪，吴兴（今浙江湖州）人，宋朝宗室，元朝著名文学家、画家、书法家。宋亡后，入仕元廷，封魏国公。赵孟頫博学多才，精通音律、书画。在绘画上，他山水、人物、花鸟、竹石、鞍马无所不能，工笔、写意、青绿、水墨无所不精。赵孟頫的山水画取法董源、李成，人物、鞍马画师法唐人和李公麟。在绘画理论上，他提倡复古，主张崇尚唐人，“画贵有古意，若无古意，虽工无益”，反对南宋院体中柔媚纤巧画风。倡导“书画同源”，强调以书法用笔入画，并主张师法自然，提出“到处云山是吾师”的口号。他的理论和创作对元、明、清三代都有极大影响。他的画作被当时的人称为“有唐人之致去其纤，有北宋人之雄去其犷”，从而开创了元代新画风，被称为“元人冠冕”。赵孟頫一生创作了大量的各种题材的绘画，传世画作有《鹊华秋色图》《红衣罗汉图》《秋郊饮马图》《江村渔乐图》。

元四家

“元四家”是黄公望（1269 ~ 1354 年）、王蒙（1308 ~ 1385 年）、倪瓒（1301 ~ 1374 年）和吴镇（1280 ~ 1354 年）4 位元代山水画家的合称。他们都生活在元末，虽然每个人社会地位不尽相同，但不得意的遭遇是相似的。他们四人都是江浙一带人，在艺术上受到赵孟頫的影响，擅长水墨山水竹石等，并结合书法诗文，是典型的文人画风格。他们的画作使中国山水画的笔墨技巧达到了一个新的高峰，成为元代山水画的主流，对明清山水画产生了巨大的影响。“元四家”的作品非常注重笔墨技巧，讲究意境神韵，使山水画的美学价值得到很大提高。在作品中，他们都流露出对没落王朝的怀恋情结，同时也受到当时文人消极避世思想的影响，他们的作品大多偏于淡远、萧疏、幽深，比较脱离现实。黄公望的画作山川深厚，草木华滋；王蒙的画作千岩万壑，连环重叠；吴镇的山水苍茫沉郁；倪瓒的山水具有一种荒凉空寂、疏简消沉的趣味。他们的代表作分别有：黄公望的《富春山居图》，王蒙的《青卞隐居图》《夏日山居图》，倪瓒的《渔庄秋霁图》《紫芝山房图》，吴镇的《江岸望山图》。

浙派

浙派是中国山水画的风格流派之一，形成于明代前期，流行于明代中期。浙派山水画的风格，综合借鉴了南宋李唐、刘松年、马远等人的绘画风格，行笔奔放，墨色淋漓酣畅，画面的动感强烈，自成一派，影响巨大。浙派画家中的杰出代表是浙派的创始人戴进。

戴进（1388 ~ 1462 年），字文进，号静庵，是明代影响深远的一位画家。他精通山水、人物、走兽，风格独特，用笔流畅，气势壮阔，常用铁线描和兰叶描的手法作画。戴进的画风曾经风靡一时，作品被人们认为是经典的艺术，很多人都对他的风格进行学习和模仿。他的代表作品有《春山积翠图》《风雨归舟图》等。此外，浙派盟主吴伟也是一个令人称道的画家，他的画作特色是用笔雄健豪放，潇洒自如，代表作品有《溪山渔艇图》《长江万里图》等。在戴进和吴伟之后的张路、蒋嵩、汪肇等浙派画家，在吴伟的基础上，风格也逐渐趋向简约豪放。浙派以其精湛的功力和创新的面貌，兴盛于明初，并影响了之后中国画坛 100 多年。

吴门画派

在吴门画派中，最著名的有沈周（1427 ~ 1509 年）、文徵明（1470 ~ 1559 年）、唐寅（1470 ~ 1523 年）、仇英（1498 ~ 1552 年），后人称他们为“吴门四家”。

沈周和文徵明的作品都具有传统的文人画风格，其作品题材丰富，尤以山水画为胜，大都描写江南秀丽的风景和文人生活，注重笔墨，讲究诗书画的结合。文徵明的作品有《绿荫清话图》《松下高士图》等。唐寅和仇英均为职业画家，创作内容丰富，技法全面，功底深厚，他们的作品都有很高的趣味性，深受人们喜爱。他们所描绘物象精细真实，强调意境，雅俗共赏。唐寅的山水画笔墨细秀，风格清逸，如《骑驴思归图》《山路松声图》等。人物画多为仕女和历史故事，造型准确，色彩艳丽。仇英擅长青绿山水和工笔人物画，传世作品有《桃源仙境图》《观榜图》《松溪横笛图》等。

“吴门四家”在山水画方面的成就对南宋院体绘画是新的突破，他们在人物画和花卉画方面各自有特点和成就。除仇英之外，“吴门四家”的另外三人非常重视将诗、书、画有机结合，这一做法促使了文人画更臻完美、更加普及，对明代后期直至清初画坛产生了非常有力的影响。

唐寅

唐寅（1470 ~ 1523 年），字伯虎，后改子畏，号六如居士，明代画家，吴县（今江苏苏州）人。他是吴门画派的代表人物，与沈周、文徵明、仇英并称“吴门四家”。他出生于一个商人家庭，从小聪明好学，诗文书画，无一不精。29 岁时，他考中应天府（今南京）乡试第一名解元，名声大振，自诩为“江南第一才子”。但在第二年的会试中，因好友科举舞弊案的牵连，被捕入狱，从此功名断绝。出狱后，唐伯虎性情大变，从此绝意仕途，潜心书画，终成一代大家。唐伯虎擅长画山水、人物、花鸟等。他的山水画师法周臣、李唐、刘松年，风格秀逸清俊，笔墨细秀，布局疏朗。人物画师承唐代传统，多以仕女和历史故事为题材，色彩或艳丽或清雅，线条清细，体态优美。花鸟画洒脱随意，格调秀逸，长于水墨写意。传世画作有《骑驴思归图》《山路松声图》《事茗图》《王蜀宫妓图》《秋风纨扇图》等。

青藤白阳

徐渭与陈道复并称“青藤白阳”。徐渭（1521 ~ 1593 年），明代著名剧作家、文学家、画家。字文清，后改字为文长，号天池山人，别号田丹水、天池渔隐、天池生、金回山人、青藤老人、白鹇山人、山阴布衣等。晚年号青藤道士，有时署名田水月。徐渭最擅花鸟，山水、人物、水墨写意成就次之。徐渭的写意花卉惊世骇俗，用笔狂放而不重形似，自成一家。传世名作《杂花院》，画面气势豪放，非常漂亮，展示了他高度的绘画技巧。正所谓“无法中有法”“乱而不乱”。此外，徐渭在戏曲创作方面也留下了美名，其杂剧《四声猿》是中国戏曲史上的一颗明珠。总而言之，他的诗文书画处处弥漫着一股郁勃的不平之气和苍茫之感。

陈道复（1483 ~ 1544 年），明代著名的花鸟画家。初名淳，后改字复甫，号白阳山人。他长于山水，仿效米友仁和高克恭，在花鸟画方面，学习沈周和文徵明。他的淡色或水墨大写意，对明清以来的画家影响很大。陈道复的画风非常清雅，笔法自然而细腻，无论是笔墨的运用还是线条的运用，都有很好的节奏感，给人以灵动之感。他的花卉画使得沈周所开创的意笔写生体系更为完善，开拓了花卉画的新境。中年以后，陈道复的笔墨变得放纵，书、画都显出鲜明的个性。他的传世作品有《葵石图》《花卉》和《罨画山图》等。

南陈北崔

“南陈北崔”指的是明朝后期两位以人物画著称于世的画家陈洪绶和崔子忠。陈洪绶（1599 ~ 1652 年），字章侯，号老莲、悔迟、老迟。诸暨（今浙江诸暨）人。崇祯朝为监生，清军入关后出家为僧。他是一位全面型画家，人物、山水、花鸟及梅竹四大类都有涉足，尤其擅长人物画。他的人物画包括故事画、宗教画、高士画、仕女画及肖像画（木刻插画）等，经常为文学作品创作插图。陈洪绶不拘守成法，大胆突破前人成规，有独创精神，自成一家，艺术效果具有奇傲古拙气势，被人们称为“高古奇骇”。有《荷花鸳鸯图》《升庵簪花图》《婴戏图》《西厢记》传世。

陈洪绶像

崔子忠，生卒年不详，初名丹，字开予，更名后，字道田，号北海、青蚓，山东莱阳人。他曾拜董其昌为师，擅长画人物、仕女、肖像，师法顾恺之、陆探微、阎立本、吴道子等。崔子忠所画的人物面目奇古，线条细劲，格调高古，境界奇异。传世名画有《云中玉女图》等。

松江派

松江派是明末的山水画流派之一，以顾正谊为创始人，董其昌为其最著名的代表。松江派有3个支派：以顾正谊为首的称“华亭派”，以赵左为首的称“苏松派”，以沈士充为首的称“云间派”。因为他们都是松江府（今上海松江，古称华亭）人，画风亦互有影响，所以概称之为“松江派”。松江派山水画的典型风格是逸润苍郁，骨气灵秀，其中成就最高的董其昌（1555～1636年）是晚明最为杰出、也是影响最大的书画家，他的画作追求平淡天真的格调，讲究笔致墨韵，用笔洗练，墨色清淡，层次分明，古雅秀润。明末朱谋㙔编著的《画史绘要》评价说：“董其昌山水树石，烟云流润，神气俱足，而出于儒雅之笔，风流蕴藉，为本朝第一。”

四 僧

“四僧”是指清初的4位画家：石涛、朱耷、弘仁、髡残。他们都出生于明朝末年。清初，他们和当时的一些知识分子一样，誓不仕清。于是，他们削发为僧，避世山野林间，以绘画抒发愤慨和忧愁，因而被人称为在野“四僧”。他们虽然在野，但他们在绘画上所取得的成就，对清初画坛仍产生了重大影响。

“四僧”在创作上都崇尚自然，反对泥古不化；豪放、磊落是他们共有的画风；多利用传统艺术形式，面向自然、面对人生，强调抒发情感，表达真实感受；他们也重视笔墨情趣，并寻找自己的绘画空间，抚慰受到伤害的心灵。

石涛是扬州画派的先驱，善画山水，兼工人物、兰竹。他绘画讲求独创，构图新奇，尤擅长截取法。运笔恣肆，粗细刚柔并用，泼墨挥洒，不拘小节，作品意境多苍莽新奇。石涛在绘画艺术上的独特成就，对清一代画家影响很大。朱耷以画花鸟画闻名，继承徐渭的传统，发展了泼墨写意画法。作品往往借物抒情，以象征、寓意和夸张的手法，塑造奇特的形象，抒发厌恶世俗生活和国亡家破的痛苦内心。他的画对后来的“扬州八怪”和近现代大写意花鸟画影响很大。弘仁擅长山水，喜欢模仿倪云林。他的作品笔墨秀逸，布局奇兀，近景大岩壁立，远山缥缈朦胧，掩映生姿，当时极有声誉。他的设色山水和墨笔山水长卷，均为精绝之作。髡残擅绘人物、花卉，尤其精于山水。他的山水画，笔法厚重、苍劲有力；善用雄健的秃笔和泼墨，层层皴擦勾染，笔墨交融，厚重而不呆板，秃笔而不干枯；山石多用解索皴和披麻皴，并以浓墨点苔，显得山川湿厚，草木华郁。

扬州八怪

“扬州八怪”是指清康乾年间活跃在扬州的一批大艺术家，他们有大致相同的画风、趣味以及文艺思想和命运。八怪究竟是哪几位画家，历来说法不一，现在一般是指汪士慎（1686～1759年）、黄慎（1687～1768年）、金农（1687～1764年）、高翔（1688～1753年）、李鱓（1682～1762年）、郑燮（1693～1765年）、李方膺（1695～1755年）和罗聘（1733～1799年）等8人。“扬州八怪”对官场的黑暗、富商的巧取豪夺深感痛恨，对劳动人民的疾苦抱以深切的同情，在生活上大都历经坎坷，最后走上了以卖画为生的道路。他们虽然卖画，却是以画寄情，在书画艺术上有更高的追求，不愿流入一般画工的行列。

“扬州八怪”在艺术观上，最突出的一点是重视个性表现，建立自己的“门户”；在题材选择和内容含意上大胆创新，将百姓日常生活用品纳入绘画题材之中，同时扩大花鸟画的范围，多以梅、兰、竹、松、石为描写对象。在绘画风格上，“扬州八怪”主要继承了徐渭、石涛等人的水墨写意画技巧，他们学习前人，但又不拘泥于那些前辈的技艺，进一步发挥了水墨特长，以简练的手法塑造物象，不拘于某些具体环节的形似。笔墨上，纵横驰骋，随意挥洒，力求神似，直抒胸臆。在内容含意上，他们除了表现一般的孤高、绝俗等思想外，还运用象征、联想、隐喻、夸张等手法，并通过在画上题写诗文，赋予作品深刻的社会内容和独特的表现形式。如郑燮的《墨竹》，看此画，读竹旁之诗，使人不由得联想到当时的灾荒、饥馑，充分体现了画家那颗仁慈、爱民之心。再如李鱓的《鸡》，此画以象征、隐喻手法劝人行善。“扬州八怪”的绘画技艺和风格特色虽然只流行于扬州及相邻地区，但它在继承和发展水墨写意画上，产生了巨大的推动作用。

赵之谦

赵之谦（1829 ~ 1884 年），会稽（今浙江绍兴）人，初字益甫，号冷君，后改字叔，号铁三，又号憨寮、悲庵、无闷、梅庵等，所居曰“二金蝶堂”“苦兼室”，清咸丰年间举人，三次参加会试皆未中，后来曾担任江西鄱阳、奉新和南城知县。赵之谦自幼博闻强识，工于诗文，尤其擅长书法，初时效法颜真卿，后取法北朝碑刻，所作楷书笔致婉转圆通，人称“魏底颜面”，篆书则在邓石如的基础上赋予魏碑笔意，亦能以魏碑体势作行草书，融行、草、隶、篆于一体，奇倔雄强，超然脱俗，自成一格；亦善绘画，人物、山水俱佳，花卉写意笔墨独标；篆刻方面也卓然成家，博取秦诏、汉镜、汉铭文、钱币文、瓦当文和碑版文字等入印，一扫旧习，章法多变而意境清新，风格苍秀雄浑，显示出独特的风貌。赵之谦还将诗、书、画、篆有机地融合起来，并且做到推陈出新，成就斐然，精神风骨尤其为人所重，堪称独步一代的艺术大师。

吴昌硕

吴昌硕（1844 ~ 1927 年），浙江安吉人。我国近代金石、书、画大师，“海派”代表人物。写意花卉最为擅长，深受徐渭和朱耷影响，在绘画中融入书法、篆刻的运刀和章法，画风独特。善用篆笔画梅、兰，笔墨酣畅，富有情趣；喜用狂草画葡萄，笔力老辣，气势雄强。在构图格局上他喜欢用“之”和“女”型；在用色方面，爱用浓色，尤爱西洋红。到了晚年，吴昌硕尤爱画牡丹。他笔下的牡丹花开烂漫，色彩多选用鲜艳的胭脂红，再配以茂密的枝叶，显得生气蓬勃。吴昌硕的篆刻先从浙派入手，后受到吴让之、邓石如、钱松等人的影响。31 岁以后往来江浙，阅历大量金石碑版、玺印、字画。定居上海后，诗、书、画、印并进，晚年形成独特风格，终成一代宗师。代表作有《紫藤图》《墨荷图》《松石图》《牡丹图》《桃实图》等。

岭南画派

岭南绘画是现代中国画的流派之一，指清末民初的广东画派，以“岭南三杰”为代表，主张吸取古今中外特别是西方绘画艺术之长以改造传统国画，使之发展为现代化、民族化、大众化的艺术，目的是改变中国人民的心灵，在国内外都有影响。

岭南画派的创始人高剑父，与高奇峰、陈树人并称为“岭南三杰”，他们师出同源，信奉相同的艺术原则，但风格不同，各有千秋。高剑父要求学生“青出于蓝而胜于蓝”。岭南画派的第二代的画家关山月、黎雄才、赵少昂等，也都有各不相同的风格。再后来，杨之光、陈金章、梁世雄、林墉、王玉珏等画家，也各有长处。岭南画派倡导美学教育，特地在广州、上海等地创建了《时事画报》《真相画报》及审美书馆。

岭南画派的绘画题材多选木棉、奔马、雄鹰、苍松，其中南方风物较多。通过画面形象反映时代精神，在技法上则追求师法自然，吸取西欧水彩画的光影特色的同时又追求东方古画拙朴的神韵，因而作品赋色和谐，清新明快，晕染柔净，具有浓厚馥郁的岭南风情。

岭南画派的最大艺术特点在于创新，主张写实，博取诸家之长，发扬国画的优良传统，在中国画史上是鲜亮的一笔。

海上画派

海上画派，通常是指 19 世纪中叶至 20 世纪初期，一群活跃于上海地区的画家。海派画家集中在清末民初的上海，因为地域之便，他们有机会不断接触外界的新鲜事物，这为艺术的发展提供了丰厚的土壤。海派画家以传统文化为基础开拓了新的画风。这些画家性格迥异，画风多样，代表人物有“海上三任”、虚谷、吴昌硕等。

“海上三任”指的是名扬中外的晚清上海著名画家任熊、任薰和任颐。其中任颐在艺术上成就最高、影响最大。任熊（1823 ~ 1857 年），海上画派早期的领袖人物之一，人物、花卉、山水无不擅长，特别以肖像画著称。他的笔法清新活泼，画作很有装饰趣味，深受当时人们喜爱。代表作品有《自画像》等。任薰是任熊的弟弟，特别善画花鸟，用笔风格劲挺，他的人物画画风与任熊非常相近。任颐（1840 ~ 1896 年），浙江萧山人。专工人物、花鸟，常以风土人情和民间传说入画，画中融汇了艺术与现实。他的人物画题材广泛，具有非常独特的风韵，很注重写生。山水也是他所擅长的题材。他的通景屏《群仙祝寿图》是近代绘画中少见的佳作，特点是构思奇妙，人物形象生动，精美之程度令人惊叹。任颐以他自身中西贯通的极高绘画素养，最终成为晚清画坛上最杰出的画家之一。画僧虚谷的山水画《观潮图》《日长山静图》等作品，笔法冷峻，风格洒脱清秀；吴昌硕作为海派的中坚人物，将书法、篆刻融入绘画创作当中，韵味独特。

总而言之，海上画派艺术特点是题材以花鸟画为多，其次人物，再次山水，在笔法墨法的应用上，简逸明快，追求意境。习惯于借古喻今，借物寓意，讲究内涵充实。他们的画作兼有商业价值和欣赏收藏价值。

汉代画像石与画像砖

画像石指的是在石料上雕刻图像的石刻艺术。它盛行于西汉至唐，多见于墓室、祠堂、石碑、石阙、门楣、棺椁上。画像石的内容十分丰富，有历史故事、乐舞杂技、车骑出行、建筑、生产劳动等，具有很高的历史和艺术价值。山东嘉祥武翟山下的东汉武氏祠内的画像石上有历史故事、烈女故事、孝义故事、神话传说等，多达 25 种。其中一幅刻画了荆轲刺秦王的故事，柱子右侧是惊慌逃跑的秦王，左侧是怒发冲冠、奋力投出匕首的荆轲，秦王脚下是早已吓瘫的秦舞阳，让人看了有一种惊心动魄之感。

画像砖起源于战国时期，盛行于两汉，多在墓室中构成壁画，有的也装饰在宫殿中。画像砖的画面内容非常丰富，有表现劳动生产内容的，如播种、收割、舂米、酿造、放牧等；有表现社会风俗的，如宴乐、杂技、舞蹈、驯兽等；有神话故事，如西王母、月宫等；还有达官贵人乘车马出行和狩猎的。所以画像砖不仅是美术作品，也是记录当时生产生活的资料。

新津崖墓汉画像石《孔子问礼》
此画像石绘孔子向老子问礼的情景。

永乐宫壁画

永乐宫壁画坐落于山西平陆县黄河北岸的永乐镇，属于元代道教宫观壁画。根据壁画上留存的题记，我们可以知道此壁画由洛阳马君祥父子等人绘制，于元泰定二年（1325 年）完成。永乐宫壁画总体面积共约 873 平方米，规模宏伟，画面壮丽而又灿烂辉煌，是世界罕见的艺术瑰宝。永乐宫壁画历经风雨却依然保持着清晰的面貌，这在我国古代壁画中是非常难得的。

永乐宫的主殿是三清殿，殿内四壁描绘的都是道教神仙朝元的盛况，画面叫作《朝元图》。在这幅画上，会聚了众多人物，场面壮阔，群像的神态刻画严谨工致，极其细致，画师的线条简练严谨、流畅刚劲，整幅壁画上除主神的衣服色彩采用绯红和堆金沥粉外，其他人物的衣服色彩均以青绿为主，生动表现了人们理想中神仙人物的庄严和清静。除三清殿主殿以外，其他的大殿如无极门、纯阳殿、重阳殿的殿内也绘有大量壁画，创作的时间晚于三清殿壁画，这些画中的主题内容全部以当时的现实生活为背景，包罗万象。永乐宫壁画的规模宏大，描绘人物众多，画面上所表现的神话故事想象力丰富，表现出画师的功力和高超的艺术欣赏力，令人肃然起敬。永乐宫壁画，称得上是现存古代道教壁画的最佳作品之一。

中国三大石窟

龙门石窟、云冈石窟、敦煌莫高窟被誉为“中国三大石窟”。龙门石窟位于河南洛阳南面伊水两岸的东、西山上，属于佛教石窟，它南北长约1000米，现存2100多个窟龛，共有3600多品碑刻题记，还有40多座佛塔。龙门石窟始建于北魏时期，历经东魏、西魏、北齐、隋、唐、北宋几朝，通过连续的大规模营建，内容不断增添。龙门北魏窟龛早期的诸多造像，人物衣褶样式都为云冈旧式，造像面容显得非常柔和。唐代的龙门石窟中的造像特点是时间长、规模大、题材丰富，早期的洞窟内的造像体态圆肥丰满；中期的造像成就最高，造像特点是肌肉丰腴，体态婀娜多姿，极富曲线美；晚期的石窟造像规模明显减小，数量也减少。

云冈石窟在山西大同市西郊武周山北崖，石窟依山开凿，东西绵延大约1000米，甚是壮观，现存45个主要洞窟，51000余尊雕造像，其中的大佛最高达17米。云冈石窟中的昙曜五窟也就是现在的云冈第16窟至20窟，开凿最早，最具宏伟气魄。而第五、六窟和五华洞中，所有的内容最为丰富多彩，极为富丽瑰奇，所有的造像都具有其内在的气魄和力量，是云冈艺术的精华所在。从石窟中的种种纪年铭刻和艺术风格上看，云冈石窟基本上都是北魏的遗物，距今已有1500多年。

敦煌石窟是我国甘肃敦煌一带石窟的总称，位于如今的甘肃敦煌的鸣沙山与三危山之间的断崖上，所在崖面全长1618米，南端长约1000米的地段内分布了洞窟的绝大部分，北端崖壁上洞窟数量很少。莫高窟现存的大小洞窟有491座，塑像有2400多尊，壁画45000余平方米。莫高窟开凿于十六国时期的前秦，北凉、西魏、北周、隋、唐、五代、宋、西夏、元、清等朝代依次修建维护。莫高窟艺术最大的特点是建筑、塑像和壁画三者有机结合。莫高窟的窟形建制有禅窟、影窟、殿堂窟、穹隆顶窟、塔庙窟等；彩塑形式则有影塑、圆塑、浮塑、善业塑等分别；壁画的类别有故事画、佛教史迹画、经变画、供养画、动物画、尊像画、建筑画、山水画、装饰画等。敦煌莫高窟的人物壁画画面精美绚丽、色调明净，充分体现了隋唐宗教绘画的现实主义思想。敦煌莫高窟壁画直观地反映了十多个朝代的社会形态及当时涉外交流的状况，堪称是全人类的文化宝藏。

大足石刻

大足石刻位于重庆大足县、潼南县、铜梁县、璧山县境内，是摩崖造像的石窟艺术的总称。其中佛、儒、道教造像并陈，主要是佛教造像。大足石刻的规模和艺术造诣，以及历史文化内涵，都可以和敦煌莫高窟、云冈石窟、龙门石窟媲美。大足石刻始建于唐永徽年间，历经晚唐、五代，至两宋时最为兴盛，绵延修建增补至明清。大足石刻现存石刻造像70多处，总计约有10万多躯，最为著名的是宝顶山和北山摩崖石刻。由于地处偏远，大足石刻幸免遭到战争与人为毁坏，保存较为完好，极具文物研究和欣赏价值。

大足石刻北山石刻有“转轮经藏窟”，此处的石刻造像整体布局协调，造型优雅，雕刻刀法精细，特别是窟中的普贤菩萨，有“东方维纳斯”的美誉，令人难忘。宝顶山的石刻气势磅礴，带有佛教的世俗化、民族化、生活化特征。南山石刻集中展示了中国道教造像的特色，三清古洞聚集了中国宋代最为精美的雕刻。大足石刻，还伴随造像出土大量的经文、傍题、颂词、记事等石刻铭文15万余字，不仅是宝贵的研究资料，同时也是金石佳品。大足石刻可以看成是佛教、道教和儒家艺术的教科书，“凡佛典所载，无不备列”，“神的人化与人的神化”在大足石刻中达到高度统一。

秦始皇陵兵马俑

秦始皇兵马俑是秦始皇陵墓里随葬的陶塑作品。1974年，当地打井的农民先是发现了最大的一号坑，后经考古学家钻探又先后发现二、三号坑。3个坑内共发掘出陶俑7000多件，战车100多乘，兵器10万多件。其中一号坑面积最大，达14260平方米，坑内有各类人俑6000多件，列队而立；二号坑内总有1000多件兵、马俑，是以战车、骑兵为主要组成的混列兵种阵列；三号坑乃是作为指挥场所的小坑，仅有60多个兵马俑。所有兵马俑均仿照真人真马的尺寸，其中的兵俑身高在1.75～1.85米之间，根据装束、发式的不同可以分为将军俑、武士俑、车士俑等。这些兵马俑形象逼真，神态生动，排成方队之后，气势恢宏，让人强烈地感受到当年吞并六国、逐匈奴七百里的大秦帝国军队的威武之势。

秦兵马俑不是由单一的模具脱制而成的，而是模拟真人真马制成的群塑，整体气势雄壮。兵马俑的脸形、发型、体态乃至神态都不相同，比如将军俑身着铠甲，形体高大健壮，体态勇武；跪射俑的神态丰富而复杂，形神兼备。兵马俑的工艺之精湛令人叹为观止，再加上车马上的装饰都是和当时真实生活相同，给人以身临其境之感，也成为研究秦史的绝佳实物资料。秦兵马俑的出现，展示了我国秦代雕塑的高超水平，同时为我们研究秦代军事和文化等各方面提供了借鉴。

中华建筑

中国古代建筑

中国是“世界四大文明古国”之一，在悠久的历史进程中创造了辉煌的中国建筑体系。

中国古代建筑的发展大体可以分为6个阶段：远古至秦朝是第一个阶段，这一时期古代建筑初具雏形；两汉兴作不断，各种类型的建筑都得到了较大的发展，是古代建筑的发育时期；魏晋、南北朝时期，宫殿和佛教建筑兴盛起来，雕刻等装饰手法也有较大的发展；隋、唐时期，宫殿、寺观，乃至桥梁等建筑不断有精品出现，是古代建筑全盛和成熟的时期；五代、宋、辽、金时期，古代建筑开始华丽、细致，到南宋时期更显得纤靡，不及隋唐时期的雄伟壮阔；元、明、清时期，宫殿建筑的规模和气势达到了顶峰，清朝后期国外的一些建筑形式和手法逐渐传入，中国传统建筑中逐渐融入异域建筑特点。

中国古代建筑有诸多特征，如多选用木材做主要建筑材料，砖石常被当作辅料来使用；外部轮廓特异，给人以飘逸优美的感觉，极富吸引力；以斗拱为结构的关键。在横梁及立柱间过渡处，施横材方木相互垒叠，前后伸出叫作“斗拱”，其功用在于以伸出的斗拱承受上部结构的重量，并将其转移到立柱上面，四周的墙壁对屋顶重量不起主要的支撑作用，所以有“墙倒而屋不塌”的现象。宫殿、庙宇等庄严的建筑群常采用左右匀称、绝对整齐对称的布局形式。园林等休闲游乐场所，布局则没有固定的模式，结构自由随意。

六大古都

我国古代的都城通常是政治中心和经济中心的结合体，同时还是文化中心。我们通常所说的“六大古都”，分别是西安、开封、洛阳、北京、南京、杭州。从实际情况看，西安、北京和南京对古城风貌保持得较好，存留了大量古代文物和各种建筑遗迹，比较能体现古都的各方面特点。

西安位居“六大古都”之首，它在中国古代历史上建都最早、时间最长、定都朝代最多。在西安建立都城的朝代包括西周、秦、西汉、前秦、隋、唐等。而明清时期的西安，已成为军事指挥中心和西北区域的政治军事中心。西安的城市布局是北方平原地带城市的典型代表，特色是方整规则，道路宽敞笔直。我们今天见到的钟楼和鼓楼，是明代的遗留。

洛阳乃天下之中，西周初年，周公营建东都洛邑，就在此地。西周灭后，周平王迁都于此，开始了它作为首都的序幕，此后，东汉、曹魏、西晋、北魏，都在这里定都，隋朝和唐朝把这里称为“东都”，以掌控天下。后来，后梁和后唐也曾于此建都，所以洛阳有“九朝古都”之称。

开封乃是七朝古都，最早在此定都的是战国时期的魏国，当时称大梁，魏灭后衰落；隋代大运河开凿后，开封再次繁荣，后梁、后晋、后汉、后周和北宋都在此定都，称为东京。特别是在北宋时期，开封城达到鼎盛，当时它是大运河的中枢，城内交通方便，舟桥林立，非常繁华。宋亡后金朝曾迁都于此。

南京最初为三国时期东吴都城。后成为东晋及南朝宋、齐、梁、陈的国都，五代的南唐、明代早期、太平天国、中华民国均建都于此。南京城虎踞龙盘，但却饱受磨难，战争的破坏尤其严重，数度繁华的东南大都会，并没有留下太多的古迹。

北京位于华北平原北部，战国时为燕国国都，金时正式建都，称“中都”。元大都坐北朝南，分为大城、皇城和宫城部分，城墙为夯土筑造，共有 11 座城门，东西南各 3 门，元大都划定南北中轴，布局围绕这个中轴展开，显示出与前代不同的特点。明清时期的北京，在元大都的基础上加以改建而建都，其布局近乎完整地保存到现代。

在“六大古都”中，杭州资历最浅，但以风光秀丽驰名天下，正所谓“上有天堂，下有苏杭”。杭州始建于秦朝，到唐朝才繁荣起来。唐末，吴越王钱镠在此建都。金兵灭掉北宋后，赵构南渡定都于此。虽然作为都城的历史不长，但杭州却拥有大批名闻世界的名胜古迹，引得天下游客流连忘返。

古城墙

城市是人类文明发展到一个重要历史阶段的标志，而城墙则是一座城市的重要标志。我国古代的城市从尊贵的京都到一般府、县乃至一些乡、镇都建有城墙来防御外敌的入侵。

城墙上一般有城门、城楼、角楼、墙台、敌楼、宇墙、垛口等防御工事，构成了一整套坚固的城防体系。此外有些城墙还起着防洪的作用。我国现存有不少著名的古城墙，如安徽寿县、江西赣州、湖北荆州、浙江衢州等城墙，都有重要的防洪功能，其中一个突出的例子是浙江临海（台州）的城墙，其瓮城、马道等结构与形式都是为防洪而专门设计的。我国古代的城墙建筑，不仅固若金汤，在建筑艺术上也有突出的成就。现存北京的前门城楼、箭楼，德胜门箭楼、东南角楼，西安城墙的城楼、箭楼等，莫不以其坚固的城墙、高耸的城楼、宽广的护城河显示出雄伟壮观的气势；北京故宫紫禁城的城角楼，飞檐折角，重檐金顶，倒映护城河中，确是一幅优美的图画。现在保存较为完整的城墙有陕西西安城墙、湖北江陵县的荆州城墙、湖北襄阳县的古城墙、辽宁兴城的宁远卫城墙、山西平遥县的古城墙、福建惠安县的崇武城墙等，其中，尤以陕西西安城墙规模最大且最完整，它平面呈长方形，周长 11.9 千米，高 12 米，顶宽 12 ~ 14 米。城墙外有宽 20 米、深 10 米的护城河。墙面用青砖包砌，厚重坚实，东西南北四面均开设城门。城门上建有城楼、箭楼、闸楼，巍峨凌空，气势宏伟。城楼与箭楼之间有瓮城，城四角各有一座角楼，显示出我国古代京城的雄姿。它是我国现存唯一完整的古代大型城垣。

此外我国还有一些特殊的古城墙，如山东蓬莱戚继光备倭水城，是用来操练水军和停泊战舰以防御倭寇入侵的；北京卢沟桥的宛平城，是专门防守卢沟桥的桥头军事堡，等等。

万里长城

早在春秋时期，为抵御北方游牧民族的侵略，楚国修建了一段长城。到了战国，燕、赵、秦等诸侯国更是大规模修建。秦统一六国后，秦始皇派人把北方各诸侯国所筑长城连接起来，西起临洮，东到辽东，绵延一万多里，这就是“万里长城”名称的由来。之后，各朝各代都曾对万里长城进行过修缮，现今我们所看到的，主要是明代修建的长城。

长城依地形而建，就地取材。在有山的地方，长城就建在陡峭的山脊上，并开采山石，凿成巨大的条形，堆砌城墙，内填灰土，非常坚固；在黄土地上，长城主要用土夯筑；在沙漠里，则用沙砾做主要材料，层层铺设红柳和芦苇以使城墙更加稳固。长城是一个军事防御建筑，城墙顶上铺有方砖，非常平整，宽的地方可以并行五六匹马，可供兵马顺畅通行；城墙的外沿则排列着两米多高的垛子，垛子上部有方形的望口和射口，用来望敌情和射击敌人；城墙顶上每隔 300 余米设有一个屯兵的堡垒，打仗的时候，各堡垒之间可以互相接应；另外，长城的两边还有烽火台，有的紧靠长城两侧，有的则在长城以外，一旦有紧急情况，白天放烟，晚上点火，以提供警报和请求救援。长城规模宏大、气魄雄伟、建筑艺术精妙，是世界上伟大的奇迹之一，它凝聚着先人的血汗和智慧，是中华民族的骄傲和象征。

中国宫殿建筑

宫殿是皇帝处理国家大事和居住的地方，其规模宏大、气势磅礴、结构严谨给人以庄严肃穆的感觉和强烈的精神感染，从中突显出皇帝无上的权威。在我国，宫殿是古代最重要的建筑形式。殷商时期就已经有宫殿建筑，秦统一六国后，更是建立了大批的宫殿建筑，自此以后宫殿建筑进入繁荣发展的时期，在几千年的封建历史上，著名的宫殿建筑有：秦朝的阿房宫，西汉的长乐宫、未央宫，唐朝的大明宫等，我国现存的最宏伟壮丽的、保存最完整的宫殿建筑是明清时期的紫禁城宫殿。

我国的宫殿建筑主要有三个特点：第一，宫殿一般是一个庞大的建筑群，包含许多不同功能的建筑；第二，在布局上，强调“中正无邪”，最重要的建筑都建在中轴线上，其他辅助性的建筑则建在两侧；第三，都城和宫殿二者的关系非常紧密，宫殿的布局往往扩大到整个都城，从而进一步凸显出宫殿的重要地位。

综观宫殿建筑发展的历史，大体上可以分为两个阶段。春秋至唐代是第一个阶段，这一时期，宫殿一般建在都城内，宫殿的一边或者两边靠着城墙，或者宫殿傍着城墙的一边或者一角建在都城外，也有分建两座城的。这一类型的宫殿有：春秋战国时期齐国的都城临淄、西汉的长安城、东汉和北魏的洛阳城、隋唐的长安城和洛阳城等。第二个阶段自北宋起，这一阶段的宫殿建于都城中，四面被都城包围，如北宋的开封城、元大都、明清北京城等。

阿房宫

阿房宫号称“秦川第一宫”。“阿房”是“近旁”的意思。秦始皇在统一六国后，绘制了六国王宫宝图，在秦国咸阳的渭水南岸进行仿造，称为“六国宫殿”。相传共有宫室 145 处，其中著名的有信宫、甘泉宫、兴乐宫等。公元前 212 年，秦始皇又下令在渭河以南兴建更大的宫殿——朝宫，朝宫就是阿房宫。

西汉史学家司马迁在《史记·始皇本纪》记载：阿房宫前殿，东西五百步，南北五十丈，殿中能坐 1 万人。宫殿四周为阁道，从殿下直抵南山。在南山的峰巅建宫阙，又修复道，通过阿房宫渡过渭水直达咸阳。《汉书·贾山传》记载阿房宫的规模“东西五里，南北千步”。秦朝末年，项羽火烧阿房宫，大火

3个月不熄。现在在陕西西安西郊三桥镇以南，东起巨家庄，西到古城村，还保存着约60万平方米的阿房宫遗址。但在近年来的考古发掘中，史学界却得出了新的结论，即当年秦始皇虽然大力兴建阿房宫，但因工程规模浩大，加之秦末乱世人力匮乏，直至秦亡阿房宫也未竣工，它只是个半拉子工程。至于项羽火烧阿房宫，也是误传。

史书上记载项羽入咸阳曾“烧其宫室，虏其子女，收其珍宝货财”，但并未指出所烧的是阿房宫。

故 宫

故宫旧称紫禁城，是明清两代皇宫，中国现存最大最完整的古建筑群，也是现存的最大宫殿群，现为故宫博物院。

兴建于明朝永乐年间（1406 ~ 1420年），设计者是蒯祥。故宫是一个长方形城池，墙外有护城河环绕，占地72万平方米，建筑面积约15万平方米，拥有殿宇9999间半。故宫严格按照《周礼·考工记》中“前朝后市，左祖右社”的帝都营建原则建造。故宫有4个大门，正门（南门）名为午门，俗称五凤楼，午门后有5座汉白玉拱桥通往太和门。东门名东华门，西门名西华门，北门名神武门。故宫宫殿的建筑布局有外朝内廷之分。外朝是明清皇帝行使权力、举行盛典的地方，以太和、中和、保和三大殿为中心，文华、武英两殿为两翼。太和殿（又称金銮殿）是皇帝即位、举行节日庆典和出兵征伐等大典的地方。中和殿是皇帝休息和接受大典中执事官员参拜的地方。保和殿是科举考试举行殿试的地方。内廷是封建帝王和后妃居住的地方，以乾清宫、交泰殿、坤宁宫为中心，东西六宫为两翼。

坛庙建筑

坛庙建筑主要用于祭祀天地、日月、社稷山川、帝王先贤、名人祖宗，在我国古代建筑中占有重要的地位。

我国坛庙建筑的历史比宗教建筑更为悠久，在内蒙古、辽宁、浙江等地发现的一批坛庙建筑，距今有五六千年。在不断发展的历史进程中，坛庙逐渐由原先的宗教信仰范畴的建筑发展成为封建国家具有政治作用的设施，成为都城、府县建设中必不可少的工程项目。

坛庙建筑按其祭祀对象可以分为两类：一类是祭祀自然神的坛庙，如天帝庙、日月星辰风云雷电之神的神庙、社稷庙、先农庙、岳镇庙、城隍庙、土地庙等；一类是祭祀鬼神的庙，鬼神即人死之后的神灵，如关公庙、孔庙、亚圣庙、文昌庙、武侯祠以及人们供奉历代祖宗的神庙等。在都城中必须建设的坛庙建筑有：太庙、社稷坛、天坛等，而地方府县必然建造的坛庙建筑有：山川坛、社稷坛、城隍庙、孔庙等。此外，各地还根据本地的历史文化修建各种具有地方特色的神庙，如苏州一带有祭祀早期开拓者的“泰伯庙”，有祭祀春秋战国时期辅助吴王兴国的功臣伍子胥的神庙；沿海各地有祭祀海上女神天妃的“妈祖庙”等，而历代官员及其后代建造的家庙更是遍布全国各地。现存的著名坛庙建筑有：北京天坛、地坛、社稷坛、太庙，山东曲阜的孔庙，四川成都的武侯祠，山东邹城的亚圣殿等。

天 坛

天坛是明清皇帝祭天和祈谷的地方，位于今北京东城区，是世界上现存最大的古代祭祀性建筑群，始建于明永乐十八年（1420 年），占地约 270 万平方米。天坛建筑布局呈“回”字形，有两层垣墙，形成内外坛。坛墙南方北圆，象征天圆地方。主要建筑有斋宫、圜丘、祈年殿、长廊、万寿亭、回音壁、三音石、七星石等。天坛的代表建筑是圜丘和祈年殿等。圜丘和祈年殿间由一条长 359 米，宽 28 米，高 2.5 米的丹陛桥连接。圜丘位于丹陛桥南端，由 3 层圆形露天石坛构成，每层都围有汉白玉石围栏。祈年殿位于丹陛桥北端，正月上辛日在这里合祭天地。大殿建在高 6 米，底层直径 90.9 米的 3 层汉白玉圆形的祈谷坛上。祈年殿呈圆形，高 38 米，直径 32.72 米，是三重檐亭式圆殿。殿内中央的四根龙井柱高 19.2 米，象征一年的四季；中层 12 根金漆柱，象征一年 12 个月；外层 12 根檐柱，象征一天 12 个时辰。中外层共 24 根柱象征二十四节气。

天坛祈年殿

天坛成功地将中国人对“天人关系”的认识以及对上天的敬畏与期望体现出来；处处展示着中国人传统的哲学观念和象征的艺术手法；集古代科技成就如数学、力学、美学、生态学于一炉，是中国古代具代表性的建筑精品。

陵墓建筑

陵墓是我国古代埋葬帝王或后妃的坟墓和祭祀建筑群，是我国古代建筑中规模最大的建筑形式之一。古人有灵魂的观念，认为人死之后，还有所谓的阴间，死人要在阴间继续生活。所以，上至帝王将相、达官贵人，下至黎民百姓无不重视丧葬，精心为死者构筑坟墓。在漫长的历史时期，陵墓在不断的发展过程中，逐步融合了绘画、雕塑、书法的艺术形式，出现了众多规模巨大、布局合理、结构精美的陵墓群。其中，最有代表性的是帝王陵。

帝王陵墓一般靠山建筑，也有少数建在平原上。陵园的布局一般以山为主体，四面建筑城墙、城门，城墙的四角建有角楼，在陵墓的前面建有甬道，甬道的两侧立着石人、石兽的雕像，陵区内遍植松、柏，树木森森，给人以庄严肃穆的感觉。陵墓之内建有殿堂，用来放置已故帝王的衣冠和用具，并设置宫人服侍，就像帝王生前一样。如秦始皇的陵墓内，还用水银造成江河湖海的样子，用金银雕刻出山林和鸟兽，另有规模庞大、气势不凡的兵马俑；而唐朝懿德太子的陵墓内部，由墓道、过洞、天井、甬道、前室、后室等部分组成，四周墓壁上则绘有城墙、阙楼、宫城、宫门、殿堂等内容，完全是生前生活环境的写照。陵墓的墓室主要用木、砖、石 3 种材料筑成，殷商至西汉早期的墓室结构是井擀式结构，即用大块木材纵横交错建成墓室，后来又出现了用大木枋紧密排列构成的“黄肠题奏式”墓室。西汉中期出现砖结构的墓室，南北朝和隋唐时期，逐渐得到推广。石筑墓室在五代及宋朝时期已经广泛运用，但这一时期的墓室是石料和木料并用，直到明清时期，墓室全部采用高级石料修建，形成一组华丽的地下宫殿。

现存比较著名的陵墓建筑有：陕西临潼区的秦始皇陵、陕西乾县的唐乾陵、河南巩义市的宋陵、北京昌平区的明十三陵、河北遵化市和易县的清东陵和清西陵等。

古 塔

我国的古塔是我国古代的高层建筑，源于印度。在印度梵语中称为“浮屠”，据说是有人出于向佛祖表达敬意而建造的，也有说是为了供奉佛祖的舍利而建造的。古塔是我国古代建筑中最为多样、数量极大的建筑类型。我国现存的佛塔有 2000 余座，大江南北无处不有，其中比较著名的有：山西应县木塔、山西普救寺莺莺塔、河北承德普乐寺上琉璃小塔、安徽安庆迎江塔等。

山西应县木塔，位于山西忻州市应县县城内西北角的佛宫寺院内，它是我国现存最古老、最高大的纯木结构的高层古建筑，在世界上也是独一无二的。塔有 9 层，高达 67.31 米，底层直径 30.27 米，整体重量约有 7400 吨，整个建筑由第一层开始向上逐渐变小，轮廓优美，有“远看擎天柱，近似百尺莲”的说法。整个建筑全用木材建成，没用一根铁钉，让人叹为观止。

山西普救寺莺莺塔，塔平面呈四方形，底层每边长 8.05 米，门开在南面，门宽 1.28 米。塔基呈正方形，塔平面为四方形，全塔共 13 层，高 36.76 米。塔的内部是多层空心的，最为奇妙的是塔有神奇的声学效果，站在塔底，上面人的说话声听起来像是从地下传来一样。它与北京天坛回音壁、四川大佛寺石琴、河南蛤蟆塔被称为“四大回音建筑”。

河北承德普乐寺琉璃小塔，普乐寺是雄伟的皇家寺庙，寺的东部有一座巨大的经坛，这是藏传佛教修炼、传经的地方。在经坛的四角和四面的中间建有八座宝塔，塔分为黄、白、青、紫、黑五色。这些塔的下面有四角形、六角形、八角形的台基，台基上饰有精美的花纹，整个塔看起来色调明快，雍容华贵。

卢沟桥

卢沟桥位于北京丰台区宛平城西门外的永定河上，是北京现存最古老的石造联拱桥。始建于金大定二十九年（1189 年），明昌三年（1192 年）建成，后世曾多次重修。卢沟桥全长 266.5 米，宽 7.5 米，有 10 座桥墩，共 11 涵孔，是华北最长的古代石桥。整个桥体都是石结构，桥面用石板铺砌，两旁造有石栏扶手，各用石柱 140 个，高 1.4 米，柱头上共刻有大小石狮 497 个，雕刻精美，姿态各异。桥两端各有华表、御碑亭、碑刻等。桥东的碑亭内立有清朝乾隆题“卢沟晓月”汉白玉碑（卢沟晓月是“燕京八景”之一）。意大利旅行家马可·波罗称赞卢沟桥：“它是世界上最好的、独一无二的桥。”

赵州桥

赵州桥又名安济桥，俗称大石桥。位于河北石家庄市赵县的洨河之上，建于隋代大业元年至十一年（公元 605 ～ 615 年），距今已有 1400 多年，是由工匠李春设计建造的。它是世界上现存最早、保存最好的石拱桥，被誉为“华北四宝”之一。

赵州桥是一座弧形单孔石拱桥，全长 64.4 米，券高 7.23 米，单孔跨度 37 米，桥面宽 10 米，用厚约 30 厘米的条石铺成。它的大石拱由 28 券（窄拱）并列组成，大石拱上两端各建有两个小拱（净跨分别是 2.85 米和 3.81 米），它们不但节省了石料，而且还能减轻桥身自重和增大泄洪面积。赵州桥结构坚固，雄伟壮观，设计合乎科学原理，施工技术巧妙绝伦。唐代中书令张嘉贞在《赵州大石桥铭》中称赞它“制造奇特，人不知其所为”。由于桥位良好、基底应力适宜，1400 多年来赵州桥经历了 10 次水灾、8 次战乱和多次地震，但桥身基本完好，至今仍在发挥作用。

石窟建筑艺术

石窟是在山崖陡壁上开凿的一种洞窟形的佛教建筑，又叫石窟寺，起源于印度，同佛教一起传入中国。我国从南北朝时期开始盛行开凿石窟，元、明以后，开凿石窟的风气消退下来。现存的石窟分布非常广泛，西至西藏西部，东至沿海地区，北至辽宁，南达云南，所在地点多是风景秀丽的山川，借助于壮美的山河来凸显出佛教的庄严。

石窟多建于悬崖峭壁上，但天然的适合建造石窟的陡壁并不多见，所以古人建造石窟之前，往往先要开辟陡壁，称之为“斩山”。在技术落后的古代，斩山的工程量十分巨大，如龙门石窟宾阳三洞所在的陡壁，光斩山花费了 20 多年的时间、82000 多名劳力。石窟的开凿通常依照自上而下、由外到内的顺序，先从门洞向上开辟一条施工道，到达一定高度后，再从上到下大面积开凿。另外，开凿石窟还要注意岩石的质地，硬度要适中，既要容易雕刻，又要耐风化，一般都开凿在石灰岩、砂岩和砾岩上。我国的著名石窟有：云冈石窟、龙门石窟、麦积山石窟、敦煌莫高窟等。

皇家园林

殷商时期的“囿”是皇家园林的原始形式，据史料记载，当时“囿”是指开辟一块地方，在里面种植树木、放养动物、挖掘池塘、筑造楼台，供皇家打猎、游玩、供奉神明及生产所用。当时最为著名的“囿”是周文王的灵囿。

秦汉时期，皇家园林发展成为山水宫苑的形式，就是在皇帝的离宫别苑周围圈一块地，形成一个自然的园林，其规模常达数百千米。如秦始皇所建的信宫、阿房宫，把宫阙建在终南山的顶峰，让樊川成为宫内的池塘，气势多么雄壮。汉朝时期，汉武帝修建完成了规模宏大、功能多样的上林苑，园内不仅有观赏景物的去处，有动物园、植物园、狩猎区，甚至还有赛狗场，在上林苑建章宫的太液池中，建有蓬莱、瀛洲、方丈 3 座仙山，“一池三山”的做法一直延续到了清代，上林苑标志着古代皇家园林建设的第一个高潮。

从魏晋南北朝开始，皇家园林更趋于华丽精致，虽然在规模上达不到秦汉时期的山水宫苑，但是在内容上则丰富得多，如北齐的高纬在仙都苑中建造“贫儿村”“买卖街”来体验民间生活；宋徽宗建造的艮岳，在平地上大兴土木，用仿造的人工假山来代替全国各地的名山大川，这一时期，假山的仿制已经达到了很高的水平。

元明清时期，皇家园林的建造日趋成熟，这一时期出现的名园，如颐和园、圆明园、避暑山庄、北海等，既继承了古代园林的优良传统，又有进一步突破和创新，无论在选址、立意、山水的构造乃至小路的铺设上，都表现出了令人叹服的高超技巧。如颐和园在仿制无锡寄畅园的基础上，把南方的西湖、江南水乡的风貌与北方的广袤和雄奇的大山融合起来，更建有众多的精美佛香阁，使人游了这一个园林，便好像见识了全国各地的美景。

避暑山庄

避暑山庄又名承德离宫、热河行宫，是清朝皇帝的夏宫，也是中国现存最大的古代离宫和皇家园林，位于河北承德市北部。

始建于清朝康熙四十二年（1703 年），后多次改扩建，乾隆五十五年（1790 年）建成。清朝前期，每年夏天，清朝皇帝都会到这里避暑并处理政务，避暑山庄成了清朝第二政治中心。避暑山庄占地 560 万平方米，分宫殿区和苑景区两大部分。苑景区又分湖区、平原、山峦三部分。这些风景都是仿照中国各地风景园林艺术风格而建，所以避暑山庄成为中国各地胜迹的缩影。宫殿区在山庄南端，主要建筑澹泊敬诚殿（正宫）是节日举行大典的地方。后面的依清旷殿是皇帝召见朝臣的地方。另外还有烟波致爽殿和云山胜地殿。正宫东侧的松鹤斋是后妃们居住的地方。避暑山庄周围是博仁寺、博善寺、普乐寺、安远庙、普宁寺、普佑寺、广缘寺、须弥福寿之庙、普陀宗乘之庙、广安寺、罗汉堂和殊像寺 12 座藏传佛教寺庙群。

圆明园

圆明园位于北京海淀区，原为清代的一座大型皇家园林，与附园长春、绮春（万春）合称“圆明三园”。1860 年，被英法联军焚毁。

圆明园始建于清朝康熙四十八年（1709 年），乾隆九年（1744 年）完工。附园长春和绮春两园分别建成于乾隆十六年（1751 年）和乾隆三十七年（1772 年），时间长达150多年。圆明园不仅是清朝皇帝休息的地方，也是他们会见大臣、接见外国使节、处理政务的地方，与紫禁城同为当时的全国政治中心，有“御园”之称。全园占地347万平方米，有建筑150多处，其中凿湖造山，遍植奇花异草，集中外园林建筑之精华，构筑有圆明园四十景。三园的平面布局呈一个“品”字形，有园门相通。全园以福海为中心，海中有“蓬岛瑶台”等三个小岛，象征道家“一池三仙山”之说。另外，长春园还有海晏堂、远瀛观等西洋风格的建筑。它还是一座大型的皇家博物馆，藏着许多珍宝、图书等，被誉为“万园之园”。1860年，英法联军攻入北京，抢劫了园中珍宝，并纵火焚毁，现仅有遗址存在。

被抢劫与焚毁后的圆明园大水法遗址

颐和园

颐和园位于北京市西北郊，原为清朝皇帝的行宫御苑，原名清漪园，是保存最完整的一座行宫御苑，始建于清乾隆十五年（1750年），咸丰十年（1860年）被英法侵略军焚毁，光绪十二年至二十一年（1886～1895年），慈禧挪用海军经费进行了重建，光绪十四年（1888年）改名颐和园。

颐和园以杭州西湖为蓝本，吸取了江南园林的设计手法和意境建造而成。全园占地面积约290万平方米，分为宫廷区和苑林区。宫廷区以仁寿殿为主，是政务活动区。苑林区以万寿山、昆明湖为主体。万寿山东西长约1000米，高60米，山上建有排云殿、德辉殿、佛香阁、智慧海等。昆明湖约占全园面积的78%，湖中有一模仿杭州西湖的苏堤而建的西堤。湖中有南湖岛，又称龙王庙，与东岸一座长150米的十七孔桥相连。湖北岸有一条东西走向的“长廊”，全长728米，共273间，是中国园林中最长的长廊。万寿山东麓的谐趣园原名惠山园，是一座园中园，是模仿无锡寄畅园而建的。

苏州园林

私家园林是古代官僚、文人、富商、地主所拥有的私人宅院。我国的私家园林以江南的私家园林数量最多、艺术价值最高，其中又以苏州园林最具代表性。

与皇家园林相比，江南私家园林的规模较小，一般只有几亩至几十亩，最小的仅一亩半亩，但造园家却能在这有限的空间内，运用多种艺术技巧，造成一种好像深邃不尽的景象，给人一种空间很大的感觉。院子以水面为中心，四周散布着精美的建筑，构成一个个小的景点，几个小景点又围合成大的景区。院子的主人一般都具有较高的文化素养，能诗善画，善于品评，园林追求超凡脱俗、清高淡雅的风格。院子主要供主人修身养性、闲适时自娱自乐所用。苏州的古典园林极具特色，建筑布局、结构、造型、风格，都运用了巧妙的衬托、对景、借景、尺度变换、层次配合、小中见大等种种造园艺术技巧和手法，将亭、台、楼、阁、泉、石、花、木有机地融合为一体，浑然天成，毫无斧凿的痕迹。

苏州拙政园是私家园林中的经典之作，它始建于明朝正德四年（1509 年），之后几经雕琢，现存的园貌主要形成于清朝末期。全园分为西、中、东三部分，以中部为主。中部的园子呈矩形，水面较多，也呈横长的矩形，水池内建有东、西两座假山，又有几条小桥和堤坝把水面分成几个部分。水池的南岸有较大面积的平地，建筑物多集中在此，由宅入园的小门就开在南岸的院墙上。入园以后，迎面有一座假山挡住视线，使园内景物不致一览无余，这种手法称之为“障景”。岸西有一座名叫“别有洞天”的凉亭，透过清澈的水面，东岸有一座方亭与之遥相呼应，水中的荷香四面亭和曲折的小桥更增加了景观的层次感，这种手法称之为“隔景”。北岸以土为主，遍植柳树、芦苇，别有一番风趣。东岸有梧竹幽居亭，由此西望，透过水池亭阁，在树梢上可遥见远处的苏州报恩寺塔，将塔景引入园内，称为“借景”。院内粉墙、绿水、几处怪石、数竿细竹，不尽的美景组合成一幅完美的画卷。

拙政园与沧浪亭、狮子林、留园分别代表着宋、元、明、清四个朝代的艺术风格，被称为苏州“四大名园”。其他名园还有网师园、环秀山庄、艺圃、耦园、退思园等。

牌坊、阙、华表、影壁

牌坊又名牌楼，来源于古代用以表彰人或事的坊门，常建在离宫别苑、寺观、陵墓等重要建筑的入口处，当作这些建筑的前奏，形成庄严、肃穆、深邃的气氛；也有建于城镇街道重要位置的，如桥的两段、十字路口、大路的起点、商店的门前等，叫冲天牌坊，起到丰富街景、标志位置的作用；在山林风景区的山路上，也常立有牌坊，有标记路程的作用。南方一些城镇，一条街道上常建有多座牌坊，主要用来“旌表功名”或“表彰节孝”。牌坊的建筑材料主要有木、石、琉璃等，木牌坊多流行于古代，石牌坊则以明代的最为有名，琉璃牌坊以清代的最有代表性。

阙，常用于城池、宫殿、陵墓、祠庙等重要建筑群之前，是入口的标志。最早的阙是供显示威严、守望用的，后来逐渐演变成为一种区别尊卑、显示礼仪的装饰性建筑。阙有两种类型：一种是独立的双阙，双阙之间不设门，这种阙在唐宋时期主要应用于墓地，以后就很少用了；另一种是双阙之间设门的阙。现存最早的阙是建造于汉代的，主要是庙阙和幕阙，分布于四川、河南、山东等省。

华表是成对的立柱，有标志和纪念的意义。元代以前，华表多为木制，之后多用石制，下有须弥座，石柱身上刻有精美浮雕，上端横着一块云状石板，顶部原立着石鹤后改为蹲兽，俗称“朝天吼”。明清时期，华表多树立在宫殿、陵墓前，也有少数立在桥头的，如卢沟桥头的华表。现存的华表，以北京天安门前和明十三陵四周的华表最为典型。

影壁又叫照壁、照墙，立在院落的大门内或者大门外，起到屏障的作用。影壁的历史久远，唐朝的史料上已经有相关记载，明清时期，无论是宫殿、寺庙、衙门还是普通人家的宅第都建有影壁，北方人家的影壁常建在门内，而南方人家多建在门外。历史上著名的影壁有：明太祖朱元璋之子朱桂的代王府内的九龙琉璃影壁、北京北海和紫禁城内的九龙影壁等。

戏 楼

戏楼又叫戏台，是我国传统戏曲演出的场所。我国古代的演戏场所在不同的历史时期有不同的名称和形态，最原始的演出场所是广场、厅堂、露台，宋代时期出现了三面观戏，隔出一面充当后台的勾栏，金朝把演出场所称为舞厅或舞亭，元朝时期则有了戏台的叫法，及至明清时期则发展成了戏楼、戏园。

清朝宫廷中的戏楼，是我国古代戏楼建筑的集大成者，它不仅面积大，而且变原先的单层为两层或三层，坐南朝北，和三面的观众席组成一个四合院。三层大戏楼的舞台，由上到下分别称为福台、禄台、寿台，底层的寿台是主要舞台，它长 3 间、宽 3 间，相当于民间普通舞台的 9 倍，第二层的禄台只有长宽 1 间大小，第三层的福台就更小了。寿台的后面建有一座阁楼，称作仙楼，仙楼有两座木梯通向福台，有两座木梯通往禄台，供戏中的神鬼角色上下场所用。寿台的地板下为地下室，里面有 4 口旱井和 1 口水井，据说这些井能起到共鸣作用，增强演出的音效。寿台的顶部有 3 个天井，各个井口都设有辘轳设备，供演员表演上天入地的场面。清朝时期最著名的大戏楼有：紫禁城的宁寿宫畅音阁、避暑山庄的福寿园清音阁、圆明园的同乐园清音阁、颐和园的德和大戏楼等，现存的仅有宁寿宫畅音阁和颐和园的德和大戏楼两座。

小戏楼

这是避暑山庄内位于如意洲宫殿建筑群内的小戏台——浮片玉，它是一幢重檐卷棚顶的木结构建筑，整个建筑建在青石基座之上，尽显雍容华贵的气派。

我国的戏楼分布得非常广泛，从农村到城市，从平原到山区，只要是有人聚居的地方，几乎都有或简或繁的戏楼建筑，可以说戏楼就是具有中国特色的剧场，中国戏曲也可以称之为“戏楼文化”。

会 馆

会馆是指“同籍贯或同行业的人在京城及各大城市所设立的机构，建有馆所，供同乡同行集会、寄寓之用”。是一种拥有宴饮、居住、剧场、集会和办公等多种功能的一种公共建筑。会馆分行业会馆和同乡会馆两类。同乡会馆，顾名思义是为旅居外地的同乡提供集会、联络和居住的处所，它的形式近似于大型的住宅建筑，为凸现同乡的渊源，常在正厅或者专辟的一厅内设置祠堂，供奉一乡的前辈贤人。正厅是同乡聚会餐饮的场所，其他各厅则供借宿所用。一些大的会馆，还专门设有学塾，以方便同乡子弟就学，清朝时期，一些省级的大会馆内还有戏楼，如山西会馆、四川会馆、湖广会馆等。行业会馆，多是商业、手工业行会会商的场所，馆内通常设有本行业祖师爷的牌位，有演戏酬神用的戏台。为了炫耀本行业的繁荣，行业会馆的装饰都很精细华贵。

会馆多在所在地的文化发展中扮演重要的角色，拿会馆最为众多的北京来说，各地会馆为北京带来了丰富多样的饮食文化，并在竞相展示各自美食的过程中，发挥自己的特色，弥补不足，形成了川、鲁、粤、淮等菜系；另外，会馆所带来的地方语言，也给北京话以影响，促进了以北方语音为基础的普通话的形成。其他的，如建筑、楹联、园艺等方方面面，会馆都大大促进了北京文化的发展，并为后人留下了宝贵的遗产。到了现代，结合西方建筑的特点，会馆逐渐演变成为酒店、宾馆等现代建筑。

江南三大名楼

江南三大名楼指的是黄鹤楼、岳阳楼和滕王阁。黄鹤楼位于湖北武汉长江边的蛇山上，始建于公元 223 年，传费文伟在此驾黄鹤成仙而得名。现楼为 1986 年重建，高 51.4 米，共 5 层，黄瓦红柱，层层飞檐。咏黄鹤楼的诗文以崔颢的《黄鹤楼》和李白的《黄鹤楼送孟浩然之广陵》最为著名。

岳阳楼位于湖南岳阳的洞庭湖畔，原是三国时期吴国的阅兵台，唐开元四年（公元 716 年）建岳阳楼，现在的岳阳楼为 1984 年重修。主楼平面呈长方形，宽 17.24 米，深 14.57 米，高 19.72 米，楼顶为黄色琉璃瓦，金碧辉煌。主楼右有“三醉亭”，左有“仙梅亭”。楼内陈列着杜甫的《登岳阳楼》诗、范仲淹的《岳阳楼记》和历代名人的对联。

岳阳楼

滕王阁在江西南昌赣江边，是唐太宗之弟滕王李元婴于公元 675 年所建，故名，为三大名楼之首。现楼为 1989 年重建，楼高 57.5 米，共 9 层，主体建筑面积为 1.3 万平方米，是一座仿宋建筑。咏滕王阁的诗文以王勃的《滕王阁序》和《滕王阁》诗最著名。

平遥古城

平遥位于山西省中部，是一座具有 2700 多年历史的古城，现在的城墙建于明洪武三年（1370 年），是我国现存最完整的明清县城，是中国汉民族中原地区古县城的典型代表。

平遥古城基本上还是明初的形制和构造。城池为方形，面积 2.25 平方千米，城墙高 12 米，周长 6157.7 米，外表全部砖砌。墙上垛口，墙外有护城河，深宽各 4 米。城池有 6 座城门，东西各二，南北各一。城门上原建城楼，四角各建有一座角楼，大多已残坏。城内的街道、铺面、市楼保留明清形制。城内主要街道是十字形，商店沿街而立，住宅位于小街巷内。其中大型建筑有：古城北门有镇国寺和古城西南的双林寺。镇国寺建于五代时期，是全国排名第三位的古老木结构建筑。双林寺建于北齐武平二年（公元 571 年），寺内 10 多座大殿内保存有元代至明代的彩塑造像 2000 余尊，被誉为“彩塑艺术的宝库”。古城内现保存着 3997 处传统四合院民居，其中有 400 处保存相当完好。

中国民居

先秦时期，“帝居”“民舍”等都称“宫室”；汉代规定食禄不满万户的称“舍”。直至近代，才把除宫殿、官署以外的居住建筑统称为“民居”。

早在新石器时代后期，我国木构架体系的房屋已经萌芽。西周及春秋时期，瓦的出现使民居变得更为结实。战国时期，出现了砖和彩画，民居变得较为美观。秦、汉时期，石材在民居中的使用开始增多。魏晋南北朝时期砖瓦应用更为广泛。隋唐以后，民居开始注重根据社会等级来设计房屋形制。明、清时期，民间建筑的类型与数量也有增加，形制已经较为固定。各民族的建筑也有发展，地方特色更加突出。私家园林开始广泛出现。在汉族民居中，最有代表性的是北京四合院和南方“四水归堂”式的天井式民居。

与砖瓦结构不同的建筑是一些少数民族的民居，使用干阑式住宅，用竹、木等构成的单栋独立的楼，底层架空饲养牲畜、存放东西，上层住人。在云南、贵州、广东等地的傣族、景颇族、壮族等聚集区常见。河南、山西、陕西、甘肃等黄土层较厚的地区则有窑洞式住宅，施工简单，还有冬暖夏凉的效果，非常经济适用。一般可分为靠山窑、平地窑、砖窑等。碉房是青藏高原特有的住宅形式，一般是用土或石砌筑，形似碉堡，大多为二三层。底层通常是用来养牲畜，楼上住人。

北京四合院

“梨花院落溶溶月，柳絮池塘淡淡风”，四合院指的是四座单体房屋分别在东、南、西、北四面，中间围合成一个露天庭院的建筑组合。在历史发展过程中，四合院得到了中国人的钟爱，宫殿、庙宇、官府包括各地的民居都广泛使用这种形式。

在诸多类型的四合院中，北京四合院卓尔不群，经过数百年的营建，北京四合院从材料选择、平面布局到内部结构、细部装修都形成了特有的京味风格。

四合院属砖木结构建筑，门窗栋梁等均为木制，周围以砖砌墙。门窗及檐口椽头的油漆彩画，虽没有宫廷的华丽辉煌，但也颇有意趣。习惯用磨砖、碎砖垒墙，变废为宝，所谓“北京城有三宝——烂砖头垒墙墙不倒”。屋瓦大多用青板瓦，正反互扣，或者不用铺瓦，直接青灰抹顶，称为“灰棚”。

除了一些小规模的单院形式外，北京四合院多数分为前（外）后（内）二院。外院横长，从东南角的大门进入，迎面就是一座筑砖影壁，与大门组成一个小小的过渡空间。由此西转进入外院。大门之西正对民居中轴的南房，称“倒座”，用来供客人休息，外院还有男仆室及厨房、厕所；由外院通过垂花门式的中门，便进入宽阔的庭院，这就是全宅主院。

主院中，北面正房称“堂”，大多为三间，遵守着“庶民庐舍不过三间五架，不许用斗拱，饰彩色”的明、清规定。正房的开间和进深要比厢房为大，左右两边各接出耳房，由尊者长辈居住。耳房前有小小的角院，十分安静，所以也常用作书房。这种一正房两耳房的布局称作“纱帽翅”。正房前面，院子两侧有厢房陪衬，作为后生晚辈的居室，营造了良好的空间感觉。

正房、厢房朝向院子都有前廊，用“抄手游廊”把垂花门与这三座房屋的前廊连接起来，沿着游廊穿行，不必经过露天场地。廊边还有栏杆和凳子，可在廊内欣赏风景。这是四合院的一大风情。

四合院的房屋都采用青瓦硬山顶。正房之后有时有一长排“后照房”，或做居室，或为杂屋。也有的民居在房后或者一侧再接出一座四合院，以居内眷，也有的在一侧接出宅园。

四合院的每一处都很有讲究，开在前左角的民居大门称“青龙门”，根据后天八卦，北为坎，东南为巽，故此种布局称坎宅巽门，象征吉祥平安。

门的大小和规格也很讲究，等级最高的是广亮门，它和再小一些的金柱大门都用于官宦人家。虽非官宦而相当殷富的人家用如意门。最小的是墙门，没有进深，门上有小屋顶，有的砌通天柱，颇有西洋气息。

作为民居，北京四合院最直接的感觉是浓厚的生活气息，庭院方阔，大小合宜。院中还栽花置石，一树海棠花配以石榴盆景，大缸养的金鱼寓意吉利，自然亲切，把天地拉近人心。可在院内临时搭建大棚，举办婚丧大事，以待宾客。尤其是抄手游廊，把庭院分成几个自然的空间，但分而不隔，虚虚实实，家庭成员在这里进行亲切的交流，其乐融融。

北京四合院内环境优雅，花木扶疏，丁香、海棠、山桃花争奇斗艳，枣树、槐树则是孩子玩耍的好去处。盆栽花木最常见的是石榴树、夹竹桃、金桂、杜鹃、栀子等。阶前花圃中的草茉莉、凤仙花、牵牛花、扁豆花，更是四合院的日常点缀。清代有句俗语形容四合院：“天棚、鱼缸、石榴树，老爷、肥狗、胖丫头”，可以说是四合院生活比较典型的写照。

四合院历史悠久，自元代正式建都北京时就出现了，至明、清逐渐完善，最终成为北京城的象征。

四合院的结构，在中国传统住宅建筑中非常典型。院落宽绰疏朗，四面房屋彼此独立却又有游廊连接，起居方便。对外只有一个街门，关起门来是封闭式的住宅，自成天地，具有很强的私密性，非常适合家居。院落宽敞，植树栽花，饲鸟养鱼，叠石造景。这里不仅是舒适的住房，更是大自然赐予的一处美好天地。

第七篇

民俗节日

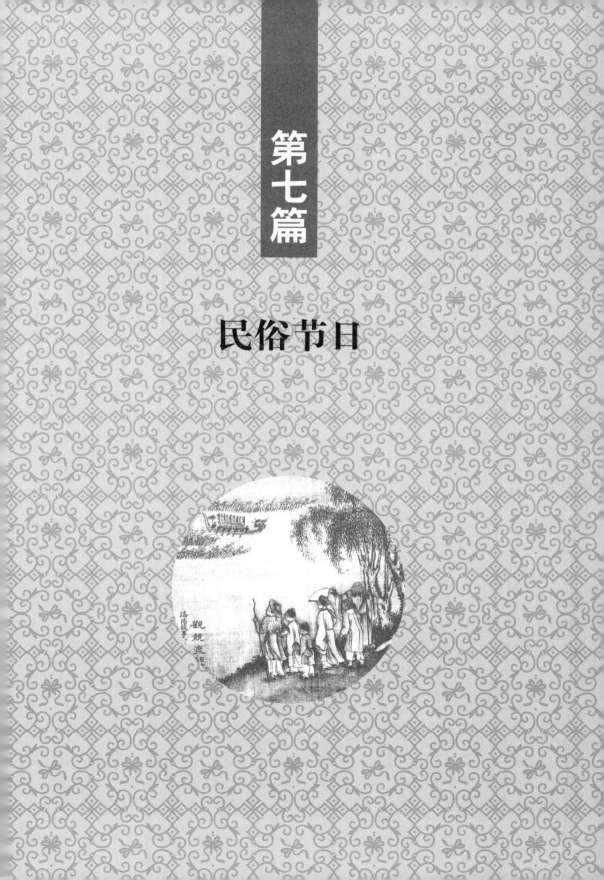

节　日

春　节

春节是中国的传统节日，又叫阴历年，俗称“过年”“新年”，时间是农历正月初一。它是中国所有节日中最隆重的节日，汉、壮、布依、侗、朝鲜、仡佬、瑶、畲、京、达斡尔等民族都过春节。春节的历史很悠久，它起源于商朝时年头岁尾的祭神祭祖活动。正月初一古称元日、元辰、元正、元朔、元旦等，俗称年初一。民国时期改用公历，公历的1月1日称为元旦，农历的正月初一叫春节。

买年画　清　《太平欢乐图》

据《史记》《汉书》记载，正月初一为四始（岁之始，时之始，日之始，月之始）和三朝（岁之朝，月之朝，日之朝）。在古代，人们在这一天迎神祭祖，举行各种娱乐活动，占卜气候，祈求丰收。春节的各种活动各地略有不同，其内容大致都有：除夕，俗称大年，这时家人团聚，吃团年饭，进行守岁；贴门神和春联（汉代的习俗是在门户上画鸡、悬苇，或画神荼、郁垒二神像于桃板上，意在驱逐瘟疫恶鬼，后演变为门神和年画）；正月初一，人们走亲访友，俗称走喜神方，互致祝贺，称为拜年。另外，各地还要放爆竹，以驱祟迎祥。

人　日

人日节又称人胜节、人庆节、七元节。此节今天虽已消亡，但在古代却是一个大节。人日节最早的记载是汉东方朔的《占书》：“岁后八日，一日鸡，二日犬，三日豕，四日羊，五日牛，六日马，七日人，八日谷。其日清明，则所生物育，阴则灾。”这是以天气的阴晴来预测一年的物产与人事，那一天晴，则相应的人畜两旺，阴则有灾。但岁后八日为什么与这些家禽家畜相联系呢，并且还与人相联系呢？这可能与中国远古神话的女娲造人说有关。

《风俗通义》载：“俗说天地开辟，未有人民，女娲抟黄土作人，剧务，力不暇供，乃引绳泥中，举以为人。”中国的神话认为，人是女娲娘娘用黄土所造，因捏泥捏不过来，于是用绳子甩泥浆以为人。《太平御览》转引《谈薮》注云：“一说，天地初开，以一日作鸡，七日作人。”从古籍的记载中可以看出，中国古人的确相信女娲造人说，并且在岁后的第一天至第八天，分别造出了鸡、狗、豕、羊、牛、马、人与谷。从神话的角度来说，人日就是人的生日，也是家庭的生日。正月初七正式成为人日节可能在晋代。《荆楚岁时记》记载：“正月七日为人日，以七种菜为羹，剪彩为人，或镂金箔为人，以贴屏风，亦戴之头鬓。又造华胜相遗，登高赋诗。”当时，人日的各种习俗已经形成，如吃七菜羹、剪彩人、互相赠送华胜（妇女的头饰）、登高踏青等，这标志着古人已经把人日当成了节日。

立春

立春是二十四节气的第一个节气，时间大约在农历正月上旬，公历2月3日至5日之间。这时严冬已尽，春天开始，应是温阳和煦、吹面不寒杨柳风的时节，不过偶尔也会有春寒料峭的时候。立春在古代就是今天的春节，从汉代开始，所谓春节就专指立春节，并且这种以立春为迎春之节的传统一直到清代都在持续。现在正月初一的春节古代称之为元旦，是一年的岁首。将春节固定到正月初一，是辛亥革命以后的事。中华民国采取了公历，以公历的1月1日为元旦，为区别起见，这才将旧历正月初一专称为“春节”。这样的命名，也是因为春节常在立春前后的缘故。

再从迎春的主题来看，立春和春节是一致的，是古已有之的传统。自古以来，中国人就十分重视立春节，旧《农历》云：“斗指东北维立春，时春气始至，四时之卒始，故名立春。”就节气而言，一年的岁首是立春。民间有谚云，“一年之计在于春”，可见立春此日之重要。中国以农业立国，农业收成关系到国计民生，因此，古代的帝王为了表示对立春的重视，常常率领群臣举行隆重的迎春大典。

元宵节

元宵节又叫上元节、元夕节、灯节，是汉族传统节日，时间是农历正月十五日。正月是农历的元月，古人称夜为“宵”，正月十五是一年中第一个月圆之夜，所以称正月十五为元宵节。早在西汉汉文帝时，就已经下令将正月十五定为元宵节。汉武帝时，“太一神”的祭祀活动定在正月十五（太一：主宰宇宙一切之神）。东汉明帝提倡佛教，他因听说佛教有正月十五僧人观佛舍利、点灯敬佛的做法，就下令在正月十五这一天夜晚在皇宫和寺庙里点灯敬佛，并下令民间也都挂灯。后来这种佛教节日逐渐形成民间的节日。元宵节经历了由宫廷到民间，由中原到全国的发展过程。

后随着时间推移，元宵节的内容不断变化。唐玄宗时规定观灯为3夜，元宵夜出现杂耍技艺，北宋延长到5夜，出现了猜灯谜活动。明朝时规定正月初八张灯，正月十五落灯，又增加了戏剧表演。元宵节的一个重要的活动就是吃元宵（又称汤圆），有团团

元宵灯市

正月十五，最热闹的就是灯市。这幅清代元宵灯市图，表现了张灯结彩、人来人往的热闹景象。

圆圆之意。一般认为元宵节是春节活动的结束。

二月二

“二月二”，指的是农历二月初二，是我国农村的一个传统节日。有关“二月二”的习俗很多，其中俗语“二月二，龙抬头”可谓家喻户晓。“龙抬头”一说，最早见于明人刘侗《帝京景物略》：“二月二，龙抬头，蒸元旦祭馀饼……”至于抬头的为何是龙，又为何只与“二月二”有关，说法和故事就多了。在民间认为，龙是一种吉祥物，主管天上的云雨，“龙抬头”，意味着风调雨顺，是人们心中美好愿望的充分体现。由于我国大部分地区受季风气候影响，所以在农历二月初，气温便开始回升，日照时数也逐渐增加，气候已经适宜进行田间农事活动。所以，会有这样的农谚：“二月二，龙抬头，大家小户使耕牛。”但也有一些地方或某些年份，因为春旱较严重而导致春雨贵如油。倘春雨充沛，则预示着一年的丰收。所以又有农谚说：“二月二，（若）龙抬头，大仓满，小仓流。”

“二月二”敬土地神这一习俗，盛行于我国台湾地区。每逢“二月二”，人们把纸钱系在竹枝上，然后插立田间，以奉献给土地神。鄂西鹤峰一带的土家族族人在敬土地神时，还要点香烛，摆上酒菜，然后磕头请愿。

这一天，其他习俗也有很多，比如有的地方在起床前，先念：“二月二，龙抬头，龙不抬头我抬头。”起床后还要打着灯笼照房梁，边照边念：“二月二照房梁，蝎子蜈蚣无处藏。”有的地方在这一天妇女不动针线，说是怕伤了龙的眼睛；还有的地方这一天禁止洗衣服，怕伤了龙皮等。

上巳节

上巳，是指农历三月的第一个巳日，故又称元巳（一个月中有3个巳日，还有中巳、下巳）。三月上巳的风俗最早可能起源于周朝。《周礼·春官·女巫》载：“女巫掌岁时祓除衅浴。”郑玄注：“岁时祓除，如今三月上巳，如水上之类；衅浴谓以香薰草药沐浴。”可见周朝已经有上巳日祓、沐浴的风俗，作用是驱疫避邪，除去旧年的不祥。但上巳的名称最早见于南朝古籍中汉代的事迹。

农历三月上巳每年都不固定，为了方便和统一，魏晋后将上巳节定在了三月初三，又称重三或三月三。节日固定以后，节日的仪式和活动就有了更大的规模且更为规范，从宫廷到民间，上巳日出城踏青、祭祀宴饮、于水边沐浴已是普遍的活动。此外，上巳节在上古还有在河边解神的活动。解神即还愿谢神，这大概是一种巫术仪式。随着时代的发展，人们在水边不仅仅举行沐浴祓除的仪式，还把它当成宴饮游玩的好时光，于是，魏晋以后又普遍流行曲水流觞、列坐赋诗等文人的雅事，其巫术意义的祭祀则越来越淡化了。

社 日

社日节是祭祀社神的日子。关于社神的由来，《礼记·祭法》载：“共工氏之霸九州也，其子曰后土，能平九州，故祀以为社。”以后土为社神还有一个神话：

后土原名叫勾龙，是水神共工的儿子。共工长得人脸蛇身，满头红发，脾气暴烈。有一天，他和天神打仗，一怒之下竟把撑天的柱子撞折了，这一下天崩地裂，洪水泛滥。于是，女娲只好炼五色石才把破了的天补好。勾龙见父亲闯了大祸，心里非常难过。当女娲将天补好之后，他就把九州的大裂缝填平了。黄帝见勾龙贤明，便封他一个官叫后土，让他拿着丈量土地的绳子，专门管理四面八方的土地，也就成了人们所称的社神。

社日分为春社和秋社。春社一般为立春后第五个戊日，约春分前后。古人在秋天祭祀社神，则是报答社神给人间带来的好收成。秋社在立秋后第五个戊日，约在秋分前后。社日的主题是为春祈而秋报，其活动除了祭社神以外兼有乡邻会聚宴饮的性质。在古代，社日颇受人们重视。每逢春秋二社，朝廷与各级政府要举行正规的社祭仪式，民间则要举行社祭聚会，进行各式各样的社祭表演，并集体欢宴，非常热闹。

清明节

清明节是我国传统节日，也是最重要的祭祀节日，大概在每年的 4 月 4 日至 6 日之间。同时，清明又是二十四节气之一。

清明节大约始于周朝，已有 2500 多年的历史。因清明与寒食（民间禁火扫墓的日子）的日子接近，后两者合二为一，寒食成为清明的别称，也成为清明的一个习俗。清明那天不动烟火，只吃凉的食品，并且去给祖先扫墓（俗称上坟）。北方和南方在清明节的活动侧重不同。北方重视扫墓，人们带着酒食果品、纸钱等物品到墓地，将食物摆在亲人墓前，焚烧纸钱，给坟墓培上新土，插上几枝嫩绿的新枝插，叩头祭拜，最后吃掉酒食回家。南方则侧重踏青，借此出去郊游。另外，清明节时还有插戴柳枝、放风筝、取新火、画蛋、斗鸡、荡秋千等活动。直到今天，清明节仍是祭拜祖先，悼念亲人的重要节日。除汉族外，白、苗、蒙古、纳西等少数民族也过清明节。

端午节

端午节又称端阳节、重午节、端五节等，俗称五月节，中国民间的传统节日，时间是农历五月初五。

关于端午节的起源，流传最广的是纪念爱国诗人屈原。楚国大臣屈原遭奸臣陷害，被流放到汨罗江一带。他听说楚国首都郢被秦军攻破，悲痛万分，投汨罗

观竞渡　清　《端阳故事图册》

赛龙舟是端午节的主要习俗。相传古时楚国人因不舍屈原投江死去，许多人划船追赶拯救。之后每年五月初五划龙舟以纪念。

江而死。江边的人民为了怕鱼吃屈原的尸体，就向江中投米，并划龙舟驱散江中的鱼，后来演化为吃粽子和赛龙舟活动。除了吃粽子和赛龙舟外，端午节的习俗还有佩香囊（避邪驱瘟），悬挂菖蒲、艾草，喝雄黄酒，挂荷包和拴五色丝线，挂钟馗像等习俗。除了汉族外，满、朝鲜、白、苗、哈尼、纳西、瑶、蒙古、布依等少数民族也过端午节，但风俗和汉族不一样。端午节那天，满族拜天、射柳、击球；朝鲜族荡秋千、踏跳板；瑶族在家门口挂葛藤，以驱邪避鬼。

七 夕

七夕节又称“乞巧节”或“女儿节”，时间是农历七月初七，这是中国传统节日中最具浪漫色彩的一个节日，也是过去女子最重视的一个节日。乞巧节起源于汉代。东晋葛洪的《西京杂记》有“汉彩女常以七月七日穿七孔针于开襟楼，人俱习之”的记载，这是古代文献最早的关于乞巧的记载。乞巧节来源于牛郎织女的故事：织女是天帝之女，后下凡与牛郎结婚，生下一男一女。后王母娘娘派人抓走织女，并在两人之间划了一道天河，只允许两人每年七月七在鹊桥相会一次。传说织女是一个心灵手巧的仙女，所以每逢七月七，凡间女子就会在这一天晚上向她乞求智慧和巧艺，并求她赐给美满姻缘，这就是乞巧节的由来。传说在七夕的夜晚，人们抬头可以看到牛郎织女在银河相会，在瓜果架下还能偷听到两人的情话。它与《孟姜女传》《白蛇传》《梁祝》并称“中国四大传说”。

中元节

中元节又称鬼节、盂兰盆会，是汉传佛教于每年农历七月十五日举行的施斋供僧超度先灵的法会。

盂兰盆是梵文的音译，意为“救倒悬”，它源于目连救母的传说。据《盂兰盆经》记载，目连在母亲死后非常痛苦，如处倒悬。因此求佛祖为其母亲超度，佛祖让他在僧众夏季安居终了之日（七月十五日）供养十方僧众，终使其母解脱。从此，佛教信徒开始兴办盂兰盆会。佛教传到中国后，南朝梁大同四年（公元 538 年），梁武帝首次设盂兰盆斋。到了唐朝，盂兰盆会更加盛行，除了设斋供僧外，还增加了拜忏、放焰口、放灯等活动。中元节一般是 7 天，到了晚上，各家都要备下酒菜、纸钱祭奠死去的亲人。死去的亲人又有新亡人和老亡人之分。3 年内死的称新亡人，3 年前死的称老亡人。新老亡人会在中元节回家看看，新亡人先回，老亡人后回，因此要分别祭奠。在中元节最后一天，各家都要做一餐好饭菜敬亡人，这叫“送亡人”。

中秋节

中国传统节日，又称团圆节、八月节。时间在农历八月十五日，这正是一年秋季的中期，所以称为中秋节。中秋节与元宵节、端午节并称三大传统佳节。农历把一年分为四季，每季又分孟、仲、季三部分，所以中秋也称仲秋。八月十五的月亮是一年满月中最圆、最亮的，所以中秋节又叫作“月夕”“八月节”。中秋节在两汉时已经出现，但时间是立秋日。唐朝时，中秋季的活动日益增多，出现了观月、赏月、饮酒对月等活动。北宋宋太宗把八月十五日定为中秋节。中国一直是一个农业社会，而八月正是农作物的收获季节，庆祝丰收、祝贺团圆便成了中秋节的主题。每当夜幕降临，明月东升，人们献月饼、瓜果以祭月，这种风俗一直延续到今天。八月十五，人们仰望夜空中的明月，期盼家人团聚。他乡的游子，也会寄托自己对故乡和亲人的思念，所以中秋节又称“团圆节”。

除汉族外，傣、苗、白、哈尼、纳西、蒙古、瑶、布依等少数民族也过中秋节。

中秋制月饼　清　选自《太平欢乐图册》

重阳节

重阳节又称重九节、茱萸节，是中国传统节日，时间在农历九月初九。《易经》认为九为阳数，两九为“重九”，两阳为“重阳”，古人认为这是个值得庆贺的吉利日子。九九重阳，因为与“久久”同音，九在中国古人的观念里是最大的数字，所以有长久长寿的含意，而且秋季也是一年收获的黄金季节，所以人们对重阳节有着特殊的感情。历代文人也有不少祝贺重阳的诗词佳作。

重阳节起源很早，在战国时的《楚辞》中就已经提到。屈原的《远游》里写道：“集重阳入帝宫兮，造旬始而观清都。”三国魏文帝曹丕在《九日与钟繇书》中，描写了重阳节的饮宴：“岁往月来，忽复九月九日。九为阳数，而日月并应，俗嘉其名，以为宜于长久，故以享宴高会。”到了唐代，重阳节被正式定为民间节日。明朝重阳节时，皇帝要亲自到万岁山登高，皇宫里要一起吃花糕以庆贺。在重阳节这天，人们登高、赏菊、插茱萸、放风筝、饮菊花酒、吃重阳糕等。

冬至

冬至是我国的一个传统节日，也是农历中一个非常重要的节气，现在我国不少地方仍有过冬至节的习俗。冬至俗称“冬节”“长至节”“亚岁”等。早在 2500 多年前的春秋时代，冬至已经在我国用土圭观测太阳而测定，它是二十四节气中最早被制定的一个，时间在每年阳历的 12 月 22 日或 23 日。

我国古代对冬至相当重视，曾有“冬至大如年”的说法，而且有庆贺冬至的习俗。冬至过节源于汉代，盛于唐宋，相沿至今。经过数千年的发展，冬至形成了它独特的节令食文化。很多地方都把馄饨、饺子、汤圆、赤豆粥、黍米糕等作为过节时的食品，在北方的一些地区还流传着冬至不吃饺子会被冻掉耳朵的传说。以前较为时兴的“冬至亚岁宴”的名目也有很多，如吃冬至肉、献冬至盘、供冬至团、馄饨拜冬等。

冬至较为普遍的一种风俗是吃馄饨。南宋时，临安人就在冬至吃馄饨，开始是为了祭祀祖先，后逐渐盛行开来。民间还有“冬至馄饨夏至面”之说，意思是在冬至时要吃馄饨。馄饨的名号繁多，北方以及江浙等大多数地方称馄饨，广东称云吞，湖北称包面，江西称清汤，四川称抄手，新疆称曲曲等。冬至的另一传统习俗是吃汤圆，这种风俗在江南尤为盛行。汤圆在江南是过冬至必备的食品，冬至吃汤圆又叫“冬至团”，民间有“吃了汤圆大一岁”之说。在北方的不少地方，在冬至这一天有吃狗肉和羊肉的习俗。因为冬至过后天气进入一年当中最冷的时期，中医认为狗肉羊肉都有壮阳补体之功效，所以民间至今有冬至进补的习俗。在我国台湾地区，则流传着冬至用九层糕祭祖的传统，人们用糯米粉捏成鸡、鸭、龟、牛、羊等象征吉祥如意福禄寿的动物，然后用蒸笼分层蒸成，用来祭祖，以示对老祖宗的怀念。

腊 八

腊八节是中国传统节日，又称腊八。因时间在农历十二月（腊月）初八日，故名。腊八节起源很早，早在先秦时，人们就在腊八这天祭祀祖先和神灵，祈祷来年丰收和吉祥。这天也是佛教创始人的成道之日，因此腊八也是佛教信徒的节日，称为“佛成道节”。在腊八这天，僧人们在寺庙里诵经礼佛，并效法佛祖得道前，牧羊女为他献乳粥的传说，用香谷和干果熬成粥，供奉佛祖，称腊八粥，又称七宝五味粥。随着佛教传入中国，这一佛教节日也逐渐世俗化，成为民俗。

在这一天最重要的活动就是吃腊八粥。我国吃腊八粥的时间很早，大概在1000多年前的宋朝就开始了。南宋人周密著《武林旧事》言：“用胡桃、松子、乳蕈、柿蕈、柿栗之类做粥，谓之‘腊八粥’。”《燕京岁时记》云：“腊八粥者，用黄米、白米、江米、小米、菱角米、栗子、红豇豆、去皮枣泥等，合水煮熟，外用染红桃仁、杏仁、瓜子、花生、榛穰、松子及白糖、红糖、琐琐葡萄，以作点染。”腊八节这天，家家户户都要熬腊八粥，先祭祀祖先，然后合家团聚一齐食用，还馈赠亲朋好友。

小 年

小年又称小年下、小年节，时间是腊月二十三日。这天主要是送灶神上天言事，称送灶、辞灶、醉司命。灶神称东厨司命定福灶君，俗称灶君、灶王、灶王爷，它主管人间的饮食，是一家之主。中国在秦汉时期就开始祭祀灶神。魏晋以后，灶神有了姓名。隋朝杜台卿《玉烛宝典》称，“灶神，姓苏，名利，妇名搏颊”。唐李贤注引《杂五行书》又称，“灶神名禅，字子郭，衣黄衣，披发，从灶中出”。清代的《敬灶全书》称，灶君姓张，名单，字子郭，男神。现在民间供奉的灶神，是一对老夫妇并坐，或是一男两女并坐，这就是灶君和灶君夫人的画像。一般贴在锅灶墙上，有“上天言好事，回宫降吉祥”之类的对联，横批是“一家之主”。

祭祀灶神在晚上进行。祭祀时，摆上果品甜点，先磕头烧香，然后揭掉旧灶神烧掉，这就是送灶神上天。祭祀灶神时，应多摆设甜和黏的食品或把糖黏在灶神嘴上，传说这样可以黏住灶神的嘴，使他嘴甜，只能说好话。有的还在灶神上抹酒，称“醉司命”。

除夕

除夕，又称“除日”“除夜”“岁除”“岁暮”“岁尽”“暮岁”，俗称大年夜（除夕的前一天为小除，称小年夜。除夕为大除），旧称“年关”，是农历岁末的最后一晚，即大年三十，是中国的传统节日。除夕的“除”是“去、易、交替”的意思，除夕就是“月穷岁尽”的意思。

相传古时候有一个猛兽叫“年”，每到岁末就出来吃人。一次偶然的机会，人们发现年害怕红色的东西、火光和巨响。于是每到岁末，人们都穿上红色的衣服，燃放鞭炮，吓得年再也不敢出来了。人们互相祝贺道喜，张灯结彩，饮酒摆宴，庆祝胜利。后来人们逐渐把穿红色衣服演变成贴红色春联。过除夕，各地的风俗略有不同，北方人包饺子，南方人做年糕。水饺状似“元宝”，年糕音似“年高”（一年比一年高），都是吉祥如意的好兆头。除夕之夜，全家人都要吃“团年饭”。吃团年饭时，桌上一定要有“鱼”，象征“富裕”和“年年有余”。饭后，长辈要给晚辈发“压岁钱”，接下来就是全家人守岁到凌晨，到了大年初一去拜亲访友。

除夕婴童放鞭炮图

孩童燃烧鞭炮玩耍嬉戏，母亲悠闲地倚门观望，表现了祥和喜庆的除夕欢乐场面。

古人的娱乐

六博

“六博”，又称“陆博”，可以看作是象棋的前身，因为每人 6 枚棋子而得名。六博在棋盘和棋子之外还有箸，相当于后来的骰子，在行棋之前使用，因而六博的胜负具有很大的偶然性。六枚棋子为：枭、卢、雉、犊、塞（2 枚），“枭”之外的 5 枚又统称为“散”，玩法就是以杀枭为胜，枭也就相当于后来象棋中的将或帅。六博在春秋时期即已出现，在此后相当长的时期都非常盛行，后来六博发生分化，一支发展为后来的象棋，另一支则演变为赌博的手段，原初形式的六博在宋代之后就基本消失了。

投壶

投壶是古时士大夫阶层在宴饮时所进行的一项游戏。春秋时期，诸侯宴请宾客的礼仪之一是请客人在席上射箭，因为当时射箭为六艺之一，为士人必备的技能，但也有一些客人射艺不佳，于是就采用以箭投酒壶的方式来代替，逐渐成为一种风习，投壶代替了射箭而成为宴饮之间的一种游戏。秦汉之后，“雅歌投壶”几乎是士人们会宴之时的必有项目，并且产生了许多较为复杂的形式，游戏的难度有所增加，同时趣味性也变得更强。宋代司马光在专著《投壶新格》中详细记载了游戏的各个方面，包括壶具的尺寸、投矢的名目和计分方法等。然而在宋代之后，投壶渐趋衰落，不复盛行。

投壶图

围 棋

围棋是一种双方各执黑白棋子进行对弈以最终占地面积大小来定胜负的游戏。战国时期赵国史官编写的《世本》称“尧造围棋”，晋代张华在《博物志》中说“或曰舜以子商均愚，故作围棋以教之”，反映围棋起源之早。至少在春秋时期，围棋已经很为流行。关于围棋的最早确切记载见于《左传 · 襄公二十五年》：“今宁子视君不如弈棋，其何以免乎？弈者举棋不定，不胜其耦。而况置君而弗定乎？必不免矣。九世之卿族，一举而灭之。可哀也哉！”公元前 559 年，卫国的国君献公被大夫宁殖等人驱逐出国，后来，宁殖的儿子又答应把卫献公迎回来，文子听说后感叹宁氏的做法反复无常，预言他们的灾祸将要不远了。“举棋不定”这一成语也就是由此而来。其后围棋在发展的过程中又经过了较大改进，三国时期魏邯郸淳在《艺经》上说，魏晋及其以前的“棋局纵横十七道，合二百八十九道，白、黑棋子各一百五十枚”，而在甘肃敦煌莫高窟石室中发现的南北朝时期的《棋经》载明当时的棋局是“三百六十一道，仿周天之度数”，这与现代围棋的格制是完全相同的。唐玄宗时设立了“棋待诏”制度，就是为翰林院中的专业棋手赋予官职，提高了棋人的地位，扩大了围棋的影响。明、清两代则是围棋发展的高峰，名家辈出，并且形成不同的流派，这种兴盛的局面直到清末因国势衰弱而被截断。

射 覆

“射覆”，是古时《易经》占卜的学习者所玩的一种卜算性质的游戏。“射”是猜度之意，“覆”是覆盖之意，“射覆”的直义就是猜测覆盖物所遮藏的为何物。游戏的时候，覆者用盆碗杯盂等器皿覆盖某一物件，射者通过占筮的途径来进行猜度。覆盖的一般都是生活中常见的物品，有时也写下一个字来让人卜测。汉代的东方朔就是一位射覆大家，晋代的郭璞、梁元帝萧绎、唐代的李淳风、宋代的邵雍等也都是史上有载的一流高手。射覆在古代是一项十分流行的游戏，在诗词典籍中多有所见，如李商隐《无题》诗中写道：“隔座送钩春酒暖，分曹射覆蜡灯红。”《红楼梦》第六十二回中对宝玉、宝钗、探春、香菱等进行的射覆游戏更是描写得非常详细。射覆需要运用到非常玄妙的易学知识，蕴含着全息理论的奥义，但也表现出通常思维所不可理解的一面。

中国象棋

中国象棋，在战国时代已经成为贵族阶层所流行的一种游戏。《楚辞 · 招魂》

曰："箟蔽象棊，有六簙些。"王逸注云："言宴乐既毕，乃设六簙，以箟蔽作箸，象牙为棊，丽而且好也。"这里讲的是先秦时期的象棋，当时称作"六簙"，棋制由棊、箸、局等三种器具组成。局，就是棋盘；箸，相当于骰子，每次行棋之前进行投掷；棊是棋子，用象牙雕刻而成，每方6子，分别为枭、卢、雉、犊、塞（2枚）。象棋是模仿当时的兵制而设计的，象棋游戏也具有军事训练的意义。后来象棋取消了投箸，也就是说不再存有侥幸的成分，而全凭实力和智谋取胜。此后秦汉及至隋唐象棋在流传过程中不断地得到改进，最后定型于北宋末年，即当代的象棋样式：双方各16枚棋子，分别为将（帅）一个，车（車）、马、炮、象（相）、士（仕）各两个，卒（兵）五个。南宋时期，象棋变得家喻户晓，十分盛行，还出现了洪迈的《棋经论》、叶茂卿的《象棋神机集》等多种象棋专著，象棋由此成为一门独立的学问。

百戏

"百戏"一词产生于汉代，是当时各种民间表演艺术的泛称。据宋代类书《事物纪原》卷九"百戏"引《汉元帝纂要》："百戏起于秦汉曼衍之戏，后乃有高絙、吞刀、履火、寻橦等也。"这里的"曼衍之戏"指的是一种由人装扮成巨兽的舞蹈，"高絙"就是走钢丝，而"寻橦"是一个人手持或头顶长竿，另有数人缘竿而上的表演。"百戏"原本涵盖广泛，包括各种乐舞、说唱、戏要等，而宋代之后则习惯上将"百戏"仅用于称呼杂技一类的表演。

角牴

角牴，又称角抵或角觝，是两人相抵以较量力气的一种运动。《汉书·刑法志》记载："春秋之后，灭弱吞小，并为战国，稍增讲武之礼，以为戏乐，用相夸视。而秦更名角抵，先王之礼没於淫乐中矣。"这段话表明，角牴在战国时期已经兴起，秦代的时候更名为"角牴"（角抵）。实际上，角牴的由来是相当久远的，司马迁在《史记·黄帝本记》中说："蚩尤氏头有角，与黄帝斗，以角抵人，今冀州为蚩尤戏。"按这种说法，角牴是从黄帝战蚩尤的时候流传下来的。到了晋代，角牴又称为"争交"。南宋吴自牧在《梦梁录·角抵》中介绍："角抵者，相扑之异名也，又谓之争交。"相扑是角牴在南北朝时期又起的名字，这项运动在唐代时传入日本，并发展成为在日本非常受欢迎的体育项目。当然，现代日本的相扑与中国古代的角牴运动是有着较大差异的。其实，角牴早期的涵盖是很丰富的，到宋代之后才变为专指相扑一类的摔跤活动。

帛画角牴图（局部） 临沂汉墓出土
1976年出土于山东省临沂县金雀山9号汉墓。长200厘米，宽42厘米。图中所绘为两个配剑之人角牴竞技，旁立一人裁决。角牴戏来源于战国时期的武备训练，汉时角抵已经有了较强的表演功能。

蹴鞠

蹴鞠，是中国古代的一种球类运动。关于蹴鞠的最早记录见于《史记·苏秦列传》："临苗甚富而实，其民无不吹竽、鼓瑟、蹋鞠者。""蹋鞠"也就是蹴鞠，又名"蹴球""蹴圆""筑球""踢圆"等，说的都是用脚踢球的意思。蹴鞠是一项古老的体育运动，起源于齐国都城临淄，齐宣王在位时期（公元前 319 ～前 310 年）已经很为盛行。秦代，蹴鞠运动一度沉寂，进入汉代又复兴盛，并被视为"治国习武"之道，在军队和宫廷之中十分流行，使得蹴鞠由一种下层人民的运动提升为一种贵族运动。汉代还出现了研究这项运动的专著——《蹴鞠二十五篇》，这也是中国和世界上最早的一部体育著作，可惜已经失传。到了唐代，蹴鞠的制作艺术和运动技术都有了很大的改进，球变得更圆、更轻，而充气技术也是世界上最早的发明。唐代分队比赛，由原来的直接对抗转为间接对抗，中间隔着球门，双方各在一侧，以射门数多者为胜，并且还出现了女子蹴鞠，女子蹴鞠不射门，而以踢球的技法显胜，这被称为"白打"。及至宋代，蹴鞠变得更加兴盛，上海博物馆藏一幅《宋太祖蹴鞠图》，描绘的就是当时皇帝亲身从事蹴鞠运动的情景。《文献通考》记载："宋女弟子队一百五十三人，衣四色，绣罗宽衫，系锦带，踢绣球，球不离足，足不离球，华庭观赏，万人瞻仰。"这时，球技已经发展出成套的花样动作，擅长者可调用头、肩、背、胸、膝、腿、脚等身体的各个部位，使"球终日不坠"。《水浒传》中记述的因擅长踢球而发迹的高俅就是当时蹴鞠盛行的一个鲜明的例证。在球的制作方面，宋代又有了进一步的发展，"密砌缝成，不露线角"，做成的球要"正重十二两"，"碎凑十分圆"，由此可见制球工艺已经非常精湛。清代开始，蹴鞠运动变得冷落，近代西方足球传入，蹴鞠作为一种社会流行的体育运动就销迹了。

骑射

骑射，即骑在马上射击，最初是一种军事技能，后来也作为一项独立的体育活动。中国古代早期，马只用来驾车，并不用来骑乘，直到周赧王八年（公元前 307 年），赵武灵王实行军事改革，令军民着胡服，学骑射，中原地区才有了骑马的风俗。在此之前，中原各国的军队编制是步兵与战车相配合，而胡人则已有骑兵队伍，在交战的过程中，虽然中原军队的武器更为先进，但是灵活性却不如敌军，加之身着长袍，行动起来更不方便，这常常导致作战失利，于是赵武灵王决心改易服装，建立骑兵。后代历朝也都建有骑射部队，至于辽、金、元等游牧民族所建立的朝代更是以骑兵立国，骑射是一项看家本领。清朝前期，骑马和射击被看作是生活必备的技能，连同妇女和儿童也普遍善于骑射，骑射成为民族兴盛的一项标志，满族人也深以此为豪，努尔哈赤和皇太极皆被誉为"马上皇帝"。后来战事平息，骑射则主要作为一项体育运动而存在。清末唐晏在《天咫偶闻》中说："国家创业，以弧矢威天下，故八旗以骑射为本务，而士夫家居亦以射为娱。家有射圃，良朋三五，约期为会。其射之法不一。"从这段记述中可以看出骑射对于八旗子弟的重要性，同时也展现出当时骑射风气的盛行。

马 球

马球，又称“击鞠”或者“击球”，是一种骑在马背上用长柄球槌拍击木球的运动。相传马球在唐初由西亚传入，也有人认为中国更早的时候就已经有了马球，如曹植《名都篇》中“连骑击鞠壤，巧捷推万端”的句子描写的就是马球运动。有可能是中国原来的击鞠运动后来参照西亚的马球进行了一定的改造，而后打马球方开始为人们所普遍注意。但是马球运动由于需求条件的特殊，所以只在宫廷和军队中流行。唐代是马球运动最盛的时期，据文献记载，唐朝的中宗、玄宗、穆宗、敬宗、宣宗、僖宗、昭宗等多个皇帝都是马球爱好者，不仅对这项运动予以积极的提倡，并且也亲身参与其中。唐玄宗于天宝六载（公元 747 年）还专门颁诏将马球作为军队的训练课目之一。陕西西乾县出土的唐章怀太子李贤墓中的打马球壁画充分地表现了唐代马球运动的场景。画面上击球者有二十余人，皆着各色窄袖袍，足蹬黑靴，头戴幞头，手执偃月形球杖，身骑奔马，做出竞争击球的各种姿态，非常逼真，这为人们了解古代打马球的情形提供了生动的直观认识。

打马球图　壁画摹本　辽

1990 年，内蒙古自治区敖汉旗宝国吐乡皮匠沟辽代 1 号壁画墓出土。画面自左至右共有 5 位竞技者在骑马挥杖击球，反映出一场激烈的马球比赛正在进行。历史上，用马球来博彩，是一种集竞技运动与赌博于一体的活动。

豆叶戏

豆叶戏，又叫“掉城戏”，是明神宗朱翊钧（即万历皇帝）所发明的。万历皇帝奢华淫逸而不事政务，在宫中与宫女和太监们纵情享乐，琢磨出了一种具有赌博性质的游戏。游戏的玩法非常简单，分为小规模和大规模两种。小规模的玩法是：用色罗一方，界成“井”字形的九营，中间的一营为上营，四方的四营为中营，四角的四营为下营，玩的时候，宫女用银钱或者小银珠投掷，落在上营赏银九两，落在中营赏银六两，落在下营赏银三两，双抛双赏，落在营外和压着“井”字，则均罚银六两。大规模的玩法是：在御前十步开外，界画出一座方城，城内用数个十字分成 8 个部分，即方城八城，每座城中分别写上银十两至三两不等，玩的时候，太监用银豆叶（即豆叶大的银子）或者八宝（即 8 种表示吉瑞的佛教物品）唱着投掷，落在某城就照数赏赐，落在城外或者压着界线，则收其所掷银豆叶或八宝。因为游戏以掉城决定赏罚，所以又得名“掉城戏”。当时后金已经在东北崛起，明朝的关外城池开始失陷，人们于是认为“掉城戏”是不吉利的，因此这项游戏也就迅速地消失于历史的尘影之中了。

踏青

踏青，又叫春游，指的是在清明前后芳草始生、杨柳泛绿的好春时节到郊野去游览的出行活动。踏青的习俗由来已久，至迟在魏晋时期已经成为社会上盛行的风气，而到唐宋年间更是极盛。“三月三日天气新，长安水边多丽人……”杜甫的这首《丽人行》所描写的就是当年长安踏青的盛况。在古代，三月三日称为上巳日，因王羲之的集序和书法而颇为传颂的兰亭集会实际就是在上巳日举行的一种踏青活动，这一风俗流传到唐代，长安的仕女在这一天汇集到城南的曲江游玩踏青，为一时之盛容。在游赏春光之外，荡秋千和放风筝是踏青时节最为主要的两项活动。李清照在一首《点绛唇》中写道：“蹴罢秋千，起来慵整纤纤手。露浓花瘦，薄汗轻衣透。”这描写的就是荡秋千之后所给人带来的快意感受。而清代诗人潘荣陛的一首《北京竹枝词》则对清明时节的风筝活动进行了精彩的描绘：“新鸢放出万人看，千丈麻绳系竹竿。天下太平新样巧，一行飞上碧云端。”千百年来，虽然在不同的时代具体的活动内容有所变化，但是踏青这一习俗却一路流传下来，当今依然为人所喜爱。

游春仕女图

冰戏

冰戏，亦称“冰嬉”，是各种冰上体育活动的泛称，包括跑冰、花样滑冰、冰上执球与踢球以及冰上杂戏等，是北方人民在寒冷的冬季中一项重要的娱乐活动。冰戏在宋代的时候已经流行，到明代更成为宫廷的体育活动，而在清代最盛。满族由于生活在冬季严寒而漫长的东北地区，所以冰戏更成为生活中的重要内容，并且不仅仅是一种娱乐活动，同时还是一项重要的军事训练。按清代的习俗，皇帝每年在冬至到三九的这一段时间都要在太液池（即当今的北京之三海）校阅八旗溜冰，同时观看冰戏表演。表演的兵丁分为两翼，每翼头目 12 名，穿红黄马褂，其余的人穿红黄齐肩褂，射球兵丁 160 名，幼童 40 名，也都穿马褂，背插小旗，按八旗各色，依次走冰，然后对优胜者给予奖励。除了一般的溜冰之外，还有冰上射箭、打球、单人表演、双人表演等项目，内容非常丰富。其中的单人和双人表演与现在的花样滑冰有相似之处，当时的冰上单人和双人表演不仅技术高，形式也很多，有金鸡独立、蜻蜓点水、紫燕穿波、凤凰展翅、哪吒探海、双燕飞、朝天蹬等多种花样。此外，还有冰上舞龙、舞狮、跑旱船等集体表演。这种隆重的冰戏表演在当时堪称为一件盛事。

看社戏

古代诗人陆游在《稽山行》中曾写道："空巷看竞渡，倒社观戏场。"在以前，各社各村都有定期演戏的习俗，民间称为"年规戏"，也就是鲁迅先生所说的社戏。以前，每个乡镇村落都有社庙。各地都有民约规定，春秋两季要祭社，后来发展为采用演戏来祭社，这就是年规戏的渊源。

社戏作为一种流行于绍兴地区的传统民间娱乐风俗，源于该地农村春秋两季祭祀社神（土地神）的习俗。先时，春社为祈求五谷丰登，秋社为庆贺一年丰收，后发展为以演戏酬神祈福，进而沿习为民间文化娱乐活动。

绍兴演社戏的风俗在南宋时已经盛行，到清末仍非常流行。鲁迅先生小时候在家乡酷爱看社戏，在《社戏》《无常》《女吊》等名作中，我们都看到他对社戏多加赞扬，称它为"很好的戏"。社戏一般在庙台或临时搭建的草台上演出。古时的庙台有两种：一种建于庙宇大殿前的天井内；另一种是筑于庙门的水上舞台，也叫"水台"，观众可坐在船上看戏。一些乡村还流行邀请亲友看社戏的习俗。每当此时，各家各户宰牲，制备酒肴，用来款待宾客。

社戏剧目一般来说可分为3部分：彩头戏、突头戏和大戏。彩头戏，也称"口彩戏"，主要为恭祝发财、晋官的吉利戏剧。突头戏，当地称"骨子毁"，是为正戏作铺垫的戏剧。其剧目情节曲折，有较高的艺术性，著名剧目有《龙虎斗》《英列传》《双龙会》等折子戏。大戏即正戏，绍兴人也称"平安大戏"，傍晚时开始演出。著名的大戏有《双核桃》《倭袍》《双龙会》等。演出中，根据剧情的发展需要，还会插演一些《男吊》《女吊》《跳无常》等鬼戏。现在，在岁末农闲或重大节日期间，绍兴乡村还会请剧团进村演戏，不乏社戏之遗风。

荡秋千

荡秋千是我国古代清明节的一种习俗，也是妇女十分喜欢的一种传统游戏。秋千，古字两字均有"革"字旁，千字还带走字，意思是揪着皮绳而迁移。它的历史很古老，最早叫千秋，后为了避忌讳，改为秋千。古时的秋千多用树桠枝为架，再拴上彩带做成，后来逐步发展为用两根绳索加上踏板的秋千。到了唐宋时代，秋千成为专供妇女玩耍的游戏。一些地方还认为，荡秋千能祛除疾病。这也许就是荡秋千能世代相传、经久不衰的原因之一。

荡秋千是我国各族人民普遍喜爱的一种民间体育运动，尤其受朝鲜族妇女的喜爱。每逢节日聚会，人们便会看到成群结队的朝鲜族妇女，聚集在参天的大树下或高耸的秋千架旁。身穿鲜艳民族服装的朝鲜族妇女，在人们的欢呼、叫好声中荡起了秋千，她们一会儿腾空而起，一会儿俯冲而下，尽情地欢乐，长长的裙子随风飘舞，大有腾云驾雾之感。

荡秋千的方法通常有3种，一种是单人荡，单人荡需要很高的技巧和力量。有的荡得很高，有的甚至能绕梁一转，显示了艺高人胆大；第二种是双人荡，两人面对面站在秋千上，一人使劲一人牵引，讲究两人的配合，尽管重量加大了也能荡得很高，有时能与横梁比高，荡幅达到180度，但很难越过横梁作360度旋转；第三种是大人带小孩荡，一边念着“荡一荡，除百病，岁岁得平安”的歌谣。

在中国封建社会里，妇女们深受封建礼教的束缚，长期大门不出，二门不迈，很少有机会与外界接触。在清明前后、春回大地的大好时光，妇女们便趁走出户外之机，以荡秋千舒展身子，同时也得到精神的解脱和放松。荡秋千作为一种娱乐活动，因为其运动量小，时间也可以自由支配而深受妇女儿童的喜爱。

斗 鸡

斗鸡比世界上其他善斗的动物“斗”的历史要长得多，在春秋战国时期就已经十分盛行。

斗鸡的民俗游戏，大多从清明开始，斗到夏至休止。我国最早的斗鸡纪录，见于《左传》：“季郈之鸡斗，季氏介其鸡，郈氏为之金距。”唐朝是斗鸡活动最昌盛的时代，不只是民间设鸡场，捧鸡而斗，就是皇帝也要斗鸡。据唐代《东城父老传》记，李隆基即位前就好斗鸡。在那时，斗鸡之戏是清明节俗的一项重要内容。李隆基当上皇帝后，在宫内建鸡坊，“索长安雄鸡，金毫、铁距、高冠、昂尾千数，养于坊中”，并有500人专司驯鸡。结果上行下效，有钱的倾家荡产买鸡，没钱的就以假鸡为戏。在长安有个名叫贾昌的少年，驯鸡有一套办法，博得玄宗欢心，一下子就荣华富贵，成了闻名天下的“神鸡童”。

唐代斗鸡驯鸡发达，社会却为此付出了世风靡废的巨大代价。斗鸡使人如痴如狂，也使一些“斗鸡小儿”恃宠骄横，不可一世。李白在《古风》诗中有云：“路逢斗鸡者，冠盖何辉赫。鼻息干虹霓，行人皆怵惕。”

明朝的斗鸡之风与唐朝不分上下，当时还有一种专门研究和举办斗鸡活动的民间组织，叫作“斗鸡社”。在明代，泰山是斗鸡的重要场所之一，每逢泰山庙会，前来斗鸡的人都络绎不绝，观看捧场的人更是数不胜数。

直到今天，斗鸡活动在山东、河南等地依然十分流行。

斗蛐蛐

斗蛐蛐是中国民间的一项重要民俗活动，而且颇具“民族特色”。因为除中国或华人聚集的地区外，尚未听说其他民族亦有如此嗜好。从古至今，自宫廷到民间，爱好斗蛐蛐的人数不胜数，以致历史上竟出了几个有名的“蛐蛐宰相”“蛐蛐皇帝”“蛐蛐相公”，至于民间的“蛐蛐迷”们，就更难以计数了。

斗蛐蛐究竟始于何时，已经无法考证了。人们是怎样发现蛐蛐善斗并使之成为一种历久不衰的民间游戏呢？有一种说法是这样的，说宫女们或民间小儿在捕捉蛐蛐，放在笼中畜养以解闷的过程中，发现两只蛐蛐放在同一只笼中，就会出现视如仇敌般的争斗，于是开始有意识地引逗，从中取乐。

还有一种可能，说斗蛐蛐是在斗鸡、斗鹌鹑的启发下而出现的。既然皇帝酷好斗鸡，达官贵人也趋之若鹜，又有因斗鸡而得宠的人，就难免会勾起某些“有心人”的嗜利之欲，他们便在其他禽虫中进行试验，结果发现蛐蛐的斗性最强，其场面一点儿也不亚于斗鸡，于是将蛐蛐精心畜养起来，或做贡品以邀宠，或留做自己闲时玩赏。此举逐渐传布开来，斗蛐蛐便发展为一项民间游戏，并且一直保存至今。

斗蛐蛐这一游戏之所以普及得特别快，原因首先在于它本身具有极强的娱乐性。另外，玩斗蛐蛐十分简便易行，既无须多大的财资，又不甚劳神费力，只要从野地里捉来稍加调养，便可决一雌雄。

除此之外，斗蛐蛐的盛行还有一个刺激性因素，那就是赌博。唐代的赌风极盛，斗蛐蛐最初只是一种纯娱乐性的游戏，并没有用于赌博。但很快人们发现用斗蛐蛐进行赌博更方便，同时也更具刺激性。由于金钱因素的加入，斗蛐蛐活动以更快的速度普及发展，至宋代就已经达到相当规模了。

放风筝

风筝起源于中国，至今已有2000余年的历史。在古代，风筝又叫作“纸鸢”或者“鹞子”，被称为人类最早的飞行器。相传春秋时期，著名的建筑工匠鲁班曾制木鸢飞上天空。后来，以纸代木，称为“纸鸢”；汉代起，人们开始将其用于测量和传递消息；唐代时，风筝传入朝鲜、日本等周边国家；到五代时期，又在纸鸢上系以竹哨，风入竹哨，声如筝鸣，因此又称“风筝”。至宋代，放风筝逐渐成为一种民间娱乐游戏。

历代放风筝的时间均有较强的节令性，原因在于自然季节、气候对放风筝有较强的约束力。宋朝以后，春季放风筝已成定例。清明节前后，城镇居民多于城外空旷处放风筝。宋人高承《事物纪原》中把纸鸢列入“岁时风俗类”，即可说明风筝已有了明确的节令性。清代，仍盛行春季放风筝。清人李声振在《百戏竹枝词》中说：“百丈游丝放纸鸢，芳郊三女禁烟前。”与北方风俗所不同，南方各地常有秋季放风筝的习惯，福建省内即多取九月初九重阳节放风筝，清末风俗画家吴友如先生在《纸鸢遣兴》图中题道：“闽中风俗，重阳日都人士女每在乌石山、于山、屏山上竞放风筝为乐。”

明清两代的文人士子、庶民百姓都十分喜爱风筝，但是封建帝王却不许百姓在城里放风筝。原因是这样的：古代传说韩信曾利用放风筝测量未央宫远近，企图开凿地隧进入宫廷造反起事。明清两代帝王竟引为前鉴，生怕再发生类似的事情，因此明令禁止在城内放风筝。

在古代，人们还把放风筝与去晦气联系在一起。古人认为，放风筝可清目、泻内热，如果某人有灾，就将姓名写在风筝上，放至空中后，剪断引线，使其任意飞远，灾难也就可以随之消失。

十美图·放风筝

放风筝在中国由来已久，是深受人们喜爱的一种游戏。

赛龙舟

赛龙舟，又称“赛龙船”或“龙

舟竞渡”，是我国传统节日端午节的主要习俗，也是深受人们喜爱的水上竞赛性娱乐活动，在江苏、浙江、湖南、湖北、福建、云南、贵州等地最为盛行。相传赛龙舟起源于对屈原的纪念：古时楚国人由于舍不得贤臣屈原投江死去，许多人划船追赶拯救。他们争先恐后，追至洞庭湖时不见踪迹，之后每年五月初五人们都要划龙舟以纪念屈原，借划龙舟驱散江中之鱼，以免鱼吃掉屈原的身体。

后来，赛龙舟除纪念屈原之外，在各地人们还赋予了不同的寓意。

江浙地区划龙舟，兼有纪念当地出生的近代女民主革命家秋瑾的意义。贵州苗族人民在农历五月二十五至二十八举行“龙船节”，以庆祝插秧胜利和预祝五谷丰登。云南傣族同胞则在泼水节赛龙舟，纪念古代英雄岩红窝。不同民族、不同地区，划龙舟的传说有所不同。直到今天，在南方的不少临江河湖海的地区，每年端午节都要举行富有自己特色的龙舟竞赛活动。

清乾隆二十九年（1736 年），台湾地区开始举行龙舟竞渡。直到现在，台湾地区每年五月初五都举行龙舟竞赛。此外，划龙舟也先后传入日本、越南及英国等国。1980 年，赛龙舟被列入中国国家体育比赛项目，并每年举行“屈原杯”龙舟赛。

鸣 虫

鸣虫，指能够发出鸣声的、可供人赏玩的昆虫，类别多达近百种，常见的有蝈蝈、小黄铃、大黄铃、马铃、竹铃、金钟、纺织娘、墨铃、石铃、蟋蟀、花镜、铁弹子等。养玩鸣虫有着悠久的历史，自唐代就开始盛行，而明清两代更是臻于鼎盛，形成了颇为可观的“鸣虫文化”，在虫的种类、大小、颜色、鸣声、养虫的食物、温度、器材、虫的繁殖、习性等各个方面都十分讲究。鸣虫之所以受到人们的喜爱，主要原因在于鸣声的特性，据行家称，虫鸣可以表现出喜叫、怒叫、哀叫、乐叫、呼叫、爱叫、吟叫等多种情感，能够传达呼偶、求爱、繁殖、警戒、自卫、争斗、对敌、群聚、迁徙等各种需求信号。虫家们因为能够领略虫的美妙的鸣声而陶醉，也因为能够分辨虫的语言而倍感欣慰。另外，一些鸣虫不仅可供聆听，还可向人们展现其不凡的“武技”，最常见的就是斗蛐蛐儿，玩家成百上千地聚到一起，纷纷展示各自的爱虫，看一个个威武的“将军”奋勇厮杀，堪称一场颇为壮观的“武林盛会”。

消 寒

消寒是古代文人雅士之间进行聚会、宴饮的一种习俗。北方天寒，冬至“入九”之后，同僚和挚友们每逢“九”日即相互邀请，举办不同规模的雅聚，人数必取“明九”或“暗九”（即 9 的倍数，如 18、27 等），大家坐在火炉旁用餐和饮酒的同时，进行吟诗作画，而酒令、餐品和诗画也都要与“9”有关，消解寒气的同时更兼遣心娱情，堪称苦寒时节的一大乐事。

第八篇

国学掌故

阿堵物

出自《世说新语·规箴》，“夷甫晨起，见钱阂行，呼婢曰：‘举却阿堵物。’”王衍，字夷甫，是西晋的名士，自命清高，言谈之中从来不提金钱。一次，家人在他熟睡之际弄了很多钱围在他的旁边，想让他醒来的时候不得不提到钱。王衍醒来时，发现自己被钱围住，妨碍动身，于是大呼仆人：快把这阿堵物拿开。“阿堵物”是王衍为了避免提“钱”字而临时找的一个代称，后来通行起来。人们将钱称作“阿堵物”的时候，往往带有讽刺的意味。

半部《论语》治天下

《论语》是儒家经典的集大成者，所覆盖范围极为广泛，是很多古人提升自己、探寻解决问题之道的指导性书籍。很多政者在辅佐朝政时，也都以《论语》为参考范本。“半部《论语》治天下”典出宋代罗大经《鹤林玉露》卷七：宋初宰相赵普，人言所读仅只《论语》而已。太宗赵匡义因此问他。他说：“臣平生所知，诚不出此，昔以其半辅太祖（赵匡胤）定天下，今欲以其半辅陛下致太平。”赵普是宋朝的开国元老。太祖在位时，赵普曾因读史不精，在与众人讨论年号“乾德”一事中犯了大错。被太祖训斥不学无术之后，赵普开始潜心钻研《论语》。太宗即位后，赵普再次出任宰相，朝中一些人因不满只读一部《论语》的赵普身居要职，经常在朝后议论。太宗听说了，便问赵普原因。赵普答道：“臣一生所学，的确只有一部《论语》。太祖在位时，我凭借一半《论语》，辅佐太祖定天下，制定政策纲领。如今，我依旧以半部《论语》来辅佐您完成治理天下的大任。”太祖、太宗在位期间，赵普所制方针确实效果显著，对两朝的平定、巩固有重大意义。

伴食宰相

“伴食宰相”典出《旧唐书·卢怀慎传》：“开元三年（公元 715 年），迁黄门监。怀慎与紫微令姚崇对掌枢密，怀慎自以为吏道不及崇，每事皆推让之，时人谓之伴食宰相。”卢怀慎，唐玄宗开元元年（公元 713 年）任宰相一职。他与同为宰相的姚崇共同负责处理军机大事。卢怀慎为官廉洁，但是在政事上，他自认为不如姚崇，因此，很多事他都不敢做主，凡事都交给姚崇处理，自己则注重于举荐贤能一事，因而时人戏称卢怀慎为“伴食宰相”。伴食，指的是陪人家一同吃饭，后以“伴食宰相”形容那些空占职位，不谋其政的人。

鞭长莫及

典出《左传·宣公十五年》：“虽鞭之长，不及马腹。”楚国派申舟出访齐国，途中要经过宋国，按照规矩，楚国是应当先与宋国打招呼的，但是楚庄王自恃大国，就没有事先通知。宋国认为楚国的这种做法是无视宋国的存在，就把申舟扣留起来并杀掉了。楚国于是派兵攻打宋国，将宋国都城睢阳围困了几个月之久。宋国派人向晋国求救，晋侯欲出兵，但是伯宗说：不可，鞭子虽然很长，但是抽不到马肚子上；楚国现在正处于强盛的称霸时期，晋国虽然也很强大，但还是不应当违背天意而与楚国相争。晋侯便没有出兵。后来楚国退军三十里，楚宋两国达成和平协议。

伯牙绝弦

典出《列子·汤问》："伯牙善鼓琴，钟子期善听。伯牙鼓琴，志在高山，钟子期曰：'善哉，峨峨兮若泰山！'志在流水，钟子期曰：'善哉，洋洋兮若江河！'伯牙所念，钟子期必得之。子期死，伯牙谓世再无知音，乃破琴绝弦，终身不复鼓。"《吕氏春秋·本味篇》也记载了同样的事。伯牙即人们常说的俞伯牙，原本姓伯名牙，"俞伯牙"之名出于冯梦龙《警世通言》中的"俞伯牙摔琴谢知音"一篇。伯牙为春秋时楚国人，精通琴艺，但是只有钟子期一人能够真正独到地领会他鼓琴的志意之所在。钟子期死后，伯牙因为世上再无知音而放弃了琴艺。

旷世知音雕塑

不入虎穴，焉得虎子

语出《后汉书·班超传》。当年班超出使西域的鄯善国，开始时国王对他非常敬重，后来却忽然怠慢起来。班超敏感地意识到事情的变化，于是召集同来的人分析说，一定是匈奴也派人来拉拢鄯善国，所以国王才忽然改变了态度，因此他们现在的处境很危险。于是他当机立断，决定冒险袭击匈奴的使者，同时说出了"不入虎穴，焉得虎子"这句话，意在表明不下定决心去经历风险是不可能获得成功的。大家同意班超的看法，夜里发动了对匈奴使者的袭击，奋力死战，以少胜多，从而令自身的处境转危为安。

不食周粟

"武王已平殷乱，天下宗周，而伯夷、叔齐耻之，义不食周粟，隐于首阳山，采薇而食之。"（《史记·伯夷列传》）商末，孤竹君生前立三子叔齐为继承人。孤竹君去世后，叔齐想要让位给兄长伯夷，便悄悄出走了。但是伯夷也不愿作国君，偷偷地逃跑了。结果，两人在路上相遇，于是两人决定投奔深得民心的西伯侯姬昌。周武王继位以后，兴兵讨伐纣王，伯夷、叔齐认为此次战争荼毒百姓，是不仁之战，便极力劝谏。武王不纳，最终灭商。伯夷、叔齐认为做兴不仁之战的国家的臣民是可耻的，便隐居到首阳山，拒绝吃周朝提供的粮食，以采野果维持生命。后来，"不食周粟"便被用作坚守节操、志向高洁之典。

不为五斗米折腰

语出《晋书·陶潜传》："潜叹曰：'吾不能为五斗米折腰，拳拳事乡里小人邪！'"

五斗米是晋代县令的俸禄，时陶潜任彭泽县令，上属的浔阳郡委派督邮来视察，而这个督邮是一个贪官，每次巡访都要索取贿赂，令陶潜深为反感。但是若不给督邮送上贿赂，势必会得罪他，从而给自己带来害处，因此陶潜索性挂冠解绶而去，表示不能因为求得俸禄而向小人卑躬献媚，此后隐居田园，甘于贫穷，再未出仕，拒绝与官场中人同流合污。

不学无术

语出《汉书·霍光传》："然光不学亡术，暗于大理。"不学无术的原义是因为没有学问而没有办法，后来转义为没有学问、没有技能。霍光是霍去病同父异母的兄弟，由霍去病带到京城，被汉武帝封为郎中。他为人小心谨慎，跟随汉武帝 20 余年，从未出过差错，深得赏识，在武帝驾崩后成为辅政大臣，权倾朝野，因其忠于汉室，使得武帝之后汉朝出现了中兴的局面。然而霍光居功自傲，独自一人垄断了朝政大权，而且形成了强大的家族势力，因而遭致皇帝和许多大臣的不满，犯下了为臣的大忌，为后来的祸变埋下了隐患，在死后 3 年被满门抄斩。因而，班固评价霍光"不学亡术，暗于大理"。

草木皆兵

"草木皆兵"典出《晋书·苻坚·载记》。公元 383 年，想要征服中原的先秦王苻坚，率领 90 万大军向淮河挺进，准备攻打东晋。东晋王朝派出大将谢石、谢玄，带领 8 万精兵前去迎战。秦军来势凶猛，实力强大，很快便攻占了寿阳城。先秦王苻坚大喜过望，认为晋军弱小，无法与秦军抗衡，便带着 8000 骑兵先行到寿阳城。苻坚笃信秦兵必胜，派东晋降将朱序前去劝降。朱序到了谢营，非但没有劝降，反而将秦军现状以及防守攻略全盘说给谢石、谢玄两位将军听。谢石听罢，针对秦军后援部队暂在路上，先锋部队兵力不足的现状，命刘牢之率精兵 5 万夜袭秦军。傲慢轻敌的苻坚军队被打得落花流水、死伤惨重。秦军元气大伤，军心涣散。苻坚登上寿阳城，只见谢营中，官兵持刀执戟，队伍整齐，士气高昂。雾气蒙蒙的淝水之上，战船密布，桅杆林立。北面，八公山上，风吹草动，仿佛晋兵埋伏其中。看到此处，苻坚惊慌失措，懊悔自己轻敌，下令向后撤退，结果中计，被晋军打败。不久，先秦王朝也土崩瓦解。后来，"风声鹤唳，草木皆兵"便被用作惊慌失措、疑神疑鬼之典。

沧海桑田

"沧海桑田"出自东晋葛洪的《神仙传·麻姑》。汉孝桓帝时期，有两位名叫王远和麻姑的神仙。一日，他们约好到蔡经家去饮酒。到了那天，王远带着美酒佳肴先行来到蔡经家，不多时，麻姑也翩然到来。只见麻姑面容姣好，看起来年龄不过十八九，长发垂至腰间，身穿华服，光彩夺目，衣料之上绘有不可名状的花纹，是世间从未见过之花色，看得蔡经一家目瞪口呆。相互拜见之后，王远吩咐上菜。宴席间所用餐具全部是金玉制成，杯盘当中所盛食物，皆世间罕见。望着一桌香气十足的美酒佳肴，麻姑自顾说道：“我刚才路经蓬莱一带而来，看见海水比之前浅了一半。自我得道成仙以来，已经亲眼见过三次东海变成农田，农田变成沧海了。难道这次，东海又要变成陆地了吗？”王远叹道：“圣人都说，海水在下降，不久之后，那里又将尘土飞扬了啊！”后以“沧海桑田”比喻人世沧桑，世事变化大。

程门立雪

“程门立雪”语出《宋史·杨时传》：“至是，杨时见程颐于洛，时盖年四十矣。一日见颐，颐偶瞑坐，时与游酢侍立不去。颐既觉，则门外雪深一尺矣。”程颢、程颐兄弟是宋代极有学问的人。进士杨时曾经拜程颢为师，虚心求教。程颢死后，尽管杨时已经到了不惑之年，但他仍然学而不止，约好友游酢一起前往洛阳，欲拜理学家程颐为师。他们赶到程颐家的时候，恰巧程颐闭目养神，于是，二人便恭恭敬敬地站在一旁等候。此时，天上飘起了漫天白雪。程颐醒后，门外的积雪已经深过一尺了，但是杨时、游酢没有丝毫倦怠之色。后来，“程门立雪”便被用作尊师重道、虔诚求学之典。

程门立雪

陈蕃室

陈蕃，字仲举，汝南平舆人氏（今河南平舆北），东汉太傅。陈蕃 15 岁时，独居西偏庭院研习诗书。一日，陈蕃父亲的老朋友薛勤来到府中，看到陈蕃所在庭院杂草丛生，室内秽物满地，便问他说：“有宾客来，你怎么不打扫房间呢？”陈蕃答道：“大丈夫胸怀大志，当以治理天下为己任，又怎么会在乎一间屋子呢？”薛勤听后，规劝道：“一屋不扫，何以扫天下？凡事当从小事做起，方能成就一番大业。”此后，“陈蕃室”指闲居之处。

成也萧何，败也萧何

语出南宋洪迈《容斋续笔·萧何给韩信》：“信之为大将军，实萧何所荐，今其死也，又出其谋。故俚语有‘成也萧何，败也萧何’之语。”韩信早年在项羽手下谋事，因不受重视而投奔刘邦，但是依然很受冷落，于是逃离汉营。萧何得知后，未及向刘邦禀告即去追韩信。返回后，萧何对刘邦说，韩信乃“国士无双”，欲取天下，非赖韩信之功不可。由此韩信始得用武之地。天下平定之后，韩信因遭受猜忌被贬而抑郁不得志，于是与巨鹿郡守陈豨商定谋反。刘邦亲往征讨陈豨，韩信则准备袭击吕后和太子，但是被人告密，吕后得知后与萧何商议，利用萧何与韩信的交情将他骗到宫中而斩杀。

楚囚南冠

“楚囚南冠”典出《左传·成公九年》：“晋侯观于军府，见钟仪，问之曰：‘南冠而絷者，谁也？’有司对曰：‘郑人所献楚囚也。’使税之，召而吊之。再拜稽首。”楚国在南方，故楚冠又称南冠。“楚囚南冠”本指被俘虏的楚国囚犯钟仪，后泛指被囚禁的战俘。楚共王在位时，派兵攻打郑国。结果，得到晋景公出兵相助的郑国打败楚军，随军出征的钟仪被俘，后被转送晋国，囚禁在军需库中。被囚期间，钟仪从未摘下过头上的楚冠。公元前 582 年，晋景公到军中视察，看到了戴着楚冠的钟仪，经过询问，晋景公了解到钟仪不但会抚琴，还是仁、信、忠、敬之人，便将他放回楚国，让他为两国的和平友好出力。后以“楚囚南冠”比喻身在敌营，却仍然忠于祖国的坚贞之人。

大义灭亲

语出《左传·隐公四年》：“大义灭亲，其是之谓乎？”春秋时卫庄公有三个儿子：姬完、姬晋和州吁。州吁最受庄公宠爱，但是性格暴戾，无恶不作。大夫石碏规劝庄公管教州吁，但庄公对此不予介意。后来姬完继位，为卫桓公，州吁听从石碏之子石厚的建议，杀害桓公，篡夺了君位，但是不受拥戴，所以想请石碏出来控制局面。石碏深感此二人祸国甚重，于是用计将他们骗到陈国，再血书于陈国大夫子针，令其奏请国君，擒获此二人。而后，石碏从邢国接回姬晋即位，并派家臣羊肩赴陈国诛杀了石厚。

箪瓢陋巷

颜回，春秋末鲁国人，字子渊。孔子弟子 3000 人，贤者 72 人，其中，颜回是孔子最得意的弟子。自汉代以后，颜回便被列为七十二贤人之首。他谦逊好学，以德行著称。《论语·雍也》载：“颜渊一箪食，一瓢饮，居陋巷，而不改其乐。”孔子评价颜渊说：“贤者，回也。”意思说，在所有士大夫中，能够生活在简陋的破巷里，每顿饭只吃些简单的、能够填饱肚子的食物，喝水也只是达到不让自己口渴的限度，还能够以勤学苦读、不辍学习为乐的，恐怕只有颜回一人了。这种安贫乐道的态度，正是贤者所具备的乐观精神。后来，“箪瓢陋巷”便被用作生活清贫之典。

盗 泉

“盗泉”位于今山东省新泰市石莱乡道泉峪村西石桥南边，如今已更名为“道泉”。《尸子》卷下中记载说：“孔子过于盗泉，渴矣而不饮，恶其名也。”相传，春秋时期，有一年天下大旱，庄家颗粒无收，而当地政府却变本加厉，增加税收。一批早已饥不择食的百姓在一位名叫刘夏子的庄稼汉的带领下，登上附近的青龙山，占山为王，公开与官府抗衡。由于山上聚集的人数众多，而且这伙强盗势头凶猛，官府对他们无可奈何。后来，朝廷请孔子到山上说服盗匪，以消除祸患。但是，孔子一番礼教之后，盗匪却不为所动，孔子只得带领众弟子下山，来到了道泉峪村。烈日当空，众人饥渴难耐，在路人的指引下，他们来到一处泉水边。

众弟子以瓢取水，畅饮起来，并将水捧到孔子面前。孔子看到泉水旁边立有碑刻，上面题有“盗泉”二字。经过询问，孔子才知道，这口甘甜如饴的泉水名为盗泉，是青龙山上盗匪霸占之水，故以此名表示所属。孔子听后非常生气，命令众弟子放下手中泉水，迅速赶路，即使渴死也不喝盗泉的水。后来，这个典故在村子中流传开来，人们便以“志士不饮盗泉之水”来形容那些为人清廉、拥有浩然正气的人，同时旨在说明儒家学派的正义思想。

登龙门

“登龙门”，比喻得到有权位、有声望者的援引而身价大增，也指在会考时得中进士。出自《后汉书·李膺传》：“膺独特风裁，以声名自高，士有被其容接者，名为登龙门。”东汉的李膺性情高傲，不随意与人交往，但是学问和品格俱为世人所仰重，有着很高的名望，人们都将与李膺有过交往看作是一件非常荣耀的事情，就像鱼跃过了龙门一样，身价由此非同一般。

东床坦腹

语出《世说新语·雅量》：“王家诸郎，亦皆可嘉，闻来觅婿，咸自矜持；唯有一郎在东床上坦腹卧，如不闻。”东晋时，太傅郗鉴为女儿择婿，听说丞相王导家的子弟多，于是写信派门生前往。王导看过信后说他的儿子们都在东厢，可以任意挑选。门生回来禀告郗鉴说，王家的几个儿子都很好，听说有人来挑选女婿，都很庄重、拘谨，只有一个在东床上露着肚子躺着，好像没有听到这回事一样。郗鉴听了，非常欣赏坦腹东床这种任诞率真的性情，决定就选这一个做女婿，这人就是后来被誉为“书圣”的王羲之。

东道主

典出《左传·僖公三十年》：“若舍郑以为东道主，行李之往来，共其乏困，君亦无所害。”春秋时，秦晋两国合攻郑国，郑文公派烛之武去说服秦穆公退兵。烛之武指出，郑国与秦国并不相邻，若郑国灭亡了，秦国跨越其他国家在远方设置边邑是很困难的，灭郑的结果只是增强了晋国的力量，晋国强大了，秦国相对就变得弱小了。可是如果保留郑国而令其作为秦国东方道路上的主人，供给秦国使臣的交通往来，这是没有坏处的。而且晋国的欲望是没有止境的，当初晋惠公因为受到秦国的帮助而答应将焦、瑕二地赠予秦国，可是他回国之后马上就背约设置了防守。郑国灭亡之后，晋国必然要向西侵害秦国。秦穆公于是退兵。后来，“东道主”一词就常常用来代指主人。

东门犬，华亭鹤

李斯，战国末年楚国上蔡（今河南上蔡西南）人，秦朝宰相。秦始皇死后，他与赵高密谋，伪造遗诏，令太子扶苏自杀后，扶立秦始皇少子胡亥。胡亥坐上皇位后，李斯、赵高因功在朝中担任要职。李斯一心争名夺利，赵高早已对他心存不满，便借着李斯等人上奏秦二世削减赋税、停止修建阿房宫一事，陷害李斯与其子李由密谋造反。秦二世二年（公元前 208 年）七月，李斯被腰斩在咸阳市，并夷三族。临刑前，他对儿子说道："我想与你像当年一样，牵着黄狗出上蔡东门追逐野兔，这样的生活不会再有了啊！"

陆机，西晋吴郡华亭人，文采出众，颇受成都王司马颖的器重。司马颖讨伐长沙王司马乂时，陆机被封为主帅，与挟持了晋惠帝的司马乂战于鹿苑，结果大败。后来，有人诬陷陆机与长沙王司马乂私通，陆机被杀于军中。临终之时，陆机叹道："华亭鹤唳，可复闻乎？"后以"东门犬，华亭鹤"作为官员遭难，抽身不能，思念故土，眷恋自由人生之典。

东施效颦

典出《庄子 · 天运》："故西施病心而颦其里，其里之丑人见而美之，归亦捧心而颦其里。其里之富人见之，坚闭门而不出；贫人见之，挈妻子而去之走。彼知颦美而不知颦之所以美。"西施是春秋时越国的美女，因为心痛而将眉头皱起，邻里有一个长得丑的女子见了，觉得西施的表情和动作很美，于是效仿起来，捧住胸口，皱起眉头，结果弄得人们见了唯恐避之不及。这个丑女以为西施之美是因为颦的样子，而实际上颦这种姿态是因为西施本来的美才会令人感觉到美的。后来人们将其与西施相对而以东施称之，于是"东施效颦"就流传为一条成语，用来形容不知所以、胡乱模仿、弄巧成拙的行为。

东山再起

"东山再起"典出《晋书 · 谢安传》："隐居会稽东山，年逾四十复出为桓温司马，累迁中书、司徒等要职，晋室赖以转危为安。"指退隐之后再度出任官职，也比喻失势后重新得势。谢安，字安石，东晋陈郡阳夏（今河南太康）人，出身士族，曾为著作郎，在士大夫中名望甚高，后因病辞官，归隐于会稽的东山之中。朝廷曾多次召请他出山，但都被他拒绝了。士大夫都在议论："谢安不出来做官，让百姓怎么办？"四十岁的时候，谢安重新步入仕途。后来，前秦南侵，东晋危在旦夕。谢安临危受命，率军在淝水打败前秦军队。后来，人们便将谢安出东山，重新做官称为"东山复起"，亦作"东山再起"。"东山再起"也被用作卷土重来、重新得势之典。

断袖之癖

"断袖之癖"典出《汉书 · 董贤传》："常与上卧起。尝昼寝，偏藉上袖，上欲起，贤未觉，不欲动贤，乃断袖而起。"董贤，西汉御史董恭之子，汉哀帝的男宠。西汉建平二年（公元前 5 年）的一天，哀帝与董贤同床午睡。哀帝醒来，欲起身，发现衣袖被董贤压在身下，为了不惊醒董贤，哀帝拔剑割断了衣袖。从这一事例中，足见这位长相极具阴柔之美的男宠得哀帝喜爱程度之深。后来，"断袖之癖"便常被用作形容同性之间的爱恋。

多行不义必自毙

语出《左传·隐公元年》："多行不义必自毙，子姑待之。"郑庄公即位后，他的弟弟共叔段积极扩大自己的封地，力图夺取君位，祭仲告诫庄公说共叔段的势力现在已经发展得很大了，应当及时采取措施。庄公说：不义的事情做多了必然自取灭亡，你姑且等待一下就知道了。其实庄公对于共叔段的图谋早有准备，后来，趁共叔段向外征讨的时候出奇兵一举蹈袭了他的领地，使得他最后走投无路而被迫自杀。

尔虞我诈

典出《左传·宣公十五年》："我无尔诈，尔无我虞。"楚国因为出访齐国的使者申舟在途中被宋国所杀而出兵讨伐，围困宋国都城之后，相持了几个月也没有攻下，楚庄王打算退兵。但是申舟的儿子申犀对楚庄王说：当初我的父亲明知道要死也还是坚持受命而行，可是现在您怎么能置当初说过为其报仇的话而不顾呢。楚庄王只好留了下来，申叔时建议楚军在城外修建房舍和耕种田地，这样宋国就害怕了。果然宋国承受不住，于是大夫华元在一天夜里潜入楚军营地，来到统帅子反的卧榻上，对他说：宋国城内缺粮，已经达到易子而食的地步，可尽管如此，宋国也不会与楚国订立屈辱的城下之盟的，但是如果楚军肯退却三十里，那么宋国会听从楚国所提出的条件。于是，楚军后退三十里，两国谈和，谈判书上写道："我无尔诈，尔无我虞。"即彼此诚信，互不欺骗。

二桃杀三士

"二桃杀三士"，用来比喻借刀杀人，典出《晏子春秋·谏下》。春秋时，公孙接、田开疆和古冶子是齐国的三大壮士，以勇力闻名，但是傲慢自大，因而得罪了晏子。晏子于是向齐景公建议除掉他们，以免后患。齐景公考虑他们十分勇猛而不宜硬攻，晏子就想出了这样的计策，即送给他们两个桃子，令三人论功劳的大小来分吃。公孙接和田开疆都认为自己的功劳大，各自拿了一个桃子。古冶子非常气愤，述说了自己的功绩，公孙接和田开疆认为古冶子的功劳才是最大的，于是把桃子让出来，又因为刚才的狂言而羞愧自杀，这令古冶子觉得自己再活下去就是不仁不义，于是他也自杀了。晏子利用他们妄逞义气却不通事理的缺点而凭借两个桃子就轻松地除掉了他们。

防民之口，甚于防川

语出《国语·周语上》："防民之口，甚于防川，川壅而溃，伤人必多，民亦如之。是故为川者，决之使导；为民者，宣之使言。"西周后期，周厉王推行暴政，人民怨声载道，于是厉王派人监视，有怨议者皆被逮捕杀害，因此人们在路上相遇的时候都变得不敢说话了，而仅仅用眼神示意一下。厉王对此颇为满意，召公却很担忧，指出"防民之口，甚于防川"，认为对人民的言论应当疏导，而不应当限制，这种做法的后果是很严重的。但是厉王不予理睬，不久之后，果然发生了"国人暴动"，人民攻击王宫，厉王仓皇出逃，失掉了执政的权力，后来在外地死去。

焚书坑儒

秦始皇三十四年（公元前 213 年），齐人淳于越反对秦朝实行的“郡县制”，李斯认为这种言论对秦朝的统治不利，因而奏请：“史官非秦记皆烧之。非博士官所职，天下敢有藏《诗》《书》百家语者，悉诣守、尉杂等烧之。有敢偶语《诗》《书》者弃市。以古非今者族。吏见知不举者与其同罪。令下三十日不烧，黥为城旦。所不去者，医药、卜筮、种树之书。若欲有学法令，以吏为师。”秦始皇采纳了他的建议，这就是历史上的“焚书”。第二年，两个术士侯生和卢生非议秦始皇，并畏罪潜逃，秦始皇得知后大怒，派御史调查审理，获罪者共 460 余人，全部坑杀，此即“坑儒”，实际上坑杀的大部分是术士，并非儒生。

分道扬镳

“镳”，是马嚼子，”分道扬镳”就是分开走路，意为志趣不同，难以合作同行。典出《北史·魏诸宗室·河间公齐传》：“洛阳，我之丰沛，自应分路扬镳。自今以后，可分路而行。”北魏时，元志为都城洛阳的长官，依仗皇帝的器重而颇为自傲。一次，御史中尉李彪与元志在路上相遇，各不相让，李彪认为自己的官职高，元志应当为他让路，而元志则坚称自己是洛阳的地方长官，李彪对于他来说只不过是洛阳的一个住户而已，自己没有让路的道理。两人各执一词，纷争到了皇帝那里。孝文帝觉得他们讲得都有道理，于是劝解说：洛阳是我的都城，以后你们可以分开来各自走各自的路。

风马牛不相及

比喻事物之间相隔遥远，彼此完全不相关。语出《左传·僖公四年》：“君处北海，寡人处南海，唯是风马牛不相及也。”齐桓公会盟北方七国征讨楚国，楚成王派大夫屈完去质问齐国征伐的缘由。屈完对齐军说：你们在遥远的北方，而我们在遥远的南方，即使彼此的马和牛走丢了，也跑不到对方的土地上，不知道你们出兵来侵伐是出于什么原因？管仲就历数了楚国不向周天子纳贡的罪状。屈完表示不纳贡是自己的错，以后一定会纳贡。但是齐军依然向前推进，于是屈完再次出访齐军。齐桓公向屈完展示了强大的军队，而屈完表示，齐国的军队固然强大，而楚国有方城和汉水可守，也是不可攻破的。后来，齐桓公还是撤军了。

烽火戏诸侯

“烽火戏诸侯”源自历史上“千金博一笑”的故事。周幽王宠爱妃子褒姒，可褒姒却从来没有笑过，幽王为此想尽了办法，宣布有办法令妃子笑者赏赐千金。后来按照虢石父的建议，一天夜里命人点起了烽火，烽火意味着国都遭到了侵犯，邻近的诸侯见到烽火就会纷纷派兵赶来救援。可是当这些诸侯赶到时，却发现并没有敌人来侵犯，竟是幽王为了博宠妃一笑而将他们戏弄了一番，不禁大为恼怒。褒姒见到这么多的人无事匆匆赶来又匆匆而去，终于笑了起来，幽王于是重赏了虢石父。不久之后，西戎来犯，幽王再点起烽火，可诸侯们以为又是在开玩笑，就都没有理会。国都的兵士很少，不足以御敌，结果镐京被攻破，幽王出逃，后被杀，西周灭亡，王室东迁，从此一蹶不振。

冯唐易老

语出王勃《秋日登洪府滕王阁饯别序》：“嗟乎！时运不齐，命途多舛；冯唐易老，李广难封。”冯唐在汉文帝时以孝悌闻名，被拜为中郎署长，但是长期未得到升迁。一次，文帝经过郎署，见到冯唐，问他因何这样大的年纪仍在郎署任职，冯唐一一回答了文帝的问题，却又因直言而与文帝抵牾，令文帝大为生气。后来匈奴入侵，文帝求问冯唐，冯唐荐举了处于刑罪之中的魏尚，冯唐也被任命为车骑都尉。数年之后，景帝即位，以冯唐为楚相，后来免官。武帝即位之后，征求天下贤良，人们举荐冯唐，可这时冯唐已经 90 多岁，不能再出来做官了。王勃在文中引用这则典故意在说明人生短暂，而际遇难逢。

冯谖弹铗

典出《战国策 · 齐策》。冯谖是齐国人，生活贫困，投靠于孟尝君。孟尝君问他有什么擅长的技能，冯谖说什么也没有，但孟尝君还是收留了他。手下人因为孟尝君轻视他，也慢待冯谖。过了一些时候，冯谖弹铗（即剑）歌曰：“长铗归来乎！食无鱼。”于是孟尝君令他和别的门客一样也吃到鱼。此后，冯谖又用同样的方式得到了车，并且将自己的老母也接过来。后来冯谖为孟尝君精心谋划，令他在齐为相数十年而无祸，以自己不凡的才能回报了孟尝君的恩遇。

扶不起的阿斗

“阿斗”是蜀汉后主刘禅的小名。先主刘备死后，丞相诸葛亮倾力辅佐刘禅，苦心经营着汉家江山。诸葛亮在死前安排蒋琬、费祎、姜维等贤臣和名将继续辅佐刘禅。后来蒋琬和费祎先后去世，宦官黄皓专权，使得蜀汉的政治昏暗，终于被魏国灭掉。亡国之后，刘禅被带到魏国，封为安乐公。一次，司马昭宴请刘禅和一些蜀汉的旧臣，席间演奏起了蜀地的歌舞，其他的人想起亡国之苦而神色凄然，刘禅却一副很惬意的样子。司马昭问他是否想念蜀国，刘禅回答说：“此间乐，不思蜀。”司马昭由此看出了刘禅的本质，认为他不是一个会造成威胁的人物，对他也就没有了杀心。而这也成为历史上的一件笑事，人们用“扶不起的阿斗”来形容缺乏才能、无法成事的人。

司马昭宴请刘禅

刘备去世后，刘禅即位。他昏庸无能，加上诸葛亮等辅佐他的人相继去世，蜀汉国势日消。不久，就为魏国所灭，刘禅被俘，演出了“乐不思蜀”的闹剧，被世人传为笑柄。

高阳酒徒

“高阳酒徒”，用于形容狂放不羁的人。语出《史记·郦生陆贾列传》：“郦生瞋目按剑叱使者曰：‘走，复入言沛公，吾高阳酒徒，非儒人也。’”郦食其是陈留高阳乡（在今河南杞县西南）人，少有壮志，喜读书而嗜酒，家境贫困，在地方任监门吏，县里人都叫他狂生。刘邦经过陈留的时候，郦食其托人向刘邦推荐自己。刘邦让郦食其到驿舍去见面，但是因为听说他是儒人而拒绝接见。郦食其大怒，对使者高声叱喝，自称高阳酒徒，非为儒人。后来郦食其为刘邦立下了汗马功劳，并为之付出了生命。

割鸡焉用牛刀

出自《论语·阳货》：“子之武城，闻弦歌之声。夫子莞尔而笑，曰：‘割鸡焉用牛刀。’”子游学成之后到武城为官，一天，孔子来这里，听到了弦歌之声，也就是子游在武城推行他所积极倡导的礼乐教化。孔子笑了笑说：“割鸡焉用牛刀。”意思是讲治理这样小的一个地方是用不着做得这么隆重的。子游马上反驳道：从前我听到老师说，君子学习礼乐，则有涵养之心，能博爱他人；常人学习礼乐，则能谨守法度，易于指挥。孔子听了转而对别的徒弟说：你们听着，言偃（即子游）讲的是对的，我刚才的话是开玩笑的。

功人功狗

“功人功狗”，亦作“功狗功人”，用来比喻立功的将士。出自《史记·萧相国世家》：“夫猎，追杀兽兔者，狗也；而发纵指示兽处者，人也。今诸君徒能走得兽耳，功狗也；至如萧何发踪指示，功人也。”刘邦平定天下之后，封赏群臣，以萧何功最盛，群臣不服，对刘邦说：“臣等披坚执锐，多者百余战，少者数十合，攻城略地，大小各有差。今萧何未尝有汗马之劳，徒持文墨议论，不战，顾反居臣等上，何也？”刘邦说，就如打猎一样，追杀野兽是猎狗的功劳，可能够发现踪迹向猎狗指示野兽所在之处的却是猎人，你们就好比猎狗，而萧何则如猎人。群臣听了这话，就不敢再说什么了。

争功图　汉

此图描绘汉初天下始定，各位将领争功的场面，最后叔孙通奏议立礼仪规范，使高祖体会到做皇帝的高贵。

恭敬不如从命

“恭敬不如从命”，为客套与应酬之语，指一味谦恭礼让，不如遵其所命，也表示自己虽不敢当之，但不能违命。清代杜文澜《古谣谚·卷四十二·人为孝妇谚二则》中《笋谱》一篇讲述了这样一件事：从前，有个新媳妇，公婆不喜欢他，年底的一天婆婆突然让她做笋羹，媳妇立即答应下来。妯娌们感到不解，问她：“今腊月中，何处求笋？”媳妇回答说：“且应为贵，以顺攘逆责耳，其实何处求笋。”

意为不管怎样，违命总是不应当的，首要的是先应承下来，至于求笋，其实自己也没有办法。婆婆知道后，颇为后悔，此后对她倍加恋爱。因而留下谚语：“腊月煮笋羹，大人道便是；恭敬不如从命，受训莫如从顺。”

狗尾续貂

“狗尾续貂”，比喻用差的来接续或代替好的。典出《晋书·赵王伦传》：“奴卒厮役亦加以爵位。每朝会，貂蝉盈坐，时人为之谚曰：‘貂不足，狗尾续。’”晋惠帝时，贾后专权，废掉太子，又将其杀害。赵王司马伦以为太子报仇的名义带兵入宫，杀掉贾后，自封相国，后又废惠帝而自立。为了笼络人心，司马伦大封文武百官。当时官员戴的帽子是用貂尾来装饰的，由于官员数量骤增，貂尾供给不上，就用狗尾来代替。于是人们用“貂不足，狗尾续”来形容司马伦的胡作非为。

贾人渡河

典出刘基《郁离子》。济水的南面有个贾人（即在各地之间流动经营的商人），一次在渡河的时候落入水中，停留在水中的浮草上呼救。有个渔人用船去救他，在还没有靠近的时候，他大声叫说自己是个大富翁，若救了他可赠予一百两金子。可是得救上岸之后，贾人却只给了渔人十两金子。渔人责备他不讲信用，他却说：你一个打鱼的，一天能收入多少钱？一下子得到十两金子还不满足吗？后来这个贾人又翻船落水，恰巧那个渔人在附近，却未去搭救。旁人疑问，他回答说：“是许金而不酬者也！”就是讲这种不守信用的人是不值得救的，因为他失去了做人的本分。

王顾左右而言他

形容无言以对，因而欲转移话题。语出《孟子·梁惠王下》：“曰：‘四境之内不治，则如之何？’王顾左右而言他。”孟子在与齐宣王谈论治国之道的时候说：如果大王有个臣子因为要出访楚国而把妻子和孩子托付给了朋友，可当他回来的时候却发现妻子和孩子在受冻挨饿，这样的朋友该怎么办呢？齐宣王说：放弃他。孟子再问：司法的官员管理不好他的下属，这样的官员该怎么办呢？齐宣王说：罢免他。孟子又问：那么一个国家治理不好又应当怎么办呢？齐宣王于是向左右两边看，说一些别的话来搪塞。

挂 冠

“挂冠”典出《后汉书·遗民传·逢萌传》：“时王莽杀其子宇，萌谓友人曰：‘三纲绝矣！不去，祸将及人。即解冠挂工都城门归，将家属浮海，客于辽东。”王莽执政期间，屡次改变币制，更改官制与官名，削王为侯，不断挑起对匈奴和东北、西南各族的战争，赋役繁重，刑政苛暴，国内阶级矛盾日益尖锐。看到政治如此黑暗，逢萌早已对王莽的统治不满，加之逢萌的儿子曾被王莽所杀，于是，逢萌就脱去官服，解下官帽挂于长安东郭城门之上，携家眷辞官客居辽东去了。后来，“挂冠”便被用作辞官归隐，不与黑暗朝政同流合污之典。

管鲍之交

“管鲍之交”，用以比喻极为深厚的交情。出自《列子·力命》：“此世称管鲍善交者，小白善用能者。”管仲年轻时家里很贫困，鲍叔牙知道后就找他一起做生意，而本钱全由自己来出，分利的时候却让管仲拿得比自己多。仆人看了觉得不公平，鲍叔牙解释说，管仲家贫，又要奉养母亲，多拿一些是应当的。之后一起作战，管仲总是躲在后面，人们以为他贪生恶死。鲍叔牙又对大家解释说，管仲这样做是因为他还有老母亲需要照顾。后来管仲与召忽一同辅佐公子纠，公子纠败后，召忽为之殉死，而管仲忍受囚辱活了下来。鲍叔牙并不以管仲的做法为羞耻，而知道他是不羞于小节而耻于名不显于天下。管仲知道后，慨叹说：“生我者父母，知我者鲍子也。”

韩信将兵，多多益善

出自《史记·淮阴侯列传》：“上问曰：‘如我能将几何？’信曰：‘陛下不过能将十万。’上曰：‘子有何如？’曰：‘臣多多而益善耳。’”刘邦曾与韩信闲谈，论及诸将的能力大小，刘邦问：“像我这样的能统率多少兵马呢？”韩信说：“陛下不过能统率 10 万人。”刘邦又问韩信能率多少兵马，韩信说：“对于臣来说，那就是越多越好啦。”刘邦再问：“既然这样，那你又因何为我所服呢？”韩信答：“陛下不能将兵，而善将将，此乃信之所以为陛下也。且陛下所谓天授，非人力也。”韩信说刘邦虽然不能统率兵马，却会控驭将领，而且他的这种能力是天生的，不是人的努力所能达到的。

好好先生

“好好先生”典出《世说新语·言语》。司马徽是东汉末年一位有名的隐士。当时群雄割据，司马徽不愿在乱世为官，便隐居到阳翟故里，躬耕于陇亩之上。他为人谦谨，从不谈论别人的长短，别人跟他说什么，他都说“好”，时人称他为“贤德之人”。有一次，邻人对司马徽说自己的儿子死了，司马徽回答说：“很好。”妻子规劝司马徽说：“平日里，别人有问题请教于你，是人家认为你有德能，你当为人解惑。今天，人家告诉你自己的儿子死了，你怎么能也说好呢？”司马徽听后，说道：“你刚才说的，也很好。”后来，“好好先生”便被用来指代那些不分是非曲直，与人无争，只求平安无事的人。

鸿门宴

典出《史记·项羽本纪》。刘邦破咸阳后，驻军于霸上，他的手下曹无伤派人对项羽说，刘邦打算在关中称王。项羽听后大怒，欲引兵西进，消灭刘邦。项羽的叔父项伯急忙赶去会见张良。张良对刘邦

鸿门宴遗址

说明了事情的紧急。刘邦于是对项伯以厚礼相待，并结为亲家，又施予巧言，约定第二天赴鸿门见项王谢罪。项伯回去后对项羽说了刘邦的很多好话，使得项羽转变了除掉刘邦的想法。次日筵席上，项羽的谋士范增屡次对他示意杀掉刘邦，可是项羽并不理睬。于是范增命项庄献以剑舞，乘机刺杀刘邦。项伯见故，亦拔剑起舞，保护着刘邦，使项庄不能得手。刘邦借如厕的借口逃跑，最终躲过了这场杀机四伏的“鸿门宴”。

鸿雁传书

典出《汉书·苏武传》。汉武帝时，苏武出使匈奴，被扣押起来，由于不肯归降，被流放到北海（今贝加尔湖）去牧羊。多年以后，汉朝与匈奴达成和议，索求苏武等人归汉，而匈奴一方则谎称苏武已经死了。一同被扣押在匈奴的常惠设法见到了汉使，告诉他们苏武现在的情况，并授计令使者对单于说：“天子射上林中，得雁，足有系帛书，言武等在荒泽中。”就是讲汉昭帝在上林苑射到一只雁，雁足上系有帛书，说苏武还活着。单于听了只得让苏武回归汉朝，而此时距离苏武离开汉朝已经有 19 年了。苏武出使时还是强壮之年，而归来时已经须发尽白。

沆瀣一气

“沆瀣一气”出自宋代钱易的《南部新书·戊集》：“又乾符二年（公元 875 年），崔沆放崔瀣，谭者称座主门生，沆瀣一气。”唐僖宗年间，长安举行了一次选官考试，吸引了全国各地的读书人前来应考。其中，一位名叫崔瀣的读书人所答的试卷颇受主考官的赞赏。发榜之时，崔瀣看到自己榜上有名，很是高兴。按照当时的习俗，考试及第的人，要算主考官的门生，发榜之后，门生要登门拜访恩师。于是，崔瀣来到主考官府中拜见恩师，一番交谈之后，崔瀣才知道这位主考官也姓崔，名为沆。“沆”“瀣”二字合在一起恰好是一个词，表示夜间的水汽。于是，有些认为崔瀣是靠裙带关系得到官位的人编出俏皮话：“座主门生，沆瀣一气。”用来暗喻崔沆、崔瀣同流合污。后来，“沆瀣一气”便被用作因臭味相投而联系在一起之典。

画龙点睛

“画龙点睛”，用来形容作文或说话时在关键之处加上精辟的语句，从而使得内容变得灵妙而生动。典出唐代张彦远《历代名画记》：“张僧繇于金陵安乐寺，画四龙于壁，不点睛。每曰：‘点之即飞去。’人以为诞，因点之。须臾，雷电破壁，二龙乘云上天。未点睛者皆在。”张僧繇是南朝梁武帝时期的著名画家，他的画活灵活现，栩栩如生。一次，他在金陵安乐寺的墙壁上画了四条龙，却不点眼睛，说：“如果点上了眼睛，龙就会飞走。”人们不信，张僧繇就给龙点上了眼睛。当下，点上了眼睛的两条龙就乘云飞去，而另两条龙都还在。

画虎不成反类犬

“画虎不成反类犬”典出《后汉书·马援传》：“效季良不得，陷为天下轻薄子，所谓画虎不成反类狗者也。”意思是说，本来画的是老虎，结果却画得像狗，比喻好高骛远，一事无成，最终留下笑柄。马援是东汉著名的军事家，因功官封伏波将军。他有两个喜好结交游侠的侄子。一日，马援写信告诫两位侄子说：“龙伯高为人敦厚节俭、谦约谨慎、待人诚恳。我希望你们向这样的人学习，即使不能完全修行成龙伯高这样的人，你们还可以养成谦虚谨慎的品德。杜季良喜爱结交朋友，为人仗义，可以与朋友苦乐与共，同样受到人们的尊敬。但是我不希望你们学他，如果你们做不好豪侠，反而会成为轻薄纨绔之人，这就跟画虎不成反类狗没什么区别了。”后以“画虎不成反类犬”比喻眼高手低，模仿失真，导致不伦不类。

祸起萧墙

“祸起萧墙”典出《论语·季氏》：“今由与求也，相夫子，远人不服而不能来也；邦分崩离析而不能守也；而谋动干戈于邦内，吾恐季孙之忧，不在颛臾，而在萧墙之内也。”萧墙，古代摆在宫室内，起屏蔽作用的矮墙，用于比喻发生内乱。春秋时期，鲁国季氏将要攻打邦内小国颛臾。冉有、子路二人来到孔子府内，将这件事告诉了孔子。孔子听后很气愤，责备二人：“你们作为季氏的家臣，不但没有尽到辅佐的责任，还支持季氏倚强凌弱，对颛臾兴不义之师，你们枉我昔日教导。如今，季氏要对颛臾动武，恐怕季氏最大的忧愁不在颛臾，而在萧墙之内啊！”果然，孔子说出这话不久，季氏兄弟间便发生了矛盾。后来，“祸起萧墙”便被用作内部发生祸乱之典。

鸡鸣狗盗

“鸡鸣狗盗”，指微不足道的本领，也指偷偷摸摸的行为。典出《史记·孟尝君列传》。齐国孟尝君带领宾客出使秦国，秦昭王想让他担任相国，孟尝君被迫留了下来。可是秦国的大臣说，留下孟尝君对秦国是不利的，因为他的根基在齐国，不会真正地效力于秦国。秦昭王于是将其软禁起来，并准备将其杀掉。孟尝君得知后，向秦昭王最宠爱的妃子求助，妃子以得到齐国那件举世无双的白狐裘为答应的条件，可是那件白狐裘孟尝君已经献给了秦昭王，正好孟尝君手下有个宾客善于钻狗洞盗东西，于是把白狐裘盗了出来，送给妃子。经妃子劝说，秦昭王决定过两天为孟尝君饯行。孟尝君不敢再等，当下立即出走。到函谷关时正值半夜，秦法规定，鸡叫才开关，有一个宾客就学起了鸡叫，引得雄鸡们都叫了起来。于是关门得开，他们顺利地逃出。

兼听则明，偏信则暗

语出《资治通鉴·唐太宗贞观二年》：“上问魏徵曰：‘人主何为而明，何为而暗？’对曰：‘兼听则明，偏信则暗。’”唐太宗问魏徵：君主怎样才叫作圣明，又怎样才叫作昏聩？魏徵回答：广泛地听取意见才能做到圣明，偏信某个人就会昏聩。从前尧明晰地向下面民众了解情况，所以三苗作恶之事得以及时掌握；舜耳听四面，眼观八方，因此共、鲧、驩等人都不能蒙蔽他；秦二世偏信赵高，结果在望夷宫被赵高所杀；梁武帝偏信朱异，落得在台城被软禁饿死；隋炀帝偏信虞世基，死于扬州的彭城阁兵变，所以人君广泛地听取意见，则大臣不敢有所蒙蔽，下情才得以上达。

狡兔三窟

“狡兔三窟”出自《战国策·齐策四》：“狡兔有三窟，仅得免其死耳。今君有一窟，未得高枕而卧也，请为君复凿二窟。”意在说明，做事要像聪明狡猾的兔子一样，事先做好充分准备，有很多个藏身的地方或危难时解决问题的办法。

相传，战国时期，齐国相国孟尝君门下有一位食客名叫冯谖。一日，孟尝君派冯谖到债务难收的薛地收取旧债，并吩咐他用收回的债银买回来一些家里缺少的东西。冯谖到了薛地，大摆筵席，宴请债户。宴会上，冯谖收了能收回的债务，对于那些还不起债务的穷人，冯谖免除了他们的债务。回到相府，孟尝君大怒。冯谖解释道：“公子府内什么东西都不缺，唯缺的就是‘义’。如今，我用这种方式将‘义’为公子‘买’了回来，公子为什么要生气呢！”一年以后，孟尝君被免去相职，搬回薛地，薛地百姓夹道欢迎。此时，孟尝君才真正领悟到冯谖当初那般的真正用意，便奉冯谖为上客。冯谖对孟尝君说：“狡猾的兔子有三个洞穴，这样，它才可以免于被猎人捕杀、猛兽捕食。如今您只有一个洞穴，还不能够高枕无忧。为了报答您的恩情，我将为您再建两个洞穴。”得到孟尝君应允后，冯谖带着重金前往魏国，以游说魏国聘请孟尝君为相国。经冯谖一番美言，魏国决定重金聘请孟尝君。但是，冯谖早已告诉孟尝君拒礼不就。魏国使臣三番两次来访，都无功而返。齐湣王听说魏国重金礼聘孟尝君为相，便恢复了孟尝君的相职。后来，冯谖又建议孟尝君向齐王求赐先王祭器，以兴建宗庙供奉，齐王必会派兵保护，薛地也就无人敢觊觎了。如此，冯谖为孟尝君所凿的三座洞窟已经完成，孟尝君可以高枕无忧了。

结缨

“结缨”典出《左转·哀公十五年》：“石乞、孟黡敌子路，以戈击之。断缨。子路曰：‘君子死，冠不免。’结缨而死。”子路是孔子的得意门生，七十二贤人之一。他性格直爽、为人勇武，以擅长“政事”著称。公元前480年，姬蒯聩（卫出公的父亲）夺取了卫出公的君位，卫出公被迫出走齐国。时任卫国大夫的子路因不从乱而遭到石乞、孟黡的攻击。混战中，子路的帽带被石乞用戈击断。子路说道：“君子即使死了，冠帽也不能掉了。”于是，他把帽带系好后，从容就义。子路忠于职守、尽忠殉道的精神，体现了孔子“杀身而取义”的思想，是后世学者、政客学习的典范。后以“结缨”表示舍生取义、从容就死。

结草衔环

“结草衔环”是“结草”“衔环”两个典故的合称。据《左传·宣公十五年》所载，晋大夫魏武子有个十分宠爱的妾名叫祖姬。生前，魏武子曾多次嘱托儿子魏颗，如果自己死了，一定要给祖姬找个好人家改嫁出去。后来，魏武子病重，弥留之际对儿子说，他死后，让祖姬殉葬。魏武子死后，魏颗按照父亲最初的嘱托，选了一户好人家，将祖姬改嫁。公元前594年，秦桓公出兵伐晋。时为晋国将领的魏颗与秦将杜回在辅氏（今陕西大荔县）相遇，二人激战时，有一位老人用野草绳将杜回绊倒，魏颗趁机俘虏了杜回，秦军大败。晚上，魏颗梦到白日那位结草的老人对他说，他是祖姬的父亲，为了报答魏颗救祖姬一命的恩情，特结草助魏颗一臂之力。

《后汉书·杨震传》中的注引《续齐谐记》中载记载：杨震的父亲杨宝9岁的时候，在华阴山救下了一只受伤的黄雀，并且将它带回了家，每日以黄花喂养。黄雀伤愈离开的那天夜里，杨宝梦到一位黄衣童子对他说："我是西王母身边的侍童，蒙您搭救得以生还。如今我赠送您四枚白环，可保恩人子孙世代清白，身居高职。"后将二典合并，以"结草衔环"比喻受人恩惠，感恩戴德，至死不忘。

解衣推食

"解衣推食"出自西汉司马迁的《史记·淮阴侯列传》："汉王授我上将军印，予我数万众，解衣衣我，推食食我，言听计用，故吾得以至于此。"意思说，将自己穿的衣服脱下来给别人穿，将自己正在吃的食物让给别人吃。比喻对人极为关心。韩信是汉王刘邦手下的一名大将，深受汉王器重。楚汉相争之时，他曾率兵消灭了齐王田广的大军以及楚国大将龙且率领的援军，占领了齐地。楚霸王项羽见此，便派武涉前去劝说韩信脱离汉王。韩信听后，对武涉说："我为汉王所重用，实乃我之荣幸。平日里，汉王对我关爱有加，甚至可以'解衣衣我，推食食我'，这样的厚爱，我怎能另立门户，背叛汉王呢！"后来，"解衣衣我，推食食我"便逐渐简化成"解衣推食"，形容热情关怀。

惊弓之鸟

"惊弓之鸟"，比喻受过惊吓的人碰到一点动静就非常害怕。典出《战国策·楚策》。一天，更羸与魏王在一起，抬头看到有一只鸟飞来。更羸对魏王说："我可以不用箭，只需拉弓弦就可令鸟落下来。"魏王怀疑地问："你的射箭技术可以达到这种程度吗？"更羸答应说："能！"一会儿，鸟飞到近处，是一只雁。更羸果然只用弓弦之声就令雁落下。魏王惊讶地说："原来真有这样高超的射技！"更羸说："因为这是一只有伤的雁。"魏王问他是怎么知道的。更羸回答说："其飞徐而鸣悲。飞徐者，故疮痛也；鸣悲者，久失群也，故疮未息，而惊心未至也。闻弦音，引而高飞，故疮陨也。"

举案齐眉

举案齐眉，形容夫妻相敬。"案"是古代一种有脚的托盘，用于放置盛饭的器皿，送饭时用双手托着它。语出《后汉书·梁鸿传》："为人赁舂，每归，妻为具食，不敢于鸿前仰视，举案齐眉。"梁鸿年轻时家里很贫困，虽然刻苦好学，很有学问，却不愿出来做官。孟光钦慕梁鸿的品德，因而托人说媒嫁给了她。婚后，两人过着俭朴的隐居生活，互敬互爱，非常和谐。梁鸿每天劳动完毕回到家里，孟光总是把饭和菜都准备好了，摆在托盘里，双手捧着，举得齐自己的眉毛那样高，恭恭敬敬地送到梁鸿面前，梁鸿则欣喜地接过来，然后两人一起愉快地吃饭。这就是举案齐眉的故事。

苛政猛于虎

出自《礼记·檀弓下》，“夫子曰：‘何为不去也？’曰：‘无苛政。’夫子曰：‘小子识之，苛政猛于虎也。’”一天，孔子和徒弟们经过泰山脚下，见到有一个妇人在坟前哭得十分悲惨，孔子就让子路过去问问。那个妇人说，这里有老虎出没，先是自己的公公被老虎吃掉了，后来丈夫也被老虎吃掉了，就剩下了她和儿子相依为命，可是现在，她的儿子也被老虎吃掉了。孔子关切地问道：那为什么不离开这里呢？妇人说：因为这里没有苛政。孔子于是告诫徒弟们都要记着，残虐的政治害起人来是比老虎还更凶猛的。

口蜜腹剑

“口蜜腹剑”，比喻表面和善而心地狠毒的小人行径。语出《资治通鉴·唐玄宗天宝元年》：“尤忌文学之士，或阳与之善，啖以甘言而阴陷之。世谓李林甫口有蜜，腹有剑。”李林甫为人阴险奸诈，表面上与人非常友好，尽说一些好听的话，可是心地很毒辣。他在朝为官时，通过勾结宦官和妃子而得知了不少内部情况，因而能处处适逢唐玄宗的心意，通过排挤打压，最终得以升任宰相之职，独断专权长达十余年，迫害过很多贤良，对唐玄宗后期的政局造成了很大的负面影响。

胯下之辱

典出《史记·淮阴侯列传》。在韩信早年的时候，淮阴的一个屠夫对他说：“你的个子比我高大，又喜欢带剑，但心里是不是很胆怯啊？”然后当着众人的面侮辱说：“假如你不怕死，那就杀了我；不然，就从我的胯下爬过去。”韩信注视了他一会儿，俯下身子从他的胯下爬了过去。市上的人都讥笑韩信，以为韩信真的胆子很小。韩信发达之后，不仅没有报复那个屠夫，还封他做楚中尉，同时对众将官说：“此壮士也。方辱我时，我宁不能杀之邪？杀之无名，故忍而就于此。”

滥竽充数

“滥竽充数”，比喻以次充好，只顾数量而忽视质量。典出《韩非子·内储说上》。齐宣王使人吹竽，是三百人一起吹，有一个南郭处士请求为宣王吹竽，宣王很高兴地接纳了。后来齐湣王继位，喜欢听人一个一个地吹，南郭处士得知后就跑掉了，因为他并不会吹竽，先前只是混在人群里充数罢了。

老生常谈

“老生常谈”，亦作老生常谭，即老书生经常说的话，比喻人们听惯了的没有新鲜意思的话。语出《三国志·魏志·管辂传》：“此老生之常谭。”管辂少有才名，尤其通晓占卜。一次，吏部尚书何晏与侍中尚书邓飏找管辂来占卜。这两个人倚仗朝中得宠而胡作非为，管辂想乘机劝诫他们一番，就以凶兆来警告，要他们效法周公，为国家多做善事。邓飏不以为意地说：“此老生之常谭。”管辂说：“夫老生者见不生，常谭者见不谭。”意在说明老生常谈就未必没有意义。不久之后，何晏、邓飏皆被司马氏诛杀。

礼贤下士

语出《新唐书·李勉传》："其在朝廷，耿亮谦介，为宗臣表，礼贤下士有终始，尝引李巡、张参在幕府。"李勉性情耿直，为官清廉，然而仕途坎坷，唐肃宗时受到宦官李辅国的排挤，唐代宗时又遭到宦官鱼朝恩的忌恨，因此先后被贬出京城，唐德宗时曾一度为相，但是由于直言而为德宗所疏远。李勉为人坦率素朴，而对待士人谦恭有礼，曾任用名士李巡、张参为判官，直到他们死于幕府。此后3年之内，每当宴饮时，李勉一定在宴席上虚设二人座位，摆上膳食洒酒祭奠，言辞容色凄怆忧伤，令人深为感动。

李广难封

李广，汉代大将，素有"飞将军""猿臂将军"的美誉，以打硬仗而闻名，屡击匈奴，身历70余战。历史上，人们对他的评价很高，王昌龄有诗云："但使龙城飞将在，不教胡马度阴山。"然而，很多战功在李广之下的人都被封了侯，唯独战功赫赫的李广，至死都没有被封侯。唐代诗人王勃在《滕王阁序》中惋惜道："时运不齐，命途多舛；冯唐易老，李广难封。"后来，"李广难封"便被用为慨叹命运多舛、功高不爵之典。

李广射石图　清　任颐

临时抱佛脚

"临时抱佛脚"，比喻平时没有准备，到事情来临的时候才仓皇应付。古时，云南的南部有一个小国，国民都崇奉佛教。一次，一个被判了死刑的罪犯越狱逃跑，跑了一天，筋疲力尽，而追捕的官兵马上就要到了。他自知无法逃脱，就走进了一座寺庙，见到佛祖的坐像。因为佛像很高大，他就抱着佛脚痛哭忏悔，请求佛给他宽恕，并不停地磕头，把头皮都磕破了，出了很多血。官兵赶到时，为他的真心悔过而感动，将此事报告给了国王。国王也是个佛教信徒，就赦免了他，容许他剃度为僧。这就是俗语"临时抱佛脚"的来历。

洛阳纸贵

语出《晋书·文苑·左思传》："于是豪贵之家竞相传写，洛阳为之纸贵。"晋武帝太康年间左思写成《三都赋》，三都即魏都邺城、蜀都成都、吴都建业，左思为了写作这篇赋，收集了大量相关的历史、地理、物产、风俗资料，历经10年才完成，文章凝聚着他的心血。但是左思此前并没有什么名声，所以文章写出之后并未引起重视，看到的一些人甚至根本就不会认真去读，于是左思去找著名的文学家张华。张华认真赏阅了文章，大为惊异，又找了另一位名士皇甫谧，一同向世人推荐左思的《三都赋》，人们这才发现此乃天下奇文，于是皆以先阅为快，而当时还没有印刷术，人们只得争相传抄，一时都城洛阳的纸价飞涨了好几倍，依然是销售一空。

马革裹尸

马革裹尸，即用马皮把尸体包起来，指军人战死沙场。语出《后汉书·马援传》：“男儿要当死于边野，以马革裹尸还葬耳，何能卧床上在儿女子手中邪？”马援是东汉初年的名将，在开国的过程中立下了巨大的功勋，而后又平定了边境的叛乱。马援从西南打了胜仗回到洛阳后，大家为他庆贺。以谋略闻名的孟翼也对他说了一些恭维的话，马援听了感到不满意，说他盼望的是先生的指教，而不是恭维，又说当今北方的匈奴和乌桓还在不断地侵扰，指出男儿当“以马革裹尸还葬耳”。不久，马援果然出征匈奴和乌桓。后来，南方的少数民族再发叛乱，马援虽然年事已高，依然英勇请战，领兵远征武陵、五溪，适逢溽暑，疾疫流行，士卒多病，马援亦病殁于军中。

马上得天下

指凭借武功取得天下。出自《史记·郦生陆贾列传》：“陆生曰：‘居马上得之，宁可以马上治之乎？’”汉朝初年，刘邦看重武力而轻视文教，陆贾经常向他谈论读《诗》《书》的重要性，刘邦斥责陆贾说：天下是我在马上得来的，读《诗》《书》有什么用？陆贾应答说：得天下于马上，难道治天下也在马上吗？又说：“且汤武逆取而以顺守之，文武并用，长久之术也。”

毛遂自荐

典出《史记·平原君虞卿列传》。长平之战后，白起领秦兵围困了赵国都城邯郸。危急之际，平原君决定前往楚国求救，欲精心挑选20个最为得力的门客同往，可是挑选之后，还少一人，这时毛遂挺身自荐，经再三请求，得以跟随平原君一同出使。平原君与楚王单独谈了很久都没有结果，毛遂却突然闯了过来，快言利语，陈说利害，终于使楚王同意援救赵国。平原君称赞他说：“毛先生一至楚，而使赵重于九鼎大吕。毛先生以三寸之舌，强于百万之师。”

孟母三迁

“孟母三迁”讲的是孟子的母亲为了给孟子创造一个良好的学习环境，三次搬家的故事。孟子，战国时期鲁国人，父亲早逝，从小他便与母亲相依为命。小的时候，孟子很淘气，模仿能力也很强。在他家附近，有一座坟场，经常会有一些披麻戴孝以敲吹锣打鼓的乐手前来送葬，哭泣声、锣鼓声不断。日子久了，孟母发现孟子在和小朋友玩的时候，常常用小铲子挖坑，还模仿孝子哭啼送葬的场景。孟母觉得这个环境不适合孟子成长，便将家搬到集市边上。没过多久，孟子竟然学会了商家做生意的套数，就连东邻杀猪的把式也模仿得有模有样。孟母见此，又将家迁到学堂附近。这次，孟子不但对学堂里学生学习的礼、乐、射、御、术、数六艺十分感兴趣，还经常和小朋友模仿老夫子教学生演习的周礼。孟母见孟子如此上心，便将家安置在这里。从此，孟子在母亲的教育引导下，专心读书，终成儒家学派的代表人物之一，被后世称为“亚圣”。孟母被后世视为父母教育子女的典范。“孟母三迁”也经常被用为以适当的方式引导、教育孩子之典。

门可罗雀

语出《史记·汲郑列传》："始翟公为廷尉，宾客阗门；及废，门外可设雀罗。"翟公曾在汉武帝时担任廷尉，即国家的最高法官，是时宾客盈门；被贬后，立时变得门庭冷落，以致门前可以张网来补麻雀；后来复职，宾客又纷纷前往。翟公深为感慨，在大门张贴告示说："一死一生，乃知交情；一贫一富，乃知交态；一贵一贱，交情乃见。"

名落孙山

典出南宋范公偁《过庭录》：吴地有个人叫作孙山，是一个滑稽才子。一年他到外郡去应考，有个乡里人把儿子托付给他一同去参加考试。结果孙山位居榜末，与他一起来的同乡的儿子则在榜外。他先返回来，同乡问他自己儿子的情况，他诙谐地回答说："解名尽处是孙山，贤郎更在孙山外。"此后，人们就以"名落孙山"来代指考试落榜。

明修栈道，暗度陈仓

栈道，指一种修在山间峭壁上的道路；陈仓是地名，位于今陕西宝鸡东。这则成语用以形容布置假象来迷惑对方，从而达到出奇制胜的目的。典出《史记·高祖本纪》。章邯受项羽的命令，驻守汉中，堵截刘邦。刘邦欲引军东进，征询韩信的计策。韩信命人去修复栈道，章邯以为汉军要从栈道出击，而栈道地势险恶，修复起来需要花费很长的时间，于是放松了警惕。然而韩信绕道而行，渡过渭水，从陈仓进军。章邯仓皇迎敌，结果惨败，而后被迫自刎，汉中失守。

莫须有

莫须有，即也许有、大概有的意思，用来指凭空捏造。语出《宋史·岳飞传》："飞子云与张宪书虽不明，其事体莫须有。"秦桧诬陷岳飞谋反，说岳飞的儿子岳云给张宪写有反书，却没有实际的证据。韩世忠找秦桧去质问，秦桧说：虽然反书的事还没有查明，但谋反的事情大概是有的。韩世忠说："'莫须有'三字，何以服天下？"

沐猴而冠

沐猴，即猕猴，猕猴戴冠，打扮成人的装束，然而终究不是人，形容虚有其表，后来常常指依靠恶势力的傀儡。语出《史记·项羽本纪》："人言楚人沐猴而冠耳，果然。"这里的楚人说的就是项羽。项羽进入咸阳后，将秦朝的宫殿都焚毁了。有人建议在这里建都，因为地理条件有利，项羽却说："富贵不归故乡，如衣绣夜行，谁知之者！"表示要在江东建都才可令乡人更好地知道自己的富贵。建议的人就对别人说项羽为沐猴而冠之徒，意思是讲项羽徒名霸王，实际并不是个人物，成就不了大事的。这话被项羽知道，就将他烹杀了。

南柯梦

"南柯梦"典出唐代李公佐的传奇小说《南柯太守传》：有一个名叫淳于棼的人，平日喜爱饮酒作乐。一日恰逢淳于棼生日，他便在家中庭院的大槐树下摆下酒席，宴请亲朋好友。月明星稀、树影婆娑，淳于棼一时高兴，多喝了几杯，有些飘飘然。众人宴饮完毕，再次道贺后，便离开了。淳于棼带着朦胧的醉意，感受着习习晚风，不知不觉竟在大槐树下睡着了。他梦到自己被两位紫衣使者带到大槐国，并且参加了一场选拔官员的考试，金榜题名后，被国王赏识，招为驸马，封为南柯太守。30 年中，不但功成名就，而且家庭美满，得了 5 男 2 女，享尽荣华富贵。不料，邻国来袭，淳于棼奉命出征，结果兵败。国王知道后，下令将淳于棼贬为平民，遣回老家。淳于棼醒后按照梦中线索寻找，发现所梦大槐国竟是门前大槐树树洞中的蚂蚁窝，而槐树南枝下的另一个蚂蚁窝就是他做南柯太守的地方。“南柯梦”形容一场梦境，后多被用来慨叹富贵荣华不过过眼云烟，仿佛梦境，也比喻空欢喜一场。

南柯梦石碑　清

内举不避亲

语出《吕氏春秋·去私》，“孔子闻之，曰：‘善哉，祁黄羊之论也！外举不避仇，内举不避子，祁黄羊可谓公矣。’”祁黄羊是春秋时晋国的大夫，一次晋平公问祁黄羊，南阳缺少一个县令，委任谁比较合适。祁黄羊推荐的是解狐。晋平公很惊讶，因为解狐是祁黄羊的仇人。祁黄羊解释说：“您问的是谁担任这个职位合适，并没有问臣的仇人是谁。”又有一次，晋平公问他尉官的人选，这次他推荐的是祁午。晋平公更加惊异，因为祁午正是祁黄羊的儿子。但祁黄羊荐举的依据只以国家利益为准，而不论最合适的人选是自己的仇人还是亲人，都不应当出于私人的考虑而有所避忌。

弄巧成拙

语出黄庭坚《拙轩颂》：“弄巧成拙，为蛇画足。”孙知微是北宋著名的画家，尤其擅长人物画。一次，他画了一幅《九耀星君图》，只剩下着色这最后一道程序，恰巧有朋友约他出去饮酒，于是他就令徒弟们给画着色。众徒弟聚在一起欣赏老师的画作，纷纷指出画作的各种优长之处。而有一个叫童仁益的徒弟，平时最喜欢卖弄，这时却一直都没说话。大家问他是否觉得这幅画哪里有问题，他说，水暖星君身边的童子手中的水晶瓶里缺了什么，每次老师都要在瓶中画上花的，这次一定是遗漏了，就去添上一枝红莲花。孙知微回来后感到好笑，因为那是水暖星君用来降服水怪的镇妖瓶，不是插花用的，说这真是弄巧成拙，添上了一枝花，整幅画就都没法要了，就把画给撕了。

牛衣对泣

“牛衣对泣”典出《汉书·王章传》：“初，章为诸生学长安，独与妻居。章疾病，无被，卧牛衣中，与妻诀，涕泣。其妻呵怒之曰：‘仲卿！京师尊贵在朝廷人谁逾仲卿者？今疾病困厄，不自激昂，乃反涕泣，何鄙也！’”王章，西汉时期的谏大夫。年轻的时候，王章在长安的太学求学，与妻子一同住在陋室之中。有一次，王章生病，因为生活拮据，家里没有被子盖，妻子便拿来牛畜用来保暖的麻草编织而成的牛衣，将王章裹了起来。王章缩在牛衣里，哭着对妻子说：“我病得很重，恐怕将不久于人世了，你我就此诀别吧。”妻子听了怒斥道：“仲卿，朝廷中，有几个才能超过你的？现在你生病，自己不振作精神，却在这里哭哭啼啼，这是胸怀大志之人该做的吗？”后以“牛衣对泣”之典，比喻艰难困苦之中，夫妻相携共度，其中也蕴涵了人际关系中互敬互爱的儒家思想。

皮里阳秋

“皮里阳秋”出自《晋书·褚裒传》：“谯国桓彝见而目之曰：‘季野有皮里阳秋。’其言外无臧否，而内有所褒贬也。”本作“皮里春秋”，意思说，虽然嘴上不直说，但是肚子里自有褒贬。《春秋》是儒家五经之一，是孔子根据鲁国史书《鲁春秋》修订而成，是中国最早的编年体史书。书中借由各诸侯国发生的重大历史事件，宣扬王道思想。书中对历史人物和事件寄寓褒贬而不直言。后以“皮里春秋”作心中有褒贬，却不直言之典。后因晋简文帝的母后名春，为了避讳，便将“皮里春秋”改为“皮里阳秋”。

破釜沉舟

破釜沉舟，指不留退路，勇往直前，将全部希望寄托在事情的成功上。典出《史记·项羽本纪》：“项羽乃悉引兵渡河，皆沉船，破釜甑，烧庐舍，持三日粮，以示士卒必死，无一还心。”项羽率领军队与章邯率领的秦军主力相迎于巨鹿（今河北邢台），渡过漳水之后，命令将船只全部沉毁，将炊具全部打破，将庐舍全部烧掉，仅随身携带三天的粮食，以令兵士断绝后退的念头，只有拼死一战取得胜利才是唯一的生路。巨鹿一战，项羽大破秦军，威名天下。

破天荒

破天荒，指从未有过的新鲜事。出自宋代孙光宪《北梦琐言》第四卷：“唐荆州衣冠薮泽，每岁解送举人，多不成名，号曰‘天荒解’。刘蜕舍人以荆解及第，号为‘破天荒’。”唐朝时，荆南地区连续几十年解送到京城的举人都没有考中进士，人们于是称之为“天荒解”。后来，在唐宣宗大中四年（公元850年），有一个叫作刘锐的举人考中了，总算破了天荒。当时镇守荆南一带的魏国公崔弦因此而赠送了刘锐七十万的“破天荒”钱，但刘锐未肯接受，在回信中写道：“五十年来，自是人废；一千里外，岂曰天荒。”

破镜重圆

破镜重圆，比喻夫妻失散或决裂后重新团聚与和好。语出宋代李致远《碧牡丹》：“破镜重圆，分钗合钿，重寻绣户珠箔。”南朝陈太子舍人徐德言与妻子乐昌公主恐国破后不能相保，因此破开一铜镜为两半，二人各执其一，约定他年正月望日卖破镜于都市，以期相见。陈亡后，乐昌公主被隋朝越国公杨素纳为妾。徐德言依期到市中寻镜，见一老者在卖半面铜镜，与自己的这一半正相合，于是在上面题诗云："镜与人俱去，镜归人不归；无复嫦娥影，空留明月辉。"乐昌公主见诗之后，悲泣不已，不进餐食。杨素知道后，召见了徐德言，令他们夫妻团聚，同归江南。

奇货可居

语出《史记·吕不韦列传》："吕不韦贾邯郸，见（异人）而怜之，曰：'此奇货可居。'"大商人吕不韦在邯郸做生意的时候偶然见到异人，了解到异人是秦国太子安国君的儿子，现在赵国做人质，意识到这是难得的一笔好生意。他以重金结交于监守异人的公孙乾，从而结识了异人。安国君有很多儿子，但是正妻华阳夫人无子，吕不韦买通了华阳夫人的姐姐，通过她向华阳夫人说了异人的很多好话，并且说异人想认夫人为生母。华阳夫人听了很高兴，表示应允。然后吕不韦又买通了秦昭襄王王后的弟弟杨泉君，令昭襄王决定接异人回国。后来，异人成为秦王，封吕不韦为丞相。吕不韦终于在这笔奇货可居的大生意中得到了巨大的回报。

千人之诺诺，不如一士之谔谔

语出《史记·商君列传》："千羊之皮，不如一狐之掖；千人之诺诺，不如一士之谔谔。武王谔谔以昌，殷纣墨墨以亡。"商鞅在秦国推行新法的过程中得罪了很多人，一次，赵良特地去见他，说：1000 张羊皮比不上一领狐腋贵重，1000 个人随声附和也比不上一个人仗义执言。武王允许大臣们直言谏诤，国家就昌盛；纣王的大臣不敢讲话，商朝因而灭亡。您如果不反对武王的做法，那就让我直言而您不予责备。然后，赵良指出他实施严刑酷法，刻薄少恩，积累怨恨，长此以往，势必引祸于身。但是商鞅并没有认真地反省，秦孝王死后，商鞅即遭受构陷，被五马分尸。

千金买马骨

"千金买马骨"出自《战国策 · 燕策一》，比喻重视人才，求贤若渴。公元前 314 年，齐国趁燕国发生内乱之际，侵占了燕国大量土地。燕昭王即位后，为了讨回失地，采取一系列兴邦安国的措施，并发布诏令招揽天下贤士。但是消息发出很久，也没有几个人前来投奔。于是，燕昭王来到郭隗住处，虚心向他请教。郭隗对燕昭王说：从前有一个国君，想用千金购买千里良驹，但是 3 年过去了，竟然没有一匹千里马入厩。国君为此耿耿于怀。一日，国君手下一名不起眼的小官自告奋勇，说能解国君之忧。3 个月后，他竟然花五百金买回了一匹死马。国君见了很生气，问其原因。小官答道："天下人要是知道您肯花五百金购买良驹的尸骨，还怕没人主动送良驹上门吗？"果真，千金买马骨的消息一传出，在不到一年的时间里，就有 3 匹千里马被献到国君面前。郭隗讲完，补充道："如今大王求贤与国君买马是一个道理。要让天下之人知道大王您求贤若渴，要从重聘不起眼的贤士开始，譬如说我。"燕昭王听后，立即拜郭隗为老师。不久，果真有很多贤人志士闻讯前来投奔。

倾城倾国

倾国倾城，原指女色亡国，后来一般用于形容女子非同寻常的美貌。典出《汉书·外戚传》。李延年是汉武帝的乐师，一次在演奏时唱道："北方有佳人，绝世而独立，一顾倾人城，再顾倾人国。宁不知倾城与倾国，佳人难再得。"意思是讲，有这样一位绝世佳人，回眸顾盼的神采可以令一座城池、一个国家都因此而倾覆。可是（君王）难道不知道这样的后果吗？不是的，因为这样的佳人实在太难得了。李延年实际是在向汉武帝推荐自己的妹妹。汉武帝召他的妹妹进宫，见她果然十分美貌，而且极擅歌舞，因此十分宠爱。

请君入瓮

"请君入瓮"出自《资治通鉴·唐纪·则天皇后天授二年》，"兴曰：'此甚易尔！取大瓮，令囚入中，何事不承！'俊臣乃索大瓮，火围如兴法，因起谓兴曰：'有内状推兄，请兄入此瓮。'兴惶恐叩头伏罪。"比喻以其人之道，还治其人之身，即用某人整治别人的办法来整治他自己。武则天统治时期，周兴与来俊臣是当时有名的酷吏。来俊臣善于动用各种刑罚让犯人"俯首认罪"，周兴则在研究刑具方面更胜一筹，在他们手下冤死的人不计其数。一日，武则天收到一封揭发周兴伙同丘神绩谋反的密奏，于是，武则天便将审理此案的任务交给来俊臣。几日后，来俊臣将周兴请到府中宴饮。酒席上，来俊臣与周兴讨论起近来审问犯人的一些情况，并且煞有介事地说到了关于犯人拒不招供的事情。周兴听后，便得意将自己最新研究的刑具推荐给了来俊臣。听罢，来俊臣立即命人按照周兴所说，抬进了一口大瓮，并厉声质问周兴谋反罪行。周兴见来俊臣要用他研制的刑具对自己动刑，早已吓得魂飞魄散，对犯下的罪行供认不讳。后以"请君入瓮"比喻那些自作自受的人。典故中，反对酷吏的儒家思想也蕴涵其中。

青眼与白眼

青眼指正视，因为正着看的时候黑眼珠在中间；白眼指斜视，这时是眼白对着人。青眼和白眼分别表示尊重和轻视两种态度，这种说法出自《晋书·阮籍传》："籍又能为青白眼。"阮籍善于使用青白眼来表达自己的态度，见到一些庸俗之辈，就用白眼对之，而遇到自己所敬重的人，则予青眼相视。阮籍的母亲去世后，嵇喜前往吊唁，遭到了阮籍的白眼，嵇喜很不高兴。嵇喜的弟弟嵇康听说了，带着酒和琴前去拜访，阮籍则以青眼待之。因为嵇喜名高位重，热衷于俗务，而嵇康却直率旷达，倜傥不羁，正与阮籍性情相投。

染 指

染指，原义为品尝食品，后来一般喻指插手某件事情，尤指从中获得不正当的利益。典出《左传·宣公四年》："子公怒，染指于鼎，尝之而出。"一天，子家和子公去朝见郑灵公。将要进门的时候，子公发现自己的食指不自主地动了起来，于是对子家说：往常有这种情况发生的时候，都会有美味吃的。等他们进入宫中，果然，郑灵公正在烹制一只楚国送来的鼋鱼准备宴请大家。子家就把刚才子公的话讲给了灵公，灵公听了很不高兴，独独没有给子公吃鼋，子公大怒，就伸手指到鼎里取了点尝一尝，然后就走了。灵公因此想杀掉子公，但是子公与子家先谋反，杀掉了郑灵公。

塞翁失马，焉知非福

比喻虽然一时受到损失，也许反而因此能得到好处，或者说坏事在一定条件下可以转变为好事。典出《淮南子 · 人间训》。在边塞上有个老翁，一天他的马无故跑丢了，人们都过来安慰他。他却说："怎么知道这不是件好事呢？"几个月之后，那匹马自己回来了，还带回了许多胡地的好马。人们纷纷向他表示祝贺，他却说："怎么知道这不是件坏事呢？"家里有这么多好马，他的儿子就喜欢骑马出去玩，结果从马上掉下来摔断了大腿。人们又来安慰他，可是他又说："怎么知道这不是件好事呢？"一年之后，胡人入侵，边塞的绝大部分青年人都战死了，他的儿子却因为腿瘸的缘故未曾参军而得以存活，父子俩能够相依为命。

丧家之犬

"丧家之犬"典出《史记 · 孔子世家》："东门有人，其颡似尧，其项类皋陶，其肩类子产，然自要以下不及禹三寸，累累若丧家之狗。"形容丧事人家的狗因无人照看，失意而四周观望的样子。为了推行儒家的政治主张，孔子携众弟子周游列国。在前往郑国的途中，孔子与弟子走散。于是，孔子站在郑国外城的东门张望。子贡在城中向郑国人打听孔子的消息，有一个郑国人对子贡说："东门那站着一个人，他的额头像唐尧，脖子像皋陶，肩膀像子产，然而从腰以下比夏禹差三寸，瘦骨嶙峋、憔悴不堪，样子好似丧家之犬。"子贡寻到孔子之后，将这番话说给孔子听，孔子笑道："我的样子倒不太像他所讲的那样，不过，他说我像'丧家犬'倒是说得很对啊！"孔子如是说，意在表明，尽管自己现在的情形如同无家可归的"丧家犬"一样，却能够志高识远、安贫乐道，比起那些精神上如同"丧家犬"的人则要好得多。孔子能在自己的政治思想四处碰壁，不得意的时候说出这番话，足见孔子的大丈夫之风。后以"丧家之犬"形容无家可归、失意落魄的人。

三顾茅庐

典出《三国志 · 蜀志 · 诸葛亮传》引《出师表》："先帝不以臣卑鄙，猥自枉屈，三顾臣于草庐之中。"东汉末年，天下大乱，群雄逐鹿，刘备起事多年，却一直辗转漂泊，未能实现大的发展，后经徐庶和司马徽推荐，往卧龙岗拜访诸葛亮，请求他出山辅佐。

三顾茅庐图　明　佚名

第一次去的时候，诸葛亮不在家；第二次去的时候，又赶上诸葛亮出去；第三次求访，诸葛亮没有外出，但正在睡觉，刘备没有让人叫醒他，而是等诸葛亮醒来了才过去谈话。后来诸葛亮辅佐刘备，成就了蜀汉的三分天下，而刘备和诸葛亮之间也成为君臣关系的典范。

失之毫厘，差之千里

出自《礼记·经解》，“《易》曰：‘君子慎始，差若毫厘，缪以千里。’”毫和厘是很小的长度单位，但是如果不在意，即使开始的时候仅仅有很小的偏差，那么到后来也会积聚成非常严重的差缪，所以人们做事一定要特别注意开端，因为开端往往决定着事情以后发展的状态与行进的方向。

使功不如使过

意为使用有功绩的人，不如使用有过失的人。语出《后汉书·索卢放传》：“太守受诛，诚不敢言，但恐天下惶惧，各生疑变。夫使功者不如使过，原以身代太守之命。”新朝后期，爆发了反对王莽的全国性大起义，刘玄被拥立为皇帝之后，急欲树立良好的政治风气，查处了东郡太守贪赃枉法的事，属官索卢放前去向使者求情，认为此时国家最需要的是安定，如果太守被诛，那么其他的许多人也会因此而担忧，由此引发变乱。而从另一方面讲，使用一些有过错的人会更胜于使用有功的人，因为有过错的人更为谦谨，也更需要通过出色的表现来弥补曾经的过错，所以往往会做得更好。

司马昭之心，路人皆知

比喻人所共知的野心。语出《三国志·魏志·高贵乡公传》裴松之注引《汉晋春秋》：“司马昭之心，路人所知也。”魏明帝曹叡驾崩前交代司马懿与曹爽共同辅佐幼主曹芳。但是曹爽与司马懿彼此之间展开了权力争夺。曹爽飞扬跋扈，而司马懿韬光养晦，令曹爽放弃了警惕。于是，司马懿伺机发动了高平陵之变，打倒了曹爽，开始独掌大权。后来，司马懿的儿子司马师废掉了曹芳，改立曹髦。曹髦意欲除掉司马氏，但是力量不足，反而被司马昭所杀。接着，曹奂被立为新君，但是司马氏篡位称帝已是早晚的事。不久之后，司马昭的儿子司马炎逼迫曹奂禅位，建立了晋朝。

苏武节

苏武，字子卿，杜陵（今陕西西安西南）人。公元前 100 年，苏武奉命以中郎将持节出使匈奴，被扣留。匈奴单于威逼利诱苏武投降不成，将其流放到北海（今贝加尔湖一带）牧羊，断绝了他所有的食物供应。苏武靠着啃毡食雪勉强维持生命，誓死不背叛自己的国家。公元前 81 年，苏武被释放回汉朝。苏武死后，汉宣帝将其列为麒麟阁十一功臣之一。后以“苏武节”作为赞美忠贞不屈节操之典。

弹冠相庆

“弹冠相庆”典出《汉书·王吉传》：“吉与贡禹为友，世称‘王阳在位，贡禹弹冠’，言其取舍也。”西汉时期，王吉与贡禹是极为要好的朋友，二人为官清廉，皆以贤能、直谏著称。典故发生在王吉刚做官的时候。听说王吉当了官，禹贡便拿出帽子，弹了弹帽子上的灰尘，说道：“我也快当官了啊。”后以“弹冠相庆”比喻一个人做了官，其他和他志趣相投的人互相庆贺，自己也将有官做。如今，“弹冠相庆”多用于贬义，形容坏人得意的样子。

太公钓鱼，愿者上钩

比喻心甘情愿地上圈套。典出《武王伐纣平话》：“姜尚因命守时，直钩钓渭水之鱼，不用香饵之食，离水面三尺，尚自言曰：‘负命者上钩来！’”姜尚在渭水边钓鱼，用的是直的鱼钩，而且不用鱼饵，甚至连鱼钩都没有放进水中，其实姜尚钓的并不是鱼，而是人，就是周文王。果然，周文王听说姜尚的才能之后，亲自到水边求访。后来，姜尚辅佐周武王开辟了周朝天下，并受封齐国，为第一代齐侯。

周文王访贤　版画

桃李满天下

“桃李满天下”，出自《资治通鉴·唐纪·武后久视元年》：“天下桃李，悉在公门矣。”桃李，指代学生。唐代武则天执政时期，宰相狄仁杰德高望重，他性格耿直，敢于直言进谏，深得武则天赏识。作为一代女皇，为了巩固自己的统治政权，武则天尤其注重人才的选拔与培养。被武则天尊称为“国老”的宰相狄仁杰先后举荐了张柬之、姚崇等数十人，辅佐武则天执政。当时，朝中贤能之辈众多，因而，有人对“国老”狄仁杰说：“您德高望重，举贤任能，为朝廷输送了如此多的贤能之士，您门下的桃李，可以说遍布天下了。”狄仁杰笑着叹道：“我只是将他们举荐给朝廷，这不是我一个人的功劳，是他们实为可用之人。”后来，“桃李满天下”便被用来形容培养的优秀后辈或教过的学生遍布各地。

投笔从戎

典出《后汉书·班超传》。班超是著名的史学家和文学家班固的弟弟，年轻时家境贫困，以给人抄书为业，非常劳苦。一天，班超忽然扔下了笔，慨叹道：大丈夫应当像当年的傅介子、张骞那样立功西域，以取封侯，怎么能长久地困窘于抄书这样不屑的事情中呢？旁边的人都笑话他妄想，班超说：“小子安知壮士之志哉！”于是参加了军队，逐渐成为一名颇具才略的军官，后来出使西域，为国家做出了重要贡献，受封定远侯。

图穷匕见

比喻事情发展到最后，真相或本意显露了出来。典出《战国策·燕策》：“秦王谓轲曰：‘起，取舞阳所持图。’轲既取图奉之，发图，图穷而匕首见。”战国后期，秦国愈加强大，东方诸国岌岌可危，燕国太子丹派壮士荆轲赴咸阳刺杀秦王。荆轲由秦舞阳陪同，并且带上了秦国叛将樊於期的人头和燕国的膏腴之地督亢的地图，言称燕国欲将此地献与秦国。秦王令荆轲打开地图来看，地图展开之后露出了里面藏着的匕首，荆轲抓起匕首猛刺秦王，但没有刺中，宫廷之中经过一番惊险的打斗，秦王脱险，荆轲被杀。

推 敲

推敲，指在写作过程中反复斟酌文字的运用，也指做其他事情时反复考虑。典出后蜀何光远《鉴戒录·贾忤旨》。唐代诗人贾岛一天骑驴在路上吟诗，得句“鸟宿池中树，僧推月下门”，而又欲用“敲”字来代替“推”字，正在费心思索，不知用哪个字更合适的时候，误闯入了当时京城代理长官韩愈出行的队伍中。韩愈问明情况后，不仅没有责怪他，还认真地帮他斟酌一番，说还是用“敲”字更佳。这两句诗就是五律《题李凝幽居》的颔联。

唾面自干

“唾面自干”典出《新唐书·娄师德传》：“其弟守代州，辞之官，教之耐事。弟曰：‘有人唾面，洁之乃已。’师德曰：‘未也，洁之，是违其怒，正使自干耳。’”娄师德，郑州原武（今河南原阳县师寨镇安庄村）人，因德才兼备，深受武则天赏识，因而，朝中忌妒之人不在少数。在他弟弟外放做官的时候，娄师德言辞恳切地对弟弟说：“承蒙陛下厚爱，我能够在朝中担任要职。但是朝中上下，诋毁之声四起，你这次外出做官，更要多加谨慎，凡事能忍则忍。”他弟弟答道：“哥哥，放心，我定会谨记，就算有人将唾沫吐在我脸上，我也只是擦掉而已。”娄师德叹道：“这就违背了别人的意愿。你应该让脸上的唾沫自己干掉，这样别人才能够消除怒气啊。”后以“唾面自干”形容受了侮辱，却极度忍让、不加反抗的态度。

退避三舍

“退避三舍”出自《左传·僖公二十二年》，比喻为了不与对方发生冲突而主动做出让步。春秋时期，晋公子重耳被迫流亡在外 19 年。几经辗转，重耳来到了楚国，并且得到楚王的厚待。一天，酒宴中，楚王对重耳说：“我如此礼遇你，如果有一天，你回到晋国当上了国君，你准备如何报答我呢？”重耳思索片刻，随即答道：“金银珠宝、稀世珍品、美女绸缎您这里应有尽有，即使我献给大王这些东西，您也未必稀罕。如果我真能回到晋国登上王位，我愿与贵国交好。假使两国不得不剑拔弩张，为报答您的恩情，我定会命令军队退避三舍。”4 年后，重耳果真回到晋国，做了晋文公。随着国家日益强大，公元前 632 年，楚、晋两国在城濮交战，晋文公依照曾经的诺言，下令官兵后退九十里。楚国军队以为晋军实力弱小，不敢前来应战，便向晋军发起了猛烈进攻，结果傲慢轻敌的楚军中计，大败而归。后以“退避三舍”比喻以退为进，不与对方发生正面冲突。

望梅止渴

梅子是酸的，人们吃梅子的时候口中会生出许多津液，因而可以止渴。望梅止渴是说虽然没有吃到梅子，但即使仅仅是望见了也会起到止渴的作用，用来比喻愿望无法实现，而凭空想来安慰自己。典出《世说新语·假谲》。曹操在行军途中，天气极为炎热，士兵们口渴得厉害，因而非常疲惫，行军速度就慢了下来。曹操担心贻误战机，非常焦急，而向导又说近处没有水源，于是心生一计，跃马前行，以期看得高远一些，然后告诉士兵说，前方就有一片梅林，上面结的果子很多，又甜又酸，很能解渴。士兵们听了，立即振作起来。军队凭借这种力量，终于找到了前方的水源。

闻鸡起舞

闻鸡起舞，比喻有志向的人会时时地砥砺自己，令自己奋发向上，积极有为。典出《晋书·祖逖传》。东晋时祖逖和好友刘琨为了实现收复北方国土的理想，刻苦习武，相约每天夜里听到鸡鸣就起来舞剑。后来二人分别成为镇西将军和征北中郎将，但终因东晋皇室和贵族贪图苟安，不予支持，而没有取得北伐的成功。

彩绘闻鸡起舞图　民国　魏墉生　瓷板画

本画源自《晋书·祖逖传》："祖逖与司空刘琨俱为司州主簿，情好绸缪，共被同寝。中夜鸡鸣，蹴琨觉曰：'此非恶声也'。因起舞。"祖逖立志为国效力，与刘琨互相勉励，半夜鸡啼起床舞剑。后成为有志者及时奋发的典故。

问鼎

"问鼎"典出《左传·宣公三年》。公元前606年，楚庄王率军北伐至洛水。为了炫耀自己实力强大，楚庄王在东周都城洛阳南郊举行了一场盛大的阅兵仪式。刚刚即位的周定王感到十分恐慌，便派王孙满前去慰劳楚军。王孙满来到楚军营帐，楚庄王便迫不及待地向他询问代表政权的周鼎大小轻重一事。王孙满听后，严词训斥了楚庄王。通过"问鼎"一事，楚庄王欲取周定王而代之的意图昭然若揭。《晋书·王敦传》中有言道："又问鼎之心，帝畏而恶之。"后来，"问鼎"便被用作意图篡夺王位、觊觎某个地位之典，引申为争夺第一的意思。

文字狱

文字狱，指因著作而获罪，又特别指故意从其著作中摘取字句以罗织罪名的构陷方式，明、清两代尤盛，在雍正、乾隆朝达到顶峰。例如徐骏案，徐骏是顾炎武的甥孙，时任翰林院庶吉士，一次在奏章里将"陛下"的"陛"字错写成"狴"字，雍正见到之后，马上把徐骏革职，并继续审查，在徐骏的诗集里找出了这样的诗句："清风不识字，何事乱翻书""明月有情还顾我，清风无意不留人"。雍正因此认为这是存心诽谤，照大不敬律处徐骏斩立决。

吴下阿蒙

“吴下阿蒙”典出《资治通鉴》卷六十六：“卿今者才略，非复吴下阿蒙。”吕蒙是三国时期孙权手下的一员大将。他居住在江南一带，从小寄人篱下，没有读书的机会，所以学识浅薄。追随孙权以后，他更以军务繁忙为借口，不肯读书。有一次，孙权对吕蒙等将领说：“尽管你们在行军作战方面颇有一套，但是如今你们身居要职，要不断地学习，以增长自己的见识。我平日里要比你们忙，但是我从来没有间断过学习，年轻的时候如此，现在也一样。自古不读书者，孤陋寡闻。通过读史书、兵书，能够增长很多史实、军事方面的知识，对个人修养、行军作战都有好处。”吕蒙听后，深觉自己才疏学浅，无以应对，从此发奋读书。很快，他所掌握的知识，已非一般人所能及。一日，将军鲁肃与吕蒙就当前政治军事进行交流。谈论过程中，鲁肃颇为诧异，不禁拍着吕蒙的肩膀叹道：“士别三日，当刮目相看。你一番言论，足见学识渊博，你早已不是那个吴下的阿蒙了！”后来，“吴下阿蒙”便被用来比喻那些学识尚浅的人。

五十步笑百步

比喻自己跟别人有同样的缺点错误，只是程度上轻一些，却毫无自知之明地去讥笑别人。语出《孟子 · 梁惠王上》：“或百步而后止，或五十步而后止。以五十步笑百步，则何如？”梁惠王对孟子说：“自己对国家是很尽心的了，看看邻近的国家，也没有像我这么用心的，可是邻国的人民没有减少，我的人民也没有增多，这是怎么回事呢？”孟子就用作战来比喻：“有的人逃跑时后退了五十步，有的人后退了一百步，退五十步的人可不可以笑退一百步的人呢？”梁惠王说：“不可以，虽然不是退了一百步，但都是逃跑啊。”孟子的意思是，梁惠王虽然自己觉得治理国家是尽心的了，但其实与其他国君只是程度上的差别而已，没有什么本质的不同，当然国势就不会有根本的改观。

许由洗耳

“许由洗耳”的典故出自晋代皇甫谧《高士传 · 许由》：“尧又召为九州长，由不欲闻之，洗耳于颍水滨……巢父曰：‘……子故浮游俗间，求其名誉，污吾犊口。’牵犊上流而饮之。”许由是上古时期有名的“清高”之人。他以不问政事、品德高尚著称于世。“许由洗耳”指的是许由不想当官，也包含想过隐居的日子。相传，尧曾想将帝位让给许由，许由听说之后，非但没有接受，反而隐入箕山，从此不问世事。尧见许由如此谦谨，便更加想笼络这样的贤人。于是他派人到箕山，希望许由能够担当九州长一职。这一次，许由没等使者说完，便跑到颍水边，用河水清洗耳朵。此时，许由的朋友巢父恰好牵着牛犊来饮水。看到许由如此行为，便询问原因，许由便将尧想让位于他，并复请他出任九州长的事情说给巢父听，并且厌恶地补充道：“听了这样有伤高洁的话，我怎能不清洗自己的耳朵呢！”

听罢，巢父冷笑道："这一切都是你之前在俗世沽名钓誉换来的，你只清洗耳朵有什么用，我倒觉得玷污了我家小牛的嘴。"于是，巢父牵着小牛朝上游走去。

相濡以沫

"相濡以沫"出自《庄子 · 大宗师》："泉涸，鱼相与处于陆，相呴以湿，相濡以沫，不如相忘于江湖。"庄子用一种淡然无绪的口吻，借助自然规律，说明一切都是自然规律使然，人不该拘泥于形骸，应当融于自然，忘怀一切。"相濡以沫"的意思是说，当泉水干涸之后，两条没来得及离开的鱼同时搁浅在陆地上的小水洼中，为了生存，两条朝夕相对的鱼便相互吐气，向对方吐沫，以湿润彼此的皮肤。但是这种情况下，生存都十分困难，还不如待到湖水涨满时，各自游回水中，从此彼此相互忘记，活得自由自在。后来，"相濡以沫"便被用来比喻同处患难中的人能够相互扶持，给予力量，甚至彼此维系生命。如今，"相濡以沫"常被用来比喻人与人之间相依相偎、不离不弃的感情。

小时了了

语出《世说新语 · 言语》："小时了了，大未必佳。"意为小的时候很聪慧，但是长大了未必就表现也很好。孔融少有才名，10 岁时与父亲到洛阳，一次，他自己去拜见河南太守李元礼，自称是太守的亲戚。李元礼见了他后，问他是自己的什么亲戚。孔融说："我的祖先仲尼和你家的祖先有师资之尊，因此我和你是世交啊。"他说的是当年孔子曾问礼于老子的事迹。在座的宾客听了都很惊赞，而中大夫陈韪却说："小的时候聪明，长大了未必就有出息。"孔融随即应道："想必陈大夫小的时候一定很聪明喽？"

萧规曹随

"萧规曹随"典出《史记·曹相国世家》："参代何为汉相国，举事无所变更，一遵萧何约束。"宰相萧何死后，曹参做了宰相。一日，刚刚即位的汉惠帝见对曹参说："我年纪尚轻，很多地方都需要宰相辅佐。我见您每日与人饮酒聊天，不知道宰相对国家制度有何想法呢？"曹参答道："陛下觉得，您跟高祖比，谁更贤明些呢？"惠帝答道："自是先帝要贤明英武得多啊。""那陛下觉得，我跟萧相国比，谁更有才能呢？""不及他。"曹参说道："统一天下以后，先帝与萧相国已经制定了一系列有利于国家的政策法令。只要我们谨遵旧法，守业治国未尝不能成功啊。"扬雄有诗云："夫萧规曹随，留侯画策。"后多以萧何创立规章制度，曹参照着实行，比喻按照前任成规办事。

杏 坛

春秋时期，自西周而形成的学在官府的"王官之学"逐渐走衰，因而，教育家孔子将《诗》《书》《礼》《易》《乐》《春秋》六经整理成教材，以礼、乐、射、御、书、数六艺为教学内容，在杏坛开课授徒，开创了私人讲学的先河。《庄子 · 杂篇 · 渔父第三十一》中载道："孔子游乎缁帏之林，休坐乎杏坛之上。弟子读书，孔子弦歌鼓琴。”从文献中可以看出，“杏坛”并非实指。现今流行的山东曲阜孔庙大成殿前的杏坛实地之说，形成于宋代。孔子第五十四代孙孔道辅增修祖庙，以讲堂旧基石为坛，周围种植杏林之后，人们普遍将这里视作当年孔子讲学授徒的地方。如今，教育界也将人才辈出、育人无数的教学之地誉称为“杏坛”。

孔庙杏坛

位于孔庙大成门与大成殿之间甬道正中，原为孔子旧宅教授堂遗址，宋时将此堂旧址“除地为坛，环植以杏，名曰杏坛”。整个建筑玲珑典雅，为孔子从事教育活动的重要标志。

胸中十万兵

又说“胸中甲兵”，或“胸中百万兵”，比喻胸中自有用兵之计，也泛指胸怀韬略。出自《魏书·崔浩传》：“又召新降高车渠帅数百人，赐酒食于前，世祖指浩以示之，曰：‘汝曹视此人，尪纤懦弱，手不能弯弓持矛，其胸中所怀，乃逾于甲兵。’”崔浩是北魏重臣，经历了道武帝、明元帝和太武帝三朝，参与了多次重大的军事决策，屡出奇谋，内平叛乱，外服强敌，为北魏统一北方做出了巨大贡献。魏太武帝拓跋焘因此称赞他虽然外表纤弱，但是胸中甲兵势不可当。

叶公好龙

叶公好龙，用来指表明上爱好某事物，实际上并非真的爱好，或者说爱好的并不是该事物真正的面貌。典出刘向《新序·杂事》。孔子的学生子张去见鲁哀公，过了7天哀公都不予礼遇，他就托仆人去对鲁哀公讲了这个故事：叶公子高喜欢龙，在家里的各个地方都雕刻绘画了龙的图像，天上的龙知道了就下来看他，从窗户将头探进去，而尾巴拖在屋堂中。叶公子高见到了真龙，吓得魂飞魄散，马上跑开了。可见他并非是喜欢龙，而只是喜欢那些像龙的东西罢了。子张是用此来比喻鲁哀公表面上说自己喜好人才，可是当自己因此而不远千里赶来的时候却得不到接见，这说明其所谓的敬重贤士只不过是做做样子的。

一鸣惊人

语出《韩非子·喻老》：“三年不飞，飞将冲天；三年不鸣，鸣将惊人！”楚庄王即位后，3年的时间不理朝政，耽于享乐，并声称：“有敢谏者，死无赦！”伍举委婉地讽谏道：“有一只鸟，停在山阜上，3年了，不飞也不叫，请问大王这是一只什么鸟呢？”楚庄王回答说：“这只鸟啊，3年不飞，可是一飞起来就会冲天；3年不叫，可是一叫起来就会惊人。”然而之后楚庄王依然如故。苏从再去进谏。楚庄王抽出宝剑欲杀掉他，但苏从毫不畏惧。楚庄王并没有真的杀掉他，而是对苏从和伍举委任重职，从此亲理国事，励精图治，成为“春秋五霸”之一。

一诺千金

典出《史记 · 季布栾布列传》：“得黄金百，不如得季布诺。”季布为人任侠有名，在项羽手下时曾数次带兵围困刘邦，因而刘邦平定天下后以千金悬赏捕捉季布，有敢窝藏者，罪及三族。季布躲藏到濮阳周家，周氏令其剃发充为家童，卖到朱家。朱家为他置办了田舍，并去洛阳拜见汝阴侯滕公，为季布开脱罪名，说当时各为其主，项羽的旧臣怎么可以都杀掉呢？滕公转告刘邦，季布才得赦免，并入朝为官。季布有一个同乡叫曹丘生，阿谀权贵，为季布所厌恶。但曹丘生还是固执地见了季布，对他说：“楚地流传着这样的话——得到黄金百两，不如得到季布的一句诺言。我们都是楚人，我又在到处传扬着您的好名声，您怎么不肯接见我呢？”季布听了很高兴，将曹丘生待为上客，临走还以厚礼相赠。

一字师

“一字师”多被用来形容人谦虚好学，一字可为师，即订正、更换诗文中的一两个字的老师。古籍中，有关“一字师”的记载很多。据《五代史补》记载，唐朝末年，一位名叫齐已的和尚带着自己作的一首《早梅》来到袁州，虚心向诗人郑谷请教。郑谷看后，指出“前村深雪里，昨夜数枝开”中“早梅”与“数枝开”不相符，若改成“一枝开”更为妥当。齐已听后，钦佩不已，整装跪拜。时人将郑谷视为齐已的“一字师”。五代王定宝的《唐摭言 · 切磋》中也记载：五代时，有个名叫李相的官员，平日里很喜爱读书。有一次，他将《春秋》中的叔孙婼的“婼”误读成了“吹”。立在旁边的侍从听到后，委婉地指出了这个错误。李相听后，立即改正了自己的错误，并拜这位侍从为“一字师”。“一字师”经常被用作虚心好学之典。

一叶障目，不见泰山

语出《婼冠子 · 天则》：“一叶蔽目，不见太山；两豆塞耳，不闻雷霆。”有个楚国人，一天在《淮南子》这本书中读到，螳螂在捕蝉的时候可以用树叶来遮蔽自己的身体，他就到树上去找了一片螳螂捕蝉时用以隐身的树叶，是那片树叶落了下来，与地上的很多叶子混在了一起，他就将树下的叶子全都收了起来，带回家中，然后一片一片地往身上贴树叶，每贴一片，都问一问他的妻子是否还能看见他，可每次妻子的回答都是看得见，后来他的妻子烦了，就说了一句看不见，于是他就信以为真，跑到街上去拿人家的东西，结果被告发而捉拿了起来，他在受审问的时候将事情的来龙去脉讲了一番，大家听了大笑起来，也没有治他的罪，把他给放了出来。

以德报怨，何以报德

语出《论语 · 宪问》，“或曰：‘以德报怨何如？’子曰：‘何以报德？以直报怨，以德报德。’”有人问孔子，不记别人的仇，而以好处来回复，这种做法怎么样呢？孔子说：如果以好处来回报仇恨，那么又用什么来回报恩德呢？正确的做法应当是用正直的态度来对待仇怨，而用好处来回赠对自己有恩惠的人。

欲盖弥彰

语出《左传 · 昭公七年》，“或求名而不得，或欲盖而名章，惩不义也”。孔子在《春秋》中记下了：“冬，黑肱以滥来奔。”黑肱是邾国大夫，投靠了鲁国，因而他的领地也并入了鲁国的版图。黑肱是一个不值得褒扬的人物，但孔子还是记下了这件事，因为这是涉及领土变动的重大事件，同时黑肱的叛国行径也一同被记录了下来。《左传》评论道：有的人想求名而不得，有的人欲掩盖掉恶名，恶名却仍会彰显出来，这是对不义的惩戒。

欲加之罪，何患无辞

出自《左传 · 僖公十年》：“不有废也，君何以兴？欲加之罪，其无辞乎？”晋献公死后，公子奚齐继位，大夫里克杀掉了奚齐，又杀了公子卓和大夫荀息，而迎接流亡在外的公子夷吾回国。夷吾即位后，削除了里克的职权，然后又命其自杀，并令使者对他说：“没有你的力量，我没有今天，可是你杀了两个国君和一个大夫，给你做国君岂不是很难吗？”里克听了说：“如果不废掉先前的国君，你又怎能得到君位呢？想要加罪于人，又怎么会找不到借口呢？”然后受命伏剑而死。

约法三章

语出《史记 · 高祖本纪》，“与父老约，法三章耳：杀人者死，伤人及盗抵罪。”刘邦进入咸阳后，本想住进豪华的皇宫里，但是樊哙和张良告诫他不要因此而失去人心，于是刘邦令人将秦宫的财宝都保护起来，而自己则回到灞上，并将关中父老召集起来，宣布废除秦朝的严刑峻法，向大家约定了人人应当遵守的三项基本法律，即杀人者要处死，伤人和盗窃者要抵罪。百姓听了，热烈拥护，刘邦由此得到了人民的支持，为其后夺取天下奠定了根基。

宰相肚里能撑船

比喻为人宽宏大量。相传王安石中年丧妻之后续娶了一个年轻的女子名娇娘，但王安石身为宰相，公务繁忙，经常不回家，天长日久，娇娘就与一个仆人发生了私情。王安石得知后回家探访，果然撞遇此事，但他并没有大发雷霆，而是装作若无其事。过了些日子，到中秋节与娇娘赏月之时，王安石才把这件事婉转地说出来，娇娘闻听，仓皇之中随口说了一首诗：“八月中秋月儿圆，小妾知罪跪桌前。大人莫见小人怪，宰相肚里能撑船。”王安石果然没有怪罪她，还给了她一笔钱，令娇娘和那个仆人成了亲。

中山狼

春秋时期，晋国大夫赵简子一行人在中山狩猎时，射伤了一只恶狼。恶狼带伤逃走，赵简子等人沿血迹追捕。狼逃命途中，遇到了儒雅书生东郭先生，便哀求说：“请先生让我躲入您的口袋中，避过这一劫吧，日后我定会报答您的恩情。”于是，东郭先生发了怜悯之心，将狼藏入口袋中，使其躲过了赵简子等人的追捕。然而，保住了性命的恶狼却将毒爪伸向了东郭先生，欲取其性命以充饥。后来，“中山狼”的故事便被用来鞭挞那些忘恩负义之徒，比喻恩将仇报，也用于惊醒一些不分是非、滥发慈悲的人。

周公吐哺

“周公吐哺”典出《史记·鲁周公世家》：“我一沐三握发，一饭三吐哺，起以待士，犹恐失天下之贤人。”周公，周文王第四子，西周杰出的政治家、军事家和思想家。曾经帮助其兄武王灭商。成王年幼时，他倾力辅佐朝政，为周朝的建立与巩固做出了重大贡献。他曾对儿子说：“我经常洗一次头发要多次握住头发，吃一顿饭也要间断数次，谦诚待士，唯恐错过贤能之人。”后世视周公为政者的典范。他是孔子最为崇敬的古代圣人，被尊为儒学奠基人。后以“周公吐哺”用作礼贤下士之典。

重于泰山

出自司马迁《报任安书》：“人固有一死，或重于泰山，或轻于鸿毛。”汉武帝时，李陵在与匈奴的作战中因寡不敌众而被迫投降，司马迁为李陵辩解，称其乃不得已而为之，将来必伺机报效国家，因此触怒了汉武帝，先被下狱，再遭宫刑，身心承受了巨大的伤害和屈辱。司马迁在给任安的信中表明了自己的心迹，说自己之所以忍辱负重，没有因为不堪残辱而赴死，是由于自己还有一项重要的事业没有完成，就是“欲以究天人之际，通古今之变，成一家之言”的《史记》，人总是要有一死的，可是若自己就这样死了，就像九牛亡一毛，与蝼蚁没有什么区别的，而若“已著此书，藏之名山，传之其人，通邑大都，则仆偿前辱之责，虽万被戮，岂有悔哉”？

逐客令

典出《史记·李斯列传》。公元前237年，韩国水工郑国主持兴建大型灌溉渠时，被告是韩国派来的奸细。为此，秦始皇颁布了驱逐国内所有外来大臣宾客的诏令。当时在秦国任官的楚人李斯也在驱逐之列，于是他冒死上奏了一篇《谏逐客书》，反对秦始皇逐客。谏书中，李斯列举了在秦国为官的楚国百里奚、宋国蹇叔、晋国丕豹等外来官员对秦国所做的贡献，并指出逐客的弊端，言辞恳切，慷慨激昂。秦始皇看后，觉得颁布逐客令确实不妥，便下令废除了逐客令。“逐客令”指赶走客人的言辞或行为举止，后多用作主人赶走不受欢迎的客人之典。

糟糠之妻不下堂

“糟糠之妻不下堂”典出《后汉书·宋弘传》：“臣闻贫贱之交不可忘，糟糠之妻不下堂。”糟糠，指的是用以充饥的酒糟糠皮等粗劣的食物。堂，指正室。宋弘，东汉初年大司空，为人正直，做官廉洁，深得光武帝信赖。光武帝的姐姐湖阳公主早年丧夫，守寡在家。光武帝有心给湖阳公主再找个如意郎君，交谈之中，湖阳公主吐露倾心于宋弘。于是，光武帝将湖阳公主安置在屏风后倾听，召宋弘前来，说道：“人显贵了，朋友圈子就要发生变化；富有了，就该改娶妻子。”宋弘明白皇上的用意，正言道：“古人云：穷困卑微时交的朋友不可忘记，患难与共的妻子也不能抛弃。”光武帝听后，赞叹宋弘为人正直，湖阳公主听后，也

明白了宋弘的意思。后以“糟糠之妻不下堂”为不抛弃患难夫妻之典。

执牛耳

“执牛耳”典出《左传·哀公十七年》。春秋时期，各诸侯国要订立盟约，必须举行“歃血为盟”的仪式。盟誓以前，要事先割下牛的耳朵取血，然后将牛耳放在珠盘之上，由主盟者执盘。祭拜之后，主盟者率先将牛血涂在口上，然后所有参与盟约的人在神灵面前相继歃血，盟誓不违盟约，否则必受惩罚，像被宰的牛一样死亡。当时，人们称仪式中手执装有牛耳珠盘的主盟者为“执牛耳”。后以“执牛耳”做居于首领地位之典，泛指在某个领域居于领导地位的人。

座右铭

座右铭，即写在座位右边用以警戒和砥砺自己的格言。出自《文选·崔瑗〈座右铭〉》吕延济题注：“瑗兄璋为人所杀，瑗遂手刃其仇，亡命，蒙赦而出，作此铭以自戒，尝置座右，故曰座右铭也。崔瑗是东汉时期的书法家，年轻时因意气用事而杀了害死哥哥的仇人，之后逃亡，过了几年，适逢朝廷大赦，才返回家乡。崔瑗深知自己因为一时鲁莽而吃足了苦头，于是写作铭文放在座位的右侧，以期时时提醒自己。

坐山观虎斗

比喻对双方的斗争采取旁观的态度，等其两败俱伤之后再从中捞取好处。典出《史记·张仪列传》：“两虎方且食牛，食甘必争，斗则大者伤、小者死；从伤而刺之，一举必有双虎之名。”魏国与韩国交战，持续了一年仍未休兵，秦惠王有意让双方和解，但是在征询意见的时候又有人说不令他们和解才对秦国有利，秦惠王因此拿不定主意。这时，陈轸给他讲了卞庄子刺虎的故事。两只虎在争夺一头牛的时候，卞庄子没有立即就去刺它们，而是等着它们争斗到最后，结果一只死了，另一只也受了很重的伤，这个时候再去刺，就一下子得到了两只虎。秦惠王于是放弃了令魏、韩和解的打算。

坐怀不乱

柳下惠是春秋时期鲁国人，为人刚正不阿，曾因得罪权贵而三遭罢黜。尽管如此，他依然不改气节，而且至死不离开父母之邦，被孟子誉为“和圣”。相传，在一个寒冷的夜晚，柳下惠夜宿城门之时，遇到了一名衣单体寒、无家可归的女子。于是，柳下惠用自己的衣服包裹住女子，将其抱在怀中。两人这样互相依偎，彼此取暖，坐了一夜，却没有发生任何非礼的事情。很快，这件事在民间流传开来。柳下惠因此而被尊崇为遵守中国传统道德的典范，士大夫个人修为的楷模。成语“坐怀不乱”也常被用来形容那些为人正派，在两性关系上谨守道德规范的男子。

第九篇

国学大师

俞樾

俞樾（1821～1907年），字荫甫，号曲园，湖州府德清县城关乡南埭村人，晚清著名文学家、教育家、书法家。清朝道光三十年（1850年），俞樾得中进士，官至河南学政，相传因其曾出“王速出令反，国家将亡必有妖”等比较激进的题目而有犯上嫌疑，为御史曹泽所劾，被革职回乡。其后半生以教育、著书为生。俞樾曾主讲苏州紫阳、上海求志、德清清溪、归安龙湖等书院，尤其主持杭州诂经精舍长达31年之久。在主持教育的同时，俞樾孜孜从事于对经学、诗词、小说、戏曲的研究，著书颇多，主要有《春在堂全书》《小浮梅闲话》《右台仙馆笔记》《茶香室杂抄》等。另外，他在小说方面也具有重要贡献，影响最大的是其修改的《三侠五义》，广泛流传。

孙诒让

孙诒让（1848～1908年），幼名效洙、德涵，后名诒让，字仲颂，于道光年间诞生于浙江温州府一个农村书香门第，是我国近代著名经师。因其学术研究的朴实风格，被称为朴学家，被誉为“有清三百年朴学之殿”。孙诒让19岁考中举人，后虽多次赴京会试，终未能中进士，一生精力主要投入学术研究和推进近代教育。其在经学、诸子学、文字学、考据学、校勘学以及地方文献的整理等方面都有卓越成就，一生著书20余部，其中以《周礼正义》《墨子间诂》《契文举例》尤负盛名。《周礼正义》至今仍是解释周礼最精详的著作，《墨子间诂》被梁启超评为“现代墨学复活”的导引书，《契文举例》则是最早考释殷墟文字的著作。孙诒让在研究学术的同时，致力于对近代教育的推进。他在温州筹建近代学堂300余座，同时在教育理论方面也颇有建树，是近代教育开创者之一。《清史稿》中为之列传，温州和瑞安各地还修建了“怀籀园”等建筑物，以纪念这位大学者和教育家。

沈曾植

沈曾植（1850～1922年），字子培，号乙庵，晚号寐叟，浙江嘉兴人。其少年家贫，却勤于读书，先是跟随母亲读唐诗，后在孙春洲、周克生、罗吉孙及长兄沈曾鹄的指导下，“尽通国初及乾嘉诸家之说”（王国维语），并学贯中西，被誉称“中国大儒”。沈曾植于光绪六年（1880年）进士及第，曾任总理衙门章京等职。1901年任上海南洋公学（上海交通大学前身）监督（校长），推陈出新，成绩斐然。其学术著作颇多，计有《佛国记校注》《汉律辑存》《东轩温故录》《道家笔记》等40多种。但因未能刻印，现大部分已散失，只存目录而已。另外，沈曾植还是书法大家，其书法熔南北书流于一炉，强调变化，极具个性。他的草书，碑、帖并治，得力于“二墨”甚多，强调抒发胸中之奇，几忘纸笔，心行而已，为书法艺术开出一个新境界，受到当时书法界的推崇，海内外求字者颇多。

辜鸿铭

辜鸿铭（1857～1928年），字汤生，生于马来西亚，是中国清末民初一个“怪杰”。20世纪初，西方人流行一句话：到中国可以不看三大殿，不可不看辜鸿铭。辜鸿铭祖籍福建，其祖辈下南洋后定居，母亲是西洋女子。在这种“国际化”的家庭背景下，加上聪慧好学，辜鸿铭精通英文、法文、德文、拉丁文、希腊文、马来文等9种语言，一生获得13个博士学位。他是中国为数稀少的一位在博学中国文化的同时，又精通西方语言与文化的学者。辜鸿铭的主要贡献在于翻译方面，他曾将《论语》《中庸》《大学》等中国经典翻译为英文和德文。他的译作是诸翻译中最精当的，加上个人的魅力，使得西方人得以真正了解并尊重中国文化。同时，他也将不少西方著作翻译为中文。

在思想上，辜鸿铭具有超越时代的开阔。在那个“西风压倒东风”的年代里，辜鸿铭却深刻认识到西方文明的弊端，并致力于维护中国文化的尊严。他经常鞭辟入里地骂西方人，但因以理服人，并机智幽默，反而令西方人痴迷于他的学问和智慧。因当时国人鄙弃中国文化，辜鸿铭经常以极端的方式维护中国文化。直到死，他一直留辫子，穿旧式服装。他的一生逸事颇多，最著名的便是：当年他在北大任教时，拖着小辫走上讲台，下面学生哄堂大笑。辜鸿铭平静地说：“我头上的辫子是有形的，你们心中的辫子却是无形的。”讲台下顿时鸦雀无声。可以想象，眼看着中国文化尊严沦丧，在狂傲的外表之下，辜鸿铭内心应该经受着很大的折磨。

罗振玉

罗振玉（1866～1940年），中国著名语言学家。其字坚白，后改为叔蕴、式如、叔言，号雪堂、松翁等。祖籍浙江省上虞县，客籍江苏省山阳县。罗振玉并非科举出身，而是以学问入仕，历任湖北农务局总监兼农务学堂监督、京师大学堂（今北京大学）农科监督等教育行政官员。因其思想上恪守旧制，辛亥革命后，与王国维避难日本，以前清遗老自居，1919年回国后曾任溥仪的伪满洲国监察院院长。他在学术方面的主要贡献在于参与开拓中国的现代农学、保存内阁大库明清档案、从事甲骨文字的研究与传播、整理敦煌文卷、开展汉晋木简的考究、倡导古明器研究等。此外，他在金石学、敦煌学、目录学、校勘学方面均有成就，其中最突出的在于甲骨文研究方面。通过搜集、保存大量原始资料，他考释出大量单字，并著有《殷墟书契》《殷墟书契菁华》等专著，奠定了中国甲骨学的基础，被称为“甲骨四堂”（郭沫若，字鼎堂；董作宾，字彦堂；罗振玉，号雪堂；王国维，号观堂）之一。

章太炎

章太炎（1869～1936年），名炳麟，字枚叔，号太炎，浙江余杭人。章太炎是清末民初的风云人物，著名革命家、思想家，同时也是一个大学问家，研究范围涉及历史、哲学、政治、中医等多个领域。1897年，章太炎任《时务报》主笔，因参加维新运动被通缉，流亡日本。1900年，章剪发明志，参加革命。归国后因发表《驳康有为论革命书》和为邹容的《革命军》作序而触怒朝廷，入狱。1906年出狱后，被孙中山迎到日本，加入同盟会。辛亥革命后任孙中山总统府枢密顾问，1917年脱离国民党，以讲学为业。1935年在苏州主持章氏国学讲习会。在思想上，章太炎早年受西方近代机械唯物主义和生物进化论影响，在他的著作中阐述了西方哲学、社会学和自然科学等方面的思想，否定天命论。后来他的思想受佛教唯识宗和西方近代唯心主义的影响，偏向于唯心主义。其著作颇丰，共400余万字，涉及文学、历史学、语言学等方面。所著《新方言》《文始》等，创建颇多。

梁启超

梁启超（1873～1929年），字卓如，号任公，又号饮冰室主人，广东新会人，我国近代史上著名政治活动家、启蒙思想家、教育家、史学家和文学家。梁启超12岁中秀才，17岁中举，18岁时拜于康有为门下，走上维新改良道路，时称“康梁”。1895年，梁启超与康有为等人通过“公车上书”，发动维新运动。维新运动失败后，梁启超到日本，广读西书，再加上在1918—1920年的旅欧学习，学贯中西。梁启超晚年主要致力于学术研究和思想启蒙，一度在清华国学研究院任导师。梁启超在学术研究上涉猎广泛，在哲学、文学、史学、经学、法学、伦理学、宗教学等领域均有建树，所著《清代学术概论》《墨子学案》《中国近三百年学术史》《中国文化史》等著作影响巨大。其中尤以史学研究成绩最著，先后撰写了《新史学》《中国史叙论》等专著，批判封建史学，发动“史学革命”。他的《中国历史研究法》是中国第一部系统阐述现代史学理论和方法的专著，是中国史学史上的一座里程碑。总共算下来，他一生著述有1000多万字，收于《饮冰室合集》。

王国维

王国维（1877～1927年），字伯隅、静安，号观堂、永观，浙江海宁人，我国近代在哲学、文学、美学、史学、古文字、考古学等多方面成就卓著的学术巨子，国学大师。王国维出身寒门，早年应试不第，后结识著名学者罗振玉，在其资助下于1901年赴日本留学。次年因病归国，在罗振玉的推荐下执教于南通师范学校、江苏师范学堂，讲授心理学、哲学、伦理学等，后又埋头于文学研究。1906年随罗振玉入京，入清政府任图书馆编译等职。辛亥革命后，王国维随罗振玉逃到日本，并以前清遗民自居。1923年，其与罗振玉应诏任逊帝溥仪“南书房行走”。翌年，冯玉祥驱逐溥仪出宫，王国维以为奇耻大辱，与罗振玉等前清遗老相约投金水河殉情，因家人阻止未果。1925年，王国维受聘任清华研究院导师，与梁启超、陈寅恪、赵元任并称为清华国学研究院四大导师。1927年，国民革命军北伐时，王国维留下“五十之年，只欠一死，经此世变，义无再辱”的遗书，投颐和园昆明湖自尽。

王国维在学术享有极高的声誉，是中国第一个运用西方哲学、文学、美学观点和方法对中国古典文学进行分析的学者，同时又是第一个将考古学与历史学结合起来的学者。他首次建立起了较为系统的文学、史学研究的近代标准和方法，被誉为“中国近三百年来学术的结束人，最近八十年来学术的开创者”。其生平著述共有 60 多种，其中以《观堂集林》最为著名。

马一浮

马一浮（1883～1967 年），幼名福田，后改为浮，字一浮，浙江绍兴人。少年时过目能诵，号称神童。青年时期游学美、德、日、西班牙等国，能说 6 门外语。归国后一度在北京大学、浙江大学任教。马一浮一度致力于传播西方文化，但总体上是一位儒学大师，是与梁漱溟、熊十力等人齐名的儒家学者。他对于儒学，尤其宋明理学有深入研究。因受宋明理学的浸染，他对于中国文化的理论侧重于唯心主义。比如他最著名的观点便是认为，全部中国文化都可以统摄于“六艺”之中，直言“国学者，六艺之学也”，并进一步认为文化的起源完全是精神的产物，声称“一切道术皆统摄于六艺，而六艺实统摄于一心，即是一心之全体大用也”，反复强调中国文化的根本精神即在于“发明自心之义理”。另外，他还主张程朱理学和王阳明心学乃至儒、佛、道之间的门户之见，因此有“儒释哲一代宗师”之称。马一浮一生著作颇丰，主要有《泰和会语》《宜山会语》《尔雅台答问继编》等，后人辑为《马一浮集》。

刘师培

刘师培（1884～1919 年），江苏仪征人，是清末民初政治、学术两方面的风云人物。其 19 岁中举，会试不第后发展新学，抵制专制，成为革命党人。后因与章炳麟有矛盾，参加鼓吹君主立宪的筹安会，为袁世凯效力。袁世凯死后，其被蔡元培聘为北京大学教授，期间于 1919 年与黄侃、梁漱溟等成立“国故月刊社”，成为国粹派。同年因肺结核逝世于北京，年仅 36 岁。

在学术方面，刘师培作为一代经学大师，一度与章太炎齐名，两人并称“二叔”（章太炎字枚叔，刘师培字申叔）。因其曾祖刘文淇、祖刘毓崧、伯父刘寿曾、父刘贵曾均系乾嘉传统的经学家，以三世相续共注《左传》有名一时，刘师培在继承《左氏》家学的同时，善于将近代西方社会科学来研究中国传统文化，开拓了传统文化的新境界。其对于《左传》有《春秋左氏传例略》等多部研究成果，对于《周礼》有《周礼古注集疏》等著作，享有较高的学术地位。另外其《中古小说史》也受到鲁迅先生的赞誉。

吕思勉

吕思勉（1884～1957 年），中国著名史学家。字诚之，生于江苏常州一个书香之家，主要依靠父母指导及自学成才。21 岁即开始先后在东吴大学、江苏省立第一师范专修科等校任教。后任上海光华大学国文系、历史系教授兼系主任。上海沦陷后归乡读书，抗战胜利后重回光华大学，1949 年后又任华东师范大学历史系教授。

吕思勉作为一个史学家，其知识渊博，史学研究贯通各代，周瞻各领域，在中国通史、断代史和各种专史领域都做出了独到的贡献。其著作宏富，主要有《白话中国史书》《吕著中国通史》《中国民族史》《中国制度史》等。其中，《白话中国史书》是中国第一部以白话文写就的中国通史，长期被用作大学教材和青年“自修适用”读物，他也为中国通史的写作开辟了新路。《吕著中国通史》也在体例上多有创新，给后人以启发。其他涉及民族史、思想史、文化史、制度史等方面的著作也都各具特色。

熊十力

熊十力（1885 ~ 1968 年），原名继智，号子真，湖北黄冈人。我国著名哲学家。熊十力幼年在家随兄读书，17 岁加入湖北新军。期间在报纸上发表文章，并结识宋教仁、吕大森、刘静庵等革命志士，进而参加反清革命团体。辛亥革命后，他追随孙中山进行“护法运动”，失败后痛感学术繁荣带来的国人清醒才是最基础的救国之道，于是投身哲学研究，并一度在北京大学、浙江大学等大学任教。

熊十力在哲学上的主要贡献在于开辟出了自成一体的“新唯识论”哲学体系，在海内外影响颇大。该体系的价值便在于中国文化面对西学的冲击，在儒学价值系统崩坏的时代，重建儒学的本体论，重建人的道德自我，重建中国文化的主体性。正因为此，熊十力被称为中国现代哲学史上最具有原创力、影响力的哲学家，同时是继梁漱溟之后的又一位新儒学大师，奠定了现代新儒学思潮的哲学形上学基础。其著作主要有《新唯识论》《原儒》《体用论》《明心篇》《佛教名相通释》等。

黄　侃

黄侃（1886 ~ 1935 年），字季刚，号量守居士，湖北省蕲春县人，著名语言文字学家。黄侃 19 岁留学日本，师从章太炎，学习小学、经学。他回国在北京大学等多所大学执教，并拜在经学大师刘师培门下。黄侃虽身体虚弱，仍勤奋刻苦，治学严谨，认为“惟以观天下之书未遍，不得妄下雌黄”，曾发愿 50 岁后才著书，可惜 49 岁便去世了，未能留下鸿篇巨著，只留下了一些遗稿，收在《音略》《说文略说》《黄侃论学杂著》等书中。黄侃学问很大，经、史、子、集几乎无所不通，尤其在音韵、文字和训诂方面更是卓有成就，人们称他与章太炎为“乾嘉以来小学的集大成者”、“传统语言文字学的承前启后人”。不过黄侃因为学问大，脾气也大，有些恃才，且不给人留情面，曾当面奚落陈独秀、胡适等多人，故此被称为“黄疯子”。

钱玄同

钱玄同（1887 ~ 1939 年），中国著名文学理论家、语言文字学家。钱玄同原名夏，字中季，号德潜、疑古等，浙江吴兴人。其出身官宦家庭，19 岁赴日本早稻田大学留学，期间加入同盟会，与鲁迅、黄侃等人一起师从章太炎学习，研究音韵及《说文解字》。1910 年从日本回国后，历任北京大学教授、《新青年》编辑等职，推行白话文运动和文学革命。在学术方面，钱玄同所著的《文字学音篇》是一篇全面论述传统音韵学的著作，被众多高等学校作为最早的音韵学教科书，至今仍为音韵学家所重视。另外，他当年与赵元任、黎锦熙等一起制定了“国语罗马字拼音法式”，参与起草了《第一批简化字表》，为汉字改革的先驱。

张君劢

张君劢（1887 ~ 1968 年），名嘉森，号立斋，江苏宝山人，政治家、哲学家，其妹张幼仪是徐志摩第一任夫人。张君劢出身儒商家庭，早年接受私塾教育，19岁东渡日本在早稻田大学学习法律及政治。留学期间，结识梁启超，参与发起梁启超主持的“政闻社”。1910年张君劢回国后凭留学生身份参加殿试，被授予翰林院庶吉士。后又到德国柏林大学攻读政治学博士学位。辛亥革命后，张君劢历任段祺瑞政府高职、国民政府参议员等职。

在学术方面，张君劢发表有《中国专制君主制之评议》《主国之道》《明日之中国文化》《新儒家思想史》等论著，被公认为现代新儒家的代表人物。此外，他曾创办政治大学、学海书院和民族文化书院，主张复兴儒学，拒绝使用白话文，发表和出版的中文论著均用文言文，并是1923年著名的“人生观论战”的挑起者。

陈寅恪

陈寅恪（1890 ~ 1969年），江西义宁人，中国现代最负盛名的历史学家、古典文学研究家、语言学家。陈寅恪祖父为湖南巡抚陈宝箴，父亲是民国清末著名诗人陈三立，其自小在南京家塾接受教育，打下坚实的旧学功底。陈寅恪曾到多个国家的名牌大学留学，但他认为自己目的在于求知，非为学历，故没要一个文凭。1925年，35岁的陈寅恪出任清华国学研究院导师，任历史、中文、哲学三系合聘教授。他在清华任教20余年，授课以博大精深著称。他不仅通晓英、法、德、日、俄、希腊等文字，而且精通藏、满、蒙、拉丁文，甚至一些不再使用的古文字，如突厥、梵文、巴利文等，他都通晓。他曾自言授课有四不讲：“前人讲过的，我不讲；近人讲过的，我不讲；外国人讲过的，我不讲；我自己过去讲过的，也不讲。现在只讲未曾有人讲过的。”据说他讲课时，朱自清、吴宓等名教授都要前去听课，故被称为“教授们的教授”。

在学术研究上，陈寅恪曾提出以“独立之精神，自由之思想”为学术研究唯一的价值取向。在研究态度上，他以极端的严谨著称。他曾对隋唐史进行研究，并出版《隋唐制度渊源论稿》《唐代政治史论稿》两部论著。许多历史学者竟然因此认为隋唐史已经没有了可供进一步研究的余地，其治学之严谨可见一斑。除史学外，陈寅恪在佛经翻译、校勘、解释及音韵学、文学方面均有突出成就。其著作除上面的两部外，还有《塞柳堂集》《金明馆丛稿》《柳如是别传》《寒柳堂记梦》等。

对于陈寅恪的评价，吴宓认为他是“全中国最博学之人”，傅斯年则认为“陈先生的学问，近三百年来一人而已”。1949年后，陈寅恪主要在中山大学任教。

胡 适

胡适（1891 ~ 1962年），字适之，祖籍安徽绩溪，现代著名学者、诗人、历史家、文学家、哲学家。其幼年在老家私塾接受了9年的私塾教育，打下旧学功底。19岁赴美国康奈尔大学读本科，后到哥伦比亚大学跟随实用主义哲学家杜威学习哲学，获博士学位。1917年，胡适回国，成为新文化运动领袖之一，其后历任北京大学教授、中华民国驻美大使等职。在思想上，胡适深受赫胥黎与杜威的影响，称赫胥黎教他怎样怀疑，杜威教他怎样思想。因此胡适毕生宣扬自由主义，是中国自由主义的先驱。在学术上，胡适学识渊博，在文学、哲学、史学、考据学、教育学、伦理学等诸多领域均有不小的建树。他尤其深入研究的有两个领域，一个是中国哲学史，一个是中国文学史。尽管《中国哲学史大纲》和《白话文学史》均只有上半部，而无下文，但这两个未完之作都成了奠定学科基础的经典性著作。他晚年致力于研究《水经注》，成果不尽如人意。

郭沫若

郭沫若（1892 ~ 1978 年），原名郭开贞，字鼎堂，沫若为其笔名，四川乐山人，近代著名诗人、学者、社会活动家。郭沫若早年赴日留学，接受斯宾诺沙、泰戈尔、惠特曼等人思想，弃医从文。后与成仿吾、郁达夫等组织“创造社”，积极从事新文学运动。其早期代表作诗集《女神》摆脱了中国传统诗歌的束缚，充分反映了“五四”时代精神，在中国文学史上开一代诗风。其学术方面的贡献主要体现在《中国古代社会研究》《中国史稿》等著作中，尤其在甲骨文的研究方面卓有成就，撰有《甲骨文字研究》一书，并因此成为对甲骨学卓有贡献的“甲骨四堂”之一。

赵元任

赵元任（1892 ~ 1982 年），字宣仲，又字宜重，江苏武进人，生于天津。从小便富有语言天才，各类方言一学即会。1910 年作为游美学务处第二批留学生，入美国康奈尔大学，主修数学。1918 年又入哈佛大学获哲学博士学位。1921 年入哈佛大学研习语言学，并留校任哲学系讲师、中文系教授。1925 年，赵元任归国在清华国学院任导师，其指导课程包括数学、物理学、普通语言学、逻辑学、中国乐谱乐调等多种课程。他与当时的梁启超、王国维、陈寅恪并称为清华国学研究院“四大导师”。1938 年后，赵元任一直在美国执教。

赵元任兼善文理各科，并擅长音律，曾自创 100 多件音乐作品，是一个罕见的通才，被称为是一个“文艺复兴式的智者”。在各科之中，语言学是其着力最深的领域，被誉为“中国语言学之父”。他掌握多门外语，并会说 33 种中国各地方言。研究者称，其掌握语言的能力非常惊人，能迅速穿透一种语言的声韵调系统，总结出一种方言乃至一种外语的规律。据说第二次世界大战后，他到巴黎开会。在巴黎车站，他讲一口流利的巴黎方言，行李员听了，以为他是土生土长的巴黎人，对他感叹：“你回来了啊，现在可不如从前了，巴黎穷了。”后来，他到德国柏林，又用柏林口音的德语说话。当地一个老人对他说：“上帝保佑，你躲过了这场灾难，平平安安地回来了。”当年，英国哲学家罗素到中国巡回讲演，便由赵元任担任翻译。

梁漱溟

梁漱溟像

梁漱溟（1893 ~ 1988 年），原名鼎焕，字漱溟、寿铭、萧名，祖籍广西桂林，出生于北京。我国著名哲学家、思想家、教育家、社会活动家，现代新儒家的早期代表人物之一，有“中国最后一位儒家”之称。梁漱溟一生富于传奇色彩，只有中学文凭，却在24岁时被蔡元培请到北大教授印度哲学。他一生研究两个问题，一个是“自己往哪里去”，另一个是“中国往哪里去”。为解决这两个问题，他一度参加同盟会，后又曾闭门参悟佛法，最后落脚在儒学。并将孔孟、王阳明的儒家思想和佛教哲学及西方柏格森的生命哲学杂糅在一起，形成了一种“新儒学”，认为人类文化分为西洋、印度和中国三类，其中以儒家文化为根本的中国文化，乃是最高妙的一种，并且是世界文化的未来。他的思想主要体现在《印度哲学概论》《东西文化及其哲学》《中国文化要义》《人心与人生》《唯识述义》《东方学术概观》等著作中。

除学术成就，梁漱溟另外一个了不起之举便是其与晏阳初、陶行知等在20世纪二三十年代搞的轰轰烈烈的乡村建设运动，通过实践为“中国往哪里去”提供了一种思路。梁漱溟等人也因此被视为中国具有实践精神的知识分子的典范。

吴宓

吴宓（1894～1978年），字雨僧、雨生，笔名余生，现代学贯中西大学者，文学家。吴宓是陕西泾阳县人，早年留学美国，师从美国新人文主义运动的代表人物白璧德教授，获文学硕士学位。他留美10年，精熟19世纪英国文学尤其是浪漫主义诗歌。1926年吴宓回国，在国立东南大学任教，讲授世界文学史等课程，后又一度到东北大学、清华大学任教。1929年，钱锺书考入清华大学外文系，成为吴宓的得意门生。抗战期间，吴宓曾代理西南联大外文系主任。1949年，吴宓拒绝众多邀请，到重庆任外语教授，兼任梁漱溟主持的北碚勉仁学院文学教授。新中国成立后，他在西南师范学院历史系（后到中文系）任教。

在思想上，吴宓异于当时喧嚣一片的推陈出新的主张，而是杂合欧美学说与儒家旧义，别成一派。捍卫中国古典文化，抨击新体自由诗，主张维护中国文化遗产的应有价值。如今反观，可见其眼光之超越时代人之独到。其著作收入《吴宓诗文集》《空轩诗话》等专著中。

钱穆

钱穆（1895～1990年），字宾四，中国现代历史学家，江苏无锡人。钱穆自小接受私塾教育，后读中学未完，因家贫辍学，自学成才。1930年因发表《刘向、刘歆父子年谱》成名，被顾颉刚推荐，到燕京大学任国文讲师，后历任北京大学、西南联大等大学教授。1949年后，他出走香港，在香港创办新亚书院，开展教育事业。1967年，应蒋介石之邀，钱穆到台湾定居，直至逝世。谢世后，家人将其骨灰散入茫茫太湖，以示归家。

在学术方面，钱穆对于中国历史、中国历代思想源流的考辨，均自成一家之言。其所写的《国史大纲》被公推为中国通史最佳著作。他在通史、文化史、制度史及史学理论和方法方面都有深入研究，受到史学界推崇。在思想上，钱穆不同于其所生存时代的多数知识分子那样提倡西学，而是注重从中华文化内部寻找生机。因此，有学者谓其为中国最后一位士大夫、国学宗师。其代表著作有《先秦诸子系年》《中国思想史》《中国学术通义》《中国历代政治得失》等。